“十二五”职业教育国家规划教材
经全国职业教育教材审定委员会审定
高职高专汽车类专业技能型教育规划教材

汽车发动机构造与维修

第3版

主　编　仇雅莉
副主编　胡光辉
参　编　毛　丽
主　审　陈曙红

机械工业出版社

本书是以《高等职业教育汽车运用与维修专业领域技能型紧缺人才培养指导方案》为依据，结合高职专业的要求和特点，以及当前汽车维修行业的发展和要求而编写的。

全书共分为11章，对发动机的两大机构、五大系统进行了全面描述。内容包括发动机总体结构与工作原理、曲柄连杆机构、配气机构、汽油机燃料供给系统、柴油机燃料供给系统、冷却系统、润滑系统、点火系统、起动系统的构造、原理和维修方法，发动机装配与调试、汽车维修常用工量具。

本书内容在立足于成熟的技术和规范的同时，力争把握汽车专业发展前沿，重视新技术、新知识、新规范的介绍和应用，力求做到内容与行业技术在使用上同步更新，并安排了便于学习和操作的项目单和综合测试题，以提高学生和培训者在实际生产中的知识应用能力。

本书适合于高职高专汽车运用技术、汽车检测与维修等相关专业使用，也可以作为成人高等教育相关课程的教材使用，还可供汽车维修人员、驾驶人、汽车行业工程技术人员阅读参考。

本书提供课件下载，下载网址为 www.cmpedu.com。

图书在版编目（CIP）数据

汽车发动机构造与维修/仇雅莉主编. —3版. —北京：机械工业出版社，2014.11（2021.3重印）

“十二五”职业教育国家规划教材　高职高专汽车类专业技能型教育规划教材

ISBN 978-7-111-47899-7

Ⅰ.①汽…　Ⅱ.①仇…　Ⅲ.①汽车-发动机-构造-高等职业教育-教材②汽车-发动机-车辆修理-高等职业教育-教材　Ⅳ.①U472.43

中国版本图书馆CIP数据核字（2014）第206990号

机械工业出版社（北京市百万庄大街22号　邮政编码100037）
策划编辑：徐　巍　责任编辑：徐　巍　版式设计：霍永明
责任校对：潘　蕊　封面设计：鞠　杨　责任印制：常天培
北京虎彩文化传播有限公司印刷
2021年3月第3版第19次印刷
184mm×260mm·25印张·612千字
标准书号：ISBN 978-7-111-47899-7
定价：59.00元

凡购本书，如有缺页、倒页、脱页，由本社发行部调换

电话服务
服务咨询热线：010-88379833
读者购书热线：010-88379649

网络服务
机 工 官 网：www.cmpbook.com
机 工 官 博：weibo.com/cmp1952
教育服务网：www.cmpedu.com
金 书 网：www.golden-book.com

前　　言

随着我国汽车工业的不断发展，汽车技术日新月异，特别是大量新技术的应用，促使汽车的结构和性能不断变化和提高。本教材是以《高等职业教育汽车运用与维修专业领域技能型紧缺人才培养指导方案》为依据，结合高职专业的要求和特点，以及当前汽车维修行业的发展和要求而编写的。

全书共分为11章，对发动机的两大机构、五大系统进行了全面描述。内容包括发动机总体结构与工作原理，曲柄连杆机构、配气机构、汽油机燃料供给系统、柴油机燃料供给系统、冷却系统、润滑系统、点火系统、起动系统构造、原理和维修方法，发动机装配与调试、汽车维修常用工量具。

根据人才培养方案的要求，在编写过程中注重理论与实践相结合，针对目前汽车技术更新速度越来越快的情况，本书内容在立足于成熟的技术和规范的同时，力争把握汽车专业发展前沿，重视新技术、新知识、新规范的介绍和应用，力求做到内容与行业技术在使用上同步更新，并安排了便于学习和操作的项目单和综合测试题，以提高学生和培训者在实际生产中的知识应用能力。

本书由湖南交通职业技术学院仇雅莉担任主编（编写第1、2、3、4、5、11章）；湖南交通职业技术学院胡光辉担任副主编（编写8、9、10章），湖南交通职业技术学院毛丽参编（6、7章）。全书由湖南交通职业技术学院陈曙红教授主审。

本书适合于高职高专汽车运用技术、汽车检测与维修等相关专业使用，也可以作为成人高等教育相关课程的教材使用，还可供汽车维修人员、驾驶人、汽车行业工程技术人员阅读参考。

在编写过程中参考了大量的国内外技术资料，得到了许多同行的大力支持，在此谨向所有参考资料的作者及关心支持本书编写的同志们表示感谢。由于编者水平有限，不妥之处在所难免，敬请读者批评指正。

本书提供教学课件，授课教师可在机工教育服务网 www. cmpedu. com 注册后下载。

编　者

目　　录

第 1 章

发动机总论

学习目标：

- 描述发动机的总体构造
- 描述对发动机进行分类的方法
- 解释发动机常用术语
- 理解发动机技术数据
- 掌握四冲程发动机的工作原理
- 理解发动机性能指标及特性

发动机是动力装置，是汽车的“心脏”，它的发明和发展给汽车注入了强劲的动力。现代发动机的设计和制造技术使它可以满足大众对汽车性能和环境保护的要求。

1.1 发动机识别

每台发动机都有描述其结构特征和性能的相关技术参数，理解这些技术数据的含义可以让我们更方便地识别和了解发动机。某发动机纵剖面和横剖面如图 1-11 所示，其技术数据如表 1-1。

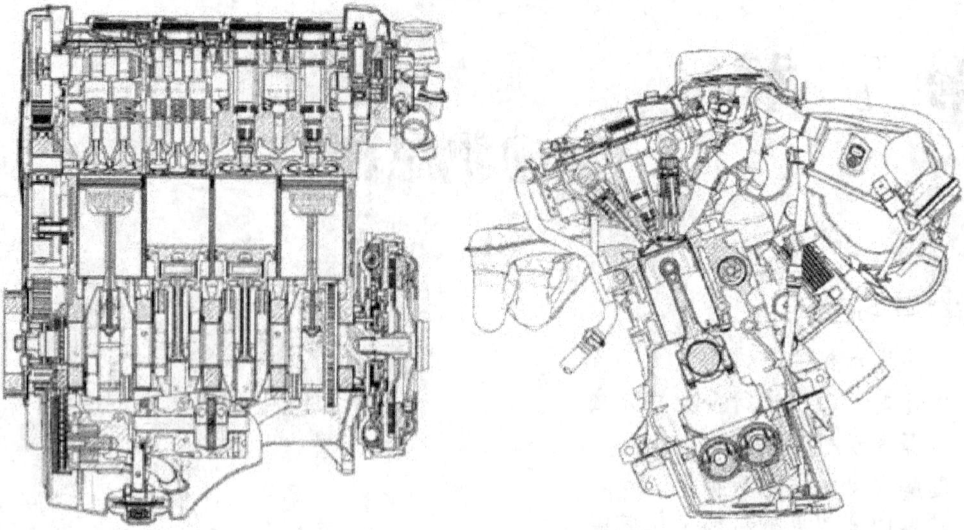

图 1-1 发动机纵剖面和横剖面图

表 1-1 发动机技术数据

1	结构形式	4 缸直列发动机	9	平均工作压力	1235kPa
2	排量	1984mL	10	发动机重量	129kg
3	行程	92.8mm	11	点火顺序	1-3-4-2
4	缸径	82.5mm	12	配气相位	
5	压缩比	10.3		进气提前角	上止点前 8°曲轴转角
6	功率	96kW		进气迟闭角	下止点后 48°
	对应转速	5700r/min		排气提前角	下止点前 32°
7	升功率	48.4kW/L		排气迟闭角	上止点后 26°
8	转矩	195N·m	13	进气凸轮轴调节范围	42°曲轴转角
	对应转速	3300r/min			

结构说明：DOHC 双顶置凸轮轴，五气门技术，带有叶片调节器的凸轮轴调节装置，带有铸铁缸套的铝合金发动机，平衡轴。

后述章节中会对上述技术参数作出解释。

1.2 发动机总体构造

1.2.1 发动机组成

发动机的作用是把输入气缸内的燃料燃烧产生的热能转化为机械能，输出机械动力。它是由多种机构和系统组成的复杂机器。现代汽车发动机的结构形式很多，发动机的具体构造也多种多样，但由于其基本工作原理一致，从总体功能来看，其基本结构大同小异，都是由两大机构和五大系统组成，即曲柄连杆机构、配气机构，供给系统、冷却系统、润滑系统、起动系统和点火系统，柴油机没有点火系统。

发动机结构如图 1-2 所示。

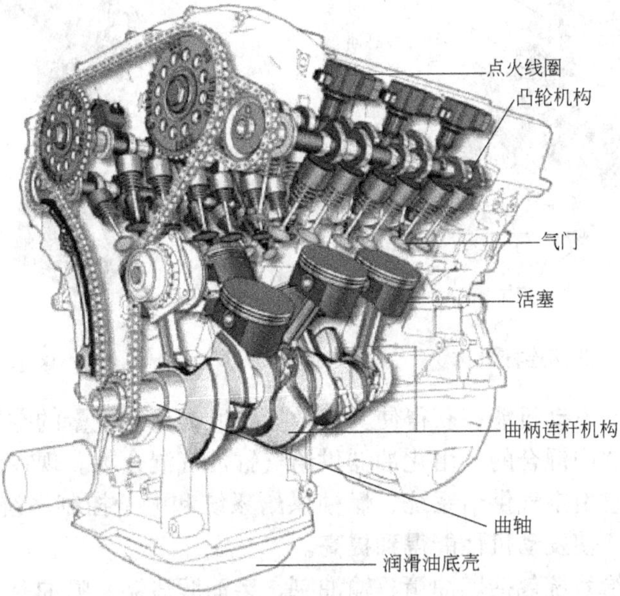

图 1-2　发动机结构示意图

1. 曲柄连杆机构

曲柄连杆机构由机体组、活塞连杆组和曲轴飞轮组三部分组成，如图 1-3 所示。其作用是将燃料燃烧产生的热能转变为活塞往复运动的机械能，再通过连杆将活塞的往复运动转变为曲轴的旋转运动而对外输出动力。

在曲柄连杆机构中，机体组包括气缸体、曲轴箱、气缸盖、气缸垫及油底壳等。其中气缸体还是发动机各机构、各系统的装配基体，其本身的许多部分分别是曲柄连杆机构、配气机构、供给系统、冷却系统和润滑系统的组成部分。

活塞连杆组包括活塞、活塞环、活塞销和连杆等。

曲轴飞轮组包括曲轴、飞轮和扭转减振器等。

2. 配气机构

配气机构由气门组及气门传动组组成，如图 1-4 所示。其作用是使可燃混合气及时充入气缸并及时将废气从气缸中排出。

在配气机构中，气门组包括进气门、排气门、气门导管、气门弹簧、气门弹簧座及锁片等。

气门传动组包括凸轮轴、挺柱、推杆、摇臂和正时齿轮等，其零件的多少取决于配气机构的形式。

3. 燃料供给系统

汽油机燃料供给系统的作用是将一定浓度和数量的可燃混合气（或空气）供入气缸以供燃烧，并将燃烧生成的废气排出。

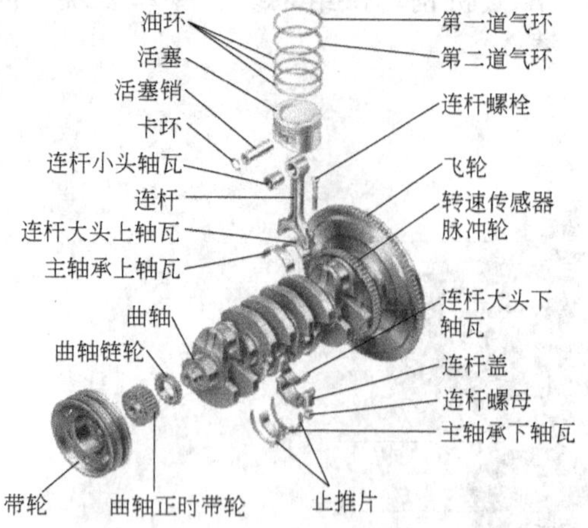

图 1-3　曲柄连杆机构

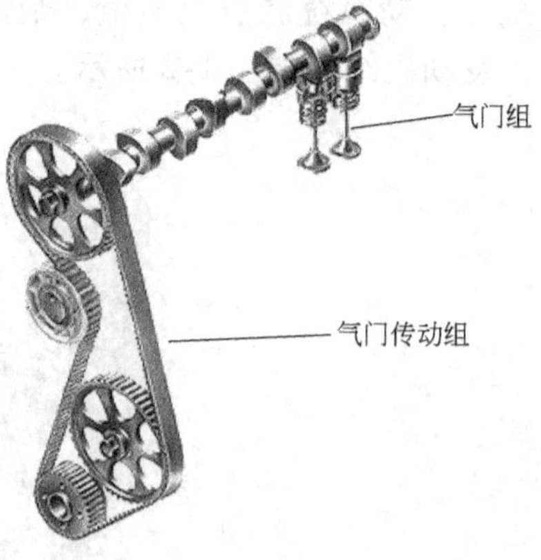

图 1-4　配气机构

这个系统要确保发动机能够获得使其有效运转所需要的适量的空气和燃油。多年来，空气和燃油是在化油器内混合的，由化油器供给气缸油气混合物。现在汽车都使用燃油喷射系统取代了化油器，它由空气供给系统、燃油供给系统和电子控制系统组成，如图 1-5 所示。能精确控制空燃比，使发动机性能得到提高。

柴油机燃料供给系统包括燃油箱、输油泵、柴油滤清器、喷油泵、喷油器、进排气管及排气消声器等，如图 1-6 所示。

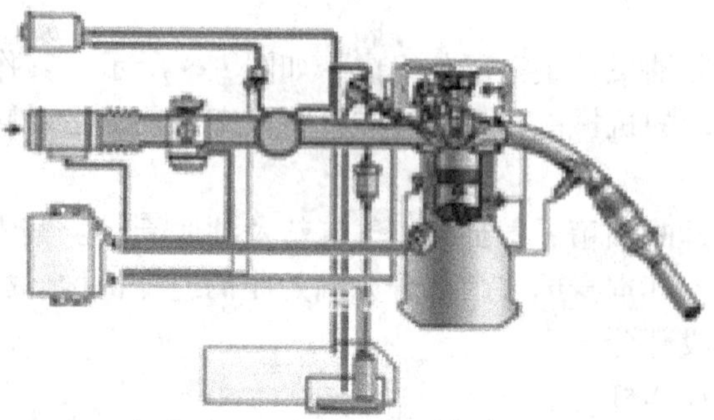

图 1-5　燃油喷射式汽油机燃料供给系统

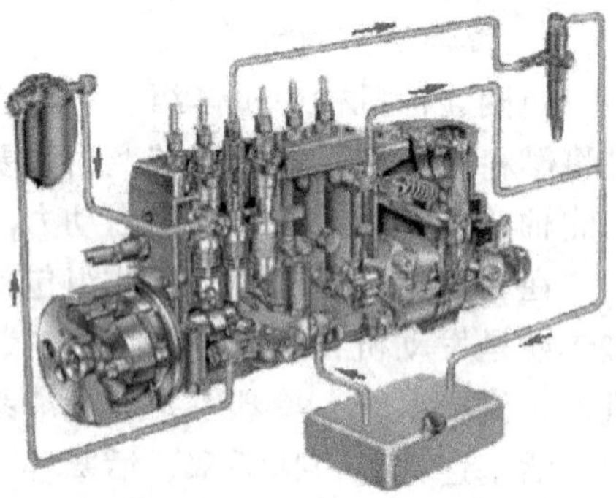

图 1-6　柴油机燃料供给系统

4. *冷却系统*

冷却系统有水冷却系统和风冷却系统两种，现代汽车一般都采用水冷却系统。其作用是将受热机件的热量散到大气中去，从而保证发动机正常工作。

水冷却系统包括水泵、散热器、风扇、节温器及水套等，如图 1-7 所示。

5. *润滑系统*

润滑系统的作用是将润滑油送至各个摩擦表面，以减轻机件的磨损，并清洗、冷却摩擦表面，延长发动机的使用寿命。

润滑系统包括机油泵、机油滤清器、润滑油道、限压阀和油底壳等，如图 1-8 所示。

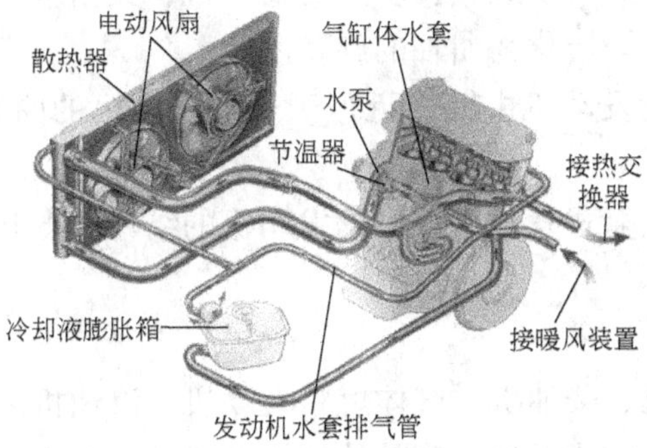

图 1-7 水冷却系统

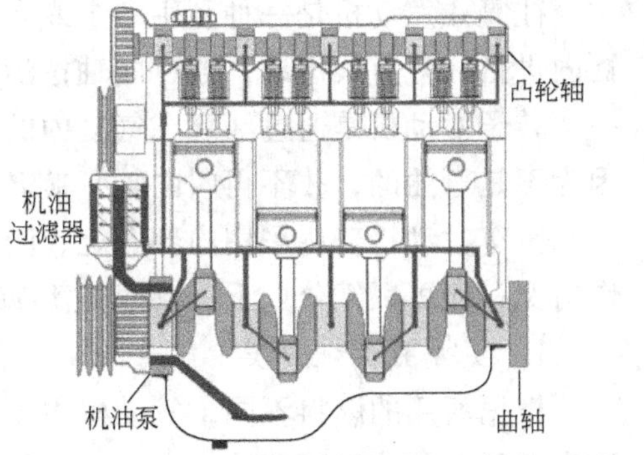

图 1-8 润滑系统

6. 起动系统

起动系统的作用是使静止的发动机起动并转入自行运转。

起动系统包括起动机及其附属装置等，如图 1-9 所示。

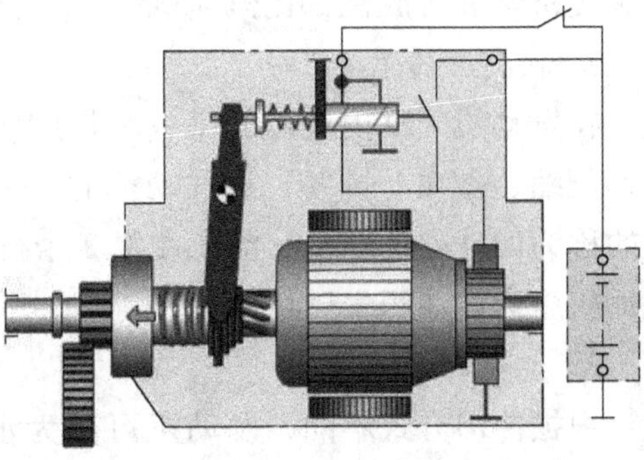

图 1-9 起动系统

7. 点火系统

点火系统是汽油发动机独有的（如图 1-10 所示），按控制方式不同又分为传统点火系统和电子控制点火系统两种。其作用是按规定时刻向气缸内提供电火花以点燃气缸中的可燃混合气。柴油发动机由于其混合气是自行着火燃烧，故没有点火系统。

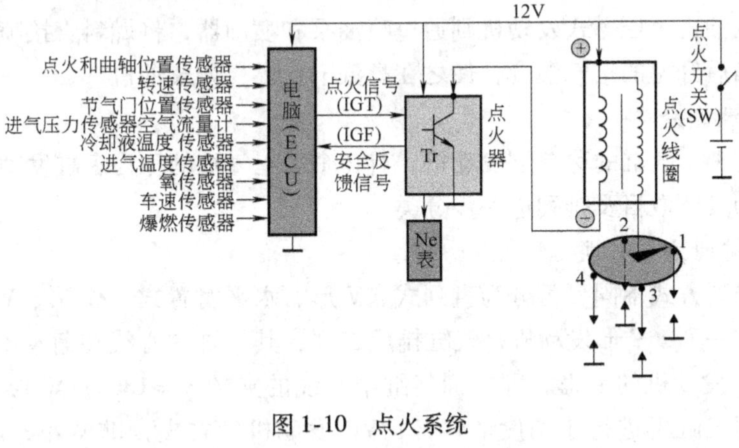

图 1-10 点火系统

传统点火系统包括电源、点火线圈、分电器和火花塞等。

电子控制点火系统则增加了电子控制单元、各种传感器和执行器等，能对点火时刻进行精确控制。

1.2.2 发动机分类

从广义上来说，发动机可以按图 1-11 的方式分类。

往复式发动机是一种利用一个或多个活塞将压力转换成旋转动能的发动机，其活塞在气缸内进行往复直线运动，通过曲轴把活塞的直线运动转化为曲轴的旋转。

转子发动机是通过活塞在气缸内的旋转来带动发动机主轴（近似于普通发动机的曲轴，因为不是弯曲的，故不再叫曲轴）旋转的。

汽车发动机普遍采用内部燃烧、间歇燃烧和往复式发动机，根据发动机的结构特点和工作情况，还可以细分如下（参见图1-12）。

1. 按所用燃料分类

根据所用的燃料不同，发动机主要分为汽油机、柴油机、气体燃料发动机。汽油机以汽油为燃料，柴油机以柴油为燃料，而使用天然气、液化石油气和其他气体燃料的发动机称为气体燃料发动机。汽油机转速高、质量小、噪声小、起动容易；而柴油机压缩比大、热效率高，经济性和排放性都比汽油机好。

2. 按行程分类

在发动机气缸内进行的每一次将燃料燃烧的热能转变为机械能的一系列连续过程（进气、压缩、做功、排气）称发动机的一个工作循环。凡活塞往复4个行程完成一个工作循环的称为四冲程发动机；活塞往复2个行程完成一个工作循环的则称为二冲程发动机。汽车发动机多为四冲程发动机。

3. 按冷却方式分类

根据冷却方式不同，发动机可分为水冷式和风冷式。水冷式发动机以冷却液为冷却介质，而风冷式发动机以空气为冷却介质。汽车发动机多为水冷式。

4. 按点火方式分类

根据点火方式不同，发动机可分为点燃式和压燃式。点燃式发动机利用电火花使可燃混合气着火，如汽油机。压燃式发动机则通过喷油泵和喷油器，将燃料直接喷入气缸，使其与在气缸内经压缩后升温的空气混合，使之在高温下自燃，如柴油机。

5. 按气缸数目分类

发动机只有1个气缸的称单缸发动机，有2个以上气缸的称为多缸发动机。多缸发动机还可根据气缸的具体数目及排列进一步分类。

6. 按气缸排列方式分类

根据气缸排列方式不同，可分为直列式、V形、水平对置式、W形、VR形。直列式发动机各气缸排成一列；V形发动机将气缸排成二列，其气缸中心线夹角$\gamma<180°$；水平对置式发动机是V形发动机的变形，即二列气缸中心线的夹角$\gamma=180°$；W形发动机则是将V形发动机的每侧气缸再进行小角度的错开；VR发动机气缸夹角非常小，两列气缸接近平行，使发动机结构更紧凑，是大众公司专属产品。

7. 按进气系统是否采用增压方式分类

发动机按照进气系统是否采用增压方式可分为自然吸气式（非增压式）发动机和强制进气式（增压式）发动机。若进气是在接近大气状态下进行的，则为非增压发动机或自然吸气式发动机；若利用增压器将进气压力增高，进气密度增大，则为增压式发动机。增压可以提高发动机功率。

目前，汽车上广泛采用水冷四冲程往复活塞式内燃机。

1.2.3　内燃机编号规则

为了便于内燃机的生产管理和使用，我国对内燃机名称和型号编制方法重新审定并颁布了国家标准 GB/T 725—2008。标准规定：内燃机名称按所采用的主要燃料来命名，内燃机型号由阿拉伯数字和汉语拼音字母组成，其排列顺序和意义规定如图 1-13 所示。

内燃机型号编制示例：

汽油机：

EQ6100-1——表示东风汽车工业公司生产，六缸，四冲程，直列，缸径 100mm，水冷，通用型，第一种类型产品。

1E65F——表示单缸，二冲程，缸径 65mm，风冷，通用型。

柴油机：

CA6110——表示第一汽车集团公司生产，六缸，四冲程，直列，缸径 110mm，水冷，通用型。

发动机分类
- 按燃烧位置分
  - 内燃发动机
  - 外燃发动机
- 按燃烧类型分
  - 间歇燃烧发动机
  - 持续燃烧发动机
- 按内部运动类型分
  - 往复式发动机
  - 转子发动机

图 1-11　发动机分类（一）

发动机分类
- 按使用燃料不同分
  - 汽油机
  - 柴油机
  - 气体燃料发动机
- 按工作循环分
  - 四冲程发动机
  - 二冲程发动机
- 按冷却方式分
  - 水冷式发动机
  - 风冷式发动机
- 按是否增压分
  - 自然吸气式发动机
  - 强制进气式发动机
- 按点火方式分
  - 点燃式发动机
  - 压燃式发动机
- 按气缸数排列分
  - 单列式发动机
  - V 形发动机
  - W 形发动机
  - VR 形发动机
- 按气缸数分
  - 单缸发动机
  - 多缸发动机

图 1-12　发动机分类（二）

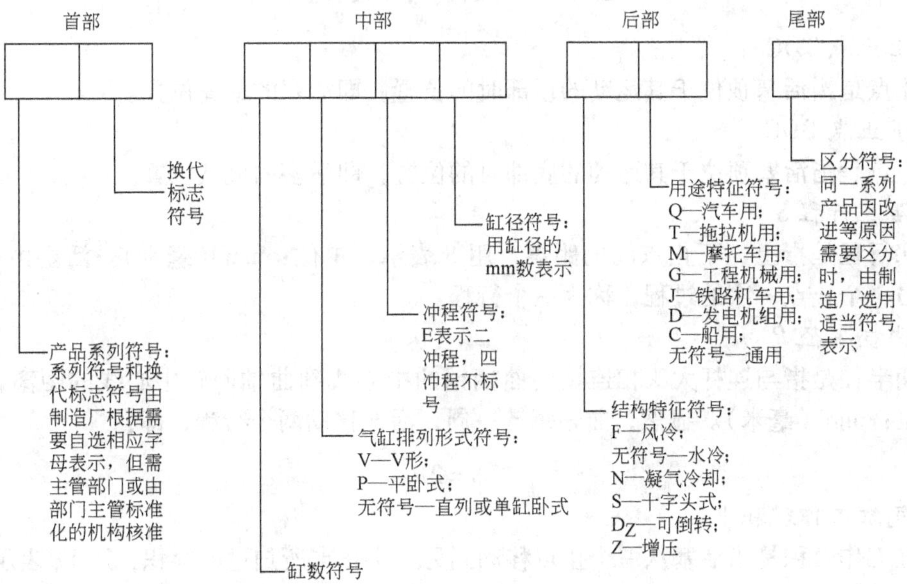

图 1-13　内燃机型号编制规则

12V135ZG——表示 12 缸，V 形，四冲程，缸径 135mm，水冷，增压，工程机械用。

1.3 发动机工作原理

发动机是实现能量转换的装置，是汽车最主要的总成之一，是汽车动力的来源。其作用是将燃料与空气进行混合并在机体内燃烧，推动活塞往复运动再带动曲轴旋转，从而将化学能转变为热能，再把热能转变为机械能向汽车提供动力。

1.3.1 发动机基本术语

发动机基本术语如图 1-14 所示。

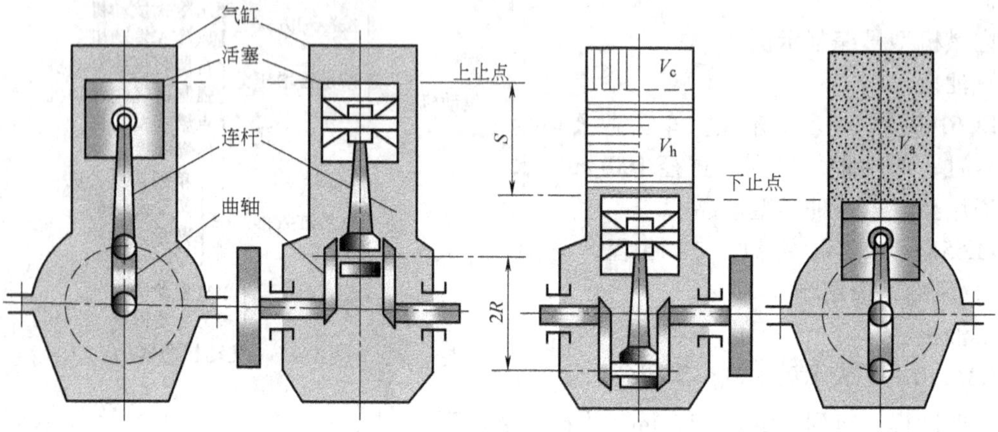

图 1-14 发动机基本术语示意图

1. 上止点 TDC

上止点是指活塞顶位于其运动的顶部时的位置，即活塞的最高位置。

2. 下止点 BDC

下止点是指活塞顶位于其运动的底部时的位置，即活塞的最低位置。

3. 活塞行程 *S*

活塞行程是指上、下止点间的距离，用 S 表示，单位：mm（毫米）。活塞由一个止点运动到另一个止点一次的过程，称为一个行程。

4. 曲柄半径 *R*

曲柄半径是指与连杆大头相连接的曲柄销的中心线到曲轴回转中心线的距离，用 R 表示，单位：mm（毫米）。显然，曲轴每转一周，活塞移动两个行程，即：

$$S = 2R$$

5. 气缸工作容积 V_h

气缸工作容积是指活塞从一个止点移动到另一个止点所扫过的容积，用 V_h 表示，单位：L（升）。显然有：

$$V_h = \frac{\pi D^2}{4 \times 10^6} S$$

式中　V_h——气缸工作容积，单位为 L；

D——气缸直径，单位为 mm；

S——活塞行程，单位为 mm。

6. 燃烧室容积 V_c

燃烧室容积是指活塞位于上止点时，活塞顶上方的气缸空间容积，用 V_c 表示，单位：L（升）。

7. 气缸总容积 V_a

气缸总容积是指活塞位于下止点时，活塞顶上方的气缸空间容积，用 V_a 表示，单位：L（升）。显然有：

$$V_a = V_c + V_h$$

8. 发动机排量 V_L

发动机排量是指发动机所有气缸工作容积之和，用 V_L 表示，单位：L（升）。对于多缸发动机，显然有：

$$V_L = V_h i$$

式中　i——发动机气缸数。

发动机排量是一个非常重要的特征参数，轿车就是以发动机排量大小来进行分级。微型：$V_L \leqslant 1.0$；普通级：$V_L > 1.0 \sim 1.6$；中级：$V_L > 1.6 \sim 2.5$；中高级：$V_L > 2.5 \sim 4.0$；高级：$V_L > 4.0$。

9. 压缩比 ε

压缩比是指气缸总容积与燃烧室容积之比，用 ε 表示。

$$\varepsilon = \frac{V_a}{V_c} = \frac{V_h + V_c}{V_c} = 1 + \frac{V_h}{V_c}$$

压缩比用来衡量空气或混合气被压缩的程度，影响发动机的热效率。一般汽油发动机压缩比为 6 ~ 10，柴油发动机压缩比较高，为 16 ~ 22。

10. 工作循环

发动机完成进气、压缩、做功和排气四个行程，称为一个工作循环。

1.3.2　四冲程发动机工作原理

四冲程发动机是指曲轴转两圈（720°），活塞往复运动四次完成一个工作循环的发动机。由于汽油机和柴油机在使用的燃料等方面有所不同，工作过程存在差异，我们分别介绍两种发动机的工作原理。

1. 四冲程汽油机工作原理

四冲程汽油机的工作循环由进气、压缩、做功和排气四个行程所组成。单缸四冲程汽油机工作循环如图 1-15 所示。

（1）进气行程　活塞由曲轴带动从上止点向下止点运动，此时，进气门开启，排气门关闭。在活塞向下移动的过程中，气缸内容积逐渐增大，形成一定真空度，于是空气和燃油的可燃混合气通过进气门被吸入气缸，直至活塞到达下止点时，进气门关闭，停止进气。

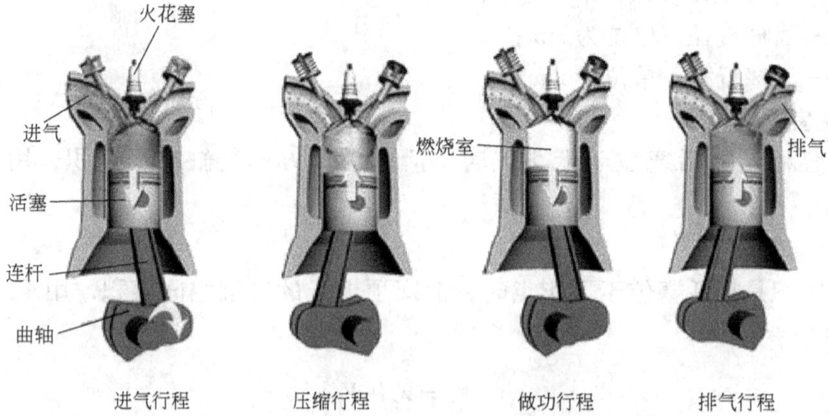

图 1-15　单缸四冲程汽油机工作循环示意图

由于进气系统存在进气阻力，进气终了时气缸内气体的压力低于大气压力，约为 0.075～0.09MPa。由于气缸壁、活塞等高温件及上一循环留下的高温残余废气的加热，气体温度升高到 370～400K（K 为热力学温度单位，$\frac{t}{℃}=\frac{T}{K}-273.15$）。

（2）压缩行程　为使可燃混合气迅速燃烧，达到改善发动机动力性和经济性的目的，必须在燃烧前对可燃混合气进行压缩，以提高可燃混合气的温度和压力。因此，在进气行程结束时立即进入压缩行程，活塞在曲轴的带动下，从下止点向上止点运动，由于进、排气门均关闭，气缸内容积逐渐减小，可燃混合气压力、温度逐渐升高。

压缩终了时，气缸内的压力为 0.6～1.2MPa，温度为 600～700K。

（3）做功行程　在压缩行程末，火花塞产生电火花点燃混合气并迅速燃烧，使气体的温度、压力迅速升高而膨胀，从而推动活塞从上止点向下止点运动，通过连杆使曲轴旋转做功，至活塞到达下止点时做功结束。

在做功行程中，开始阶段气缸内气体压力、温度急剧上升，瞬间压力可达 3～5MPa，瞬时温度可达 2200～2800K。随着活塞下行，气缸容积增大，气缸内压力、温度逐渐下降，做功终了时，压力为 0.3～0.5MPa，温度为 1300～1600K。

（4）排气行程　为使循环能够连续进行，须将燃烧产生的废气排出。在做功行程终了时，排气门打开，进气门关闭，曲轴通过连杆推动活塞从下止点向上止点运动，废气在自身剩余压力和活塞推动下，被排出气缸，至活塞到达上止点时，排气门关闭，排气结束。

排气行程终了时，由于燃烧室容积的存在，气缸内还存有少量废气，气体压力也因排气系统存在排气阻力而略高于大气压力。此时，压力为 0.105～0.115MPa，温度为 900～1200K。

2. 四冲程柴油机工作原理

四冲程柴油机和四冲程汽油机一样，每个工作循环也是由进气、压缩、做功和排气四个行程组成。由于所使用燃料的性质不同，在可燃混合气的形成和着火方式上与汽油机有很大区别。单缸四冲程柴油机工作循环如图 1-16 所示。

（1）进气行程　进气行程不同于汽油机的是进入气缸的不是可燃混合气，而是纯空气。由于进气阻力比汽油机小，上一行程残留的废气温度也比汽油机低，进气行程终了的压力为

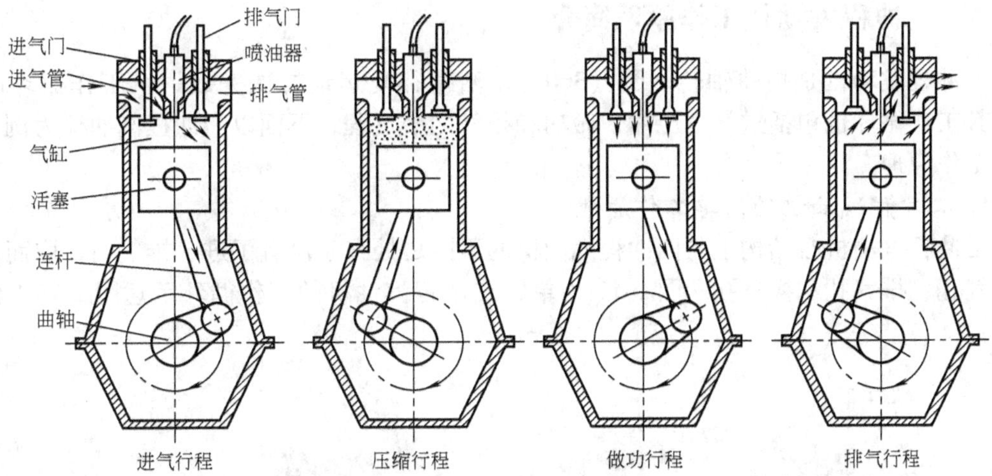

图 1-16　四冲程柴油机工作循环示意图

0. 075 ~0. 095MPa，温度为 320 ~350K。

（2）压缩行程　压缩行程不同于汽油机的是压缩纯空气，由于柴油的压缩比大，压缩终了的温度和压力都比汽油机高，压力可达 3 ~5MPa，温度可达 800 ~1000K。

（3）做功行程　此行程与汽油机有很大差异，压缩行程末，喷油泵将高压柴油经喷油器呈雾状喷入气缸内的高温高压空气中，被迅速汽化并与空气形成混合气，由于此时气缸内的温度远高于柴油的自燃温度（500K 左右），柴油混合气便立即自行着火燃烧，且此后一段时间内边喷油边燃烧，气缸内压力和温度急剧升高，推动活塞下行做功。

做功行程中，瞬时压力可达 5 ~10MPa，瞬时温度可达 1800 ~2200K，做功行程终了时压力为 0. 2 ~0. 4MPa，温度为 1200 ~1500K。

（4）排气行程　此行程与汽油机基本相同。排气行程终了时的气缸压力为 0. 105 ~0. 125MPa，温度为 800 ~1000K。

3. 四冲程汽油机与柴油机工作原理的比较

由上述四冲程汽油机和柴油机的工作循环可知，两种发动机的工作循环既有共同点，又有差别，归纳如下：

1）两种发动机中，每完成一个工作循环，曲轴转两周（720°），每完成一个行程曲轴转半周（180°），进气行程是进气门开启，排气行程是排气门开启，其余两个行程进、排气门均关闭。

2）无论是汽油机还是柴油机，在四个行程中，只有做功行程产生动力，其余三个行程是为做功行程作准备的辅助行程，都要消耗一部分能量。

3）两种发动机运转的第一循环，都必须靠外力使曲轴旋转完成进气和压缩行程，做功行程开始后，做功能量储存在飞轮内，以维持循环继续进行。

4）汽油机的混合气是在气缸外部形成的，进气行程中吸入气缸的是可燃混合气；柴油机的混合气是在气缸内部形成的，进气行程中吸入气缸的是纯空气。

5）汽油机在压缩终了时，靠火花塞强制点火燃烧，而柴油机则靠混合气自燃着火燃烧。

1.3.3 二冲程发动机工作原理简介

二冲程发动机是指曲轴转一圈（360°），活塞往复运动二次完成一个工作循环的发动机，其工作循环也包括进气、压缩、做功和排气四个过程，下面以二冲程汽油机为例介绍简单其工作原理。

1. 二冲程汽油机的简单工作原理

二冲程汽油机在结构上与四冲程汽油机的不同之处在于没有了进、排气门，取而代之的是进气孔、排气孔和换气孔。图 1-17 为单缸二冲程汽油机的工作循环示意图，其工作原理如下：

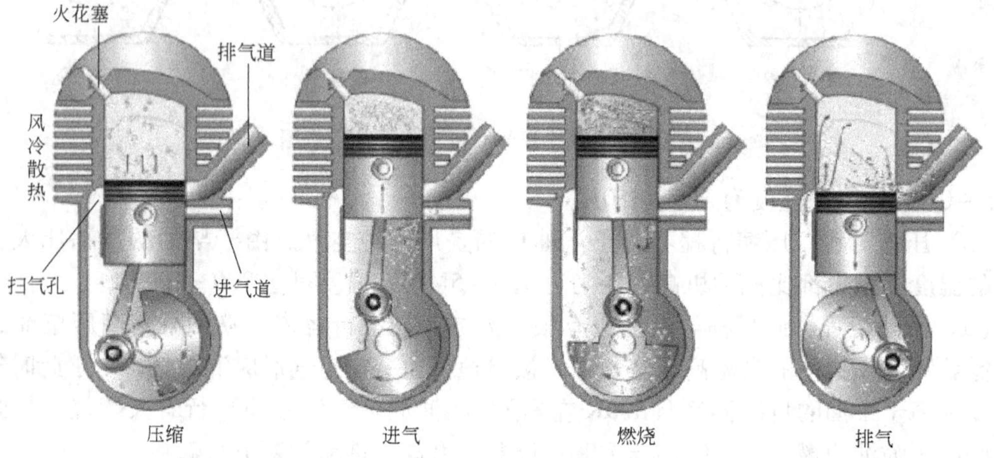

图 1-17 单缸二冲程汽油机工作循环示意图

（1）第一行程 活塞由曲轴带动从下止点向上止点移动，当活塞上行至关闭换气孔和排气孔时，已进入气缸的新鲜混合气被压缩，直至上止点时，压缩结束；与此同时，随着活塞上行，其下方曲轴箱内形成一定真空度，当活塞上行到进气孔开启时，新鲜混合气被吸入曲轴箱。

（2）第二行程 活塞接近上止点时，火花塞产生电火花，点燃被压缩的可燃混合气，燃烧形成的高温、高压气体推动活塞下行做功，当活塞下行到关闭进气孔后，曲轴箱内的混合气被预压缩，活塞继续下行至排气孔开启时，燃烧后的废气靠自身压力经排气孔排出；紧接着，换气孔开启，曲轴箱内经预压的混合气进入气缸，并排除气缸内残余废气，这一过程称为换气过程，它将一直延续到下一行程活塞再上行关闭换气孔和排气孔时为止。

由上述工作原理可知，第一行程时，活塞上方进行换气、压缩，活塞下方进行进气；第二行程时，活塞上方进行做功、换气，活塞下方预压混合气。换气过程跨越二个行程。

2. 二冲程发动机的特点

1）由于进排气过程几乎是完全重叠进行的，所以在换气过程中有混合气损失和废气难以排净的缺点，经济性较差。

2）完成一个工作循环，曲轴只转一圈，当与四冲程发动机转速相等时，其做功次数比四冲程发动机多一倍。因此，运转平稳，与同排量四冲程发动机相比在理论上输出功率应是四冲程发动机的 2 倍，但由于换气时的混合气损失，实际上只有 1.5 ~ 1.6 倍。

3）由于没有气门机构，发动机结构较为简单。二冲程汽油机在摩托车上应用较多。

1.4 发动机性能指标及特性

1.4.1 发动机性能指标

发动机性能指标是评价发动机性能优劣的依据。发动机性能指标有两种：一种是以工质对活塞做功为基础的性能指标，简称指示指标，直接反映由燃烧到热功转换的工作循环进行的好坏，因而在工作过程的分析研究中得到广泛的应用。另一种是以曲轴输出功率为基础的性能指标，简称有效指标。有效指标被用来直接评定发动机实际工作性能的优劣，因而在生产实践中获得广泛的应用。发动机最重要的有效指标包括动力性指标和经济性指标，下面介绍发动机有效指标。

1. 动力性指标

（1）有效功率　发动机曲轴上输出的功率称为有效功率，用 P_e 表示，由发动机台架试验得出。

（2）有效转矩　发动机曲轴输出的转矩称为有效转矩，用 M_e 表示，可由测功器测得。根据所测得的有效转矩 M_e（N·m）和发动机转速 n（r/min），可以得出有效功率 P_e，即

$$P_e = M_e \times 2\pi \times \frac{n}{60} \times 10^{-3} = \frac{M_e \times n}{9550}(\text{kW})$$

或

$$M_e = \frac{9\,550 P_e}{n}(\text{N} \cdot \text{m})$$

（3）平均有效压力　发动机单位气缸工作容积输出的有效功，称为平均有效压力，用 p_e 表示，其表达式为

$$p_e = \frac{W_e}{V_h}(\text{kPa})$$

式中　V_h——气缸工作容积，单位为 L。

发动机的有效功率、有效转矩、平均有效压力越大，动力性越好。

2. 经济性指标

（1）有效燃料消耗率　有效燃料消耗率是单位有效功的耗油量，用 g_e 表示。通常以每千瓦小时有效功的耗油量表示，单位为 [g/(kW·h)]。有效燃料消耗率按下式计算

$$g_e = \frac{G_T}{P_e} \times 10^3 [\text{g/(kW} \cdot \text{h)}]$$

式中　G_T——发动机的每小时耗油量，单位为 kg/h。

（2）有效热效率　有效热效率是发动机实际循环的有效功与所消耗燃料的热量之比，用 η_e 表示。

$$\eta_e = \frac{W_e}{Q_1}$$

式中　Q_1——为得到有效功所消耗的热量，单位为 kJ；

W_e——发动机的有效功，单位为 kJ。

发动机有效燃料消耗率越小、有效热效率越高，经济性越好。

1.4.2　发动机特性

发动机的性能指标随发动机调整情况和运转工况而变化的关系称为发动机特性。发动机特性通常用曲线表示，称为发动机特性曲线。通过特性曲线可以分析在不同使用工况下，发动机特性变化的规律及影响因素，评价发动机性能，从而提出改善发动机性能的途径。

发动机工况即发动机工作状况，通常用发动机功率与转速或发动机负荷与转速来表示。

1. 发动机负荷特性

发动机负荷特性表示发动机在某一转速下，燃油经济性指标及其他参数随负荷（可用功率 P_e，转矩 M_e 或平均有效压力 p_e 等表示）的变化关系。

（1）汽油机负荷特性　在点火提前角最佳，供油系统、进气系统及控制系统工作正常的情况下，保持汽油机转速一定，每小时耗油量 G_T 以及有效燃料消耗率 g_e 与负荷变化的关系，称为汽油机负荷特性。

汽油机的负荷调节方法称为“量调节”，即靠改变节气门开度，从而改变进入气缸的混合气数量来适应负荷变化。图 1-18 所示为某汽油机负荷特性。

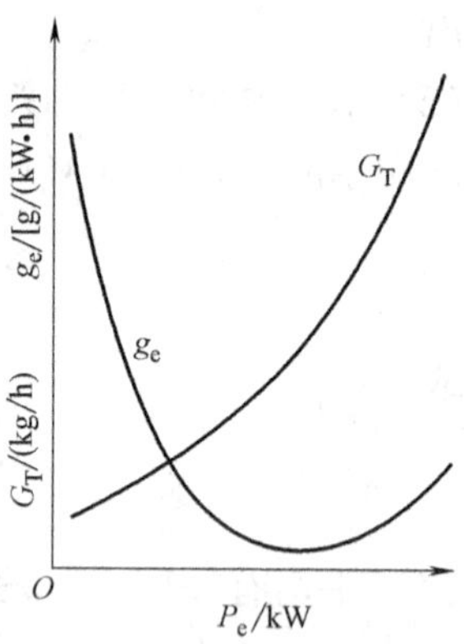

图 1-18　某汽油机负荷特性

由图 1-18 可知，每小时耗油量 G_T 随发动机负荷增大而增加，大负荷时由于混合气加浓增加更快。而有效燃料消耗率 g_e 随负荷增大逐渐减小，在小负荷区域减小得快（曲线陡），在大负荷区域减小得缓慢（曲线平缓），在接近全负荷时，有效燃料消耗率 g_e 又有所增大。

（2）柴油机负荷特性　柴油机转速一定，每小时耗油量 G_T，以及有效燃油消耗率 g_e 与负荷变化的关系称为柴油机的负荷特性。

转速一定时，进入气缸的空气量不变，因负荷改变而改变的是每循环的供油量 Δg，使混合气成分变化。因此，柴油机是通过改变混合气的过量空气系数（浓度）来适应负荷的变化的。其负荷调节方法称为“质调节”。图 1-19 所示为柴油机的负荷特性。

由图可知，柴油机负荷特性中的 G_T 曲线和 g_e 曲线变化趋势与汽油机是一致的。

有效燃料消耗率 g_e 曲线中的 1 点为最低油耗点，2 点为冒烟界限。

（3）负荷特性曲线的特点

1）负荷特性是发动机的基本特性。常用它评价发动机工作的经济性。根据需要可测定发动机不同转速下的负荷特性，其特点是转速变化时各负荷特性曲线的变化趋势相同，只是各条曲线的路径不同。

2）负荷特性可反映发动机工作的经济性。希望发动机经常处于或接近耗油率低、负荷较大的经济区域运行，因此应注意提高发动机的功率利用率。如在选配发动机时，应注意在满足要求的前提下，发动机功率不宜过大。

3）由负荷特性可以看出：低负荷时，耗油率很高，经济性差，同一转速下最低耗油率 g_{emin} 愈小，曲线变化愈平坦，经济性愈好。柴油机 g_{emin} 比汽油机低 10%～30%，而且燃料消耗率曲线比较平坦。相比之下，柴油机经济性较好。

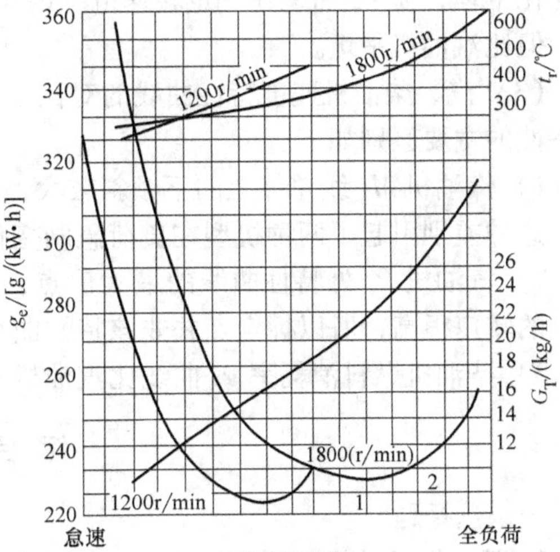

图 1-19　柴油机的负荷特性

2. 发动机速度特性

发动机性能指标随转速变化的关系称为发动机的速度特性。

（1）汽油机速度特性　汽油机节气门开度固定不动，点火提前角最佳、供油系统、进气系统及控制系统工作正常的情况下，有效功率 P_e、有效转矩 M_e、燃油消耗率 g_e 随转速 n 变化的关系称为汽油机的速度特性。节气门全开时的速度特性称为外特性。节气门部分打开时的速度特性称为部分负荷速度特性。

如图 1-20 所示为汽油机外特性曲线的一般趋势。

有效转矩 M_e 曲线为一上凸曲线，在某一转速下达到最大值，然后随之下降，且下降程度随转速升高而加快，曲线变化较陡。

有效功率 P_e 曲线也是一上凸曲线，某一转速下具有最大值。

有效燃料消耗率 g_e 曲线为一下凹曲线，在某一转速下达最小值。

（2）柴油机速度特性　喷油泵油量调节机构（供油拉杆或齿条）位置固定不动，柴油机性能指标（有效功率 P_e、有效转矩 M_e、燃油消耗率 g_e、每小时耗油量 G_T）随转速 n 变化的关系称为柴油机速度特性。当油量调节机构固定在标定循环供油量位置时的速度特性称为柴油机外特性。当油量调节机构固定在小于标定循环供油量位置时的速度特性称为柴油机部分负荷速度特性。

图 1-21 所示为 6130 型柴油机外特性曲线。由图可知，柴油机 M_e 曲线也是一上凸曲线，

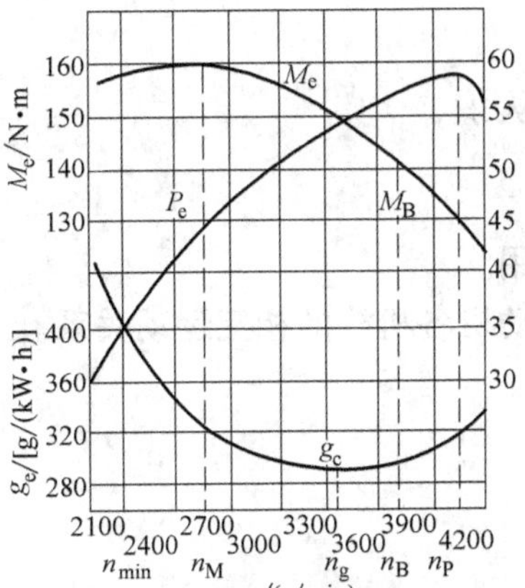

图 1-20　汽油机外特性曲线

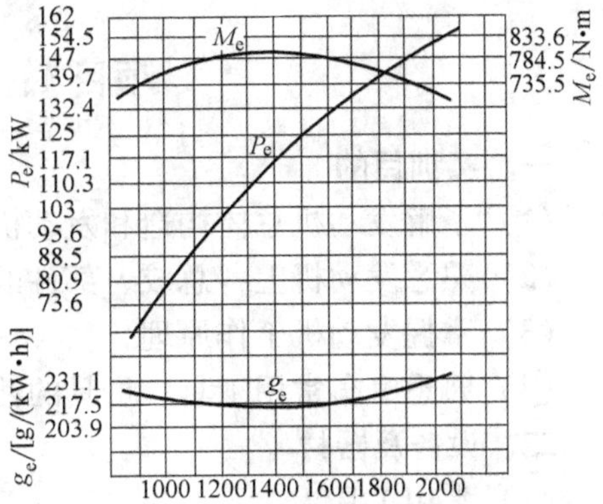

图 1-21　柴油机外特性曲线

但变化平坦，使 P_e 曲线在一定转速范围内几乎随转速成正比增加。g_e 曲线也是一条凹形曲线，但比汽油机平坦。

（3）汽、柴油机速度特性曲线的对比　对比图 1-20 和图 1-21 可以看出，汽、柴油机速度特性的主要区别如下。

1）汽油机 M_e 线总体上向下倾斜较大，低负荷时倾斜更大；而柴油机 M_e 线总体变化平坦，这种差别引起了两种机型在负荷急剧变化时工作稳定性的巨大差异。

2）汽油机 P_e 外特性曲线的最大值点，一般就是标定功率点；而柴油机可达到的最大值点的转速很高，所以标定点并非该特性曲线的极值点。

3）柴油机燃料消耗率 g_e 曲线比汽油机平坦，低负荷时更是如此。

综 合 测 试

一、选择题

1. 某八缸发动机的压缩比为 9，一缸总容积为 675mL，其发动机排量为（　　）mL。

A. 4800　　B. 5200　　C. 4200

2. 目前大多数汽车多采用四冲程发动机，其主要原因是（　　）。

A. 四冲程发动机的动力性好　　B. 四冲程发动机经济性好

C. 四冲程发动机运转平稳

3. 某发动机活塞行程为 80mm，其曲轴的曲柄半径应为（　　）。

A. 20mm　　B. 40mm　　C. 80mm　　D. 160mm

二、简答题

1. 发动机由哪些机构和系统组成？它们各有什么作用？
2. 叙述四冲程发动机工作原理。
3. 说明发动机各常用术语的含义。
4. 说出四冲程发动机与二冲程发动机的不同点。
5. BJ492Q 型发动机排量为 2.445L，求该发动机的曲柄半径？
6. 排量为 2520mL 的六缸发动机，其燃烧室容积为 60mL，求压缩比是多少？
7. 什么是发动机的工作循环？四冲程汽油机与四冲程柴油机的工作循环有什么不同？

实 训 项 目

项目 1：发动机总体结构认识

一、实训目的

（1）了解发动机总体构造和发动机各机构、系统的作用。

（2）熟悉发动机上各总成、部件的安装位置并观察发动机各机构的相互运动关系。

（3）掌握发动机工作原理。

（4）熟悉汽车常用工具、量具的使用。

二、设备及器材

（1）常用工具。

（2）常用量具。

（3）技术状况良好的发动机总成若干台。

三、操作基本方法

学生分小组，在教师指导下完成工作任务单上的内容。

四、完成工作任务单

任务名称	发动机总体结构认识	学时		班级	
学生姓名		学号		成绩	
实训设备（型号）		实训场地		日期	

第一项内容：知识学习

1. 填写下表，描述发动机组成机构和系统的作用。

序号	名称	作　用
1		
2		
3		
4		
5		
6		
7		

2. 根据下图填写发动机工作循环的特征。

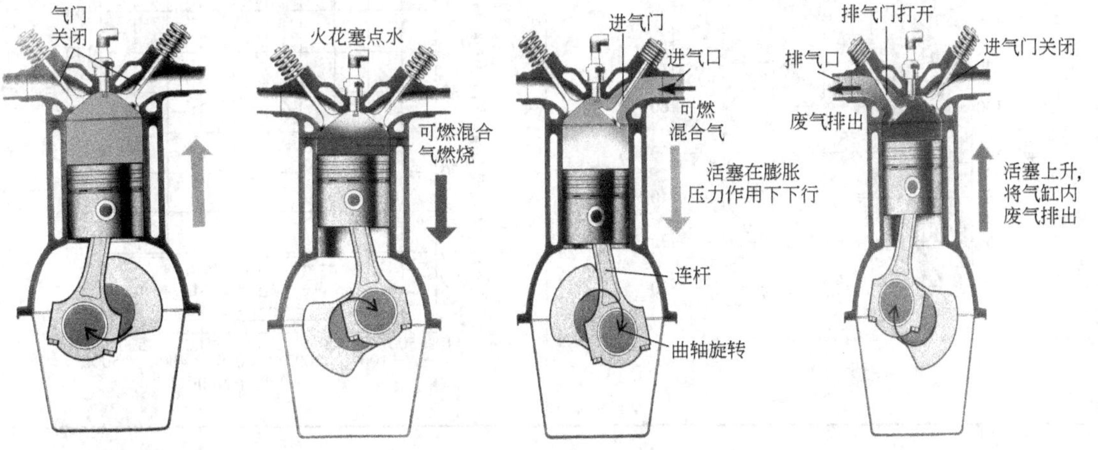

- 填写图片对应的行程。
- 根据上图补充下表。

	作用	曲轴旋转角度	活塞运行方向	进气门状态	排气门状态
进气行程					
压缩行程					
做功行程					
排气行程					

3. 根据发动机基本术语对发动机特征进行描述。

- 写出下表中几个符号的含义
- 在图中相应位置填入符号和术语

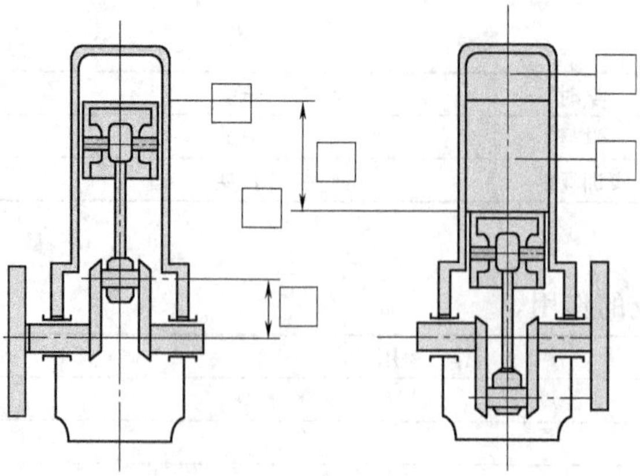

d	
s	
v_h	
v_c	
R	
上止点	
下止点	

第二项内容：分析计算

1. 根据下面的发动机特性曲线完成下表。

汽油发动机	柴油发动机
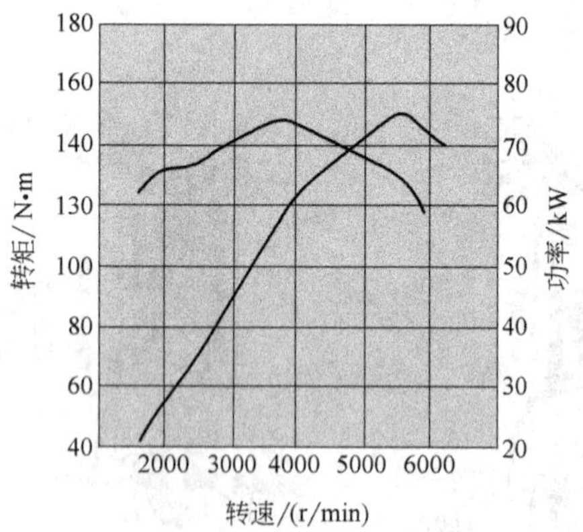	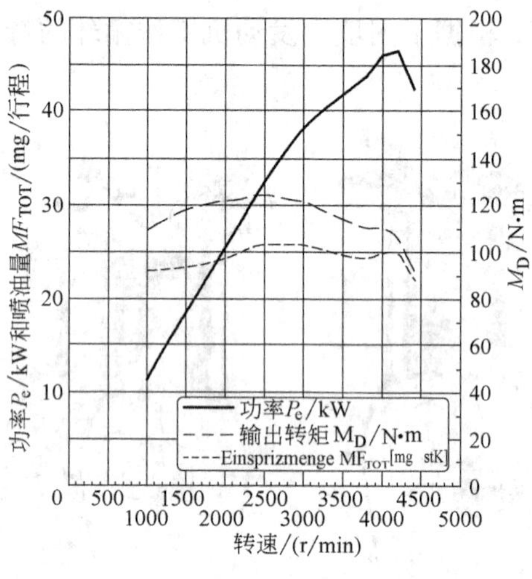

- 根据给出的转速将对应的发动机功率和发动机转矩补充完整

转速/(r/min)	1500	2000	3000	4500
汽油发动机				
功率/kW				
转矩/N·m				
柴油发动机				
功率/kW				
转矩/N·m				

• 在下表中填写两台发动机的额定功率和额定转矩

汽油发动机			
额定功率/kW		对应转速/(r/min)	
额定转矩/N·m		对应转速/(r/min)	
柴油发动机			
额定功率/kW		对应转速/(r/min)	
额定转矩/N·m		对应转速/(r/min)	

2. 哪些是计算气缸工作容积必要的参数？写出计算公式。

3. 某 4 缸发动机排量为 $1196cm^3$，其中每个气缸的燃烧室容积为 $40cm^3$，该气缸工作容积和压缩比分别是多大？

第 2 章 曲柄连杆机构

学习目标：

- 理解曲柄连杆机构的作用和组成
- 知道曲柄连杆机构的受力分析
- 掌握机体组、活塞连杆组、曲轴飞轮组主要零件的构造和装配连接关系
- 掌握机体组、活塞连杆组、曲轴飞轮组主要零件的检测和维修方法
- 学会曲柄连杆机构的装配与调整

曲柄连杆机构是往复式发动机中的动力传递系统。曲柄连杆机构是发动机实现工作循环，完成能量转换的主要运动部分。在做功行程中，它将燃料燃烧产生的热能推动活塞往复运动、由曲轴旋转运动转变为机械能，对外输出动力；在其他行程中，则依靠曲柄和飞轮的转动惯性、通过连杆带动活塞上下运动，为下一次做功创造条件。

2.1 概述

2.1.1 曲柄连杆机构的作用和组成

曲柄连杆机构是往复活塞式发动机实现能量转换的主要机构，其作用是：

- 将气体的压力变为曲轴的转矩。

- 将活塞的往复运动变为曲轴的旋转运动。
- 把燃气作用在活塞顶上的力转变为曲轴的转矩，以向工作机械输出机械能。

曲柄连杆机构由三部分组成。

1. 机体组

主要包括气缸体、曲轴箱、气缸盖、气缸套及气缸垫等不动件。

2. 活塞连杆组

主要包括活塞、活塞环、活塞销及连杆等运动件。

3. 曲轴飞轮组

主要包括曲轴、飞轮等机件。

图 2-1 为发动机曲柄连杆机构的组成。

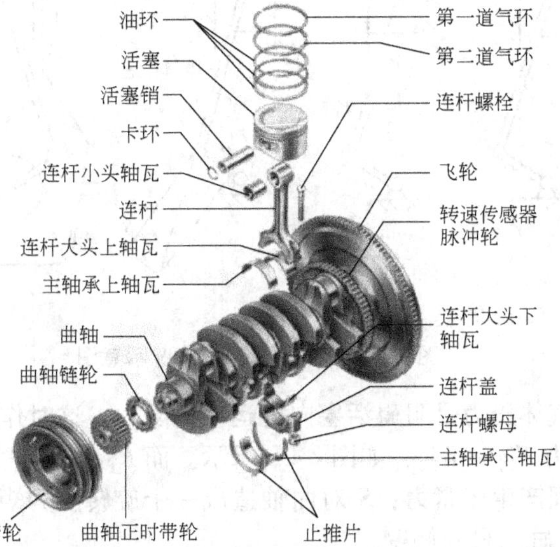

图 2-1　发动机曲柄连杆机构的组成

在发动机工作过程中，燃料燃烧产生的气体压力直接作用在活塞顶上，推动活塞进行往复直线运动，经活塞销、连杆和曲轴，将活塞的往复直线运动转换为曲轴的旋转运动。发动机产生的动力，大部分经曲轴后端的飞轮输出，还有一部分通过曲轴前端的齿轮和带轮驱动本机其他机构和系统。

2.1.2　曲柄连杆机构受力分析

曲柄连杆机构工作条件十分恶劣。气缸内最高温度可达 2500K 以上，最高压力可达 5 ~ 9MPa，最高转速可达 4000 ~ 6000r/min，此外，与可燃混合气和燃烧废气接触的机件（如气缸、气缸盖和活塞组等）还将受到化学腐蚀，因此，曲柄连杆机构是在高温、高压、高速和化学腐蚀的条件下工作的。同时，曲柄连杆机构在工作时作变速运动，受力情况相当复杂，有气体作用力、运动质量惯性力、旋转运动的离心力以及相对运动件接触表面的摩擦力等。

1. 气体作用力

在发动机工作循环的每个行程中，气体作用力始终存在且不断变化。做功行程最高，压缩行程次之，进气和排气行程较小，对机件影响不大，故这里主要分析做功和压缩两行程中的气体作用力。

在做功行程中，气体压力是推动活塞向下运动的力，燃烧气体产生的高压直接作用在活塞顶部，如图2-2a 所示。活塞所受总压力为 $\boldsymbol{F}_{P}$，它传到活塞销上可分解为 $\boldsymbol{F}_{P1}$ 和 $\boldsymbol{F}_{P2}$。分力 $\boldsymbol{F}_{P1}$ 通过活塞传给连杆，并沿连杆方向作用在连杆轴颈上。$\boldsymbol{F}_{P1}$ 还可分解为两个分力 $\boldsymbol{R}$ 和 $\boldsymbol{S}$。沿曲柄方向的分力 $\boldsymbol{R}$ 使曲轴主轴颈与主轴承间产生压紧力；与曲柄垂直的分力 $\boldsymbol{S}$ 除了使主轴颈与主轴承间产生压紧力外，还对曲轴形成转矩 $\boldsymbol{T}$，推动曲轴旋转。$\boldsymbol{F}_{P2}$ 把活塞压向气缸壁，形成活塞与缸壁间的侧压力，有使机体翻倒的趋势，故机体下部的两侧应支撑在车架上。

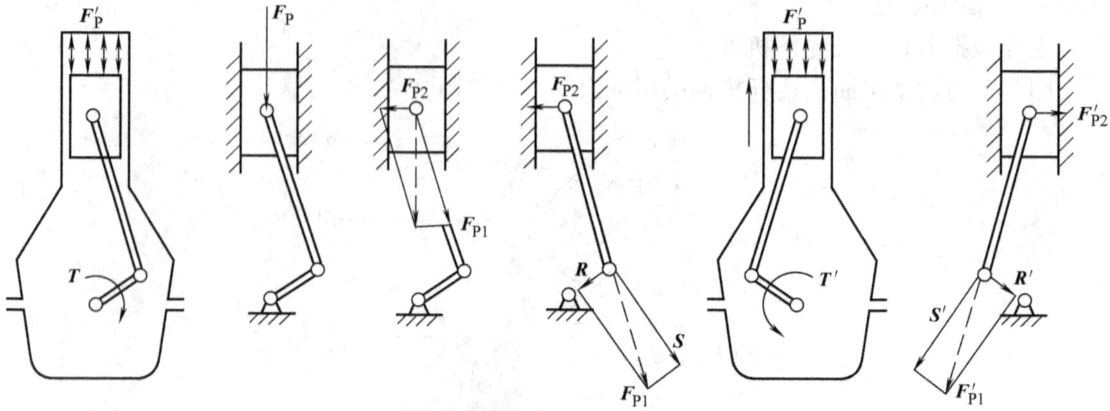

a) 做功行程　　b) 压缩行程

图 2-2　气体压力作用情况示意图

在压缩行程中，气体压力是阻碍活塞向上运动的阻力。这时作用在活塞顶部的气体压力 $\boldsymbol{F}'_{P}$ 也可分解为两个分力 $\boldsymbol{F}'_{P1}$ 和 $\boldsymbol{F}'_{P2}$，如图 2-2b 所示。而 $\boldsymbol{F}'_{P1}$ 又分解为 $\boldsymbol{R}'$ 和 $\boldsymbol{S}'$ 两个分力。$\boldsymbol{R}'$ 使曲轴主轴颈与主轴承间产生压紧力；$\boldsymbol{S}'$ 对曲轴造成一个旋转阻力矩 $\boldsymbol{T}'$，企图阻止曲轴旋转。而 $\boldsymbol{F}'_{P2}$ 则将活塞压向气缸的另一侧壁。

在发动机工作循环的任何工作行程中，气体作用力的大小都是随着活塞的位移而变化的，再加上连杆的左右摇摆，因而作用在活塞销和曲轴轴颈的表面以及二者的支撑表面上的压力和作用点不断变化，造成各处磨损不均匀。

2. 往复惯性力

往复运动的物体，当运动速度变化时，将产生往复惯性力。曲柄连杆机构中的活塞组件和连杆小头在气缸中进行往复直线运动，其速度很高且数值变化，当活塞从上止点向下止点运动时，速度变化规律是：从零开始，逐渐增大，临近中间达最大值，然后又逐渐减小至零。即前半行程是加速运动，惯性力向上，以 $\boldsymbol{F}_{j}$ 表示，如图 2-3a 所示。后半行程是减速运动，惯性力向下，以 $\boldsymbol{F}'_{j}$ 表示，如图 2-3b 所示。同理，当活塞向上运动时，前半行程是加速运动，惯性力向下，后半行程是减速运动，惯性力向上。

惯性力使曲柄连杆机构的各零件和所有轴颈承受周期性的附加载荷，加快轴承磨损；未被平衡的变化的惯性力传到气缸体后，还会引起发动机振动。

3. 离心力

物体绕某一中心做旋转运动时，就会产生离心力。在曲柄连杆机构中，偏离曲轴轴线的曲柄、连杆轴颈、连杆大头在绕曲轴轴线旋转时，将产生离心力 $\boldsymbol{F}_{c}$，其方向沿曲柄向外，如图 2-3 所示。离心力在垂直方向上的分力 $\boldsymbol{F}_{cy}$ 与惯性力 $\boldsymbol{F}_{j}$ 的方向总是一致的，因而加剧了发动机的上、下振动。而水平方向的分力 $\boldsymbol{F}_{cx}$ 则使发动机产生水平方向的振动。此外，离心力使连杆大头的轴承和轴颈受到又一附加载荷，增加了它们的变形和磨损。

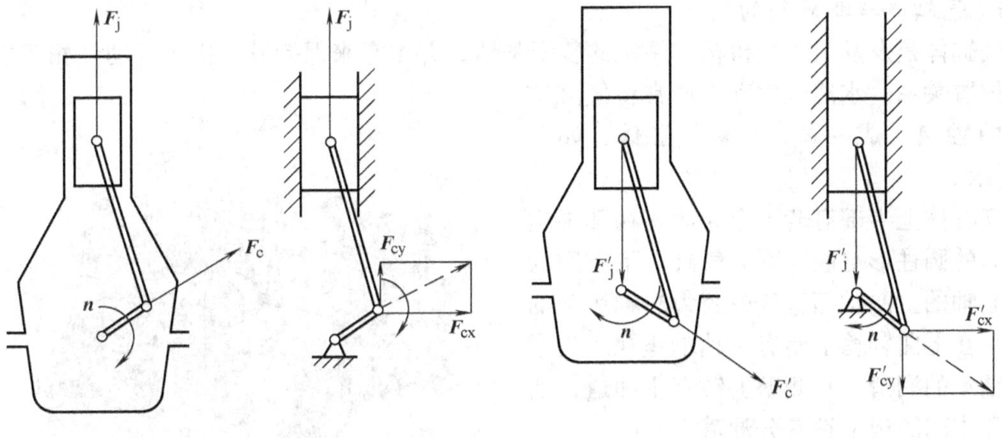

a) 活塞在上半行程的惯性力　　b) 活塞在下半行程的惯性力

图 2-3　往复惯性力和离心力作用情况示意图

4. 摩擦力

任何一对互相压紧并作相对运动的零件表面之间都存在摩擦力。在曲柄连杆机构中，活塞、活塞环、气缸壁之间，曲轴、连杆轴承与轴颈之间都存在摩擦力，它是造成零件配合表面磨损的根源。

上述各种力作用在曲柄连杆机构和机体的各有关零件上，使它们受到压缩、拉伸、弯曲和扭转等不同形式的载荷。为保证发动机工作可靠，减少磨损，在结构上应采取相应措施。

2.2　机体组的构造与维修

机体是发动机的骨架和外壳，许多零部件和辅助系统的元件都安装在机体上。它是发动机的固定件，是发动机形状尺寸的主要决定因素。

机体组由气缸体、曲轴箱、气缸盖和气缸垫等零件组成，如图 2-4 所示。

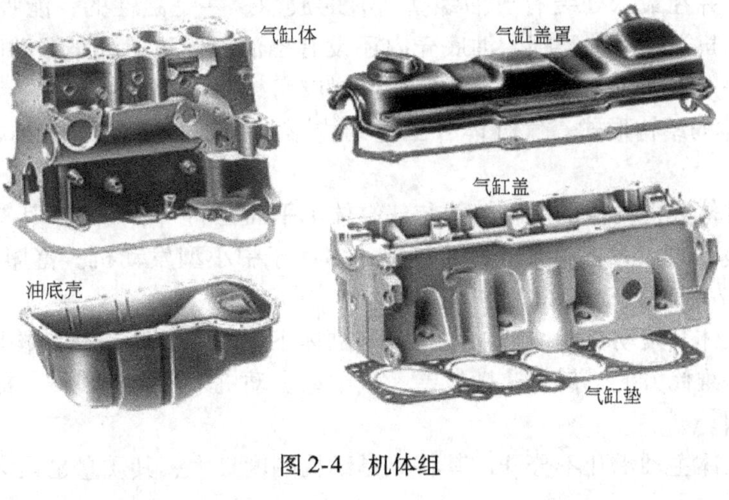

图 2-4　机体组

2.2.1 气缸体与曲轴箱

1. 气缸体与曲轴箱的构造

气缸体是发动机各个机构和系统的装配基体，并由它来保持发动机各运动件相互之间的准确位置关系。水冷式发动机通常将气缸体与上曲轴箱铸成一体，简称气缸体，如图2-5所示。

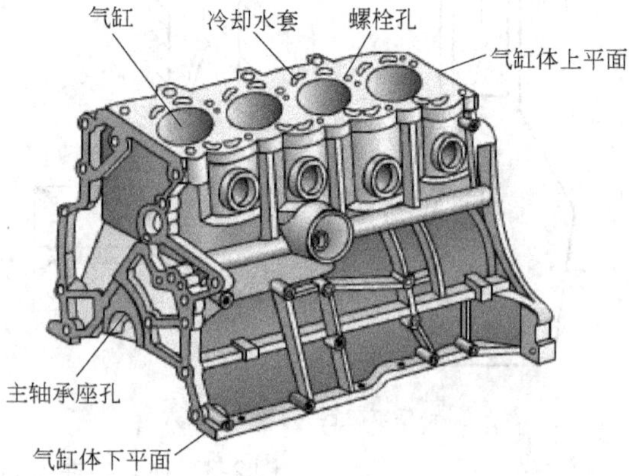

图 2-5 气缸体

气缸体上半部有若干个为活塞在其中运动导向的圆柱形空腔，称为气缸。下半部为支承曲轴的上曲轴箱，其内腔为曲轴运动的空间。在上曲轴箱上制有主轴承座孔。为了这些轴承的润滑，在侧壁上钻有主油道，前后壁和中间隔板上钻有分油道。

气缸体的上、下平面用以安装气缸盖和下曲轴箱，是气缸修理的加工基准。

在发动机工作时，气缸体要承受较大的机械负荷和较复杂的热负荷，气缸体的变形会破坏各运动件之间准确的位置关系，导致发动机技术状况变坏，使用寿命缩短，因而要求气缸体应具有足够的刚度、强度和良好的耐热、耐腐蚀性。一般气缸体采用灰铸铁、球墨铸铁或合金铸铁制造，有些发动机为了减轻质量、加强散热而采用铝合金制造。

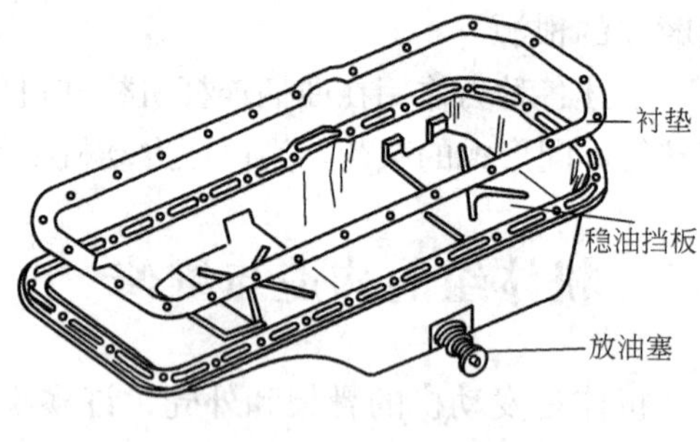

图 2-6 下曲轴箱

下曲轴箱也称油底壳，如图 2-6 所示。主要用于储存机油并密封曲轴箱，同时也可起到机油散热作用。油底壳一般采用薄钢板冲压而成，其形状取决于发动机总体结构和机油容量。为保证发动机纵向倾斜时机油泵仍能吸到机油，油底壳中部做得较深，并在最深处装有放油螺塞，有的放油螺塞是磁性的，能吸附机油中的金属屑，以减少发动机运动件的磨损。油底壳内还设有挡油板，防止汽车振动时油面波动过大。为防止漏油，一般都有密封垫，也有的采用密封胶密封。

（1）气缸体的结构形式　气缸体有三种结构形式，即平分式、龙门式和隧道式，如图 2-7 所示。

平分式气缸体其发动机的曲轴轴线与气缸体下平面在同一平面上。其特点是便于机械加工，但刚度较差，曲轴前后端的密封性较差，多用于中小型发动机。富康 ZX 轿车 TU3. 2K 发动机、夏利 376Q 型发动机的气缸体属于这种结构。

龙门式气缸体其发动机的曲轴轴线高于气缸体下平面。其特点是结构刚度和强度较好，密封简单可靠，维修方便，但工艺性较差，大中型发动机采用。桑塔纳、捷达和奥迪等发动机属于这种结构。

隧道式气缸体主轴承孔不分开，其特点是结构刚度最大，其质量也最大，主轴承的同轴

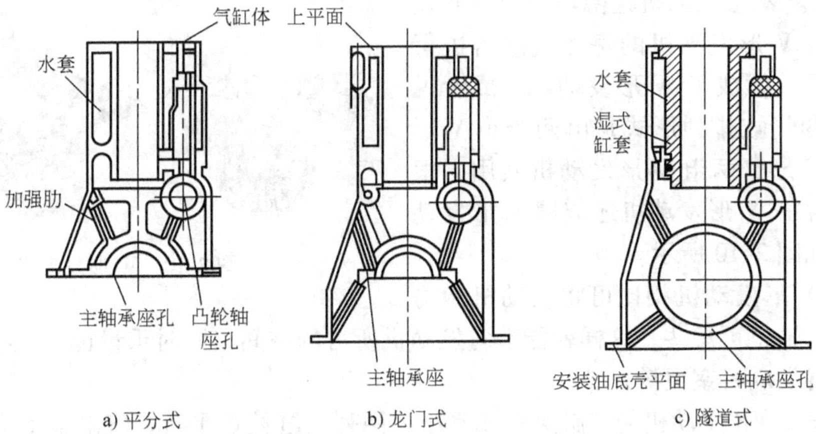

图 2-7　气缸体的结构形式

度易保证，但拆装比较麻烦，多用于主轴承采用滚动轴承的组合式曲轴。黄河 JN1181C13 型汽车 6135Q 型发动机采用这种结构。

（2）气缸的排列方式　发动机气缸排列方式基本上有三种：直列式、V 形、W 形和水平对置式，如图 2-8 ~ 图 2-12 所示。

1）直列式。直列式发动机一般缩写为 L，发动机的各个气缸排成一列，所有气缸共用一根曲轴和一个缸盖，气缸一般垂直布置，如图 2-8 所示。直列式结构简单，易于制造，从而在一定程度上降低了成本，但长度和高度较大，故有些发动机为了降低高度，有时也把气缸布置成倾斜的。一般六缸以下发动机多采用直列式。

2）V 形。V 形发动机将气缸排成二列，如图 2-9 所示，其气缸中心线的夹角 $\gamma<180°$，最常见的是 60° ~ 90°。这种设计采用一根曲轴驱动两列气缸中的活塞运动，曲轴上每个连杆轴颈上连接两个连杆，发动机必须有两个缸盖。V 形结构缩短了发动机的长度，降低了发动机的高度，而更低的安装位置可以便于设计师设计出风阻系数更低的车身，同时得益于气缸对向布置，还可抵消一部分振动，使发动机运转更为平顺。但发动机宽度增大，形状复杂，加工困难，一般多用于气缸数多的大功率发动机上。

图 2-8　直列 6 缸发动机

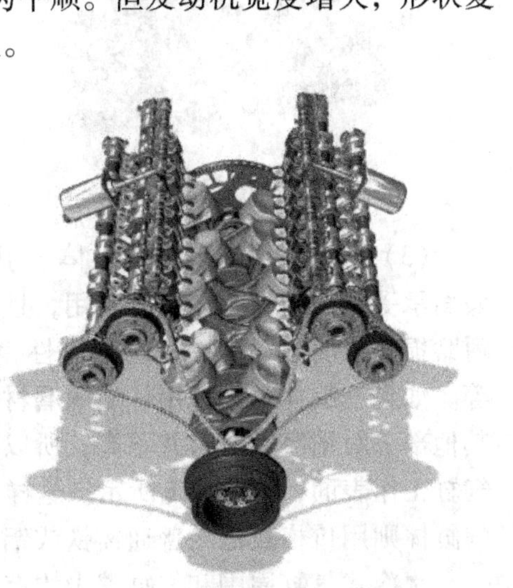

图 2-9　V 形发动机

3）W 形。W 形发动机是德国大众专属发动机技术。将 V 形发动机的每侧气缸再进行小角度的错开，就成了 W 形发动机。或者说 W 形发动机的气缸排列形式是由两个小 V 形组成一个大 V 形，两组 V 形发动机共用一根曲轴。严格说来 W 形发动机还应属 V 形发动机的变种，如图 2-10 所示。

图 2-10　W 形发动机

W 形与 V 形发动机相比可将发动机做得更短一些，曲轴也可短些，这样就能节省发动机所占的空间，同时重量也可轻些，但它的宽度更大，使得发动机室更满。

4）VR 式。VR 发动机的气缸夹角非常小，两列气缸接近平行，气缸盖上火花塞的孔几乎并在一条直线上，如图 2-11 所示。VR 发动机是大众的专属产品，1991 年，大众公司开发了一种 15°夹角的 V6 2. 8L 发动机，称为 VR6，并安装在第三代高尔夫上。这种发动机结构紧凑，宽度接近于直列发动机，其长度比直列 4 缸发动机长不了多少。

5）水平对置式。水平对置式发动机两列气缸之间的夹角为 180°，一根曲轴、两个缸盖，曲轴的每个轴颈上连接两个连杆，如图 2-12 所示。

水平对置发动机的最大优点是重心低。由于它的气缸为“平放”，不仅降低了汽车的重心，还能让车头设计得又扁又低，这些因素都能增强汽车的行驶稳定性。但是水平对置发动机的制造成本和工艺难度相当高，所以目前世界上只有保时捷和斯巴鲁两个厂商在使用。

图 2-11　VR 发动机

图 2-12　水平对置式发动机

（3）气缸与气缸套　气缸体内引导活塞作往复运动的圆柱形空腔称为气缸。气缸工作表面承受燃气的高温、高压作用，且活塞在其中作高速运动，因此要求其耐高温、耐高压、耐磨损和耐腐蚀。为了提高耐磨性，有时在铸铁中加入了一些合金元素如镍、钼、铬和磷等。如果气缸体全部采用优质耐磨材料，则成本太高，因为除与活塞配合的气缸壁表面外，其他部分对耐磨性要求并不高，所以现代汽车发动机广泛采用在气缸体内镶入气缸套，形成气缸工作表面，如表 2-1 所示。这样，气缸套可用耐磨性较好的合金铸铁或合金钢制造，而气缸体则用价格较低的普通铸铁或铝合金等材料制造。

水冷式气缸周围和气缸盖中均有用以充水的空腔，称为水套。气缸体和气缸盖上的水套是相互连通的，利用水套中的冷却液流过高温零件的周围而将热量带走。

表 2-1　气缸与气缸套

带有一体式气缸孔	带有湿式气缸套	带有干式气缸套
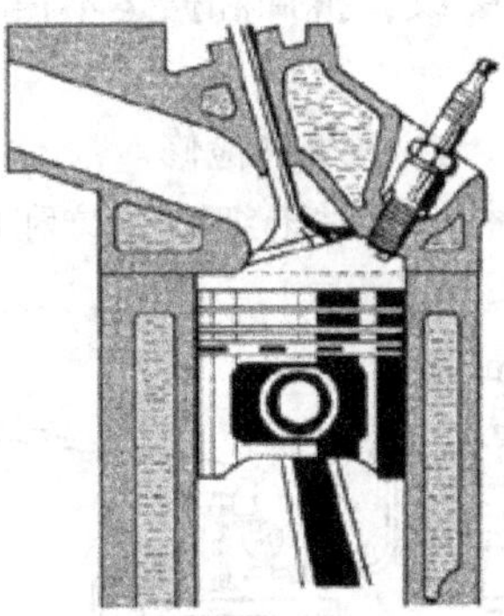		
气缸孔在气缸体中加工出来。气缸体浇铸成一体,采用带片状石墨的铸铁或合金铸铁作为气缸体材料	气缸套镶入气缸体内。冷却液直接接触气缸套并从其周围流过,气缸壁厚为 5 ~ 9mm。气缸套端部带有凸缘,上端由气缸盖密封垫密封,下端通过密封环将水套与曲轴箱隔开。气缸套采用高级离心铸造工艺制成	气缸套压入气缸孔中。冷却液不直接接触气缸套,气缸套壁厚为 1 ~ 3mm。气缸套嵌入铝合金和铸铁气缸中,多次镗缸后会造成气缸壁厚不足

2. 气缸体的维修

发动机运转时，气缸体是在高温、高压、骤冷和交变载荷条件下工作的，在使用中容易发生损伤，气缸体的损伤形式主要有气缸体的变形、裂纹和气缸的磨损；其次也可能发生螺纹孔损坏和水道边缘处的腐蚀等。这些损伤将破坏零件的正确几何形状，造成漏气、漏水，影响发动机的装配质量和工作能力。

（1）气缸体变形的检修　气缸体在使用过程中发生变形的现象是普遍存在的。这是由于拆装螺栓时力矩过大或不均、或不按顺序拧紧、或高温下拆卸气缸盖等都会引起气缸体与气缸盖结合平面的翘曲变形所致。

气缸体变形主要表现为上、下平面，端面的翘曲和配合表面的相对位置误差增加。

1）气缸体变形的检验。气缸体的翘曲变形可用平板做接触检验，也可用刀形样板尺（或钢直尺）和塞尺检测。用刀形样板尺和塞尺检测气缸体平面翘曲的方法如图 2-13 所示。将等于或大于被测平面全长的刀形样板尺放到气缸体平面上，沿气缸体平面的纵向、横向和对角线方向多处用塞尺进行测量，求得其平面度误差。

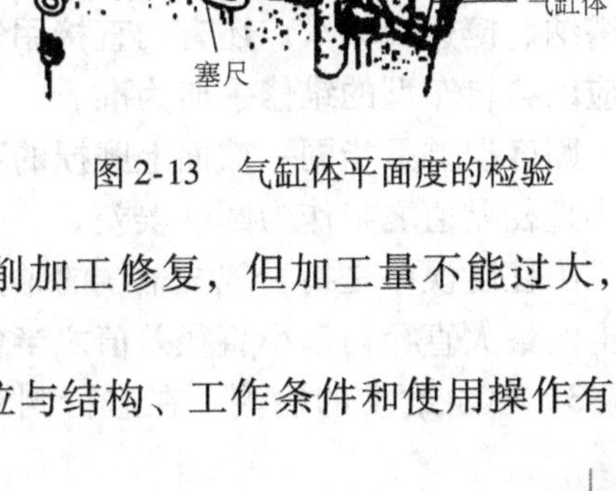

图 2-13　气缸体平面度的检验

2）气缸体变形的修理。气缸体变形后，可根据变形程度采取不同的修理方法。平面度误差在整个平面上不大于 0.05mm 或仅有局部不平时，可用刮刀刮平；平面度误差较大时可采用平面磨床进行磨削加工修复，但加工量不能过大，约 0.24 ~0.50mm，否则会影响压缩比。

（2）气缸体裂纹的检修　气缸体产生裂纹的部位与结构、工作条件和使用操作有关。

如水套的冰冻裂纹；曲轴箱共振裂纹；气缸套修理尺寸级数过多和镶装气缸套过盈量过大，压装工艺不当等造成的裂纹；气缸体各处壁厚不均匀造成应力，在一些薄弱部位出现裂纹；发动机长时间在超负荷条件下工作，造成气缸体内应力过大产生裂纹；拆卸和搬运不慎，使气缸体受振动、碰撞而致裂等。

裂纹会引起发动机漏气、漏水和漏油，影响发动机正常工作，必须及时检修。

1）气缸体裂纹的检验。气缸体外部明显的裂纹，可直接观察。而对于细微裂纹和内部裂纹，一般采用和气缸盖装合后进行水压试验，如图 2-14 所示。将气缸盖和气缸衬垫装在气缸体上，将水压机出水管接头与气缸前端水泵入水口处连接好，并封闭所有水道口，然后将水压入水套，要求在 0.3 ~ 0.4MPa 的压力下，保持约 5min，应没有任何渗漏现象。如有水珠渗出，则表明该处有裂纹。

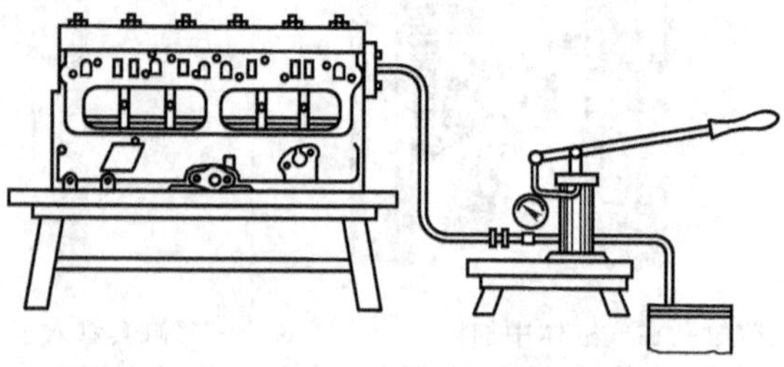

图 2-14　水压试验

2）气缸体裂纹的修理。在对气缸体裂纹进行修理时，凡涉及漏气、漏水和漏油等问题，一般予以更换。对未影响到燃烧室、水道和油道的裂纹，则根据裂纹的大小、部位和损伤程度等情况选择粘接、焊接等修理方法进行修补。

（3）气缸磨损的检修　气缸体的磨损主要发生在气缸、曲轴主轴承承孔和后端面等部位，其中活塞在气缸中作高速运动，长时间工作后产生的磨损达到一定程度时，将引起发动机动力性、经济性明显下降，发动机是否需要大修，主要取决于气缸的磨损程度。因此，了解气缸的磨损规律和原因，便于正确合理地使用发动机，延长发动机的使用寿命。

1）气缸的磨损规律。气缸正常磨损的特征是不均匀磨损。气缸孔沿高度方向磨损成上大下小的倒锥形，最大磨损部位是活塞处于上止点时第一道活塞环对应的气缸壁位置，而该位置以上几乎无磨损形成明显的“缸肩”。气缸沿圆周方向的磨损形成不规则的椭圆形，其最大磨损部位一般是前后或左右方向。

造成上述不均匀磨损现象的原因是：活塞在上止点附近时各道环的背压最大，其中又以第一道环为最大，以下逐道减小；加之气缸上部温度高，润滑条件差，进气中的灰尘附着量多，废气中的酸性物质引起的腐蚀等，造成了气缸上部磨损较大。而圆周方向的最大磨损部位主要是侧向力、曲轴的轴向窜动等造成的。

2）气缸磨损程度的衡量指标。车型不同，选用的磨损程度的衡量指标也不同。有的用圆度误差和圆柱度误差来衡量；也有以标准尺寸和气缸磨损后的最大尺寸之差值来衡量，如桑塔纳、捷达等轿车。还有的直接用气缸最大磨损尺寸来衡量，如丰田车系。不同车型发动机应以各自车型的维修手册为准。

圆度误差是指同一截面上磨损的不均匀性，用同一横截面上不同方向测得的最大直径与最小直径差值之半作为圆度误差。

圆柱度误差是指沿气缸轴线的轴向截面上磨损的不均匀性，用被测气缸表面任意方向所测得的最大直径与最小直径差值之半作为圆柱度误差。

3）气缸磨损的检测。在进行测量时，测量部位的选择很重要，气缸的测量位置如图

2-15所示，在气缸体上部距气缸上平面10mm处，气缸中部和气缸下部距缸套下口10mm处的三个截面，按A、B两个方向分别测量气缸的直径。

测量时，通常使用内径千分表，其方法如下：

① 根据气缸直径的尺寸，选择合适的接杆，固定在内径千分表的下端。

② 校正内径千分表的尺寸。将外径千分尺校准到被测气缸的标准尺寸，再将内径千分表校准到外径千分尺的尺寸，并使伸缩杆有1～2mm的压缩量，旋转表盘，使大表针对准零位。

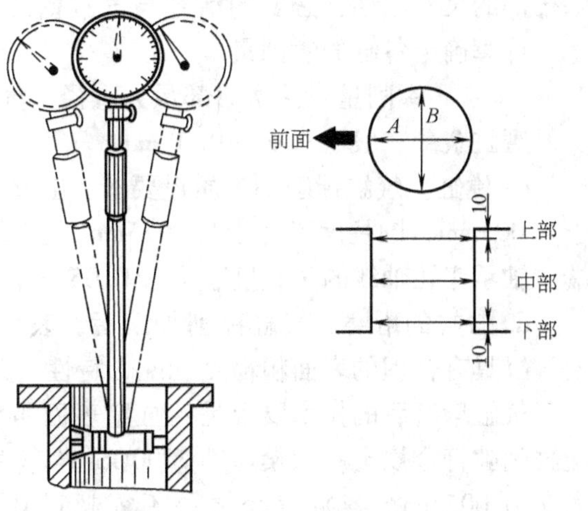

图2-15　气缸磨损的检测

③ 将内径千分表的测杆伸入到气缸的上部，即气缸体上部距气缸上平面10mm处（第一道活塞环在上止点位置时所对应的气缸壁），微微摆动表杆，使测杆与气缸中心线垂直，内径千分表指示的最小读数即为正确的气缸直径。通常分别测量平行和垂直于曲轴轴线方向的气缸磨损程度。

④ 将内径千分表下移，用同样方法测量气缸中部和下部的磨损程度。

4）气缸的修理。当发动机中磨损量最大的气缸，其磨损程度衡量指标超过规定标准时，则应进行修理。如桑塔纳2000GSi轿车AJR发动机，规定其磨损最大的气缸直径与标准直径的最大偏差为0.08mm。

气缸的修理通常采用机械加工的方法，即修理尺寸法和镶套修复法。

修理尺寸法是指在零件结构、强度和强化层允许的条件下，将配合副中主要件的磨损部位经过机械加工至规定尺寸，恢复其正确的几何形状和精度，然后更换相应的配合件，得到尺寸改变而配合性质不变的修理方法。

修复后的尺寸称为修理尺寸，对于孔件是扩大了的，对于轴件是缩小了的。

镶套修复法是对于经多次修理，直径超过最大修理尺寸，或气缸壁上有特殊损伤时，可对气缸承孔进行加工，用过盈配合的方式镶上新的气缸套，使气缸恢复到原来的尺寸的修理方法。

① 气缸的镗磨加工。

a. 确定气缸的修理尺寸。气缸的修理尺寸应按修理级别进行。修理级别一般分为4～6级，每加大0.25mm为一级，最大不超过1.00mm或1.50mm。现在汽车车型繁多，修理级别应符合原厂规定，如桑塔纳2000GSi轿车AJR发动机气缸修理尺寸只有一级，它是在标准尺寸（81.01mm）的基础上，加大+0.50mm。

$$气缸的修理尺寸 = 气缸最大直径 + 镗磨余量$$

镗磨余量一般取0.10～0.20mm。

计算出的修理尺寸应与修理级别对照。如与修理级别不相符，应圆整到下一个修理级别。同一台发动机的各气缸应采用同一级修理尺寸。

b. 确定镗削量。气缸修理尺寸确定后，选配同级修理尺寸的活塞，并依次测量每个活塞裙部的尺寸，结合必要的活塞与气缸壁的配合间隙和镗磨余量，分别根据各缸的实际尺寸，计算确定各缸的镗削量。

镗削量 = 活塞裙部最大直径 - 气缸最小直径 + 配合间隙 - 磨缸余量

磨缸余量一般取0.01 ~0.05mm。

c. 镗缸。气缸镗削加工质量要求：缸壁表面粗糙度应不大于 R_a2.5；干式缸套圆度不大于0.005mm，圆柱度不大于0.0075mm；湿式缸套圆柱度不大于0.0125mm；气缸轴线对两端主轴承座孔轴线的垂直度不大于0.05mm。

d. 气缸的珩磨。气缸镗削加工后，表面存在螺旋形的细微刀痕，必须进行珩磨加工，使气缸具有合理的表面粗糙度和配合特性，并具有良好的磨合性能。

气缸珩磨后的技术要求是：缸壁表面粗糙度应不大于 R_a0.63；气缸的圆度、圆柱度及配缸间隙符合规定。如桑塔纳2000GSi 轿车 AJR 发动机气缸镗磨后的圆度和圆柱度误差应不大于0.005mm，各缸直径之差不得超过0.05mm。气缸与活塞的配合间隙应为0.025 ~ 0.030mm，磨损极限值为0.11mm。

② 镶装气缸套。气缸用修理尺寸法修理超过最后一级时，可用镶套法恢复至原始尺寸。

干式气缸套的镶配工艺：

a. 选择气缸套。第一次镶套选用标准尺寸的气缸套；若气缸体上已镶有缸套，拆除旧套后，应选用大一级修理尺寸的气缸套。

b. 检修气缸套承孔。根据气缸套的外径尺寸，将气缸套承孔镗至所需尺寸，按要求留有过盈量。

c. 镶配。将气缸套外壁涂以机油，放正气缸套，用压床以20 ~50kN 的压力缓慢压入。为防止缸体变形，应采用隔缸压入法。压入后的缸套应与气缸体上平面平齐。压入缸套前后应对气缸体进行水压试验。

湿式气缸套镶配工艺：

a. 拆除旧气缸套，并清除气缸体承孔接合面上的沉积物。

b. 将镗磨好的气缸套，在装水封圈的部位涂以密封胶，装妥水封圈并压紧在气缸体承孔内。装后应进行水压试验。

2.2.2 气缸盖

气缸盖的作用是封闭气缸上部，并与活塞顶部和气缸壁一起构成燃烧室。

1. 气缸盖的构造

气缸盖是发动机上最复杂的零件之一，它包括：

- 新鲜气体和废气通道，包括气门座。
- 气门和凸轮轴部件的支撑和导向部分。
- 火花塞螺纹孔。
- 冷却液通道。
- 燃烧室。

图2-16 所示为典型气缸盖。

气缸盖材料一般采用优质灰铸铁、合金铸铁或铝合金铸造。

(1) 气缸盖的结构形式　汽车发动机气缸盖的结构形式有两种：整体式和分开式。

图 2-16　气缸盖

整体式气缸盖是指多缸发动机的多个气缸共用一个缸盖。整体式缸盖结构紧凑，零件数少，可缩短气缸中心距和发动机总长度，制造成本低。当气缸数不超过 6 个，气缸直径小于 105mm 时，均采用整体式气缸盖。

分开式气缸盖是指一个、两个或三个气缸共用一个缸盖。这种结构刚度较高，变形小，易于实现对高温高压燃气的有效密封，同时易于实现发动机产品的系列化。但气缸盖零件数增多会使气缸中心距增大，一般用在缸径较大的发动机上。

（2）燃烧室　汽油机的燃烧室是由活塞顶部及缸盖上相应的凹部空间组成。对燃烧室有如下基本要求：

1）紧凑且光滑。燃烧室应该是一个面积很小的紧凑空间，冷却面积小，可以减少热量损失；表面光滑，不易积炭。

2）中央火花塞装置。采用中央火花塞装置时火焰扩散不受阻挡且火焰传播距离短。

3）较好的混合气涡流。混合气涡流通过挤压面得到改善。在上止点时挤压面的间距减少至只有几厘米的间隙，从而以极高的速度将混合气从挤压区中挤压出去并有助于在燃烧室内形成涡流。混合气涡流使燃烧融洽且在压缩比较高时也不会导致爆燃现象。

汽油机燃烧室有楔形、半球形、盆形、双球形、浅篷形等。各燃烧室的形状和特点见表 2-2。

表 2-2　汽油机燃烧室的形状和特点

形状	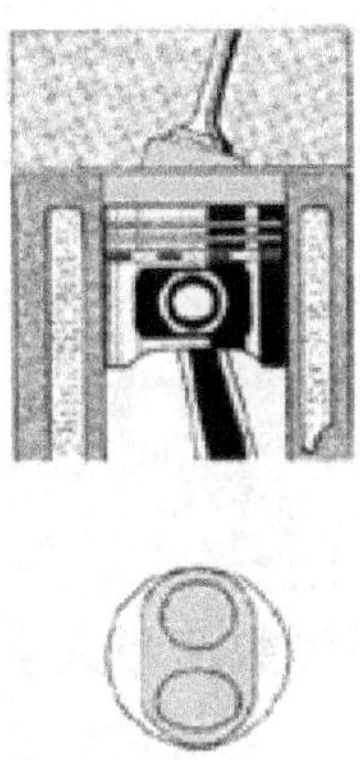		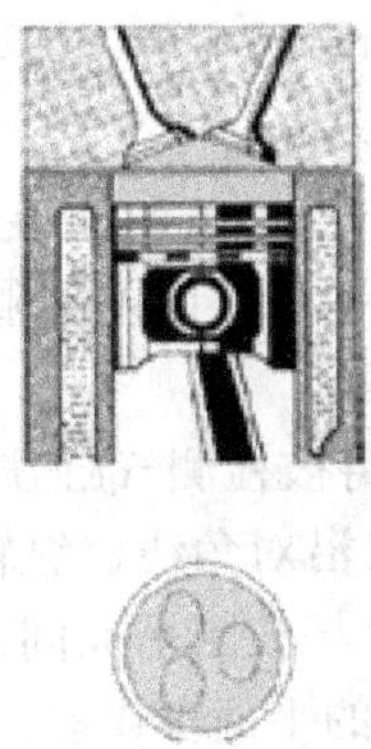	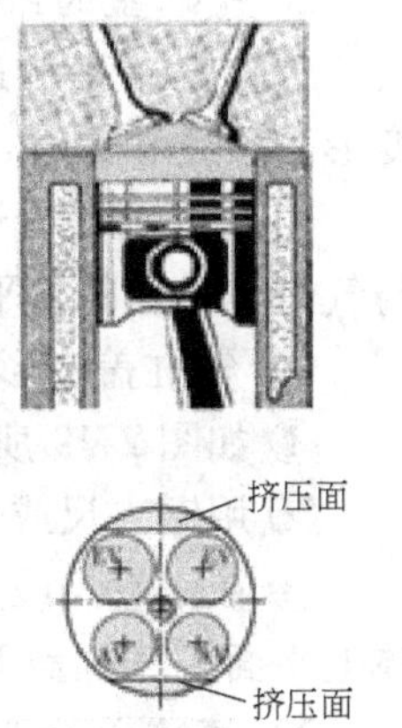
特点	楔形燃烧室结构紧凑，气门斜置，气道导流效果较好，充气效率高，易形成挤气涡流，故动力性和经济性都较好，并有利于减少 CO 和 HC 的排放	盆形燃烧室结构比较紧凑，能产生挤气涡流，但盆的形状狭窄，气门尺寸受到限制，气道弧线较差，影响换气效果。因而动力性和经济性均不如楔形燃烧室	半球形燃烧室结构紧凑，散热面积小，火花塞多位于燃烧室中部，火焰行程短，燃烧速度快，不易产生爆燃。因而动力性和经济性都很好	四气门浅篷形燃烧室结构紧凑，挤气效果强，火花塞布置在燃烧室的中央，火焰传播速度快，热效率高

（3）气道　现代汽车发动机采用顶置气门，进、排气道都布置在气缸盖上。如果每个气门都有一个气道是最理想的，但由于空间的问题，有时只能将气道合并。这些气道被称为叉形气道，如图2-17所示。

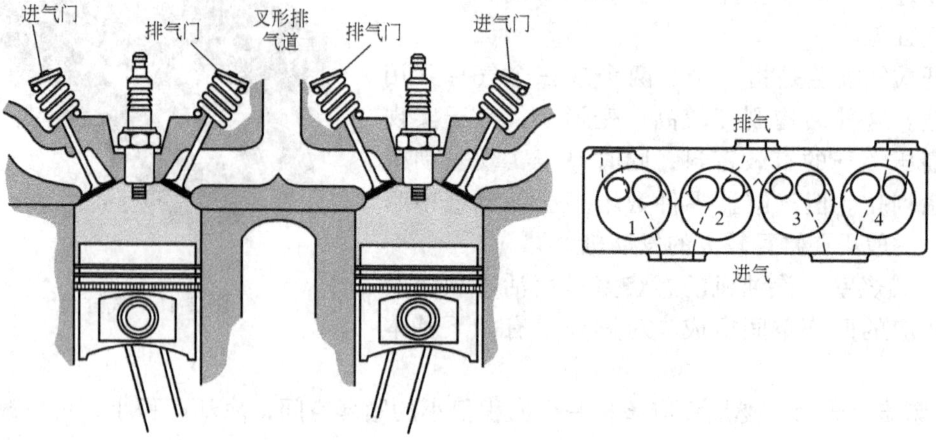

图2-17　气缸盖上的气道

（4）气缸盖罩　气缸盖罩密封配气机构等零部件（如图2-18所示），防止灰尘污染润滑油或灰尘进入加快气门传动机构的磨损。有的罩盖上有加机油口和曲轴箱通风管接口。

气缸盖罩用铝合金铸造或薄钢板冲压制成，与气缸盖结合面加上橡胶衬垫。

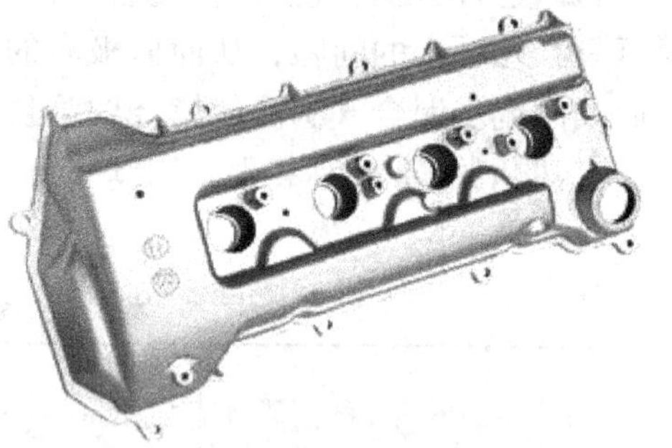

图2-18　气缸盖罩

2. 气缸盖的维修

气缸盖在工作过程中发生的损伤形式主要有变形、裂纹和螺纹孔损坏等。

（1）气缸盖变形的检修　气缸盖变形主要指与气缸体结合的下平面的平面度误差超限。

1）气缸盖变形的检测。

① 如图2-19所示，将被检测气缸盖翻过来放在检测平台上。

② 用钢直尺或刀形尺沿对角线、纵轴线和横向贴靠在被测平面上。

③ 在钢直尺或刀形尺与被测平面间的缝隙处插入塞尺，塞尺所测数值最大者即为气缸体上平面或气缸盖下平面的平面度误差。

2）气缸盖变形的修理。气缸盖平面度超出限值，应予以修理或更换。如桑塔纳2000GSi轿车AJR发动机气缸盖的平面度最大不得超过0.1mm。其修理方法和气缸体平面度的修复方法相同。

经过修理后的气缸盖，其缸盖高度不得低于规定值，如桑塔纳2000GSi轿车AJR发动机气缸盖的高度不得低于133mm，如图2-20所示。同时还应检查燃烧室容积，燃烧室容积一般不得小于标定容积的95%，同一缸盖各缸燃烧室容积差不大于平均容积的1%~2%，否则更换缸盖。

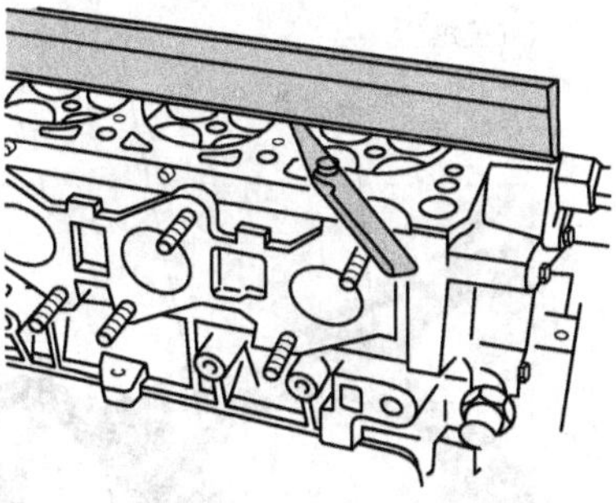

图 2-19　气缸盖变形的检测

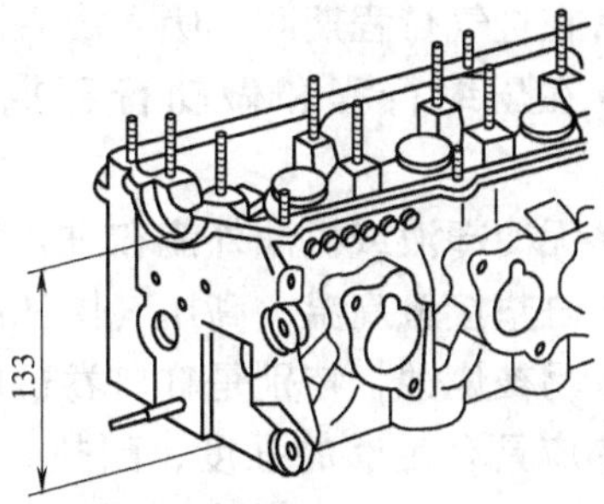

图 2-20　桑塔纳 2000GSi 轿车 AJR 发动机气缸盖最小高度尺寸

燃烧室容积的简易测量方法为：彻底清除燃烧室内的积炭和污垢，将修平的气缸盖放置在工作台上，用水平仪找好水平；将火花塞和进、排气门按规定装配好，并保证不泄漏；用量杯加入 80% 的煤油和 20% 的机油的混合油至燃烧室，记下量杯中液面变化的差值，总注入量即为燃烧室容积。如果活塞顶部有凹坑，还应测量凹坑的容积。若燃烧室容积减少，应采用铣削方法，去掉燃烧室内金属较厚的部分，调整合适为止。

（2）气缸盖裂纹的检修　气缸盖的裂纹常出现在气门座及火花塞螺孔之间。气缸盖出现裂纹一般应予以更换。

（3）气缸盖的拆装　为保证高温高压燃气的密封，气缸盖用多个缸盖螺栓以一定力矩紧固到缸体上。气缸盖螺栓的拆装顺序一般采用对称法：装配时，由中间向两端逐个对称拧紧；拆卸时，则由两端向中间逐个对称拧松，如图 2-21 所示。几乎所有发动机都明确规定了气缸盖螺栓的拧紧力矩并要求分几次拧紧至规定值，如桑塔纳 2000GSi 轿车 AJR 发动机要求以 40N · m 的力矩拧紧气缸盖螺栓，然后再用扳手拧紧 180°。

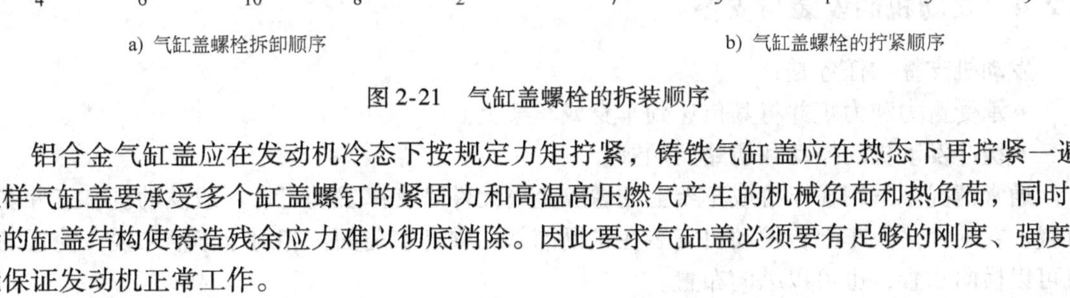

图 2-21　气缸盖螺栓的拆装顺序

铝合金气缸盖应在发动机冷态下按规定力矩拧紧，铸铁气缸盖应在热态下再拧紧一遍。这样气缸盖要承受多个缸盖螺钉的紧固力和高温高压燃气产生的机械负荷和热负荷，同时复杂的缸盖结构使铸造残余应力难以彻底消除。因此要求气缸盖必须要有足够的刚度、强度才能保证发动机正常工作。

2.2.3　气缸垫

气缸垫用来保证气缸体与气缸盖结合面间的密封，以确保：

● 在进气行程期间不吸入渗入的空气。

● 在压缩行程和做功行程期间不出现压力损失。

● 无冷却液或机油外流和进入气缸内。

气缸垫接触高温、高压气体和冷却液，在使用中很容易被烧蚀，特别是缸口卷边周围。因此要求气缸垫应具有足够的强度，耐热；不烧损或变质，耐腐蚀；具有一定的弹性，能弥补接合面的不平度，以保证密封；使用寿命长。

1. 气缸垫的构造

某发动机气缸垫的结构如图 2-22 所示。气缸垫上开有气缸盖螺栓孔、机油通道、冷却液通道等，现代发动机中使用多层钢板式气缸垫。

国外一些发动机开始使用耐热密封胶取代传统的气缸垫，这种发动机对气缸盖和气缸体结合面的平面度要求极高。

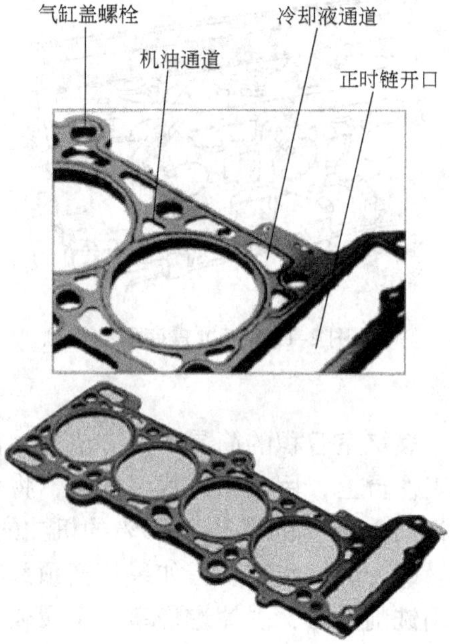

图 2-22　气缸垫

2. 气缸垫的维修

气缸垫常见损伤是烧蚀。部位一般在水道孔、油道孔与气缸孔之间，导致油、水、气相互渗透，致使发动机不能正常工作。

气缸垫损坏后只能更换。

3. 气缸垫的安装

气缸垫安装时，应注意将卷边朝向易修整的接触面或硬平面。当气缸盖和气缸体同为铸铁时，卷边应朝向气缸盖（易修整）；当气缸盖为铝合金，气缸体为铸铁时，卷边应朝向气缸体（硬平面）。

换用新的气缸垫时，有标记（“OPEN”、“TOP”——顶部的意思）的一面朝向气缸盖，如图 2-23 所示。

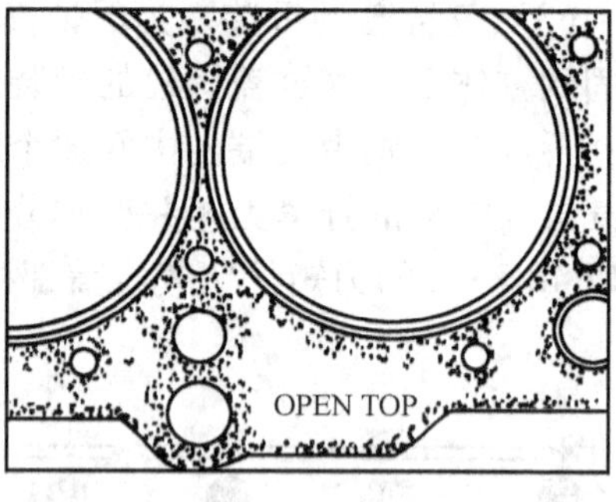

图 2-23　气缸垫的标记

2.2.4 发动机的安装与支撑

发动机支撑的任务是：

● 承受重力和力矩并将其传递到车身或车架上。

● 缓冲发动机的振动和道路的颠簸。

通常情况下采用在车身或车架上的橡胶金属元件来支撑发动机。一般发动机有三种安装位置。在绝大多数车上，发动机安装在车辆前部，乘客室前面。相对于车辆来说，前置发动机可以横向布置，也可以纵向布置。

发动机的第二种安装位置是安装在车辆中部，乘客室和后悬架之间。中置发动机通常是横向布置的。

发动机的第三种安装位置是安装在车辆后部，在这种情况下一般使用水平对置式发动机。对于这几种安装位置来说，每种安装位置既有优点又有缺点。

发动机通过气缸体和飞轮壳或变速器壳支承在车架上。一般有三点支承和四点支承两种，如图2-24所示。所谓三点支承即前端两点通过曲轴箱支承在车架上，后端一点通过变速器壳支承在车架上。四点支承则为前端两点通过曲轴箱支承在车架上，后端两点通过飞轮壳支承在车架上。

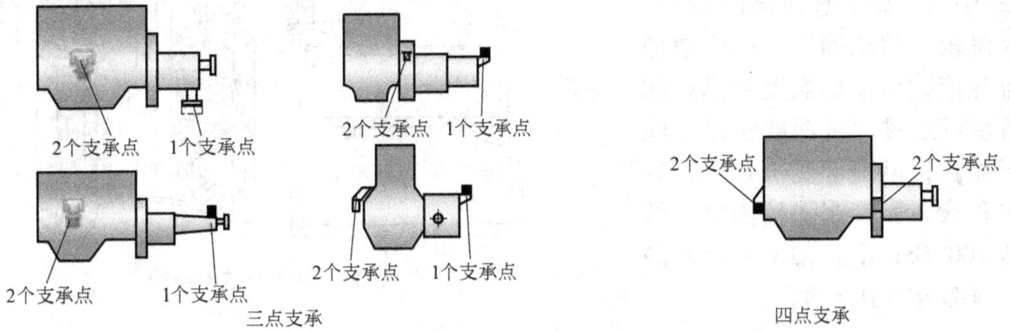

图2-24　发动机支承

为了消除汽车在行驶中车架变形对发动机的影响，以及减少传给底盘、乘员的振动和噪声，发动机在车架上的支承采用弹性支承。

2.3　活塞连杆组的构造与维修

活塞连杆组由活塞、活塞环、活塞销和连杆组等机件组成。发动机的活塞连杆组零件如图2-25所示。

2.3.1　活塞

活塞的作用有：

- 承受燃烧时产生的气体压力，并通过活塞销传给连杆，推动曲轴旋转。
- 将燃烧热量通过活塞环传到气缸壁上。
- 活塞顶部与气缸盖、气缸壁共同组成燃烧室；并与活塞环一起将燃烧室气体密封，并使其在运动中相对曲轴箱密封。

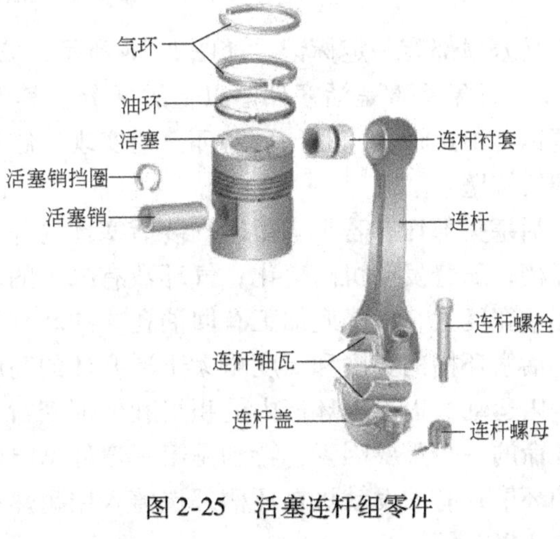

图2-25　活塞连杆组零件

1. 活塞的构造

活塞在气缸内作高速往复运动，承受周期性变化的气体压力和惯性力，且顶部直接与高温燃气接触，加之润滑不良、散热困难，活塞的工作条件十分恶劣，这就要求活塞必须具有足够的刚度和强度，质量尽可能小，导热性能好，有良好的耐磨性和热稳定性。

目前，汽车发动机的活塞材料广泛采用铝合金，有的柴油机上也采用高级铸铁或耐热钢通过铸造或锻造工艺制成。

（1）活塞的基本结构　活塞由顶部、头部和裙部三部分组成，如图 2-26 所示。

1）活塞顶部是燃烧室的组成部分，其形状与燃烧室形式有关，一般有平顶、凸顶和凹顶三种，如图 2-27 所示。

平顶活塞结构简单，加工方便，受热面积小，在汽油机上广泛采用；凸顶活塞顶部刚度大，可获得较大的压缩比，也能增加挤流强度，但顶部温度较高；凹顶活塞可通过凹坑深度获得不同的压缩比，但顶部受热量大，易形成积炭，加工制造较困难。桑塔纳 2000GSi 轿车 AJR 发动机的活塞顶部为凹顶结构。

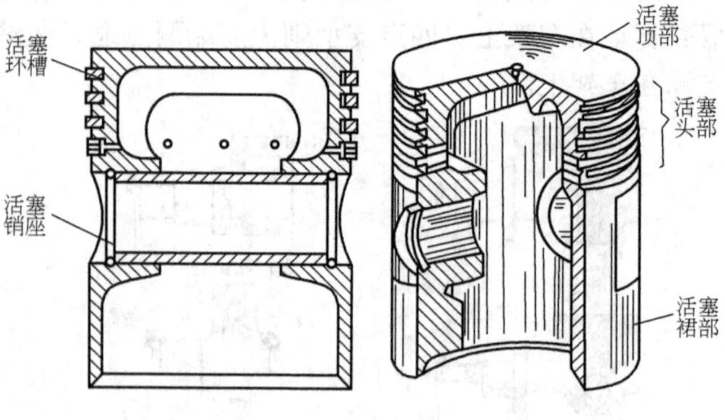

图 2-26　活塞的基本结构

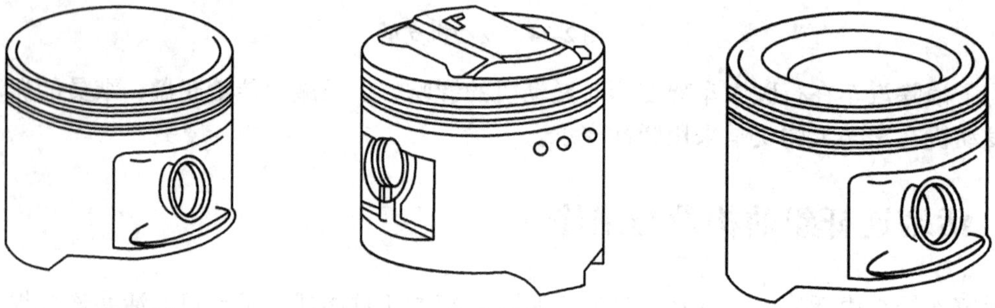

a）平顶活塞　b）凸顶活塞　c）凹顶活塞

图 2-27　活塞顶部形状

活塞顶部有一定标记，如图 2-28 所示，安装时应注意朝前记号。

2）活塞头部是活塞环槽以上的部分，其作用是承受气体压力，并将力通过活塞销座、活塞销传给连杆；同时与活塞环一道实现气缸的密封；将活塞顶部吸收的热量通过活塞环传导到气缸壁。

活塞头部切有若干道用以安装活塞环的环槽。发动机活塞一般有 2～3 道气环槽和 1 道油环槽，随着发动机高速化，气环数有减少的趋势。气环槽一般具有同样的宽度，油环槽比气环槽宽度大，且槽底加工有回油孔，油环刮下的润滑油从回油孔回到油底壳。

活塞环槽的宽度和深度略大于活塞环的高度和厚度，以保证发动机工作时，活塞环可在环槽内运动，以除去环槽内的积炭和保证密封。这样，活塞环槽的磨损常常是影响发动机使用寿命的一个重要因素，特别是第一道环槽温度高，使材料硬度下降，磨损更为严重。为了保护环槽，有的发动机在环槽部位铸入用耐热材料制成的环槽护圈，以提高活塞使用寿命，如图 2-29 所示。

3）活塞裙部是油环槽下端以下的部分，其作用是为活塞在气缸内作往复运动导向和承受侧压力。

活塞裙部要有一定的长度和足够的面积，以保证可靠的导向和减磨。裙部基本形状为一薄壁圆筒，圆筒完整的称为全裙式；许多高速发动机为了减轻活塞质量，在活塞不受侧向力的两侧，即沿销座孔轴线方向的裙部切去一部分，形成拖板式裙部，这种结构裙部弹性较好，可以减小活塞与气缸的装配间隙，如图 2-30 所示。

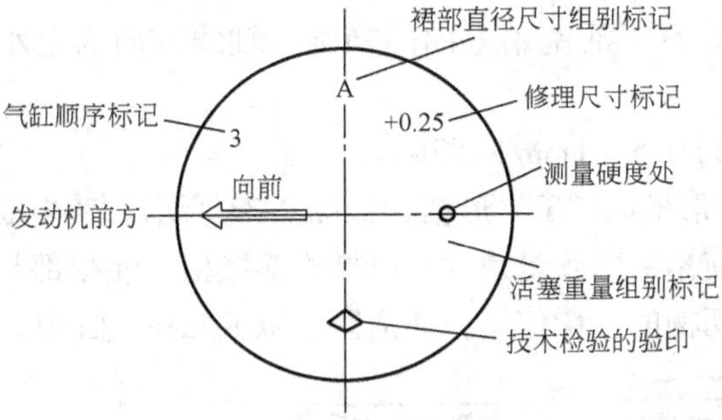

图 2-28　活塞顶部标记

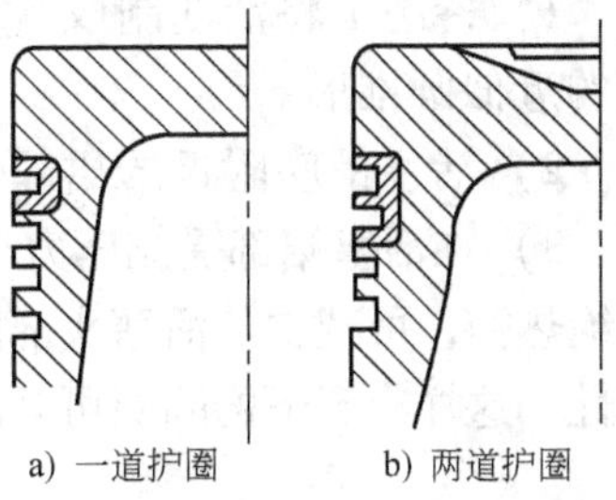

图 2-29　活塞环槽护圈

活塞裙部的销孔用于安装活塞销，为厚壁圆筒结构。销座孔内接近外端面处车有安放弹性锁环的锁环槽，锁环用来防止活塞销在工作中发生轴向窜动。

4）活塞销孔偏置结构。活塞在运动过程中，在侧向力的作用下交替压向气缸壁，会造成活塞倾斜并发出噪声。通过采用活塞销轴线偏移的活塞可以避免这种噪声。

在此将活塞销中心线向做功行程中受侧压力较大的一面偏移 1 ~2mm，如图 2-31 所示，使活塞在接近上止点之前切换活塞支撑面。这种倾斜运动发出的噪声较小。

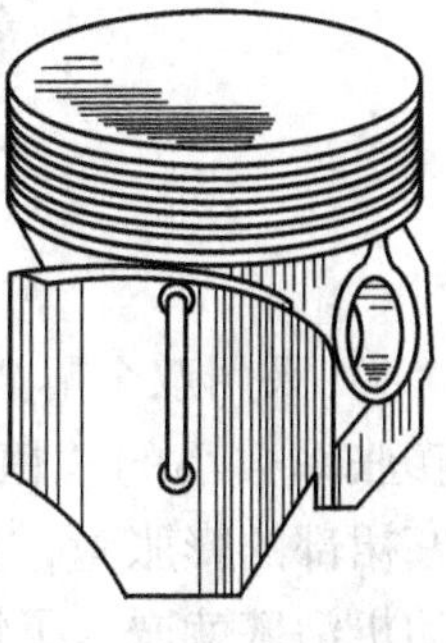

图 2-30　拖板式活塞

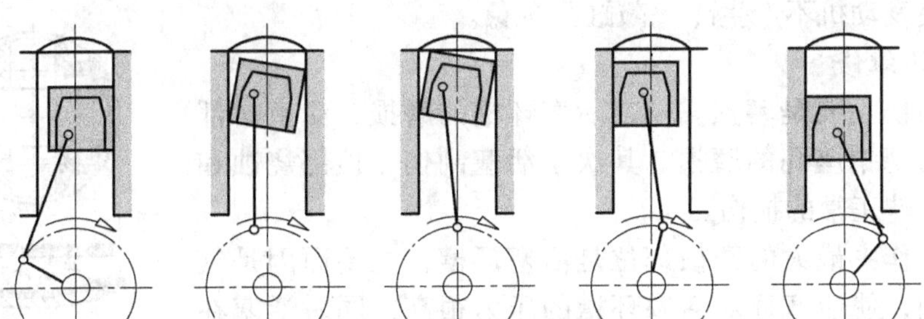

图 2-31　活塞轴线偏移

（2）活塞的变形规律及应对措施　活塞工作时，由于机械负荷和热负荷的影响，会使活塞产生变形。在圆周方向，其裙部直径沿活塞销座轴线方向增大，使裙部变成长轴在活塞销座轴线方向上的椭圆，如图 2-32 所示。这是由于气体压力和侧压力的作用，同时活塞销座附近金属堆积，受热后膨胀量大，使得活塞径向产生了椭圆变形。在高度方向，由于温

图 2-32　活塞圆周方向变形

度分布和质量分布不均匀，则变形量上大下小。

为了保证活塞在工作时与气缸壁间保持比较均匀的间隙，以免在气缸内卡死或引起局部磨损，必须在结构上采取各种措施。

1）冷态下将活塞制成其裙部断面为长轴垂直于活塞销方向的椭圆，轴线方向为上小下大的近似圆锥形。

2）活塞销座附近的裙部外表面制成深度为0.5～1mm的凹陷。

3）在活塞裙部受侧压力小的一侧开"Π"形槽或"T"形槽，如图2-33所示。其中横槽称绝热槽，可减少从活塞头部向裙部的传热，使裙部膨胀量减少；纵槽称膨胀槽，使裙部具有弹性，这样冷态下的间隙可减小，热态下又因切槽的补偿作用，使活塞不致卡死在气缸中。

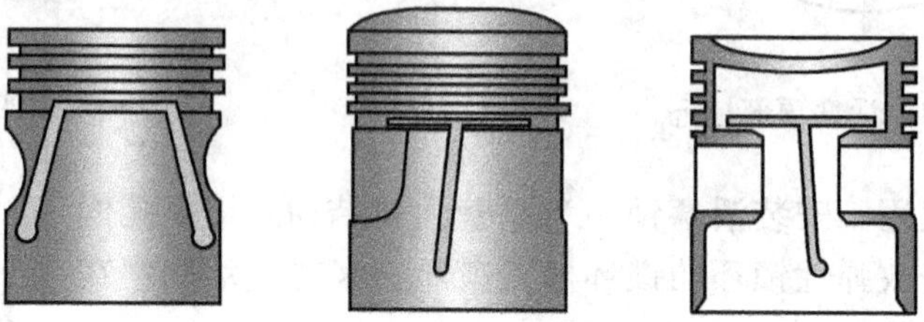

图2-33　开槽活塞

4）采用双金属活塞。有些铝合金活塞在活塞销座孔处嵌入线膨胀系数小的"恒范钢片"或"筒形钢片"，其作用是牵制活塞裙部的膨胀量，如图2-34所示。桑塔纳2000GSi轿车AJR发动机活塞就嵌入了恒范钢片。

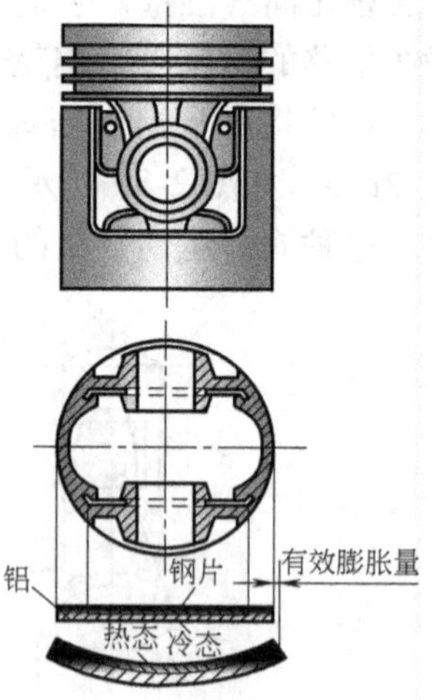

图2-34　双金属活塞

采用上述措施后，活塞裙部与气缸壁之间的冷态装配间隙便可减小，使发动机不产生冷"敲缸"现象。

2. 活塞的维修

活塞的损伤主要是磨损。包括活塞环槽的磨损、活塞裙部的磨损以及活塞销座孔的磨损。其次是活塞刮伤、顶部烧蚀和脱顶，是属于非正常的损伤。

活塞在工作中最大的磨损部位是活塞环槽，主要原因是气体压力的作用，使活塞环对活塞环槽的压力很高，同时活塞在高速往复运动中，活塞环对活塞环槽的冲击很大，尤其是第一道环槽，所承受的压力最大，周围的温度最高，且润滑条件差，因此磨损最严重，以下逐渐减轻。环槽磨损后引起活塞环侧隙增大，使气缸漏气和窜油，机油进入燃烧室，燃烧产生大量积炭、结胶，使活塞环过热，失去弹性或卡死，造成发动机工作时冒烟，性能下降。

活塞裙部磨损相对环槽磨损要小，当活塞裙部与气缸间隙过大时，工作时会产生敲缸，且导致润滑油过量燃烧。

活塞工作时，由于气体压力和惯性力的作用，活塞销与销座孔之间产生磨损，其最大磨损在上下方向。磨损使配合松旷，严重时在工作中会出现不正常响声。

（1）活塞的选配　当气缸的磨损超过规定值及活塞发生异常损坏时，必须对气缸进行修复，并且要根据气缸的修理尺寸选配活塞，以恢复正常的配合间隙。

选配活塞时要注意以下几点：

1）选用同一修理尺寸和同一分组尺寸的活塞。活塞裙部的尺寸是镗磨气缸的依据，即气缸的修理尺寸是哪一级，也要选用哪一级修理尺寸的活塞。由于活塞的分组，只有在选用同一分组活塞后，才能按选定活塞的裙部尺寸进行镗磨气缸。

2）同一发动机必须选用同一厂牌的活塞。活塞应成套选配，以保证其材料和性能的一致性。

3）在选配的成套活塞中，尺寸差和质量差应符合要求。成套活塞中，其尺寸差一般为 0.02～0.025mm，质量差一般为 4～8g，销座孔的涂色标记应相同。

新型汽车的活塞与气缸的配合都采用选配法，在气缸的技术要求确定的前提下，重点是选配相应的活塞。活塞的修理尺寸级别各车型不同，应查阅相关的维修手册。桑塔纳 2000GSi 轿车 AJR 发动机活塞的修理尺寸见表 2-3。

表 2-3　桑塔纳 2000GSi 轿车 AJR 发动机活塞的修理尺寸　　（单位：mm）

AJR 发动机	活塞直径	气缸直径
标准尺寸	80.965	81.01
修理尺寸	81.465	81.51

有的发动机为薄型气缸套，活塞不设置修理尺寸，只区分标准系列活塞和维修系列活塞，每一系列活塞中也有若干组供选配。活塞的修理尺寸级别代号常打印在活塞顶部。

（2）活塞的检测

1）活塞裙部尺寸的检测。镗缸时，要根据选配活塞的裙部直径确定镗削量，活塞裙部直径的测量方法如图 2-35 所示。在活塞下部离裙部底边约 15mm、与活塞销垂直方向处用千分尺测量活塞裙部直径。

2）配缸间隙的检测。活塞与气缸壁之间的间隙称为配缸间隙，此间隙应符合标准。桑塔纳 2000GSi 轿车 AJR 发动机的配缸间隙为 0.045mm。检测时可用量缸表测量气缸的直径，用外径千分尺测量活塞的直径，两者之差即为配缸间隙。也可如图 2-36 所示，将活塞（不装活塞环）放入气缸中，用塞尺测量其间隙值。

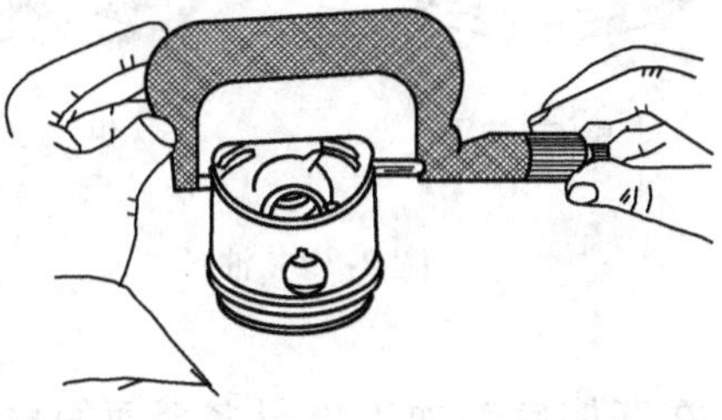

图 2-35　活塞裙部尺寸的测量

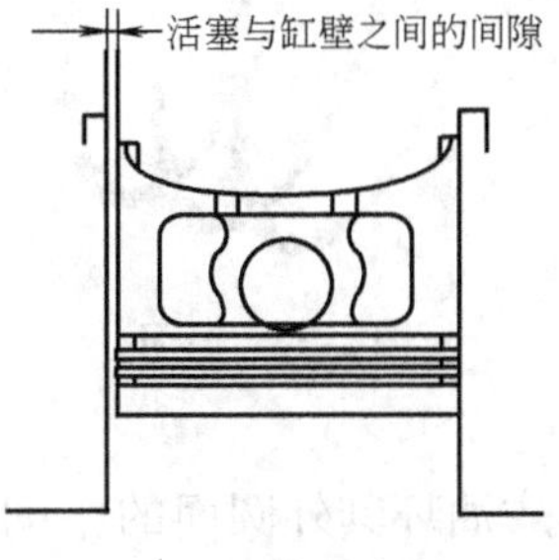

图 2-36　配缸间隙的检测

2.3.2　活塞环

活塞与气缸的密封可能出现两类问题：窜气和窜油。

窜气是指燃烧气体通过活塞与气缸的间隙泄漏至曲轴箱，这将导致功率损失。窜油指润滑油上行至燃烧室，造成烧机油，影响发动机性能。因此活塞环必须能：

- 向下将燃烧室与曲轴箱隔离密封，以阻止空气和燃烧气体窜气。
- 将活塞的一部分热量传递到气缸上冷却。
- 刮除多余的机油，并将机油送回油底壳。

1. 活塞环的构造

活塞环有气环和油环两种，其结构如图 2-37 所示。

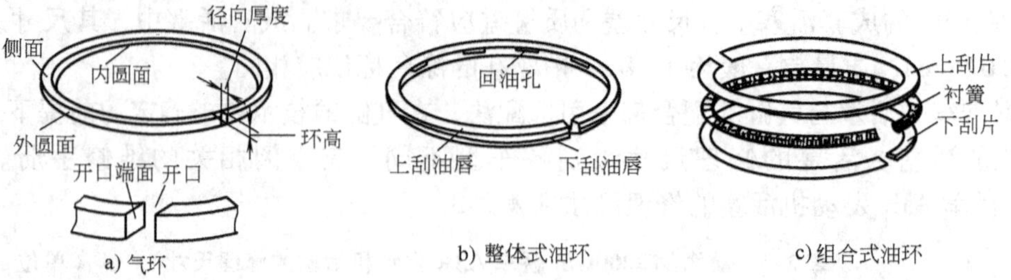

图 2-37　活塞环的结构

气环的作用是保证活塞与气缸壁间的密封，防止高温、高压的燃气漏入曲轴箱，同时将活塞顶部的热量传导到气缸壁，再由冷却液或空气带走，如图 2-38 所示。一般发动机每个活塞上装有 2 ~ 3 道气环。

气环为一带有切口的弹性片状圆环，在自由状态下，气环的外径略大于气缸的直径，当环装入气缸后，产生弹力使环压紧在气缸壁上，其切口具有一定的间隙。

油环用来刮除气缸壁上多余的润滑油，并在气缸壁上布上一层均匀的油膜。通常发动机上有 1 ~ 2 道油环。

油环有两种结构形式：整体式和组合式，如图 2-39 所示。

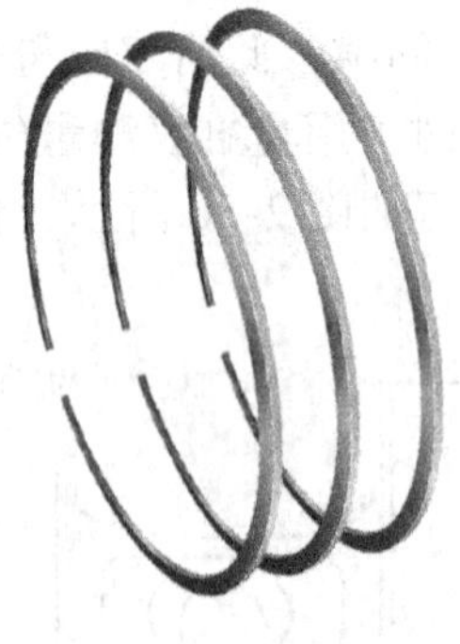

图 2-38　气环

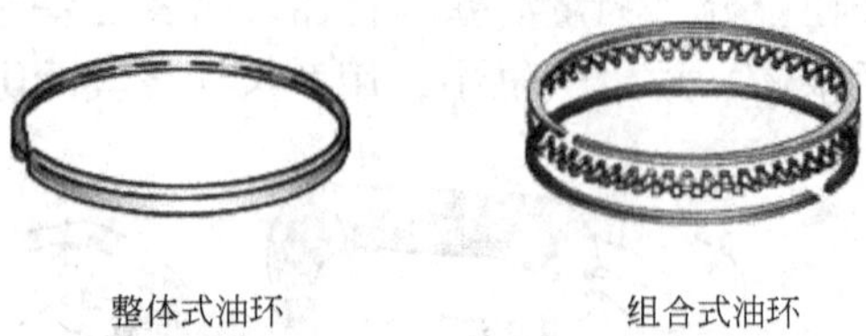

图 2-39　油环

整体式油环其外圆面的中间切有一道凹槽，在凹槽底部加工出很多穿通的排油小孔或缝隙。

组合油环由上、下刮片和产生径向、轴向弹力的衬簧组成。这种环片很薄，对气缸壁的比压大，刮油作用强；质量小；回油通道大。在高速发动机上得到广泛应用。

无论活塞上行或下行，油环都能将气缸壁上多余的润滑油刮下来经活塞上的回油孔流回油底壳。油环的刮油作用如图 2-40 所示。

由于活塞环也是在高温、高压、高速及润滑困难的条件下工作，且运动情况复杂，因此要求其材料应有良好的耐热性、导热性、耐磨性、磨合性、韧性及足够的强度和弹性。目前活塞环的材料采用优质铸铁、球墨铸铁以及合金铸铁，并对第一道环甚至所有环实行工作表面镀铬或喷钼处理，提高耐磨性。组合式油环还采用弹簧钢片制造。

（1）活塞环的间隙　发动机工作时，活塞、活塞环都会发生热膨胀，并且活塞环随着活塞在气缸内作往复运动时，有径向胀缩变形现象。为防止环卡死在缸内或胀死在环槽中，安装时，活塞环应留有端隙、侧隙和背隙，如图 2-41 所示。

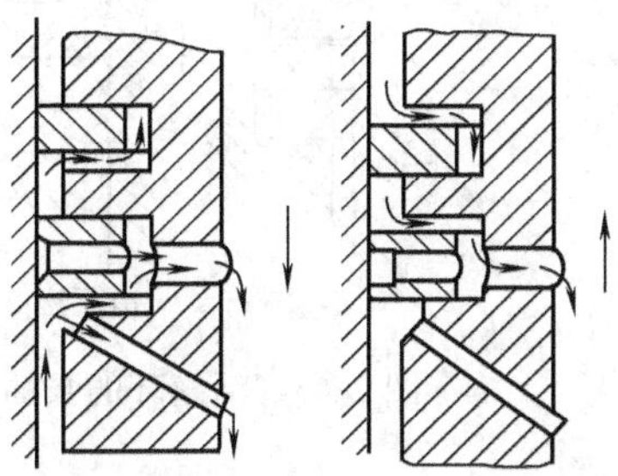

图 2-40　油环的刮油作用

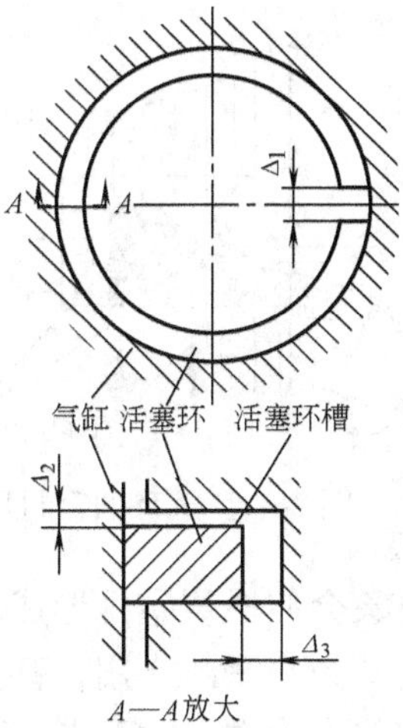

图 2-41　活塞环的间隙

端隙 Δ_1 又称为开口间隙，是活塞环在冷态下装入气缸后，该环在上止点时环的两端头的间隙。一般为 0.25 ~ 0.50mm 之间。

侧隙 Δ_2 又称边隙，是指活塞环装入活塞后，其侧面与活塞环槽之间的间隙。第一环因工作温度高，间隙较大，一般为 0.04 ~ 0.10mm，其他环一般为 0.03 ~ 0.07mm。油环侧隙较气环小。

背隙 Δ_3 是活塞及活塞环装入气缸后，活塞环内圆柱面与活塞环槽底部间的间隙，一般为 0.50 ~ 1.00mm。油环背隙较气环大，以增大存油间隙，利于减压泄油。

（2）气环的密封原理　活塞环在自由状态下不是圆环形，其外形尺寸比气缸内径大，因此，它随活塞一起装入气缸后，便产生弹力 F_1 而紧贴在气缸壁上，形成第一密封面，使燃气不能通过环与气缸接触面的间隙。活塞环在燃气压力作用下，压紧在环槽的下端面上，形成第二密封面，于是燃气绕流到环的背面，并发生膨胀，其压力降低。同时，燃烧压力对环背的作用力 F_2 使环更紧地贴在气缸壁上，形成对第一密封面的第二次密封，如图 2-42 所示。

燃气从第一道气环的切口漏到第二道气环的上平面时压力已有所降低，又把这道气环压贴在第二环槽的下端面上，于是，燃气又绕流到这个环的背面，再发生膨胀，其压力又进一步降低。如此下去，从最后一道气环漏出来的燃气，其压力和流速已大大减小，因而漏气量也就很少了。

为减少气体泄漏，将活塞环装入气缸时，各道环的开口应相互错开。如有三道环，则各道环开口应沿圆周成 120°夹角；如有四道环，则第一、二道互错 180°，第二、三道互错 90°，第三、四道互错 180°，形成迷宫式的路线，增大漏气阻力，减少漏气量。

（3）气环的泵油现象　由于侧隙和背隙的存在，当发动机工作时，活塞环便产生了泵油现象，如图 2-43 所示。活塞下行时，环靠在环槽上方，环从缸壁上刮下来的润滑油充入环槽下方；当活塞上行时，环又靠在环槽的下方，同时将润滑油挤压到环槽上方。如此反复，就将缸壁上的润滑油泵入燃烧室。

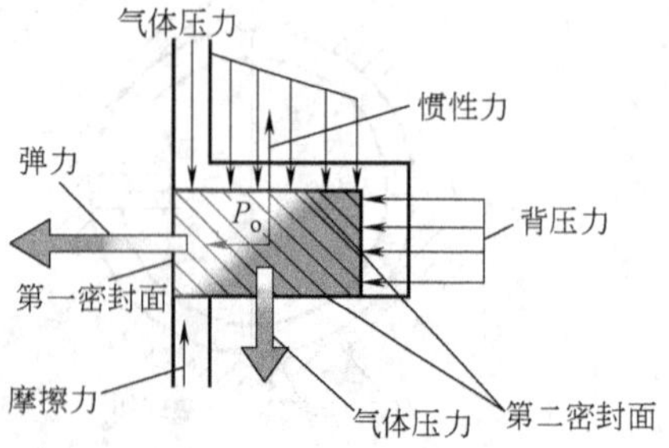

图 2-42　气环的密封原理

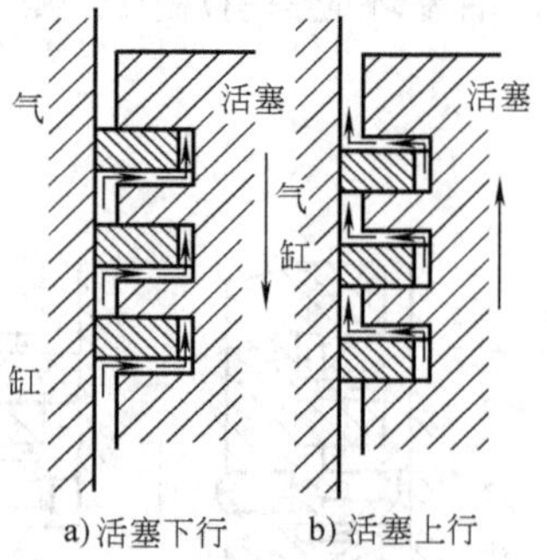

图 2-43　活塞环的泵油现象

泵油现象会使燃烧室内形成积炭，同时增加润滑油消耗，并且可能在环槽中形成积炭，导致环卡死，失去密封作用，甚至会使活塞环折断。

（4）气环的种类　气环按其断面形状分有多种，如图 2-44 所示。

矩形环——结构简单，制造方便，与缸壁接触面积大，对活塞头部的散热有利，是最基本的结构形式，可用于各道气环，但泵油作用大，磨合性能和刮油性能较差。

锥形环——与缸壁是线接触，有利于磨合和密封。另外，这种环在活塞下行时有刮油作用，上行时有布油作用。安装这种环只能按图示方向安装。为避免装反，在环端上侧面标有记号（“向上”或“TOP”等）。

梯形环——当活塞受侧压力的作用而改变位置时，环的侧隙相应地发生变化，使沉积在环槽中的结焦被挤出，避免了环被粘在环槽中而失效。常用于热负荷较高的柴油机第一道环。

桶面环——活塞环的外圆面为凸圆弧形。当活塞上下运动时，桶面环均能改变形成楔形间隙，使机油容易进入摩擦面，从而使磨损大为减少。另外，桶面环与气缸是圆弧接触，故对气缸表面的适应性较好。但圆弧表面加工较困难。目前已普遍地用于强化柴油机的第一道环。

扭曲环——在矩形环的内圆上边缘或外圆下边缘切去一部分。将这种环随同活塞装入气缸时，由于环的弹性内力不对称而产生断面倾斜，其作用原理如图 2-45 所示。当活塞环装入气缸时，其外侧拉伸应力的合力 F_1 与内侧压缩应力的合力 F_2 之间有一力臂 e，于是产生了扭转力偶 M，它使环外圆周扭曲成上小下大的锥形，从而使环的边缘与环槽的上、下端面接触，防止了活塞环在环槽内上下窜动而造成的泵油作用，同时还增加了密封性，易于磨合，并具有向下的刮油作用。

扭曲环目前在发动机上得到了广泛应用。它在安装时，必须注意环的断面形状和方向，应将其内圆切槽向上，外圆切槽向下。第一道环多为内圆上边缘切口，不能装反。

桑塔纳 2000GSi 轿车 AJR 发动机的第一道气环为矩形环，第二道气环为锥形环，几种常见发动机活塞环的间隙值如表 2-4 所示。

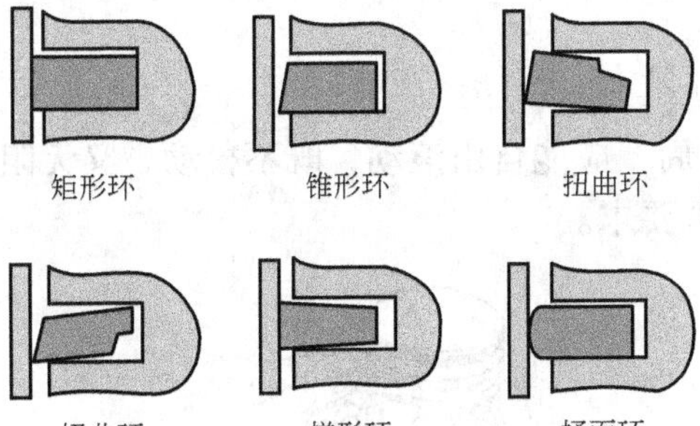

图 2-44　气环的断面形状

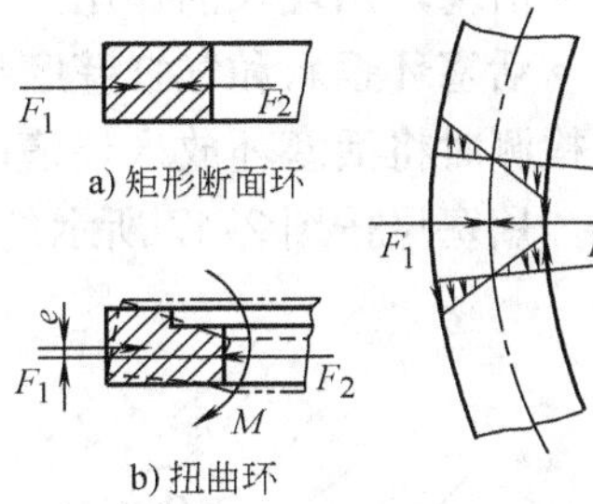

图 2-45　扭曲环作用原理

表 2-4　活塞环各部间隙值　（单位：mm）

发动机型号	活塞环开口间隙			活塞环侧隙		
	第一道气环	第二道气环	油环	第一道气环	第二道气环	油环
桑塔纳 AJR 型	0.20～0.40	0.20～0.40	0.25～0.45	0.06～0.09	0.06～0.09	0.03～0.06
奥迪	0.30～0.45	0.25～0.40	0.25～0.50	0.02～0.05	0.02～0.05	0.02～0.05
丰田 5R 型	0.20～0.40	0.15～0.35	0.15～0.35	0.03～0.07	0.03～0.07	0.025～0.07
夏利 TJ376Q	0.20～0.70	0.20～0.70	0.20～1.10	0.03～0.12	0.03～0.12	0.03～0.12
切诺基 2131-4	0.15～0.35	0.15～0.35	0.15～0.35	0.043～0.081	0.043～0.081	0.03～0.20

2. 活塞环的维修

活塞环的损伤主要是磨损，随着磨损的加剧，活塞环的弹力逐渐减弱，端隙、侧隙及背隙增大。此外，活塞环还可能折断。

(1) 活塞环的选配　除有标准尺寸的活塞环外，还有与各级修理尺寸气缸、活塞相对应的加大尺寸的活塞环。发动机修理时，应按照气缸的标准尺寸或修理尺寸，选用与气缸、活塞同级别的活塞环。

在大修时，优先使用活塞、活塞销及活塞环成套供应配件。

(2) 活塞环的检验　为了保证活塞环与活塞环槽及气缸的良好配合，在选配活塞环时，还应对活塞环弹力、环的漏光度、端隙、侧隙和背隙等进行检测，当其中任何一项不符合要求时，均应重新选配活塞环。

1) 活塞环端隙的检测。将活塞环平正地放入气缸内，用活塞顶部把它推平，然后用塞尺测量开口处的间隙，如图 2-46 所示。

活塞环磨损时端隙会越来越大，其结果是：

- 功率损失。
- 机油消耗增多。
- 燃烧室中形成机油积炭沉积物。

端隙过小时，会导致发动机处于运行温度时活塞环断裂。

端隙大于规定时，应另选活塞环；小于规定时，可对环口的一端加以挫修。挫修时，应注意环口平整，挫修后环外口应去掉毛刺，以防锋利的环口刮伤气缸。

2）活塞环侧隙的检验。由于活塞环反复交替接触活塞环槽上下端面，因此活塞环槽底部的腐蚀物、灰尘和机油积炭会造成磨损，使侧隙增大。这将导致：

- 活塞环出现泵油作用。
- 活塞环歪斜和气缸壁磨损。

检测时将活塞环放入环槽内，围绕环槽滚动一周，应能自由滚动，既不松动，又无阻滞现象。用塞尺按图 2-47 所示的方法测量，其值符合要求。

图 2-46　活塞环端隙的检测

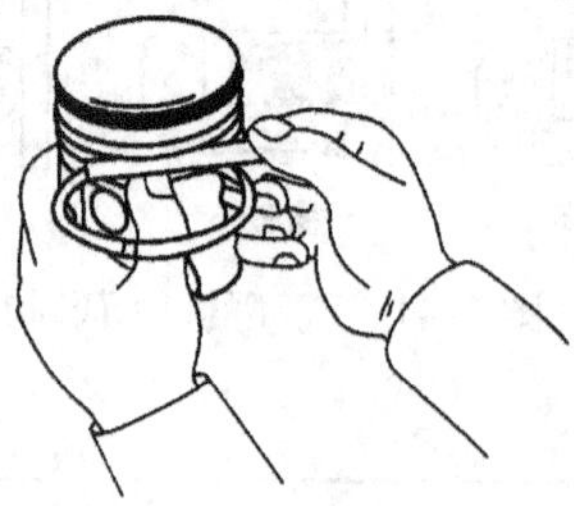

图 2-47　活塞环侧隙的检测

如侧隙过小，可将活塞环放在有平板的砂布上研磨，不允许加工活塞；如侧隙过大，则应另选活塞环。

3）活塞环背隙的检测。在实际测量中，活塞环背隙通常以槽深和环厚之差来表示。检验活塞环背隙的经验方法是：将活塞环置入环槽内，如活塞环低于环槽岸，能转动自如，且无松旷感觉，则间隙合适。

4）活塞环弹力的检测。活塞环的弹力是指活塞环端隙达到规定值时作用在活塞环上的径向力。活塞环的弹力是保证气缸密封的必要条件。弹力过弱，气缸密封性变差，燃料消耗增加，燃烧室积炭严重，发动机动力性、经济性降低。弹力过大使环的磨损加剧。

活塞环的弹力可用活塞环弹力检验仪检验，其值应符合规定的要求。

5）活塞环漏光度的检查。活塞环漏光度用于检查活塞环的外圆与缸壁贴合的良好程度。漏光度的检查方法如图 2-48 所示，将活塞环平正地放入气缸内，用活塞顶部把它推平，在气缸下部放置一发亮的灯泡，在活塞环上放一直径略小于气缸内径，能盖住活塞环内圆的盖板，然后从气缸上部观察漏光处及其对应的圆心角。

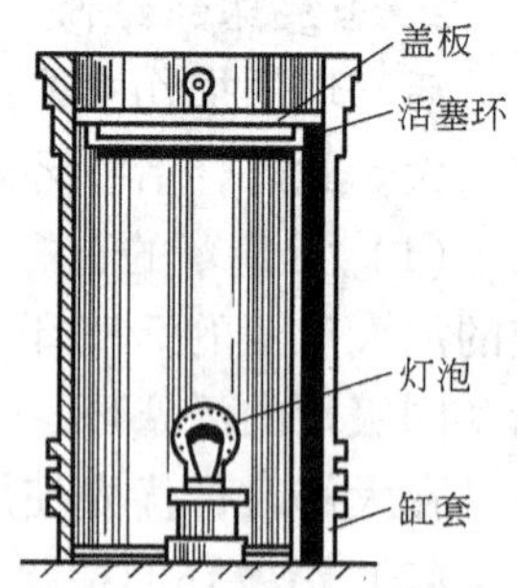

图 2-48　漏光度检查

一般要求活塞环局部漏光每处不大于 25°；最大漏光缝隙不大于 0.03mm；每环漏光处不超过 2 个，每环总漏光度不大于 45°；在活塞环开口处 30°范围内不允许有漏光现象。

2.3.3　活塞销

活塞销的作用是：

- 连接活塞和连杆小头。
- 将活塞承受的气体作用力传给连杆。

活塞销工作时承受很大的周期性冲击载荷，且高温，润滑条件差，因而要求活塞销要有足够的刚度和强度，表面耐磨，质量轻。

活塞销一般采用低碳钢或低碳合金钢，经表面渗碳淬火后再精磨加工。

1. 活塞销的构造

为了减轻质量，活塞销一般做成空心式，空心可以是组合形或两段截锥形，如图 2-49 所示。

为确保活塞正常工作，活塞销在活塞销孔中的精确配合非常重要。在汽油发动机中，活塞销与活塞销孔之间的间隙约为 0.003mm。为了达到这么小的间隙，制造商按照相应的配合公差选择活塞销，同时为避免错误配对而用相同的色标标记出配对的活塞销和活塞。活塞销必须无法轴向移动，以免造成气缸壁损坏。

活塞销的连接方式有两种：全浮式和半浮式，如图 2-50 所示。

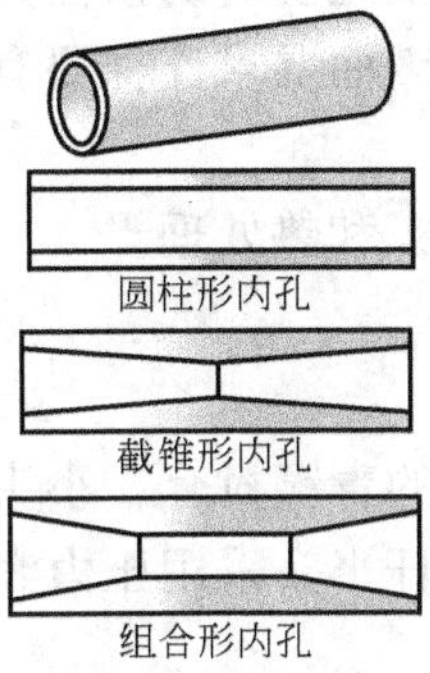

图 2-49 活塞销

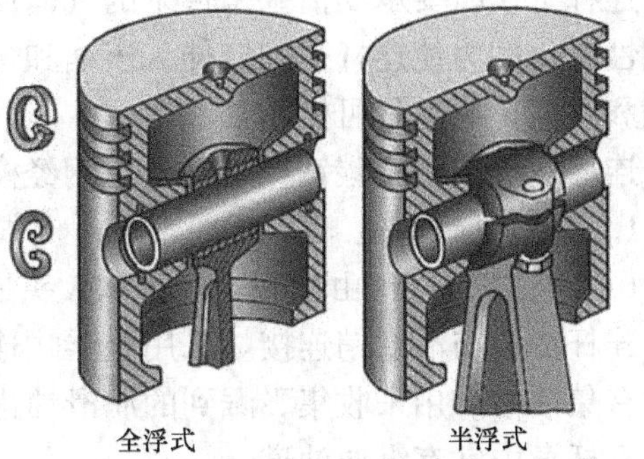

图 2-50 活塞销的连接方式

全浮式连接是指在发动机工作温度时，活塞销与销座、活塞销与连杆小头之间都是间隙配合，可以相互转动。这种连接方式增大了实际接触面积，减小了磨损且使磨损均匀，被广泛采用。为防止工作时活塞销从孔中滑出，必须用卡环将其固定在销座孔内。

半浮式连接是指销与座孔或销与连杆小头两处，一处固定，一处浮动。其中大多数采用销与连杆小头固定的方式。可以将活塞销压配在连杆小头孔内，也可将活塞销中部与连杆小头用紧固螺栓连接。这种方式不需要卡环，也不需要连杆衬套。

2. 活塞销的维修

（1）活塞销的选配 发动机工作时，活塞销受到气体压力和惯性力的作用，使其与销座孔以及连杆衬套相配合处产生磨损，造成间隙增大，严重时会产生敲击声，以往均以加大活塞销来恢复正常配合，近年均采用成对更换活塞、活塞销来解决。这种方法能保证活塞销与活塞具有较高的装配精度。

活塞销的选配发动机大修时，一般应更换活塞销。

活塞销的选配原则是：同一台发动机应选用同一厂牌、同一修理尺寸的成组活塞销；活塞销表面应无任何锈蚀和斑点，表面粗糙度 R_a 不大于 0.20μm，圆柱度误差不大于 0.0025mm，质量差在 10g 范围内。

（2）活塞与活塞销的装配方法活塞销与座孔在常温下应有微量过盈，一般为 0.0025 ~ 0.0075mm。当活塞处于 80℃左右时，有微量的间隙，此时活塞销能在座孔内转动。

将活塞放入水中加热至 80℃左右，迅速取出活塞并立即把涂有润滑油的活塞销用手指推入活塞销座孔内。

2.3.4 连杆组

连杆组的作用是：

- 将活塞与曲轴连接。
- 将活塞上的力传递到曲轴上。
- 在曲轴上产生转矩。
- 将活塞的直线运动转化为曲轴的旋转运动。

连杆组件包括连杆、连杆盖、连杆轴承和连杆螺栓等，如图 2-51 所示。连杆和连杆盖统称为连杆。

连杆工作时要承受活塞销传来的气体压力及本身摆动和活塞往复运动时的惯性力。这些周期性变化的力使连杆受到拉伸、压缩和弯曲等交变载荷的作用，因而要求连杆要有足够的刚度和强度，质量尽可能小。

连杆一般采用中碳钢或中碳合金钢经模锻成型，然后进行机加工和热处理。

1. 连杆组的构造

（1）连杆　连杆由小头、杆身和大头三部分组成。

连杆小头与活塞销连接。采用全浮式连接时，小头孔中有减磨的青铜衬套，小头和衬套上钻有集油槽，用来收集飞溅到的润滑油进行润滑。有些发动机连杆小头采用压力润滑，则在连杆杆身内钻有纵向油道。

连杆杆身制成“工”字形断面，以求在强度和刚度足够的前提下减小质量。

连杆大头与曲轴的连杆轴颈连接。为便于安装，连杆大头一般做成剖分式，被分开的部分称作连杆盖，用连杆螺栓紧固在连杆大头上。连杆盖与连杆大头是组合加工的，为防止装配时配对错误，在同一侧刻有配对记号，如图 2-52 所示。

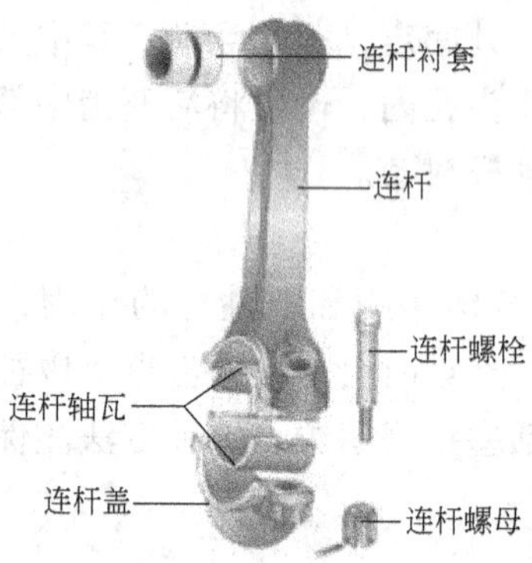

图 2-51　连杆组

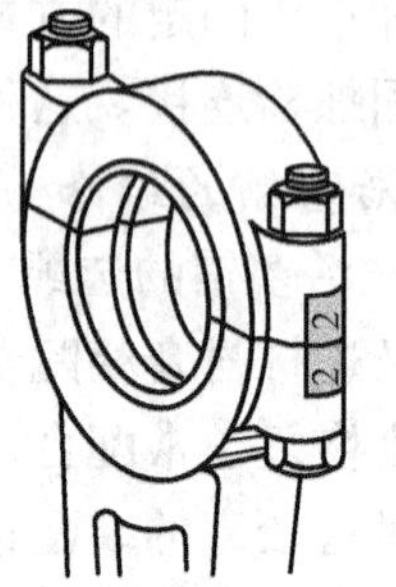

图 2-52　配对记号

连杆大头上还铣有连杆轴承的定位凹坑。有的连杆大头连同轴承还钻有喷油孔，将润滑油导向缸壁以改善润滑状况。

连杆大头的切口形式分为平切口和斜切口两种。平切口连杆的剖分面垂直于连杆轴线，一般汽油机连杆大头尺寸小于气缸直径，可以采用平切口。柴油机连杆受力较大，尺寸往往超过气缸直径，为使连杆大头能通过气缸，拆装方便，一般采用斜切口。

连杆大头与连杆盖必须定位。平切口的定位是利用连杆螺栓上精加工的圆柱凸台或光圆柱部分，与经过精加工的螺栓孔来保证的。斜切口连杆的大头剖分面与连杆轴线成 30°～60°的夹角，在工作中受到惯性力的拉伸，在切口方向有一个较大的横向分力，必须采用可靠的定位措施。常用方法有几种，如图 2-53 所示。

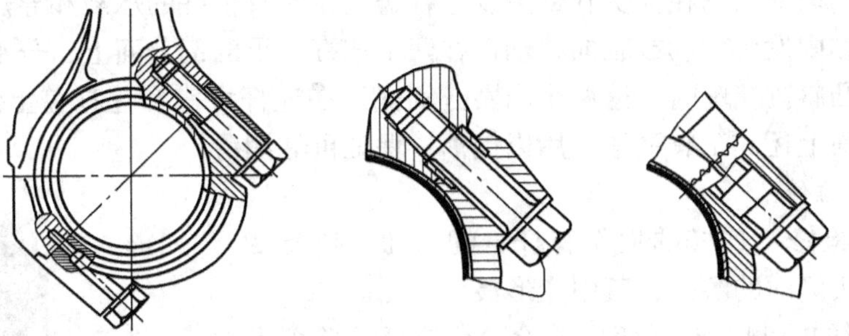

图 2-53　斜切口连杆的定位方式

止口定位工艺简单，但定位不大可靠，只能单向定位，对连杆盖止口向外变形或连杆大头止口向内变形均无法防止。

套筒定位是在连杆盖的每一个螺栓孔中压配一个短套筒。它与连杆大头有精度很高的配合间隙，故拆装连杆盖时也很方便。它的缺点是定位套筒孔的工艺要求高，若孔距不够准确，则可能因为定位而造成大头孔严重失圆，此外，连杆大头的横向尺寸也必然因此而加大。

锯齿定位结构紧凑，定位可靠。但对齿节距公差要求严格，否则连杆盖装在连杆大头上时，中间会有几个齿脱空，不仅影响连杆组件的刚度，并且连杆大头孔也会立即失圆。

（2）连杆螺栓　连杆螺栓经常承受交变载荷的作用，一般采用韧性较高的优质合金钢或优质碳素钢锻制成型。拆装时，连杆螺栓必须以原厂规定的拧紧力矩，分 2～3 次均匀地拧紧。桑塔纳 2000GSi 轿车 AJR 发动机连杆螺栓的拧紧力矩为 30N·m，接着再转动 180°。

（3）连杆轴承　连杆轴承也称连杆轴瓦（俗称小瓦），装在连杆大头内，保护连杆轴颈和连杆大头孔。由于其工作时承受较大的交变载荷，且润滑困难，要求它具有足够的强度、良好的减磨性和耐腐蚀性。

连杆轴承由钢背和减磨层组成，为两半分开形式。钢背由厚 1～3mm 的低碳钢制成，是轴承的基体，减磨层是由浇铸在钢背内圆上厚为 0.3～0.7mm 的薄层减磨合金制成，减磨合金具有保持油膜，减少摩擦阻力和易于磨合的作用，如图 2-54 所示。

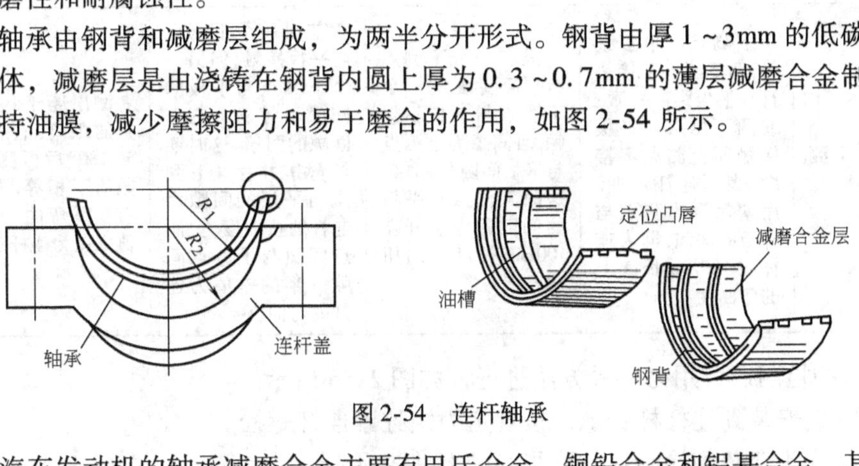

图 2-54　连杆轴承

目前汽车发动机的轴承减磨合金主要有巴氏合金、铜铅合金和铝基合金，其中巴氏合金轴承的疲劳强度较低，只能用于负荷不大的汽油机，而铜铝合金或高锡铝合金轴承均具有较高的承载能力与耐疲劳性。锡的质量分数在20%以上的高锡铝合金轴承，在汽油机和柴油机上均得到广泛应用。

半个连杆轴承在自由状态下并不是半圆形，即 $R_1 > R_2$。当它们装入连杆大头孔内时，又有过盈，故能均匀地紧贴在大头孔壁上及连杆盖上，具有很好的承载和导热能力。为了防止连杆轴承在工作中发生转动或轴向移动，在两个连杆轴承的剖分面上，分别冲压出高于钢背面的两个定位凸唇。装配时，这两个凸唇分别嵌入在连杆大头和连杆盖上的相应凹槽中。在连杆轴承内表面上还加工有油槽，用以储油，保证可靠润滑。

2. 连杆组的维修

（1）连杆的检修　连杆的损伤有杆身的弯曲、扭转变形；小头孔和大头侧面的磨损；其中变形最为常见。

1）连杆变形的检测。连杆变形的检验在连杆检验仪上进行，见图2-55。检验仪上的菱形支撑轴能保证连杆大端承孔轴向与检验平板垂直。测量工具是一个带V形槽的“三点规”，三点规上的三点构成的平面与V形槽的对称平面垂直，两下测点的距离为100mm，上测点与两下测点连线的距离也是100mm。

图2-55　连杆检验仪

检测方法如下：

① 将连杆大头的轴承盖装好（不装轴承），按规定力矩把螺栓拧紧，检测连杆大头孔的圆度和圆柱度应符合要求；装上已修配好的活塞销。

② 将连杆大头套装到检验仪的可张心轴上并张紧。

③ 将“三点规”两端的V形定位面靠在活塞销上，观察V形三点规的三个接触点与检验平板的接触情况，即可检查出连杆的变形方向和变形量，如表2-5所示。

表2-5　连杆变形检测结果

正直	弯曲	扭曲	弯扭并存	双重弯曲
三点规的三个测点都与平板接触	上测点与平板接触，两下测点不接触且与平板距离一致；或两下测点与平板接触而上测点不接触，表明连杆弯曲。用塞尺测出测点与平板的间隙，即为连杆在100mm长度上的弯曲度	只有一个下测点与平板接触，另一个下测点与平板不接触，且间隙为上测点与平板间隙的两倍，这时下测点与平板的间隙即为连杆在100mm长度上的扭曲度	如果一个下测点与平板接触，但另一个下测点与平板的间隙不等于上测点间隙的两倍，这时连杆弯扭并存。下测点与平板的间隙为连杆的扭曲度，上测点间隙与下测点间隙一半的差值为连杆的弯曲度	测出连杆小头端面与平板的距离，然后将连杆翻转180°后再测此距离，若数值不相等，即说明连杆有双重弯曲，两次测量数值之差为连杆双重弯曲度

连杆变形的检测还可用另一种方法进行，如图2-56所示。

① 将连杆盖安装到连杆杆身上，按规定力矩拧紧连杆螺栓。

② 将连杆大头套装到检验仪的可张心轴上并张紧。

③ 用支撑块支住连杆小头。

④ 将百分表装于表架上，使其测杆与测量心轴接触，并有 1mm 左右的预压量。

⑤ 转动百分表表盘，使其大指针对正零位。

⑥ 将专用测量心轴装于拆除了衬套的连杆小头孔中，推拉滑块带动表架，使百分表沿测量心轴轴向移动，测出连杆的弯、扭变形量。百分表 1 反映连杆的扭曲变形，百分表 2 反映连杆的弯曲变形。

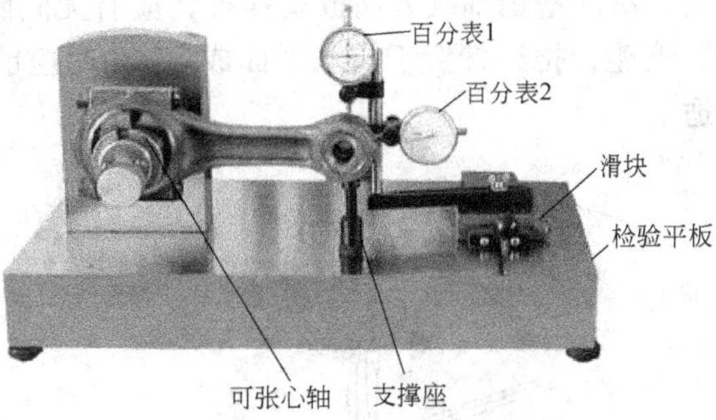

图 2-56　连杆变形检验

2）连杆变形的校正。经检验，如果弯、扭超过规定值，应记住弯、扭方向和数值，进行校正。

连杆弯曲的校正可在压床或弯曲校正器上进行，用弯曲校正器校正连杆弯曲的方法如图 2-57 所示。

连杆扭曲的校正可将连杆夹在台虎钳上，用扭曲校正器、长柄扳钳或管钳进行校正，用扭曲校正器校正连杆扭曲的方法如图 2-58 所示。

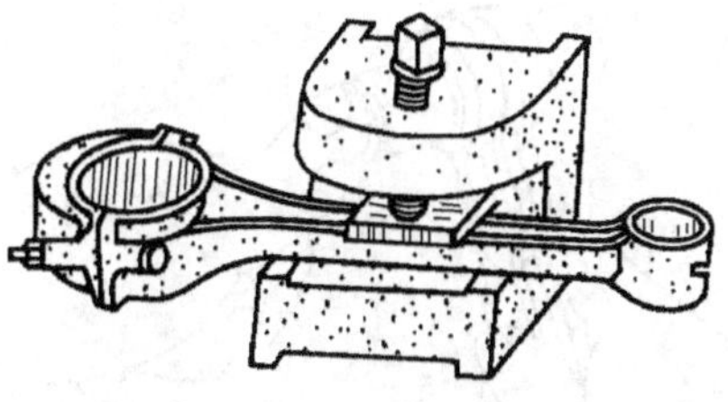
图 2-57　连杆弯曲的校正

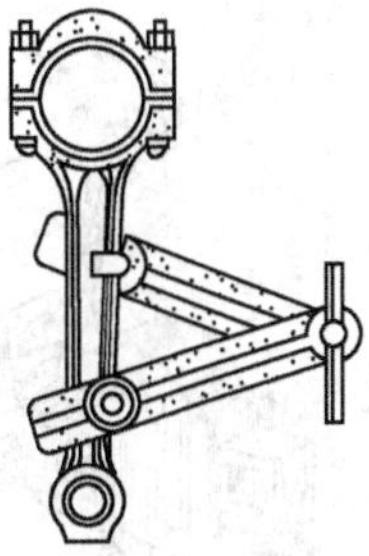
图 2-58　连杆扭曲的校正

校正时注意：先校扭，再校弯；避免反复过校正。校正后要进行时效处理，消除弹性后效作用。

（2）连杆衬套的检修

1）连杆衬套的选配。对于全浮式安装的活塞销，连杆小头内压装有连杆衬套。发动机在大修时，在更换活塞、活塞销的同时，必须更换连杆衬套，以恢复其正常配合。

连杆衬套与连杆小头应有一定量的过盈量，如桑塔纳 2000GSi 轿车 AJR 发动机的过盈量为 0.06～0.10mm，以保证衬套在工作时不走外圆。可通过分别测量连杆小头内径（见图 2-59）和新衬套外径（见图 2-60）的方法求得过盈量。

新衬套的压入可在台虎钳上进行。压入前，应检查连杆小头有无毛刺，以免擦伤衬套外圆。压入时，衬套倒角应朝向连杆小头倒角一侧，并将其放正，同时对正衬套的油孔和连杆小头油孔，确保润滑油畅通。

2）连杆衬套的修配。活塞销与连杆衬套的配合，在常温下应有 0.005～0.010mm 的间隙，接触面积应在 75% 以上。配合间隙过小，可将连杆夹到内圆磨床上进行磨削，并留有研磨余量。再将活塞销插入连杆衬套内配对研磨，研磨时可加少量机油，将活塞销夹在台虎钳上，沿活塞销轴线方向扳动连杆，应有无间隙感觉（见图 2-61）。加入机油扳动时无“气泡”产生，把连杆置于与水平面成75°角时应能停住，轻拍连杆徐徐下降，此时配合间隙为合适。

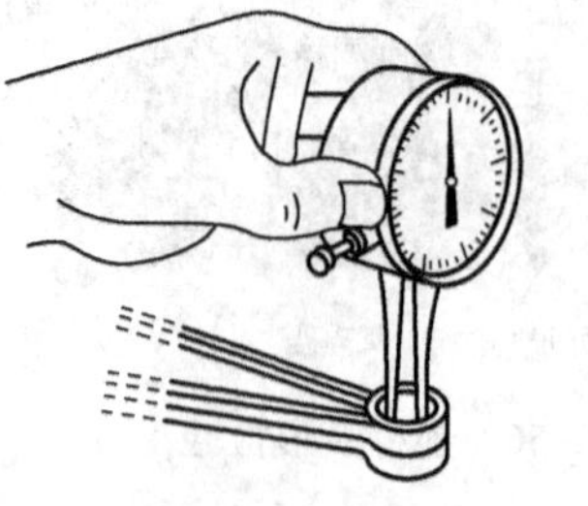

图 2-59　连杆小头内径的测量

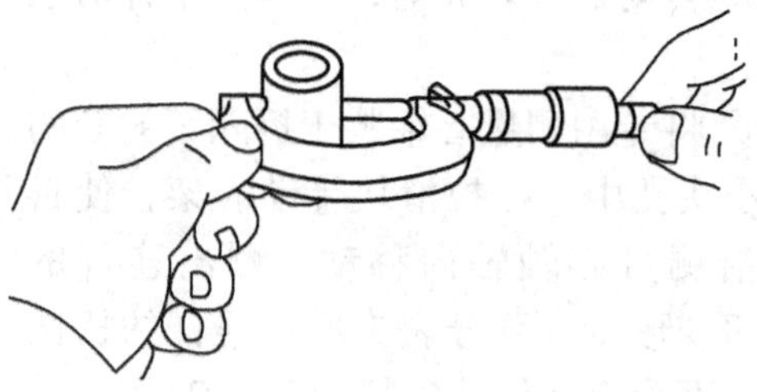

图 2-60　连杆衬套外径的测量

经过加工的衬套，应能用大拇指把活塞销推入连杆衬套内，并有无间隙感觉，如图 2-62 所示。

3. V 形发动机连杆的布置形式

V 形发动机由于左右两缸的连杆装在同一个连杆轴颈上，故其结构随安装布置而不同，有如下三种形式，如图 2-63 所示。

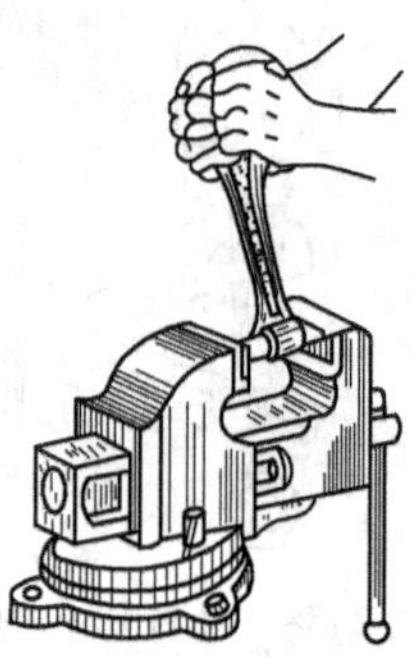

图 2-61　连杆衬套修配质量检验

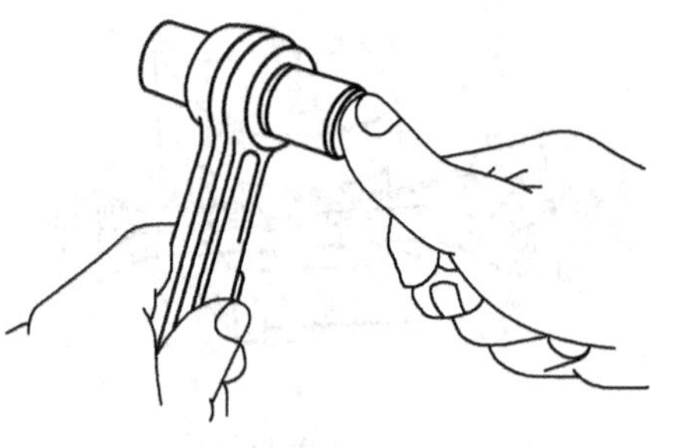

图 2-62　检查活塞销与连杆衬套的配合

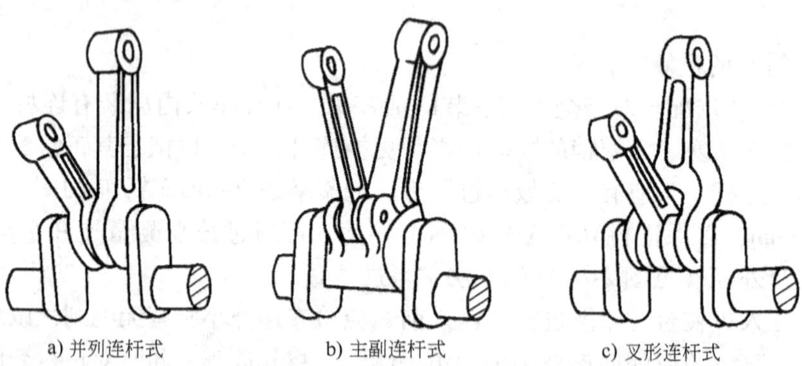

a) 并列连杆式　b) 主副连杆式　c) 叉形连杆式

图 2-63　V 形发动机连杆的布置形式

1）并列连杆式。两个相同的连杆一前一后并列地安装在同一个连杆轴颈上，这种连杆可以通用，结构与单列式发动机的连杆相同，只是大头宽度一般要稍小一些。但因左右气缸要在轴向错开一段距离，致使发动机的长度增加，曲轴的长度增加，刚度降低。

2）主副连杆式。它是在左右两列气缸中，一列气缸采用主连杆，其大头直接安装在连杆轴颈的全长上，另一列气缸采用副连杆，其大头与主连杆上的大头（或连杆盖）上的两个凸耳用销做铰链连接。这种结构的连杆在同一个平面上运动，故气缸中心线位于一平面内，发动机长度不增加。缺点是连杆不能互换。

3）叉形连杆式。左右两列气缸的对应两个连杆中，一个连杆的大头做成叉形，跨于另一个连杆的厚度较小的片形大头两端。这种布置的优点是：两列气缸中的活塞连杆组的运动规律相同；左右对应的两气缸轴心线不需要在曲轴轴向上错位。其缺点是叉形连杆大头结构和制造较复杂，大头的刚度也不高。

2.4　曲轴飞轮组的构造与维修

曲轴飞轮组由曲轴、飞轮、扭转减振器、曲轴主轴承、曲轴带轮以及正时链轮（或齿轮）等组成，如图 2-64 所示为桑塔纳 2000GSi 轿车 AJR 发动机曲轴飞轮组的组成。

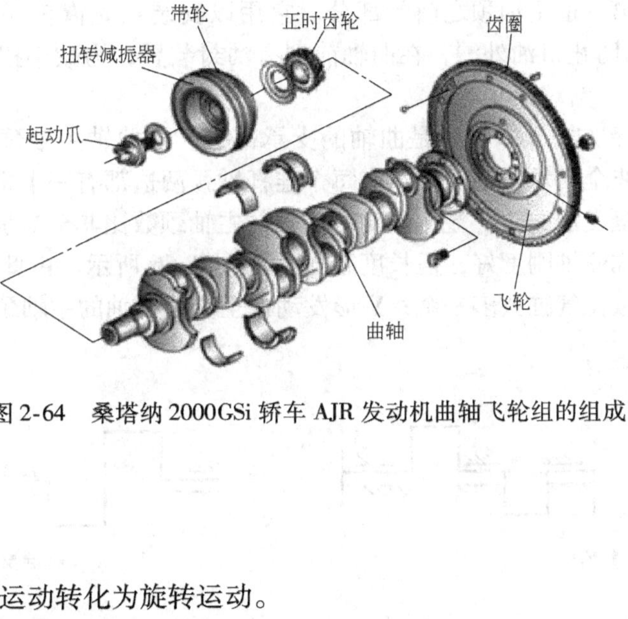

图 2-64　桑塔纳 2000GSi 轿车 AJR 发动机曲轴飞轮组的组成

2.4.1　曲轴

曲轴的作用是：

- 将活塞的直线运动转化为旋转运动。
- 将连杆产生的扭转力转换为转矩。
- 将转矩传递到离合器或液力变矩器上。
- 驱动配气机构、点火分电器、机油泵、冷却液泵、转向泵、发电机和其他附属总成。

曲轴的作用是把活塞连杆组传来的气体压力转变为转矩并对外输出，同时，还驱动发动机的配气机构和其他辅助装置（如发电机、水泵和转向油泵等）。

曲轴工作时，承受周期性变化的气体压力及活塞连杆等运动件的往复和旋转惯性力作用，这些力及其力矩使曲轴产生弯曲和扭转变形，弯曲和扭转作用还会使曲轴产生振动，因此要求曲轴必须要有足够的刚度、强度、耐磨性和很高的平衡性。

曲轴一般采用优质中碳钢或中碳合金钢模锻而成，其主轴颈和连杆轴颈表面上均高频淬火或氮化，以提高耐磨性。也有发动机采用球墨铸铁铸造曲轴。

1. 曲轴的构造

整体式曲轴的基本构造如图 2-65 所示，包括：

- 用于将曲轴支撑在曲轴箱内的主轴颈。
- 用于安装连杆轴承的连杆轴颈。
- 连接连杆轴颈和主轴颈的曲柄臂。
- 用于安装正时齿轮（或正时带轮、正时链轮）、传动带轮的前端轴。
- 用于安装飞轮用的后端凸缘。
- 用来平衡连杆大头、连杆轴颈和曲柄臂等产生的离心力及其力矩的平衡重。

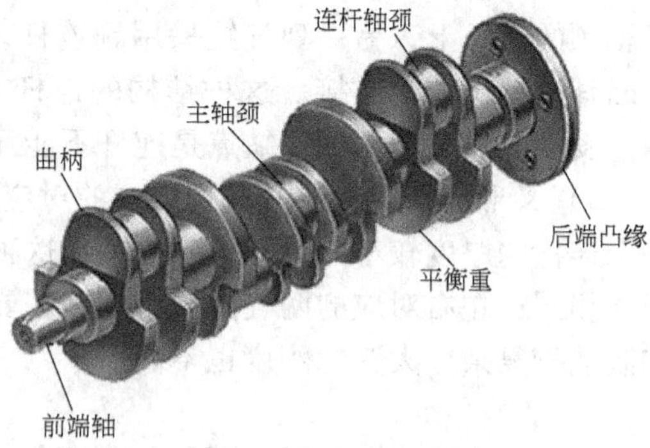

图 2-65 整体式曲轴的构造

曲轴的形状取决于气缸数量、气缸布置、曲轴轴承数量、行程、点火顺序。

多缸发动机曲轴一般做成整体式。某些小型汽油机或采用滚动轴承为曲轴主轴承的发动机，采用组合式，即将曲轴分段加工后组合成整个曲轴。

前端轴指曲轴第一道主轴颈之前的部分。它用以安装正时齿轮（或正时同步带轮、或链轮）、带轮等。为防止机油外漏，在曲轴前端有油封装置；为减小扭转振动，曲轴前端还装有扭转减振器。

（1）曲轴的支承方式　主轴颈是曲轴的支承部分。按曲轴主轴颈的数目，可以把曲轴分为全支承曲轴和非全支承曲轴两种。在每个连杆轴颈两边都有一个主轴颈的，称为全支承曲轴，否则称为非全支承曲轴。显然全支承曲轴的主轴颈数比非全支承式曲轴连杆轴颈数多一个，这种支承方式曲轴刚度好，但长度较长，如图 2-66 所示。由此可见，直列发动机全支承曲轴的主轴颈数比气缸数多一个；V 形发动机全支承曲轴的主轴颈数是气缸数的一半加一个。

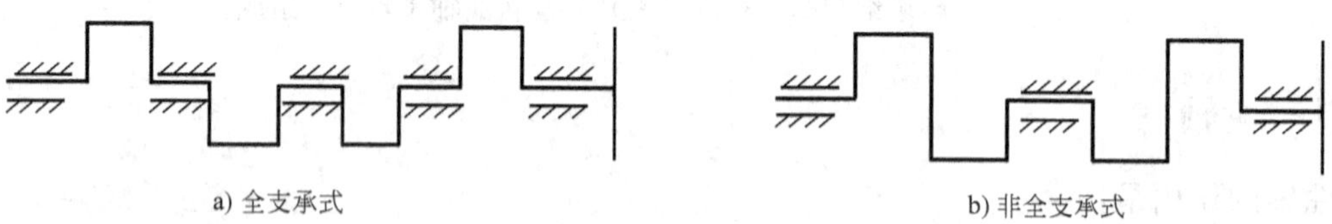

图 2-66 曲轴的支承形式

连杆轴颈是曲轴和连杆相连的部分，连杆大头安装在曲轴的连杆轴颈上。

曲柄是连接曲轴主轴颈和连杆轴颈的部分。在曲轴的主轴颈、曲柄和连杆轴颈上钻有贯通的油道，以使主轴颈内的润滑油经此油道流至连杆轴颈进行润滑。

（2）平衡重的作用　平衡重用来平衡连杆大头、连杆轴颈和曲柄等产生的离心力及其力矩，有时还平衡部分往复惯性力，使发动机运转平稳。如图 2-67 所示的四缸发动机，从整体来说，其惯性力及力矩是平衡的，但曲轴局部却受弯矩 M_{1-2}、M_{3-4} 作用，造成曲轴弯曲变形。如果在曲柄的相反方向上设置平衡重，就能使其产生的力矩与上述惯性力矩 M_{1-2}、M_{3-4} 相平衡。

平衡重有的与曲轴制成一体，也有的单独制成，再用螺栓固定于曲柄上。无论有无平衡

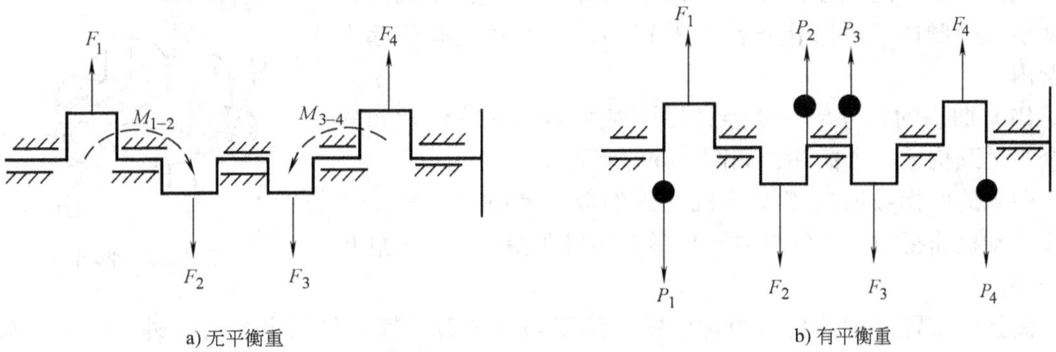

图 2-67　曲轴平衡重作用示意图

重，曲轴本身必须经过动平衡校验，对不平衡的曲轴常在其偏重的一侧钻去一部分质量使其达到平衡。

曲轴后端是最后一道主轴颈之后的部分。有安装飞轮用的凸缘，为防止机油从后端泄漏，后端也安装有油封装置。

（3）曲轴的轴向定位　曲轴作为转动件，必须与其固定件之间有一定的轴向间隙。而在发动机工作时，曲轴经常受到离合器施加于飞轮的轴向力以及在上、下坡行驶或突然加、减速出现的轴向力作用而有轴向窜动的趋势。曲轴的轴向窜动将破坏曲柄连杆机构各零件的正确相对位置，因此曲轴必须有轴向定位措施。而在曲轴受热膨胀时，又应允许它能自由伸长，故曲轴上只能有一处设置轴向定位装置，该装置可设在曲轴的前端、中间或后端。

曲轴的轴向定位是通过止推装置实现的。止推装置有翻边轴瓦、止推环、止推片等多种形式，如图 2-68 所示。

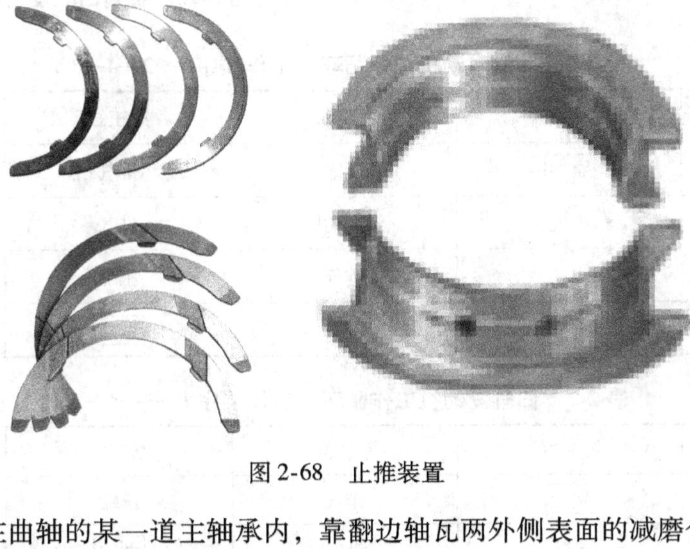

图 2-68　止推装置

翻边轴瓦放在曲轴的某一道主轴承内，靠翻边轴瓦两外侧表面的减磨合金层减低与轴颈端面相对运动时的摩擦阻力并可挡住曲轴的左、右窜动。

止推环是带有减磨合金层的止推钢环形式，它能从曲轴端部直接套入主轴颈，故放置在曲轴第一道主轴颈上。为防止止推环转动，止推环上也有定位舌。

止推片是外侧有减磨合金层的半圆环钢片，装在机体或主轴承盖的槽内。为防止止推片的转动，止推片上有凸起卡在槽内。

（4）曲拐的布置　一个连杆轴颈和它两端的曲柄及相邻两个主轴颈构成一个曲拐，如图 2-69 所示。

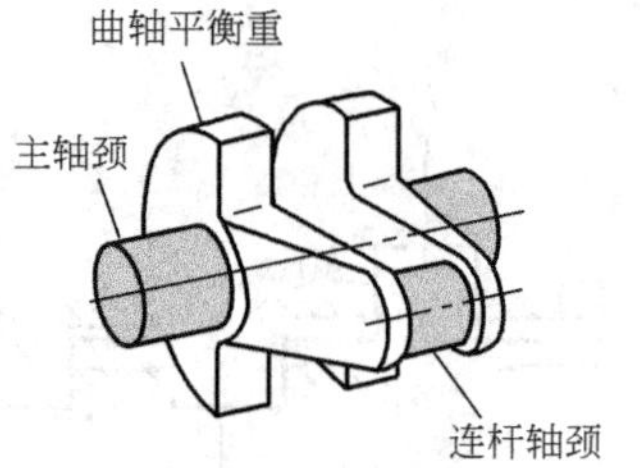

图 2-69　曲拐

曲轴的曲拐数取决于发动机气缸的数目和排列方式。直列式发动机曲拐数等于气缸数；V 形发动机曲拐数等于气缸数的一半。

曲拐的布置（即曲拐的相对位置）除了与气缸数、气缸排列方式有关外，还与发动机工作顺序有关。在安排发动机工作顺序时，应注意使连续做功的两缸相距尽可能远些，以减轻主轴承的载荷，同时避免进气干涉而影响充气量；做功间隔力求均匀，在发动机完成一个工作循环的曲轴转角内，每个气缸应做功一次，以保证发动机运转平稳；曲拐布置尽可能对称、均匀。

如果多缸发动机的气缸数为 i，则发动机做功的间隔角为 $720°/i$。

常见几种多缸发动机曲拐的布置和工作顺序如下：

1）直列四缸四冲程发动机的曲拐对称布置在同一平面内，如图 2-70 所示。做功间隔角为 720°/4 = 180°，各缸工作顺序有 1—3—4—2 和 1—2—4—3 两种。工作循环如表 2-6 和表 2-7 所示。

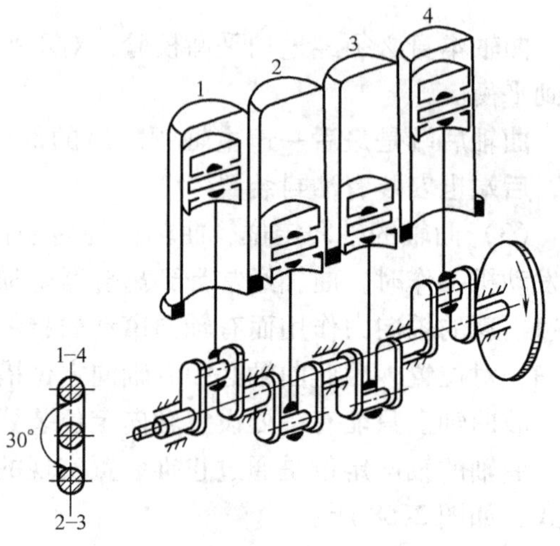

图 2-70　直列四缸发动机曲拐布置

表 2-6　四缸发动机工作循环（工作顺序 1—2—4—3）

曲轴转角/(°)	第一缸	第二缸	第三缸	第四缸
0 ~ 180	做功	压缩	排气	进气
180 ~ 360	排气	做功	进气	压缩
350 ~ 540	进气	排气	压缩	做功
540 ~ 720	压缩	进气	做功	排气

表 2-7　四缸发动机工作循环（工作顺序 1—3—4—2）

曲轴转角/(°)	第一缸	第二缸	第三缸	第四缸
0 ~ 180	做功	排气	压缩	进气
180 ~ 360	排气	进气	做功	压缩
350 ~ 540	进气	压缩	排气	做功
540 ~ 720	压缩	做功	进气	排气

2）直列六缸四冲程发动机的曲拐均匀布置在互成 120°的三个平面内，如图2-71 所示。做功间隔角为 720°/6 = 120°，各缸发动机工作顺序为 1—5—3—6—2—4 和 1—4—2—6—3—5，以第一种应用较为普遍。工作循环如表 2-8 所示。

3）V 形八缸四冲程发动机曲轴有四个曲拐，其布置可以与直列四缸发动机一样，四个曲拐布置在同一平面内，也可以布置在两个相互错开 90°的平面内，如图2-72所示。做功间隔角为 720°/8 = 90°，V 形发动机工作顺序随气缸序号的排列方法而定，图中为 1—8—4—3—6—5—7—2。工作循环如表 2-9 所示。

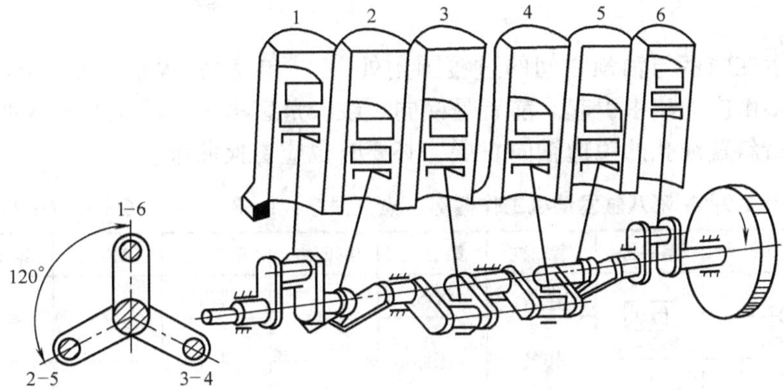

图 2-71　直列六缸发动机曲拐布置

表 2-8　六缸发动机工作循环（工作顺序 1—5—3—6—2—4）

<table>
<tr><th colspan="2">曲轴转角/(°)</th><th>第一缸</th><th>第二缸</th><th>第三缸</th><th>第四缸</th><th>第五缸</th><th>第六缸</th></tr>
<tr><td rowspan="3">0 ~ 180</td><td>0</td><td rowspan="3">做功</td><td rowspan="2">排气</td><td>进气</td><td>做功</td><td rowspan="2">压缩</td><td rowspan="3">进气</td></tr>
<tr><td>60</td><td rowspan="3">压缩</td><td rowspan="3">排气</td></tr>
<tr><td>120</td><td rowspan="3">进气</td><td rowspan="3">做功</td></tr>
<tr><td rowspan="3">180 ~ 360</td><td>180</td><td rowspan="3">排气</td><td rowspan="3">压缩</td></tr>
<tr><td>240</td><td rowspan="3">做功</td><td rowspan="3">进气</td></tr>
<tr><td>300</td><td rowspan="3">压缩</td><td rowspan="3">排气</td></tr>
<tr><td rowspan="3">360 ~ 540</td><td>360</td><td rowspan="3">进气</td><td rowspan="3">做功</td></tr>
<tr><td>420</td><td rowspan="3">排气</td><td rowspan="3">压缩</td></tr>
<tr><td>480</td><td rowspan="3">做功</td><td rowspan="3">进气</td></tr>
<tr><td rowspan="3">540 ~ 720</td><td>540</td><td rowspan="3">压缩</td><td rowspan="3">排气</td></tr>
<tr><td>600</td><td rowspan="2">进气</td><td rowspan="2">做功</td></tr>
<tr><td>660
720</td><td>排气</td><td>压缩</td></tr>
</table>

除上述常见的几种曲轴外，还有其他许多种类的曲轴，如直列五缸的曲轴，曲拐布置在五个纵向平面内，做功间隔角为 720°/5 = 144°。

2. 曲轴的维修

曲轴的损伤形式主要有：磨损、变形、裂纹甚至断裂。

磨损主要发生在曲轴主轴颈和连杆轴颈的部位，且磨损是不均匀的，有一定规律性的。主轴颈和连杆轴颈径向最大磨损部位相互对应，即各主轴颈的最大磨损靠近连杆轴颈一侧；而连杆轴颈的最大磨损部位在主轴颈一侧。另外，曲轴轴颈沿轴向还有锥形磨损，与连杆轴颈油道的油流相背的一侧磨损严重。各轴颈不同方向的磨损，导致主轴颈同轴度破坏，容易造成曲轴断裂。

变形的方式主要是弯曲和扭曲，是由于使用和修理不当造成的。如发动机在爆燃和超负荷等条件下工作；个别气缸不工作或工作不均衡；各道主轴承松紧度不一致等，都会造成曲轴承载后的弯曲变形。扭曲变形主要是烧瓦和个别活塞卡缸造成的。

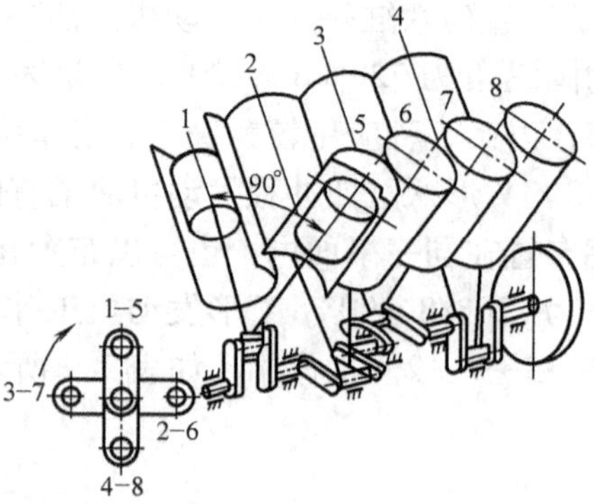

图 2-72　V 形八缸发动机曲拐布置

裂纹多发生在曲柄与轴颈之间的过渡圆角处以及油孔处，多由应力集中引起。前者是横向裂纹，危害极大，严重时造成曲轴断裂；后者为轴向裂纹，沿斜置油孔的锐边轴向发展，必要时也应更换曲轴。

表 2-9　V 形八缸发动机工作循环（点火次序：1—8—4—3—6—5—7—2）

<table>
<tr><th colspan="2">曲轴转角/(°)</th><th>第一缸</th><th>第二缸</th><th>第三缸</th><th>第四缸</th><th>第五缸</th><th>第六缸</th><th>第七缸</th><th>第八缸</th></tr>
<tr><td rowspan="2">0～180</td><td rowspan="2">90——</td><td rowspan="2">做功</td><td>做功</td><td>进气</td><td rowspan="2">压缩</td><td>排气</td><td rowspan="2">进气</td><td rowspan="2">排气</td><td>压缩</td></tr>
<tr><td rowspan="2">排气</td><td rowspan="2">压缩</td><td rowspan="2">进气</td><td rowspan="2">做功</td></tr>
<tr><td rowspan="2">180～360</td><td rowspan="2">270——</td><td rowspan="2">排气</td><td rowspan="2">做功</td><td rowspan="2">压缩</td><td rowspan="2">进气</td></tr>
<tr><td rowspan="2">进气</td><td rowspan="2">做功</td><td rowspan="2">压缩</td><td rowspan="2">排气</td></tr>
<tr><td rowspan="2">360～540</td><td rowspan="2">450——</td><td rowspan="2">进气</td><td rowspan="2">排气</td><td rowspan="2">做功</td><td rowspan="2">压缩</td></tr>
<tr><td rowspan="2">压缩</td><td rowspan="2">排气</td><td rowspan="2">做功</td><td rowspan="2">进气</td></tr>
<tr><td rowspan="2">540～720</td><td rowspan="2">630——</td><td rowspan="2">压缩</td><td rowspan="2">进气</td><td rowspan="2">排气</td><td rowspan="2">做功</td></tr>
<tr><td>做功</td><td>进气</td><td>排气</td><td>压缩</td></tr>
</table>

（1）曲轴磨损的检修

1）轴颈磨损的检测。曲轴轴颈磨损情况的检测，主要是用外径千分尺测量轴颈的直径、圆度误差和圆柱度误差。一般根据圆度误差和圆柱度误差确定轴颈是否需要修磨，同时也可确定修理尺寸。

测量通常是按磨损规律进行，先在轴颈磨损最大的部位测量，找出最小直径，然后在轴颈磨损最小的部位测量，找到最大直径。主轴颈和连杆轴颈磨损后，其圆度、圆柱度误差超出标准要求时（如桑塔纳 2000 型发动机曲轴主轴颈和连杆轴颈的圆度、圆柱度误差的磨损极限为 0.02mm），应进行曲轴的光磨修理。

2）轴颈的修磨。发动机大修时，对轴颈磨损已超过规定的曲轴，可用修理尺寸法对曲轴主轴颈、连杆轴颈进行光磨修理，同名轴颈必须为同级修理尺寸，以便选择统一的轴承，其修理尺寸查阅相关车型的维修手册。桑塔纳 2000GSi 轿车 AJR 发动机曲轴轴颈的修理尺寸如表 2-10 所示。

表 2-10　桑塔纳 2000GSi 轿车 AJR 发动机曲轴轴颈修理尺寸　　（单位：mm）

尺　寸	主轴承轴颈	连杆轴颈
标准尺寸	$54.00^{-0.022}_{-0.042}$	$47.80^{-0.022}_{-0.042}$

（续）

尺　　寸	主轴承轴颈	连杆轴颈
第一级修理尺寸	$53.75_{-0.042}^{-0.022}$	$47.55_{-0.042}^{-0.022}$
第二级修理尺寸	$53.50_{-0.042}^{-0.022}$	$47.30_{-0.042}^{-0.022}$
第三级修理尺寸	$53.25_{-0.042}^{-0.022}$	$47.05_{-0.042}^{-0.022}$

修磨后的曲轴，各轴颈的圆度、圆柱度误差不得大于0.005mm，表面粗糙度 R_a 不得大于0.32μm。

（2）曲轴弯曲变形的检修

1）弯曲变形的检测。检测弯曲变形应以两端主轴颈的公共轴线为基准，检查中间主轴颈的径向圆跳动误差，如图2-73所示。检验时，将曲轴两端主轴颈分别放置在检验平板的V形架上，将百分表触头垂直地抵在中间主轴颈上，慢慢转动曲轴一圈，百分表指针所指示的最大读数与最小读数之差，即为中间主轴颈的径向圆跳动误差值。

2）弯曲变形的校正。曲轴的径向圆跳动误差不得大于0.15mm，否则应进行校正。

曲轴弯曲变形的校正，一般采用冷压校正或敲击校正法。当变形量不大时，可采用敲击校正法。即用锤子敲击曲柄边缘的非工作表面，使被敲击表面产生塑性残余变形，达到校正弯曲的目的。冷压校正是将曲轴用V形铁架住两端主轴颈，用油压机沿曲轴弯曲相反方向加压，如图2-74所示。由于钢质曲轴的弹性作用，压弯量应为曲轴弯曲量的10～15倍，并保持2～4min，为减小弹性后效作用，最好采用人工时效法消除。

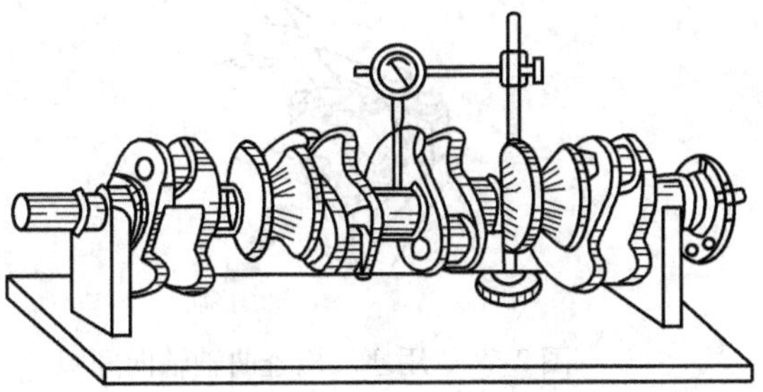

图2-73　曲轴弯曲的检验

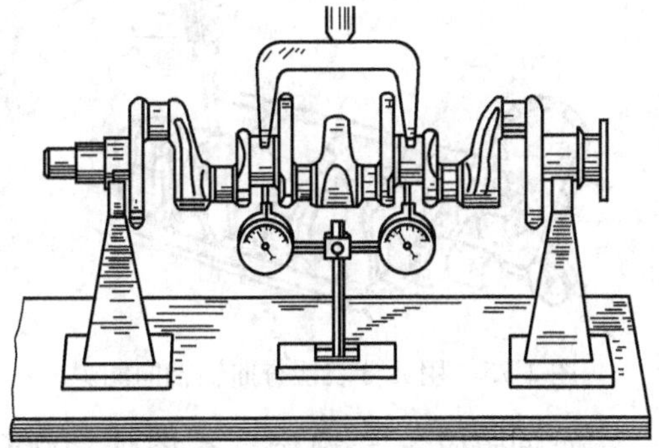

图2-74　曲轴弯曲冷压校正

当曲轴弯曲变形量较大时，校正必须分步、反复多次进行，直到符合要求为止。校正后的曲轴径向圆跳动误差不得大于0.05mm。

（3）曲轴扭曲变形的检修

1）扭曲变形的检测。曲轴扭曲变形检测的支撑方法和弯曲检测一样，将曲轴两端主轴颈分别放置在检验平板的V形块上，保持曲轴水平，使两端同一曲柄平面内的两个连杆轴颈位于水平位置，用百分表测量两轴颈最高点至平板的高度差 ΔA，据此求得曲轴主轴线的扭曲角 θ。

$$\theta=\frac{360\Delta A}{2\pi R}=\frac{57\Delta A}{R}$$

式中　R——曲柄半径，mm。

2）扭曲变形的校正。曲轴扭曲变形量一般很小，可直接在曲轴磨床上结合对连杆轴颈磨削时予以修正。

（4）曲轴裂纹的检修　裂纹的检验方法有磁力探伤法和浸油敲击法。

磁力探伤的原理是：当磁力线通过被检零件时，零件被磁化。如果零件表面有裂纹，在裂纹部位的磁力线就会因裂纹不导磁而被中断，使磁力线偏散而形成磁极。此时，在零件表面撒上磁性铁粉，铁粉便被磁化而吸附在裂纹处，从而显现出裂纹的部位和大小。

浸油敲击法是将曲轴置于煤油中浸一会，取出后擦净表面煤油并撒上白粉，然后分段用小锤轻轻敲击，如有明显的油迹出现，即该处有裂纹。

曲轴出现裂纹，一般应更换曲轴。

（5）曲轴轴向间隙和径向间隙的检查与调整

1）轴向间隙的检查与调整。为了适应发动机机件正常工作的需要，曲轴必须留有合适的轴向间隙，间隙过小，会使机件因受热膨胀而卡死；轴向间隙过大，曲轴工作时将产生轴向审动，加速气缸的磨损，活塞连杆组也会不正常磨损，还会影响配气相位和离合器的正常工作。因此，曲轴装到气缸体上之后，应检查其轴向间隙。

曲轴轴向间隙的检查可采用百分表或塞尺进行。检查时，将曲轴装入缸体轴承座，将百分表触头顶在曲轴平衡轴上，用撬棒前后撬动曲轴，观察表针摆动数值，指针的最大摆差即为曲轴轴向间隙，如图 2-75 所示。或者用撬棒将曲轴撬向一端，再用塞尺检查推力轴承和曲轴止推面之间的间隙，即为曲轴轴向间隙，如图 2-76 所示。

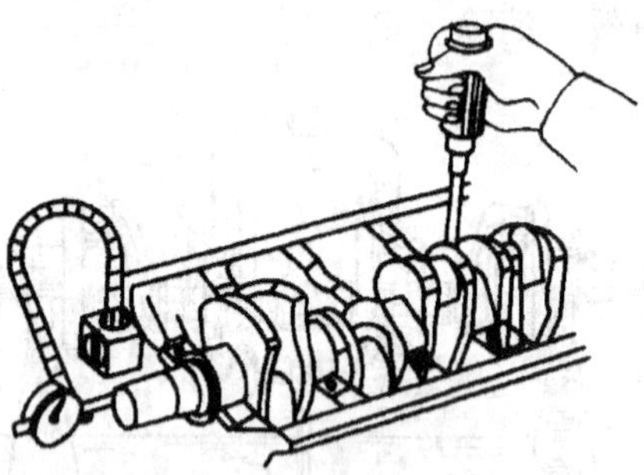

图 2-75　用百分表检查曲轴轴向间隙

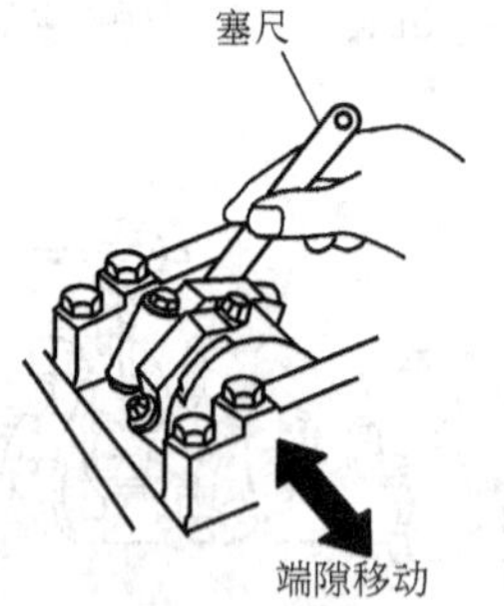

图 2-76　用塞尺检查曲轴轴向间隙

此间隙应符合规定，桑塔纳 2000GSi 轿车 AJR 发动机曲轴的轴向间隙为 0.07 ~ 0.21mm，轴向间隙过小或过大时，应更换不同厚度的止推垫片进行调整。

2）径向间隙的检查与调整。曲轴的径向也必须留有适当间隙，因为轴承的适当润滑和冷却是取决于曲轴径向间隙的大小。曲轴径向间隙过小会使阻力增大，加重磨损，使轴瓦划伤。曲轴径向间隙太大，曲轴会上下敲击，并使润滑油压力降低，曲轴表面过热并与轴瓦烧熔到一起。曲轴的径向间隙可用塑料间隙规检查，如图 2-77 所示。

首先清洁曲轴主轴颈、连杆轴颈、轴瓦和轴承盖，将塑料间隙规（或软金属丝）放置在曲轴轴颈上（不要将油孔盖住），盖上轴承盖并按规定力矩拧紧螺栓。（注意：不要转动曲轴）然后取下轴承盖和塑料间隙规，用被压扁的塑料间隙规和间隙条宽度相对照，查得间隙规宽度（或测量软金属丝厚度）对应的间隙值即为曲轴的径向间隙。

桑塔纳 2000GSi 轿车 AJR 发动机曲轴的径向间隙为 0.01 ~ 0.04mm，如果径向间隙不符

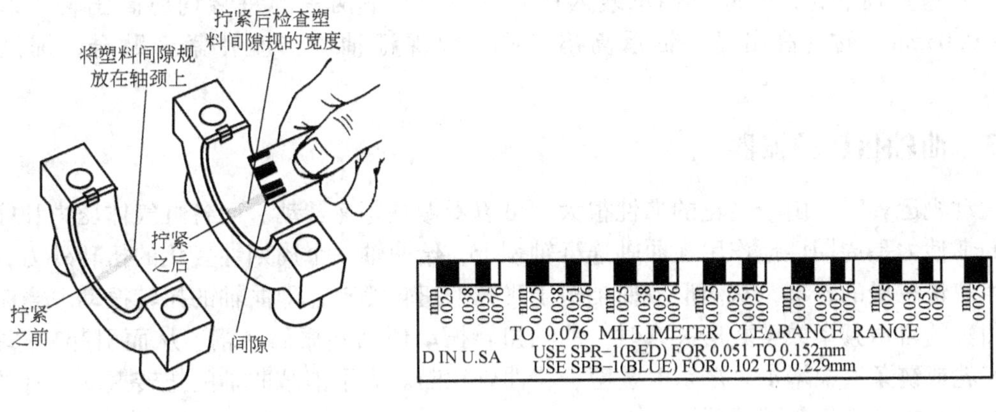

图 2-77　曲轴径向间隙的检查

合规定，应重新选配轴承。

2.4.2　曲轴主轴承

1. 曲轴主轴承的构造

曲轴主轴承（俗称大瓦）装于主轴承座孔中，将曲轴支承在发动机的机体上。主轴承的结构与连杆轴承相同，如图 2-78 所示。为了向连杆轴承输送润滑油，在主轴承上都开有周向油槽和通油孔。有些负荷不大的发动机，为了通用化起见，上、下两半轴瓦上都开有油槽，有些发动机只在上轴瓦开油槽和通油孔，而负荷较重的下轴瓦不开油槽。在相应的主轴颈上开径向通孔，这样，主轴承便能不间断地向连杆轴承供给润滑油。注意：后一种主轴瓦上、下片不能互换，否则主轴承的来油通道将被堵塞。

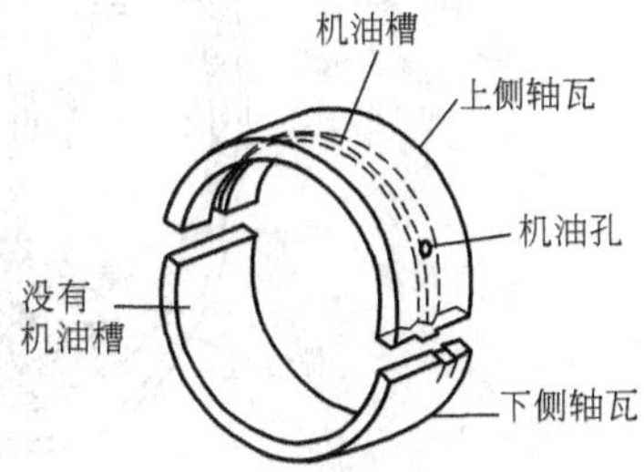

图 2-78　主轴承的结构

2. 曲轴主轴承的选配

曲轴主轴承在工作中会发生磨损、合金层疲劳剥落和粘着咬死等；轴承径向间隙的使用限度超限后，因轴承对润滑油流动阻尼能力减弱，可使主油道压力降低而破坏轴承的正常润滑；发生上述情况应更换轴承。发动机总成修理时，也应更换全部轴承。

轴承的选配包括选择合适内径的轴承，以及检验轴承的高出量、自由弹开量、定位凸点和轴承钢背表面质量等内容。

（1）选择轴承内径　根据曲轴轴承的直径和规定的径向间隙选择合适内径的轴承。现代发动机曲轴轴承制造时，根据选配的需要，其内径直径已制成一个尺寸系列。

（2）检验轴承钢背质量　要求定位凸点完整，轴承钢背光整无损。

（3）检查轴承自由弹开量　要求轴承在自由状态下的曲率半径大于座孔的曲率半径，保证轴承压入座孔后，可借轴承自身的弹力作用与轴承座贴合紧密，如图 2-79 所示。

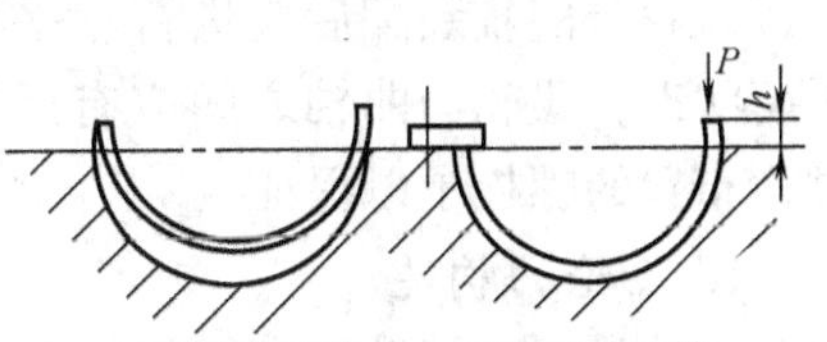

a) 检查弹开量　　b) 检查高出量

图 2-79　轴承的检查

(4) 检查轴承的高出量　轴承装入座孔内，上、下两片的每端均应高出轴承座平面0.03~0.05mm，称为高出量。轴承高出座孔，以保证轴承与座孔紧密贴合，提高散热效果。

2.4.3　曲轴扭转减振器

发动机运转时，由于飞轮的惯性很大，可以看做是等速转动。而各缸气体压力和往复运动件的惯性力是周期性地作用在曲轴连杆轴颈上，给曲轴一个周期性变化的扭转外力，使曲轴发生忽快忽慢的转动，从而形成曲轴对于飞轮的扭转摆动，即曲轴的扭转振动。当激力频率与曲轴的自振频率成整数倍关系时，曲轴扭转振动便因共振而加剧。从而引起功率损失、正时齿轮或链条磨损增加，严重时甚至会将曲轴扭断。为了消减曲轴的扭转振动，有的发动机在曲轴前端装有扭转减振器。

常用的扭转减振器有橡胶式、摩擦式和粘液（硅油）式等数种。

橡胶式扭转减振器如图2-80所示。它将减振器圆盘用螺栓与曲轴带轮及轮毂紧固在一起，橡胶层与圆盘及惯性盘硫化在一起。当曲轴发生扭转振动时，力图保持等速转动的惯性盘便使橡胶层发生内摩擦，从而消除了扭转振动的能量，避免扭振。

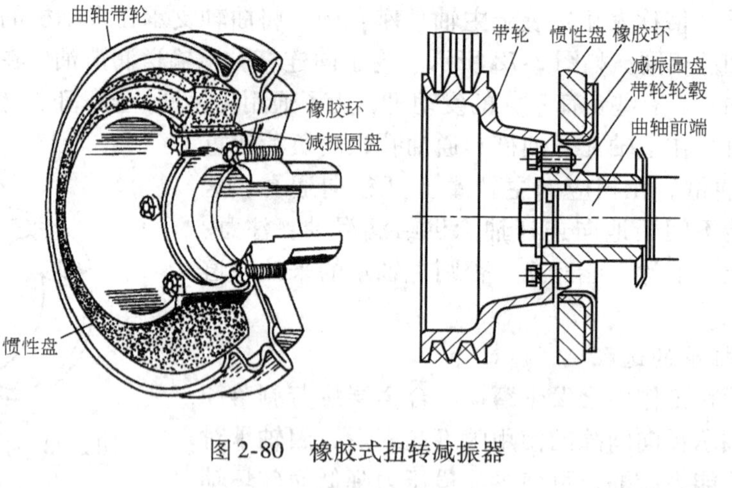

图2-80　橡胶式扭转减振器

2.4.4　飞轮

飞轮是一个转动惯量很大的圆盘，多用灰铸铁制造，外缘上压有一个齿圈，可与起动机的驱动齿轮啮合，供起动发动机用，如图2-81所示。

飞轮与曲轴装配后应进行动平衡。为了拆装时不破坏它们的平衡状态，飞轮与曲轴之间应有严格的相对位置，用定位销或不对称布置的螺栓予以保证。

1. 飞轮的构造

飞轮是一个转动惯量很大的圆盘，多用灰铸铁制造，外缘上压有一个齿圈，可与起动机的驱动齿轮啮合，供起动发动机用，如

图2-81　飞轮

图 2-81 所示。有些飞轮上通常刻有第一缸点火正时记号，以便校准点火时间，如图 2-82 所示。如 CA6102 型发动机的正时记号是“$\frac{\text{上止点}}{1-6}$”，当这个记号与飞轮壳上的刻线对正时，即表示 1-6 缸活塞处于上止点位置。EQ6100-1 型发动机的飞轮上的这一记号为一个镶嵌的钢球，当钢球与飞轮壳上的刻线对准时，为 1-6 缸活塞处于上止点位置。也有的发动机点火正时记号在曲轴前端的带轮上，如 BJ492Q 型发动机带轮边缘的缺口与正时齿轮罩上的记号对准时，为 1-4 缸活塞处于上止点位置。

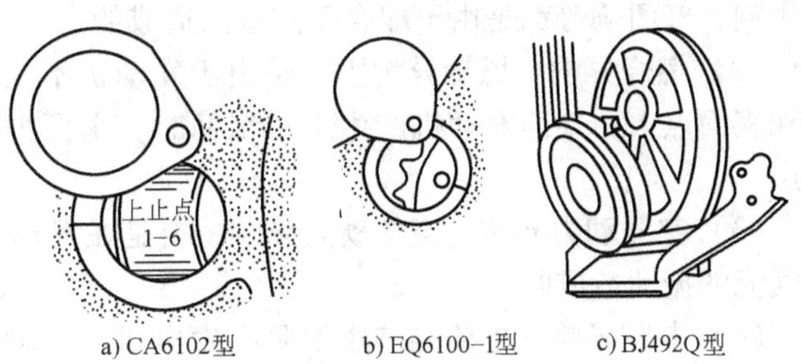

a) CA6102型　b) EQ6100–1型　c) BJ492Q型

图 2-82　发动机点火正时记号

飞轮与曲轴装配后应进行动平衡。为了拆装时不破坏它们的平衡状态，飞轮与曲轴之间应有严格的相对位置，用定位销或不对称布置的螺栓予以保证。

2. 飞轮的维修

飞轮常见的损伤形式主要是齿圈磨损、打坏、松动和端面打毛；飞轮与离合器摩擦片接触的工作面磨损、起槽和刮痕等。

（1）更换齿圈　飞轮齿圈有断齿或齿端冲击耗损，与起动机齿轮啮合状况发生变化时，应更换齿圈或飞轮组件。齿圈与飞轮配合过盈为 0. 30 ~ 0. 60mm，更换时，应先将齿圈加热至 623 ~ 673K，再进行热压配合。

（2）修整飞轮工作平面　飞轮工作平面有严重烧灼或磨损沟槽深度超过 0. 50mm 或飞轮端面圆跳动误差超过 0. 50mm 时，应进行光磨修整。

飞轮端面圆跳动误差的检查方法是：将百分表架装在飞轮壳上，表的量头靠在飞轮的光滑端面上，旋转表盘，使“0”对正指针，转动飞轮一圈，百分表的读数差，即为端面圆跳动误差。

修整并与曲轴装配后的飞轮端面圆跳动误差不得大于 0. 15mm，飞轮厚度极限减薄量为 1mm。

（3）曲轴、飞轮和离合器总成组装后进行动平衡试验　组件动不平衡量应不大于原厂规定。更换飞轮或齿圈、离合器压盘或总成之后，都应重新进行组件的动平衡试验。

2.5　曲柄连杆机构异响

异响是发动机曲柄连杆机构产生的不正常声响，属于机械异响。机械异响主要是运动副配合间隙太大或配合面有损伤，运转中引起冲击和振动造成的。

2.5.1　异响的类型和原因

1. 异响的类型

发动机异响主要有机械异响、燃烧异响、空气动力异响、电磁异响等。

（1）机械异响　机械异响主要是由于机件的运动副配合间隙过大或配合面有损伤，运转中引起冲击和振动所造成。如曲轴轴承响、连杆轴承响、凸轮轴轴承响、活塞敲缸响、活塞销响、气门响等都是由于配合间隙过大造成的。

（2）燃烧异响　燃烧异响主要是由于发动机不正常燃烧造成的。如汽油发动机产生爆燃和表面点火、柴油发动机产生工作粗暴时，由压力波撞击燃烧室壁及活塞连杆组发出的响声。

（3）空气动力异响　空气动力异响主要是在发动机进气口、排气口和运转中的风扇处，因气流的振动造成的。

（4）电磁异响　电磁异响主要是在发电机、起动机和某些电磁元件内，由于磁场的交替变化，引起机械中某些部件或某一部分空间容积产生振动所造成的。

2. 异响产生的原因

（1）配合间隙过大　配合间隙是汽车装配质量的重要指标。当润滑、温度、负荷和速度一定时，异响将随配合间隙的增大而变得明显，因此间隙过大是发动机产生异响的基本因素。

（2）爆燃或早燃　发动机点火时间调整过早或所用燃料（汽油）的标号不符（辛烷值过低）等所引起的响声，也是一种金属敲击声，称为点火敲击声。

（3）润滑不良　润滑是汽车各部件正常工作的重要条件，品质好的润滑油和适宜的压力能产生较好的润滑油膜。润滑油膜越厚，机械冲击就越小，噪声也就越轻，异响就不易发生。

（4）紧固件松动　发动机运转过程中会产生振动，某些机件会因振动而松动，导致相应部件相互撞击而发出响声。

（5）个别机件变形或损坏　发动机中某些机件的变形或损坏会带来相应的异响，如气门弹簧折断、曲轴断裂、凸轮轴正时齿轮破裂等。

（6）装配调整或修理不当　某些机件因修理不当或装配调整不当，使其配合间隙失准，如活塞销装配过紧、气门间隙调整不当等。

2.5.2　异响的影响因素

影响异响的因素有转速、负荷、温度、润滑条件等。

1. 转速

一般情况下，转速越高机械异响越强烈。尽管如此，高转速时的各种异响声混杂在一起，听诊时反而不易辨清某些异响。所以，诊断转速不一定是高转速，要具体异响具体对待。总之，诊断异响应在声响最明显的转速下进行，并尽量在低转速下进行，以减少不必要的噪声和损耗。

2. 温度

有些异响与发动机的温度有关，而有些异响与发动机的温度无关和关系不大。在机械异响诊断中，对于热膨胀系数大的配合副要特别注意发动机的热状况，最典型的例子是铝活塞敲缸。在发动机冷却后，该异响非常明显，然而一旦温度升高，响声消失或减弱。所以，诊断该响声应在发动机低温时进行。热膨胀系数小的配合副所产生的异响（如曲轴主轴承响、连杆轴承响、气门响等），发动机温度的变化对异响影响不大，因而对诊断温度无特别要求。

3. 负荷

许多异响与发动机的负荷相关。如曲轴主轴承响、连杆轴承响和活塞敲缸响等，均随负荷增大而增强，随负荷减小而减弱。但是，也有些异响与负荷无关，如气门响和凸轮轴响等，负荷变化时异响并不变化。

4. 润滑条件

不论什么机械异响，当润滑条件不佳时，异响一般都显得严重。有些异响本身会引起润滑条件的恶化，如较严重的曲轴主轴承响和连杆轴承响常伴有机油压力降低。

2.5.3　异响分析

1. 曲轴主轴承响

（1）现象　曲轴主轴承响的现象如表 2-11 所示。

表 2-11　曲轴主轴承响的现象

各种关系	现　象
声音与振动	加速时发出沉重而有力的“咚咚咚”的金属敲击声，严重时机体发生很大振动
转速	响声随发动机转速的提高而增大
负荷	响声随发动机负荷的增加而加剧
温度	温度变化时响声不变化
其他	单缸断火时响声无明显变化，相邻两缸同时断火时，响声会明显减弱

（2）原因

① 主轴承盖固定螺栓松动。

② 主轴承减磨合金烧蚀或脱落。

③ 主轴承和轴颈磨损过甚，轴向止推装置磨损过甚造成径向和轴向间隙过大。

④ 曲轴弯曲。

⑤ 机油压力太低或机油变质。

2. 连杆轴承响

（1）现象　连杆轴承响的现象如表 2-12 所示。

表 2-12　连杆轴承响的现象

各种关系	现　象
声音与振动	连杆轴承响声比主轴承响声轻微，是缓和而又短促的“哐哐哐”连续、明显的敲击声
转速	发动机突然加速时，响声明显加剧是连杆轴承响的主要特点。当连杆轴承严重松旷时，怠速运转时也能听到明显的响声，且机油压力降低
负荷	响声随发动机负荷的增加而加剧
温度	不受发动机温度变化的影响
其他	单缸断火时响声明显减弱或消失，但复火时又能立即出现

（2）原因

① 连杆轴承盖的固定螺栓松动或折断。

② 连杆轴承减磨合金烧蚀或脱落。

③ 连杆轴承和轴颈磨损过甚，造成径向间隙太大。

④ 机油压力太低或机油变质。

3. 活塞敲缸响

（1）现象　活塞敲缸响的现象如表2-13所示。

表2-13　活塞敲缸响的现象

各种关系	现　　象
声音与振动	发动机在怠速或低速运转时，在气缸上部发出清晰而沉重的“嗒嗒嗒”连续的金属敲击声，振动较小
转速	当突然加大节气门开度时，响声变化为近似用锤子敲击水泥地面的“嗒嗒”声。当发动机转速升至中速以上时，这种异响便会减弱或消失
负荷	当响声严重时，随发动机负荷的增加而加剧，但机油压力不降低
温度	冷车时明显，热车时响声减弱或消失
其他	单缸断火时，响声明显减弱或消失

（2）原因

① 活塞与气缸壁配合间隙太大。

② 活塞与气缸壁间润滑条件不良。

4. 活塞销响

（1）现象　活塞销响的现象如表2-14所示。

表2-14　活塞销响的现象

各种关系	现　　象
声音与振动	发出一种较尖锐、清脆、有节奏的“嗒嗒嗒”的金属敲击声，振动小
转速	发动机在怠速、低速和从怠速向低速抖动节气门时，可听到明显而清脆的“嗒嗒嗒”的连续金属敲击声，响声严重时，转速越高，响声越大，但机油压力不降低
温度	当发动机温度升高时，响声不减弱，有时甚至增强
其他	单缸断火时响声明显减弱或消失，在复火瞬间，响声又出现或连续出现在2个响声。活塞销间隙过大时，断火后响声反而明显连续

（2）原因

① 活塞销与连杆小头衬套配合松旷。

② 活塞销与活塞销孔配合松旷。

综 合 测 试

一、填空题

1. 曲柄连杆机构包括（　　）、（　　）、（　　）三部分。

2. 活塞的结构按其作用可分为（　　）三部分，其中引导活塞运动和承受侧压力的是（　　）。

3. 活塞环装入气缸后，其开口处的间隙叫（　　），在环高方向上与环槽之间的间隙叫（　　），活塞环背面与环槽底部之间的间隙叫（　　）。

4. 六缸四冲程发动机的做功顺序一般是，其做功间隔角为（　　）。

二、选择题

1. 活塞在制造中，其头部有一定的锥度，主要是由于（　　）。

A. 节省材料　　B. 减小往复运动的惯性力　　C. 活塞在工作中受热不均匀

2. 曲轴上的平衡重一般设在（　　）。

A. 曲轴前端　　B. 曲轴后端　　C. 曲柄上

3. 曲轴与凸轮轴的传动比是（　　）。

A. 1∶1　　B. 1∶2　　C. 2∶1

4. 连杆大头做成分开式的目的是（　　）。

A. 便于加工　　B. 便于安装　　C. 便于定位

三、简答题

1. 曲轴为什么要轴向定位？为什么只能有一处定位？

2. 为了使活塞在各种工况下与缸壁的配合间隙都尽可能保持在一定范围内，用来控制和减少活塞变形的结构措施有哪些？

3. 什么是圆度误差和圆柱度误差？如何测量气缸的圆度误差和圆柱度误差？

4. 曲轴的径向、轴向间隙如何检验？

5. 曲轴扭转减振器的作用是什么？

6. 曲柄连杆机构的检修内容有哪些？

7. 曲柄连杆机构拆装时应注意的问题有哪些？

实 训 项 目

项目 2：机体组的拆装与维修

一、实训目的

（1）掌握发动机的解体工艺。

（2）熟练进行发动机外部附件的拆卸。

（3）熟悉机体组各部件的名称、作用和结构特点。

（4）掌握气缸体、气缸盖变形的检测和主要技术要求。

（5）掌握气缸圆度、圆柱度的检测和气缸修理尺寸的确定。

（6）能正确使用工、量具。

二、设备及器材

（1）常用工具。

（2）量缸表、外径千分尺、游标卡尺、刀型样板尺、塞尺。

（3）发动机总成若干台。

（4）维修手册。

三、操作基本方法

学生分小组，在教师指导下完成工作任务单上的内容。

四、完成工作任务单

任务名称	机体组的拆装与维修	学时		班级	
学生姓名		学号		成绩	
实训设备(型号)		实训场地		日期	

第一项内容：知识学习

1. 根据下图，填写发动机的气缸布置形式。

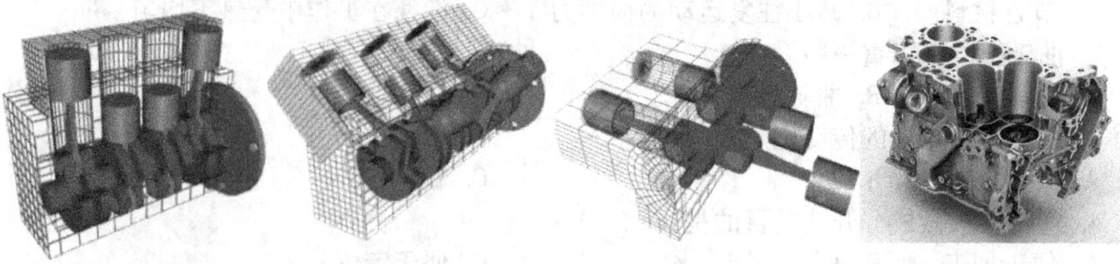

根据你查找的资料，如果有其他形式的气缸，请填写：________________

2. 对比下面两个图片，填写发动机活塞运动形式。

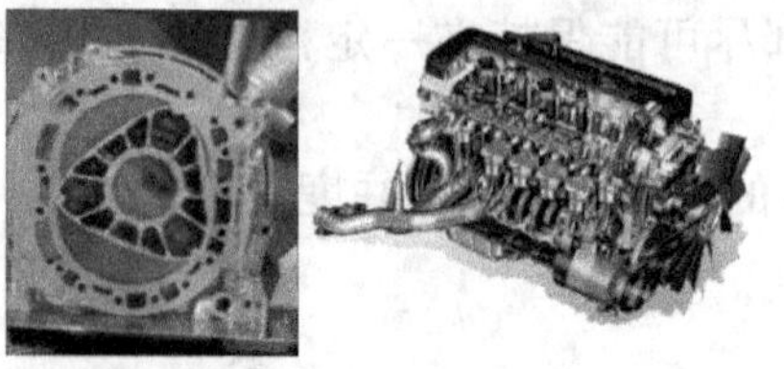

3. 写出下图中各部位的名称。

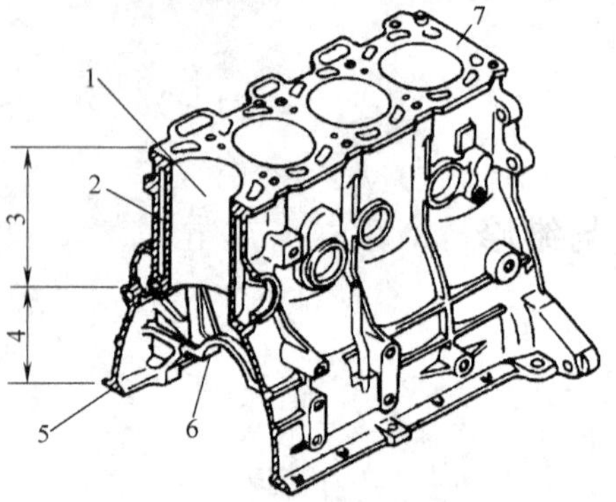

1	
2	
3	
4	
5	
6	
7	

4. 气缸盖与哪些零件或系统相关联？

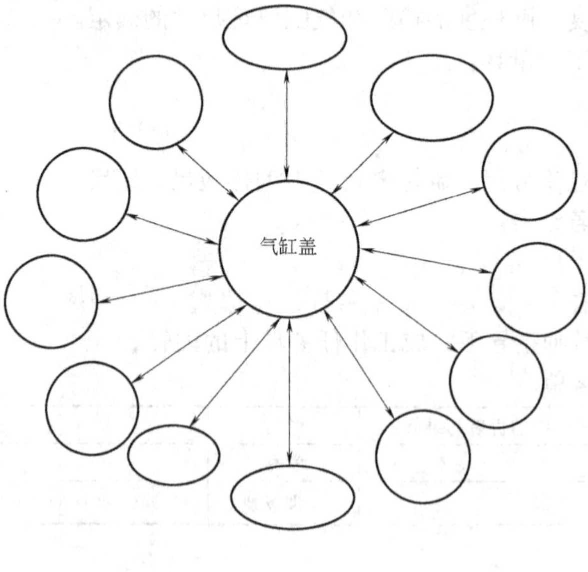

第二项内容：操作训练

1. 气缸盖的拆装

（1）用扭力扳手按先两侧后中间的原则，均匀对称分次拧下气缸盖螺栓，拆下的螺栓应放置有序。

（2）用橡胶锤轻轻敲击气缸盖两侧边缘（非工作表面）使气缸盖松动，然后取下平放在工作台或零件架上。

（3）安装时在气缸体上装上气缸垫，注意气缸垫的卷边方向。

（4）装上气缸盖及螺栓，用扳手拧紧。拧紧时从中间到两边均匀对称分次进行，最后用扭力扳手拧紧到规定力矩。

- 气缸体与气缸盖连接螺栓采用的是螺栓；其拧紧力矩是。
- 在下图中标出气缸盖螺栓的拆装顺序。

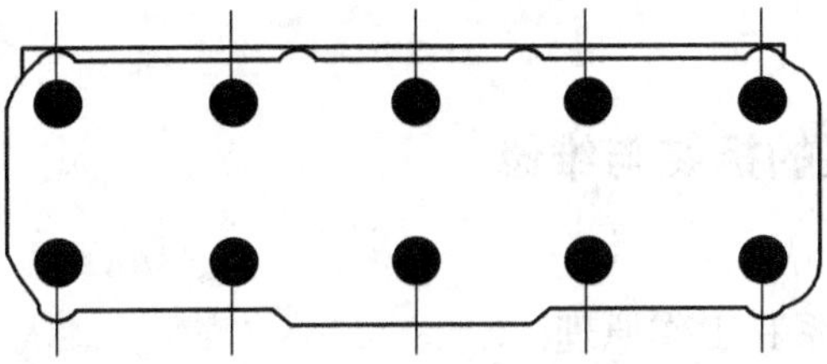

气缸盖螺栓拆卸顺序

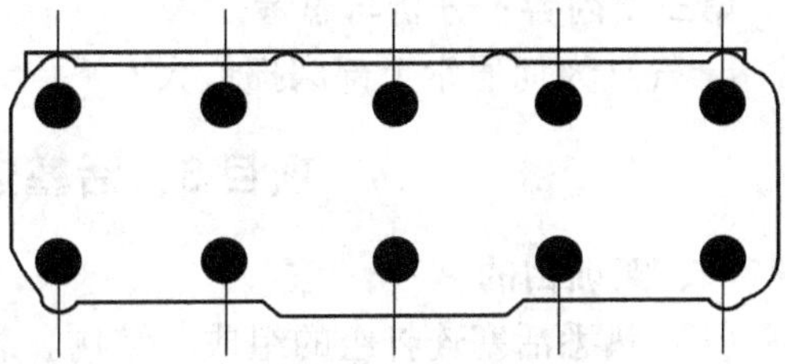

气缸盖螺栓拧紧顺序

2. 机体组的检修

（1）气缸体、气缸盖变形的检修。气缸体、气缸盖的变形主要表现为翘曲，其变形程度可通过检测气缸体上平面和气缸盖下平面的平面度误差获得。

① 将被测缸体或缸盖放在检测平台上。

② 用直尺或刀形尺沿对角线和纵轴线贴靠在被测平面上。

③ 在直尺或刀形尺与被测平面间的缝隙处插入厚薄规，厚薄规所测数值最大者即为气缸体上平面或气缸盖下平面的平面度误差。

④ 将测量结果填入下表中。

气缸体、气缸盖平面度误差测量数据记录表　　（单位：mm）

	第1次	第2次	第3次	第4次	最终测量结果
气缸体					
气缸盖					

⑤ 查维修手册，该发动机气缸体平面度误差的极限是____；气缸盖平面度误差的极限是____。

⑥ 根据测量结果，提出维修方案：

（2）气缸磨损的检修

① 用书中叙述的方法检测气缸的圆度、圆柱度误差和气缸的最大磨损直径，将测量结果填入表中。

气缸磨损测量数据记录表（第　　缸）　　（单位：mm）

测量部位	A 向	B 向	圆度误差	圆柱度误差
上				
中				
下				

② 查维修手册，该发动机气缸的标准直径是；维修标准是______。

③ 根据测量结果，提出维修方案（确定气缸修理尺寸级别）：

第三项内容：分析与思考

1. 气缸为何通常上部磨损最大？

项目 3：活塞连杆组的拆装与维修

一、实训目的

（1）熟悉活塞连杆组的组成、结构、装配关系和工作原理。

（2）掌握活塞连杆组的拆装工艺。

（3）掌握活塞环的检验方法。

（4）掌握连杆弯曲、扭曲及弯扭变形并存的检验与校正方法。

（5）能正确使用工、量具。

二、设备及器材

（1）常用工具；

（2）量缸表、外径千分尺、游标卡尺、塞尺；

（3）活塞环拆装钳、活塞环压缩器；

（4）连杆检验仪；

（5）发动机总成若干台；

（6）维修手册。

三、操作基本方法

学生分小组，在教师指导下完成工作任务单上的内容。

四、完成工作任务单

任务名称	活塞连杆组的拆装与维修	学时		班级	
学生姓名		学号		成绩	
实训设备(型号)		实训场地		日期	

第一项内容：知识学习

1. 看图填空

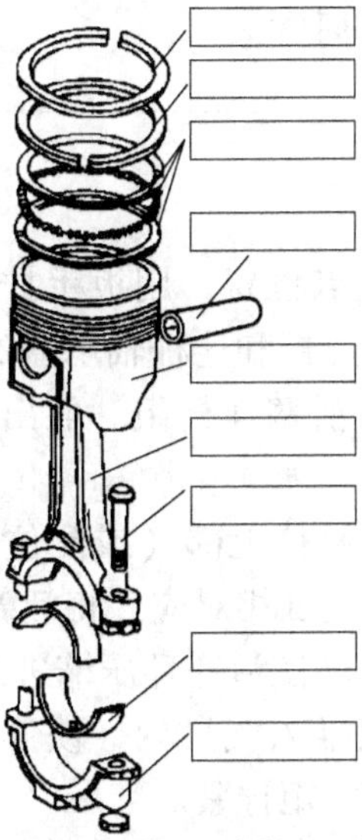

2. 写出图中各编号零件的名称并在图中补充其他的编号。

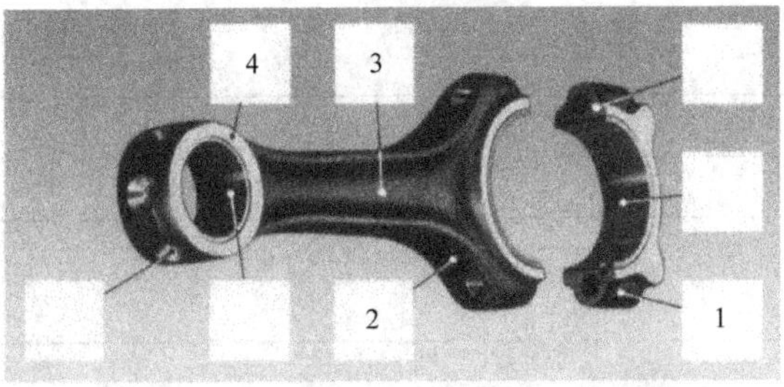

1			连杆轴瓦
2			连杆衬套
3			润滑油孔
4			剖分面

3. 写出图中各工作内容以及所用到的工、量具

	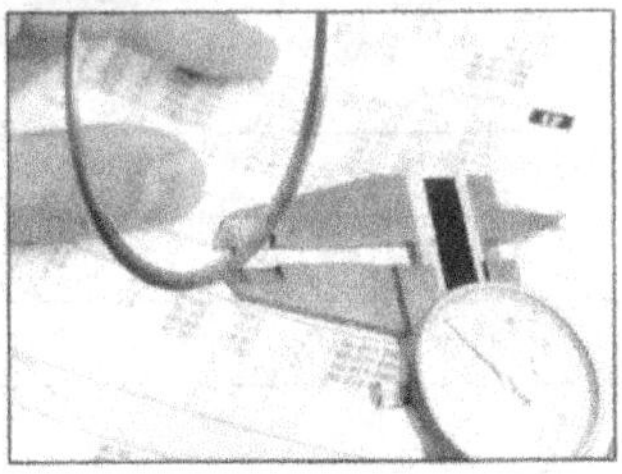	
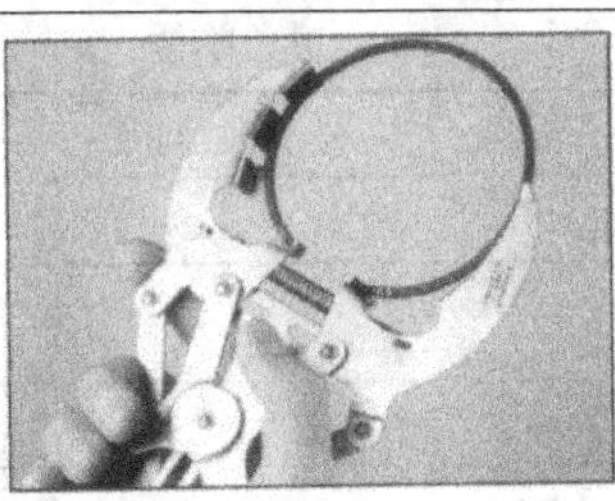		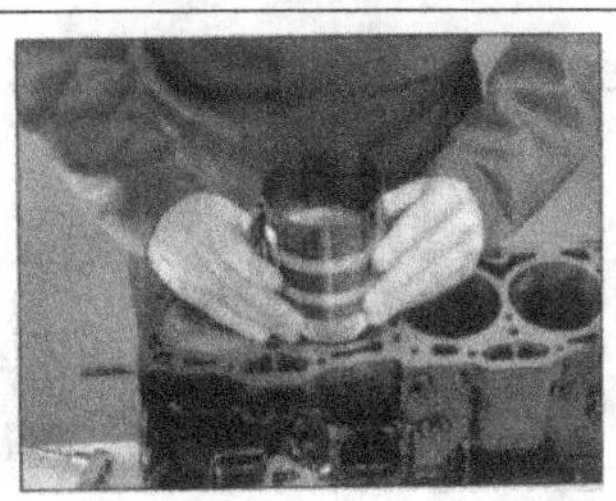

4. 活塞环上的“TOP”标志有何含义？

____

第二项内容：操作训练

1. 活塞连杆组的拆装

（1）将活塞连杆组摇转到下止点位置，用扳手拧下连杆轴承固定螺母，取下连杆轴承盖和轴承。此时应注意检查活塞、连杆和连杆轴承盖的安装记号。

（2）用锤子木柄由里向外推出活塞连杆组。取出后应将已取下的连杆盖、轴承和连杆螺栓等按原位装复，以防错乱。

（3）安装时将活塞连杆组由气缸体上部（或侧位）装入气缸，注意活塞顶部的记号应指向发动机前方，气缸号标记应与气缸相对应。将活塞环开口按要求错开。并涂少许机油。

（4）用活塞环收紧器包住活塞环使活塞环压缩进入环槽内，再收紧。

（5）用锤子木柄将活塞连杆组推入气缸内，使连杆大头落于连杆轴颈上，按标记扣合连杆轴承盖并涂少许机油，按规定力矩拧紧。

2. 观察你所拆装的活塞连杆组，回答下列问题。

① 活塞连杆组上有哪些装配标记？

____

____

____

② 活塞销采用了哪种连接方式？

____

③ 采用了哪种形式的活塞环？

____

④ 查阅维修手册：

- 连杆盖螺栓的拧紧力矩是______________________________。
- 活塞环开口位置的布置方式是______________________________

____

______________________________。

3. 活塞连杆组的检修

（1）配缸间隙的检测

① 用书中叙述过的方法进行检测，将检测结果填入表中。

配缸间隙检测数据记录表　　（单位：mm）

第(　　)缸	活塞裙部直径	气缸直径	配缸间隙
测量数据			

② 查维修手册，该发动机配缸间隙的标准值为______________________________。

③ 根据测量结果，提出维修方案：______________________________

____

（2）活塞环“三隙”的检测

① 用书中叙述过的方法进行检测，将检测结果填入表中。

活塞环间隙检测数据记录表　（单位：mm）

	端隙		侧隙		背隙	
	标准值	测量值	标准值	测量值	标准值	测量值
第一道气环						
第二道气环						
油环						

② 根据测量结果，提出维修方案：________________________

____

第三项内容：分析与思考

为什么活塞在冷态下是椭圆形的？

项目 4：曲轴飞轮组的拆装与维修

一、实训目的

（1）熟练曲轴的结构形式及其各部分的构造。

（2）掌握曲轴飞轮组的拆装工艺。

（3）掌握曲轴磨损、弯曲、扭曲的检测方法。

（4）掌握曲轴主轴承径向间隙及轴向间隙的检测方法。

（5）能正确使用工、量具。

二、设备及器材

（1）常用工具。

（2）外径千分尺、塑料间隙规。

（3）V 形铁、百分表、磁性表座。

（4）发动机总成若干台。

（5）维修手册。

三、操作基本方法

学生分小组，在教师指导下完成工作任务单上的内容。

四、完成工作任务单

任务名称	活塞连杆组的拆装与维修	学时		班级	
学生姓名		学号		成绩	
实训设备(型号)		实训场地		日期	

第一项内容：知识学习

1. 请填写出下图零件中各部位的名称和作用。

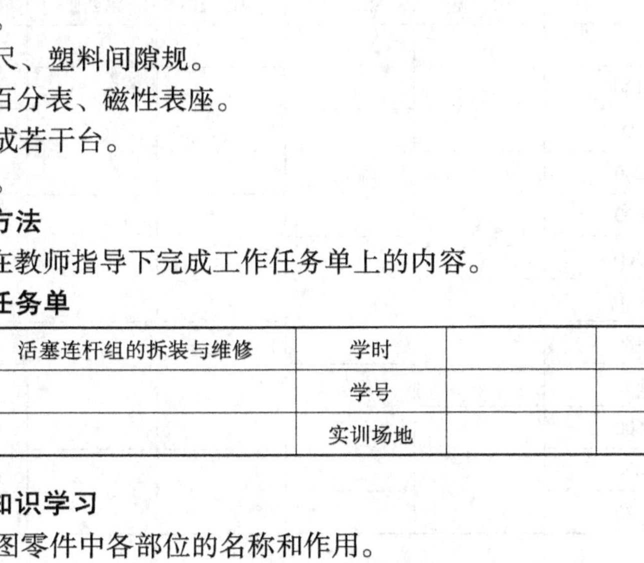

序号	名称	作用
1		
2		
3		
4		
5		
6		

2. 请描述出下图中所示轴瓦安装的步骤。

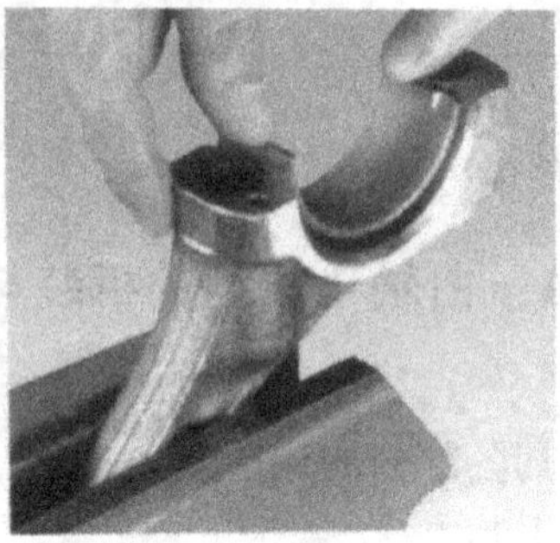
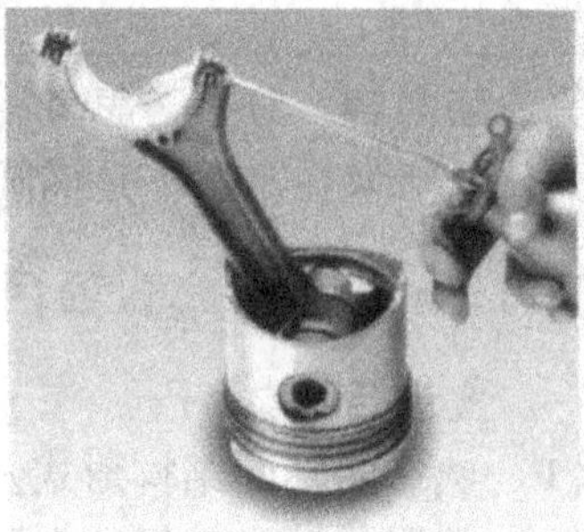

3. 该发动机点火顺序为1-5-3-6-2-4，请填写下表。

曲轴转角/(°)		第一缸	第二缸	第三缸	第四缸	第五缸	第六缸
0～180	60						
	120						
	180						
180～360	240		做功				
	300						
	360						
360～540	420						
	480						
	540						
540～720	600						
	660						
	720						

第二项内容：操作训练

1. 曲轴飞轮组的拆装

（1）观察你所拆装的曲轴飞轮组，回答下列问题。

① 该发动机曲轴是怎样进行轴向定位的？

② 该发动机曲轴的支承方式是________________。
③ 该发动机做功间隔角是________；做功次序为________。
（2）查阅维修手册：
① 曲轴主轴承螺栓拧紧力矩是________；拧紧顺序是________。
② 推力轴承安装要求是________________________________
____
____

2. 曲轴飞轮组的检修

（1）曲轴磨损的检修

通过检测曲轴主轴颈和连杆轴颈的圆度、圆柱度误差，判别曲轴是否需要磨修及磨修的修理尺寸。方法如下：

① 用外径千分尺先在轴颈油孔两侧测量，然后旋转 90°再测量，同一截面最大直径与最小直径之差的 1/2 为圆度误差。轴颈各部位测得的最大直径与最小直径之差的 1/2 为圆柱度误差。一般在轴颈上测量两个截面。

② 将测量结果填入表中。

表曲轴轴颈磨损测量数据表　　（单位：mm）

第(　)道	第一截面		第二截面		圆度误差	圆柱度误差
主轴颈						
连杆轴颈						

③ 查维修手册，该发动机曲轴轴颈的标准直径为主轴颈________________；
连杆轴颈________________；维修标准是________________。
④ 根据测量结果，提出维修方案：________________________
____

（2）曲轴变形的检测

① 用书中叙述的方法，检测曲轴的弯曲、扭曲变形量，将检测结果填入表中。

曲轴变形数据表　　（单位：mm）

检测内容	弯曲量	扭曲量
标准数据(维修手册)		
测量数据		

②根据测量结果，提出维修方案：
____
____

（3）曲轴径向和轴向间隙的检测

① 用书中叙述的方法，检测曲轴的径向和轴向间隙，将检测结果填入表中。

曲轴径向和轴向间隙数据表 （单位：mm）

检测内容	径向间隙	轴向间隙
标准值		
磨损极限值		
测量数据		

② 根据测量结果，提出维修方案。

第三项内容：分析与思考

曲柄连杆机构异响的类型和原因有哪些？

第 3 章 配气机构

学习目标：

- 理解配气机构的作用和组成
- 掌握配气机构的结构特点
- 掌握气门组、气门传动组主要零件的构造和装配连接关系
- 掌握气门组、气门传动组主要零件的检测和维修方法
- 理解可变气门正时技术

配气机构是控制发动机进气和排气的装置，它应能保证发动机进气充分、排气干净，对汽车发动机转速的提高、性能的改装有着重要的意义。

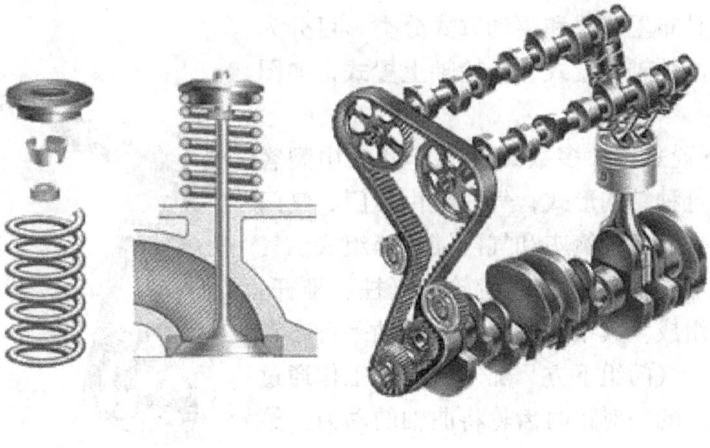

3.1 概述

3.1.1 配气机构的作用和组成

1. 配气机构的作用

在发动机工作过程中，配气机构按照发动机每一气缸内所进行的工作循环和点火次序的要求，开启和关闭各气缸的进、排气门，使新鲜混合气及时地进入气缸，废气得以及时地排出气缸。

2. 配气机构的组成

发动机配气机构基本可分成两部分：气门组和气门传动组，如图 3-1 所示。

气门组用来封闭进、排气道，主要零件包括气门、气门座、气门弹簧和气门导管等。气门组的组成与配气机构的形式基本无关，但结构大致相同。

气门传动组是从正时齿轮开始至推动气门动作的所有零件，作用是使气门定时开启和关闭，它的组成视配气机构的形式不同而异，主要零件包括正时齿轮（正时链轮和链条或正时带轮和正时带）、凸轮轴、挺杆、推杆、摇臂轴和摇臂等。

发动机工作时，曲轴通过正时齿轮驱动凸轮轴旋转，使凸轮轴上的凸轮凸起部分通过挺杆和推杆推动摇臂绕摇臂轴摆转，摇臂的另一端便向下推开气门，并使气门弹簧进一步压缩。

当凸轮的顶点转过挺杆后，气门在气门弹簧的弹力作用下，开度开始逐渐减小，直至最后关闭。

3.1.2 配气机构的分类和工作原理

1. 配气机构的分类

发动机配气机构形式多种多样，其主要区别是气门布置形式和数量、凸轮轴布置形式和驱动方式。

（1）按气门布置形式分类　按气门布置形式分类可分为侧置气门和顶置气门，如图 3-2 所示。其中顶置气门应用最广泛，侧置气门已被淘汰。以下配气机构如果不特别说明，则都为顶置气门式。

（2）按凸轮轴布置形式和驱动方式分类　可分为凸轮轴下置式、凸轮轴中置式、凸轮轴上置式，如图 3-3所示。

① 凸轮轴下置式：大多数载货汽车和大中型客车发动机都采用这种结构形式，气门组由气门、气门导管。气门弹簧、气门弹簧座和气门锁片等组成。气门传动组由凸轮轴、凸轮轴正时齿轮、挺柱、推杆、摇臂和摇臂轴等组成。其结构特点是凸轮轴平行布置在曲轴一侧，位于气门组下方，配气机构的工作通过曲轴和凸轮轴之间的一对正时齿轮将曲轴的动力传给凸轮轴来带动。

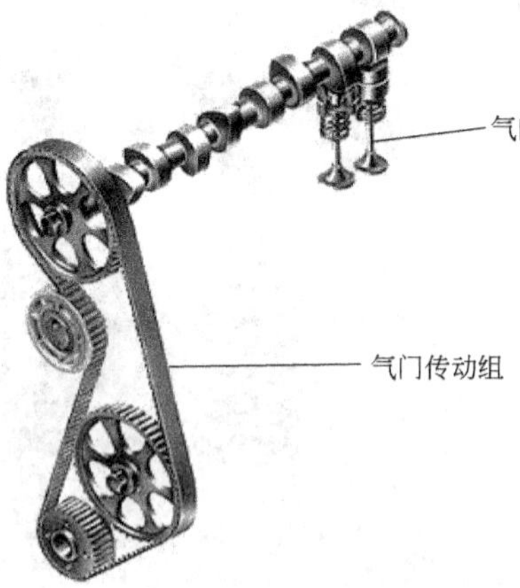

图 3-1　配气机构组成

② 凸轮轴上置式：现代轿车使用的高速发动机大多采用这种结构形式。凸轮轴仍与曲轴平行布置，但位于气门组上方，凸轮轴直接通过摇臂来驱动气门开启和关闭，省去了推杆，使往复运动质量大大减小，但此种布置使凸轮轴距离曲轴较远，因此，不方便使用齿轮传动，现多采用正时同步带传动，这种结构形式的气门传动组主要由凸轮轴、正时同步带、挺柱、摇臂及摇臂轴等组成。

③ 凸轮轴中置式：一些速度较高的柴油机将凸轮轴位置抬高到缸体上部。

（3）按凸轮轴传动方式分类　按凸轮轴传动方式可分为齿轮传动式、链条传动式和齿形带传动式，如图 3- 4 所示。

图 3-2　气门布置形式

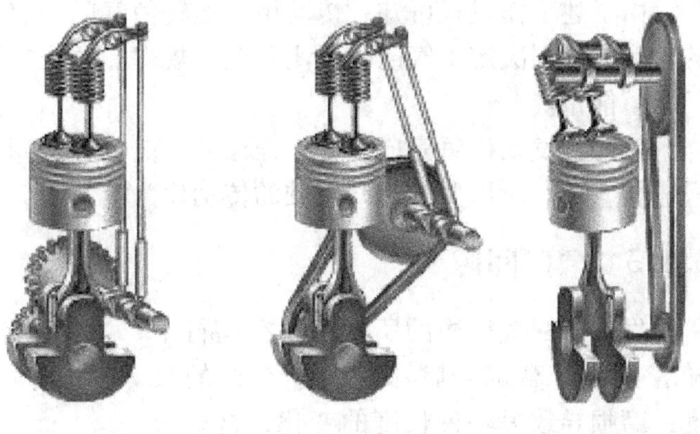

图 3-3　凸轮轴布置形式

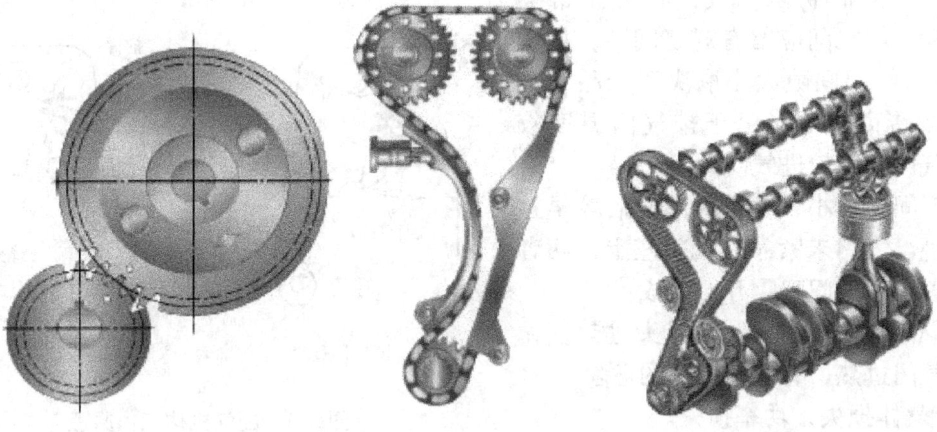

图 3-4　凸轮轴传动方式

（4）按每个气缸的气门数量分类　一般发动机都采用每缸两气门，即一个进气门和一个排气门的结构。为了进一步提高气缸的换气性能，轿车发动机上普遍采用每缸多气门结构，如三气门、四气门、五气门等，其中以四气门为多见。捷达王发动机采用了每缸五气门（三个进气门、两个排气门）结构。

气门数目的增加，使发动机的进、排气通道的断面面积大大增加，提高充气效率，改善了发动机的动力性能。

2. 配气机构的工作原理

配气机构工作原理如图 3-5 所示。发动机工作时，正时带动凸轮轴旋转，当发动机需要进行换气行程时，凸轮凸起部分通过挺柱、推杆以及高速螺钉推动摇臂摆转，使摇臂的另一端向下推开气门，并压缩气门弹簧。凸轮凸起部分的顶点转过挺柱后，凸轮对挺柱的推力减小，气门在弹簧张力下逐渐关闭，凸轮凸起部分离开挺柱时，气门完全关闭，换气行程结束，压缩和做功行程开始。气门在弹簧张力作用下严密关闭，使气缸密闭。

由上述工作过程可知：传动组的运转使气门开启，气门弹簧释放张力使气门关闭；凸轮的轮廓曲线则决定了气门的开闭时刻与规律。每次打开气门时摇臂压缩气门弹簧，为关闭气门积蓄能量。

四冲程发动机每完成一个工作循环，曲轴转两周，各缸完成进、排气一次，也即凸轮轴只需转一周，所以曲轴与凸轮轴的传动比为2:1。

3.1.3 气门间隙

发动机配气机构的所有部件在运行中随着温度升高都会膨胀并改变它们的长度，磨损导致另一种长度的变化，这些长度变化由气门间隙或液压间隙补偿元件补偿，因此在任何运行状态下气门都能可靠关闭。

为确保高温状态下气门也能正常关闭，传动部件之间应留有规定间隙，如表3-1所示。气门间隙大小取决于产品和型号，由制造商规定。由于排气门温度较高，故气门间隙较进气门大。

气门间隙过小，导致气门开启较早且关闭较晚。气门未紧靠在气门座上，两者之间通过较小的间隙隔开，造成：

1）热量传递中断，气门头过热，尤其是排气门过热，有产生裂纹的危险。

2）气体损失，功率损失。

3）热态废气通过打开的进气门返回。

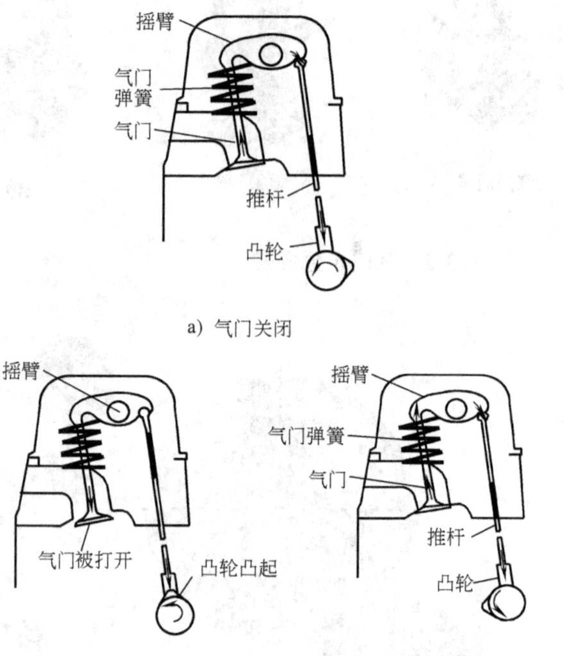

a) 气门关闭　b) 气门打开　c) 气门关闭

图3-5　配气机构工作原理

表3-1　气门间隙及调整部位

气门杆与摇臂之间的气门间隙	凸轮与桶状挺杆之间的气门间隙	凸轮与摇臂之间的气门间隙
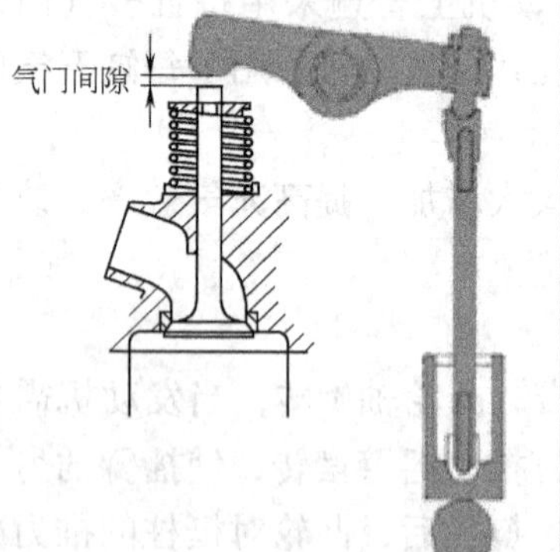	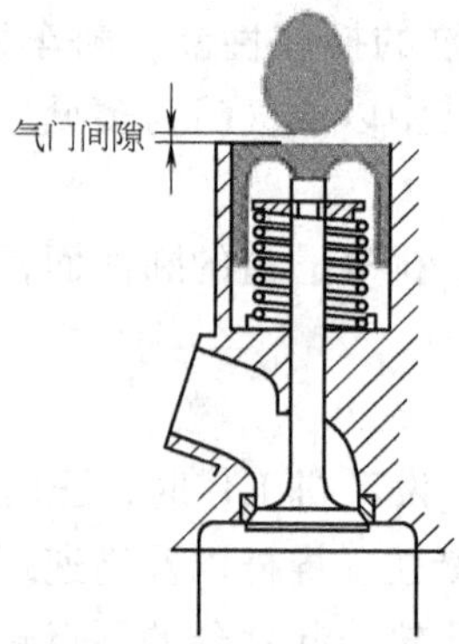	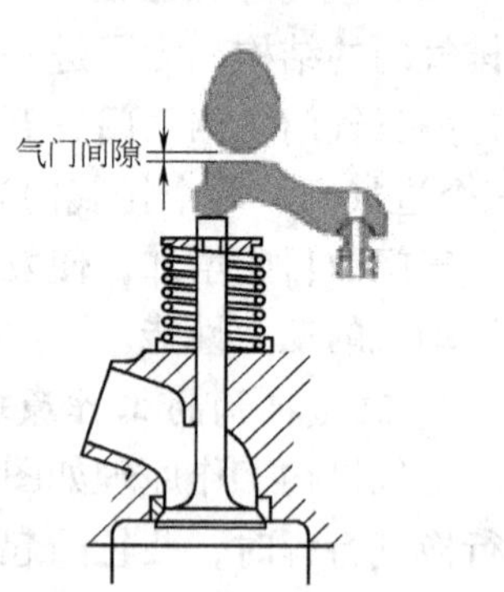
通过摇臂上的调整螺钉进行调整	通过凸轮和桶状挺杆之间的调整垫片进行调整	通过摇臂支座上的气门调整螺钉进行调整

气门间隙过大，导致气门开启晚且关闭过早，气门没有完全打开气道横截面，造成：

1）开启时间较短，开启横截面较小。

2）气缸充气差，功率损失。

3）气门噪声。

4）加剧气门传动装置磨损。

因此，气门间隙应检查和调整，以保证发动机正常工作。目前，许多发动机上采用了气门间隙补偿元件实现了无间隙气门控制。补偿元件可确保气门控制机构在所有运行条件下无间隙地工作且能补偿因磨损所造成的长度变化。

3.1.4　配气相位

发动机在换气行程中，若能够做到排气彻底、进气充分，则可以提高充气系数，增大发动机输出的功率。四冲程发动机的每一个工作行程曲轴要旋转 180°。由于现代发动机转速很高，一个行程经历的时间是很短的。如上海桑塔纳的四冲程发动机，在最大功率时的发动机转速达到 5600r/min，一个行程的时间只有 0.0054s。在如此短的进气和排气行程中，很难达到进气充分，排气彻底。为改善换气行程，提高发动机性能，实际发动机的气门开启和关闭并不在上、下止点，而是适当提前或滞后，即气门开启过程都大于 180°曲轴转角。

用曲轴转角表示气门开启与关闭时刻和开启的持续时间，称为配气相位，如图 3-6 所示。

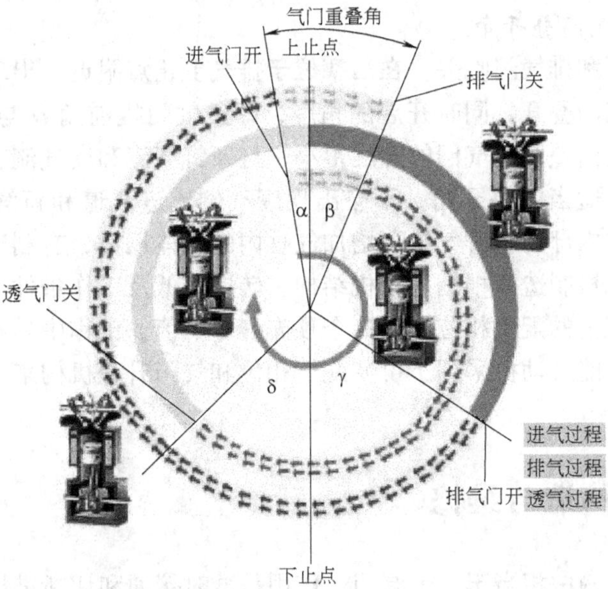

图 3-6　配气相位图

1. 进气提前角

在排气行程接近完成时，活塞到达上止点之前，进气门便开始开启。从进气门开始开启到上止点所对应的曲轴转角称为进气提前角，用 α 表示。一般 α 值为 10° ~30°。进气门早开，使活塞到达上止点开始向下移动时，进气门已有一定开度，所以可较快地获得较大的进气通道截面，减少进气阻力。

2. 进气迟闭角

在进气行程到达下止点时，进气门并未关闭，而是在活塞上行一段距离后才关闭。从活塞位于下止点至进气门完全关闭时对应的曲轴转角称为进气迟闭角，用β表示。一般β值为40°~80°。活塞在到达下止点时，气缸内的压力仍低于大气压力，且气流还有相当大的惯性，适当延迟关闭进气门，可利用压力差和气流惯性继续进气。进气门开启持续时间内的曲轴转角，即进气持续角为$\alpha+180°+\beta$，为230°~290°。

3. 排气提前角

在做功行程的后期，活塞到达下止点前，排气门便开始开启。从排气门开始开启到活塞到达下止点时所对应的曲轴转角称为排气提前角，用γ表示。一般γ值为40°~80°。做功行程接近结束时，气缸内的压力为0.3~0.5MPa，做功作用已经不大，此时提前打开排气门，高温废气迅速排出，减小活塞上行排气时的阻力，减少排气时的功率损失。高温废气提早迅速排出，还可防止发动机过热。

4. 排气迟闭角

排气门是在活塞到达上止点后，又开始下行一段距离后才关闭的。从活塞位于上止点到排气门完全关闭时所对应的曲轴转角称为排气迟闭角，用φ表示。一般φ数值为10°~30°。活塞到达上止点时，气缸内的压力仍高于大气压，由于气流有一定的惯性，排气门适当延迟关闭可使废气排得更干净。排气门开启持续时间内的曲轴转角，即排气持续角为$\gamma+180°+\varphi$，为230°~290°。

5. 气门叠开与气门叠开角

由于进气门早开和排气门晚关，在活塞位于排气上止点附近，出现一段进、排气门同时开启的现象，称为气门叠开。同时开启的角度，即进气门提前角α与排气门迟后角φ之和称为气门重叠角。气门叠开时气门的开度很小，且新鲜气流和废气流有各自的惯性，在短时间内不会改变流向，适当的叠开角，不会出现废气倒流进气道和新鲜气体随废气排出的现象。相反，进入气缸内部的新鲜气体可增加气缸内的气体压力，有利于废气的排出。

配气相位由发机机制造商根据发动机结构、转速高低及工作条件不同，通过反复试验确定。目前一些发动机上的配气相位只有一个预先确定的值，工作中是不能改变的。但随着技术的发展，一些高性能发动机采用了可变配气相位和气门升程机构来改善发动机在高、低转速区工作的优良性。

3.2 气门组的构造与维修

气门组在配气机构中相当于一个阀门，作用是准时接通和切断进排气系统与气缸之间的通道。气门组一般由气门、气门导管、气门弹簧、气门弹簧座及锁片等组成，如图3-7所示。

气门组应保证气门能够实现气缸的密封，因此要求：气门头部与气门座贴合严密；气门导管与气门杆的上下运动有良好的导向；气门弹簧的两端面与气门杆的中心线相垂直，以保证气门头在气门座上不偏斜；气门弹簧的弹力足以克服气门及其传动件的运动惯性力，使气门能迅速开闭，并保证气门紧压在气门座上。

3.2.1 气门

气门的作用是封闭进、排气通道。气门的工作条件十分恶劣，气门头部的工作温度很高，进气门可达570～670K（K为热力学温度，换算关系为：$\frac{t}{℃}=\frac{T}{K}-273.15$）；排气门更高，可达1050～1200K；气门头部要承受气体压力、气门弹簧力及传动组零件惯性力的作用；气门冷却和润滑条件差；还要接触气缸内燃烧生成物中的腐蚀介质。因此，要求气门必须具有足够的强度、刚度、耐热、耐腐蚀和耐磨能力。但是由于进、排气门的工作条件有所不同，因此使用的材料也有所区别。进气门的材料一般采用合金钢（如铬钢或镍铬钢等），排气门由于热负荷大，一般采用耐热合金钢（硅铬钢、硅铬钼钢等）；有的排气门为了降低成本，头部采用耐热钢，而杆部用铬钢，然后将二者焊在一起。

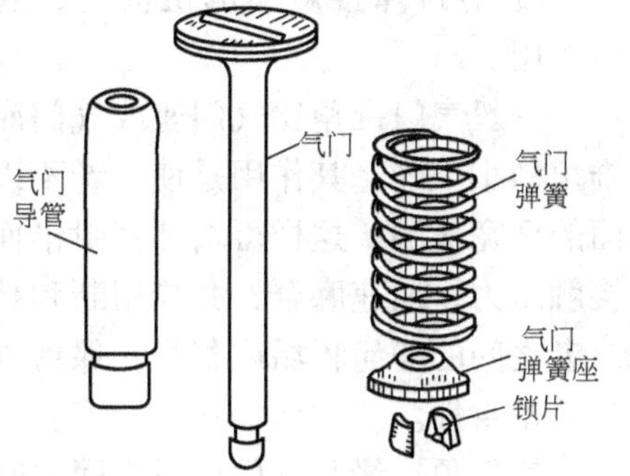

图3-7 气门组结构

1. 气门的结构

气门由头部和杆部两部分组成，如图3-8a所示，气门头部与气门座配合实现密封气缸的进、排气通道的作用，气门杆部则主要为气门的运动导向。

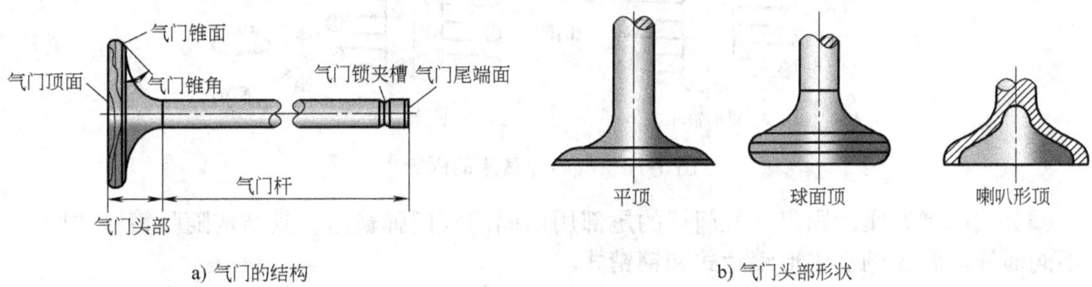

图3-8 气门结构

（1）气门头部 气门头部由顶部和密封锥面组成。如图3-8b所示为气门头部形状。

1）气门顶部。平顶气门具有结构简单、制造容易，吸热面积较小、质量小等优点，多数发动机的进、排气门均采用此结构。

喇叭形顶部与杆部的过渡部分具有一定的流线形，所以气流流通较顺利，可减小进气阻力，但是顶部受热面积较大，故多用于进气门，而不宜用于排气门。

球面顶气强度高，排气阻力小，废气清除效果好，适于做排气门。

2）气门密封锥面。气门头部与气门座圈接触的工作面，是与气门杆部同一中心线的锥面，一般将这一锥面与气门顶部平面的夹角称为气门锥角，如图3-9所示。通常做成30°和45°。

锥形工作面的作用：

① 能提高密封性和导热性。

② 气门落座时，有自定位作用。

③ 避免气流拐弯过大而降低流速。

④ 能挤掉接触面的沉淀物，起自洁作用。

一般气门锥角比气门座或气门座圈锥角稍小一些，其作用是使二者不以锥面的全宽接触，这样可增加密封锥面的接触压力，加速磨合，并能切断和挤出二者之间的任何积垢或积炭，保持锥面良好密封性。

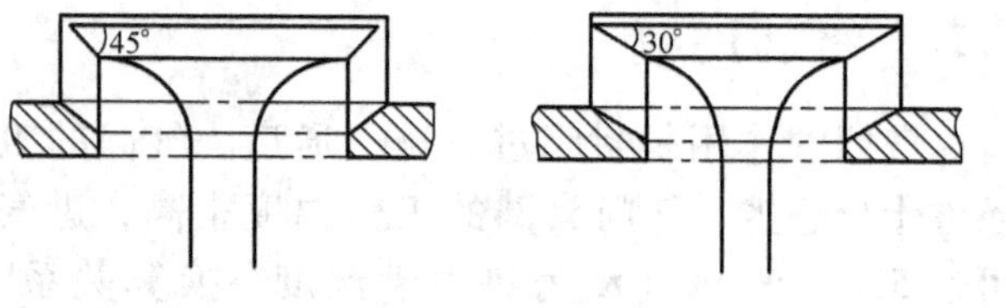

图 3-9　气门锥角

气门顶边缘与气门密封锥面之间应有一定的厚度，一般为 1～3mm，以防止在工作中受冲击损坏或被高温气体烧坏。

(2) 气门杆　气门杆与气门导管配合，为气门开启与关闭过程中的上下运动导向。气门杆为圆柱形，发动机工作时，气门杆在气门导管中不断上下往复运动，而且润滑条件极为恶劣。因此，要求气门杆与气门导管有一定的配合精度和耐磨性，气门杆表面都经过热处理和磨光，气门杆与头部之间的过渡应尽量圆滑，不但可以减小应力集中，还可以减少气流阻力。

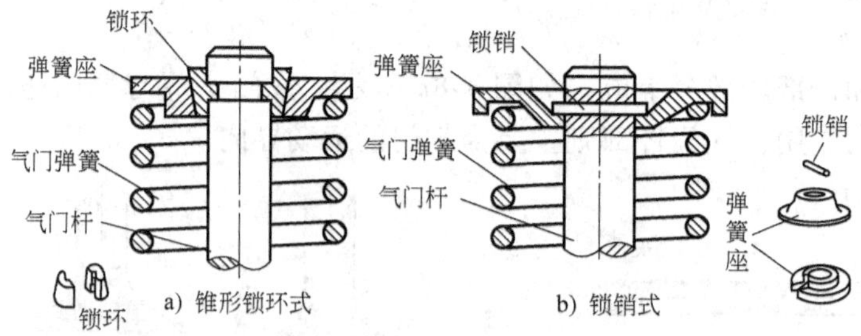

图 3-10　气门弹簧座的固定

(3) 气门弹簧座的固定　气门杆的尾部用以固定气门弹簧座，其结构随弹簧座的固定方式不同而异。常见的有锥形锁片式和锁销式。

锥形锁片式固定采用剖分结构，如图 3-10 所示。两半锁片合装在一起形成一个完整的外圆锥结构，内孔有一环形凸起。安装时，用专用工具将弹簧座连同气门弹簧压下，将两片锁片套于气门杆尾部合并在一起，环状凸起正好卡在气门杆尾端的环形槽内。放松弹簧座，由于弹簧的弹力作用，锁片的圆锥面与弹簧座锥孔紧紧地贴合在一起，不会脱落。

锁销式固定将弹簧座连同气门弹簧一起压下后，把锁销插入气门杆尾部的径向孔内，放松弹簧座后，锁销正好位于弹簧座的外侧面的凹穴内，防止弹簧座的脱出。

(4) 气门油封　发动机工作时有少量机油进入气门导管与气门之间的间隙，起润滑作用。但如果机油过多，将会在气缸内造成积炭和在气门上产生沉积物。因此，发动机在气门杆上装有气门油封，其结构形式如图 3-11 所示。

(5) 充钠气门　中空充钠气门常见于中型车（柴油机）居多，气门杆中间空心，用金属钠填充满，气门开闭时钠在气门杆内上下振动，因其比热容非常高，熔点为 132℃，沸点 880℃，吸收气门头部热量，流到气门杆下端经冷却水散热，所以能吸收大量热能，达到冷却气门的效果。图 3-12 为捷达 EA113 型发动机上的充钠排气门。

2. 气门的检修

气门的耗损主要有：气门工作面起槽、变宽，甚至烧蚀后出现斑点和凹陷，气门杆及尾

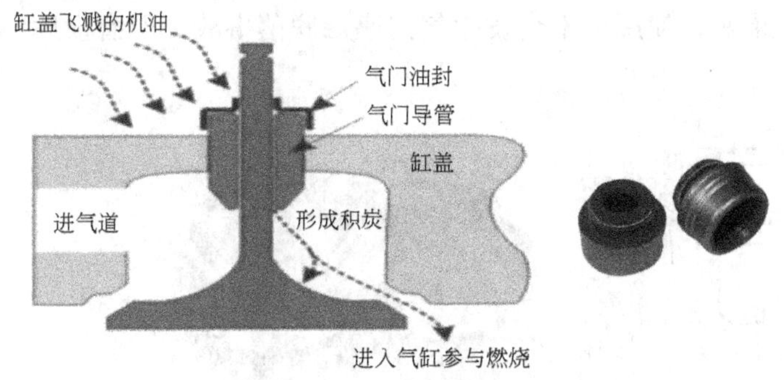

图 3-11 气门油封

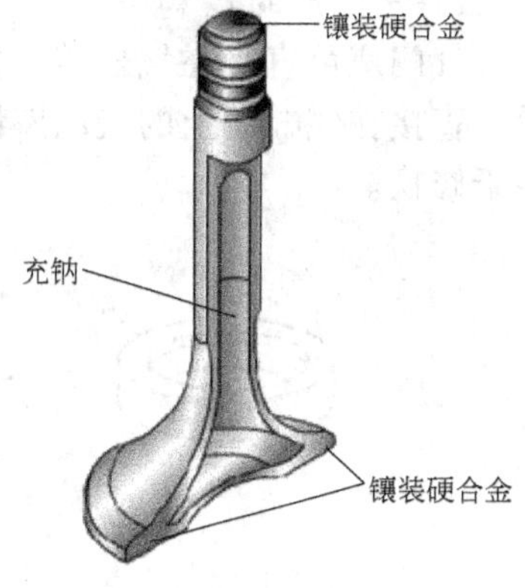

图 3-12 充钠气门

端的磨损，气门杆的弯曲变形等。

（1）气门的检测 检测气门损耗达到下列情形之一时，应予以修校或换新。

① 轿车气门杆磨损量＞0.05mm，载货汽车气门杆磨损量＞0.10mm，或有明显的台阶形磨损。

② 气门头圆柱面的厚度＞1.0mm。

③ 气门尾端的磨损量＞0.5mm。

④ 气门杆直线度误差大于0.05mm时，应予更换或校直，校直后的直线度误差不得大于0.02mm。图3-13所示为气门杆直线度的检测。将气门架在检测台上，转动气门杆一圈，百分表的摆差即为直线度误差。

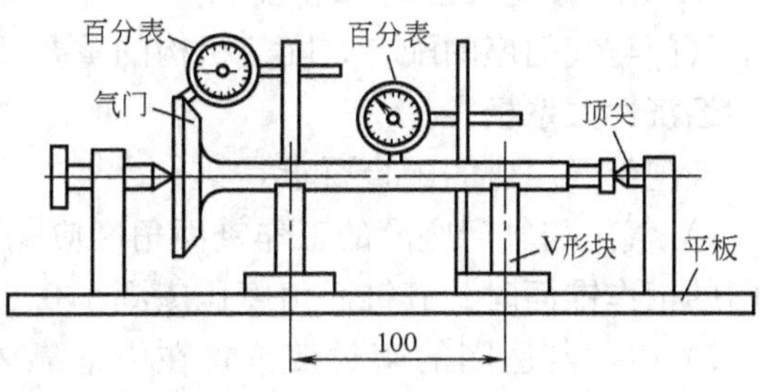

图 3-13 气门杆直线度误差检测

（2）气门的修理 气门工作锥面起槽、变宽，甚至烧蚀后出现斑点和凹陷时，应在气门光磨机上进行光磨修理。气门的光磨工艺如下：

① 光磨前先检校气门杆使其符合要求。

② 将气门杆紧固在光磨机夹架上，气门头部伸出长度约40mm，按气门工作锥面的角度调整夹架。

③ 查看砂轮工作面是否平整。

④ 起动光磨机，检查确认气门夹持无偏斜时即可试磨。试磨时，先使砂轮轻轻接触气门，若磨削痕迹与工作锥面在全长接触或略偏向气门杆，则光磨机夹架的角度符合要求。

⑤ 光磨进给时，冷却液要充足，并控制好横向进给速度和纵向进给量，直至磨损痕迹磨光为止，光磨后气门的要求如下：大端圆柱面的厚度＞1mm，工作锥面的径向圆跳动误差＜0.01mm，表面粗糙度 R_a 值＜0.25μm，与气门杆部的同轴度误差＜0.05mm。

3.2.2 气门座

进、排气道口与气门密封锥面直接贴合的部位称为气门座。其功用是与气门头部一起对气缸起密封作用，同时接受气门头部传来的热量，起到对气门散热的作用。

1. 气门座的结构

气门座可直接在气缸盖上镗出：或单独制成气门座圈，镶嵌在气缸盖上，如图 3-14 所示。直接在气缸盖上的气门座散热效果好，使用中不会发生气门座圈脱落事故，但磨损后不便于修换。

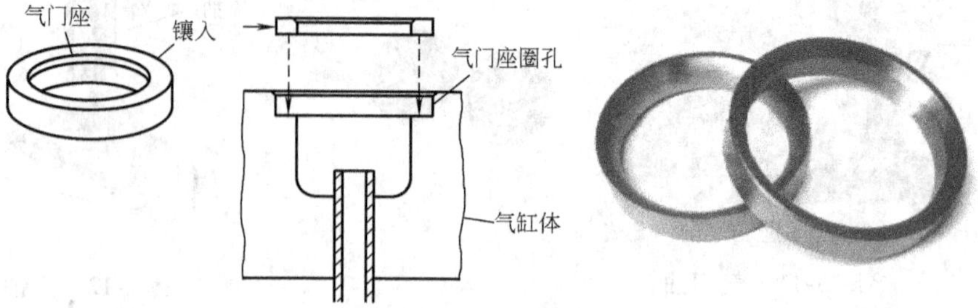

图 3-14　气门座

气门座圈用耐热合金钢或耐热合金铸铁制成，镶嵌在气缸盖上。其具有耐高温、耐磨损、耐冲击、使用寿命长、损坏后易于更换的特点。因气门座圈热负荷大，温差变化大，又受气门落座时的冲击，为了保证散热和防止脱落，气门座与座孔之间应有较高的加工精度，较低的表面粗糙度和较大的配合过盈量，装配时应采用温差法压入。

2. 气门与气门座的配合要求

气门与气门座的配合是配气机构的重要环节，它影响到气缸的密封性，对发动机的动力性和经济性关系极大。

气门与气门座的配合要求是：

1）气门与气门座圈的工作锥面角度应一致。为改善气门与气门座圈的磨合性能，磨削气门的工作锥面时，其锥面角度比座圈小 0.5°～1°。

2）气门与座圈的密封带位置在中部靠内侧。过于靠外，使气门的强度降低；过于靠内，会造成与座圈接触不良。

3）气门与座圈的密封带宽度应符合原设计规定，一般为 1.2～2.5mm。排气门大于进气门的宽度；柴油机大于汽油机的宽度。密封带宽度过小，将使气门磨损加剧；宽度过大，容易烧蚀气门。

4）气门工作面与杆部的同轴度误差应不大于 0.05mm。

5）气门杆与导管的配合间隙应符合原厂规定。

3. 气门座的检修

气门座的耗损主要是磨料磨损和由于冲击载荷造成的硬化层脱落，以及受高温气体的腐蚀，使得密封带变宽，气门与气门座关闭不严，气缸密封性降低。如果出现这些现象，一般应检修气门座。

气门座检修的技术要求是：气门座表面不得有任何损伤，气门座固定可靠；工作锥面正确，表面粗糙度 R_a 取值为 1.25～6.3μm；气门座圈工作面宽度为 1.2～2.5mm；气门下陷量符合要求。

（1）气门座的镶换　如气门座有裂纹、松动、烧蚀或磨损严重；或经多次加工修理，使新气门装入后，气门头部顶平面仍低于气缸盖燃烧室平面2mm以上，应镶换新的气门座，其工艺要点如下：

① 拆卸旧气门座。注意，不要损伤气门座承孔。

② 选择新气门座。用外径千分尺测量气门座外径，用内径量表测量气门座承孔内径，并根据气门座和缸盖承孔的材质选择合适过盈量（一般在0.07～0.17mm）。

③ 气门座的镶换。将检查合格的新气门座进行冷却，时间不少于10min，同时加热气门座承孔，然后在气门座外侧涂上一层密封胶，将气门座压入承孔中。

（2）气门座的铰削　镶入的新座圈应进行铰削加工（或虽未更换座圈，若气门座烧蚀严重，或密封环带过宽时，也应对气门座圈进行铰削加工）。气门座的铰削通常是用手工进行的，如图3-15所示，其铰削工艺如下：

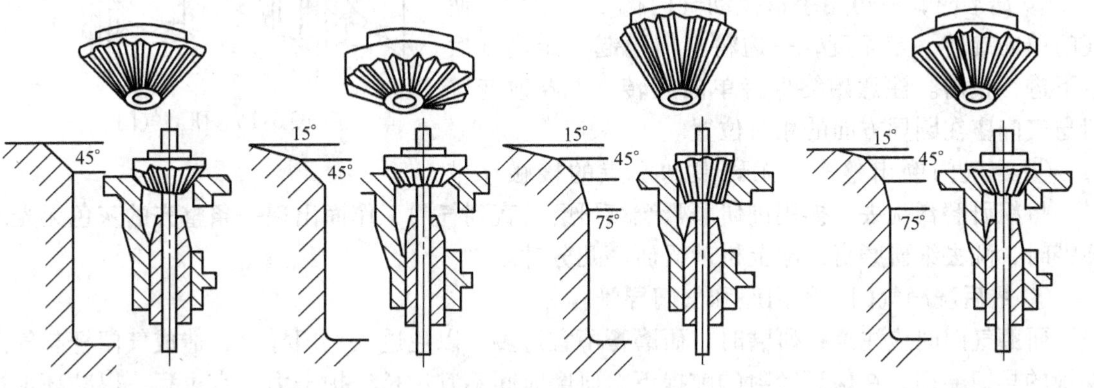

图3-15　气门座铰削

① 根据气门头直径和工作锥面选择一组合适的铰刀，再根据气门直径选择刀杆。每组铰刀有45°（或30°）、15°和75°三种不同角度。其中45°（或30°）铰刀又分为粗铰刀和精铰刀两种。

② 检查气门导管，若未更换气门导管，应检查气门导管的磨损程度，检查方法可参见本节“气门导管的更换”。

③ 砂磨硬化层。若未更换气门座，铰削前先将砂布垫在铰刀下，磨除座口硬化层，以防止铰刀打滑和延长铰刀的使用寿命。

④ 粗铰工作面。用45°粗铰刀铰削气门座工作面，直至消除磨损和烧蚀痕迹（对于新座圈，则要求铰削出宽度适当的工作锥面）。

⑤ 用深度游标卡尺检查气门下陷量。

⑥ 调整环带位置和宽度。密封环带应处于工作锥面中部。若偏向气门杆部，选用15°铰刀（斜面与刀杆中心线夹角）铰刀修整；若偏向气门头部，则选用75°铰刀修整。若环带过宽，用15°和75°两种铰刀分别铰削。

⑦ 用精铰刀铰削气门座工作面，降低表面粗糙度，或用细砂布包在刀刃上，将气门座工作面磨光。

（3）气门与气门座的研磨　若气门和气门座圈仅有轻微磨损和烧蚀，可研磨气门与气门座来恢复其密封性，气门与气门座经铰削加工后，也应研磨。研磨方法有机器研磨和手工研磨两种。

手工研磨时，利用气门捻子对气门头的吸力，使气门相对于气门座进行上下运动拍击，同时旋转，如图 3-16 所示，研磨要点如下：

① 将气缸盖倒置，用柴油洗净气门、气门座、气门导管，清除积炭，并在气门头端标示出顺序记号。

② 在气门工作锥面上均匀涂抹一层粗研磨膏，气门杆上涂少许机油，将气门杆插入气门导管内，用气门捻子吸住气门。

③ 研磨时，一边用手指搓动气门捻子的木柄，使气门单向旋转一定角度，一边将气门捻起一定高度后落下进行拍击。注意始终保持单向旋转，不断改变气门与气门座在圆周方向的相对位置。

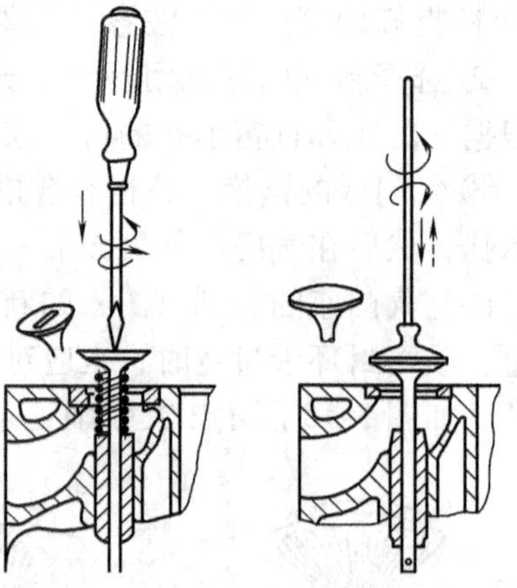

图 3-16　研磨气门

④ 当气门磨出整齐、无斑痕和麻点的接触环带时，将粗研磨膏洗去，换用细研磨膏继续研磨，直到气门工作面出现一条整齐的灰色无光的环带时，洗去细研磨膏，涂上机油再研磨几分钟。

⑤ 最后洗净气门、气门座和气门导管。

研磨气门时应注意：研磨时，研磨膏不宜过多，以免进入气门导管，造成气门杆与气门导管的早期磨损；在保证密封的前提下，研磨时间不宜过长，拍击力不宜过猛，以防环带过宽，出现凹陷。

（4）气门密封性检验　气门和气门座经过修理后，都要进行密封性检查，其方法如图 3-17所示。试验时，先将空气容筒紧密贴在气门头部周围，再压缩橡胶球，使空气容筒内具有一定压力（68.6Pa 左右），如果在半分钟内，气压表的读数不下降，则表示气门与气门座的密封性良好。

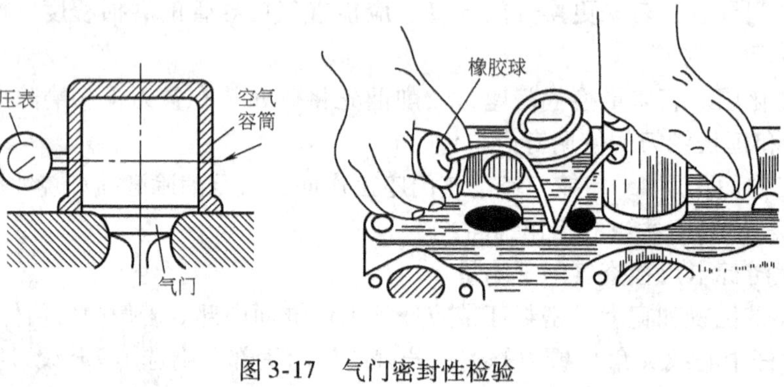

图 3-17　气门密封性检验

3.2.3　气门导管

气门导管的作用是给气门的运动导向，保证气门和气门座锥面的精确配合，并为气门杆散热。气门导管的工作条件较差。当气门杆在导管中运动时，温度可高达约500K。润滑也仅靠配气机构飞溅出来的机油进行润滑。因此气门导管易磨损。为了改善气门导管的润滑性能，气门导管一般用含石墨较多的铸铁或粉末冶金制成，以提高自润滑性能。

1. 气门导管的构造

气门导管的外形及安装位置如图3-18所示。它为圆柱形管，外表面有较高的加工精度、较低的表面粗糙度，与缸盖（体）的配合有一定的过盈量，以保证良好的传热和防止松脱。有的发动机对气门导管用卡环定位，使气门弹簧下座将卡环压住，因此导管轴向定位可靠。

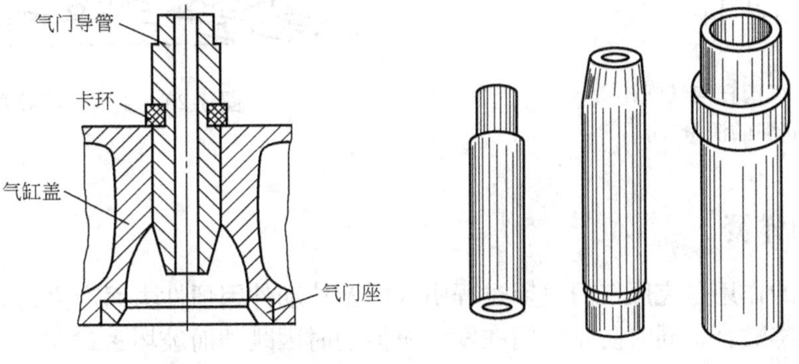

图3-18 气门导管

气门导管的内孔是在气门导管被压入气缸盖（气缸体）后再精铰，以保证气门与气门导管的精确配合间隙。

2. 气门导管的检修

(1) 检查气门导管与气门杆之间的配合间隙 将气缸盖倒置在工作台上，将气门顶升至高出座口10mm左右，安装磁性百分表座，使百分表的触头触及气门头边缘，侧向推动气门头，同时观察百分表指针的摆动，其摆动量即为实测的近似间隙，如图3-19所示。如换上新气门，其间隙值仍超过允许值，则应更换气门导管。气门杆与气门导管的配合间隙超过限度，应予以更换。

也可按经验法检查气门杆与导管的间隙，方法如下：将气门杆和气门导管擦净，在气门杆上涂一层薄机油，将气门放入气门导管中，上下拉动数次后，气门在重力作用下能徐徐下落，表示气门杆与气门导管的配合间隙适当。

(2) 更换气门导管 当气门导管磨损严重，会使气门杆与气门导管的配合间隙超过限度，应予以更换。其工艺要点为：

① 用外径略小于气门导管内孔的阶梯轴铳出气门导管。

② 选择外径尺寸符合要求的新气门导管。

③ 安装气门导管：用细砂布打磨气门导管承孔口，在承孔内壁与导管外表面上涂少许机油，并放正气门导管，按好铜质的阶梯轴用压力机或锤子将气门导管装入承孔内。

④ 气门导管的铰削：如图3-20所示，采用成形专用气门导管铰刀铰削，进给量不宜过大，铰刀保持垂直，边铰边试，直至间隙合适为止。

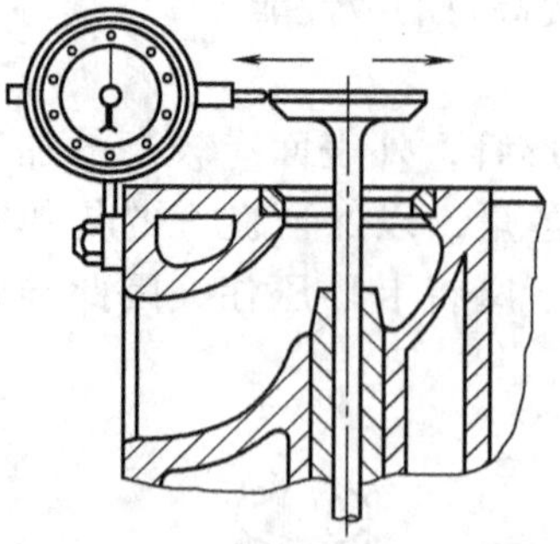

图 3-19　气门杆与气门导管间隙的测量

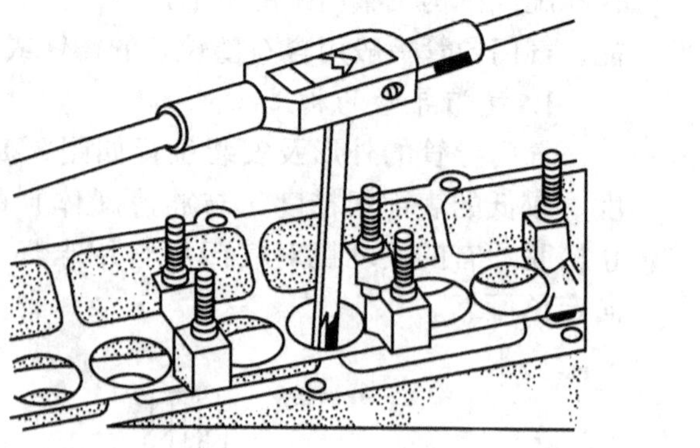

图 3-20　铰削气门导管内孔

3.2.4　气门弹簧

气门弹簧的作用是克服气门关闭过程中气门及传动件因惯性力而产生的间隙，保证气门及时落座并紧密贴合，同时防止气门在发动机振动时因跳动而破坏密封。

1. 气门弹簧的构造

气门弹簧为圆柱形螺旋弹簧，其结构如图 3-21 所示。弹簧两端磨平，安装时，气门弹簧的一端支承在气缸盖上，而另一端则压靠在气门杆尾端的弹簧座上，一般弹簧座用锁片固定在气门杆的末端。为了防止气门弹簧工作时产生共振，采用了多种设计，包括使用更强的弹簧、不等螺距弹簧以及双弹簧等。安装时，对于不等螺距弹簧，应使螺距较小的一端朝向气缸盖。大多数发动机采用一个气门装配有同心内、外两根气门弹簧的方法，不但可以防止弹簧共振，且当一根弹簧折断时，另一根仍可继续工作。两根气门弹簧的旋向相反，以防止工作时一个弹簧卡入另一个弹簧中。捷达、高尔夫以及上海桑塔纳轿车发动机均采用双气门弹簧。

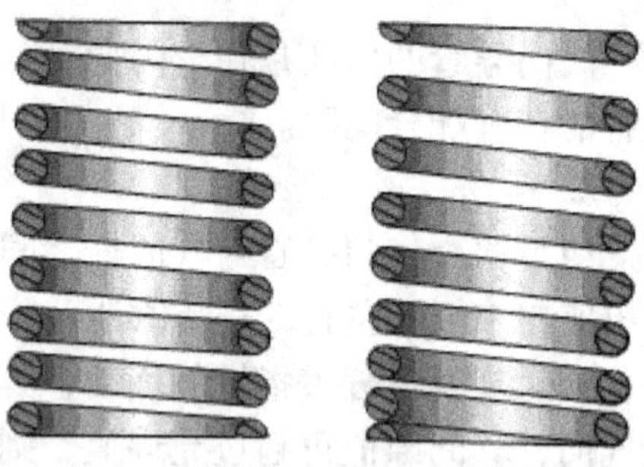

a) 等螺距气门弹簧　　b) 变螺距气门弹簧

图 3-21　气门弹簧

2. 气门弹簧的检修

气门弹簧出现断裂、歪斜以及弹力减弱现象时，应予以更换。气门弹簧的弹力在弹簧检验仪上进行测量。弹力小于原厂规定的 10% 时，应予以更换。无弹簧检验仪时，可用对比新旧弹簧的自由长度判断，自由长度差超过 2mm 时，应予以更换。对气门弹簧进行垂直度测量，如有歪斜，应予以更换。气门弹簧的检测如图 3-22 所示。

3. 气门间隙

由于在发动机工作过程中，配气机构零件会受热膨胀，从而导致气门关闭不严，因此在摇臂与气门尾端之间（凸轮与气门尾端之间或凸轮与摇臂之间）留有一定的间隙，称为气门间隙。

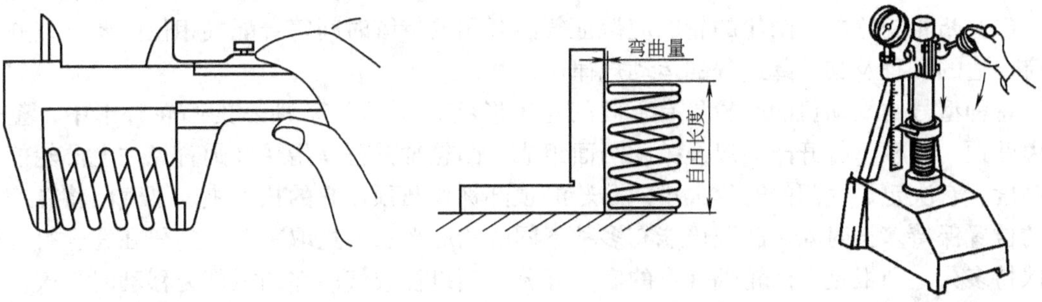

a) 气门弹簧自由长度测量　　b) 气门弹簧垂直度测量　　c) 气门弹簧弹力测量

图3-22　气门弹簧的检测

在发动机工作时，气门间隙的大小会发生变化，如果气门间隙过小或没有，就会导致发动机工作时气门关闭不严或漏气，如果间隙过大，会使配气机构产生异响，影响发动机的进、排气过程。因此，在配气机构装配时，必须留出一定的气门间隙，气门间隙的调整见本章实训。

在装有液力挺柱的配气机构中，由于液力挺柱能自动“伸长”或“缩短”，以补偿气门的热胀冷缩，所以不需要留气门间隙。

3.3　气门传动组的构造与维修

气门传动组的作用是按规定的配气相位定时地驱动气门开闭，并保证气门有足够的开度和适当的气门间隙。气门传动组由凸轮轴和挺柱、推杆和摇臂等组成。在结构上应使进、排气门按规定的配气相位及时启闭，保证气门有足够的开度和适当的气门间隙。

3.3.1　凸轮轴

凸轮轴的任务是：

- 在正确的时刻打开或关闭气门。
- 按正确升程升起气门。
- 在一定时间内保持气门打开。

每个气门都配有一个凸轮轴凸轮，凸轮的形状决定了气门的运动过程。

1. 凸轮轴的构造

凸轮轴主要由凸轮和凸轮轴轴颈组成（如图3-23所示），凸轮分为进气凸轮和排气凸轮两种，用来驱动气门的开启与关闭。轴颈对凸轮轴起支承作用。下置式凸轮轴上有进气凸轮、排气凸轮、轴颈、驱动机油泵及分电器的齿轮和推动汽油泵摇臂的偏心轮。

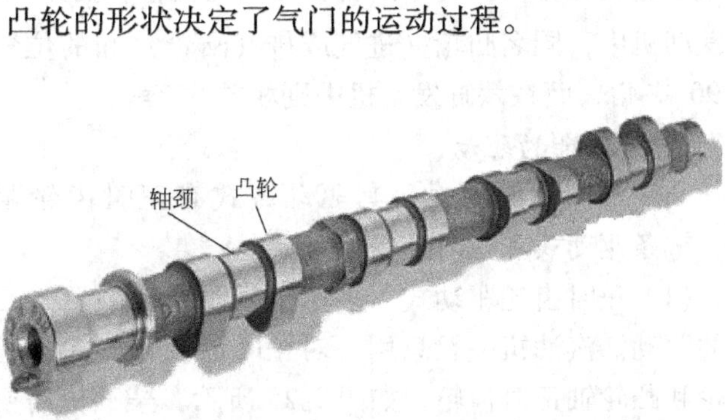

图3-23　凸轮轴的结构

凸轮轴用锻钢或特种铸铁制成。凸轮及轴颈需经热处理，以提高其硬度及耐磨性能。

（1）凸轮的轮廓　凸轮的轮廓应保证气门开闭的持续时间符合配气相位的要求，并使气门有合适的升程及其升降过程的运动规律。

每种型号的发动机的凸轮具有不同的轮廓形状。在图 3-24 所示的凸轮外形中，整个轮廓由凸顶、凸根、打开凸面以及关闭凸面组成。凸轮轴升程是指从基圆直径往上凸轮能达到的高度。它决定了气门的升程大小。凸轮的顶部称作凸顶，它的长度决定了气门将在完全打开的位置保持多长时间。凸顶可能有多种不同的轮廓形状，这取决于气门需在完全打开的位置保持多久。凸根是指凸轮轴外形的底部部分，当挺柱或气门在凸根部分移动时，气门处于完全关闭状态。凸轮的这些外形特征决定了气门开闭过程的具体特性——时间和速度。

图 3-24 中的三个凸轮轮廓形状代表了三种不同的气门运动规律。

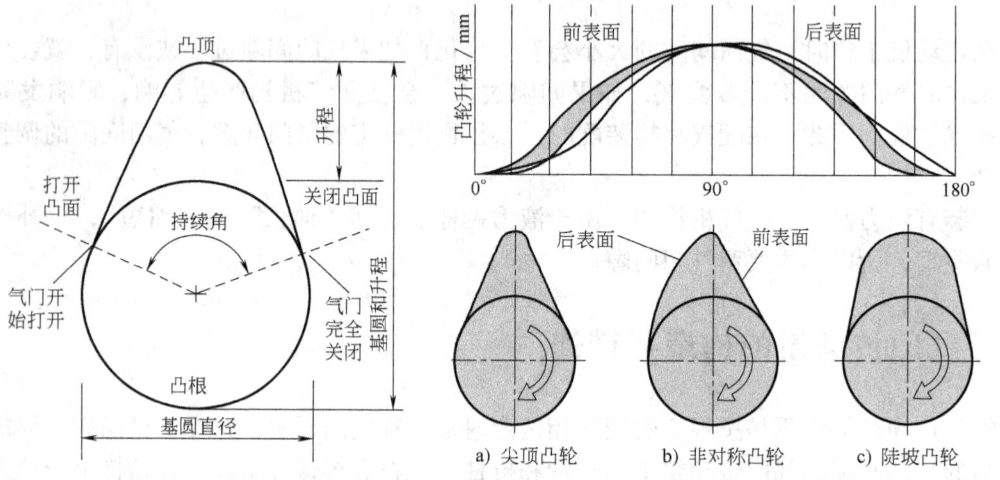

图 3-24　凸轮外形与升程

① 尖顶凸轮。气门慢慢升起和关闭，并只能在很短时间内保持开启。

② 非对称凸轮。凸轮前表面平坦，因而气门开启缓慢。而后表面较陡，气门开启持续期较长，关闭速度较快。

③ 陡坡凸轮。气门能快速开启和关闭，并且气门在较长时间内保持全开。

（2）凸轮的相对角位置　凸轮的数目由气缸的多少而定。通常每一气缸有两个凸轮，分别用于进气和排气。各个凸轮相互间的位置，必须与发动机所采用的工作次序相适应。在四缸发动机中，同名凸轮（进气或排气凸轮）间的位置相差 90°夹角，而在六缸发动机中则相差 60°角。

2. 凸轮轴的驱动

凸轮轴由曲轴驱动，其驱动方式有正时齿轮驱动式、链条驱动式和正时带驱动式。

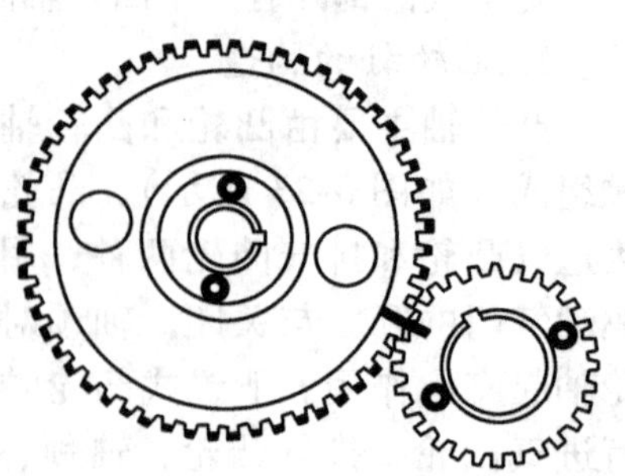

图 3-25　正时齿轮驱动式

（1）正时齿轮驱动式　多用于下置式和中置式凸轮轴的驱动。汽油机一般只用一对正时齿轮，即曲轴正时齿轮和凸轮轴正时齿轮，如图 3-25 所示，柴油机需要同时驱动喷油泵，所以增加一个中间齿轮。曲轴正时齿轮用中碳钢制造，凸轮轴正时齿轮则多用夹布胶木。为保证配气和点火正时，齿轮上都有正时记号，装配时必须要将记号对齐。

（2）链条驱动式 多用于上置式凸轮轴的驱动，如图3-26所示。链条一般为滚子链，工作时，应保持一定的张紧度，不易产生振动和噪声，为此，在链传动机构中装有导链板并在链条松边装有张紧器。

（3）正时带驱动式 多用于上置式凸轮轴的传动，如图3-27所示，正时带式驱动与齿轮和链条传动相比，具有噪声低、质量轻、成本低、工作可靠和不需要润滑等优点。另外，齿形伸缩小，适合精度高的传动。因此，现代轿车高速发动机大多采用正时带传动式。

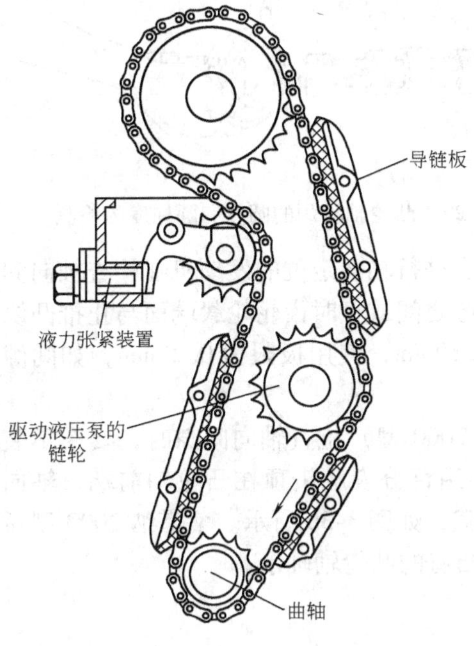

图3-26 链条驱动式

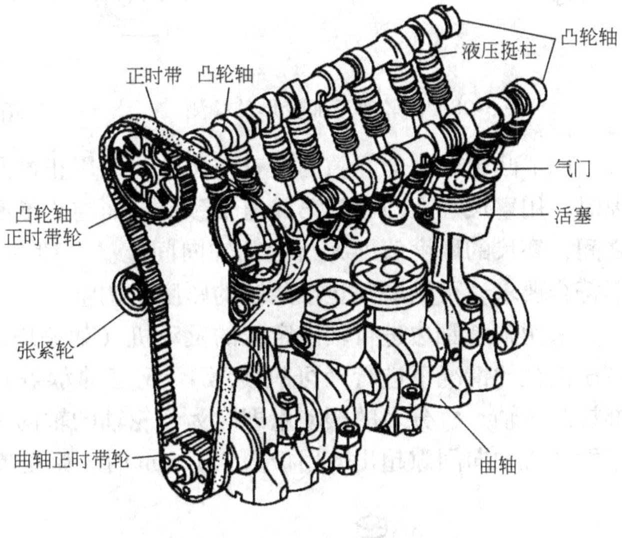

图3-27 正时带驱动式

为了确保传动可靠，正时带保持一定张紧力，为此，在正时带传动机构中也设置张紧器。

3. 凸轮轴的检修

凸轮轴常见的损伤是凸轮轴的弯曲变形、凸轮轮廓磨损、支承轴颈表面的磨损以及正时齿轮驱动件的耗损等。这些耗损会使气门的最大开度和发动机的充气系数降低，配气相位失准，并改变气门上下运动的速度特性，从而影响发动机的动力性、经济性等。

（1）凸轮表面的检修 现代发动机的配气凸轮均为组合线型，需在专用磨床上用靠模加工，凸轮修磨十分困难。当凸轮表面仅有轻微烧蚀或凹槽时，可用砂条修磨，若凸轮表面磨损严重或最大升程小于规定值时，应予以更换。

（2）凸轮轴弯曲变形的检修 凸轮轴的弯曲变形是以凸轮轴中间轴颈对两端轴颈的径向圆跳动误差来衡量，检查方法如图3-28所示。将凸轮轴放置在V形架上，V形架和百分表放置在平板上，使百分表测头与凸轮轴中间轴颈垂直接触。转动凸轮轴，观察百分表表针的摆差即为凸轮轴的弯曲度。

检查完毕后将检查结果与标准值比较，以确定是修理还是更换。

（3）凸轮轴轴颈的检修　用千分尺测量凸轮轴轴颈的圆度误差和圆柱度误差，如图3-29所示。凸轮轴轴颈的圆度误差不得大于 0. 015mm，各轴颈的同轴度误差不得超过 0. 05mm，否则应按修理尺寸法进行修磨。

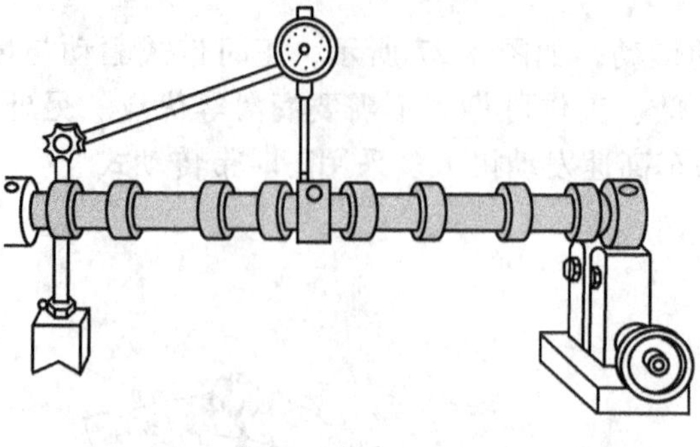

图 3-28　凸轮轴弯曲变形的检测

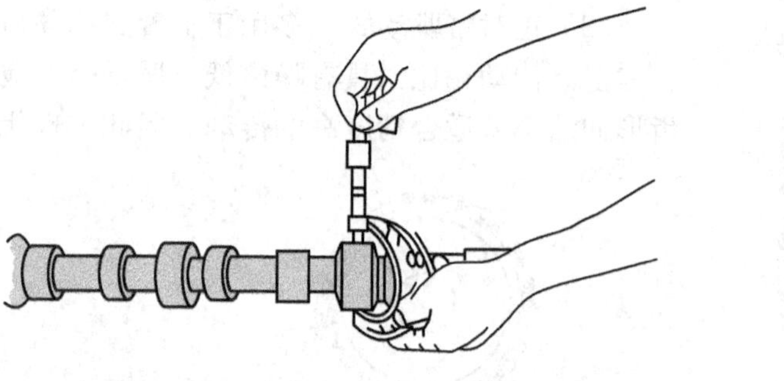

图 3-29　凸轮轴轴颈的圆度和圆柱度的检测

（4）凸轮轴轴向间隙的检查与调整　采用止推凸缘进行轴向定位的发动机在检查轴向间隙时，用塞尺插入凸轮轴第一道轴颈前端面与止推凸缘之间或正时齿轮轮毂端面与止推凸缘之间，塞尺的厚度值即为凸轮轴轴向间隙。一般为 0. 10mm，使用极限为 0. 25mm，如间隙不符合要求，可用增减止推凸缘的厚度来调整。

采用轴承翻边进行轴向定位的发动机（如桑塔纳 2000 型）检查轴向间隙时，要在不装液压挺柱的情况下进行（可只装第 1、5 道轴承盖），用百分表触头顶在凸轮轴前端，轴向推拉凸轮轴，百分表的摆动量即时为凸轮轴的轴向间隙，如图 3-30 所示。桑塔纳 2000 型轿车发动机轴向间隙超出使用极限 0. 15mm 时，则更换凸肩的凸轮轴轴承。

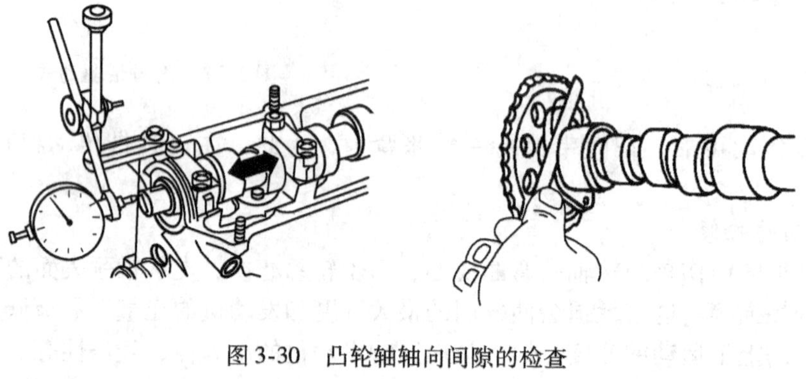

图 3-30　凸轮轴轴向间隙的检查

4. 正时链轮和链条的检查

正时链轮和链条应保持一定的张紧度，链条、链轮磨损后应做以下检修。

（1）正时链条长度的检查　如图 3-31 所示，对链条施以一定的拉力拉紧后测量其长度，超过允许值时，应予以更换。

（2）正时链轮最小直径的检查　如图 3-32 所示，将链条分别包住凸轮轴正时链轮和曲轴正时齿轮，用游标卡尺测量其直径，小于允许值时应更换链条和链轮。

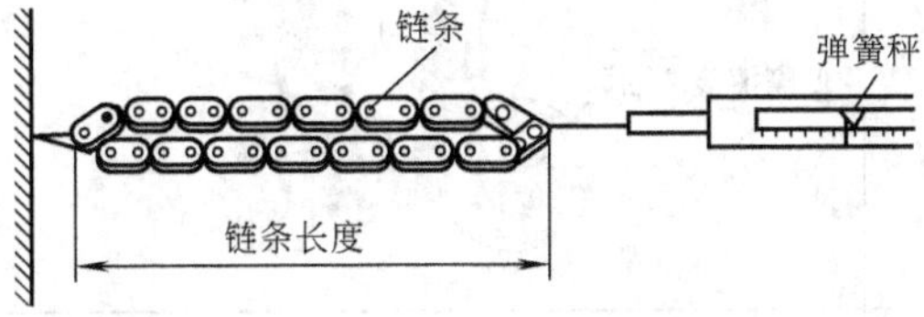

图 3-31　检查正时链条长度

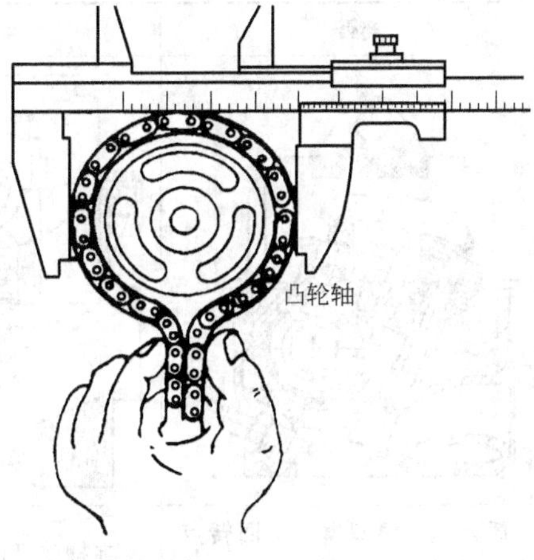

图 3-32　检查正时链轮最小直径

5. 正时带的检查安装

1）曲轴带轮和正时带轮上都有标记，装配时都要将标记和气缸体上正时带轮室上的标记对齐，以保证配气相位的正确性。

2）装上正时带。检查并确认正时带无开裂，齿数、齿形不残缺，否则更换。

3）正时带张紧度的检查。如图 3-33 所示，检查正时带的张紧度，用手指在正时齿轮和中间齿轮之间捏住正时带，以刚好能转 90°为合适，调整张紧轮固定螺母并拧紧。将曲轴转 2 ~ 3 圈后，复查确认。

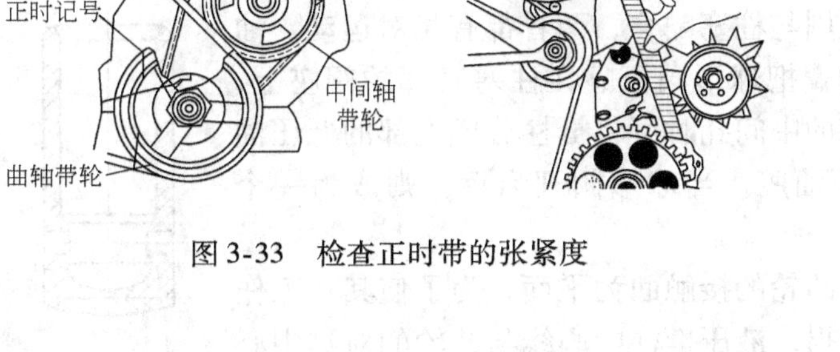

图 3-33　检查正时带的张紧度

3.3.2　气门驱动形式

气门开启运动由摇臂、桶状挺杆或滚子式气门摇臂来完成。气门关闭运动由气门弹簧来完成。气门驱动有不同形式，如表 3-2 所示。

表 3-2　气门驱动形式

摇臂	桶状挺杆	滚子式气门摇臂
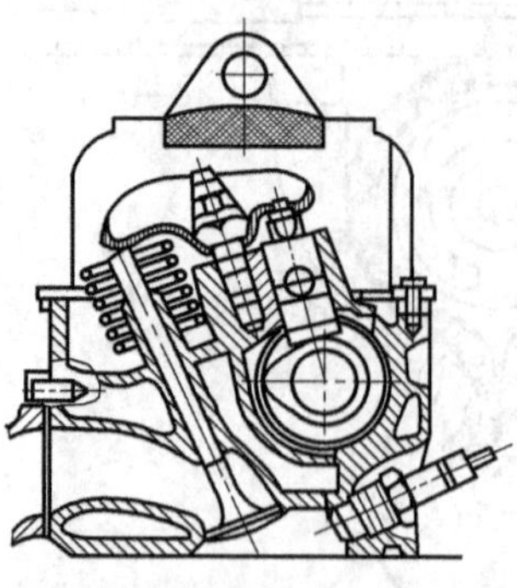	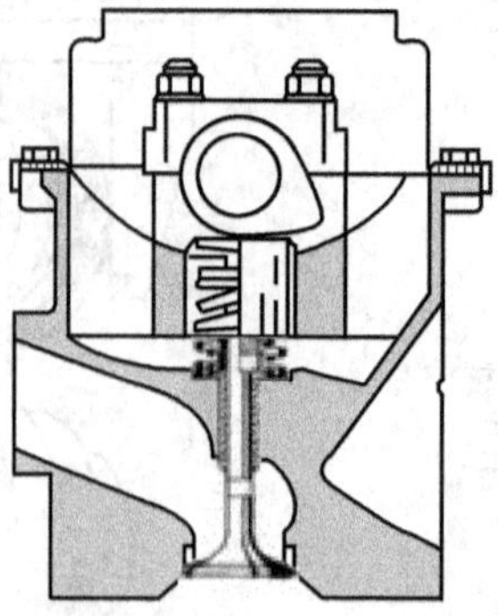	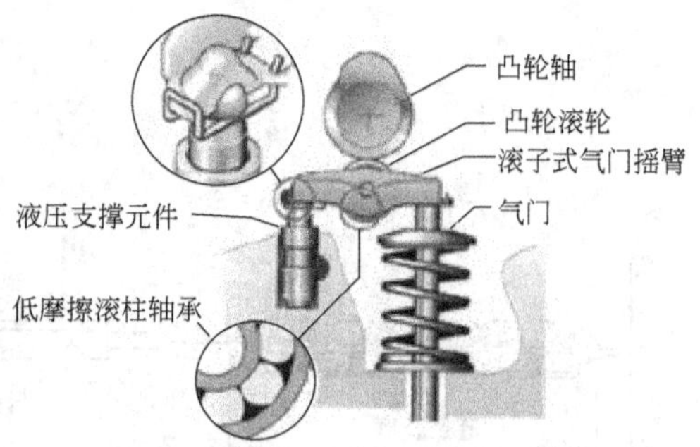
摇臂是一根双臂杆。回转点位于其中心。运动方向发生偏转	在桶状挺杆结构中，凸轮直接作用在挺杆上	压杆或摇臂都是独臂杆，并由凸轮轴直接驱动

3.3.3　挺柱

挺柱的作用是将凸轮的推力传给推杆或气门。它安装在气缸体或气缸盖上相应处镗出的导向孔中，常用镍铬合金铸铁或冷激合金铸铁制造。

1. 挺柱的构造

挺柱常用的有：普通挺柱和液压挺柱。

（1）普通挺柱　普通挺柱有两种形式，如图 3-34 所示，一种为筒式（可以减轻重量），另一种为滚轮式（可以减轻磨损）。

以上两种挺柱的发动机都必须有调整气门间隙的措施。气门间隙解决了材料热膨胀对气门工作的影响，但会在发动机工作时发生撞击而产生噪声。为了解决这一矛盾，有些发动机采用了液压挺柱。

（2）液压挺柱　液压挺柱外形及结构如图 3-35 所示，由挺柱体、油缸、柱塞、球形阀以及压力弹簧等组成。

挺柱体外圆柱面上有一环形油槽，油槽内有一进油孔与低压油腔相通，背面上有一键形槽将低压油腔与柱塞上部相通。油缸外圆与挺柱体内导向孔配合，内孔则与柱塞配合，两者都有相对运动。油缸底部的压力弹簧把球形阀压靠在柱塞底部的阀座上，当球阀关闭柱塞的中间孔时可将挺柱分成上部的低压油腔和下部的高压油腔。当球形阀开启后，则成为一个通腔。

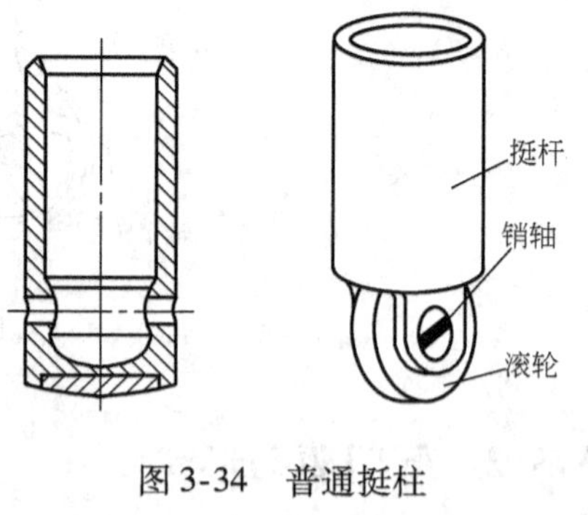

图 3-34　普通挺柱

液压挺柱与凸轮的接触面为平面，为了使其在工作中旋转以减小磨损，液压挺柱中心线与凸轮的对称中心线错位 1.5mm，同时凸轮在轴向倾斜 0.002～0.02mm，使挺柱在工作过程中能绕其轴线微微转动。

当凸轮基圆与挺柱接触时，压力弹簧使挺柱顶面和凸轮轮廓线保持紧密接触，油缸下端

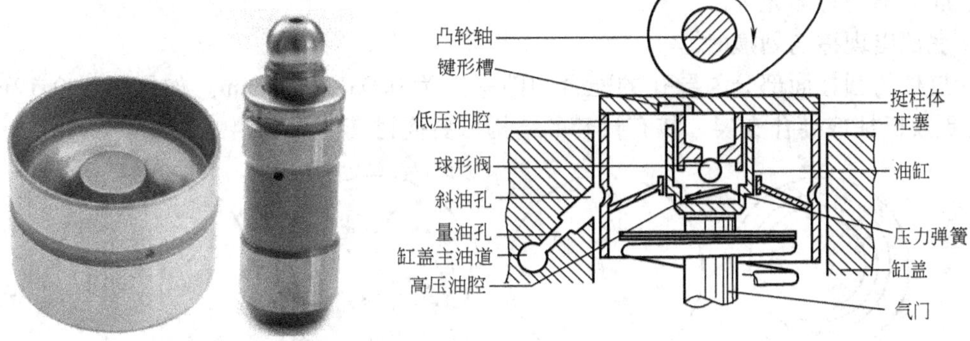

图 3-35 液压挺柱外形及结构图

面与气门杆尾部紧密接触，因此没有气门间隙。且挺柱体上的环形油槽与缸盖上的斜油孔对齐，来自气缸盖油道的润滑油经量油孔、斜油孔和环形油槽流入挺柱体内的低压油腔，并经挺柱背面上的键形槽进入柱塞上方的低压油腔。

当凸轮按图示方向转过基圆使凸起部分与挺柱接触时，挺柱体和柱塞向下移动，高压油腔中的润滑油被压缩，油压升高，加上压力弹簧的作用，使球阀紧压在柱塞下端的阀座上，这时高压油腔与低压油腔被分隔开。由于液体的不可压缩性，整个挺柱如同一个刚体一样下移打开气门。此时，挺柱体环形油槽已离开了进油的位置，停止进油。

当挺柱到达下止点后开始上行时，由于仍受到气门弹簧和凸轮两方面的顶压，高压油腔继续封闭，球阀也不会打开，液压挺柱仍可认为是一个刚体，直至气门完全关闭时为止。此时凸轮重新转到基圆与挺柱接触位置，气缸盖油道中的压力油又重新进入挺柱的低压油腔。同时，挺柱无凸轮的压力，高压油腔内的压力油和压力弹簧一起推动柱塞上行，高压油腔油压下降。从低压油腔来的压力油推开球阀进入高压油腔，使两腔连通充满润滑油。这时挺柱顶面仍和凸轮紧贴，气门间隙得到补偿。

在气门受热膨胀时，柱塞和油缸作轴向相对运动，高压油腔中的油液可经过油缸与柱塞间的缝隙挤入低压油腔，使挺柱自动“缩短”，保证气门关闭紧密。当气门冷却收缩时，压力弹簧将油缸向下推动，而使柱塞与挺柱体向上移动，高压油腔内压力下降，球阀打开，低压油腔油液进入高压油腔，挺柱自动“伸长”，保证配气机构无间隙。故使用液压挺柱时，可以不预留气门间隙，也不需调整气门间隙。

采用液力挺柱，既消除了配气机构中的间隙，减小了各零件的冲击载荷和噪声，同时凸轮轮廓可设计得比较陡一些，使气门开启和关闭速度更快，以减小进气、排气阻力，改善发动机的换气特性，提高发动机的性能。

2. 挺柱的检修

(1) 普通挺柱的检修　普通挺柱多为由冷激铸铁材料制成的筒式挺柱。其缺点是底面的冷激层极易产生疲劳磨损；此外，因挺柱运动的特殊性，加之润滑条件较差或其他原因使挺柱运动阻滞，造成底部的不均匀磨损，导致挺柱底部对凸轮的反磨效应加剧，在不长的行驶里程内使凸轮早期磨耗而报废。检修普通挺柱时，如果出现以下情况应更换，如图 3-36

所示。

① 挺柱底部出现疲劳剥落时。

② 底部出现环形光环。

③ 底部出现擦伤划痕时。

④ 挺柱的圆柱面部分与导孔的配合间隙一般为 0.03 ~ 0.10mm。如果超过 0.12mm 时，应视情更换挺柱或导孔支架。装有衬套的结构可更换衬套。

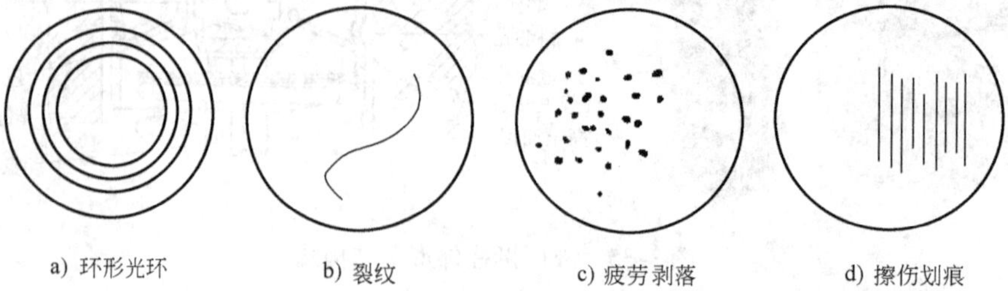

图 3-36 挺柱底部损伤

（2）液压挺柱的检修 检修液压挺柱时，应注意：

① 液压挺柱与承孔的配合间隙一般为 0.01 ~ 0.04mm，使用极限为 0.10mm。逾期后应更换液压挺柱。

② 发动机总成修理时，如气门出现开启高度不足时，一般应更换挺柱。

更换挺柱后应检查挺柱与承孔的配合状况，检查的方法是：用食指和拇指捏住挺柱，转动挺柱时应灵活自如无阻滞，摆动挺柱应无旷量。

3.3.4 推杆

推杆的作用是把挺杆所受的推力传至摇臂，如图 3-37 所示。推杆用钢管或钢杆制成，质量轻，刚度大。一端为球形（或配以下端头），与挺杆凹螺栓碗支承相接触；另一端成凹球碗形（或配以上端头），与摇臂一端的调整螺钉的球形头相接触。采用球状连接的目的是为了减少侧向力的影响。

推杆弯曲变形时应校直（最大直线度误差为0.03/100），上、下端凹、凸球面磨损时，则应更换气门推杆。

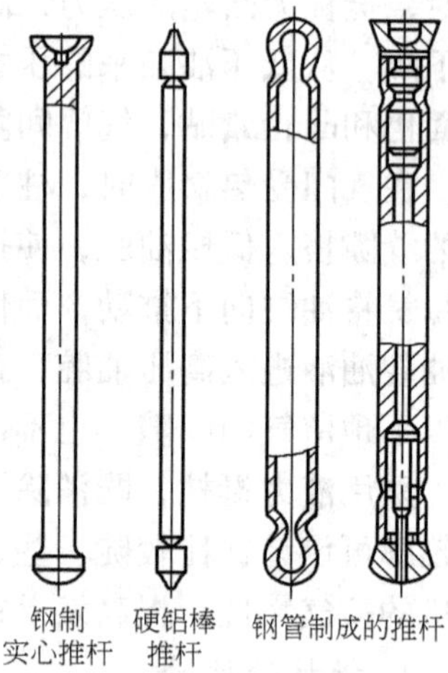

图 3-37 推杆

3.3.5 摇臂和摇臂轴

1. 摇臂和摇臂轴的构造（见图 3-38）

摇臂起杠杆作用，它将推杆的作用力改变方向而传给气门杆推动气门，一般用铸铁或铸钢制成。气门摇臂制成不等长的，靠气门一边比靠推杆一边的臂约长 30% ~50%，这样可获得较大的气门升程，而减少推杆与挺杆的移动量，从而也减少了它们往复运动产生的惯性力。气门摇臂一端为扁圆的工作面，与气门杆端相接触；另一端为带球头的调整螺钉，与推杆相接触，以调整热间隙。中部为摇臂轴承，装有青铜衬套，与摇臂轴相结合。

图 3-38 摇臂和摇臂轴

摇臂轴的作用是支撑摇臂。它是一根中空的圆轴，用几个支座架安装在气缸盖上。摇臂与支座架之间装有防止轴向移动的弹簧，轴的内孔用油管与主油道相通，以便供给润滑油。摇臂轴用碳钢制成，为了耐磨，它的工作面一般都经过表面淬火。

2. 摇臂和摇臂轴的检修

1）摇臂头部应光洁平整，摇臂头部磨损量>0.50mm 时，可用堆焊修磨。

2）摇臂衬套与摇臂轴的配合间隙超过规定时应更换衬套。与摇臂轴配铰，恢复配合间隙镶装衬套时，衬套油孔与摇臂油孔对准，如图 3-39 所示。

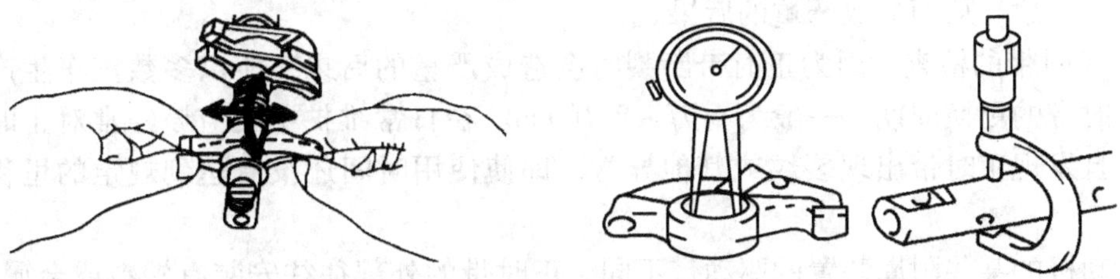

图 3-39 摇臂轴和摇臂的检修

3）气门调整螺钉的螺纹孔损坏时，一般应予以更换。

4）摇臂轴弯曲时应校直，校直后其直线度误差应小于 0.03/100。

3.3.6 正时传动装置

为了实现正确的配气正时，发动机的凸轮轴和曲轴之间需要使用传动部件连接起来。常见的正时传动部件有齿轮、金属链条以及橡胶正时带，其中以橡胶正时带传动最为常见。

1. 正时带传动装置

正时带是由多种材料复合而成，如图 3-40 所示。正时带的脊部和带齿由非常耐用的氯丁基橡胶制成，具有很长的使用寿命。由玻璃纤维制成的帘线以螺旋曲线形状沿整个带宽布置，使正时带具有很高的长度稳定性和抗拉强度。

（1）正时带传动的特点　正时带传动声音比链条传动小。不必对正时带传动装置进行润滑，因此可以将其布置在发动机机体外。正时带侧面必须有导向装置，以防止其跑偏，例如正时带轮侧面的导向板、张紧轮或导向轮，如图 3-41 所示。因为正时带以较小的预紧力安装，所以需要一个张紧装置。正时带需要的安装空间小，具有较好的环境适应能力。在很多发动机上，特别是在 V 形发动机上，正时带不只是在凸轮轴和曲轴之间实现正时传动，而且还驱动水泵、发电机、空调压缩机以及转向助力泵等部件，因此正时带已经实现了多功能化。

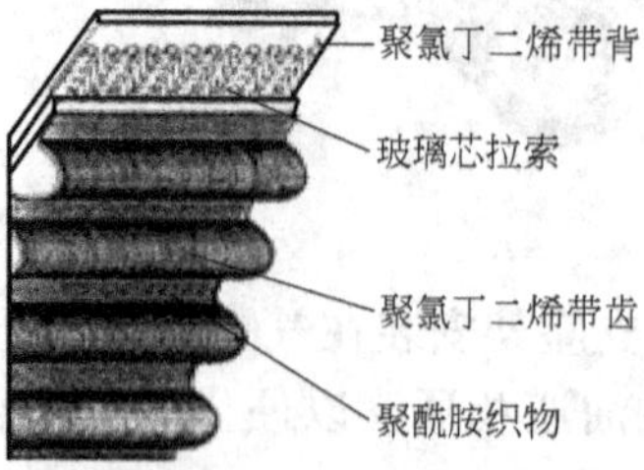

图 3-40 正时带结构

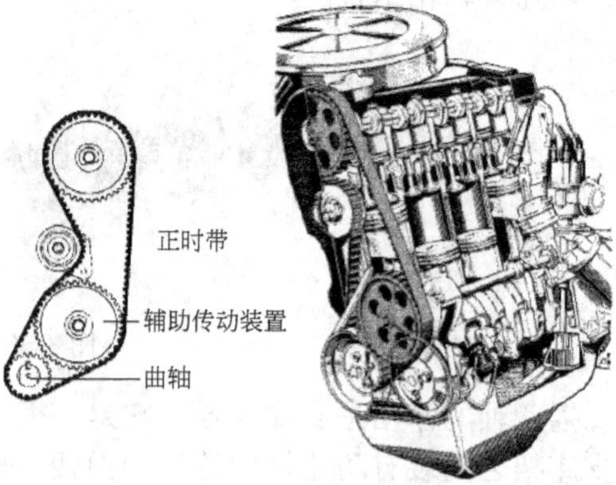

图 3-41 正时带传动

相对于链条传动，正时带能够承受的载荷较小，因此一般只用于轿车发动机。而且由于橡胶材质和受力的原因，长期使用的正时带会被拉长、变形和老化，有时会出现跳齿现象，导致配气正时错误。当正时带跳齿过多、带齿断裂或正时带疲劳断裂时，还可能发生气门与活塞碰撞的事故，从而导致严重的后果。

（2）正时带的检查　因为正时带断裂时会造成严重的后果，所以多数汽车生产厂家都规定了正时带的更换周期，一般为 6 万 ~8 万 km。在日常维护中也应该经常对正时带进行检查，一旦发现正时带出现裂纹或其他异常，即使使用时间还没有达到规定的里程也必须更换。

与发动机的某些附属装置的驱动带不同，正时带的外部往往安装有塑料或金属防护罩，检查时无法直接看到或触及到正时带。但是，大多数正时带的防护罩比较容易拆下，至少防护罩的上半部比较容易拆下，以便检查正时带。

1）外观检查

① 首先应检查正时带的表面是否粘有油污和冷却液。正时带紧贴发动机布置，很多正时带还为冷却水泵提供驱动，因此有时会因为发动机机油渗漏或水泵漏水造成正时带脏污。正时带脏污后容易出现打滑现象，而且机油和冷却液会腐蚀橡胶，极大地缩短正时带的使用寿命。

② 接下来应检查正时带表面是否有裂纹或纤维断裂。如果正时带表面出现很多裂纹，或带齿磨损严重，应尽快更换正时带。

2）正时带松紧度检查。目前大多数轿车发动机都装有具有自动调节功能的正时带张紧器，当齿带长度发生变化时张紧器会进行自动补偿。虽然是这样，仍然需要从外观检查正时带的松紧度，以免张紧器等部件出现故障造成正时齿带长度的异常变化。

如图 3-42 所示，检查正时带的张紧度，用手指在正时齿轮和中间齿轮之间捏住正时带，以刚好能转 90°为合适，调整张紧轮固定螺母并拧紧。将曲轴转 2 ~3 圈后，复查确认。

3）正时带张紧器的检查。据统计，几乎一半的正时带故障是由于正时带张紧器的原因造成的，其中张紧器的滚轮轴承卡死、导向轮轴承卡死以及液压张紧器漏油导致的故障比较常见。有故障的张紧器会增大正时带传动的负荷或使正时带的松紧度不适当，甚至会导致正时带的断裂。

有些正时带张紧器从发动机表面不容易被看到，因此在更换正时带时必须检查张紧器的状况。在日常维护中，可以通过张紧器是否有异响或漏油的痕迹来判断张紧器的好坏。

2. 正时链传动装置

链条传动机构适用于曲轴与凸轮之间的距离较大时以及同时驱动两个凸轮轴时。如图 3-43 所示。与传统的正时带驱动相比，链条驱动方式的传动可靠、耐久性好。整个系统由齿轮、链条和张紧装置等部件组成，其中液压张紧器可自动调节张紧力，使链条张力始终如一，并且终身免维护，这就使其与发动机同寿命，不但安全、可靠性得到了一定提升，还将发动机的使用、维护成本降低了不少，可谓一举两得。但链条转动噪声大、传动阻力大、传动惯性也大，链条不适用于很高的转速。长时间运行后链条长度会发生变化，这将导致配气相位改变。

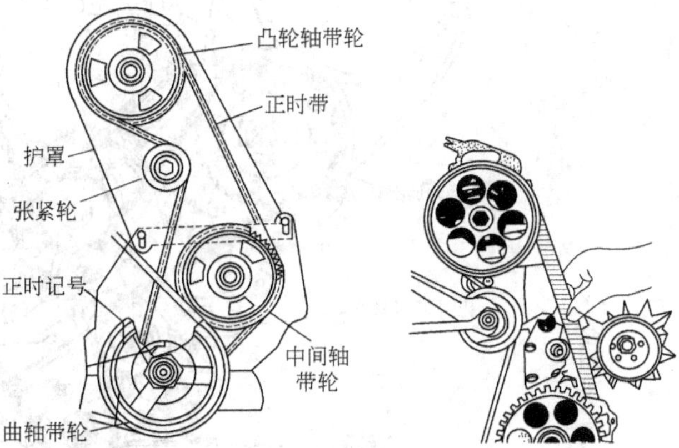

图 3-42　检查正时带的张紧度

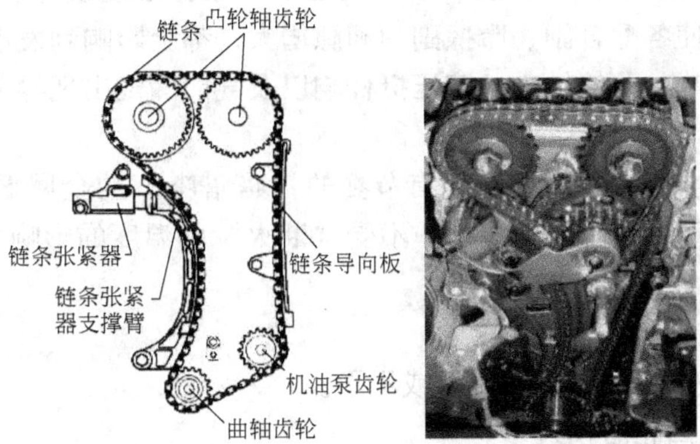

图 3-43　正时链传动

3. 发动机正时标记

发动机正时包括两点：

（1）配气正时　按照发动机工作循环的要求，在规定的时刻开闭进排气门，使可燃混合气或空气进入气缸，并使燃烧后的废气排出。

（2）点火或喷油正时　按照发动机工作循环的要求，在规定的时刻在燃烧室产生 15000 ~ 20000V 的高压火花点燃混合气；柴油机是在压缩行程终了，产生高压喷油压燃空气使发动机正常工作。这个流程是规定好的，所以要有一个正时记号来做标记，方便调整对正。

为保证发动机正时准确，在发动机曲轴和凸轮轴上都有正时标记，如图 3-44 所示。在安装正时带或正时链时必须将记号对准，这样才能确保发动机正常工作。

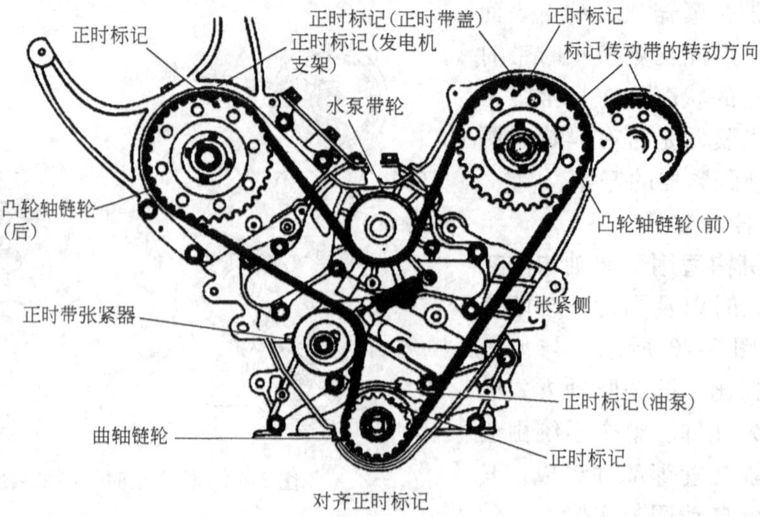

图 3-44　某发动机正时标记

3.4　配气机构异响

配气机构传动链长，零件多，旋转、往复运动频繁，运动规律特殊，润滑条件相对较差，工作中由于磨损使各配合副、摩擦副的间隙增大，都会影响到发动机的技术性能。配气机构常见异响有气门响、凸轮轴响、液压挺杆响以及气门漏气出现异响等。

1. 气门响

（1）现象　气门异响是一种连续而有节奏的“嗒嗒嗒”的金属敲击声，任何转速情况下均可听到，但怠速和中速时较为清晰，不受“断火”和温度的影响。

（2）原因

① 气门间隙调整过大。

② 气门间隙调整螺钉端头磨损严重或不平。

③ 凸轮轴变形或凸轮磨损过量。

④ 气门弹簧座脱落

⑤ 气门杆与气门导管积炭过多而咬住气门。

⑥ 气门导管磨损损严重。

2. 凸轮轴响

（1）现象　凸轮轴响是一种钝重的“嗒嗒嗒”金属声响，发动机怠速和中速运转时响声明显；在发动机凸轮轴附近有振抖；断火试验时，响声没有变化。

（2）原因

① 凸轮轴与轴承配合松旷。

② 凸轮轴弯曲变形。

③ 凸轮轴轴向间隙过大。

3. 液压挺杆响

（1）现象　发动机发出类似普通机械气门异响的现象。

(2) 原因

① 发动机机油油面不正常，导致有气泡的机油进到液压挺杆中，形成弹性体而产生噪声。

② 机油压力过低。

③ 机油泵、集滤器损坏或破裂，使空气吸到机油中。

④ 液压挺杆失效。

⑤ 使用质量低劣的机油。

4. 气门漏气

(1) 现象 发动机会出现起动困难，进气管回火，排气管放炮、冒烟、燃油消耗增加以及出现异响等现象。

(2) 原因

① 气门与气门座工作面密封不良而漏气。

② 气门与气门座工作面有积炭，造成气门关闭不严而漏气。

③ 气门与气门导管间隙过大，气门杆晃动导致气门关闭不严而漏气。

④ 气门杆在气门导管内发涩或卡住，气门不能上下移动。

⑤ 气门弹簧失去弹性或折断。

3.5 可变配气相位及其控制技术

传统发动机的配气相位是选择发动机最常用转速来确定最佳配气相位，经确定则固定不变，气门升程也由凸轮形状决定而固定不变。这样的设计只能满足在某一转速时，发动机才能获得最佳充气并因此能输出最大动力。因为不同转速对配气相位要求不一样，即对进排气门早开、迟闭角度要求不同，这样在其他转速时，发动机就会充气不足和排气不净，造成动力性、经济性下降，排放变差等问题，为解决这个问题，一些发动机上采用了可变进气系统、可变配气正时等结构。

3.5.1 概述

在传统发动机的配气相位中，通过合理设置进、排气门的早开迟闭角度和适当的气门重叠来改善气缸充气。图3-45所示为固定配气相位的发动机气门开闭规律。如果高转速时通过进气门延迟关闭来改善气缸充气并因此提高发动机功率；但在低转速时会因扫气损失较大使发动机功率变小，因为活塞将部分充气排出气缸。同时还导致有害物质排放量增加。

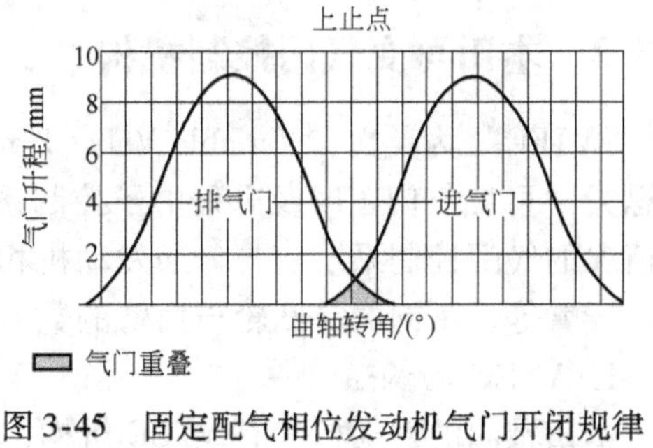

图3-45 固定配气相位发动机气门开闭规律

可变配气相位能在一定范围内调整凸轮轴的转角和升程，优化控制配气正时，提高发动机的动力性和经济性；改善发动机高速及低速时的性能及稳定性；降低发动机的排放。

通过调节凸轮轴可以使气门重叠适应不同转速并在整个转速范围内改善气缸充气。

图3-46为装有进气凸轮轴调节的发动机的气门开闭规律。凸轮轴调节装置根据转速改变气门开启和关闭时间。

1）低转速（<2000r/min）时，将进气凸轮轴向“延迟”方向调节。延迟调节使进气门延迟开启，气门重叠角度变小或接近零。进入进气管的燃烧废气回流量下降，进气混合气中剩余气体含量变小，因此有助于改善燃烧过程并使怠速转速更平稳，改善了怠速转矩。

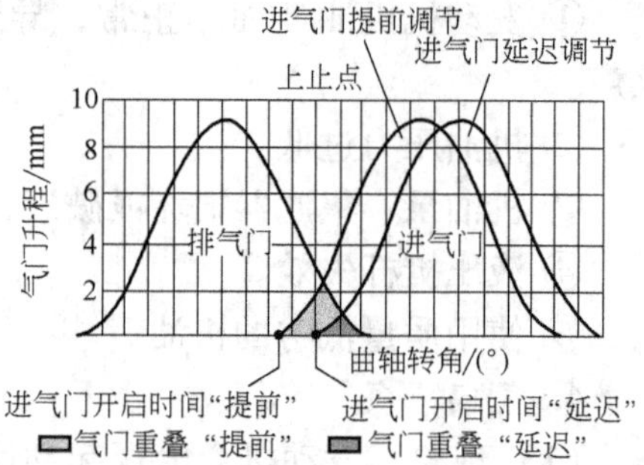

图3-46　进气凸轮轴调节

2）高转速（>5000r/min）时也将进气凸轮轴向“延迟”方向调节。进气门延迟到下止点后很远之处才关闭。由于新鲜气体流速很高，能进行后续充气并借此改善气缸充气和提高转矩。

3）中等转速时，由于新鲜气体流速较低，不存在后续充气效应。调节装置向“提前”方向调节进气凸轮轴。通过提前调节扩大了气门重叠角度。进气门在下止点后很快关闭，活塞无法将新鲜气体推入进气管中。未排出的废气通过进气门进入进气管内。此后这些废气又被吸入并提高气缸充气中的剩余气体含量，发动机转矩得到改善。内部废气再循环可降低燃烧时的温度并减少废气中氮氧化物的含量。

4）如果使用排气凸轮轴调节装置，则可以进一步改善换气过程，如图3-47所示。

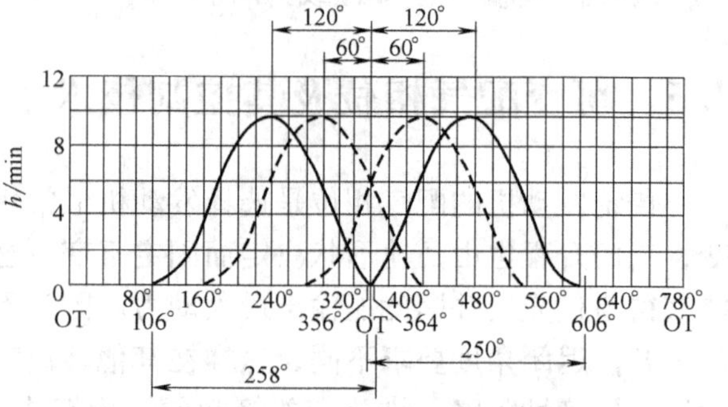

图3-47　进气和排气凸轮轴调节

要改变配气相位，可以通过改变凸轮线形来实现，也可以通过使凸轮轴相对于曲轴发生转动来实现，由此出现了多种凸轮轴调节系统，各家汽车公司也推出了多种可变配气相位机构方案，目前实际应用的有：本田的可变气门控制（VTEC）机构，丰田智能可变气门正时控制（VVT-i）机构以及奥迪（帕萨特B5）、保时捷和宝马的可变气门正时机构等。

3.5.2　本田可变气门控制机构

“VTEC”为英文“Variable Valve Timing and Lift Electronic Control System”的缩写，中文意思为“可变气门正时及升程电子控制系统”。它是同时控制气门开闭时间及升程等两种不同情况的气门控制系统。与普通发动机相比，VTEC发动机同样有4气门（2进2排）、凸轮轴和摇臂等，不同的是凸轮与摇臂的数目及控制方法。

1. VTEC的构造

本田雅阁的发动机装有VTEC机构，其结构如图3-48所示。

VTEC机构主要由气门（每缸2进2排）、凸轮、摇臂、同步活塞和正时活塞等组成。

VTEC机构中的凸轮有3个，它们的线型不同。高速凸轮位于中央叫主凸轮，它的升程最大；另两个为低速凸轮，凸轮较高的一个叫主凸轮，较低的一个叫次凸轮。与这3个凸轮相对应的摇臂分别为中间摇臂、主摇臂和次摇臂。在3个摇臂内有一孔道，内装有正时活

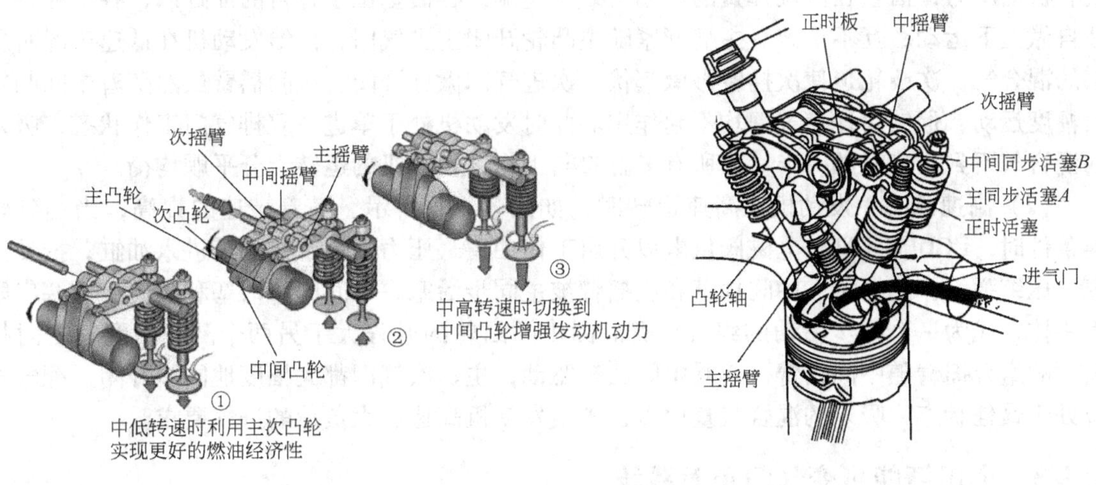

图 3-48　本田 VTEC 机构

塞、主同步活塞、中间同步活塞和次同步活塞。

2. VTEC 的工作原理

VTEC 机构是采用一根凸轮轴上设计两种（高速型和低速型）不同配气定时和气门升程的凸轮，利用液压进行切换的装置。切换原理是根据传感器提供的发动机转速、负荷、冷却液温度及车速信号，经 ECU 分析计算处理，向 VTEC 电磁阀输出信号进而控制油路开闭进行切换。控制原理如图 3-49 所示。

VTEC 不工作时，正时活塞和主同步活塞位于主摇臂缸内，与中间摇臂等宽的中间同步活塞位于中间摇臂油缸内，次同步活塞和弹簧一起则位于次摇臂油缸内。正时活塞的一端和液压油道相通，油道的开闭由 ECU 通过 VTEC 电磁阀来控制。

（1）低速状态　发动机在低速运转时，如图 3-49a 所示。ECU 无指令，凸轮轴油道内

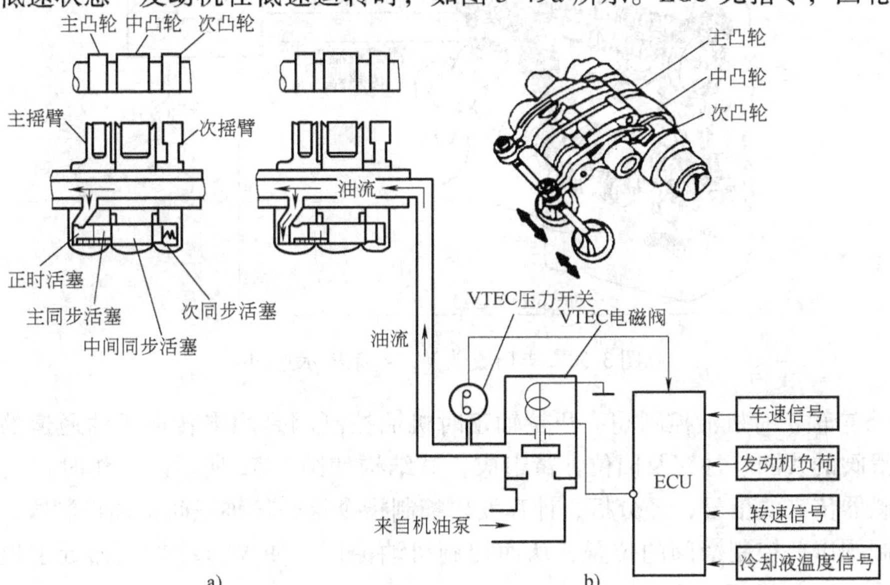

a)　　b)

图 3-49　VTEC 工作原理

没有机油压力，活塞在回位弹簧的作用下处于左端，各活塞位于各自的油缸内，各个摇臂均独自做上下运动，互不干涉。主摇臂紧随主凸轮开闭主进气门，供给发动机在低速工况时所需的混合气；次凸轮迫使次摇臂微微起伏，次进气门微微开闭；中间摇臂虽然随着中间凸轮大幅度运动，但它对任何气门均不起作用。此时发动机处于单进、双排气门工作状态，吸入的混合气不到高速时的一半。因所有气缸参与工作，发动机的运转十分平顺均衡。

（2）高速状态　发动机在高速运转时，如图 3-49b 所示。随着转速的提高，当达到转换条件时，ECU 向 VTEC 电磁阀供电以升启工作油道，压力油由工作油道进入油缸，推动活塞，压缩弹簧；主摇臂、中间摇臂和次摇臂被主同步活塞、中间同步活塞和次同步活塞串联为一体，成为一个同步活动的组合摇臂。因中间凸轮的升程大于另两个凸轮，配气正时提前，故组合摇臂随中间摇臂一起受中间凸轮驱动，主、次气门都大幅度地同步开闭，配气相位处于最佳状态，吸入的混合气量增多，满足发动机高速、大负荷的进气要求。

3.5.3　丰田智能可变气门正时系统

VVT 是 Variable Valve Timing（可变气门正时）的英文缩写，是丰田公司的可变气门正时技术。丰田的 VVT-i（智能可变气门正时）系统可连续调节气门正时，控制进气凸轮轴在 50°范围内调整凸轮轴转角，使配气正时满足有优化控制发动机工作状态的要求，从而提高发动机在所有转速范围内的动力性、经济性和降低尾气的排放。但不能调节气门升程。

1. VVT-i 系统的构造

丰田威驰 VVT-i 系统如图 3-50 所示，由 VVT-i 控制器、凸轮轴正时机油控制阀和传感器三部分组成。其中传感器有曲轴位置传感器、凸轮轴位置传感器和 VVT 传感器。

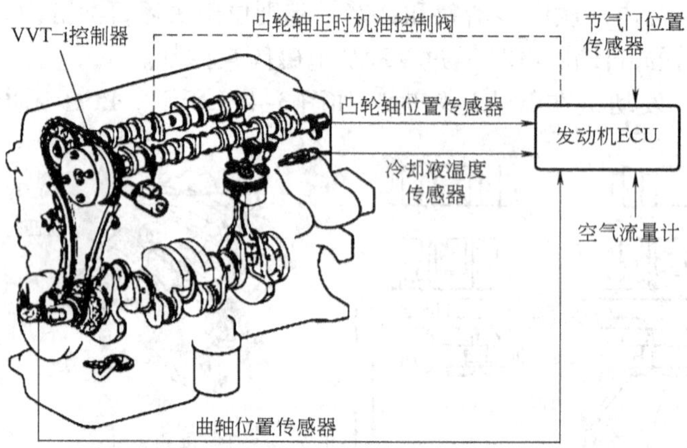

图 3-50　丰田威驰 VVT-i 系统示意图

（1）凸轮轴正时机油控制阀　凸轮轴正时机油控制阀是用来转换机油通道的滑阀，由用来移动滑阀的线圈、柱塞及回位弹簧组成，其结构如图 3-51 所示。工作时，发动机 ECU 接收各传感器传来的信号，经分析、计算发出控制指令给凸轮轴正时机油控制阀，凸轮轴正时机油控制阀以此控制滑阀的位置，从而控制机油油压，使 VVT-i 控制器处于提前、延迟或保持位置。

（2）VVT-i 控制器　VVT-i 控制器结构如图 3-52 所示。由固定在进气凸轮上的叶片、

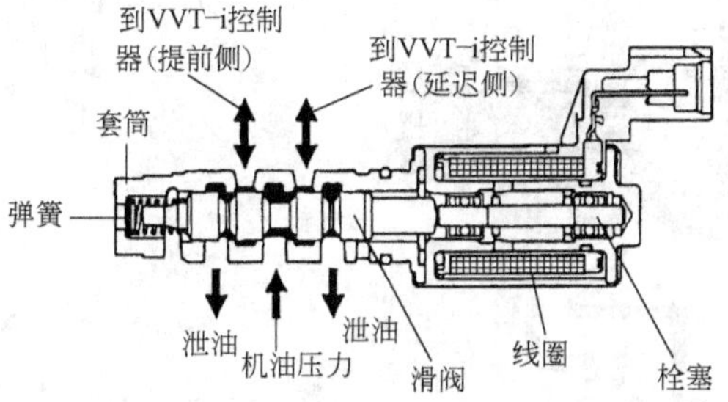

图 3-51 凸轮轴正时机油控制阀

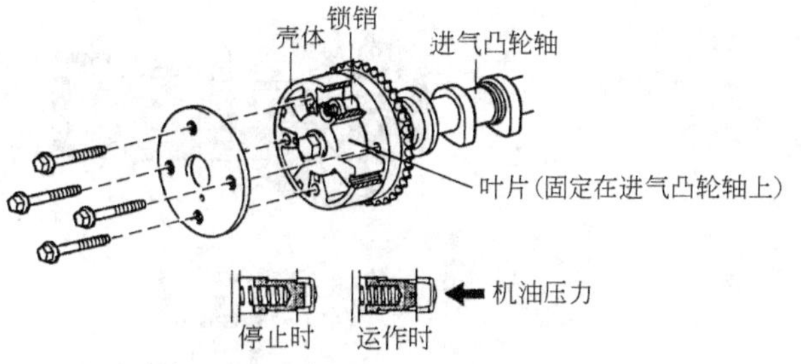

图 3-52 叶片式 VVT-i 控制器

与从动正时链轮一体的壳体和锁销组成。控制器有气门正时提前室和气门正时延迟室这两个液压室，通过凸轮轴正时机油控制阀的控制，可在进气凸轮轴上的提前和延迟油路中传送机油压力，使控制器叶片沿圆周方向旋转，以持续改变气门正时，并获得最佳配气相位。

当发动机停机时，进气凸轮轴将处于最大延迟状态，以确保起动性能。发动机起动后，液压未立即施加到 VVT-i 控制器上时，锁销会将 VVT-i 控制器锁止，以防止产生撞击噪声。

2. VVT-i 系统工作原理

发动机 ECU 根据发动机转速、进气量、节气门位置和冷却液温度计算出一个最佳气门正时，向凸轮轴正时机油控制阀发出控制指令。凸轮轴正时机油控制阀根据发动机 ECU 的控制指令选择至 VVT-i 控制器的不同油路，使之处于提前、延迟或保持这三个不同的工作状态。此外，发动机 ECU 根据来自凸轮轴位置传感器和曲轴位置传感器的信号检测实际的气门正时，从而尽可能地进行反馈控制，以获得预定的气门正时。控制原理如图 3-53 所示，工作情况见图 3-54。

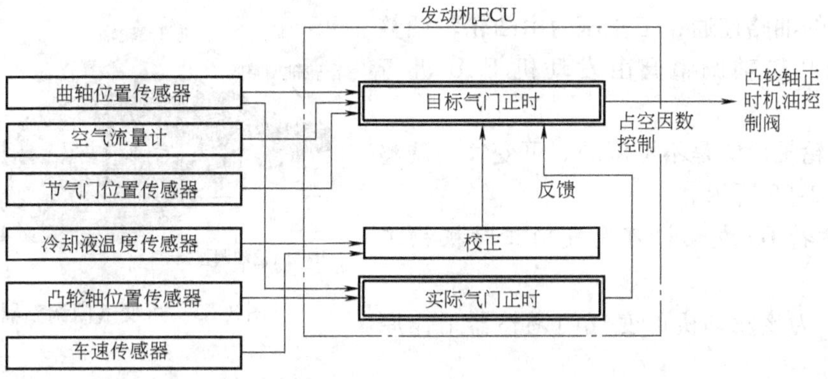

图 3-53 VVT-i 系统控制原理

（1）提前 如图 3-54 所示。凸轮轴正时机油控制阀根据来自发动机 ECU 的提前信号工作，产生的机油压力施加到正时提前侧叶片室，使凸轮轴沿正时提前方向旋转。

（2）延迟 凸轮轴正时机油控制阀根据来自发动机 ECU 的延迟信号工作，产生的机油压力施加到正时延迟侧叶片室，使凸轮轴沿正时延迟方向旋转。

（3）保持 达到目标正时后，通过使凸轮轴正时机油控制阀保持在中间位置以保持气门正时，直至发动机工作状态改变。

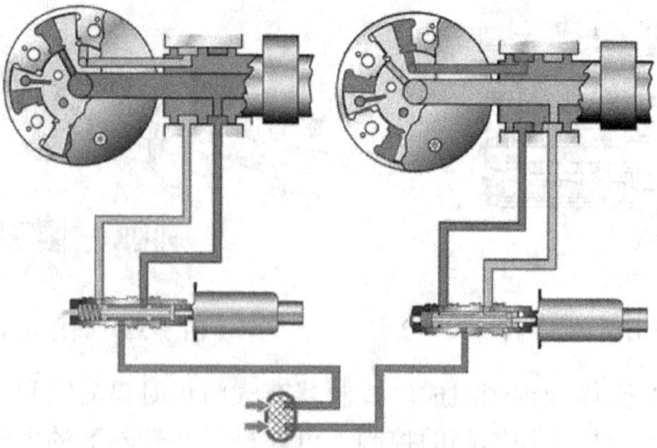

图 3-54 VVT-i 工作情况

3.5.4 帕萨特 B5 发动机可变气门正时机构

帕萨特 B5 发动机所应用的可变气门正时系统，是通过微机控制可变气门调节器上升和下降获得正时带轮与进气凸轮（进气门）的相对位置变化，这种结构属于凸轮轴配气相位可变结构，一般可调整 20°~30°曲轴转角。由于这种机构的凸轮轴、凸轮形线及进气持续角均不变，虽然高速时可以加大进气迟闭角，但是气门叠开角却减小，这是它的缺点。

1. 帕萨特 B5 发动机可变气门正时机构构造

帕萨特 B5 轿车装备了 ANQ5 发动机可变气门正时机构。曲轴通过正时带首先驱动排气凸轮轴，排气凸轮轴通过链条驱动进气凸轮轴，在两轴之间设置一个凸轮轴调整器，在内部液压缸的作用下，调整器可以上升和下降，以调整发动机进气凸轮轴的位置。液压缸的油路与气缸盖上的油路连通，工作压力由凸轮轴调整阀控制，而凸轮轴调整阀由发动机 ECU 进行控制。

排气凸轮轴位置是不可调的。可变气门调整器结构如图 3-55 所示。

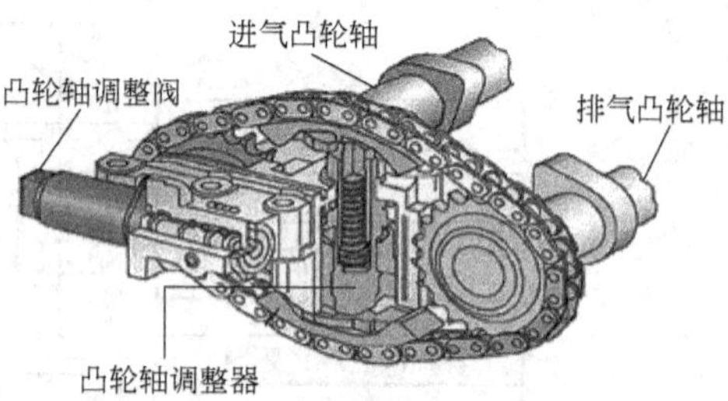

图 3-55 可变气门调整器结构

2. 帕萨特 B5 发动机可变气门正时机构工作原理

图 3-56 为该发动机可变气门调整器工作原理示意图。

（1）功率位置 图 3-56a 所示为功率位置（不进行调整时的位置），即高速状态。为了充分利用进气流的惯性，进气迟闭角应增大。机油压力将凸轮轴调整器压到基本位置，链条的上部较长，而下部较短。排气凸轮轴首先要拉紧下部链条成为紧边，进气凸轮轴才能被排气凸轮轴带动。就在下部链条由松变紧的过程中，排气凸轮轴已转过了一个角度，进气凸轮轴才开始动作，进气门关闭得较迟，从而使发动机在高速区产生高功率。

（2）转矩位置 图 3-56b 所示为转矩位置，即中、低速状态。机油压力将凸轮轴调整器向下压，通过凸轮轴调整器向下的运动来缩短上部链条而加长下部链条。由于排气凸轮轴受到正时带制约不能转动，从而使进气凸轮轴偏转一个角度，较早关闭进气门，使发动机在

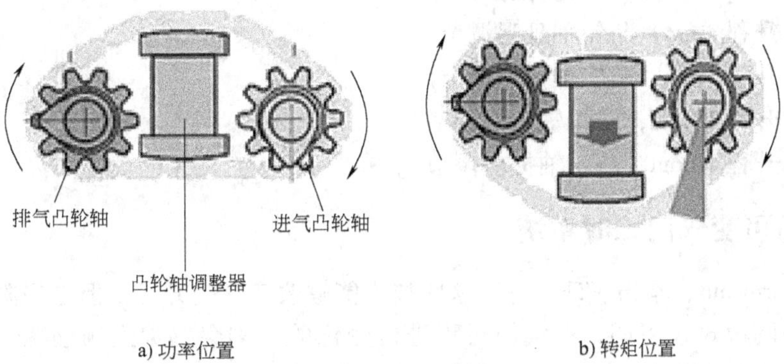

图 3-56 可变气门调整器工作原理示意图

中、低速范围内能产生高转矩。

3.5.5 保时捷可变气门正时系统

Variocam 是保时捷 911 跑车发动机采用的可变气门正时技术，其组成如图 3-57 所示。

1. Variocam 系统结构

Variocam 系统由一个利用机油压力工作的凸轮轴叶片调节器和可切换气门挺杆组成。中心部件是可切换桶状挺杆，内、外挺杆由锁销联锁。每一个气门都在凸轮轴上有一组驱动气门开启的凸轮组合，是由有一个 3mm 气门升程的内侧小凸轮和两个用于 10mm 气门升程的外侧大凸轮组合而成。小凸轮作用在内挺杆上。这样，每个进气门分别有 2 种最大行程，绿色位置显然是高速时气门能够达到的最大行程。控制气门行程变化的，是两组凸轮控制，一组是高速凸轮，既红色部分的大凸轮；另一组是低速凸轮，既高速凸轮之间的小凸轮。

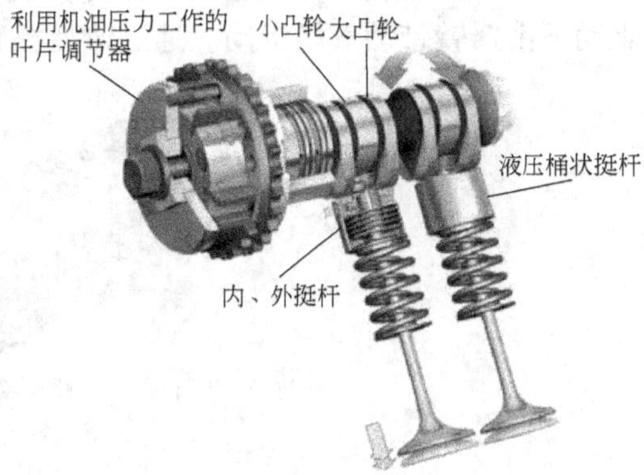

图 3-57 保时捷 Variocam 系统

2. Variocam 系统工作原理

Variocam 系统工作原理如图 3-58 所示。

图 3-58 Variocam 系统工作原理

（1）高速工况 发动机在高转速工况时，外挺杆通过一个承受弹簧负载的锁销在液压的驱动下与内挺杆联锁在一起，整个挺杆在大凸轮的驱动下向下打开气门，获得较大的气门升程。

（2）低速工况 发动机在低转速工况时，内、外挺杆解除联锁，内侧小凸轮作用在内挺杆上，向下驱动气门打开较小的开度。外侧大凸轮只能驱动外挺杆向下运动而不能带动气门动作。气门由小凸轮驱动向下打开，这样获得较小的气门升程。

保时捷 911 Turbo 有四个切换位置：

- 进气门升程 3mm，凸轮轴延迟调节。
- 进气门升程 3mm，凸轮轴提前调节。
- 进气门升程 10mm，凸轮轴延迟调节。
- 进气门升程 10mm，凸轮轴提前调节。

3.5.6 宝马可变气门正时系统

保时捷 Variocam、本田 VTEC 等，这些技术能够改变气门升程，但是局限性在于，这些技术都只有“两段式”可调，在气门行程进行变化的一刻会感觉到顿挫感。由此，宝马对气门行程的调节煞费苦心，开发了一套可以连续可变的气门正时技术。

1. Valvetronic 系统结构

BMW 的 Valvetronic 系统在传统的配气相位机构上增加了一根偏心轴，一个步进电动机和中间推杆等部件，该系统借由步进电动机的旋转，再在一系列机械传动后很巧妙地改变了进气门升程的大小。

BMW 的 Valvetronic 系统结构如图 3-59 所示。与众不同的是，宝马采用的是电动机驱动的方式，电动机的旋转运动通过蜗杆传动蜗轮，转变为摇臂的控制角度变化，然后在凸轮轴的驱动下由摇臂带动气门运动。通过改变摇臂的角度即可改变气门的行程。

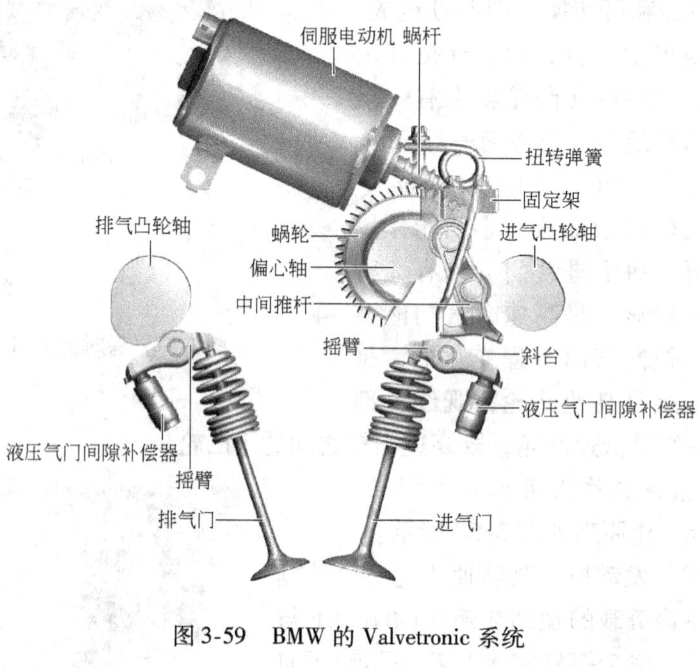

图 3-59 BMW 的 Valvetronic 系统

伺服电动机布置在凸轮轴上方，用于调节偏心轴。偏心轴扭转可以使固定架上的中间推杆朝进气凸轮轴方向移动。但由于中间推杆也靠在进气凸轮轴上，因此滚子式气门摇臂相对中间推杆的位置会发生变化。中间推杆的斜台朝排气凸轮轴方向移动。凸轮轴旋转和凸轮向中间推杆移动使中间推杆上的斜台发挥作用。斜台推动滚子式气门摇臂，从而使进气门继续向下移动，进气门因此继续开启。

2. Valvetronic 系统工作原理

如图3-60所示，凸轮轴运转时，凸轮会驱动中间推杆和摇臂来完成气门的开启和关闭。当电动机工作时，蜗轮蜗杆机构会首先驱动偏心轴发生旋转，然后中间推杆和摇臂会产生联动，偏心轴旋转的角度不同，最终凸轮轴通过中间推杆和摇臂顶动气门产生的升程也会不同。在电动机的驱动下，进气门的升程可以实现从0.3mm到9.7mm之间的无级变化。此外还通过Vanos系统（能调整凸轮轴与曲轴相对位置的机构）对气门配气相位进行调节，使进气和排气凸轮相对凸轮轴位置的转动角度分别达到60°。

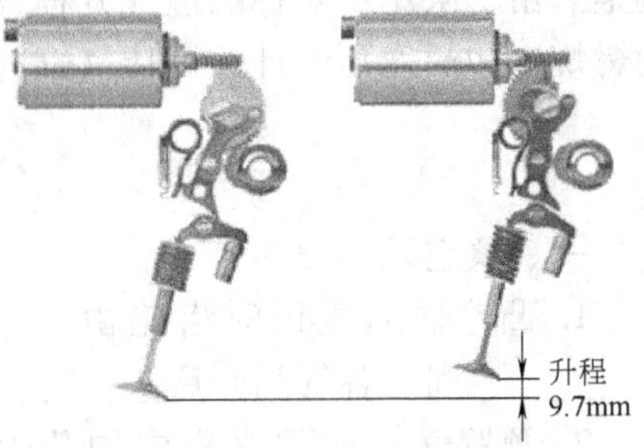

图3-60 Valvetronic 系统工作原理

3.5.7 奥迪可变气门升程系统

AVS是Audi Valvelift System的英文缩写，即奥迪可变气门升程系统。该系统针对汽油发动机进气门正时和升程加以控制。在设计理念上与本田的i-VTEC有着异曲同工之妙，只是在实施手段上略有不同。这套系统为每个进气门设计了两组不同角度的凸轮，同时在凸轮轴上安装有螺旋沟槽套筒。螺旋沟槽套筒由电磁驱动器加以控制，用以切换两组不同的凸轮，从而改变进气门的升程。

1. AVS 结构

奥迪AVS系统结构如图3-61所示。在负责控制进气门的凸轮轴上具备两组不同角度的凸轮和负责改变升程的螺旋沟槽套筒。螺旋沟槽套筒由电磁驱动器加以控制，以切换使用两组不同凸轮，改变进气门的开启升程。

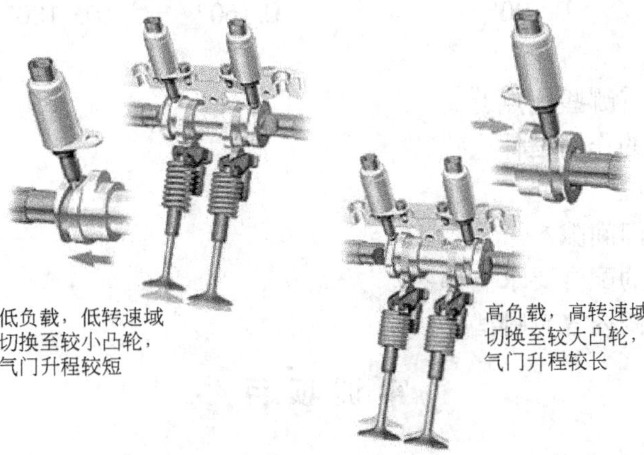

图3-61 奥迪AVS

2. AVS 工作原理

（1）高负载工作　发动机在高负载的情况下，AVS系统将螺旋沟槽套筒向右推动，使角度较大的凸轮得以推动气门。在此情况下，气门升程可达到11mm，以提供燃烧室最佳的进气流量和进气流速，实现更加强劲的动力输出。

（2）低负载工作　在发动机低负载的情况，为了追求发动机节油性能，此时 AVS 系统将凸轮推向左侧，以较小的凸轮推动气门顶杆，此时气门升程可在 2mm 至 5.7mm 之间进行调整。由于采用不对称的进气升程设计，因此空气以螺旋方式进入燃烧室，在搭配特殊形状的燃烧室和活塞顶设计，可让气缸内的油气混合状态进一步优化。

综合测试

一、填空题

1. 凸轮轴通过正时齿轮由__________驱动，四冲程发动机一个工作循环凸轮轴转__________周，各气门开启__________次。

2. 顶置气门式配气机构的凸轮轴布置有三种形式，它们是__________、__________和__________。

3. 气门叠开角是__________和__________之和。

4. 气门间隙过大，气门开启时刻变__________，关闭时刻变__________。

5. 四冲程发动机曲轴与凸轮轴的传动比为__________。

二、选择题

1. 四冲程发动机转速为2000r/min 时，则同一气缸的进气门，在 1 分钟内开闭的次数应该是（　　）。

A. 2000 次　　B. 1000 次　　C. 500 次

2. 气门的升程取决于（　　）。

A. 凸轮的轮廓　　B. 凸轮轴的转速　　C. 配气相位

3. 发动机一般排气门的锥角较大，是因为（　　）。

A. 排气门热负荷大　　B. 排气门头总直径小　C. 配气相位的原因

4. 工作顺序为 1-5-3-6-2-4 的四冲程直列式发动机，其同名凸轮间的夹角应为（　　）。

A. 120°　　B. 90°　　C. 60°　　D. 180°

三、简答题

1. 采用液力挺柱有哪些优点？

2. 可变气门正时的作用是什么？

3. 什么是配气相位？

4. 为什么要留气门间隙？

5. 气门和气门座的配合要求有哪些？

6. 配气机构的检修内容有哪些？

实训项目

项目 5：气门组的拆装与维修

一、实训目的

（1）熟悉气门组零件的名称、作用和结构特点。

（2）熟悉气门组的拆装方法及技术要求。

（3）掌握气门组零件的检测方法和主要技术要求。

(4) 能正确使用工、量具完成作业内容。

二、设备及器材

(1) 常用工具、气门弹簧拆装钳。

(2) 外径千分尺、游标卡尺、直角尺、塞尺。

(3) 发动机气缸盖总成若干台。

(4) 维修手册。

三、操作基本方法

学生分小组，在教师指导下完成工作任务单上的内容。

四、完成工作任务单

任务名称	气门组的拆装与维修	学时		班级	
学生姓名		学号		成绩	
实训设备(型号)		实训场地		日期	

第一项内容：知识学习

1. 依据下图，在表中写出各零部件的名称。

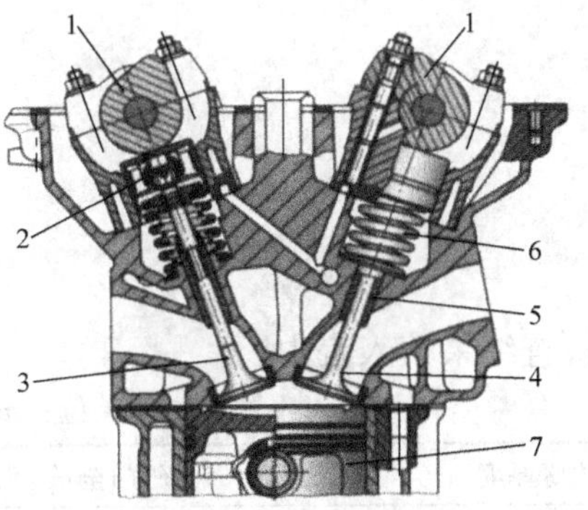

1	
2	
3	
4	
5	
6	
7	

2. 说出以下凸轮轴的安装形式及特点。

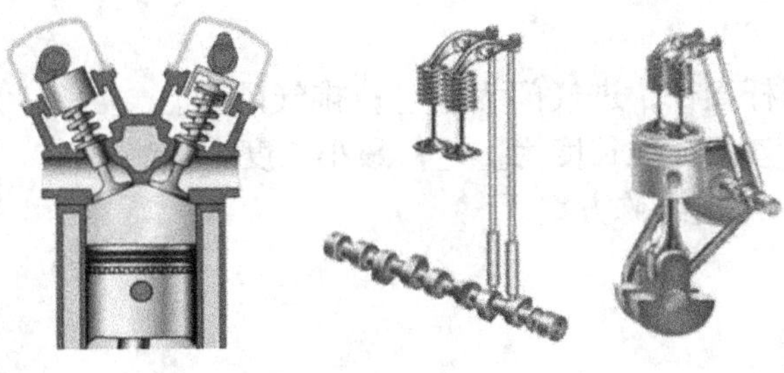

3. 回答下列问题

(1) 在配气相位图中填入活塞上止点（OT）和下止点（UT）；

(2) 根据表中所给出的配气相位和点火时刻画出配气相位图。在图中标出各点并用不同颜色表示四个行程。

进气门打开 α	活塞上止点前 24°
进气门关闭 β	活塞下止点后 64°
点火时刻 Z_Z	活塞上止点前 30°
排气门打开 γ	活塞下止点前 70°
排气门关闭 δ	活塞上止点前 18°

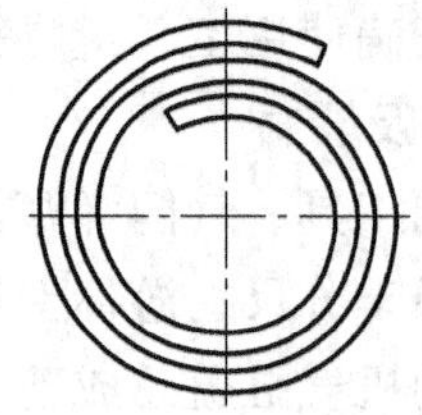

（3）气门重叠角是多少度？请在配气相位图上标出该角度并解释“气门重叠”的概念。

第二项内容：操作训练

1. 气门组的拆装

（1）用气门弹簧钳压缩气门弹簧，用尖嘴钳取下锁片，再依次取下弹簧座、弹簧、气门及油封。

（2）将拆下的气门做好相应记号，并按缸号顺序放置。

（3）安装时，将气门装入缸盖内，再装上气门弹簧、弹簧座，用气门钳压缩气门弹簧使气门杆露出锁片槽位置，用尖嘴钳将锁片装入锁片槽内，再慢慢松开拆装钳即可。

2. 观察你所拆装的发动机，回答下列问题。

（1）该发动机配气机构中气门组零件有：

（2）描述其特点。

3. 气门组的检修

（1）气门的检修

① 根据维修手册要求检查气门磨损情况，并将检查结果填入表中。

（单位：mm）

	气门杆磨损最大处直径	气门边缘厚度	气门全长
进气门			
排气门			

② 查维修手册：

该发动机标准气门杆直径，进气门为____；排气门为____。气门标准边缘厚度为____；最小边缘厚度为____；气门标准长度为____；最小长度为____。

③ 根据测量结果，提出维修方案。

（2）气门弹簧的检查

① 气门弹簧自由长度测量值为____，标准长度为____。

② 气门弹簧偏斜量测量值为____，参考值为____。

③ 维修方案：

第三项内容：分析与思考

如何保证气门与气门座的密合性？

项目 6：气门传动组的拆装与维修

一、实训目的

（1）熟悉气门传动组零件的名称、作用和结构特点。

（2）熟悉气门传动组的拆装方法及技术要求。

（3）掌握气门传动组零件的检测方法和主要技术要求。

（4）能正确使用工、量具完成作业内容。

二、设备及器材

（1）常用工具。

（2）外径千分尺、游标卡尺、塞尺、V 形架、百分表、磁性表座、塑料间隙规。

（3）发动机总成若干台。

（4）维修手册。

三、操作基本方法

学生分小组，在教师指导下完成工作任务单上的内容。

四、完成工作任务单

（单位：mm）

任务名称	气门组的拆装与维修	学时		班级	
学生姓名		学号		成绩	
实训设备（型号）		实训场地		日期	

第一项内容：知识学习

1. 将各零部件的序号填到图中正确位置。

① 凸轮轴驱动齿轮；

② 曲轴正时齿轮；

③ 中间链轮；

④ 液压链条张紧机构；

⑤ 正时链条

⑥ 张紧架导轨

⑦ 张紧惰轮

⑧ 正时带

⑨ 中间齿轮

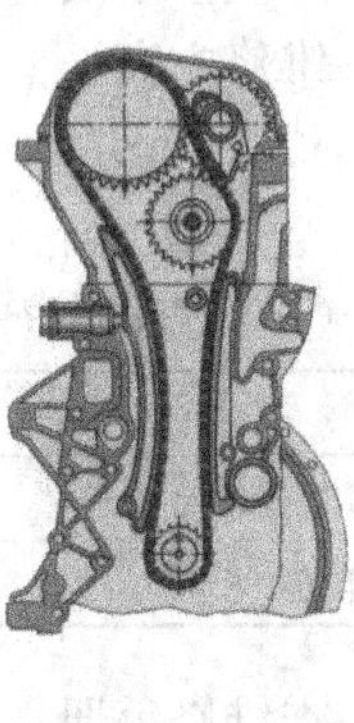

2. 已知某型号发动机的进气提前角为 20°，气门叠开角为 39°，进气持续角为 256°，排气持续角为 249°，画出其配气相位图。

第二项内容：操作训练

严格执行维修手册的技术要求。

1. 气门传动组的拆装

（1）发动机正时带的拆装

① 拆下气门室盖。

② 拆下正时带上、下护罩，观察正时标记。

③ 拧松正时带张紧轮固定螺栓，使正时带放松即可取下正时带。

④ 安装时，首先找到一缸压缩上止点记号，对好正时标记，然后装上正时带，拧紧张紧轮并调整好正时带张紧度。

⑤ 检查配气正时。

（2）凸轮轴的拆装

① 按顺序分次均匀地拧松轴承盖螺栓。

② 拆下轴承盖和凸轮轴并按顺序摆放整齐。

③ 安装时在凸轮轴止推位置打上机油。

④ 放置好凸轮轴并将轴承盖装在各自位置上。

⑤ 按顺序分次拧紧轴承盖螺栓并加上规定扭力。

2. 观察你所拆装的发动机配气机构，回答下列问题。

该发动机配气机构中气门传动组零件有：________________________________。

3. 气门传动组的检修

（1）凸轮轴的检修

① 检查凸轮轴弯曲变形。其测量值为，查维修手册其极限值为。

维修方案：

② 测量凸轮高度。其进气凸轮为______；排气凸轮为______。

查维修手册，进气凸轮最小高度为______，排气凸轮最小高度为______。

维修方案：

③ 检查凸轮轴轴颈磨损情况。

	第一道	第二道	第三道	第四道	第五道
进气凸轮轴					
排气凸轮轴					

查维修手册，进气凸轮轴轴颈直径标准值为______；排气凸轮轴轴颈标准值为______。

维修方案：

（2）凸轮轴径向和轴向间隙检查

用维修手册中叙述的方法，检测曲轴的径向和轴向间隙，将检测结果填入表中。

凸轮轴径向和轴向间隙检测数据表　　（单位：mm）

检测内容	径向间隙	轴向间隙
测量数据		

查维修手册，该发动机凸轮轴间隙标准值为径向间隙______。

轴向间隙：进气凸轮轴为，排气凸轮轴为。磨损极限值此为径向间隙______。轴向间隙______。

根据测量结果，提出维修方案。

第三项内容：分析与思考

可变配气相位有哪些优点？目前采用的有哪些形式？

第 4 章 汽油机燃料供给系统

学习目标：

- 知道汽油机燃料供给系统的作用和组成
- 掌握汽油发动机各种工况对混合气成分的要求
- 理解电控汽油喷射系统的分类、组成和工作原理
- 掌握进气系统主要零部件的构造和工作原理及检测方法
- 掌握排气系统主要零部件的构造和工作原理及检测方法
- 掌握燃油供给系统主要零部件的构造和工作原理及检测方法
- 学会运用故障诊断仪检测发动机故障的方法

随着电子技术的发展，汽车电子控制技术得到广泛应用。在汽油机燃料供给系统中，电子控制燃油喷射系统以其控制精度高，极大地改善了汽车的动力性、经济性和排放性等性能而得到了普及。

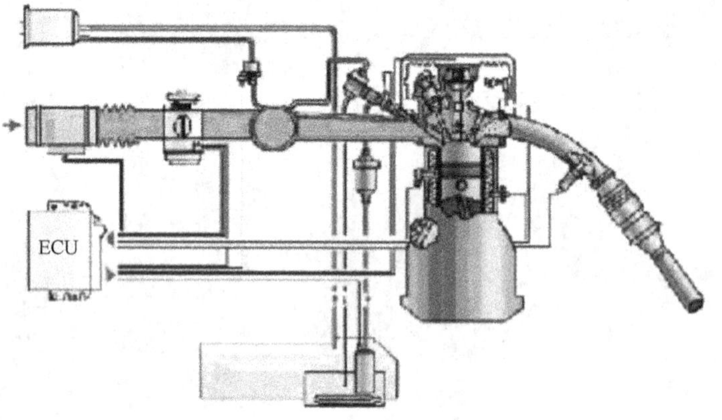

4.1 概述

4.1.1 汽油机燃料供给系统的作用和类型

汽油机燃料供给系统的作用是储存、输送清洁燃料，根据发动机不同工况的要求，配制一定数量和浓度的可燃混合气进入气缸，并在燃烧做功后，将燃烧产生的废气排至大气中。

汽油机燃料供给系统有化油器式燃料供给系统和电控喷射式燃料供给系统两大类型。化油器式燃料供给系统已逐渐退出历史舞台，目前汽车发动机广泛采用电控喷射式燃料供给系统。本章着重介绍电控喷射式燃料供给系统。

4.1.2 车用汽油机对可燃混合气浓度的要求

1. 可燃混合气浓度

汽油在燃烧前必须与空气形成可燃混合气。可燃混合气是燃料与空气混合，并处于能够着火燃烧的浓度界限范围内的混合气。可燃混合气中燃料含量的多少称为可燃混合气浓度。

可燃混合气浓度有两种表示方法：过量空气系数 α 和空燃比 A/F。

过量空气系数是理论上燃烧 1kg 燃料实际供给的空气质量与理论上完全燃烧时所需要的空气质量之比。由此可知，$\alpha=1$ 的可燃混合气称为理论混合气（或标准混合气）；$\alpha<1$ 的可燃混合气称为浓混合气；$\alpha>1$ 的可燃混合气称为稀混合气。

空燃比是燃烧时空气质量与燃料质量之比。理论上，1kg 汽油完全燃烧需要 14.7kg 空气，故空燃比 $A/F=14.7$ 的可燃混合气称为理论混合气；$A/F<14.7$ 的可燃混合气称为浓混合气；$A/F>14.7$ 的可燃混合气称为稀混合气。

2. 可燃混合气浓度对发动机性能的影响

可燃混合气浓度直接影响发动机的工作性能，各种浓度的可燃混合气在燃烧时有如下特点。

（1）理论混合气　这只是理论上完全燃烧的混合比，实际上这种成分的混合气在气缸中不能得到完全的燃烧，因为：

① 气缸中混合气的浓度，由于混合时间和空间的限制，不可能是均匀分布，有可能使部分燃料来不及和空气混合就排出气缸。

② 由于气缸中总有一小部分的废气排不出去，阻碍了汽油分子与空气分子的结合，影响了火焰中心的形成和火焰的传播。

（2）稀混合气　为实际上可能完全燃烧的混合气，可保证所有汽油分子获得足够的空气而完全燃烧。因而经济性最好，故称经济混合气，α 值多在 1.05～1.15 范围内。但是空气过量后燃烧速度放慢，热量损失加大，平均有效压力和汽油机功率稍有下降。

若混合气过稀时（$\alpha>1.15$），因空气量过多，燃烧速度过慢，热量损失过大，导致汽油机过热，加速性能变坏。

（3）浓混合气（$\alpha<1$）　因汽油的含量较多，汽油分子密集，火焰传播快，可保证汽油分子迅速找到空气中的氧分子并与其相结合而燃烧。α 值在 0.85～0.95 范围内时，燃烧速度最快，热量损失小，平均有效压力和汽油机功率大。因此，又称功率成分混合气。

但是，浓混合气燃烧不完全，经济性降低。

过浓的混合气（$\alpha<0.88$），由于燃烧不完全，产生大量的一氧化碳，在高温高压的作用下析出自由碳，导致汽油机排气冒烟、放炮、燃烧室积炭、功率下降、耗油量显著增大，排放污染严重。

3. 车用汽油机对可燃混合气浓度的要求

发动机工作情况简称为发动机工况，由转速和负荷两个因素决定。发动机的负荷是指汽车施加给发动机的阻力矩，即发动机为平衡阻力矩而应输出的转矩。由于发动机的转矩随节气门的开度而变化，所以也可用节气门的开度代表负荷的大小，负荷多用百分数来表示。车用发动机工况变化范围很大，转速可以从最低稳定转速变到最高转速，负荷由 0 变为 100%，且工况有时变化非常迅速。车用发动机在各种使用工况下对混合气成分的要求各不相同。

(1) 冷起动　发动机冷起动时，空气燃油混合气由于以下原因而较稀：

- 发动机曲轴转速低，涡流运动不良。
- 雾化及汽化条件不好，蒸发量不够。
- 低温时燃油附着在进气管和气缸壁上形成油膜，不能随气流进入气缸。

为了消除这些不利因素以便于发动机起动，必须多供给燃油。冷起动工况要求供给极浓的混合气。

(2) 暖机运行　暖机是指发动机冷起动后，各气缸开始依次点火而自行继续运转，使发动机的温度逐渐升高到正常值，发动机能稳定地进行怠速运转的过程。在此期间还需要短时间多提供燃油，以便抵消混合不充分和冷凝的影响。暖机阶段仍有燃油冷凝到冷态的气缸壁上，因此发动机需要加浓混合气，混合气的浓度随温度升高而逐渐减小，从起动时的极浓减小到稳定怠速运转所要求的浓度为止。

(3) 怠速运转　怠速是指发动机对外无功率输出，做功行程产生的动力只用以克服发动机的内部阻力，使发动机保持最低转速稳定运转。汽油机怠速转速一般为 600 ~ 800r/min，转速很低，空气流速也低，使得汽油雾化不良，与空气的混合也很不均匀。另一方面，节气门开度很小，吸入气缸内的可燃混合气量很少，同时又受到气缸内残余废气的冲淡作用，使混合气的燃烧速度变慢，因而发动机动力不足、燃烧不良甚至熄火。因此要求提供较浓的混合气。

(4) 部分负荷　在部分负荷范围内要遵循低有害物质排放和低燃油消耗量的原则。这两个目标通过理想配比的混合气实现。

(5) 满负荷　满负荷应以动力性为前提，发动机输出其最大转矩或最大功率。与部分负荷相比则必须降低空燃比，即提供较浓的混合气。

(6) 加速　发动机的加速是指负荷突然迅速增加的过程。当驾驶人猛踩踏板时，节气门开度突然加大，此时空气流量和流速随之增大，致使混合气过稀。另外，在节气门急开时，进气管内压力骤然升高，同时由于冷空气来不及预热，使进气管内温度降低，不利于汽油的蒸发，致使汽油的蒸发量减少，造成混合气过稀。结果就会导致发动机不能实现立即加速，甚至有时还会发生熄火现象。因此加速时必须额外加浓混合气，以确保平稳过渡。

从以上分析可以看出：发动机的运转情况是复杂的，各种运转情况对可燃混合气的成分要求不同。燃料供给系统必须及时提供各运行工况所要求的混合气来满足发动机工作的需要。

4.1.3　可燃混合气的形成和燃烧过程

1. 可燃混合气的形成

(1) 均质混合气　电控喷射式汽油机燃料供给系统的可燃混合气形成是在进气管或气缸中进行的。喷油器将来自供油系统、具有一定压力的汽油以雾状喷到进气道的进气门前，或直接喷入气缸，与来自空气供给系统的新鲜空气在缸外（进气管喷射）或缸内（缸内喷射）相混合，初步形成可燃混合气。在排气行程末了，进气门打开，可燃混合气在进气吸力的作用下被吸入气缸；在压缩过程中，由于气流运动，在气缸内进一步形成均匀的可燃混合气。

(2) 分层燃烧 目前，采用缸内直喷技术可以实现混合气分层燃烧。分层燃烧技术在气缸内所形成的混合气浓度并不是均匀的，在靠近火花塞的内层空间混合气偏浓，在远离火花塞的外层空间（靠近气缸壁与活塞顶部）混合气则偏稀。这样混合气就形成了由内及外、由浓到稀的状态。

在进气行程活塞下行时，发动机电脑（ECU）会控制喷油器先进行一次少量的喷油，使气缸内形成稀薄混合气，此时混合气的浓度为 $\lambda>1$。而在压缩行程，活塞上行时会进行第二次喷油，利用活塞顶部的特殊结构或者喷油器的喷射角度让火花塞附近出现混合气相对较浓的区域（$\lambda<1$），然后利用这部分较浓的混合气来引燃气缸内的稀薄混合气，保证了在顺利点火的情况下尽可能地实现稀薄燃烧。

在分层燃烧模式下，整个过量空气系数 $\lambda=1.6\sim3$（空气过量），这就可以用更少的燃油达到同样的燃烧效果，使得发动机的油耗更低。同时在分层燃烧状态下，只有火花塞附近的区域进行燃烧，最外侧极为稀薄的混合气相当于一个隔热棉，可以将通过缸壁传导所损失的热量降到最低，提高了发动机整体的热效率。

分层燃烧技术存在着一个目前难以得到综合性解决的问题——氮氧化物排放过高。

2. 汽油机的燃烧过程

(1) 正常燃烧 火花塞跳火点燃可燃混合气，形成火焰中心，火焰按一定速度连续地传播到整个燃烧室的空间。在此期间，火焰传播速度以及火焰前锋的形状均没有急剧变化，这种状况称为正常燃烧。

通常根据高速摄影摄取的燃烧图或激光吸收光谱仪来分析燃烧过程。但最简便的方法是测取燃烧过程的展开示功图，如图4-1所示。图中虚线表示只压缩不点火的压缩线，在燃烧压力线上，1点为火花塞跳火点。2点为燃烧压力线脱离压缩压力线点，3点为最高压力点。燃烧过程的进行是连续的，为分析方便，按其压力变化的特征，可人为地将汽油机的燃烧过程分为三个阶段。

① 着火延迟期。从火花塞跳火开始到形成火焰中心为止这段时间，称为着火延迟期。如图4-1中阶段Ⅰ所示。从火花塞跳火开始到上止点的曲轴转角称为点火提前角，用 φ 表示。

火花塞跳火后，并不能立刻形成火焰中心，因为混合气氧化反应需要一定时间，当火花能量使局部混合气温度迅速升高，以及火花放电时两极电压在15000V以上时，混合气局部温度可达200℃，加快了混合气的氧化反应速度。这种反应达到一定的程度（所需要时间约占整个燃烧时间的15%左右）时出现发光区，形成火焰中心。此阶段压力无明显升高。

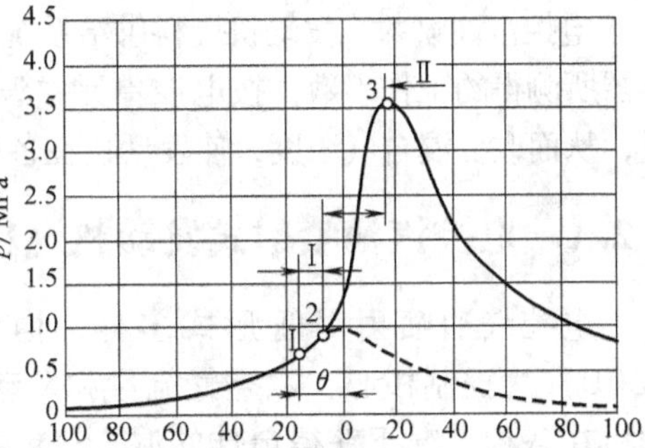

图4-1 汽油机正常燃烧过程

着火延迟期的长短与燃料本身的分子结构和物理化学性质、过量空气系数、开始点火时气缸内温度和压力、残余废气量、气缸内混合气的运动、火花能量大小等因素有关。汽油机燃烧过程中，着火延迟期的影响不如柴油机大。

② 明显燃烧期。从火焰中心形成到气缸内出现最高压力为止这段时间称为明显燃烧期。

图 4-1 中第Ⅱ阶段。

当火焰中心形成后，火焰前锋以 20 ~ 30m/s 的速度从火焰中心开始逐层向四周的未燃混合气传播，直到连续不断扫过整个燃烧室。混合气的绝大部分（约 80% 以上）在此期间内燃烧完毕、压力、温度迅速升高，出现最高压力点 3。

最高压力点 3 出现的时刻对发动机功率、燃油消耗有很大影响。过早，混合气点火早，使压缩功增加，热效率下降；过迟，燃烧产物的膨胀比减小，燃烧在较大容积下进行，散热损失增加，热效率也下降。实践证明，最高压力出现在上止点后 12° ~ 15°曲轴转角时，示功图面积最大，循环功最多。此时对应的点火提取前角为最佳点火提前角。因而，可以通过调整点火提前角，使最高燃烧压力出现在适宜的位置。

③ 补燃期。从最高压力点开始到燃料基本燃烧完为止称为补燃期。这一阶段的燃烧主要是明显燃烧期火焰前锋扫过的区域，部分未燃烧的燃料继续燃烧；吸附在缸壁上的混合气层继续燃烧；部分高温分解产物（H_2、O_2、CO 等），因在膨胀过程中温度下降又重新燃烧，放热。由于活塞下行，压力降低，散热面积增大，使补燃期内燃烧放出的热量不能有效地转变为功。同时排气温度增加，热效率下降，影响发动机动力性和经济性。因此，应尽量减少补燃。正常燃烧时汽油机补燃现象比柴油机轻得多。

（2）爆燃燃烧　通过高速摄影研究汽油机爆燃时发现，在汽油机燃烧室内火焰传播过程中，远离火花塞的未燃混合气（末端混合气），被已燃混合气的膨胀所压缩，此处的局部温度因热辐射作用而超过燃料的自燃温度，从而产生自发反应，形成一个或多个火焰核心。即在正常火焰传播到达以前先行发火自燃，发出极强的火光，燃烧温度常在 4000℃ 以上，火焰传播速度达 200 ~ 1000m/s 以上，比正常燃烧的火焰传播速度高几十倍。高速传播的爆燃燃烧使气缸内产生压力冲击波，并在气缸壁面上反射和反复冲击，造成强制振动并产生高频噪声，即敲缸现象。压力波的冲击使壁面的气膜减薄，向气缸壁的传热损失增大，结果功率下降，燃料消耗率上升，汽油机过热，冷却液和机油温度增高。持久的爆燃破坏气缸壁油膜，加剧气缸壁的磨损，严重时会使机件损坏。

4.2　电控汽油喷射式发动机燃料供给系统概述

电控汽油喷射式发动机燃料供给系统（EFI 系统）是利用安装在发动机不同部位上的各种传感器所测得的工作参数，按电控单元中设定的控制程序，通过对汽油喷射时间的控制调节喷油量，从而改变混合气浓度，使发动机在各种工况下都能获得与所处工况相匹配的最佳空燃比。

4.2.1　电控汽油喷射式发动机燃料供给系统的组成

电控汽油喷射尽管形式多样，但它们都具有相同的控制原则，即以电子控制单元（ECU）为控制核心，以空气流量和发动机转速为控制基础，以喷油器为控制对象，保证发动机在各种工况下获得最佳的混合气浓度，以满足发动机动力性、经济性和排放要求。相同的控制原则决定了各类电控汽油喷射式发动机燃料供给系统具有相同的组成和类似的结构，如图 4-2 和图 4-3 所示。

电控汽油喷射式发动机燃料供给系统由进气系统、燃油供给系统、排气系统以及电子控制系统组成。

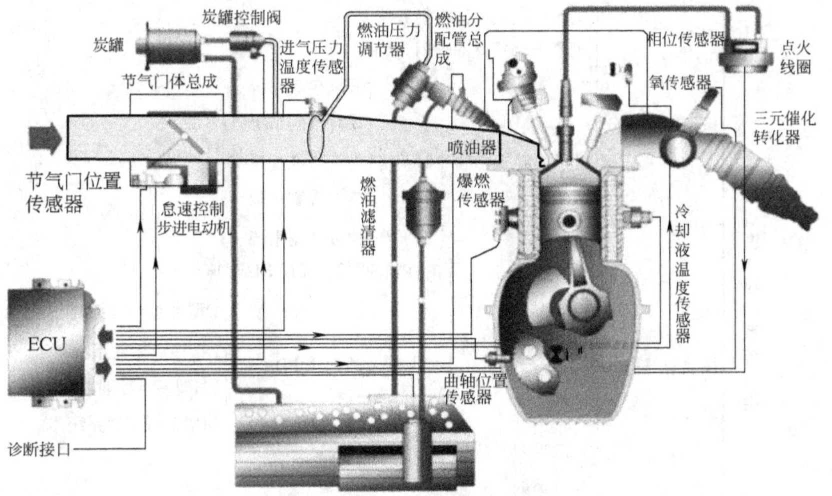

图 4-2　电控汽油喷射式发动机燃料供给系统的结构

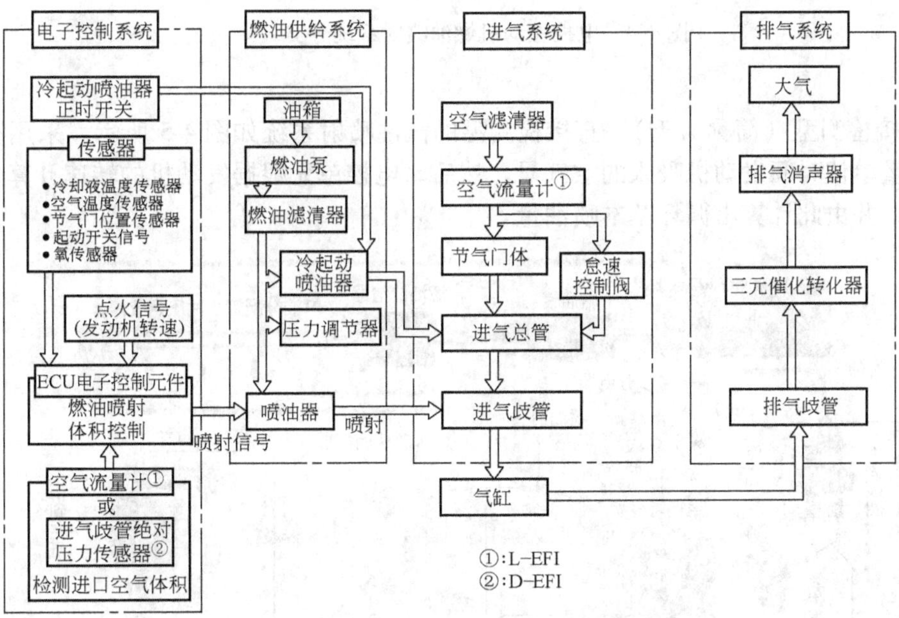

图 4-3　电控汽油喷射式发动机燃料供给系统的组成

4.2.2　电控汽油喷射系统的类型

电控发动机燃油喷射系统分类如图 4-4 所示。

1. 按对进入气缸空气量的检测方式分

电控燃油喷射系统必须对进入气缸的空气量进行精确计量，才能对喷油量进行精确控制，从而实现空燃比的高精度控制要求。按对进气量的检测计量方式分，有直接检测型和间

- 发动机燃油喷射系统分类
  - 按控制方式分
    - 机械控制式燃油喷射系统
    - 机电结合式燃油喷射系统
    - 电子控制式燃油喷射系统
      - 开环控制系统
      - 闭环控制系统
      - 自适应控制系统
      - 学习控制系统
      - 模糊控制系统
  - 按喷射部位分
    - 进气管喷射系统
      - 单点燃油喷射(SPI、TBI或CFI)系统
      - 多点燃油喷射(MPI)系统
        - D型多点喷射系统
        - L型多点喷射系统
        - LH型多点喷射系统
        - M型多点喷射系统
    - 缸内喷射系统
  - 按喷油方式分
    - 连续喷射
    - 间歇喷射
      - 同时喷射
      - 分组喷射
      - 顺序喷射

图 4-4　电控发动机燃油喷射系统分类

接检测型。

（1）直接检测型（简称 L 型）　直接检测型的汽油喷射系统如图 4-5 所示，采用空气流量计直接测量单位时间发动机吸入的空气量。然后，电控单元根据发动机的转速计算每一循环的空气量，并由此计算出循环基本喷油量。

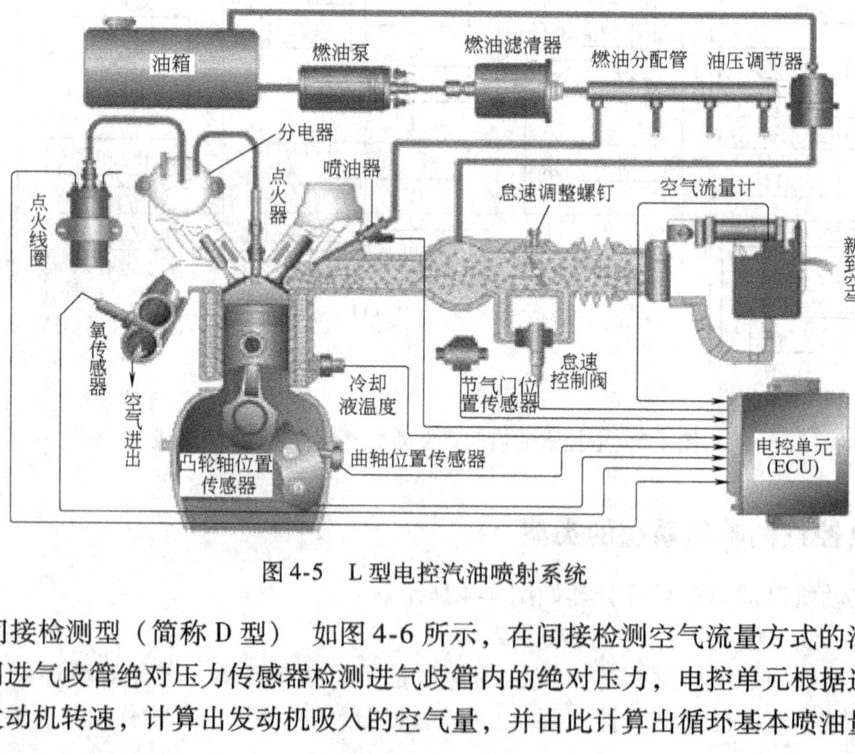

图 4-5　L 型电控汽油喷射系统

（2）间接检测型（简称 D 型）　如图 4-6 所示，在间接检测空气流量方式的汽油喷射系统中，利用进气歧管绝对压力传感器检测进气歧管内的绝对压力，电控单元根据进气歧管绝对压力和发动机转速，计算出发动机吸入的空气量，并由此计算出循环基本喷油量。

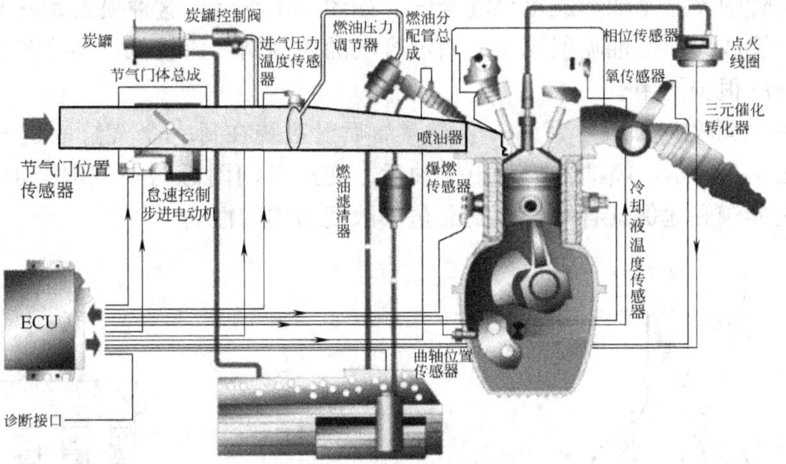

图4-6　D型电控汽油喷射系统

这种方式测量方法简单，喷油量调整精度容易控制。但是由于进气歧管压力和进气量之间函数关系比较复杂，在过渡工况和采用废气再循环时，由于进气歧管内压力波动较大，因此，这些工况空气量测量的精度较低，需进行流量修正，对这些工况混合气空燃比精确控制造成不利影响。

2. 按喷射位置分

按喷射位置分类，电控燃油喷射系统有缸内喷射和进气管喷射两种。

（1）缸内喷射（GDI）系统　如图4-7所示，将高压燃油直接喷到气缸内。这种喷射技术使用特殊的喷油器，燃油喷雾效果更好，并可在缸内产生浓度渐变的分层混合气（从火花塞往外逐渐变稀）。因此可以用超稀的混合气（怠速时可达40:1）工作，油耗和排放也远远低于普通汽油发动机。此外这种喷射方式使混合气体积和温度降低，爆燃的倾向减小，发动机的压缩比可比进气道喷射时大大提高。但喷油器直接安装在缸盖上，必须能够承受燃气产生的高温、高压，且受发动机结构限制，采用较少。比较典型的缸内喷射系统有福特PROCO缸内喷射系统，丰田D—4缸内喷射系统和三菱4G缸内喷射系统。

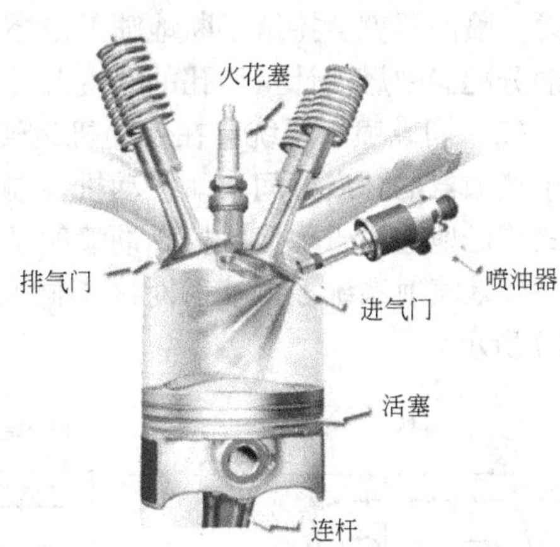

图4-7　缸内喷射系统

（2）进气管喷射（PFI）系统　进气管喷射系统又称为缸外喷射系统，将供油系统的燃油通过喷油器喷射在气缸外面节气门或进气门附近的进气管内，目前汽车燃油喷射系统大都采用进气管喷射。与缸内喷射相比，进气管喷射对发动机机体的设计改动较小，喷油器不受燃烧高温、高压的直接影响，喷油器的工作条件大大改善。

进气管喷射系统按喷油器的数量不同，又可分为单点喷射系统和多点喷射系统。

① 单点燃油喷射（SPI）系统。单点燃油喷射系统是在节气门体上安装一个或两个喷油

器，向进气歧管中喷射燃油形成可燃混合气。如图 4-8 所示，这种喷射系统又被称为节气门体燃油喷射系统或集中燃油喷射系统，对混合气的控制精度比较低，各个气缸混合气的均匀性也较差，现已很少使用。

② 多点燃油喷射（MPI）系统。多点燃油喷射系统在每一个气缸的进气门前安装一个喷油器，如图 4-9 所示。喷油器喷射出燃油后，在进气门附近与空气混合形成可燃混合气，这种喷射系统能较好地保证各缸混合气总量和浓度的均匀性。

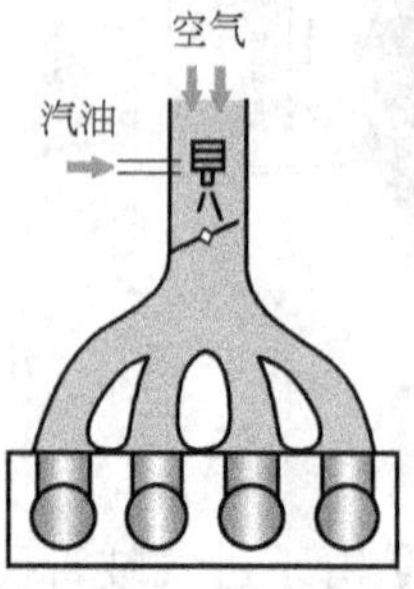

图 4-8　单点燃油喷射系统

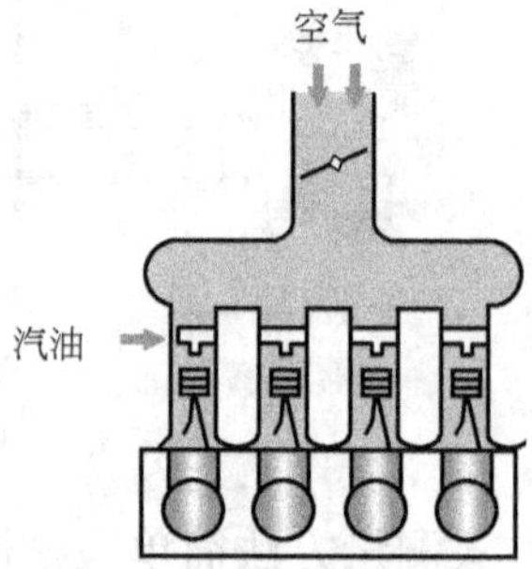

图 4-9　多点燃油喷射系统

与单点燃油喷射系统相比较，多点燃油喷射系统对混合气的控制更为有效，各缸混合气的均匀性更好，同时这种系统是将燃油喷射在进气门处或直接喷到气缸内，燃油和空气混合得更充分，而且无需预热进气歧管来帮助燃油雾化，反之可以冷却进气来提高进气量，增大功率，节气门响应更快。

3. 按喷油器的喷射方式分

按喷油的持续性进行分类，电控燃油喷射系统分为连续喷射系统和间歇喷射系统两类。

（1）连续喷射系统　在每个气缸口均安装一个机械喷油器，只要系统给它提供一定的压力，喷油器就会持续不断地喷射出燃油，其喷油量的多少不是取决于喷油器，而是取决于燃油分配器中燃油计量槽孔的开度及计量槽孔内外两端的压差。

（2）间歇喷射系统　在发动机运转期间间歇性地向进气歧管中喷油，其喷油量多少取决于喷油器的开启时间，即发动机控制单元（ECU）发出的喷油脉冲宽度。这种燃油喷射方式广泛地应用于现代电控燃油喷射系统中。

间歇喷射系统根据喷射时序不同又可分为同时喷射、分组喷射和顺序喷射三种，如图 4-10 所示。

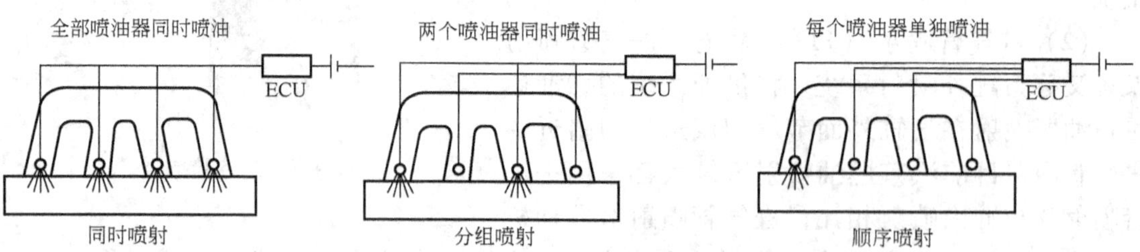

图 4-10　喷油器喷射时序

① 同时喷射。同时喷射是将各缸的喷油器并联，在发动机运转期间，所有喷油器由微处理器的同一个喷油指令控制，同时喷油、同时断油。采用此种喷射方式，对各缸而言，喷

油时刻不可能都是最佳的，其性能较差。

② 分组喷射。分组喷射是指将各缸的喷油器分成几组，它是同时喷射的变形方案，微处理器向某组的喷油器发出喷油或断油指令时，同一组的喷油器同时喷油或断油。

③ 顺序喷射。顺序喷射是指各喷油器由微处理器分别控制，按发动机各缸的工作顺序喷油。多缸发动机电控燃油喷射系统多采用顺序喷射方式。

4. 按燃油喷射系统的控制方式分

按控制方式不同，发动机燃油喷射系统可分为机械控制式、机电结合式和电子控制式三种。

（1）机械控制式燃油喷射系统　机械控制系统是利用机械机构实现燃油连续喷射的系统，由德国博世（Bosch）公司 1967 年研制成功，在早期的轿车上采用。

（2）机电结合式燃油喷射系统　机电结合式燃油喷射系统是由机械机构与电子控制系统结合实现的燃油喷射系统，是在机械控制式的基础上改进而成，仍为连续喷射系统。

（3）电控燃油喷射系统　电控燃油喷射（EFI）系统是由电控单元直接控制燃油喷射的系统，它能对空气和燃油进行精确计量，控制精度高，目前在汽车发动机上广泛使用。

5. 按有无反馈信号分类

电控燃油喷射系统按有无反馈信号分为开环控制系统和闭环控制系统。

在开环控制系统中，输出端与输入端之间不存在反馈回路，输出量对系统的控制作用没有影响。

在闭环控制系统中，系统的输出端与输入端之间存在反馈回路，即输出量对控制作用有直接影响，例如爆燃控制。显然，闭环控制的精度更高。

桑塔纳 2000GSi 轿车 AJR 发动机采用了电子控制进气管多点燃油顺序喷射系统。

4.2.3　电控汽油喷射系统的优点

相对化油器式的燃油供给系统而言，电控燃油喷射系统具有以下优点：

（1）能提供发动机在各种运行工况下最佳的混合气浓度，使发动机在各种工况条件下保持最佳的动力性、经济性和排放性能。

（2）电控燃油喷射系统配用排放控制系统后，大大降低了 HC、CO 和 NO_x 三种有害气体的排放。

（3）增大了燃油的喷射压力，因此雾化比较好；由于每个气缸均安装一个喷油器（多点喷射系统），所以各缸的燃油分配比较均匀，有利于提高发动机运转的稳定性。

（4）当汽车在不同地区行驶时，对大气压力或外界环境温度变化引起的空气密度的变化，发动机控制单元（ECU）能及时准确地做出补偿。

（5）在汽车加减速行驶的过渡运转阶段，燃油控制系统能够迅速地做出反应，使汽车加速、减速性能更加良好。

（6）具有减速断油功能，既能降低排放，也能节省燃油。减速时，节气门关闭，发动机仍以高速运转，进入气缸的空气量减少，进气歧管内的真空度增大。在化油器系统中，此时会使粘附于进气歧管壁面的燃油由于进气歧管内真空度骤升而蒸发后进入气缸，使混合气变浓，燃烧不完全，排气中 HC 和 CO 的含量增加。而在电控燃油喷射发动机中，当节气门关闭而发动机转速超过预定转速时，喷油就会减少或停止，使排气中 HC 和 CO 的含量减少，降低燃油消耗。

(7) 在进气系统中，由于没有像化油器那样的喉管部位，因而进气阻力减小。再加上进气管道的合理设计，就能充分利用吸入空气惯性的增压作用，增大充气量，提高发动机的输出功率，增加动力性。

(8) 在发动机起动时，可以用发动机控制单元（ECU）计算出起动时所需的供油量，使发动机起动容易，暖机更快，暖机性能提高。

从电控燃油喷射发动机的主要优点中可以看出，电控燃油喷射发动机能很好地适应当今社会对汽车的使用要求，即减少排放、降低油耗、提高输出功率和改善驾驶性能。因此，电控燃油喷射发动机已取代了化油器式发动机成为现代汽油发动机的主流。

4.3 进气系统的构造与维修

4.3.1 进气系统的作用和组成

进气系统的作用是向发动机提供与负荷相适应的清洁的空气，同时测量和控制进入发动机气缸的空气量，使它们在系统中与喷油器喷出的汽油形成空燃比符合要求的可燃混合气；同时于有限的气缸容积中尽可能多和均匀地供气。

进气系统由空气滤清器、空气流量计或进气管绝对压力传感器、节气门体、怠速控制阀、进气总管以及进气歧管等组成，如图4-11所示。

进气系统流程如图4-12所示。

在L型进气系统中，空气经空气滤清器过滤后，流经空气流量计、节气门体（或怠速控制阀）、进气总管以及进气歧管，与喷油器喷出的汽油混合，形成可燃混合气吸入气缸燃烧。进入发动机的空气量由空气流量计直接测量。

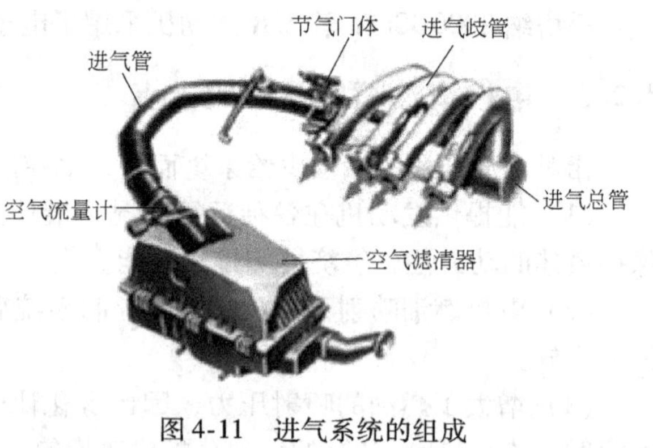

图4-11　进气系统的组成

发动机的进气系统不仅要对空气进行过滤、计量，为了增大进气量而提高发动机的功率，还必须对进气实施各种电子控制，因此，进气系统中除了安装有空气滤清器、节气门体、进气管外，还设置了许多传感器的执行器。

在D型进气系统中，空气经空气滤清器过滤后，流经节气门体（或怠速控制阀）、进气总管及进气歧管，与喷油器喷出的汽油混合，形成可燃混合气吸入气缸燃烧。进入发动机的空气量由进气管绝对压力传感器间接测量。

4.3.2 进气系统的主要部件

发动机的进气系统不仅要对空气进行过滤、计量，为了增大进气量而提高发动机的功率，还必须对进气实施各种电子控制，因此，进气系统中除了安装有空气滤清器、节气门体以及进气管外，还设置了许多传感器和执行器。

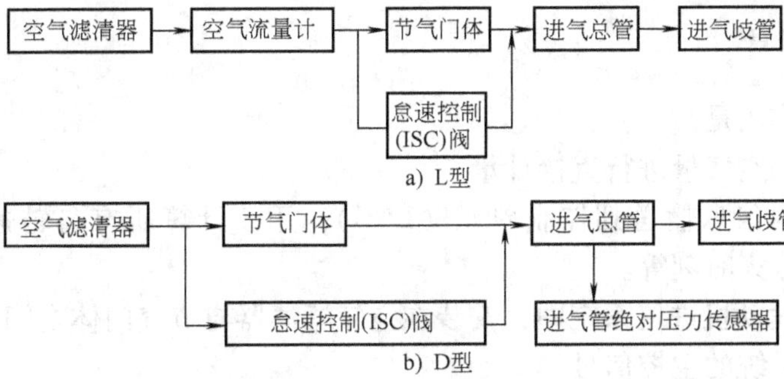

图4-12 进气系统流程

4.3.2.1 空气滤清器

空气滤清器的作用是滤去空气中的尘土和砂粒，以减少气缸、活塞和活塞环的磨损，延长发动机的使用寿命。

空气滤清器按滤清方式可分为惯性式、过滤式和综合式（前两种的综合）三种。目前，汽车发动机广泛采用纸质干式空气滤清器，它属于过滤式。这种滤清器具有结构简单、质量轻、成本低、使用方便以及滤清效果好的优点。纸质干式滤清器滤清效率可达99.5%以上。

1. 空气滤清器的构造

纸质干式空气滤清器有许多形式和形状，如图4-13、图4-14所示。其滤芯是用树脂处理的微孔滤纸制成的。滤芯呈波折状，具有较大的过滤面积。滤芯的上、下两端有塑料密封圈，以保证滤芯两端的密封。发动机工作时，空气由盖与外壳之间的空隙进入空气滤清器，经纸质滤芯被滤清后，通过外壳下端的进气口进入气缸。

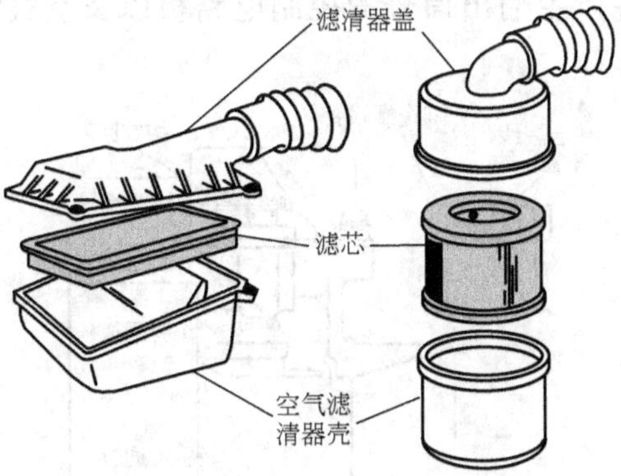

图4-13 纸质干式空气滤清器

图4-14 滤芯

2. 空气滤清器的维护

空气滤清器长期使用会产生堵塞，对进气产生额外阻力，使发动机充气量和动力性降低。因此必须定期进行维护。桑塔纳2000GSi轿车AJR发动机需每行驶15000km进行常规维护，即将滤芯取出用手轻拍，或用压缩空气吹去积灰，切忌接触油质，以免加大滤清阻力。每行驶30000km更换空气滤清器。

4.3.2.2 空气流量计

空气流量计的作用是：

- 对进入气缸的空气量进行直接计量。
- 把空气流量的信息输送到控制单元（ECU），用于计算所有与转速和负荷有关的功能，如喷射时间、点火时刻等。

它用在L型的发动机进气系统中，安装在空气滤清器与节气门体之间，如图4-15所示，作为电控燃油喷射系统的主控信号。

在L型电控汽油喷射发动机的发展历程中使用过翼片式、卡门旋涡式、热线式和热膜式等多种形式的空气流量计。翼片式、卡门旋涡式空气流量计检测空气的体积流量，需要对进气温度和大气压力作修正，已逐渐淘汰，目前应用较多的是热线式、热膜式空气流量计，它直接检测空气的质量流量，测量精度高。桑塔纳2000GSi轿车AJR发动机采用了热膜式空气流量计。

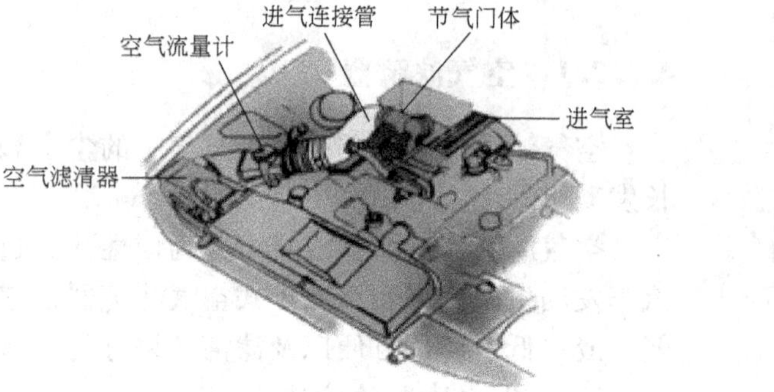

图4-15 空气流量计的安装位置

1. 热线式空气流量计

根据热线的安装位置不同，热线式空气流量计有主流测量式（见图4-16）和旁通测量式（见图4-17）两种结构形式。

（1）热线式空气流量计的构造 主流测量式热线式空气流量计应用较广，其结构如图4-16所示。其基本结构由感知空气流量的铂金属热丝电阻R_H（热丝）、根据进气温度进行修正的温度补偿电阻R_K（冷丝）、控制热线电流并产生输出信号的控制电路板以及空气流量计壳体等组成。

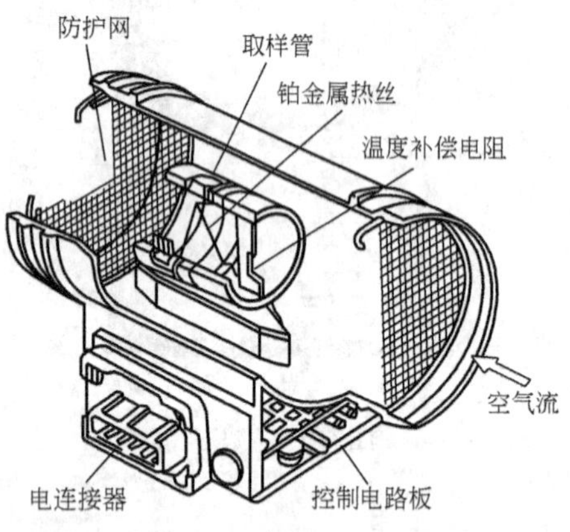

图4-16 主流测量式热线式空气流量计

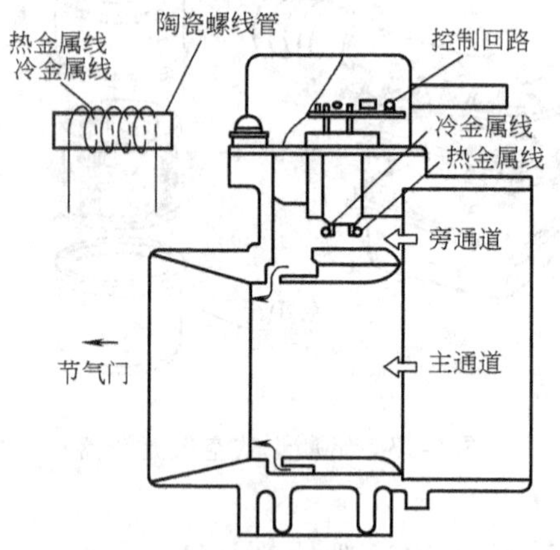

图4-17 旁通测量式热线式空气流量计

取样管置于主空气通道中，两端有金属防护网防止脏物进入。取样管由两个塑料护套和一个热线支承环构成，一根直径约70μm的铂金属丝作为发热元件布置在支承环内，传感器工作时，铂金属丝被控制电路提供的电流加热到高于进气温度100℃，故将它称之为热线电阻或热丝，其电阻值随温度变化，是惠斯顿电桥电路的一个臂。热线支承环前端的塑料护套内安装一个薄膜电阻，其电阻值随进气温度变化，由于它靠近进气口一侧，称为冷丝或温度补偿电阻，该温度补偿电阻相当于一个温度传感器，起到温度参考基准的作用，它是惠斯顿电桥电路的另一个臂。热线支承环后端的塑料护套上粘结着一只精密电阻 R_A，也是惠斯顿电桥电路的一个臂，该电阻上的电压降即为热线式空气流量计的输出信号。惠斯顿电桥电路还有一个臂的电阻 R_B 安装在控制电路板上。控制电路板安装在热线式空气流量计的下方，通过接线插座将空气流量计的信号传给发动机电控单元（ECU）。

（2）热线式空气流量计的工作原理　热线式空气流量计是利用空气流过热线时的冷却效应制成的，其工作原理如图 4-18 所示。

铂金属热丝和其他几个电阻组成惠斯顿电桥电路。在传感器工作时，热丝被控制电路提供的电流加热到高于冷丝温度 100℃，此时惠斯顿电桥处于平衡状态。进气时气流带走了热丝上的热量使热丝变冷，热丝的电阻值随即也降低，桥形电路平衡被破坏；控制电路加大通过热丝的电流使热丝升温以恢复其原有的电阻值，使电桥重新平衡。进气量越大，热丝被带走的热量也就越多，控制电路的补偿电流也就越大，这样就把空气流量的变化转换为电流的变化。电流的变化又使固定电阻 R_A 两端的电压发生变化，此变化的电压就是热线式空气流量计的输出信号。控制电路把这一根据空气质量流量变化的电压信号输入 ECU。

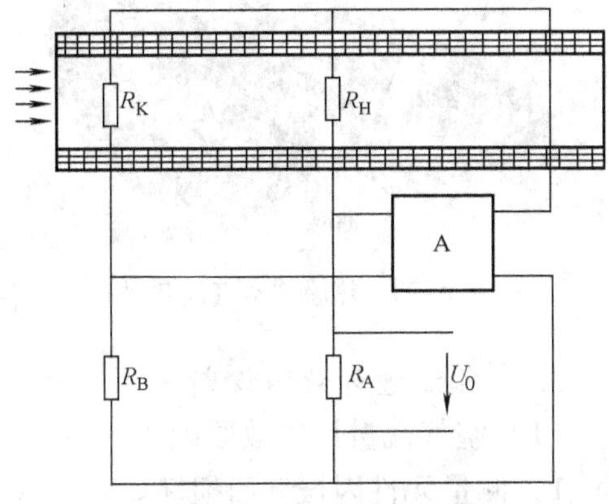

图 4-18　热线式空气流量计工作原理

A—混合集成电路　R_H—热线电阻　R_K—温度补偿电阻　R_A—精密电阻　R_B—电桥电阻

热丝长时间暴露在进气中，会因空气中灰尘附着在热丝上而影响测量精度，需增加自洁净功能：关闭点火开关时 ECU 向空气流量计发出一个信号，控制电路立即给热丝提供较大电流，使热丝瞬时升温至 1000℃左右，把附着在热丝上的杂质烧掉。自洁净功能持续时间约 1 ~ 2s。

（3）热线式空气流量计的输出特性　由热线式空气流量计的工作原理可知，该空气流量计的输出特性为：随着发动机进气量的增大，其输出的信号电压越高，如图 4-19 所示。

2. 热膜式空气流量计

热膜式空气流量计是热线式空气流量计的改进产品，其结构及工作原理与热线式空气流量计基本相同，只是将感知元件由热线改为平面形铂金属膜电阻器（简称热膜）。

（1）热膜式空气流量计构造　如图 4-20 所示。

热膜的制作过程是：先在氧化铝陶瓷基片上采用蒸发工艺淀积铂金属薄膜，然后通过光刻工艺制成梳状电阻，将电阻值调节到规定的阻值后，再在铂金属薄膜表面覆盖一层保护膜，最后引出电极引线。热膜设置在进气通道上的一个矩形护套（相当于取样管）内，在护套的空气入口

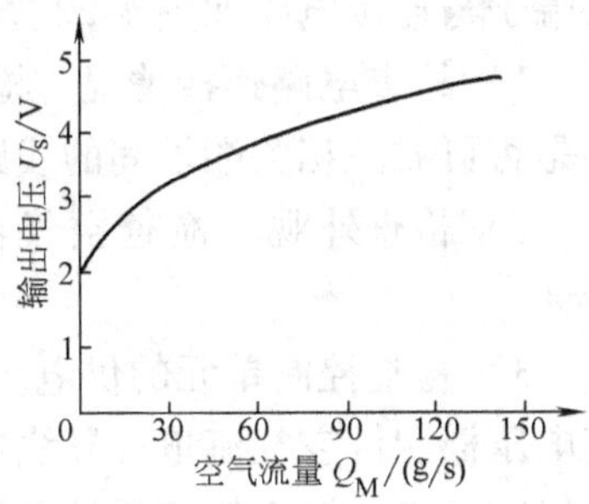

图 4-19　热线式空气流量计输出特性

一侧设有空气过滤层，以过滤空气中的污物，防止污物沉积到热膜电阻上影响测量精度。空气流量计中温度传感器的作用是温度补偿，其实它就是温度补偿电阻。

热膜式空气流量计测量精度高、响应速度快、进气阻力小，而且可靠、耐用，不会因粘附污物而影响测量精度。

（2）热膜式空气流量计的输出特性　与热线式一样，热膜式空气流量计的输出特性为：随着发动机的进气量增大，其输出的信号电压升高，如图4-21所示。

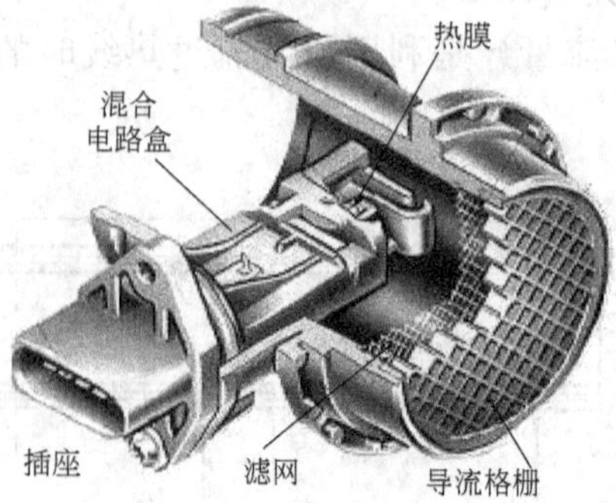

图4-20　热膜式空气流量计

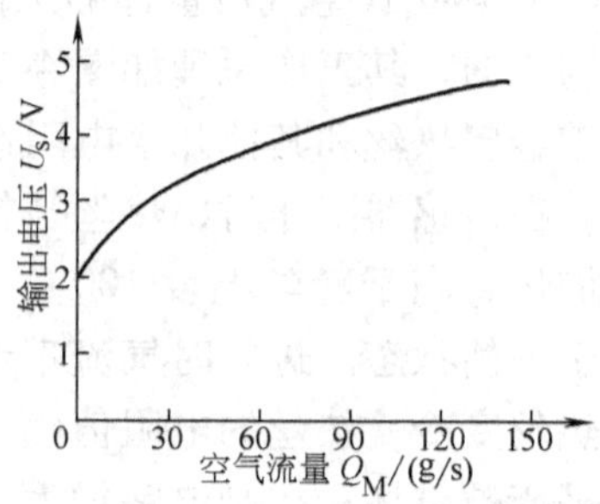

图4-21　热膜式空气流量计输出特性

3. 空气流量计故障诊断

（1）空气流量计失效原因

1）测量元件因振动而损坏。

2）接口腐蚀。

3）测量元件漂移。

（2）空气流量计失效可从以下方面察觉

1）发动机停机。

2）故障指示灯点亮。

3）控制单元采用应急运行程序工作。

空气流量计失效时，控制单元通过一个特性曲线（节气门开度和发动机转速）计算空气质量流量。

（3）空气流量计检测　以桑塔纳2000GSi轿车AJR发动机热膜式空气流量计为例，插头端子与连接电路如图4-22所示。

1）检查电路连接情况。检查空气流量计与计算机的连接导线是否正常，以及插接器插接是否可靠。相关端子间的线路，其电阻值应小于1Ω。

2）检查外观。检查空气流量计的防护网、热膜有无异常，若有，则应更换空气流量计。

3）检查控制单元的供电。拔下空气流量计上的导线连接器，起动发动机，用万用表直流电压档测量空气流量计导线连接器端子2与搭铁线间的电压，应大于11.5V；或者用发光二极管试灯连接空气流量计导线连接器端子2和发动机搭铁点，试灯应亮。否则，应检查熔丝、油泵继电器及其连接线路。

4）检查输出电压。打开点火开关，用万用表测量空气流量计导线连接器端子4与搭铁点间的电压，其值约为5V。否则，应检查连接线路；如连接线路正常，则更换ECU。

5）通过控制单元进行电子检测，读取故障码存储器记录。

6）车下检测。拆下空气流量计，在空气流量计插座端子4与搭铁线之间加5V直流电压，端子2与搭铁线之间加12V直流电压，用电吹风向空气流量计内吹风，同时用万用表直流电压档测量端子5与3之间的电压。改变吹风距离，电压表读数应能平稳缓慢地变化，距离接近时电压升高，离远时电压下降。否则，应更换空气流量计。

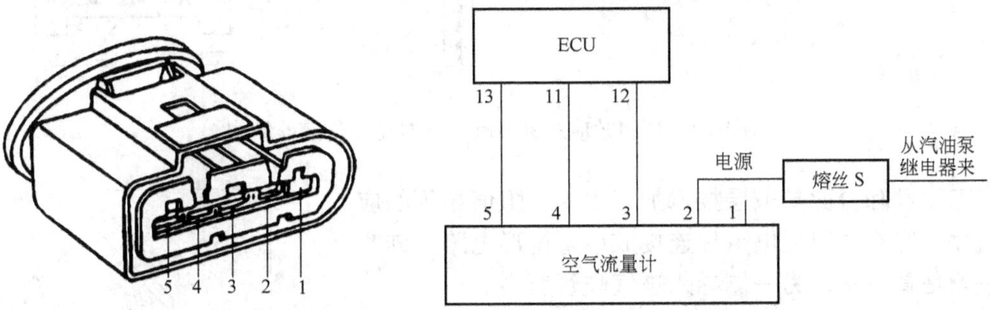

a) 空气流量计插头端子　　b) 空气流量计与ECU连接电路

图4-22　桑塔纳2000GSi轿车AJR发动机热膜式空气流量计插头端子与连接电路

1—空端子　2—+12V电源　3—负信号线　4—+5V电源　5—正信号线

4.3.2.3　进气歧管绝对压力传感器

进气歧管绝对压力传感器用于D型的发动机进气系统中，它所起的作用和空气流量计相似，如图4-23所示。

- 根据发动机的负荷状态测出进气歧管内绝对压力的变化。
- 把进气歧管内绝对压力的变化信息与转速信号一起输送到控制单元ECU，作为燃油喷射和点火控制的主控信号。

图4-23　进气歧管绝对压力传感器

进气歧管绝对压力传感器的安装位置较灵活，位于节气门体的后方，有的车型通过真空软管与进气总管连接；有的车型则将进气歧管绝对压力传感器直接安装在进气总管上。

进气歧管绝对压力传感器按工作原理可分为压阻效应式、电容式和电感式三种。压阻效应式传感器具有灵敏度高、尺寸小、成本低、动态响应和抗振性好的优点，从而得到了广泛的应用。

1. 压阻效应式进气歧管绝对压力传感器的结构

单晶硅材料在受到应力作用后，其电阻率发生明显变化的现象称为压阻效应。压阻效应式进气歧管绝对压力传感器的结构如图4-24所示，主要由真空室、硅膜片和IC集成放大电路组成。

压力转换元件是利用半导体压阻效应制成的硅膜片，硅膜片为边长3mm的正方形，其中部采用光刻腐蚀的方法制成一个直径2mm、厚约50μm的薄膜片；在薄膜片上，采用集成

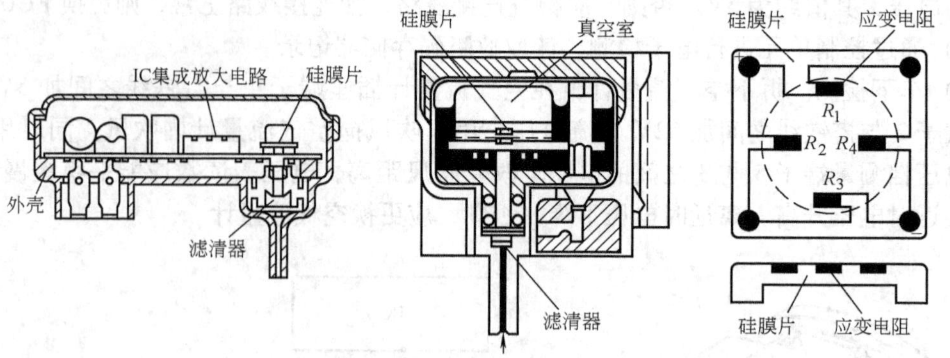

图 4-24　压阻效应式进气歧管绝对压力传感器结构

电路加工技术和台面扩散层技术加工出 4 个阻值相等的应变电阻片，这 4 个应变电阻片连接成单臂桥形电路。硅膜片的一侧是真空室，另一侧导入进气歧管压力。

2. 压阻效应式进气歧管绝对压力传感器的工作原理

进气歧管绝对压力传感器的等效电路如图 4-25 所示。

当接通点火开关时，惠斯顿电桥便加上电源电压 U_{CC}。发动机不工作时，惠斯顿电桥中的 4 个应变电阻片的电阻值相等，电桥平衡，电桥输出电压 U_0 为零。当发动机工作时，硅膜片在进气歧管压力作用下产生机械应变，进而产生应力，应变电阻片的阻值在硅膜片应力的作用下发生变化，惠斯顿电桥失去平衡，在电桥的输出端即得到输出电压 U_0。

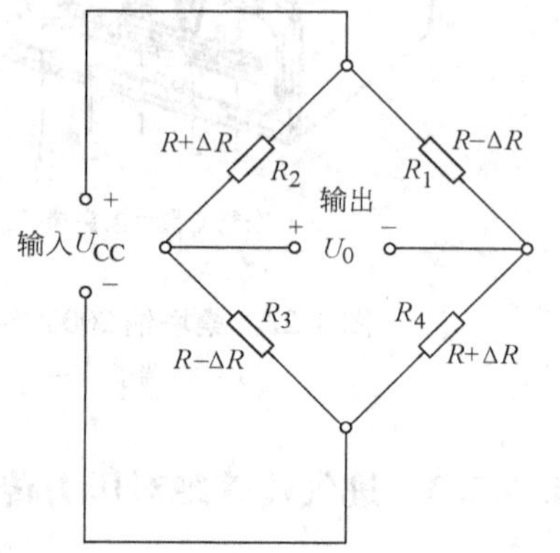

图 4-25　进气歧管绝对压力传感器的等效电路

通过特殊加工，可使 4 个电阻应变片处于特殊位置，即在受到硅膜片应力作用下，应变电阻 R_2、R_4 的阻值增加 ΔR，应变电阻 R_1、R_3 的阻值减小 ΔR，当惠斯顿电桥的电源电压为 U_{CC}时，电桥的输出电压 U_0 为

$$\begin{aligned}U_0 &= U_{R2} - U_{R1}\\ &= (R+\Delta R)U_{CC}/[(R+\Delta R)+(R-\Delta R)] - (R-\Delta R)U_{CC}/[(R+\Delta R)+(R-\Delta R)]\\ &= U_{CC}(\Delta R/R)\end{aligned}$$

式中　R——应变电阻的初始值；

ΔR——应变电阻的阻值变化量。

3. 压阻效应式进气歧管绝对压力传感器的输出特性

由压阻效应式进气歧管绝对压力传感器的工作原理可知，该传感器的输出特性为：发动机进气量越大，进气歧管内绝对压力越大，硅膜片变形就越大，输出的信号电压 U_0 值就越大，如图 4-26 所示。

4. 压阻效应式进气歧管绝对压力传感器的检测

以丰田皇冠 3. 0 轿车 2JZ-GE 发动机用压阻效应式进气歧管绝对压力传感器为例。该传感器与 ECU 的连接电路如图 4-27 所示。

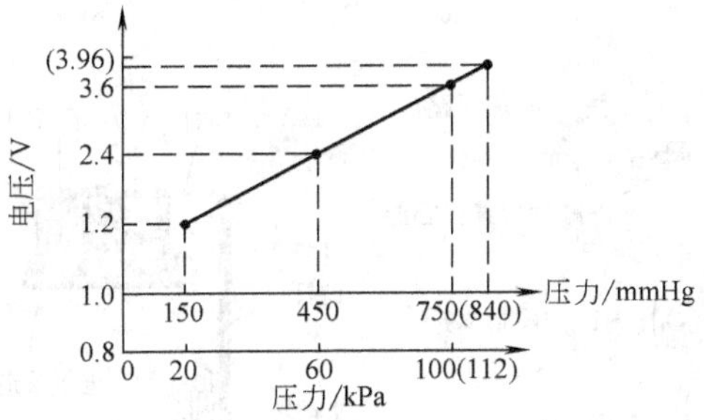

图 4-26　压阻效应式进气歧管绝对压力传感器输出特性

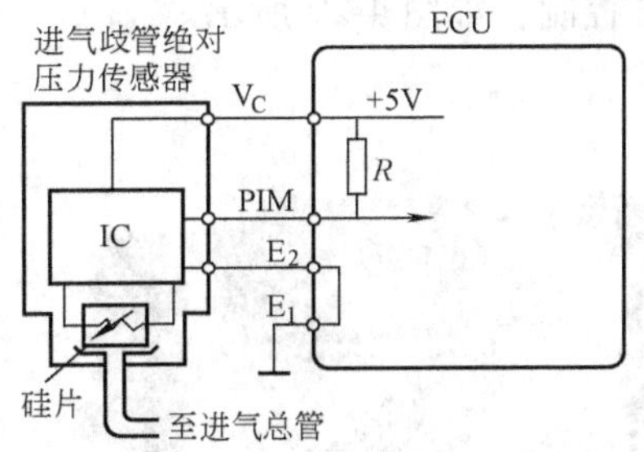

图 4-27　压阻效应式进气歧管绝对压力传感器与 ECU 的连接电路

1）检测电源电压。点火开关置于“OFF”位置，拔下进气歧管绝对压力传感器的导线连接器，然后将点火开关置于“ON”位置，不起动发动机，用万用表直流电压档测量导线连接器中电源端 V_C 和接地端 E_2 之间的电压，其值应为 5V。如有异常，应检查进气歧管绝对压力传感器与 ECU 之间的线路是否导通。若断路，应更换或修理线束。

2）检测输出信号电压。将点火开关置于“ON”位置，但不起动发动机，拆下连接进气歧管绝对压力传感器与进气歧管的真空软管。在 ECU 导线连接器侧用万用表电压档测量进气歧管绝对压力传感器 PIM 端子与 E_2 端子间在大气压力状态下的输出电压，并记下这一电压值；然后用真空泵向进气歧管绝对压力传感器内施加真空，从 13.3kPa（100mmHg）起，每次递增 13.3kPa（100mmHg），一直增加到 66.7kPa（500mmHg）为止，然后测量在不同真空度下进气歧管压力传感器 PIM 端子与 E_2 端子间的输出电压。该电压应能随真空度的增大而不断下降。将不同真空度下的输出电压下降量与标准值相比较，如不符，应更换进气歧管压力传感器。

皇冠 3.0 轿车 2JZ-GE 发动机进气歧管压力传感器标准输出电压的电压降如表 4-1 所示。

表 4-1　进气歧管绝对压力传感器的真空度与输出电压降的关系

真空度/kPa(mmHg)	13.3(100)	26.7(200)	40.0(300)	53.5(400)	66.7(500)
电压降/V	0.3~0.5	0.7~0.9	1.1~1.3	1.5~1.7	1.9~2.1

4.3.2.4　节气门体

节气门体安装在空气流量计之后的进气管上，用以控制发动机正常运行工况下的进气量。节气门体主要由节气门和怠速空气道组成，在节气门体上还安装有节气门位置传感器、怠速控制阀等装置，如图 4-28 所示。

节气门的作用是控制进入气缸的混合气量。节气门是一个圆形的钢片阀门。驾驶人踩加速踏板的深浅，就是控制节气门开度的大小，加速踏板踩得越深，节气门开度就越大，混合气进入量就越大，发动机输出功率就会越大。

传统拉线节气门是通过钢丝一端与加速踏板相连另一端与节气门相连，它的传输比例是 1:1，这种方式控制精度不理想。而现在的电子节气门，通过踏板位置传感器，将踩踏加速踏板动作的力量、幅度等数据传输到控制单元进行分析，然后总结出驾驶人踩加速踏板的意图，再由 ECU 计算实际节气门开度并发出指令控制节气门电动机工作，从而实现对节气门的精准控制，如图 4-29 所示。

图 4-28　节气门体

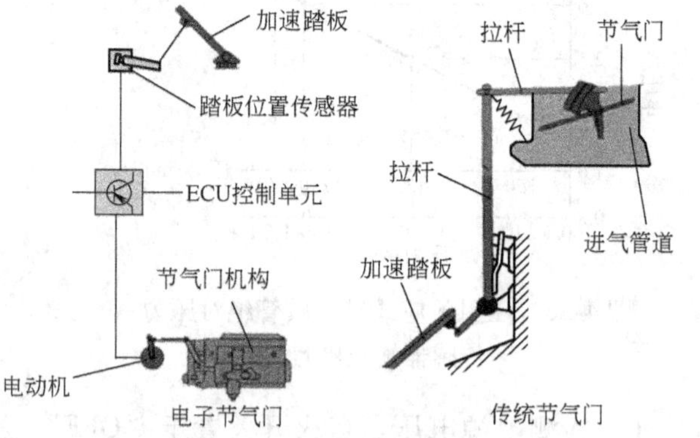

图 4-29　节气门工作情况

节气门位置传感器安装在节气门轴上，用来检测节气门的开度。ECU 通过怠速控制阀（或调节节气门的最小开度）来控制怠速空气道，以根据需要调节发动机怠速时的进气量。在发动机工作时，冷却液通过加热水管流经节气门体，以防止寒冷季节空气中的水分在节气门体上冻结，有些车型的节气门体上没有加热水管。

4.3.2.5　节气门位置传感器

节气门位置传感器的作用是把汽油机运转过程中节气门的位置及开启角度的变化转换成电信号输入发动机 ECU，用于控制燃油喷射及其他辅助控制。

节气门位置传感器安装在节气门体上节气门轴的一端，通过节气门轴带动其内部的电刷、触点转动，从而把节气门开度转化为电信号输出。常见的节气门位置传感器有触点开关式、线性电位计式和综合式三种类型。

1. 触点开关式节气门位置传感器

（1）触点开关式节气门位置传感器的构造　触点开关式节气门位置传感器如图 4-30 所示，由一个与节气门轴联动的凸轮、一个活动触点、两个固定触点——怠速触点 IDL 和全负荷触点 PSW 等组成。凸轮控制触点的开启和闭合。

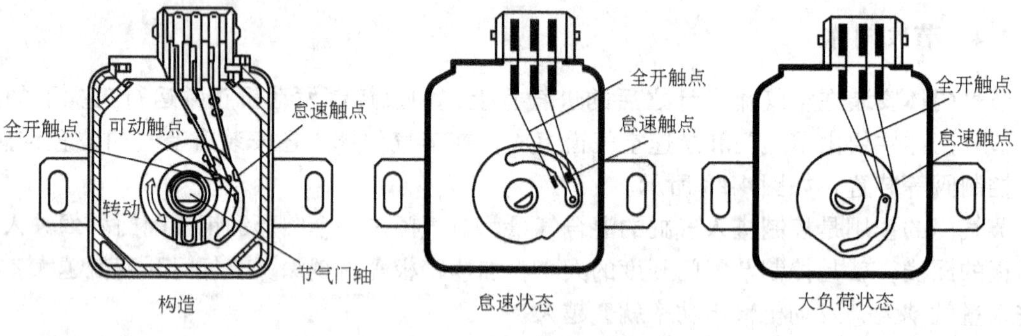

图 4-30　触点开关式节气门位置传感器

（2）触点开关式节气门位置传感器工作原理　节气门转动时，活动触点随节气门一起转动。当节气门处于全关闭位置时，活动触点与怠速触点接通，即怠速触点闭合，ECU 判定发动机处于怠速工况，从而按怠速工况的要求控制喷油和点火；当节气门接近全开时(一般节气门开度在 50°以上)，活动触点与全负荷触点接通，即全负荷触点闭合，ECU 进行全负荷加浓控制；当节气门在中间位置时，活动触点与两固定触点均断开，ECU 判定发动机处于部分负荷工况。

(3) 触点开关式节气门位置传感器输出特性　触点开关式节气门位置传感器输出特性如图 4-31 所示，ECU 根据触点的闭合情况确定发动机工况。当节气门关闭时，怠速触点 IDL 闭合、大负荷触点 PSW 断开，怠速触点 IDL 输出端子输出的信号为低电平"0"，功率触点 PSW 输出端子输出的信号为高电平"1"。ECU 接收到节气门位置传感器输入的这两个信号时，如果车速传感器输入 ECU 的信号表示车速为零，那么 ECU 判定发动机处于为怠速状态，并控制喷油器增加喷油量，保证发动机怠速转速稳定而不致熄火。如果此时车速传感器输入 ECU 的信号表示车速不为零，那么 ECU 判定发动机处于减速状态，并控制喷油器停止喷油，以降低排放和提高经济性。

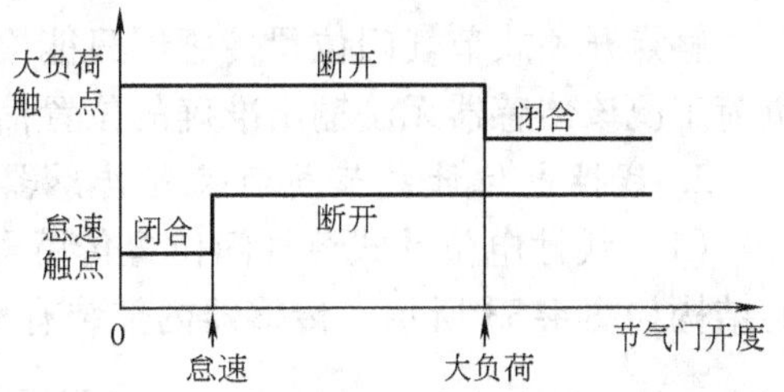

图 4-31　触点开关式节气门位置传感器输出特性

当节气门开度增大时，凸轮随节气门轴转动并将怠速触点 IDL 顶开，大负荷触点 PSW 保持断开状态，IDL 端子输出高电平"1"，PSW 端子输出也为高电平"1"。ECU 接收到两个高电平信号时，便可判定发动机处于部分负荷状态，此时 ECU 根据空气流量计信号和曲轴转速信号计算确定喷油量，主要保证发动机的经济性和排放性能。

当节气门接近全部开启（80%以上负荷）时，凸轮转动使大负荷触点 PSW 闭合，PSW 端子输出低电平"0"，IDL 端子保持断开而输出为高电平"1"。ECU 接收到这两个信号时，便可判定发动机处于大负荷运行状态，从而控制喷油器增加喷油量，保证发动机输出足够的动力，故将大负荷触点称为功率触点。

(4) 触点开关式节气门位置传感器的检测　触点开关式节气门位置传感器与发动机 ECU 的连接线路如图 4-32 所示，其检测步骤为：

① 检查搭铁电路。断开点火开关，拆开传感器插接器，用万用表欧姆档测量线束插接器 E1 端子与车身之间的电阻，其电阻值应为零，否则应检查 ECU 的 E1 端子与搭铁部位之间是否导通。

② 检查工作电压。接通点火开关，用电压表分别检测线束插接器另外两个端子与车身之间的电压。电路正常时应有 12V 左右的电压，若没有电压，则说明传感器的电源线路有故障。此时应检测传感器电源线、微处理器电源线、主继电器以及熔丝等。

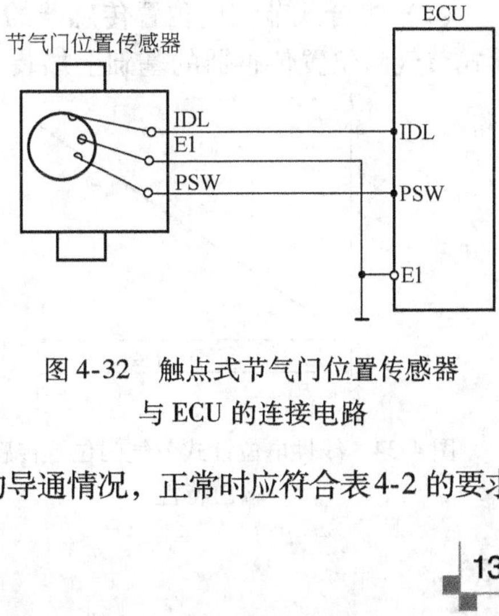

图 4-32　触点式节气门位置传感器与 ECU 的连接电路

③ 检查传感器。在节气门限位螺钉与限位杆之间插入规定厚度的塞尺，用万用表欧姆档检查各端子之间的导通情况，正常时应符合表4-2 的要求。

否则应更换节气门位置传感器。

表 4-2 触点开关式节气门位置传感器各端子之间的导通情况

限位螺钉与限位杆之间的间隙	各端子间导通情况		
	IDL-E1	PSW-E1	IDL-PSW
0.50mm	通	不通	不通
0.90mm	不通	不通	不通
节气门全开	不通	通	不通

触点开关式节气门位置传感器只能检测发动机的怠速和全负荷工况，对于发动机的部分负荷工况该传感器无法输出准确的位置信号。

2. 线性电位计式节气门位置传感器

（1）线性电位计式节气门位置传感器的构造与原理　线性电位计式节气门位置传感器的结构如图 4-33 所示。传感器内部装有滑动电阻，滑动电阻的滑臂与节气门轴一同转动。

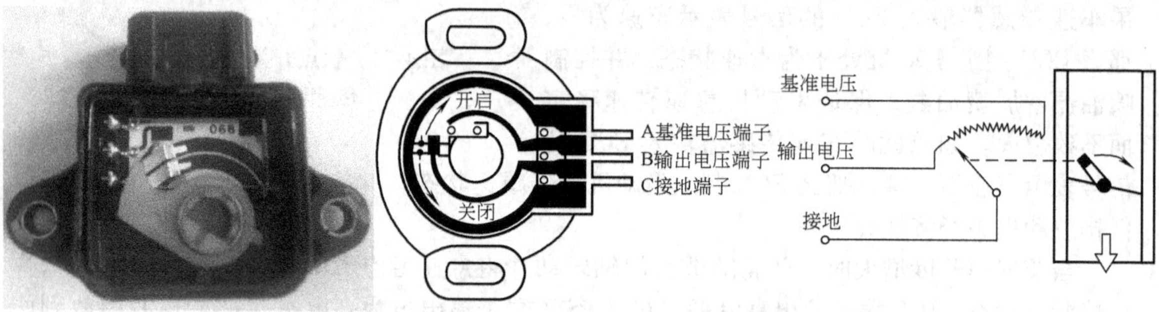

图 4-33　线性电位计式节气门位置传感器

当节气门打开时，滑臂随节气门轴转动的同时在滑动电阻片上滑动，将节气门开度的变化转变为电阻的变化，进而以电压方式输出，可以获得节气门从全闭到全开的连续变化的信号，从而精确地判断发动机的运行工况。

（2）线性电位计式节气门位置传感器的输出特性　由线性电位计式节气门位置传感器的工作原理可知，随节气门开度增大，输出电压升高，其输出特性如图 4-34 所示，其与 ECU 的连接电路如图 4-35 所示。

3. 综合式节气门位置传感器

（1）综合式节气门位置传感器的构造和原理　综合式节气门位置传感器是在线性电位计式节气门位置传感器的基础上加装了一个怠速触点，如图 4-36 所示。

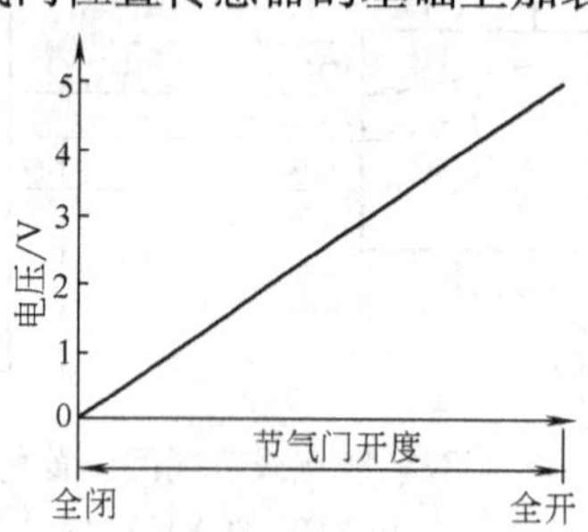

图 4-34　线性电位计式节气门位置传感器输出特性

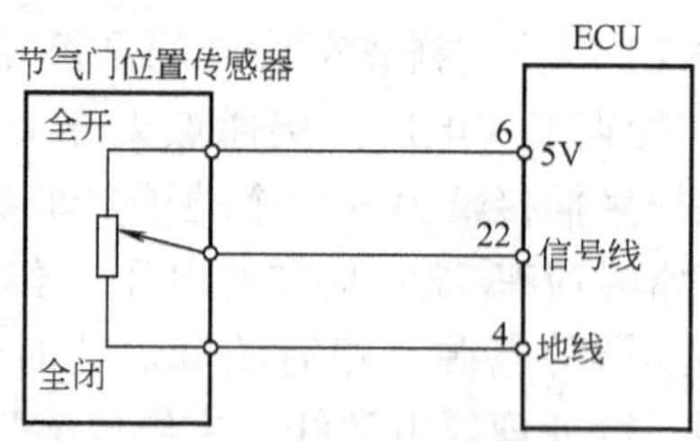

图 4-35　线性电位计式节气门位置传感器与 ECU 的连接电路

怠速时，怠速触点闭合，输出怠速工况信号，其他工况随节气门开度的变化，电位计的电阻也变化，从而将节气门开度转变为电压信号输送给 ECU。

（2）综合式节气门位置传感器的输出特性　综合式节气门位置传感器输出特性如图 4-37 所示。当节气门关闭或开度小于 1.2°时，怠速触点闭合，其输出端“IDL”输出低电压（0V）；当节气门开度大于 1.2°时，怠速触点断开，输出端“IDL”输出高电压（5V 或 12V）。

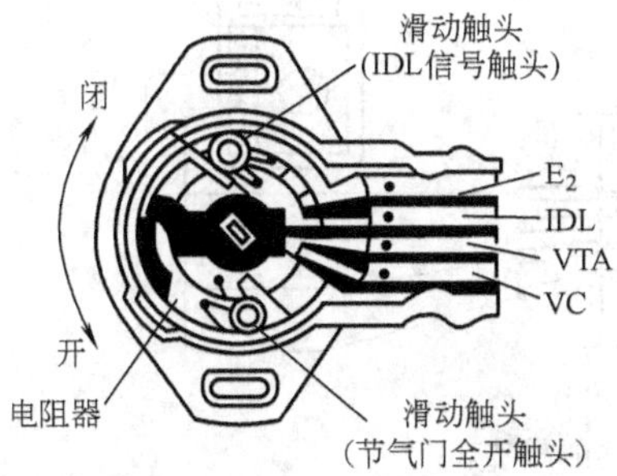

图 4-36　综合式节气门位置传感器结构

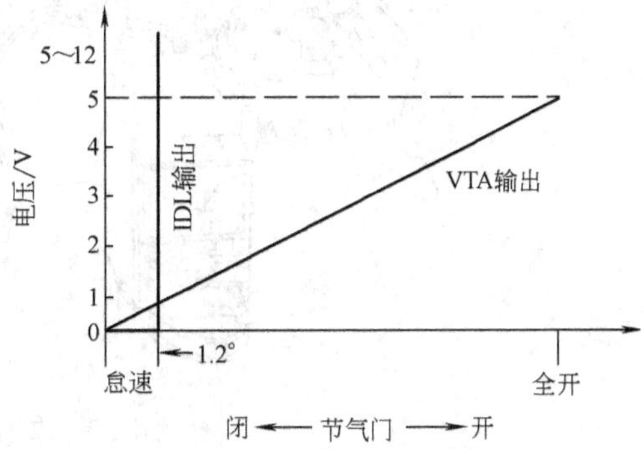

图 4-37　综合式节气门位置传感器输出特性

当节气门开度变化时，可变电阻的滑臂便随节气门轴转动，滑臂上的触点便在滑动电阻片上滑动，传感器输出端子“VTA”与“E_2”之间的信号电压随之发生变化，节气门开度越大，输出的信号电压越高。

（3）综合式节气门位置传感器的检测　综合式节气门位置传感器与发动机 ECU 的连接电路如图 4-38 所示。其检测步骤如下：

1）检查搭铁电路。断开点火开关，拆下传感器导线连接器。用万用表欧姆档检查节气门位置传感器线束插接器 E_2 端子与 ECU 的 E_2 端子之间的导线、ECU 的 E_1 端子与车身搭铁部位之间的导线连接情况，应导通。

2）检查电压。插好节气门位置传感器的导线连接器，点火开关置于“ON”位置但不起动发动机，转动节气门，用万用表直流电压档分别检测线束插接器上 IDL、VC、VTA 三个端子与车身之间的电压，其值应符合表 4-3 的要求。

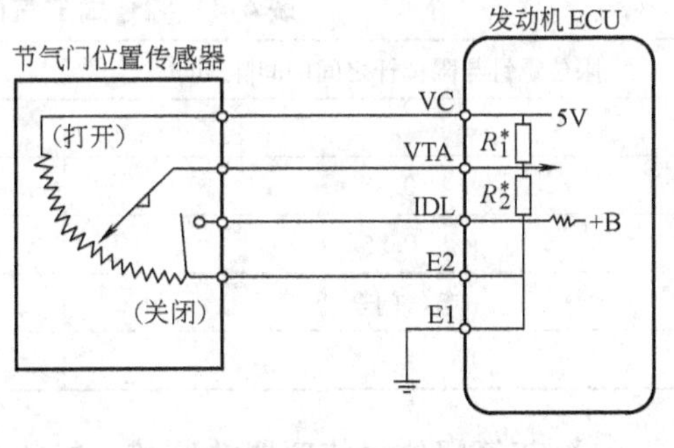

图 4-38　综合式节气门位置传感器与发动机 ECU 的连接电路

表 4-3　综合式节气门位置传感器各端子电压

端　子	条　件	电　压
IDL-E2	节气门全开	9～14V
VC-E2	节气门在任何位置	4.0～5.5V
VTA-E2	节气门全闭	0.3～0.8V
	节气门全开	3.2～4.9V

3）检查传感器

① 怠速触点导通性检查：点火开关置于“OFF”位置，拔去节气门位置传感器的导线连接器，用万用表欧姆档在节气门位置传感器连接器上测量怠速触点 IDL 的导通情况，如图 4-39 所示。当节气门全闭时，IDL-E2 端子间应导通（电阻为 0Ω）；当节气门打开时，IDL-E2 端子间应不导通（电阻为∞），否则应更换节气门位置传感器。

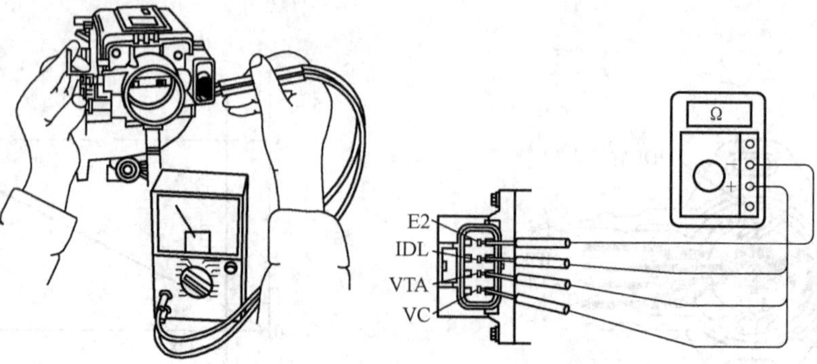

图 4-39　节气门位置传感器的检查

② 检查线性电位计电阻：点火开关置于“OFF”位置，拔去节气门位置传感器的导线连接器，用万用表欧姆档测量线性电位计的电阻（VTA-E2 之间的电阻），该电阻应随节气门开度的增大而呈线性增大。

在节气门限位螺钉和限位杆之间插入适当厚度的塞尺，用万用表欧姆档测量此传感器导线连接器上各端子间的电阻，其值应符合表 4-4 的要求。

表 4-4　综合式节气门位置传感器各端子间的电阻

限位螺钉与限位杆之间的间隙/mm	端　子	电　阻　值/kΩ
0	VTA-E2	0.34～6.3
0.45	IDL-E2	≤0.5
0.55	IDL-E2	∞
节气门全开	VTA-E2	2.4～11.2
	VC-E2	3.1～7.2

（4）节气门位置传感器的调整　拧松节气门位置传感器的两个紧固螺钉，如图 4-40 所示，在节气门限位杆和限位螺钉之间插入 0.50mm 的塞尺，同时用万用表欧姆档测量 IDL 与 E2 的导通情况。逆时针转动节气门位置传感器，使怠速触点断开，然后顺时针方向慢慢转动节气门位置传感器，直至怠速触点闭合为止（万用表有读数显示），拧紧节气门位置传感器的两个固定螺钉。再先后用 0.45mm 和 0.55mm 的塞尺插入节气门限位螺钉和限位杆之间，测量怠速触点 IDL 和 E2 之间的导通情况。当塞尺为 0.45mm 时，IDL 和 E2 之间应导通；当塞尺为 0.55mm 时，IDL 和 E2 之间应不导通，否则应重新调整节气门位置传感器。

4.3.2.6　怠速控制机构

怠速控制机构的作用是：

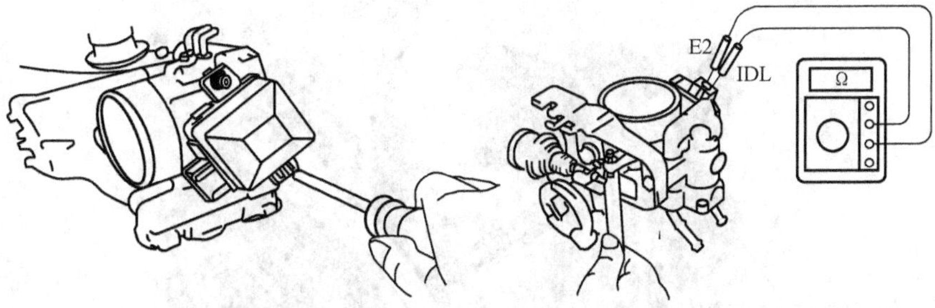

a) 拧松固定螺钉　　b) 测量端子IDL和E2导通情况

图4-40 节气门位置传感器的调整

- 控制发动机怠速时进入气缸的空气量。
- 调整发动机怠速转速。

按照其控制方式可将怠速控制分为直接控制节气门最小开度的节气门直动式和控制节气门旁通气道截面积的旁通气道式两种类型，如图4-41所示。

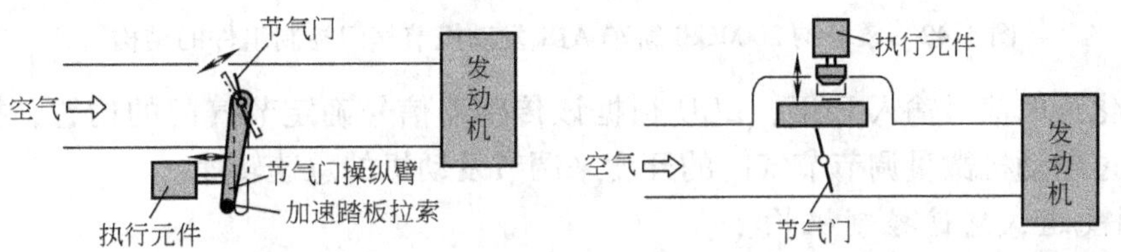

a) 节气门直动式　　b) 旁通空气式

图4-41 发动机怠速控制方式

1. 节气门直动式怠速控制机构

节气门直动式怠速控制机构是通过控制节气门的开度调节空气流通面积来控制进气量，从而实现怠速控制的。

桑塔纳2000GSi轿车AJR发动机怠速控制方式为节气门直动式，取消了通向节气门的旁通空气道，由节气门控制组件对发动机的怠速转速进行综合控制。

（1）节气门控制组件的构造　节气门控制组件的结构如图4-42所示，主要由怠速开关、节气门定位电位计（怠速节气门位置传感器）、节气门电位计（节气门位置传感器）以及节气门定位器（怠速控制电动机）组成。

① 节气门定位电位计。节气门定位电位计（怠速节气门位置传感器）安装在节气门体内，是可变电阻式传感器，与节气门定位器连接在一起，将怠速时节气门的开度、节气门定位器的位置信号转化为电信号输送到ECU。

② 节气门电位器。节气门电位器（节气门位置传感器）也是可变电阻式传感器，直接与节气门轴相连，与加速踏板联动，将节气门开度信号输送给ECU，作为ECU判断发动机运转工况和负荷的依据。

③ 节气门定位计。节气门定位器起着控制怠速的作用，能适当开大或关小节气门，是永磁式步进电动机。当电动机旋转时，通过减速齿轮机构带动节气门轴转动。

④ 怠速开关。怠速开关与节气门电位计一起装在节气门轴上，为一联动触点，用以向发动机ECU提供怠速位置信号。

（2）节气门控制组件的怠速控制过程　当发动机怠速工作时，节气门定位电位计将其

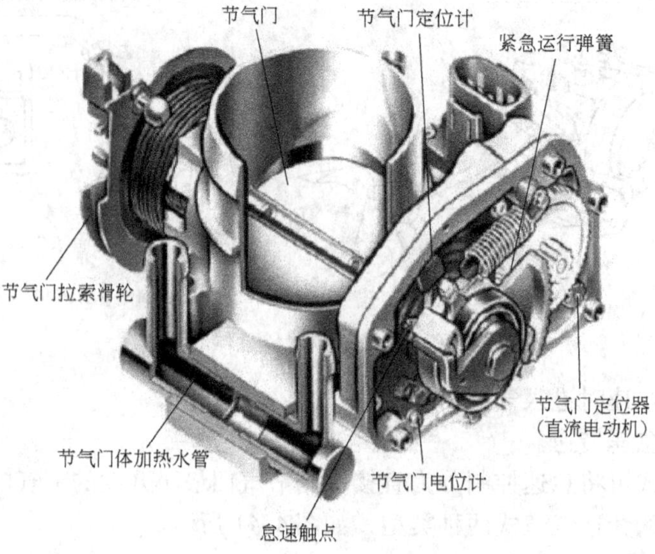

图 4-42　桑塔纳 2000GSi 轿车 AJR 发动机节气门控制组件的结构

阻值变化转化为电信号输入 ECU，ECU 根据该传感器信号确定节气门的位置，控制节气门定位器，通过电动机微量调节节气门的开度来调节发动机的怠速转速。

2. *旁通气道式怠速控制机构*

旁通气道式怠速控制机构是通过怠速控制阀来改变旁通气道的面积，实现怠速转速的控制。怠速控制阀有多种形式，其工作原理不同，结构上也有很大差异。常见的怠速控制阀有步进电动机式怠速控制阀、旋转滑阀式怠速控制阀、电磁式怠速控制阀三种。

（1）步进电动机式怠速控制阀

1）步进电动机式怠速控制阀的构造。步进电动机式怠速控制阀由步进电动机、螺旋机构（螺杆和螺母）、阀芯以及阀座等组成，其结构如图 4-43 所示，外形如图 4-44 所示。

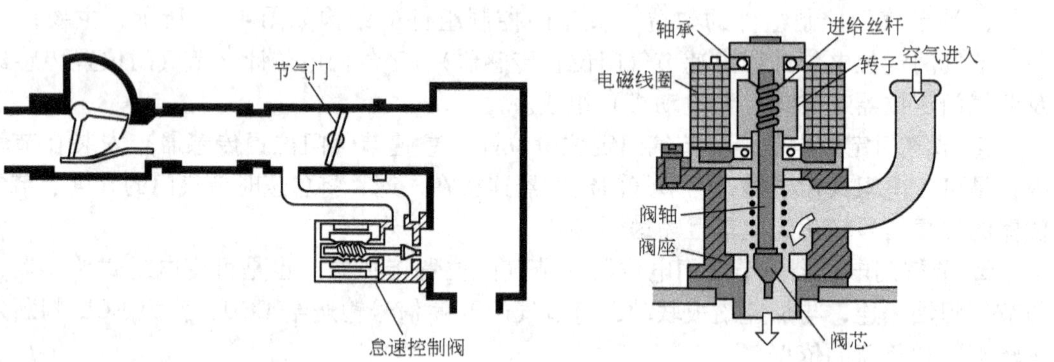

图 4-43　步进电动机式怠速控制阀结构

步进电动机的结构与其他电动机一样，由永磁转子、定子绕组等组成，其作用是产生驱动力矩。螺旋机构的作用是将步进电动机的旋转运动变为往复运动，由螺杆和螺母组成。螺母和步进电动机的转子制成一体，螺杆的一端制有螺纹，另一端固定有阀芯，螺杆与步进电动机壳体之间为滑动花键连接，使螺杆不能做旋转运动，只能沿轴向作直线运动。

图 4-44　步进电动机式怠速控制阀外形

2）步进电动机式怠速控制阀的工作原理。当步进电动机转动时，螺母驱动螺杆轴向移动。步进电动机转子每转动一圈，螺杆便移动一个螺距。因为阀芯与螺杆固定连接，所以螺杆向前或向后移动时，带动阀芯关小或开大旁通空气道的通过截面。ECU 通过控制步进电动机的转动方向和转角来控制螺杆的移动方向和移动距离，从而达到控制旁通空气道的通过截面、调整怠速进气量的目的。

① 步进电动机工作原理。通用公司怠速控制阀的步进电动机转子是一个具有 N 极和 S 极的永久磁铁，定子由两个相互独立的绕组组成，如图 4-45 所示。当从 B_1 到 B 向绕组输入一个电脉冲信号时，绕组产生一个磁场，在磁力同性相斥、异性相吸的原理作用下，使转子处于 S 极在右，N 极在左的位置。

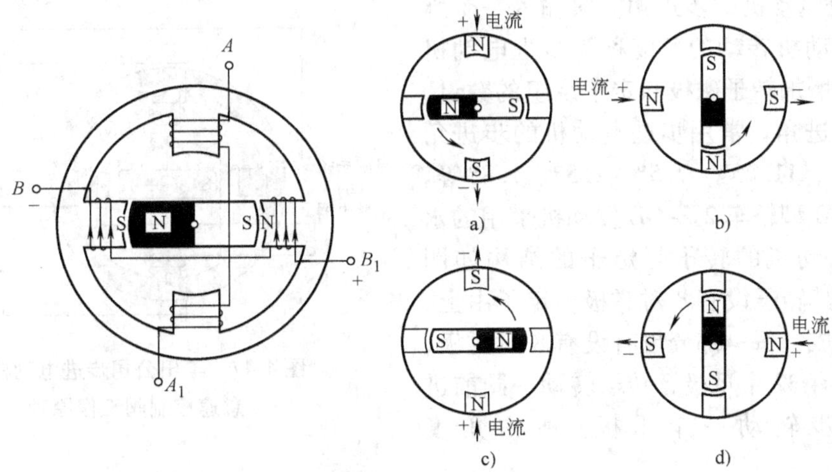

图 4-45　通用公司步进电动机的工作原理

当从 B_1 到 B 端输入的脉冲信号消失后，再从 A 到 A_1 向绕组输入另一个脉冲信号时，绕组产生一个磁场，N 极在上、S 极在下，如图 4-45a 所示。在同性相斥、异性相吸的原理作用下，转子会沿逆时针方向转动 90°，如图 4-45b 所示。

当从 A 到 A_1 端输入的脉冲信号消失后，再从 B 到 B_1 向绕组输入另一个脉冲信号时，绕组产生一个磁场，N 极在左、S 极在右，如图 4-45b 所示。在同性相斥、异性相吸的原理作用下，转子会沿逆时针方向转动 90°，如图 4-45c 所示。

当从 B 到 B_1 端输入的脉冲信号消失后，再从 A_1 到 A 向绕组输入另一个脉冲信号时，绕组产生一个磁场，N 极在下、S 极在上，如图 4-45c 所示。在同性相斥、异性相吸的原理作用下，转子会沿逆时针方向转动 90°，如图 4-45d 所示。

如果依次按 B_1-B、A-A_1、B-B_1、A_1-A 的顺序向绕组输入 4 个脉冲信号，如图 4-45a 所示，电动机就会沿逆时针方向转动一圈；同理，如果依次按 B_1-B、A_1-A、B-B_1、A-A_1 的顺序向绕组输入 4 个脉冲信号，如图 4-46b 所示，电动机就会沿顺时针方向转动一圈。

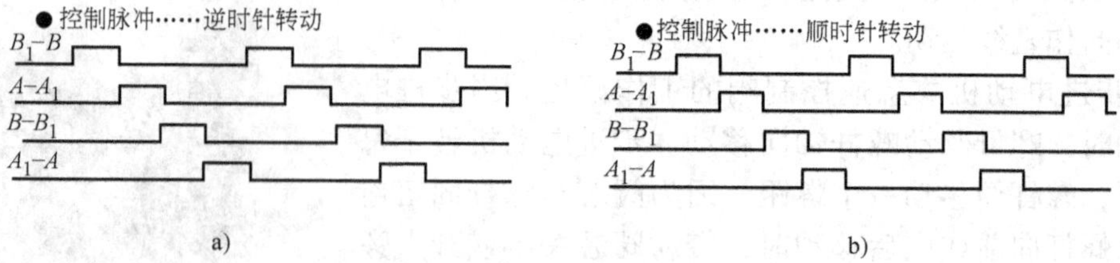

图 4-46　步进电动机控制脉冲

丰田公司与通用公司不同，采用六线式步进电动机。ECU 根据有关传感器信号控制怠速控制阀，使发动机在不同的怠速工况时都处在最佳转速下稳定运转。丰田公司步进电动机式怠速控制阀的工作原理和电路如图 4-47 所示。

ECU 根据节气门开启角度和车速信号判断发动机处于怠速工况时，按一定顺序将功率管依次导通，分别向步进电动机的四个线圈供电，驱动步进电动机旋转，调节旁通空气道的开度，从而调节旁通空气量，使发动机转速达到所要求的目标值。

② 步进电动机的步进角。每输入一个脉冲信号使电动机转动的角度称为步进电动机的步进角。增加转子磁极和定子绕组的数量，可以减小步进角。常用步进电动机的步进角有 30°、15°、11.25°、7.5°、2.5°、1.8°等。丰田皇冠 3.0 型轿车 2JZ-GE 发动机采用的永磁式步进电动机的转子与定子的结构如图 4-48所示，其转子设有 8 对磁极，定子由上、下两部分组成，每一部分也有设有 8 对磁极，组合到一起有 32 个爪极，转子转动一圈前进 32 步，每步转动一个爪极，所占角度为 11.25°。

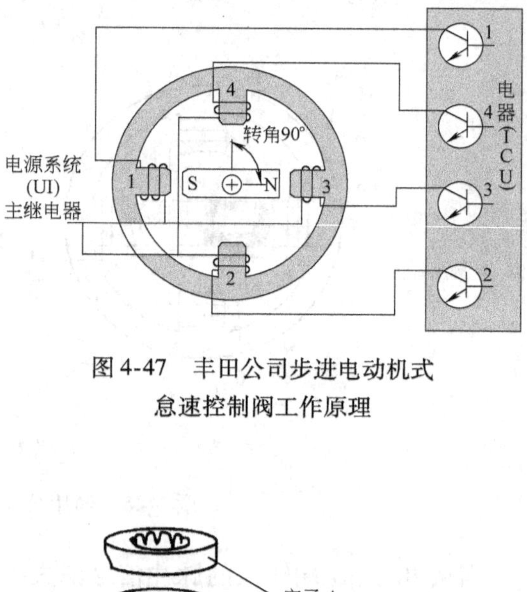

图 4-47　丰田公司步进电动机式怠速控制阀工作原理

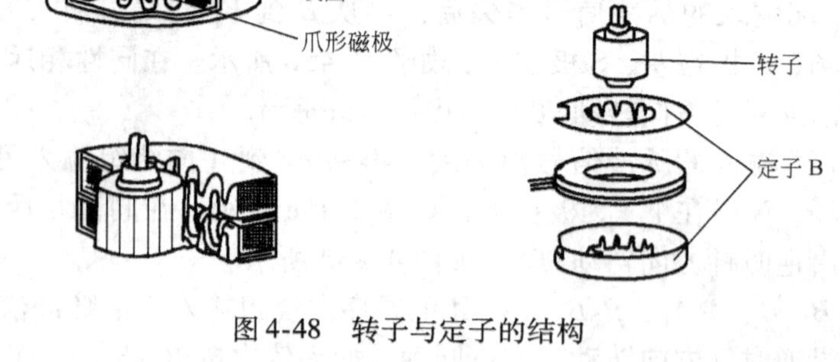

图 4-48　转子与定子的结构

每个步进角决定了怠速控制阀的控制精度。这种怠速控制阀从全闭到全开需 125 步，电动机约需转 4 圈。

3）步进电动机式怠速控制阀的检测。现以丰田皇冠 3.0 轿车 2JZ－GE 发动机为例进行分析，其怠速控制阀的控制电路如图 4-49 所示。

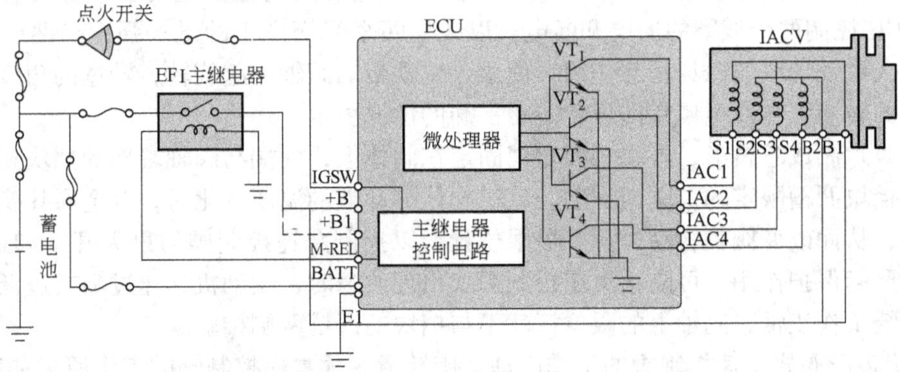

图 4-49　丰田皇冠 3.0 轿车 2JZ－GE 发动机怠速控制阀的控制电路

就车检查：

就车检查步进电动机式怠速控制阀的步骤如下：

① 在冷车状态下起动发动机后，暖机过程开始时，发动机的怠速转速应能达到规定的快怠速转速（通常为 1500r/min）；在发动机达到正常工作温度后，怠速转速应能恢复正常（通常为 750r/min）。如果冷车起动后怠速不能按上述规律变化，则怠速控制系统有故障。

发动机达到正常工作温度后，在打开空调开关时，发动机怠速转速应能上升到 900r/min 左右。若打开空调开关后发动机转速下降，则怠速控制系统有故障。

② 当发动机熄火时，阀会“咔嘈”响一声。如果不响，应检查步进电动机式怠速控制阀和微处理器。

③ 将点火开关置于“ON”位置，然后测量 ECU 的端子 ISC1、ISC2、ISC3、ISC4 与端子 E1 间的电压，其值应为 9～14V，若无电压，则 ECU 有故障。

④ 拔下步进电动机的导线插接器，用万用表欧姆档测量怠速控制阀 4 组绕组（即 B1—S1、B1—S3、B2—S2、B2—S4）的电阻值。其标准值应为 10～30Ω，若电阻值不正确，则应更换怠速控制阀。

车下检查：

① 先按正确步骤拆下节气门体（怠速控制阀和节气门为一体）。

② 如图 4-50 所示，在怠速控制阀插接器的 B1 和 B2 端子上接蓄电池的正极，然后依次将 S1、S2、S3、S4 端于搭铁（接负极），此时阀门应逐渐关闭。若不能关闭，则应更换怠速控制阀。

③ 把怠速控制阀插接器的 B1 和 B2 端子接蓄电池的正极，而后依次将 S4、S3、S2、S1 端子接蓄电池的负极（搭铁），此时阀门应该逐渐开启。若不能开启，则应更换怠速控制阀。

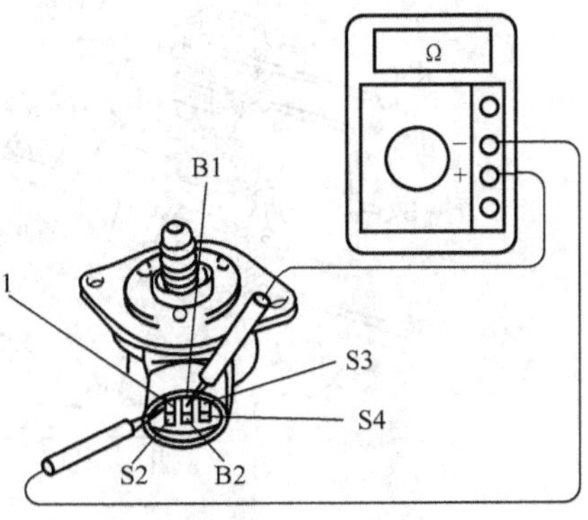

图 4-50　怠速控制阀动作检查

(2) 旋转滑阀式怠速控制阀

1) 旋转滑阀式怠速控制阀的构造。旋转滑阀式怠速控制阀主要由永久磁铁、线圈以及旋转滑阀等组成，如图 4－51 所示。旋转滑阀安装在阀轴的中部，阀轴的一端装有圆柱形永久磁铁，阀轴的另一端装有双金属片。永久磁铁对应的圆周位置上装有位置相对的两个线圈，由 ECU 控制两个线圈的通电和断电，以改变两个线圈产生的磁场强度。两线圈产生的磁场与永久磁铁形成的磁场相互作用，使永久磁铁带动阀轴一起旋转，转过的角度由使永久磁铁转动的转矩和与双金属片回位转矩相平衡的情况决定。

双金属片制成卷簧形，外端用固定销固定在阀体上，内端与阀轴端部的挡块相连接，阀轴只能在挡块凹槽限定的范围内摆动。流过阀体冷却液的温度变化时，双金属片变形，带动挡块转动，从而改变阀轴转动的两个极限位置，以控制怠速控制阀的最大开度和最小开度。此装置主要起保护作用，可防止怠速控制系统出现故障时，发动机转速过高或过低。只要怠速控制系统工作正常，阀轴上的限位杆就不与挡块的凹槽两侧接触。

2) 旋转滑阀式怠速控制阀的工作原理。旋转滑阀式怠速控制阀的工作原理如图 4-52 所示。ECU 控制旋转电磁阀型怠速控制阀工作时，控制阀的开度是通过控制两个线圈的平均通电时间（占空比）来实现的。

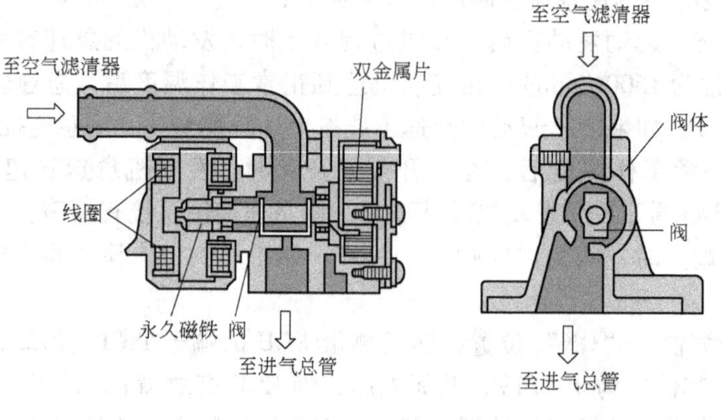

图 4-51 旋转滑阀式怠速控制阀结构

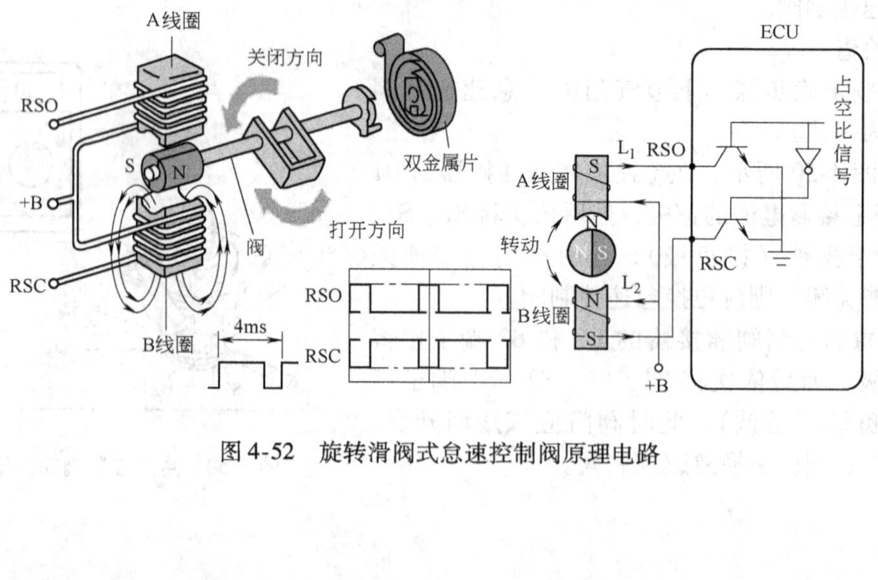

图 4-52 旋转滑阀式怠速控制阀原理电路

占空比是指 ECU 输出的控制信号在一个周期内的通电时间与通电周期的比值，如图 4-53所示。

通电周期一般是固定的，所以占空比增大，即延长通电时间。当占空比为 50% 时，两线圈的平均通电时间相等，两者产生的磁场强度相同，电磁力相互抵消，阀轴不发生偏转。当占空比大于 50% 时，由于反向器的作用，两个线圈的平均通电时间一个增加，另一个减小，两者产生的磁场强度也不同，所以使阀轴偏转一定角度，怠速控制阀开启怠速通道。占空比越大，两个线圈产生的磁场强度相差越多，怠速控制阀开度越大。因此，ECU 通过控制脉冲信号的占空比即可改变怠速控制阀的开度，从而控制怠速时的空气量。怠速控制阀从全闭到全开位置之间，旋转角度限定在 90°以内。

控制信号是 ECU 根据怠速时发动机冷却液温度、转速以及外加负荷（如空调、动力转向）等因素确定的。这样，就可使发动机获得稳定的怠速转速。

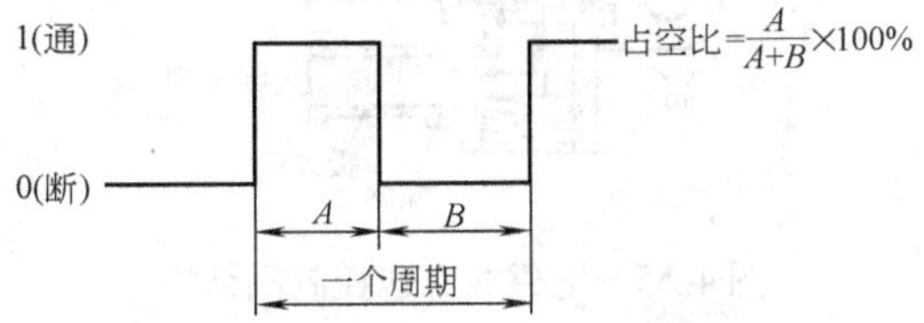

图 4-53　占空比

3）旋转滑阀式怠速控制阀的检测。丰田子弹头汽车 2TZ-FE 发动机旋转滑阀式怠速控制阀的控制电路如图 4-54 所示，其检测步骤如下：

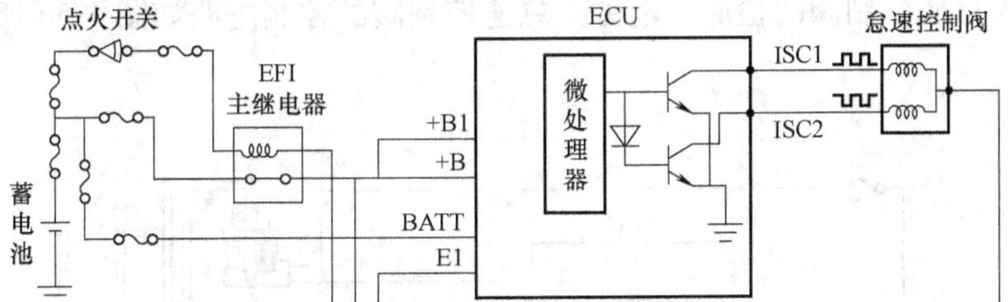

图 4-54　丰田子弹头汽车 2TZ-FE 发动机旋转滑阀式怠速控制阀的控制电路

① 当点火开关置于“ON”位置时，ECU 的 ISC1、ISC2 端子对 E1 端子的标准电压应为 9～14V。如果电压不符合要求，则说明电源电路有故障。

② 拔下怠速控制阀的线束插头，用万用表欧姆档测量怠速控制阀的 +B 端子（即电源端子）与 ISC1、ISC2 端子间的电阻值，其标准值应为 18.8～28.8Ω。如果阻值不符合要求，说明怠速控制阀有故障，应立即更换怠速控制阀。

（3）电磁式怠速控制阀

1）电磁式怠速控制阀的构造与原理。电磁式怠速控制阀是利用通电线圈产生的电磁吸力来控制阀门的开度的。根据其控制信号的不同，可将电磁式怠速控制阀分为占空比型电磁式怠速控制阀和开关型电磁式怠速控制阀两类。

占空比型电磁式怠速控制阀主要由电磁线圈、衔铁以及阀芯等组成，如图 4-55 所示。

ECU 向占空比型电磁式怠速控制阀输出的控制信号为占空比型。当 ECU 检测到发动机怠速转速低于目标转速时，自动提高控制信号的占空比，使线圈的通电时间变长，阀门开度变大，旁通气量增大，使怠速转速提高到目标值。反之，当发动机怠速转速高于目标转速时，ECU 自动降低占空比，最终使怠速转速降低到目标值。

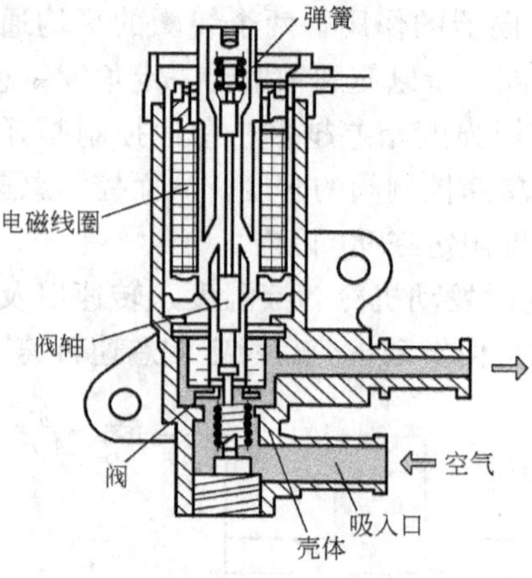

图 4-55　电磁式怠速控制阀结构

开关型电磁式怠速控制阀的结构和占空比型电磁式怠速控制阀类似，只是 ECU 控制信号为开关信号。发动机怠速运转时，若 ECU 控制电磁阀打开，则可使怠速转速升高 100r/min 左右。这两种电磁式怠速控制阀的优点是响应速度快，但由于控制的旁通空气量较少，都需要设置附加空气阀来实现冷车快怠速。

2）电磁式怠速控制阀的检测。电磁式怠速控制阀的控制电路如图 4-56 所示，其检测步骤如下：

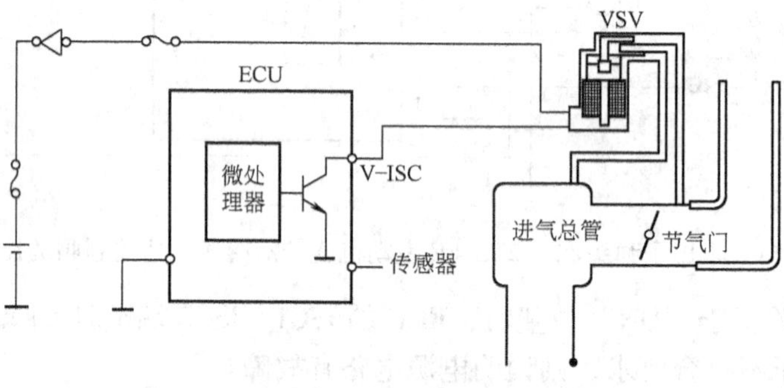

图 4-56　电磁式怠速控制阀的控制电路

① 检查电源电压。拆开怠速控制阀线束连接器，将点火开关置“ON”但不起动发动机，在线束侧测量电源端子与搭铁之间的电压，应为蓄电池电压。

② 检查线圈电阻。拆开怠速控制阀线束连接器，在控制阀侧分别测量两端子之间的电阻，正常应为 10～15Ω。

③ 工作情况检查。从节气门体上拆下怠速控制阀，用导线将其中一个端子连接蓄电池正极，另一个端子连接蓄电池负极时，阀芯应移动。当断开一根导线时，阀芯应迅速复位，否则更换新品。

4.3.2.7　温度传感器

电控汽油喷射系统中有两个温度传感器，即冷却液温度传感器和进气温度传感器。它们均采用负温度系数的热敏电阻作为传导元件。所谓负温度系数的热敏电阻，就是在允许的温度范围内，其电阻值随温度的升高而减小；而正温度系数的热敏电阻，其电阻值随温度的升高而增大。

1. 冷却液温度传感器

冷却液温度传感器的作用是：

- 测量冷却液的温度。
- 将信息输入发动机控制单元，以计算点火时刻和喷油时间。

冷却液温度传感器安装在发动机缸体或缸盖的水套上，与冷却液接触，用来检测发动机的冷却液温度。

（1）冷却液温度传感器结构和电路　冷却液温度传感器的内部是一个半导体热敏电阻，如图4-57a所示。它具有负的温度电阻系数，冷却液越低，电阻越大；反之，冷却液越高，电阻越小，如图4-57b所示。

冷却液温度传感器的两根导线都和电控单元相连接，其中一根为地线，另一根的对地电压随热敏电阻阻值的变化而变化。ECU根据这一电压的变化测得发动机冷却液的温度，和其他传感器产生的信号一起，用来确定喷油脉冲宽度、点火时刻等。

（2）冷却液温度传感器故障诊断

1）冷却液温度传感器失效原因：

① 泄漏。

② 振动。

③ 内部短路。

④ 接口上的触点问题。

2）冷却液温度传感器失效可以从以下几方面察觉：

① 起动困难。

② 耗油量较高。

③ 怠速转速较高。

④ 发动机指示灯点亮。

3）冷却液温度传感器检测。冷却液温度传感器与发动机ECU的连接电路如图4-58所示。

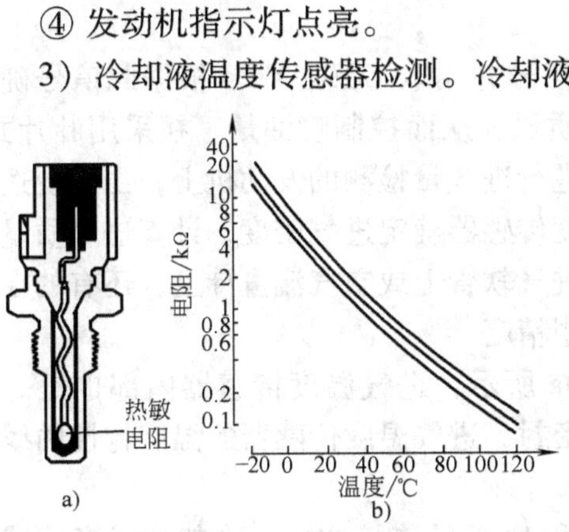

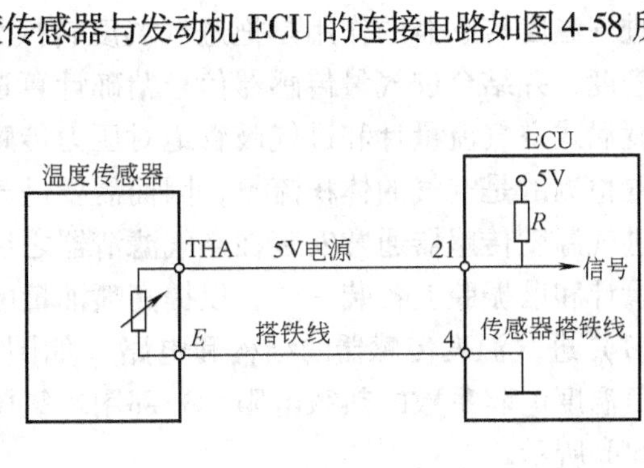

图4-57　冷却液温度传感器及温度特性　　图4-58　冷却液温度传感器与发动机ECU的连接电路图

① 读取故障码存储记录。

② 检查冷却液温度传感器的电源电压。拆开冷却液温度传感器的插接器，接通点火开关，用电压表测量线束插接器上两端子之间的电压（即传感器的电源电压）。正常情况下，该电压值应为5V。若电压值不正常，则应检查相关的线路。

③ 检查冷却液温度传感器的信号电压。连接好冷却液温度传感器的插接器，接通点火开关，用电压表测量线束插接器上两端子之间的电压。当冷却液温度为80℃时，该电压值应为0.2～1.0V。

④ 检查传感器导线、插头和接口是否正确连接，是否有断裂和腐蚀。

⑤ 检查冷却液温度传感器的工作特性。首先拆下冷却液温度传感器，然后按图4-59所示方法将冷却液加热，用万用表欧姆档测量不同冷却液温度下冷却液温度传感器的电阻值，并将其与标准值对比，即可判定冷却液温度传感器是否正常。对桑塔纳2000GSi型轿车AJR发动机冷却液温度传感器来说，其阻值应符合表4-5中所列数值，否则应更换冷却液温度传感器。

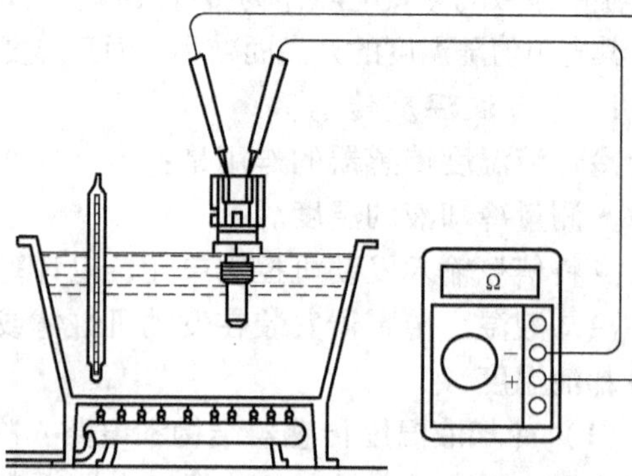

图4-59　冷却液温度传感器电阻的动态检测

表4-5　桑塔纳2000GSi型轿车AJR发动机冷却液温度传感器检测数据

温度/℃	电阻值/kΩ	温度/℃	电阻值/kΩ
-20	14～20	50	0.72～1.0
0	5～6.5	60	0.53～0.65
10	3.3～4.2	70	0.38～0.48
20	2.2～2.7	80	0.28～0.35
30	1.4～1.9	90	0.21～0.28
40	1.0～1.4	100	0.17～0.20

2. 进气温度传感器

进气温度传感器的作用是把进气温度转换为电信号并输入ECU，ECU根据此信号确定进气密度，并结合进气量传感器信号精确计算进气质量，从而控制喷油量。在采用叶片式、卡门旋涡式空气流量计和进气歧管绝对压力传感器进行进气量检测的发动机上，由于上述计量装置检测的是空气的体积流量，因而需要进气温度传感器确定进气密度，计算进气质量。

进气温度传感器通常安装在空气滤清器之后的进气软管上或空气流量计上，还有的在空气流量计和谐振腔上各装一个，以提高喷油量的控制精度。

（1）进气温度传感器的结构和电路　如图4-60a所示，进气温度传感器内部也是一个具有负温度电阻系数的热敏电阻，外部用环氧树脂密封，进气温度传感器的温度特性曲线如图4-60b所示。

（2）进气温度传感器的检测　进气温度传感器和ECU的连接方式与冷却液温度传感器相同。图4-61所示为进气温度传感器与ECU的连接电路。如果进气温度传感器本身或其线路故障，将导致发动机起动困难、怠速不稳以及废气污染物排放量增加，其检测方法与冷却液温度传感器基本相同。

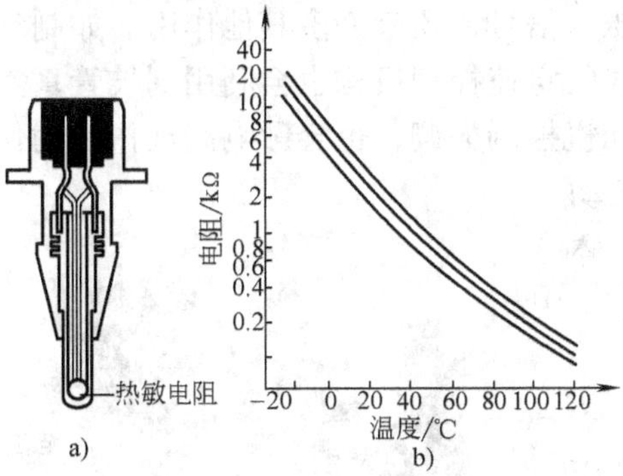

图 4-60　进气温度传感器及温度特性

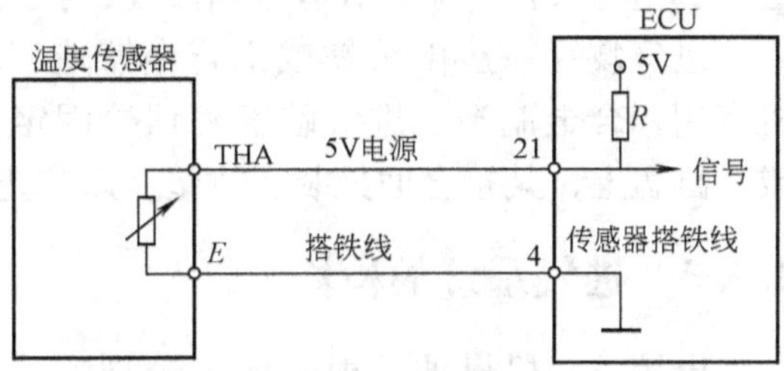

图 4-61　进气温度传感器与发动机 ECU 的连接电路图

4.3.2.8　进气管

进气管的作用是：

- 较均匀地分配可燃混合气（汽油机）或空气（柴油机）到各气缸中。
- 对汽油机来说，进气管的另一作用是使可燃混合气和油膜继续得到汽化。

进气管有进气总管和进气歧管。

1. 进气总管

进气总管是指空气滤清器至进气歧管之间的管道。在电控燃油喷射式发动机的进气总管上，装有空气流量计（或进气压力传感器），以便对进入气缸的空气进行计量。

为了提高发动机的充气效率，通常按有效利用进气压力的原理设计进气管的长度、形状和结构，进气总管上常附有各种形状的气室。如图 4-62 所示的进气系统中，进气管上设有动力腔，其目的是：充分利用进气管内的空气动力效应，增加各种工况下的充气量，以提高发动机的动力性。

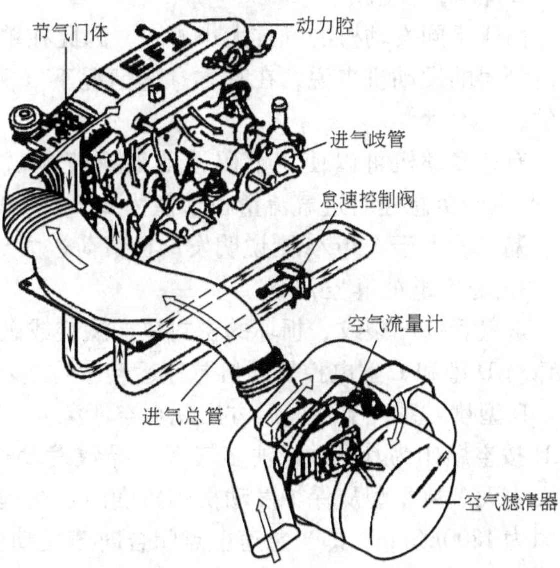

图 4-62　某发动机进气系统

2. 进气歧管

进气歧管位于节气门与发动机进气门之间，如图 4-63 所示。之所以称为“歧管”，是因为空气进入节气门后，经过歧管缓冲筒后，空气流道就在此“分歧”了，对应发动机气缸的数量，如四缸发动机就有四道，将空气分别导入各气缸中。以自然进气发动机来说，由于进气歧管位于节气门之后，所以当发动机节气门开度小时，气缸内无法吸到足量的空气，就会造成歧管真空度高；而当节气门开度大时，进气歧管内的真空度就会变小。因此，进气歧管上装有压力传感器，供给 ECU 判定发动机负荷，而给予适量的喷油。

歧管真空不只可用来供给判定发动机负荷的压力信号，还有许多其他作用。如制动需要利用发动机进气歧管的真空来辅助，还有某些形式的定速控制机构也会利用到歧管真空。而这些真空管一旦有泄漏或者不当改装，会造成发动机控制失调，也会影响制动作的动作。

进气歧管一般由铸铁或铝合金铸造，轿车发动机多用铝合金制造。进气歧管用螺栓固定在气缸体或气缸盖上，其接合面处装有衬垫，以防止漏气。

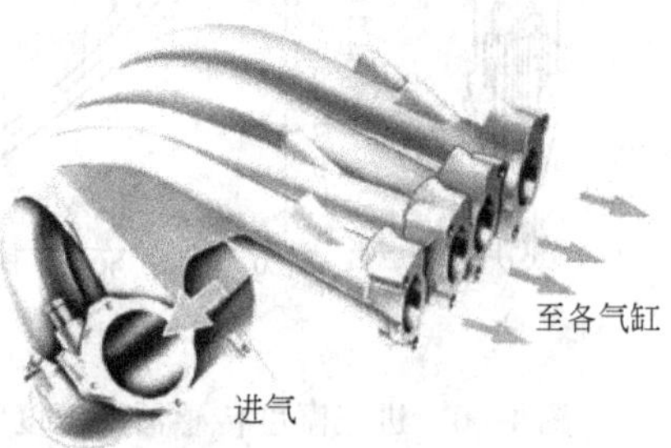

图 4-63　进气歧管

4.3.3　进气系统的检修

电控发动机燃油喷射系统不论是流量型还是压力型，只要进气系统不密封就会影响喷油量，其影响程度要比化油器式发动机更大，所以对进气系统检修应注意：

① 发动机量油尺，机油加油口盖必须安装好，否则会影响发动机运行。

② 进气软管不能有破裂，箍固要安装紧固，因为漏气会影响空气流量计或进气压力传感器的信号，从而影响喷油量，使发动机怠速不稳，易熄火、动力性和加速性能差。

③ 真空管不能破裂、扭结。也不能插错，真空管插错会使发动机怠速不稳，甚至使各缸无规律地交替工作不良。

④ 喷油器应安装舒贴，密封圈完好，如果安装不舒贴或密封圈损坏，上部安装密封不良会漏油造成严重事故，下部密封不良会造成漏气使发动机真空度下降，运行不良，还会使进气压力传感器信号增加，喷油量增加使混合气偏浓。

1. 检测进气流量

由于不同发动机的气缸大小不一，因此在单位时间内的进气量有较大的区别。但是对于特定型号的发动机来说，在基本怠速情况下（关闭空调等附属设备）进气流量应是相对恒定的。

有些发动机可以使用解码器的数据流测试功能检测发动机的进气流量，如上海大众 2VQS 发动机怠速时进气流量正常值为 2.0～4.0g/s，若小于 2.0g/s 则说明进气系统存在真空泄漏，若大于 4.0g/s 则说明发动机负荷过大。

2. 进气道的真空泄漏

进气管壁的裂纹、损坏的密封垫、漏装或破裂的真空管会导致进气系统真空泄漏，这一故障对 D 型和 L 型电控发动机怠速运转影响是不一样的。

D 型喷射系统节气门后方出现真空泄漏时，泄漏进入进气管的空气经过了 MAP 的检测。ECU 按空燃比为其配油，油多气多后导致发动机怠速转速上升，漏气量越大转速升高量也越大。大多数车型从保护发动机的角度出发在程序内设定了怠速极限转速上限值，例如丰田公司为 1800r/min，即当怠速触点闭合时若发动机转速达到 1800r/min 时 ECU 会切断喷油器的喷油，直至转速下降至基本怠速转速时再恢复喷油。但是漏气的部位并没有被修复，发动机转速又会上升至 1800r/min，ECU 再次切断喷油，导致怠速转速忽高忽低，俗称怠速游车。真空泄漏也会引起汽油喷射压力升高，导致混合气偏浓，但这一影响是有限的，多数情况下不会导致发动机淹缸熄火。

L型喷射系统节气门后方出现真空泄漏时，泄漏进入进气管的空气没有经过MAF的检测，因此ECU不会为其配油。虽然漏气引起喷射压力升高，但综合来看混合气偏稀，导致怠速转速下降、发动机抖动，漏气严重时甚至导致发动机熄火。

3. 检测怠速转速

汽车仪表板内的发动机转速表可以指示发动机的怠速转速，也可用带转速检测功能的万用表、示波器检测发动机怠速转速。当某些不严重的故障出现后，ECU的怠速控制和学习控制功能会把怠速转速稳定在目标转速范围内，此时车辆已处于“带病工作”状态。因此必要时须检测发动机的基本怠速转速。检测时需要向ECU提供一个触发指令停止怠速控制和学习控制，这一操作因车型而异，具体操作请参阅相关维修手册。

4.3.4 进气控制

为了使发动机在怠速工况时具有良好的经济性和排放性，必须对发动机怠速转速进行有效控制，因而设置了怠速控制系统；为了使发动机在工作时增大进气量而改善动力性能，发动机进气系统中还设置了各种增压控制系统。

4.3.4.1 怠速控制

发动机怠速工况是指发动机对外无功率输出的稳定运转工况。此时，发动机的节气门开度最小，汽车处于空档，发动机只带动附件维持最低稳定转速。怠速是发动机工作过程中经常出现的工况，运转的时间约占汽车行驶的30%，其转速的高低直接影响燃油消耗和排放性能，怠速转速过高，会增加燃油消耗量；怠速转速过低，则有害物的排放增加；因此在保证发动机排放要求且运转稳定的前提下，应尽量使发动机的怠速转速保持最低，以降低怠速时的燃油消耗量。

怠速控制还应考虑使用条件的变化，如冷车运转、电器负荷、空调装置以及动力转向等都会引起怠速转速变化，使发动机运转不稳甚至熄火。所以怠速控制就是怠速转速的控制，即根据发动机工作温度和负载，由ECU自动控制怠速工况下的空气供给量，维持发动机以稳定怠速运转。在电控汽油喷射系统中，怠速控制是重要的控制功能之一。

1. 怠速控制系统的组成

怠速控制系统的组成如图4-64所示，由各种传感器与信号控制开关、电子控制器（ECU）、怠速控制阀和旁通空气道等组成。也有采用节气门直接控制怠速的方式，无需设置旁通空气道，如桑塔纳2000GSi型轿车AJR发动机。

车速传感器提供车速信号，节气门位置传感器提供怠速触点开闭信号，这两个信号用来判定发动机是否处于怠速状态。发动机怠速时，节气门关闭，节气门位置传感器的怠速触点IDL闭合，传感器输出端子IDL输出低电平信号。因此，当IDL端子输出低电平信号时，如果车速为零，就说明发动机处于怠速状态；如车速不为零，则说明发动机处于减速状态。

冷却液温度信号用于修正怠速转速。在ECU内部，存储有不同冷却液温度对应的最佳怠速转速，如图4-65所示。在冷车起动后的暖机过程中，ECU根据发动机温度信号，通过控制怠速控制阀的开度来控制相应的快怠速转速，并随发动机温度升高逐渐降低怠速转速。

当冷却液温度达到正常工作温度时，怠速转速恢复正常怠速转速。

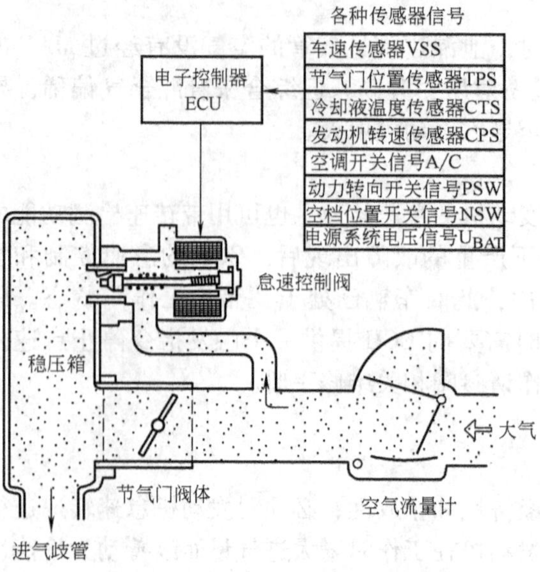

图 4-64　怠速控制系统的组成

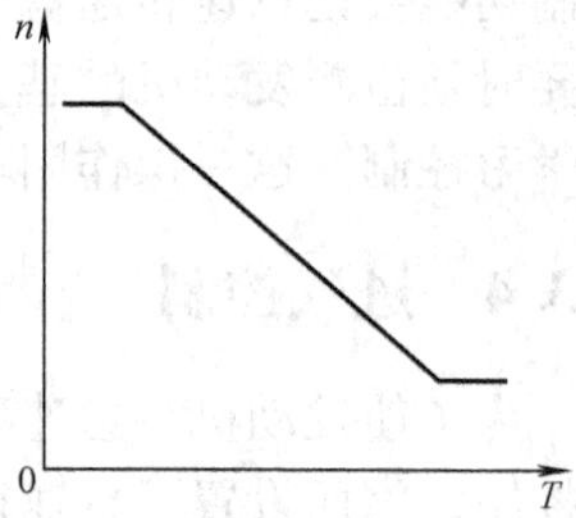

图 4-65　不同温度下的怠速转速

空调开关、动力转向开关、空档起动开关信号和电源电压信号等向 ECU 提供发动机负荷变化的状态信息。在 ECU 内部，存储有不同负荷状况下对应的最佳怠速转速。

2. 怠速控制的实质

怠速控制内容主要是发动机负荷变化控制和电器负荷变化控制。怠速控制的实质是控制怠速时的充气量（进气量）。当发动机怠速负荷增大时，ECU 控制怠速控制阀使进气量增大，从而使怠速转速提高，防止发动机运转不稳或熄火；当发动机怠速负荷减小时，ECU 控制怠速控制阀使进气量减少，从而使怠速转速降低，以免怠速转速过高。怠速时的喷油量则由 ECU 根据预先设定的怠速空燃比和实际充气量计算确定。

3. 怠速控制过程

怠速转速控制过程如图 4-66 所示。

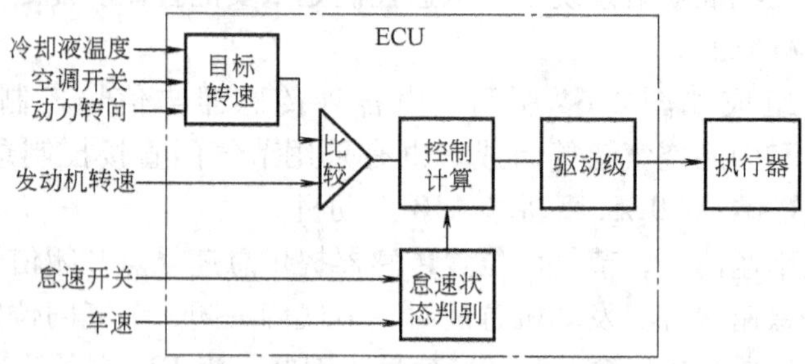

图 4-66　怠速转速控制过程

ECU 首先根据怠速触点 IDL 信号和车速信号，判断发动机是否处于怠速状态。当判定为怠速工况时，再根据发动机冷却液温度传感器信号、空调开关以及动力转向开关等信号，从存储器存储的怠速转速数据中查询相应的目标转速 n_g，然后将目标转速与曲轴位置传感器检测的

发动机实际转速 n 进行比较。

当发动机负荷增大，目标转速高于实际转速（$n_g > n$）时，ECU 将控制怠速控制阀增大旁通进气量来提高怠速转速；反之，当发动机负荷减小，目标转速低于实际转速时，ECU 将控制怠速控制阀减小旁通进气量来调节怠速转速。例如，当接通空调（发动机负荷增大）时，ECU 使怠速控制阀的阀门开大，增大旁通进气量。当旁通进气量增大时，因怠速空燃比已由试验确定为一定值（一般为 12:1），所以 ECU 将控制喷油器增大喷油量，发动机转速随之提高。同理，当断开空调（发动机负荷减小），需要降低发动机转速，ECU 将使怠速控制阀的阀门关小，减小旁通进气量进行调节，如图 4-67 所示。

4. 怠速控制项目

以丰田公司步进电动机式怠速控制阀为例说明，控制电路如图 4-49 所示，其控制项目有如下几项。

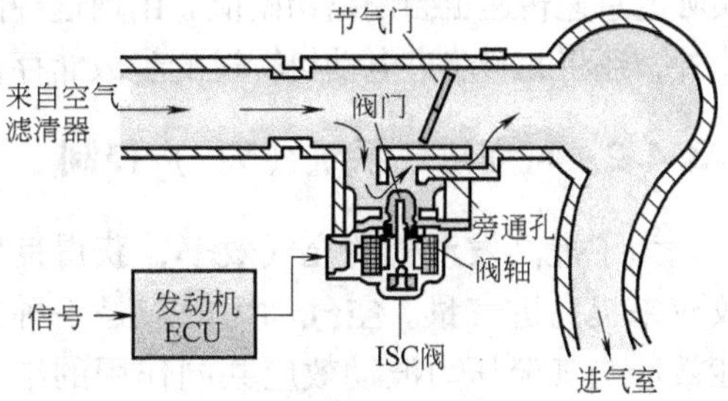

图 4-67　怠速空气路径

（1）起动初始位置的设定　为了改善发动机再起动时的起动性能，在发动机点火开关关闭后，ECU 将控制怠速控制阀全部打开，以便为下次起动做好准备。

为了保证怠速控制阀在发动机下次再起动时处于全开位置，在点火开关关闭后，必须继续给 ECU 和怠速控制阀供电。此时主继电器由 ECU 的 M—REL 端子供电，使主继电器继续保持接通状态，直到怠速控制阀起动初始位置（全开）设定后，继电器才断电。

（2）起动控制　发动机起动时，由于怠速控制阀预先设定在全开位置，在起动期间流经怠速控制阀的旁通空气量最大，有利于发动机起动。发动机起动后，若怠速控制阀仍保持在全开位置，发动机转速将升得过高。故在起动期间或起动后，当发动机转速达到规定值时（此值由冷却液温度确定），ECU 开始控制怠速控制阀，将阀门关小到由冷却液温度所确定的阀门开度位置。

（3）暖机控制（快怠速）　图 4-68 为发动机暖机过程中步进电动机式怠速控制阀的控制特性。在暖机过程中，怠速控制阀从起动后根据冷却液温度所确定的位置开始逐渐关闭阀门，当冷却液温达到 70℃时，暖机控制（快怠速）结束。目标转速值根据发动机工况而定，如空档起动开关是否接通、空调开关是否接通等。

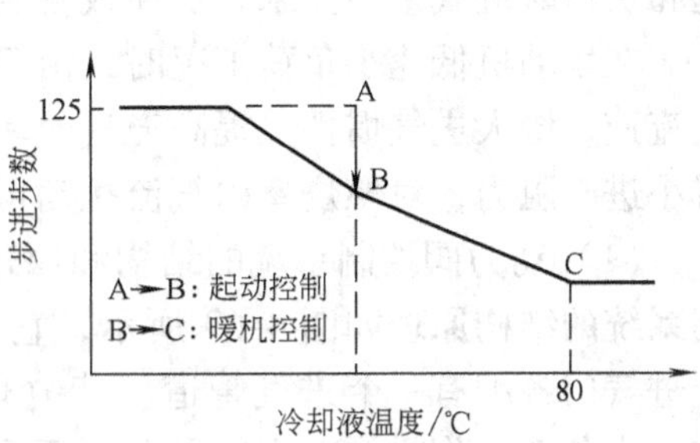

图 4-68　步进电动机式怠速控制阀的控制特性

（4）反馈控制　当发动机处于怠速工况运转时，如果发动机的实际转速与 ECU 存储器中所存放的目标转速差超过规定值（如 20r/min），则 ECU 即控制怠速控制阀增减旁通空气量，使发动机实际转速与目标转速差小于规定值。

目标转速与发动机怠速工况时的负荷有关，对应空档起动开关是否接通、是否使用空调、用电器增加等不同情况，都有确定的目标转速。

（5）发动机转速变化的预控制　发动机处于怠速工况时，空调开关、空档起动开关等接通或断开时，都会引起发动机怠速负荷变化，产生较大的怠速转速波动。为了减小负荷变化对怠速转速的影响，ECU 在收到以上开关量信号（发动机负荷变化）时、不待发动机转速变化，就控制怠速控制阀预先把阀门开大或关小一个固定的距离。

（6）电器负载增大时的怠速控制　当汽车上使用的电器增多时，将引起电源系供电电压降低，同时发动机的负荷也要增大。为保证 ECU 的 + B 端有正常的供电电压，需要相应地增加进气量，提高发动机的怠速转速。

（7）学习控制　ECU 通过控制怠速控制阀的位置，调整发动机的怠速转速。

由于发动机在使用过程中其性能会发生变化，因此这时怠速控制阀的位置虽然没有变化，但实际的怠速转速也会偏离初始值。出现这种情况时，ECU 除了用反馈控制使怠速转速仍达到目标值外，还将此时步进电动机转过的步数储存在备用存储器中，供以后的怠速控制用。

4.3.4.2　可变进气系统（VIS）控制

为了提高发动机的充气效率，获得良好的动力性，在进气过程中必须合理利用空气动力效应来提高进气量。空气动力效应是一种复杂的物理现象，为便于说明，可将其视为气流惯性效应与气流压力波动效应共同作用的结果。

气流惯性效应是指在进气管内高速流动的气流具有一定的惯性，在活塞到达进气行程的下止点之后仍可利用进气气流的惯性继续充气一段时间，以增加充气量。所以燃油喷射式发动机都采用了较长的进气管，以充分利用气流的惯性效应来提高充气量。

气流压力波动效应是指由于各缸进气过程具有间歇性和周期性，导致进气管内产生一定幅度的气流压力波动。这个压力波会沿着进气管以音速传播，并在管内往复反射。如果进气管的形状有利用于压力波反射并产生一定的共振，就能利用共振后的压力波提高充气量。因此，进气管通常按有效利用进气压力的原理设计其长度、形状和结构。

1. 动力阀控制系统

动力阀控制系统的作用是控制发动机进气道的空气流通截面大小，以适应发动机不同转速和负荷时进气量的需求，从而改善发动机的动力性。

在发动机低速小负荷工况时，由于进气量少，这时应减小进气道空气流通截面来提高进气流速，增大进气惯性以提高充气效率。在高速大负荷工况，增大进气道空气流通截面，可减小进气阻力，对燃烧室内气流扰动可起抑制作用，有助于改善发动机的高速性能。

（1）动力阀控制系统的结构和原理　丰田汽车公司雷克萨斯 ES300 发动机的动力阀控制系统的结构原理如图 4-69 所示，它采用了双进气管结构，在每个气缸中有 4 个气门，2 个进气门各配有一个进气管道，其中有一个进气管道中装有进气转换阀。当发动机在中低速、小负荷工作时，动力阀关闭，只利用一个进气管道，此时进气流速提高，进气惯性增大，以提高发动机转矩；当发动机高速大负荷工作时，转换阀开启，进气管道为两条，进气管道面积大大增加，进气阻力减小，充气量增大，使发动机在高速大负荷的动力性得到很大提高。

动力阀控制系统由 ECU、真空罐、三通电磁阀、膜片式执行器等组成。进气道中的进气转换阀门的关闭和开启，是由膜片式执行器来完成的。ECU 控制三通电磁阀的工作，由三通电磁阀控制执行器膜片室内的工作压力，从而控制进气转换阀的开闭。

三通电磁阀不通电时，膜片式执行器与三通电磁阀的空气滤清器（通大气）之间的通

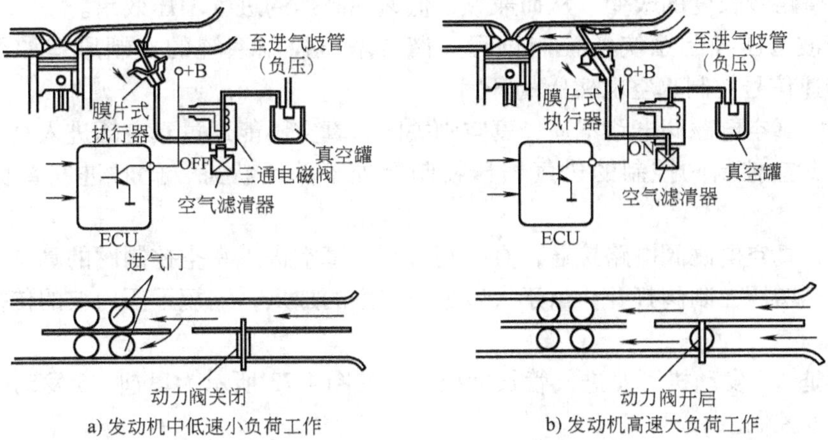

图 4-69　雷克萨斯 ES300 发动机的动力阀控制系统的结构原理

路被关断（OFF），膜片式执行器与真空罐之间形成通路（ON），此时真空罐的负压作用在执行器膜片室。当三通电磁阀通电时，膜片式执行器与空气滤清器（大气）之间形成通路（ON），而膜片式执行器与真空罐之间的通道则被关闭（OFF），此时大气压作用在执行器膜片室。

（2）动力阀控制系统的控制过程

① 在发动机中、低速（低于5200r/min）工作时，三通电磁阀不通电，关闭执行器与空气滤清器之间的通路，开启执行器与真空罐之间的通路；此时储存在真空罐的进气歧管的负压，通过三通电磁阀作用到执行器的膜片室，吸力作用使执行器带动拉杆，关闭进气转换阀门，即关闭了各气缸中的一个进气通道，如图 4-69a 所示。

② 当发动机高速（5200r/min 以上）工作时，ECU 输出控制信号，使驱动电路晶体管导通，三通电磁阀通电工作。三通电磁阀通电后，关闭执行器与真空罐之间的通路，开启执行器与空气滤清器之间的通路，此时空气滤清器进入的大气作用到执行器的膜片室，通过拉杆使进气转换阀打开，结果各气缸的进气通道扩大为两个，如图 4-69b 所示。

2. 谐波增压控制系统

谐波增压控制系统的作用是利用进气气流惯性产生的压力波来提高充气效率。

压力波是在进气流动过程中产生的。当气流高速流向进气门时，如果进气门突然关闭，进气门附近气体流动突然停止，但是由于惯性，进气管仍在进气，于是进气门附近的气体将受到压缩，压力上升。当气体的惯性过后，被压缩的气体开始膨胀，向进气气流相反方向流动，压力下降。膨胀气体的膨胀波传到进气管口时又被反射回来，于是形成了压力波。如果使上述的进气压力波与进气门开闭配合好，使反射的压力波集中到要打开的进气门旁，在进气门打开时，就会形成对进气进行增压的效果。

一般而言，进气管长度长时，压力波波长长，可使发动机中低速区功率增大。进气管长度短时，压力波波长短，可使发动机高速区功率增大。如果发动机运行过程中，能根据发动机的运行工况使进气管长度可变，则可兼顾低、高速性能的要求。

（1）谐波增压控制系统的工作原理　丰田皇冠 3.0 轿车 2JZ-GE 发动机采用的谐波增压控制系统如图 4-70 所示，在进气管中加设了一个大容量的空气室和进气增压控制阀，实现了压力波传播路线长度的改变，从而兼顾了低速和高速的进气增压效果。

（2）谐波增压控制系统的控制过程　谐波增压控制系统的控制原理如图 4-71 所示。ECU 根据转速信号控制真空电磁阀的开闭。

低速时，真空电磁阀电路不通，真空阀关闭，真空不能通过真空罐进入真空控制阀的真空气室，受真空控制阀控制的进气增压控制阀处于关闭状态，此时进气管长度长，如图 4-72a所示。

高速时，真空电磁阀电路接通，真空阀打开，真空进入真空控制阀的真空气室，吸动其膜片，将进气增压控制阀打开，由于大容量空气室的加入，缩短了压力波的传播距离，如图 4-72b 所示。

（3）奥迪 V6 发动机可变进气管长度控制　如图 4-73 所示为奥迪 V6 发动机上采用的可变进气管长度控制。

低转速时，控制阀关闭，进气歧管变长，增加了进气的速度和气压，使汽油混合得更充分。

高转速时，控制阀打开，进气管变短，气流绕开下部导管直接进入气缸，增大了进气量。

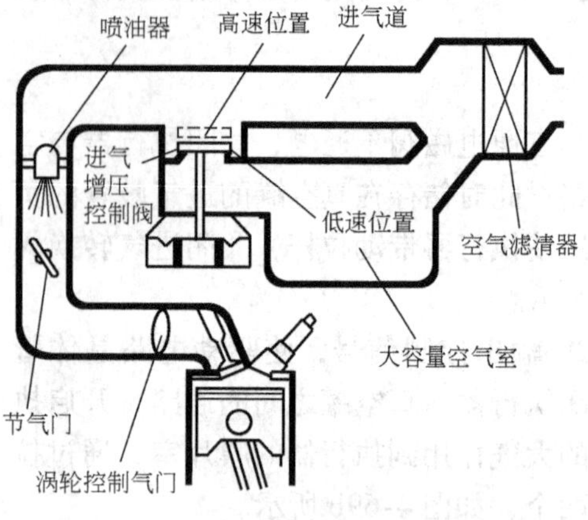

图 4-70　谐波增压控制系统工作原理

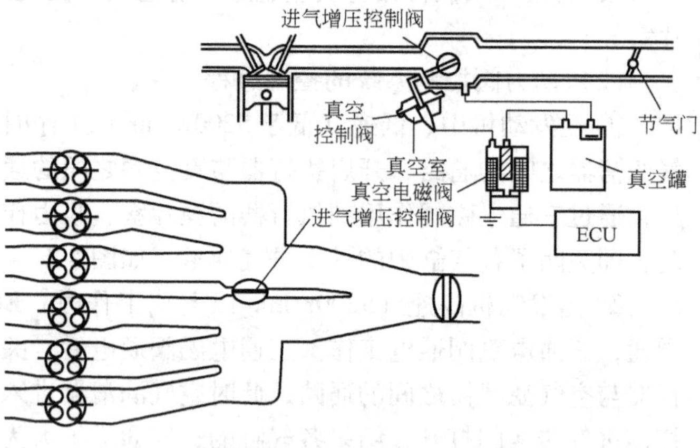

图 4-71　谐波增压控制系统的控制原理

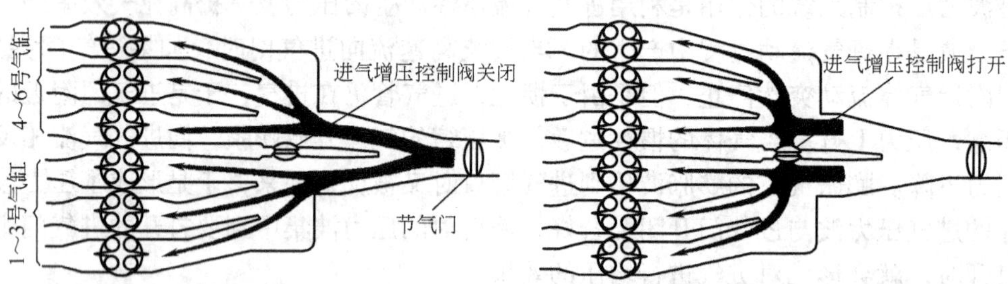

a) 打开真空电磁阀，进气增压控制阀关闭　　b) 关闭真空电磁阀，进气增压控制阀打开

图 4-72　谐波增压控制系统控制过程

4.3.5　废气涡轮增压控制

涡轮增压的作用是利用增压器将空气压缩，提高压力，增大空气密度，以提高发动机的

充气量，达到提高发动机功率的目的。

涡轮增压装置在柴油发动机上常见，现在很多汽油发动机也采用。经过增压后发动机功率可提高40%甚至更高。从工作方式上来分有以下几种系统：

（1）废气涡轮增压系统　废气涡轮增压原理如图4-74所示。发动机与增压器没有任何机械关系，其压气机主要是内燃机的废气驱动涡轮来维持动力。通过增设空气冷却装置给高温压缩空气实施冷却。它的优点在于提高的功效大于机械增压。但因为节气门的开启略快于发动机动力输出速度，所以在节气门，加大后通常需要稍作等待，片刻后发动机才能爆发猛烈的动力，这就是通常所说的“涡轮迟滞”；同时，由于发动机尾气从气缸中被排出后需要推动涡轮，使废气在排气管道运动的过程遇到阻碍，增加了排气背压，影响气缸排气的顺畅性。

（2）机械增压系统　由发动机曲轴和传动带相连的机械增压系统装置在发动机上，发动机工作时，增压器的转子旋转靠输出轴的动力来支持，空气增压直至吹到进气道中，其空气流经路线为：空气从进气口进入→空气滤清器→机械增压器→中冷器→进入气缸。如图4-75所示。其优点是：发动机转速和增压器的转子是速度同步进行的，因而不存在超前或滞后，发动机动力输出流畅而稳定。但机械增压因摩擦力大，动力消耗厉害，增压效率不高是必然的。

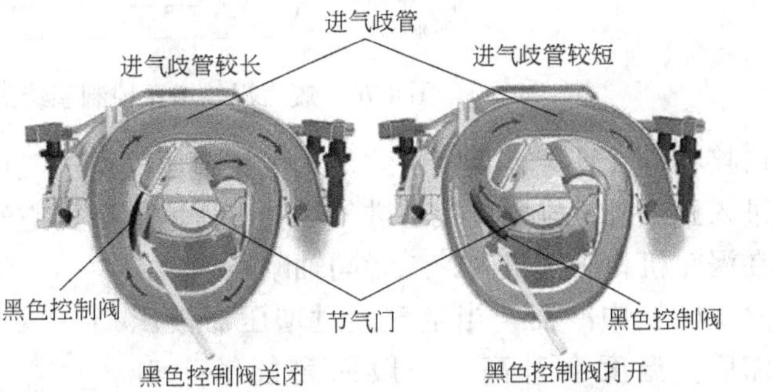

图4-73　进气管长度可变（另见书后彩插）

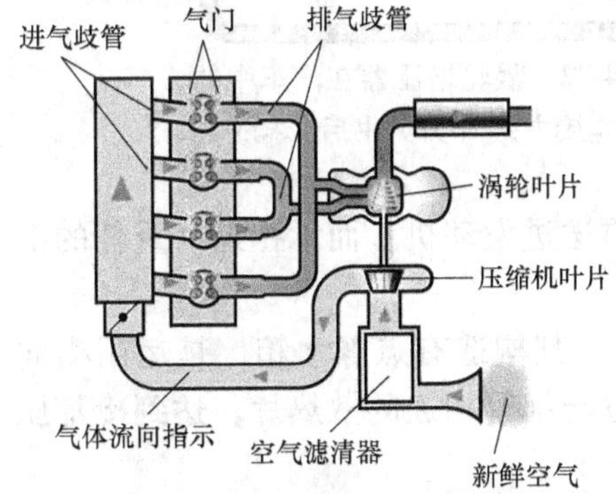

图4-74　废气涡轮增压系统

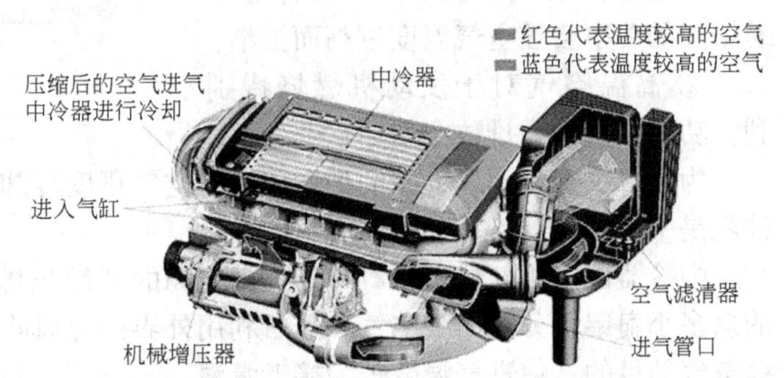

图4-75　机械增压系统（另见书后彩插）

（3）复合增压系统　在发动机上采用废气涡轮增压器的同时应用机械驱动式增压器。当然还有其他增压方式，如气波增压、惯性增压等。

废气涡轮增压系统用于各类轿车中。下面主要介绍此系统。

1. 废气涡轮增压控制系统的组成

利用发动机排出的废气推动增压器工作，这种方式称为废气涡轮增压，其系统主要由涡轮增压器、中冷器、放气阀（排气旁通阀）、内循环阀（进气旁通阀）等组成，如图4-76所示。

（1）涡轮增压器　涡轮增压器由涡轮机和压气机组成，在汽车中的连接方式如图6-77所示。涡轮机进气口与排气歧管相连，废气由此进入涡轮机推动涡轮机中的涡轮转动；排气

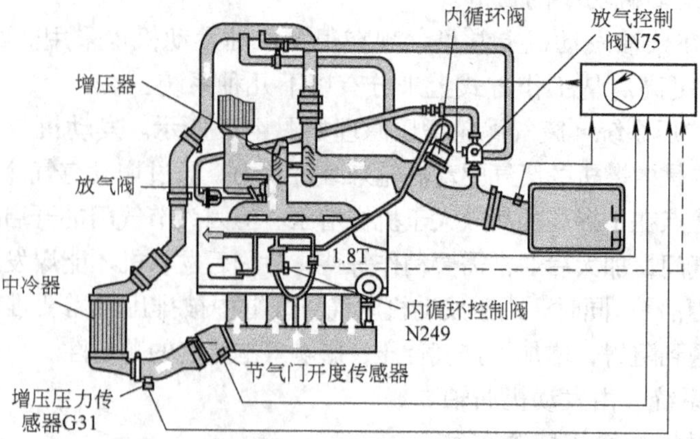

图 4-76 废气涡轮增压控制系统组成（另见书后彩插）

口接在排气管上，废气由此排入大气；压气机进气口与空气滤清器管道相连，新鲜空气由此进入压气机，排气口接在进气歧管上，增压后的空气由此进入进气歧管。涡轮和叶轮分别装在涡轮机和压气机内，二者同轴刚性连接。

（2）中冷器　当空气经过增压器被压缩后，温度会升高，一般而言能够上升 40～60K 左右。

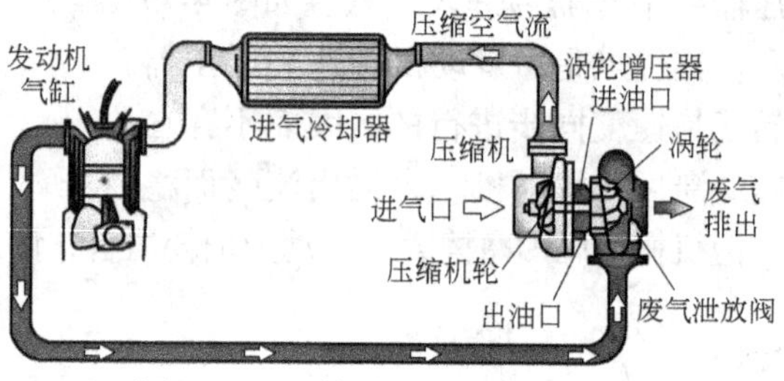

图 4-77 涡轮增压器在汽车中的连接方式（另见书后彩插）

高温气体对发动机的影响主要有两点：

① 气体积大了，密度变小了，相当于发动机吸进的空气又变少了，这样好不容易增加的功率会被空气温度过高而抵消。

② 高温空气对于发动机燃烧特别不利，功率会减少、排放会变坏。

为了解决这些问题，我们把增压后的空气再度冷却再送进发动机。而承担这一重任的部件就是中冷器。

中冷器位于压气机出风口与节气门之间的“散热排”。其构造有点像水箱，是运用横向的众多小扁铝管分割压缩空气，然后利用外界的冷风吹过与细管相连的散热片，达到冷却压缩空气的目的，使进气温度较为接近常温。

（3）放气阀　放气阀又称排气旁通阀，如图 4-78 所示，其作用是在高速范围通过排气放气（部分废气不经过涡轮直接进入排气管）以避免增压器转子超速或增压压力过高引起气缸内燃烧压力过大加剧发动机机械负荷。

放气阀的启闭由增压压力决定。

目前涡轮系统中最常见的泄压装置，一般又被称为连动式排气泄压阀。它直接配置在涡轮上，利用一根连杆来控制涡轮排气中的阀门，一旦增压器压缩空气端的增压值达到限定的程度，进气压力便会推动连杆，使涡轮排气侧内的放气阀门开启，部分废气不经涡轮直接排到排气管。这样减少“吹动”涡轮的废气流量，涡轮转速降低，同时带动压气机叶轮转速降低。因此它既是限制涡轮最高转速的装置，也是使增压器增压压力维持一个稳定值（不会长时间过高）的装置。

（4）内循环阀

内循环阀又称为进气旁通阀，其作用是实现降压保护功能。

内循环阀安装在靠近节气门的进气管上，如图 4-79 所示。当驾驶过程中收节气门时，节气门关闭，涡轮叶片（增压器叶轮）在惯性作用下仍旧持续转动。此时因节气门的截断和叶片的继续增压所致，进气管路中（在节气门与涡轮之间）的空气压力会迅速提高。为了保护增压系统，当压力达到某一限定值后，进气旁通阀打开，把过剩的空气（压力）导回至滤清器与涡轮之间，实现降压保护的功能。

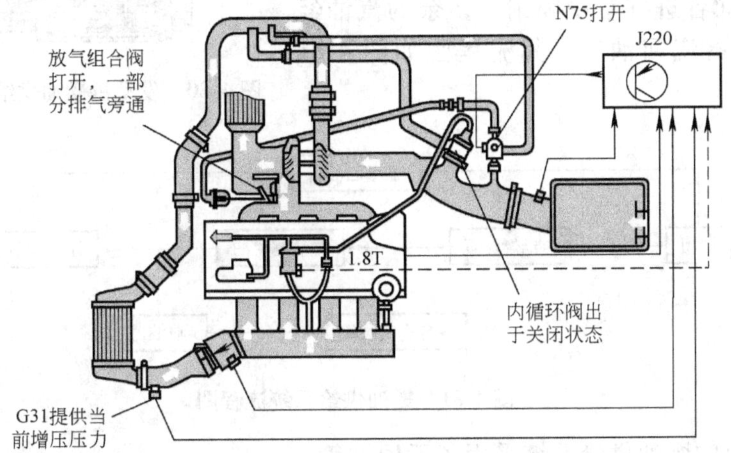

图 4-78　放气阀工作原理（另见书后彩插）

2. 废气涡轮增压控制系统工作原理

1）发动机工作时，排气管排出的废气推动排气端的涡轮机叶轮旋转。由此带动与之相连的另一侧的压气机叶轮也同时转动。

2）压气机叶轮把空气从进风口强制吸进，并经叶片的旋转压缩后，再进入管径越来越小的压缩通道做二次压缩，这些经压缩的空气被送入中冷器。

3）经过中冷器，以此降低被压缩空气的温度、提高密度，防止发动机产生爆燃。

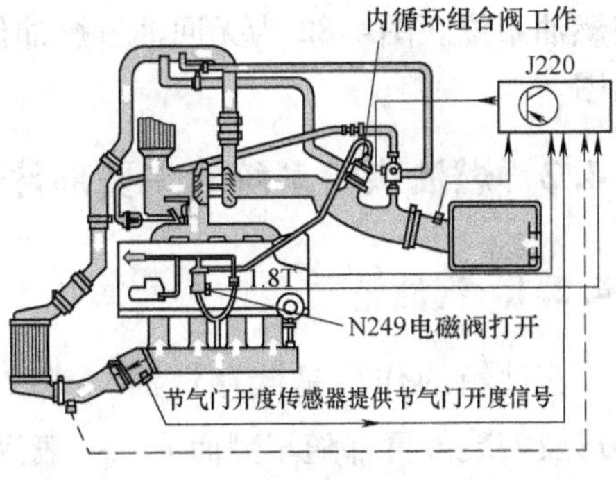

图 4-79　内循环阀工作原理

4）被压缩（并被冷却后）的空气经进气管进入气缸，参与燃烧做功。

5）燃烧后的废气从排气管排出，进入涡轮，再重复以上的动作。

4.4　燃油供给系统的构造与维修

4.4.1　燃油供给系统的作用和组成

汽油发动机燃油供给系统的作用是储存并滤清汽油，根据发动机各工况的要求向发动机供给清洁的、具有适当压力并经精确计量的汽油。

汽油发动机燃油供给系统由汽油箱、电动汽油泵、汽油滤清器、燃油压力调节器、燃油分配管以及喷油器等组成。图 4-80 所示为发动机燃油供给系统组成示意图。

电动汽油泵将汽油从汽油箱中吸出并加压后，经汽油滤清器、燃油分配管输送到各喷油器，在 ECU 的控制下向各进气管中喷射，多余的汽油经燃油压力调节器流回油箱。其流程图如图 4-81 所示。

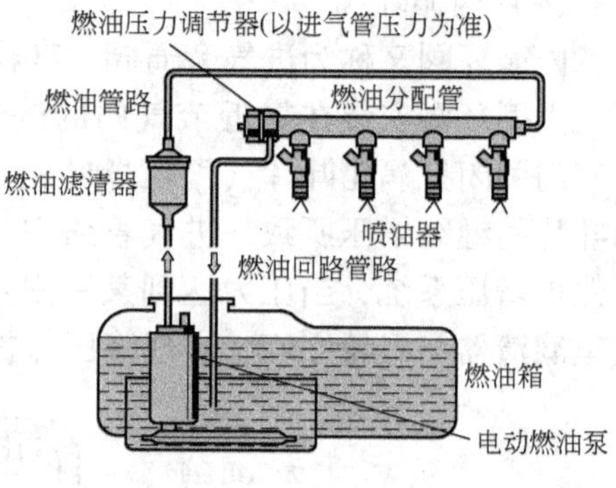

图 4-80　发动机燃油供给系统组成示意图

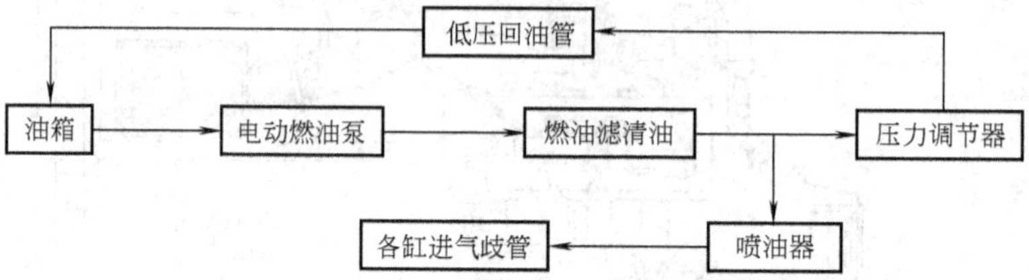

图 4-81　燃油供给系统流程图

有些发动机的燃油供给系统采用了无回油管系统来减少燃油蒸发排放，将汽油滤清器、燃油压力调节器与汽油泵一体装入油箱，形成了单管路燃油系统。图 4-82 为无回油管燃油供给系统示意图。

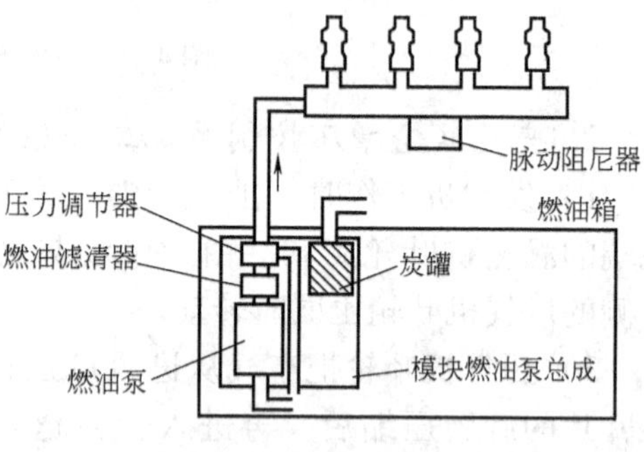

图 4-82　无回油管供油系统示意图

4.4.2　燃油供给系统的主要部件

4.4.2.1　汽油箱

汽油箱的作用是储存汽油。其数目、容量、外形及安装位置都随车型而异，一般汽油箱的容量能使汽油行驶 300 ~ 600km。

汽油箱的构造如图 4-83 所示。载货汽车油箱体是用薄钢板冲压焊成，内壁镀锌锡，以防腐蚀。油箱上部焊有加油管，管内带有可拉出的延伸管，其底部有滤网。进油管口由油箱盖盖住。油箱上面装有油面指示表传感器和出油开关。出油开关经输油管与汽油滤清器相通。油箱底部设有放油螺栓，用以排除油箱内的积水和污物。箱内装有隔板，用以减轻汽车行驶时燃料的激烈振荡。

现代轿车燃油箱通常由耐油硬塑料制成，其外形结构随车内空间布置而有所不同。

4.4.2.2　电动汽油泵

汽油泵的作用是将汽油从油箱中吸出，并以足够的泵油量和泵油压力向燃油系统供油。曾经在货车上采用过机械膜片式汽油泵，现代轿车则广泛采用电动汽油泵。

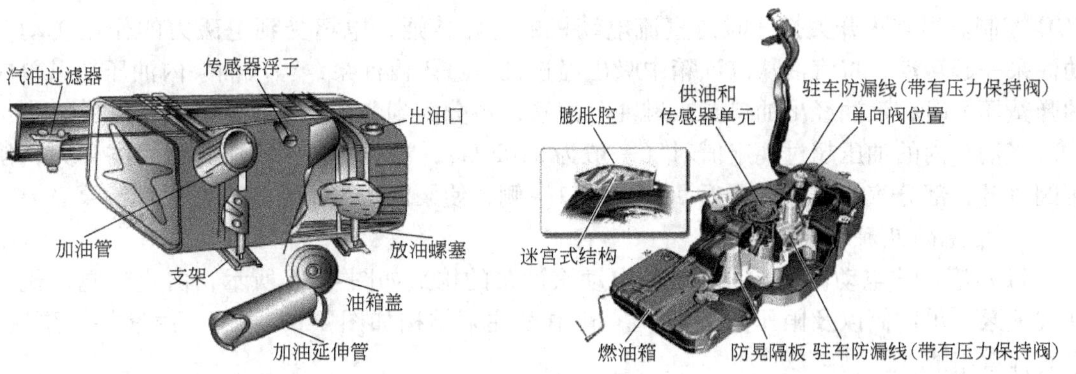

a) 货车油箱　　b) 轿车油箱

图 4-83　汽油箱

电动汽油泵常见的安装位置有两种，即油箱外置型和油箱内置型。油箱外置型电动燃油泵安装在油箱外，串联在输油管上；油箱内置型电动燃油泵安在油箱内部，浸泡在燃油里，这样可以防止产生气阻和燃油泄漏，且噪声小。此外内置式还在油箱中设一个小油箱，将燃油泵放在小油箱中，这样可以防止在燃油不足而汽车转弯或倾斜时，燃油泵吸入空气而产生气阻，如图 4-84 所示。目前大多数电控燃油喷射系统均采用油箱内置型电动燃油泵。

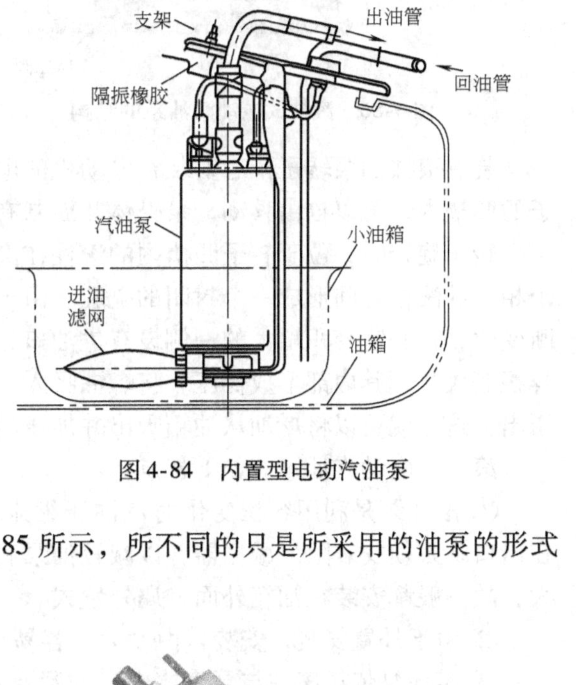

图 4-84　内置型电动汽油泵

电动汽油泵常见的结构形式有 4 种，即滚柱式、涡轮式、转子式和侧槽式，目前应用较多的是滚柱式和涡轮式两种。

1. 电动汽油泵的基本结构和工作原理

无论是哪种形式的电动燃油泵，其结构基本上是相同的，都是由直流电动机、油泵、限压阀、单向阀和外壳等组成，如图 4-85 所示，所不同的只是所采用的油泵的形式各异。

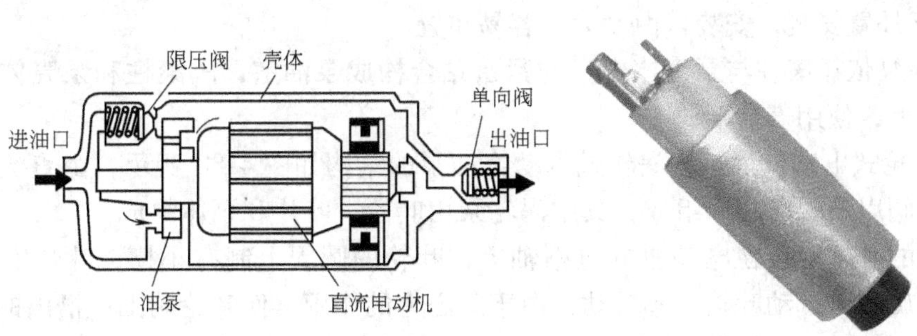

图 4-85　电动汽油泵的基本结构

油泵安装于直流电动机的一端，由直流电动机的电枢轴带动旋转，直流电动机则由ECU控制。当点火开关打开时，直流电动机的电路接通，电枢受到电磁力的作用转动，带动油泵一起转动，将汽油从汽油箱中吸出经进油口进入汽油泵，当汽油泵内油压超过单向阀的弹簧压力时，汽油经出油口泵入燃油分配管，再分配到各个喷油器。

当油泵内的油压超过规定值时（一般为320kPa），油压将克服限压阀弹簧的弹力，使限压阀打开，部分汽油经限压阀返回到进油口一侧，使泵内压力不致过高而损坏油泵。

2. 常见的几种电动汽油泵

（1）滚柱式电动汽油泵　滚柱式电动汽油泵的构造如图4-86所示，由直流电动机、滚柱式油泵、单向阀以及限压阀等组成。其中滚柱泵结构如图4-87所示，由滚柱、泵转子、泵壳体等组成。

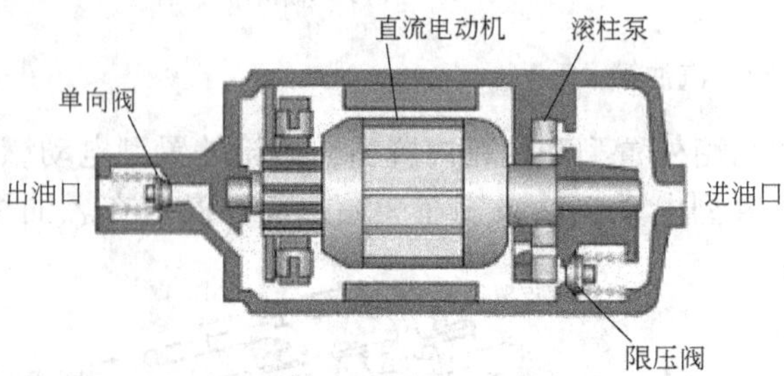

图4-86　滚柱式电动汽油泵的结构

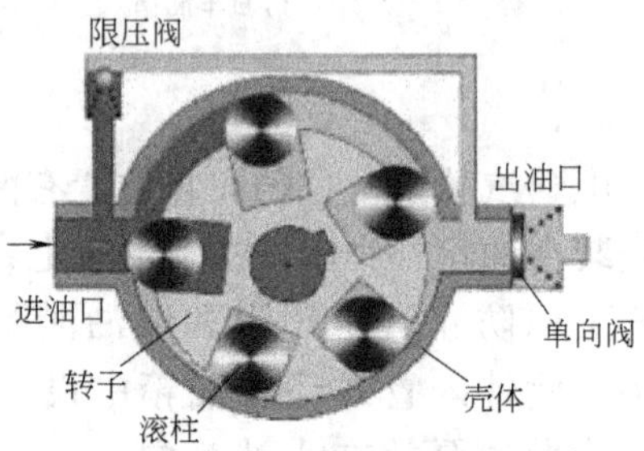

图4-87　滚柱泵的结构和原理

装有滚柱的泵转子偏心安装在电动机的电枢轴上，随电动机一起旋转。滚柱安装在泵转子的凹槽内，可以自由移动，泵壳体侧面制有进油口和出油口。

转子旋转时，位于转子凹槽内的滚柱在离心力的作用下，压靠在泵壳体的内表面上，两个相邻的滚柱之间形成一个封闭的空腔。由于转子被偏心安装，腔室的容积在转动过程中不断变化，在腔室容积增大的一侧设有进油口，而在腔室容积变小的一侧设有出油口。当腔室容积变大时，其内部形成低压，将燃油吸入；当腔室容积变小时，其内部压力增大，将燃油压出，这样就可以将燃油从油箱吸出并加压后供到供油管路中。

滚柱式电动汽油泵有如下特点：

① 滚柱泵是利用容积变化对汽油压缩来提升油压的，油泵出口端输油压力脉动较大，在出口端必须安装阻尼减振器，以减轻油泵后方燃油管内的压力脉动，这使得燃油泵体积增大，故一般都安装在油箱外面，属外置式。

② 由于外置安装，安装自由度大，容易布置。

③ 滚柱泵依靠滚柱与泵壳体内壁的紧密贴合构成泵油室，故滚柱和泵壳体易磨损，运转中噪声较大，使用寿命不长。

（2）涡轮式电动汽油泵　涡轮式电动汽油泵的结构如图4-88所示，由直流电动机、涡轮泵、单向阀以及限压阀等组成，其中涡轮泵由叶轮、叶片和泵体组成。

涡轮泵的叶轮安装在电动机的电枢轴上，叶轮的圆周上制有小槽，叶片安装在小槽内部。电动机旋转时带动叶轮一起转动，由于离心力的作用，使叶轮周围小槽内的叶片紧贴泵壳，并将燃油从进油腔带往出油腔。由于进油腔的燃油被不断带走，故产生一定的真空度，油箱内的燃油经进油口吸入，而出油腔燃油不断增多，燃油压力升高。当油压升到一定值

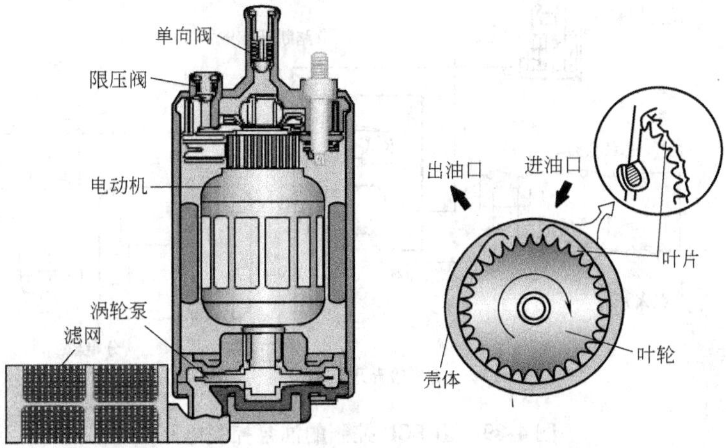

图 4-88　涡轮式电动汽油泵的结构

时，顶开出油口的单向阀输出。

涡轮式电动汽油泵有如下特点：

① 与滚柱泵相比，涡轮泵工作时，涡轮与泵壳不直接接触，故工作时噪声低、振动小、磨损小、可靠性高。

② 不存在因容积变化而产生对汽油的压缩，出口端燃油压力脉动小，可取消阻尼减振器，便于直接装入油箱，使用寿命长，应用广泛。

3. 电动汽油泵的控制

电动汽油泵的控制包括以下功能：

① 预运转功能。即当点火开关打开而不起动发动机时，油泵能预先运转 3 ~5s，向油管中预先充入压力燃油，保证顺利起动。

② 起动运转功能。即在发动机起动过程中，油泵能同时运转，保证起动供油。

③ 恒速运转功能。即在发动机正常运转过程中，油泵能始终恒速运转，保证正常的泵油压力和泵油量。

④ 变速运转功能。即根据发动机工况的变化控制油泵高、低速运转变换。发动机高速、大负荷工况下耗油较多时，燃油泵以高速运转；发动机在低速、中小负荷工况工作时，使燃油泵以低速运转，以减少不必要的燃油泵磨损和电能消耗。

⑤ 自动停转保护功能。发动机熄火后，即使点火开关仍处于接通状态，油泵也能自动停转。这一功能可防止汽车因碰撞等事故造成油管破裂时的燃油大量外溢，而避免因点火开关处于接通位置引起火灾。

油泵控制电路的上述功能不一定全反映在某一车型上，各车型控制电路所能实现的控制功能不尽相同，有的控制功能较少，有的控制功能较多，下面介绍几种常见的油泵控制电路。

（1）由 ECU 控制的油泵控制电路　采用 ECU 控制的油泵控制电路如图 4-89 所示。

该控制电路由 ECU 和电路断开继电器对油泵工作进行控制。

① 起动发动机时，点火开关处于起动档，点火开关 ST 端子通电，电路断开继电器 L_2 线圈通电，使电路断开继电器触点闭合，电源向油泵供电，油泵工作，处于起动供油状态。

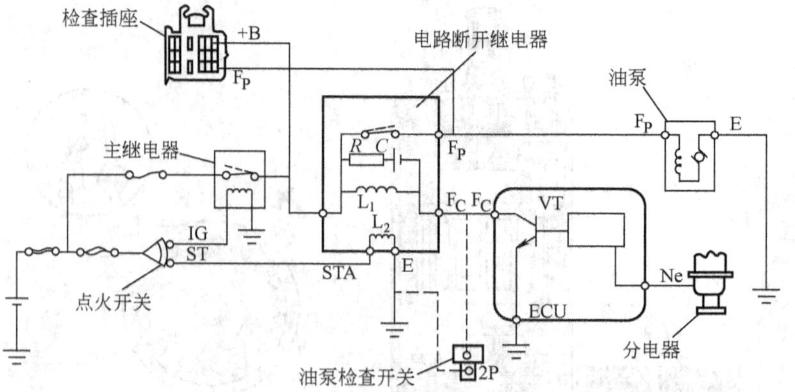

图 4-89　由 ECU 控制的油泵控制电路

② 发动机起动后进入正常运转时，转速传感器将发动机转速 Ne 信号输入 ECU，ECU 控制晶体管 VT 导通，L_1 线圈通电，电路断开继电器触点继续保持闭合状态，油泵继续工作。

③ 发动机停止运转时，ECU 接收不到转速传感器发出的 Ne 信号而使晶体管 VT 截止，线圈 L_1 断电，电路断开继电器触点打开，油泵供电线路中断，油泵停止工作。

这种控制方式还具有预运转功能，即点火开关由"OFF"档转至"ON"档，但不起动发动机时，ECU 会控制油泵运转 3～5s，使油路中的油压提高，从而方便起动。

对这种形式的控制电路，用连接线将检查插座中的 +B 和 F_P 插孔连接起来，可使汽油泵运转。用此方法可判断汽油泵及其控制电路的故障。

（2）具有转速控制的油泵控制电路　发动机在低速或中小负荷下工作时，供油量相对较小，此时需要油泵低速运转，以减少磨损、噪声和不必要的电能消耗。发动机在高速或大负荷下工作时，供油量较大，此时需要油泵高速运转，以增加泵油量。为此，某些车型的油泵控制电路采用了低速和高速两级控制。

要改变油泵的运转速度，只要改变加在油泵上的电压即可。目前，常见的油泵转速控制方式有电阻器控制式和专用 ECU 控制式两种。

1）电阻器控制式。图 4-90 所示为电阻器控制式油泵转速控制电路。它在油泵控制电路中增设一个电阻器（降压电阻）和燃油泵控制继电器，当电阻器串入油泵电路中时，加在油泵上的电压降低，油泵就低速运转；当电阻器被隔除时，电压升高，油泵高速运转，这样就可实现油泵的变速控制。

该控制电路中，发动机在起动、正常运转及停转时的控制方式和前述基本相同，实现转速控制的方法如下：

① 发动机在低速或中小负荷下工作时，ECU 控制晶体管 VT_2 导通，燃油泵控制继电器线圈通电，使触点 A 闭合，电阻器被串入到油泵电路中，燃油泵两端的电压低于蓄电池电压，燃油泵低速运转。

② 发动机在高速或大负荷下工作时，ECU 控制晶体管 VT_2 截止，燃油泵控制继电器触点 B 闭合，电阻器被隔除，蓄电池电压直接加在燃油泵两端，燃油泵高速运转。

2）专用 ECU 控制式。图 4-91 为专用 ECU 控制式的油泵转速控制电路。该控制系统中

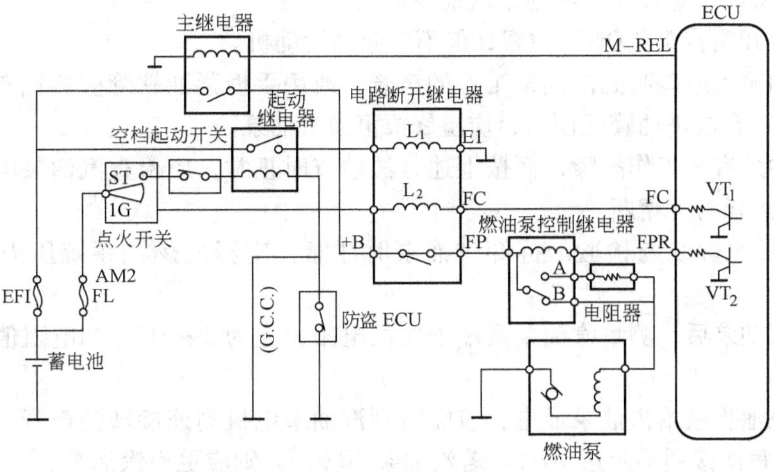

图 4-90　电阻器式油泵转速控制电路

单独设置一个油泵 ECU，用于控制电动汽油泵工作。通过油泵 ECU 和发动机 ECU 的共同控制，可以实现油泵转速的变速控制。

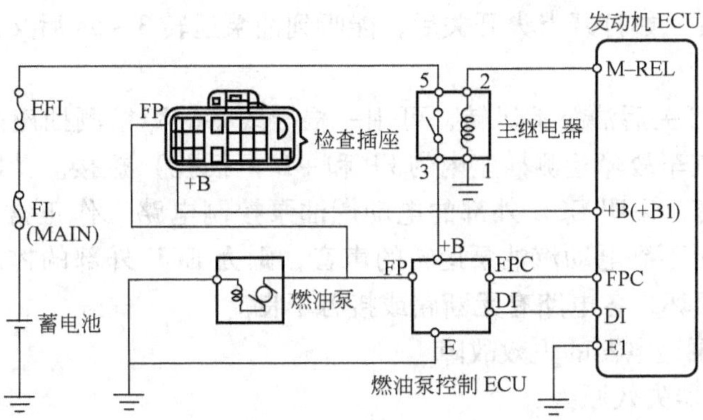

图 4-91　专用 ECU 控制式油泵转速控制电路

① 发动机在起动或高速、大负荷下工作时，发动机 ECU 向燃油泵 ECU 的 FPC 端输入一个高电位信号，此时燃油泵 ECU 的 FP 端向油泵供给较高的电压（12 ~ 14V），使油泵高速运转。

② 发动机起动后，在低速或小负荷下工作时，发动机 ECU 向燃油泵 ECU 的 FPC 端输入一个低电位信号，此时燃油泵 ECU 的 FP 端向油泵供给低于蓄电池电压（约 9V），使油泵低速运转。

③ 当发动机转速低于规定的最低转速（如 120r/min）时，燃油泵 ECU 断开油泵电路，使油泵停止工作，此时尽管点火开关处于接通状态，油泵也不工作。

4. 电动汽油泵及其控制电路的检测

（1）电动汽油泵的检测

1）就车检查电动汽油泵。

① 用专用导线将诊断插座上的汽油泵测试端子跨接到 12V 电源上，也可以拆开电动汽

油泵的线束连接器，直接用蓄电池给汽油泵通电。

② 将点火开关转至“ON”位置，但不要起动发动机。

③ 旋开油箱盖应能听到汽油泵工作的声音，或用手捏紧油软管应感觉有压力。若听不到汽油泵工作声音或进油管无压力，应检修或更换汽油泵。

④ 若汽油泵有不工作故障，而按上述方法检查时正常，应检查汽油泵电路导线、继电器、易熔线和熔丝有无熔断。

2）汽油泵的拆装与检验。拆卸汽油泵时注意：应释放燃油系统压力，并关闭用电设备。

① 拆下汽油泵后，测量汽油泵两端子之间电阻，应为2～3Ω。如电阻值不符，应更换汽油泵。

② 用蓄电池直接给汽油泵通电，应能听到汽油泵电机高速旋转的声音，注意：通电时间不能过长（每次接通不超过10s）。若汽油泵不转动，则应更换汽油泵。

（2）汽油泵控制电路的检测　以ECU控制的油泵电路为例，控制电路图如图4-85所示。检查这种控制系统，首先应判别是ECU内部故障还是ECU外部的控制电路故障。其方法是：

① 打开油箱盖，将点火开关置于ON位置，但不起动发动机，在油箱口处倾听有无电动汽油泵运转的声音。如打开点火开关后，能听到油泵运转3～5s后又停止，说明控制系统各部分工作正常。

② 如打开点火开关后油泵不运转，可用一根导线将故障检测插座内两个检测电动汽油泵的插孔（如丰田汽车故障检测插座内的FP和+B两插孔）短接。此时打开点火开关如能听到油泵运转的声音，说明ECU外部的电动燃油泵控制电路工作正常，故障在ECU内部，应更换ECU。若仍听不到电动汽油泵运转的声音，则为ECU外部的控制电路故障，应检查熔丝、继电器有无损坏，各电路有无断路或接触不良。

（3）电动汽油泵继电器的失效故障

1）燃油泵继电器失效原因：

① 触点烧焦。

② 继电器线圈烧断。

③ 插头针脚氧化。

④ 过载。

⑤ 磨损。

⑥ 腐蚀。

2）燃油泵继电器失效后的故障征兆：安装有继电器的系统失灵。

（4）电动汽油泵继电器的检测　常用的电动汽油泵继电器有四脚和五脚两种。

1）四脚电动汽油泵继电器的检查。四脚电动汽油泵继电器中有两脚是接继电器的电磁线圈，另外两脚接继电器常开触点。

① 用万用表欧姆档测量，继电器电磁线圈两脚之间应导通，常开触点两脚之间应不通。

② 在电磁线圈两接脚上施加12V电压，同时用万用表欧姆档测量常开触点两脚之间应导通，如图4-92所示。若测量结果不符合要求，应更换电动汽油泵继电器。

2）五脚电动汽油泵继电器的检测。五脚电动汽油泵继电器内有两组电磁线圈，其中一组由起动开关控制，另一组由 ECU 控制。如图 4-93a 所示。

① 用万用表欧姆档测量这两组线圈，均应导通；测量常开触点两端（+B 和 FP），应不导通，如图 4-93b所示。

② 分别在两组线圈两端施加 12V 电压，同时测量常开触点两端，应导通，如图 4-93c、图 4-93d 所示。

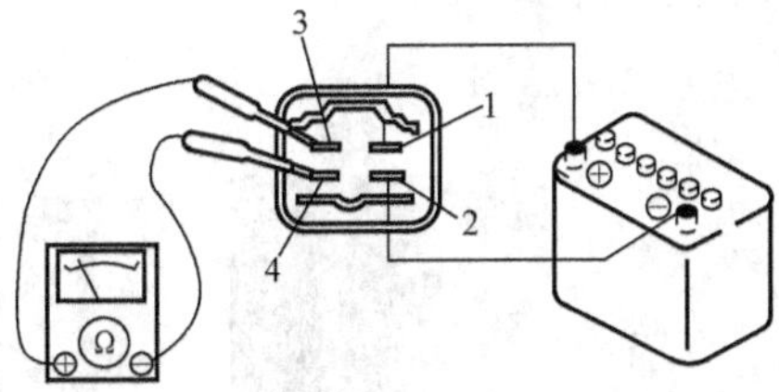

图 4-92　四脚电动汽油泵继电器的检测
1、2—电磁线圈接脚　3、4—常开触点接脚

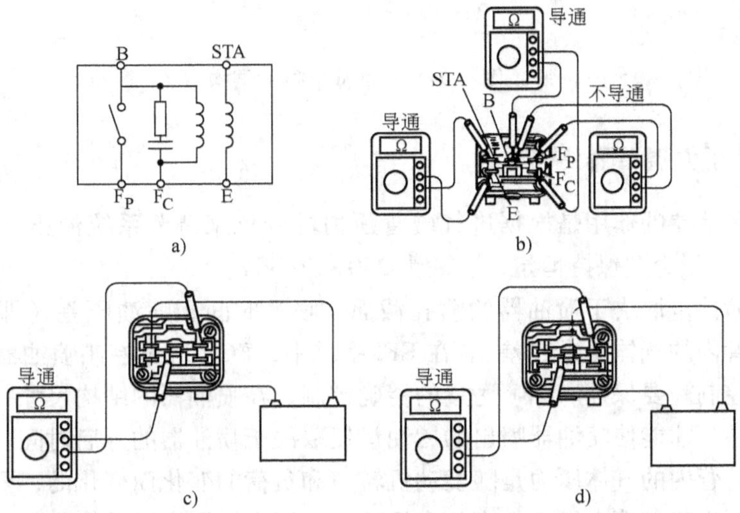

图 4-93　五脚电动汽油泵继电器的检测

4.4.2.3　汽油滤清器

汽油滤清器的作用是滤除汽油中的水分和杂质，防止燃油系统堵塞，减小机械磨损，确保发动机稳定运行，提高可靠性。

汽油滤清器一般安装在电动汽油泵出油管与燃油分配管之间的供油管路上，也有些车型（如丰田威驰、花冠、锐志）采用无回油管系统，将燃油压力调节器、汽油滤清器与汽油泵一体装入汽油箱。

1. 汽油滤清器的构造

在电控汽油喷射式发动机的汽油供给系统中，一般采用纸质滤芯、一次性的汽油滤清器。汽油滤清器由外壳和滤芯组成，滤芯采用滤纸叠成菊花形和盘簧形结构，如图 4-94 所示。

汽油从入口进入滤清器，经过壳体内的滤芯过滤后，清洁的汽油从出口流出。安装时注意汽油滤清器壳体上的箭头标记为汽油流动方向。

2. 汽油滤清器的维护

汽油滤清器阻塞会导致供油压力和供油不足，影响发动机的动力性，因此要定期维护。

汽油滤清器为一次性使用零件，一般每行驶 30000 ~ 40000km，或每两个二级维护作业周期更换一次汽油滤清器。若使用的燃油含杂质较多时应缩短更换周期。

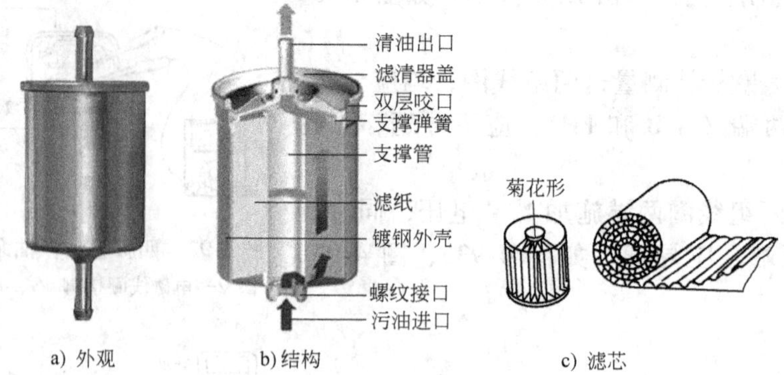

a) 外观　　b) 结构　　c) 滤芯

图 4-94　汽油滤清器的结构

4.4.2.4　燃油压力调节器

燃油压力调节器的作用是根据进气歧管压力的变化来调节系统油压（即燃油分配管内油压），使两者的压力差保持恒定，一般为 250 ~ 300kPa。

喷油器的喷油量取决于喷油器的喷孔截面、喷油时间和喷油压差（即燃油分配管内的油压与进气歧管内的气体压力之差）。在 EFI 系统中，ECU 通过控制喷油器的喷油时间来实现对喷油量的控制。要保证燃油喷射量的精确控制，在喷油器的结构尺寸一定时，必须保持恒定的喷油压差，才能使喷油器喷出的燃油量仅取决于喷油器的开启时间。

由于进气歧管内的气体压力是随发动机转速和负荷的变化而变化的，要保持恒定的喷油压差，必须根据进气歧管内压力的变化来调节燃油压力。即进气歧管内的压力增高时，燃油压力也应相应增高；反之，则降低。

1. 燃油压力调节器的构造

燃油压力调节器位于燃油分配管的一端或与汽油泵一体安装于油箱内，主要由膜片、弹簧和回油阀等组成，其结构如图 4-95 所示。

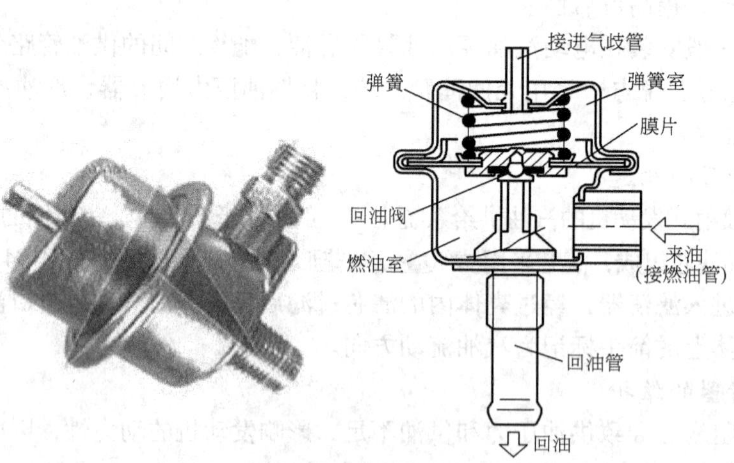

图 4-95　燃油压力调节器的结构

膜片将调节器壳体内部分成两个室，即弹簧室和燃油室。膜片上方的弹簧室通过软管与进气歧管相通，膜片与回油阀相连，回油阀控制回油量。这样，膜片上方承受的压力为弹簧的弹力和进气歧管内气体的压力之和，膜片下方承受油压。

2. 燃油压力调节器的工作原理

发动机工作时，由于电动汽油泵泵送的油量远大于喷射所需的油量，故在油压作用下膜片移向弹簧室一侧，阀门打开，部分燃油流回油箱，燃油分配管内保持一定的油压，此时膜片上、下压力处于平衡状态。

当进气歧管内气体压力下降（真空度增大）时，膜片向上移动，使回油阀开度增大，回油量增加，从而使燃油分配管内油压下降，保持与变化了的歧管压力差值恒定；反之，当进气歧管内的压力升高（真空度降低）时，膜片带动回油阀向下移动，回油阀开度减小，回油量减少，使燃油分配管内油压升高。燃油分配管内的油压与进气歧管内的气体压力之间的关系如图 4-96 所示。

发动机停止工作时，燃油分配管内压力下降，回油阀在弹簧作用下逐渐关闭，使汽油泵单向阀与燃油压力调节器回油阀之间的油路内保持一定的压力。

3. 燃油压力调节器的检修

由于燃油压力调节器的作用是调节喷油压差恒定，所以出现故障时会直接影响喷油压差的高低和发动机的供油量，使发动机出现供油不稳、怠速不稳、起动困难、加速无力、耗油以及冒黑烟等故障。

燃油压力调节器的主要故障是弹簧张力疲劳后变小或膜片破裂。它是不可调节器件，若工作不良时，应进行更换。

4.4.2.5　燃油分配管

燃油分配管的作用是固定喷油器和燃油压力调节器，并将高压燃油输送给各个喷油器。它安装在进气歧管或气缸盖上，燃油分配管与喷油器之间用 O 形密封圈和卡环密封，O 形密封圈可防止燃油渗漏，并具有隔热和隔振的作用。卡环将喷油器固定在燃油分配管上，如图 4-97 所示。

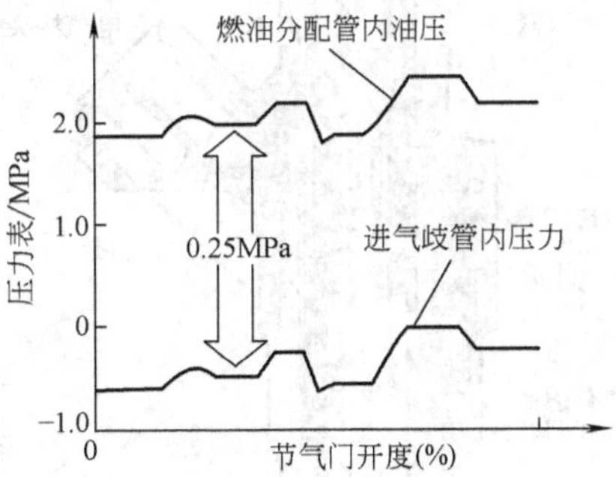

图 4-96　燃油分配管内油压与进气歧管压力的关系

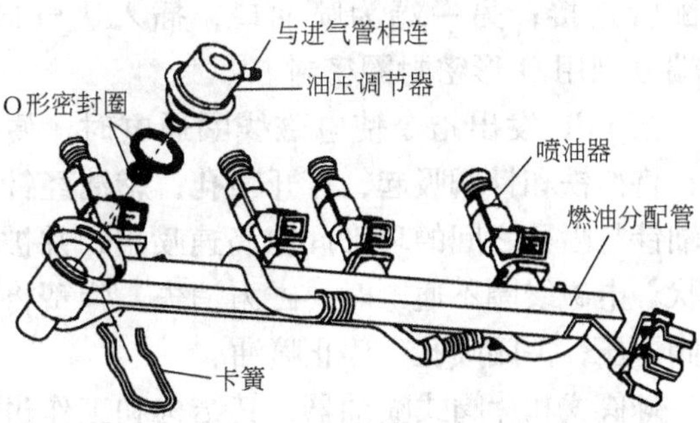

图 4-97　燃油分配管的结构

大多数燃油分配管上都有燃油压力测试口，可用于检查和释放油压。

4.4.2.6 电磁喷油器

喷油器是电控燃油喷射系统中一个重要的执行元件，其作用是在 ECU 的控制下，将汽油呈雾状定时定量喷入进气歧管内。

电控燃油喷射系统采用电磁式喷油器，按总体结构不同可分为轴针式、球阀式和片阀式，目前常用的是轴针式喷油器。按照喷油器电磁线圈的电阻值不同分为高阻（13～18Ω）喷油器和低阻（2～3Ω）喷油器，国内电控燃油喷射系统采用高阻喷油器，如桑塔纳 2000GSi 轿车 AJR 发动机的喷油器电磁线圈的电阻值为（15.9±0.35）Ω。按喷油器的控制方式不同分为电压驱动式和电流驱动式。

电控燃油喷射系统的喷油器安装在各进气歧管或进气道附近的缸盖上，并用燃油分配管固定，如图 4-98 所示。

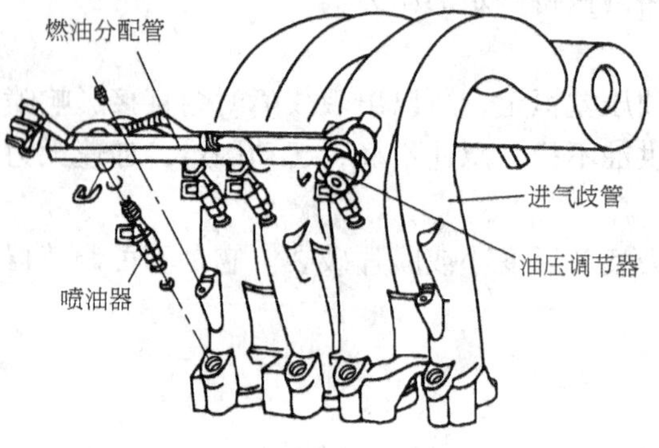

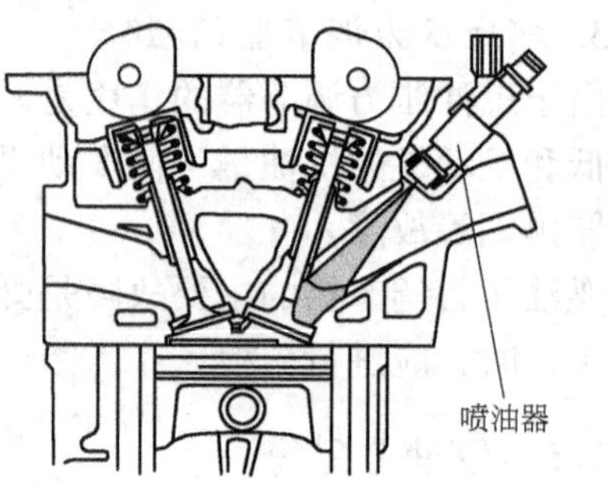

图 4-98　喷油器的安装位置

1. 喷油器的构造和原理

以轴针式喷油器为例，其结构如图 4-99 所示。由喷油器外壳、滤网、电接头、电磁线圈、衔铁、针阀及喷油轴针等组成。喷油器内部的电磁线圈经线束与微处理器连接，喷油器头部的针阀与衔铁连接为一体。它的一端为进油口，与燃油分配管连接；另一端为喷油口，插入进气歧管中，两端分别用 O 形密封圈密封。

当 ECU 发出指令使电磁线圈通电时，便产生吸力，将衔铁和针阀吸起，打开喷孔，燃油经针阀头部的轴针与喷孔之间的环形间隙高速喷出，并被粉碎成雾状。电磁线圈不通电时，磁力消失，弹簧将衔铁和针阀下压，关闭喷孔，停止喷油。

球阀式和片阀式喷油器，其结构和工作过程与轴针式喷油器基本一致，主要区别在于阀体结构不同。图 4-100 为球阀式喷油器，图 4-101 为片阀式喷油器。

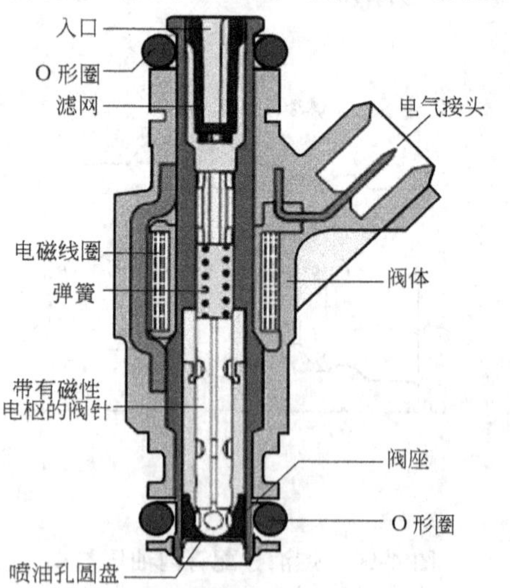

图 4-99　轴针式喷油器结构

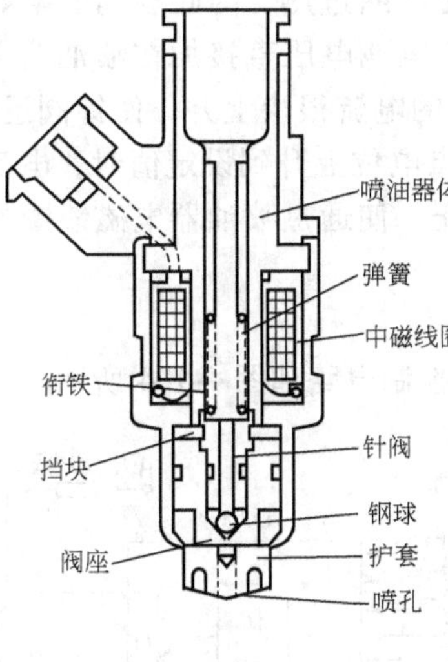

图 4-100　球阀式喷油器

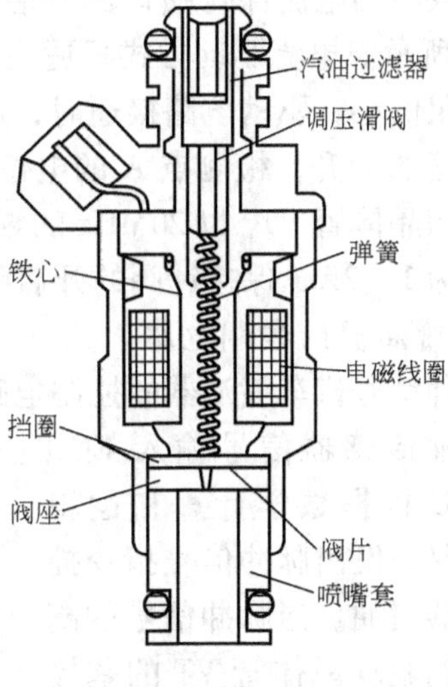

图 4-101　片阀式喷油器

2. 喷油器的驱动

喷油器按电磁线圈的控制方式不同，可分为电压驱动式和电流驱动式两种，如图4-102 所示。

（1）电压驱动式　电压驱动是指 ECU 驱动喷油器喷油电脉冲的电压是恒定的，如图 4-102a所示。在电压驱动式电路中，使用高阻值喷油器时，可将蓄电池电压直接加在喷油器上；而使用低阻值喷油器时，则应在电路中串入附加电阻，将蓄电池电压分压后加在喷油器上。这是因为低阻喷油器电磁线圈匝数少、电阻小，如果直接和蓄电池电源连接，则电流大、发热快、易烧坏电磁线圈，故串入附加电阻可保护低阻喷油器。

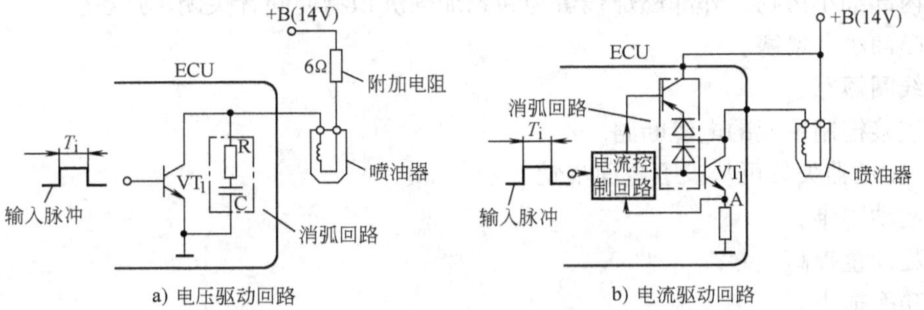

图 4-102　喷油器的驱动回路

附加电阻与喷油器的连接方式如图 4-103 所示。

（2）电流驱动式　电流驱动是指通过控制喷油器的工作电流来控制喷油器的工作，即喷油器的驱动脉冲信号开始时用一个较大的电流，使电磁线圈产生较大的电磁吸力，以迅速打开喷口，

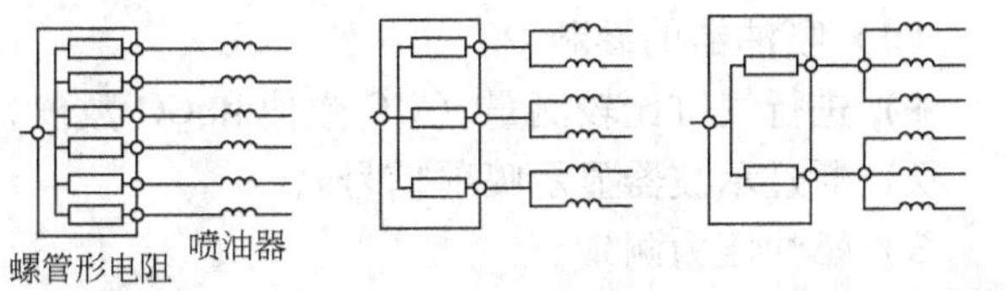

图 4-103　附加电阻与喷油器的连接方式

随后用较小的电流保持喷口的开启状态，从而防止电磁线圈过热，因此驱动效果好，如图4-102b所示。电流驱动方式只适用于低阻值喷油器，蓄电池电压直接加在喷油器上，由于喷油器阻值小，驱动电路接通时，通过喷油器电磁线圈的电流很快上升，使针阀迅速打开。随着电流的上升，检测点A的电位也很快升高。当A点电位上升到设定值时，电流控制回路会控制晶体管VT_1以20MHz的频率交替地导通和截止，使通过喷油器电磁线圈的平均电流保持为1~2A，保持针阀的开启状态。

3. 喷油器的控制电路

各种型号汽车喷油器的控制电路大同小异，其基本控制电路如图4-104所示。

各种传感器信号输入ECU后，ECU根据数学计算和逻辑判断结果，发出脉冲信号指令控制喷油器喷油。当脉冲信号的高电平加到驱动晶体管VT的基极时，VT导通，喷油器的电磁线圈电流接通，产生电磁吸力将针阀吸开，喷油器开始喷油；当脉冲信号的低电平加到驱动晶体管VT的基极时，VT截止，喷油器的电磁线圈电流切断，在复位弹簧弹力作用下针阀关闭，喷油器停止喷油。

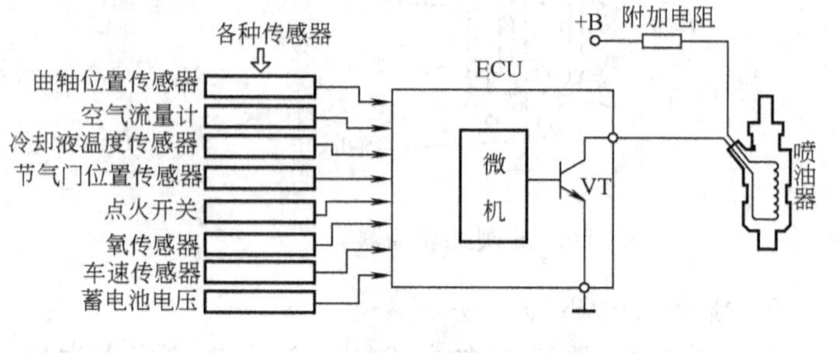

图4-104 喷油器的基本控制电路

由此可见，ECU是通过控制喷油器的搭铁回路来实现对喷油器的控制的。

4. 喷油器的故障诊断

（1）喷油器失效原因

1）燃油中的杂质堵塞喷油器内的滤网。

2）内部细小污物、外部燃烧残留物和添加剂沉积物使阀针关闭不严密。

3）喷油小孔堵塞。

4）线圈短路。

5）连接控制单元的电缆断路。

（2）喷油器失效可从以下方面察觉

1）起动困难。

2）耗油量提高。

3）功率损失。

4）怠速转速波动。

5）废气特性恶化（尾气检测值超标）。

6）后续损坏（发动机使用寿命缩短，催化转化器损坏等）。

（3）喷油器的诊断

1）进行气缸比较测量（HC数值和CO数值）和废气测量来测定转速下降。

2）通过示波器显示喷射信号。

3）燃油压力测量。

4）检查喷油器与控制单元之间导线连接的导通性和接地连接。

5）检查喷油器线圈的导通性和接地连接。

6）拆卸喷油器，通过测试仪检查喷油状况。

（4）故障检查方法　具体检查方法如下：

1）就车检查

① 检查喷油器的工作情况。如图4-105所示，在发动机运转过程中，用听诊器（触杆式）或手指接触喷油器时，可听到或感觉到与发动机转速成正比的喷油频率。若各缸喷油器工作声音清脆均匀则说明各喷油器工作正常；若某缸喷油器工作声音很小则可能是针阀卡滞，应做进一步的检查；若听不见某缸喷油器的工作声音则说明该缸喷油器不工作，应检查喷油器及其控制线路。

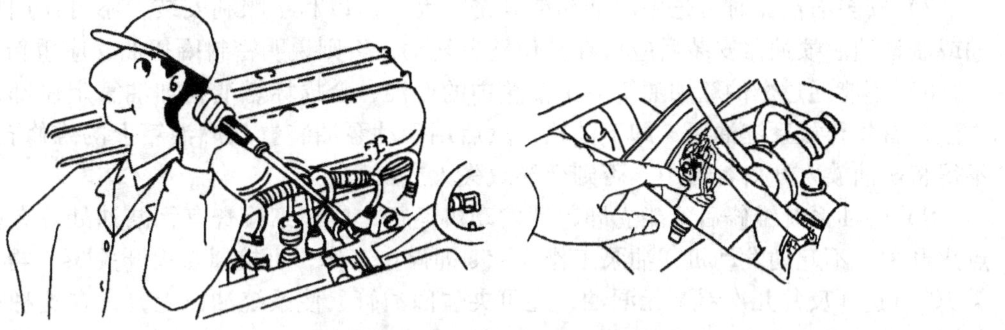

图4-105　喷油器工作状况的检查

② 检查喷油器的电阻。拆下喷油器的导线插接器，用万用表欧姆档测量喷油器电阻值。若不符合要求，则应更换喷油器。

③ 检查喷油器的供电电压。当点火开关置于“ON”位置时，用万用表的直流电压档测量线束连接器的+B端子与搭铁之间的电压，应为12V，若不正常，则检查控制线路及ECU。

2）喷油器的车下检查。将喷油器从车上拆下，在喷油器清洗试验台上对喷油器进行清洗和检查。喷油器清洗试验台如图4-106所示，可对喷油器进行清洗并对喷油器的喷油量、雾化质量和针阀密封性进行检查。

图4-106　喷油器清洗试验台

喷油器在正常工作压力下15s常开喷油量一般为45～75mL，各缸喷油量误差不得超过平均喷油量的5%；喷油器关闭后在正常工作压力下1min内喷油器不得滴漏两滴以上油滴。

4.4.3　燃油供给系统的检修

1. 燃油供给系统检修的注意事项

1）燃油供给系统中存有高压汽油，因此任何涉及燃油管路拆卸的工作都应首先卸压并准备好消防设备，作业区应通风良好、断绝火源，作业时要格外仔细小心，避免泄漏的汽油引发火灾。

2）在拆卸油管时，油管内还会有少量燃油泄出，所以在断开油管前，用抹布将拆卸处罩住，以吸附泄漏的燃油，将吸附燃油的抹布收集到准许的容器中。

3）燃油管多用钢、橡胶或尼龙制造，不得渗漏、裂纹、扭结、变形、刮伤、软化或老化，否则应立即予以更换。

4）所有密封元件、油管卡箍均为一次性零件，维修时应予以更换。

5）油管接头不得松动，否则应立即予以紧固；钢制油管端部的喇叭口应密封良好无渗漏，否则应重新制作。有些轿车采用特制的油管快速接头，拆装时应使用专用工具。

6）连接螺母或接头螺栓与高压油管接头连接时必须使用新垫片并涂上一薄层润滑油，先用手拧上接头螺栓，再用工具拧紧到规定力矩。喇叭口的连接也一样。

7）安装喷油器时可先用汽油润滑其密封元件，以利于顺利安装，不可使用机油、齿轮油或制动油。喷油器安装后应可在其位置上转动，否则说明密封圈扭曲，应重新装配。

8）不能通过燃油箱加油管放出油箱中的燃油，会损坏燃油箱加油管定位部件，正确的方法是首先释放系统油压，卸下油箱，然后用手动泵油装置从燃油箱上的维修孔抽出燃油。不得将燃油放入开口容器中，否则会导致失火或爆炸。

9）燃油系统维修后不能立即起动发动机运行，应仔细检查有无漏油处。有些车型接通点火开关，不起动发动机，油泵工作3~5s即停止工作，可接通点火开关3s，再关闭点火开关10s，这样反复几次看有无漏油，还可夹住回油管，使系统油压上升，在这种状态下检查和观察燃油系统是否有部位漏油；有的车起动时油泵才工作，可先起动一下，检查起动时有无部位漏油。不管用哪一种方法都要确认无漏油部位后才能正式起动发动机，发动机起动后使发动机怠速运转，再仔细检查有无部位漏油，此后才能关上发动机罩正常运行。

2. 燃油供给系统压力的卸除

为了汽油喷射发动机便于再次起动，在发动机熄火后，燃油系统内仍保持有较高的保持压力。在拆卸燃油系统内任何元件时，都必须首先释放燃油系统压力，以免系统内压力油喷出，造成人身伤害或火灾。燃油系统压力卸除的方法如下：

1）松开油箱上的加油盖，释放油箱中的蒸气压力。

2）起动发动机，维持怠速运转，在运转中拔去燃油泵继电器或熔丝，也可拔下燃油泵导线插头，直至发动机自行熄火。

3）再次起动发动机3~5次，利用起动喷射卸除油管中残余压力。

4）关闭点火开关，装上油泵继电器、熔丝或电动油泵导线插头。

3. 燃油供给系统压力的预置

在拆开燃油系统进行维修之后，为避免首次起动发动机时，因系统内无压力而导致起动时间过长，应预置燃油系统压力。燃油系统压力预置可通过反复打开和关闭点火开关数次来完成，也可按下述方法进行：

1）检查燃油系统所有元件和油管接头是否安装良好。

2）用专用导线将诊断座上的燃油泵测试端子跨接到12V电源上，如日本丰田车系直接将诊断座上的电源端子“+B”与燃油泵测试端子“FP”跨接。

3）将点火开关转至“ON”位置，使电动燃油泵工作约10s。

4）关闭点火开关，拆下诊断座上的专用导线。

4. 燃油供给系统压力的检测

通过检测燃油系统压力，可诊断燃油系统是否有故障，进而根据检测结果确定故障性质和部位。检测时需用专用油压表和管接头，检测方法如下：

1）卸除燃油系统的压力。

2）安装汽车专用燃油压力表。如图 4-107 所示，拆下蓄电池负极搭铁线，安装汽车专用燃油压力表（量程为 1MPa），压力表一般安装于汽油滤清器的出油口或燃油分配管的进油口处，带测压口的车辆可将燃油压力表连接至测压口处，重新装复蓄电池负极搭铁线、电动燃油泵继电器和电动燃油泵导线插头。

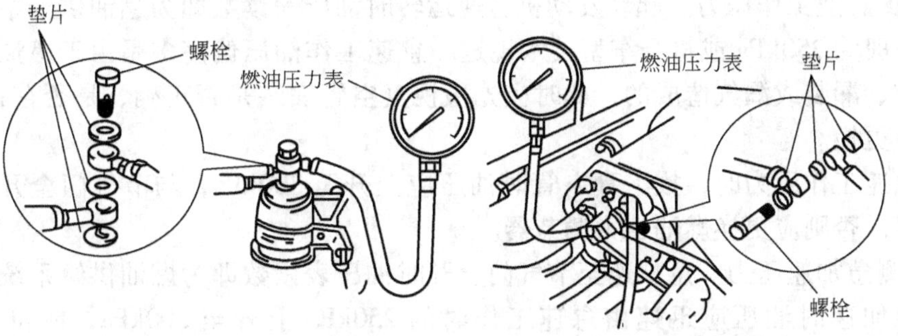

a）凯美瑞轿车

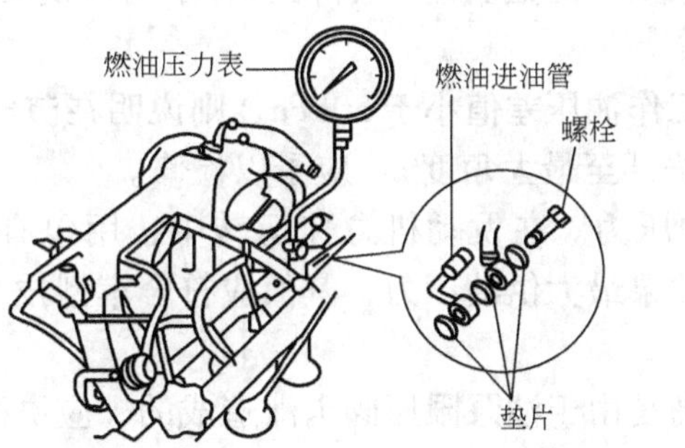

b）塞利卡轿车

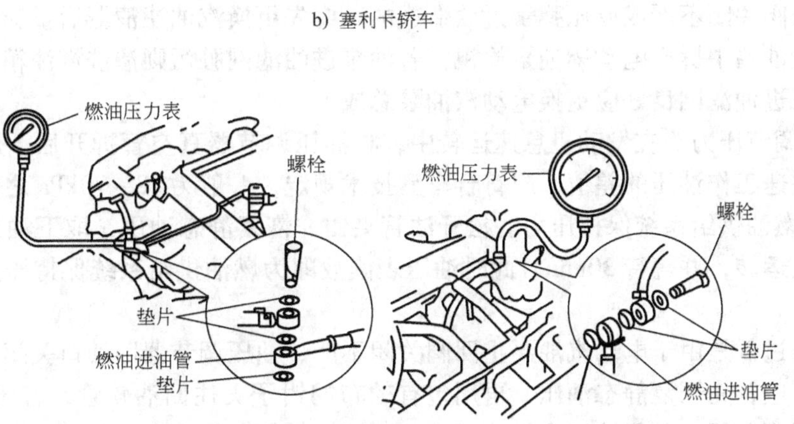

c）花冠轿车

图 4-107　燃油压力表的连接

3）检测静态油压。拔下电动汽油泵继电器，用导线将电动汽油泵继电器供电端子短接；打开点火开关但不起动发动机，使电动汽油泵运转，此时的燃油压力应符合技术要求，一般应在300kPa左右摆动（油压调节器的工作使得油压表指针摆动）。

静态油压偏高多是由于回油管变形或油压调节器损坏造成的，应先仔细检查回油管，变形的油管会阻碍燃油的流动，导致静态油压升高，若回油管完好应更换燃油压力调节器。

静态油压偏低多是由于油泵进油滤网脏堵、电动汽油泵内部磨损、电动汽油泵限压阀损坏、汽油滤清器脏堵、燃油压力调节器调压弹簧过软或喷油器喷孔卡滞常喷油造成的，可更换汽油滤清器试一下，若油压没有恢复正常，则继续下述检测步骤，找出故障确切位置。

4）检测怠速工作压力。起动发动机怠速运转时油压表读数即为燃油供给系统的怠速工作压力，一般为250kPa或符合车型技术规定。怠速工作油压偏高多是由于燃油压力调节器真空管错装、漏装或漏气造成的，此时应先检视真空管安装是否正确、是否存在漏气部位，必要时予以更换。

检测怠速工作压力时，拔下真空管时油压应上升至300kPa，与节气门全开时的加速油压基本相等，否则应更换燃油压力调节器。

5）检测急加速压力。急加速至节气门全开时油压表读数即为燃油供给系统的急加速油压，一般急加速时油压应迅速由怠速工作时的250kPa上升至300kPa，或符合车型技术规定。

若急加速油压无变化，则可能是真空管插在了有单向阀的真空储气罐上（如制动真空系统），应予以恢复。

若急加速油压与怠速工作油压差值小于50kPa，则说明在节气门全开时进气系统仍存在真空节流（例如节气门无法开至最大角度），应予以检修。

6）检测油泵最大供油压力。在发动机怠速运转中，用包有软布的钳子将回油软管夹住，此时油压表读数即为油泵最大供油压力，其值应符合车型技术要求，一般为工作油压的2~3倍，即500~750kPa。

油泵最大供油压力偏高是由于油泵限压阀卡滞造成的，应更换电动汽油泵。

油泵最大供油压力偏低是由于汽油滤清器堵塞、油泵进油滤网脏堵、电动汽油泵内部磨损、油泵限压阀关闭不严或调压弹簧过软造成的。应先更换汽油滤清器后重新检测，若油压仍然偏低则从油箱中拆出电动燃油泵检视：若油泵进油滤网脏污则清洗汽油箱和油泵进油滤网，若汽油泵进油滤网良好应更换电动汽油泵总成。

7）检测调节压力。在发动机怠速运转中，将油压调节器真空管拆开后，燃油系统升高后的油压与怠速工作油压的差值，应符合车型技术规定，一般为28~70kPa之间。

8）检测燃油供给系统保持压力。松开油管夹钳，恢复静态油压，取下油泵继电器跨接线使油泵停止运转，并等待30min，此时油压表读数即为燃油供给系统保持压力，应符合车型技术规定。

保持压力过低是由于电动汽油泵止回阀关闭不严、油压调节器回油口关闭不严或喷油器滴漏造成的。应首先恢复静态油压，再用包有软布的钳子夹住回油软管，若压力停止下降，则应更换油压调节器；若保持压力继续下降，则用包有软布的钳子夹住燃油压力表三通接头至燃油分配管之间的进油软管，如果压力停止下降说明喷油器漏油，则应结合喷油器试验，找出滴漏的喷油器并予以清洗，清洗后复检，必要时应予以更换；若保持压力继续下降说明电动燃油泵止回阀密封不严，应更换电动燃油泵总成。

保持压力检测完毕后再次复查静态压力，如果静态压力仍然偏低应更换油压调节器。

4.4.4　燃油喷射控制

在电控汽油发动机燃油供给系统中，ECU要根据发动机工况的要求控制喷油器定时、定量地将汽油喷入进气歧管，并且在某些特定的情况还要控制喷油器停止喷油。因此，对燃油喷射的精确控制成为了电控发动机的重要控制内容。

4.4.4.1　喷油正时控制

喷油正时就是指喷油器何时喷油。在多点燃油喷射系统中，燃油喷射可分为同时喷射、分组喷射和顺序喷射三种喷射方式。

1. 同时喷射

同时喷射指各缸喷油器同时喷油，其控制电路如图4-108所示，各缸喷油器并联在一起，由一只晶体管VT驱动。

发动机工作时，ECU根据曲轴位置传感器和凸轮轴位置传感器输入的基准信号发出喷油指令，控制晶体管VT导通与截止，再由VT控制喷油器的电磁线圈电流接通与切断，使各缸喷油器同时喷油和停止喷油。曲轴每转一圈（360°），各缸喷油器同时喷油一次，一次喷油量为发动机一次燃烧需要燃油量的1/2，喷油正时与发动机工作循环无关。

这种控制方式，控制电路和控制程序简单，通用性较好。但各缸喷油时刻不可能最佳。

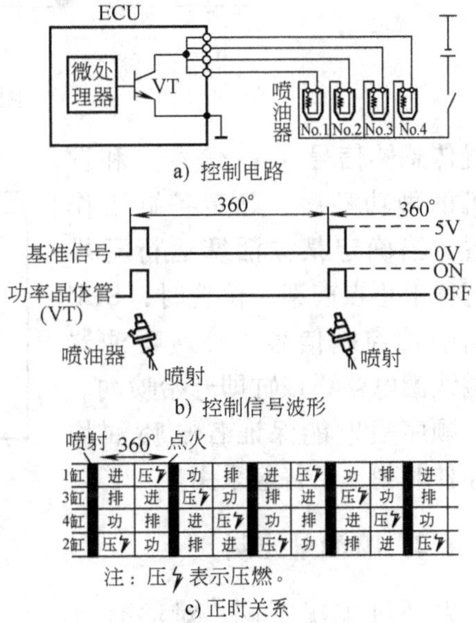

图4-108　同时喷射

2. 分组喷射

分组喷射是将喷油器喷油分组进行控制，一般将四缸发动机分成两组，六缸发动机分成三组，八缸发动机分成四组。图4-109为四缸发动机分组喷射的控制电路。

发动机工作时，由ECU控制各组喷油器轮流喷油。发动机每转一圈，只有一组喷油器喷油。分组喷射方式虽然不是最佳的喷油方式，但与同时喷射相比，燃油雾化质量有所改善。

3. 顺序喷射

顺序喷射就是各缸喷油器按照一定的顺序（发动机做功顺序）喷油。顺序喷射的控制电路如图4-110所示。

在顺序喷射系统中，发动机工作一个循环，各缸喷油器轮流喷油一次，按特定的顺序依次进行喷射。

实现顺序喷射的一个关键问题是需要知道即将到达排气上止点的是哪一个气缸。为此，ECU需要一个气缸判别信号（G信号）。ECU根据凸轮轴位置传感器信号（G信号）、曲轴

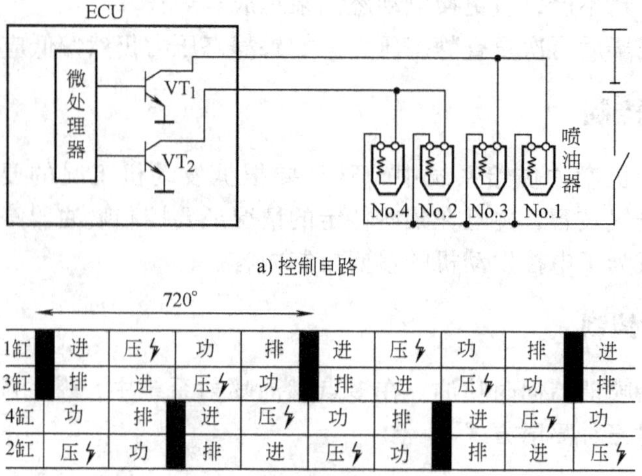

a) 控制电路

b) 正时关系

图 4-109 分组喷射

位置传感器信号（Ne 信号）和发动机的做功顺序，确定各缸工作位置。当确定某缸活塞运行至排气行程上止点前某一位置时，ECU 输出喷油控制信号，接通喷油器电磁线圈电路，该缸即开始喷油。

顺序喷射能保证各缸喷油均在最佳时刻，已普遍采用。

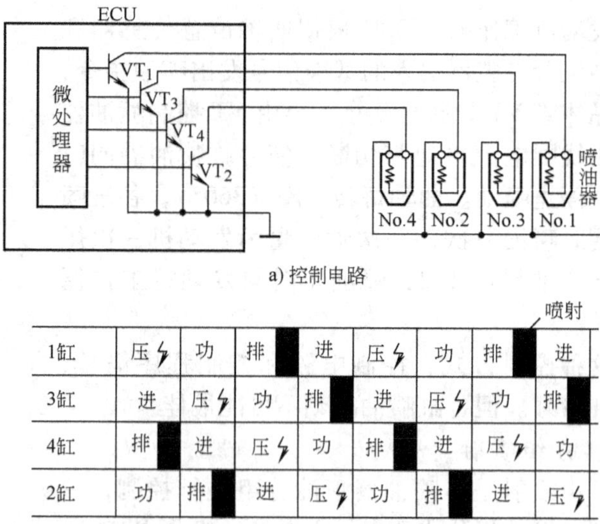

a) 控制电路

b) 正时关系

图 4-110 顺序喷射

4.4.4.2 喷油量控制

发动机工况不同，对混合气浓度的要求也不相同。为使发动机在各种运行工况下，都能获得最佳的混合气浓度，以提高发动机的经济性和降低排放污染，需要对喷油量进行精确控制。

在电控汽油喷射系统中，喷油量的控制实际上是由 ECU 根据发动机运转的工况及其影响因素，输出控制信号对喷油器的喷油时间（喷油脉宽）进行控制的。由于发动机各工况运转的特殊性，对各工况下喷油量的控制方式也有所不同。

1. 起动时的喷油量控制

发动机起动时转速很低，且转速波动较大，在这种情况下，无论是空气流量计还是进气歧管绝对压力传感器，其检测精度都偏低，输出的信号误差较大，不能精确计量进气量。因此，在起动时，ECU 按特定程序对喷油量进行控制，如图 4-111 所示。

起动时，ECU 首先根据点火开关、曲轴位置传感器和节气门位置传感器提供的信号，判定发动机是否处于起动工况，以便决定是否按起动程序控制喷油，然后根据冷却液温度传

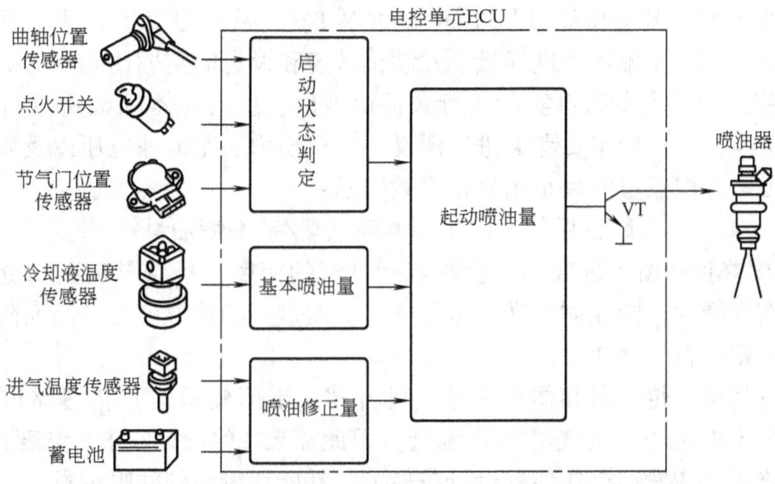

图 4-111　起动时喷油量的控制

感器信号确定基本喷油量，最后用进气温度和蓄电池电压等参数进行修正，得到起动时的喷油量。

冷却液温度与喷油量的关系如图 4-112 所示，温度越低，喷油量越大；温度越高，喷油量越小。

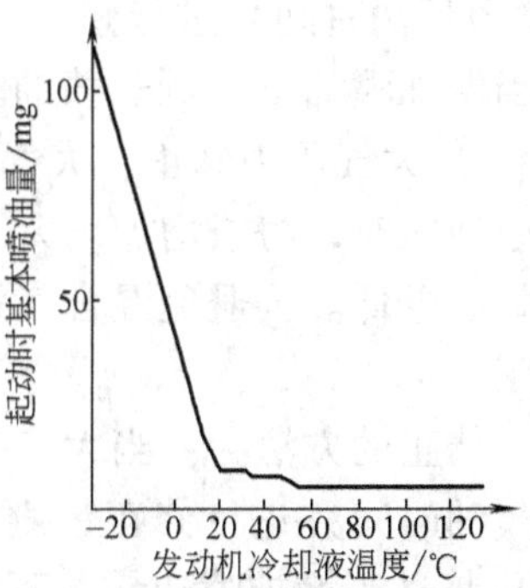

图 4-112　起动时基本喷油量与冷却液温度的关系

2. 起动后的喷油量控制

在发动机起动后进入正常运转工况下，喷油器的总喷油量由基本喷油量、喷油修正量和喷油增量三部分组成，如图 4-113 所示。

基本喷油量由进气量传感器（空气流量计或进气歧管绝对压力传感器）和发动机转速传感器（曲轴位置传感器）的信号计算确定；喷油修正量由与进气量有关的进气温度、大气压力、氧传感器信号和蓄电池电压信号计算确定；喷油增量由反映发动机工况的点火开关信号、冷却液温度和节气门位置等传感器信号计算确定。

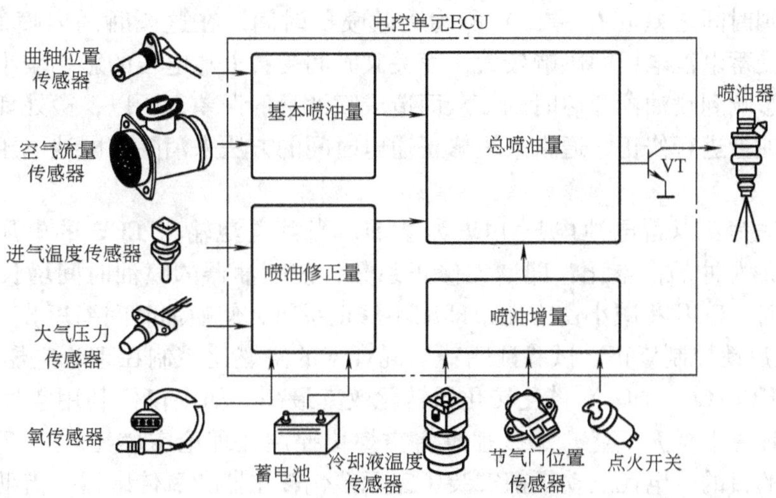

图 4-113　起动后喷油量的控制

（1）基本喷油量 基本喷油量是在标准大气状态（温度为20℃、大气压力为101kPa）下，根据发动机每个工作循环的进气量、发动机转速和设定的空燃比确定的。

（2）喷油修正量 当发动机实际运行条件改变时，应对基本喷油量进行适当修正，以保证发动机正常运行。一般主要考虑进气温度、大气压力、蓄电池电压以及氧传感器反馈修正等几方面的因素。修正量的大小用修正系数表示：

修正系数=修正后的喷油量/基本喷油量

① 进气温度修正。由于进气温度会影响到进气的密度，从而影响进气量。当进气温度升高时，空气密度增大，同样体积进气量的气体，质量会随着温度的升高而降低，若不对喷油量进行修正，则混合气会变浓。

对于采用进气压力传感器和体积流量（叶片式、卡门旋涡式）传感器进行进气量检测的喷射系统，由于检测的是空气的体积流量，因此需要ECU根据进气温度传感器的信号，对喷油量进行修正，使发动机在各种运行条件下，都能获得最佳的喷油量。

修正的方法为：当进气温度高于20℃时，ECU将确定修正系数小于1，适当减少喷油量（缩短喷油时间）进行修正；反之，当进气温度低于20℃时，ECU将确定修正系数大于1，适当增加喷油量（延长喷油时间）进行修正。

② 大气压力修正。大气压力也会影响到进气的密度，从而影响进气量。当汽车行驶到高原地区时，海拔增加，大气压力降低，使空气密度降低，对于同样体积的空气流量，其质量就会降低。为避免混合气过浓以及油耗过高，应根据大气压力对喷油器的喷油时间进行修正。

修正的方法为：当大气压力低于101kPa时，ECU将减小修正系数，使喷油量减少（缩短喷油时间）进行修正，避免混合气过浓和油耗过高。反之，当大气压力高于101kPa时，ECU将适当增加喷油量（延长喷油时间）进行修正。

③ 蓄电池电压修正。由于喷油器针阀的机械惯性、电磁线圈的磁滞特性以及磁路效率的影响，在喷油脉冲加到喷油器电磁线圈后，针阀并不是随着电脉冲同步升起并上升到最大值，而是有一段滞后时间。通常把从脉冲开始出现到针阀呈现最大升程所需的时间称为开阀时间T_0；同样，从脉冲消失到针阀落座关闭也需要一定的时间，该段时间称为关阀时间T_C，开阀时间与关阀时间之差（T_0-T_C）称为无效喷射时间，在这段时间内喷油器并不喷油。其中开阀时间受蓄电池电压的影响较大，而关阀时间受蓄电池电压的影响较小。当蓄电池电压变化时，会影响到喷油器开启时刻，从而造成喷油量的误差，所以，微处理器也会根据蓄电池电压对喷油量进行修正。通常采用修正通电时间的方法来消除蓄电池电压变化对喷油量的影响。

修正的方法为：以蓄电池电压14V为基准，当蓄电池输入ECU的电压低于14V时，ECU将增大喷油脉冲的占空比，即增大修正系数，使喷油器的喷油时间增长；反之，当蓄电池电压升高时，ECU将减小占空比，即减小修正系数，使喷油时间缩短。

④ 空燃比反馈控制修正。试验证明：当混合气的空燃比控制在理论空燃比（14.7）附近时，三元（HC、CO、NO_x）催化转化器转化效率最高。如果仅仅利用空气流量计和发动机转速传感器计算求得充气量，那么很难将空燃比控制在理论空燃比（14.7）附近。为了达到排气净化的目的，电控发动机都安装了三元催化转化器和氧传感器，借助于安装在排气管上的氧传感器反馈空燃比信号，对喷油量进行反馈优化控制，将空燃比精确控制在理论空

燃比（14.7）附近，使三元催化转化器发挥最高的转化效率。

为保证发动机具有良好的工作性能，空燃比并不是在发动机的所有工况下都进行反馈控制。在下述情况下，ECU对空燃比不进行反馈控制：

a. 发动机起动工况。

b. 发动机起动后暖机工况。

c. 发动机大负荷工况。

d. 加速工况。

e. 减速工况。

f. 氧传感器温度低于正常工作温度。

g. 氧传感器输入ECU的信号电压持续10s以上时间保持不变。

（3）喷油增量　当发动机运行工况发生变化（运行在某些特殊工况下）时，需要在基本喷油量的基础上额外增加一部分喷油量，以加浓混合气。一般在低温起动后、暖机、加速以及大负荷等工况下，需要加浓混合气。增量的大小用增量比表示：

增量比=(基本喷油量+增量)/基本喷油量

① 低温起动后。发动机低温起动后，由于低温混合气雾化不良，燃油会在进气管上沉积而导致混合气变稀，发动机运转不稳甚至熄火。为此在起动后的短时间内，必须增加喷油量，使混合气加浓，保证发动机稳定运转而不致熄火。喷油增量比例的大小取决于起动时发动机的温度，并随起动后时间的增长而逐渐减小至1，如图4-114所示。

② 暖机过程。在冷车起动结束后的暖机过程中，发动机温度仍较低，燃油雾化较差，部分燃油凝结在进气管和气缸壁上，会使混合气变稀，燃烧不稳定。因此在暖机过程中，必须增加喷油量，其燃油增量的比例取决于冷却液温度传感器。

ECU根据冷却液温度传感器信号，通过加大喷油脉冲宽度（占空比）进行暖车加浓。随着发动机冷却液温度的升高，喷油脉冲的占空比将逐渐减小，直到发动机冷却液温度超过60℃后才停止加浓，喷油增量比例逐渐减小至1，如图4-115所示。

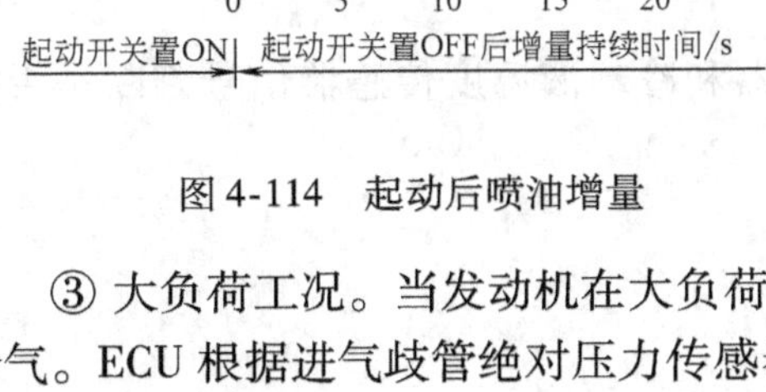

图4-114　起动后喷油增量

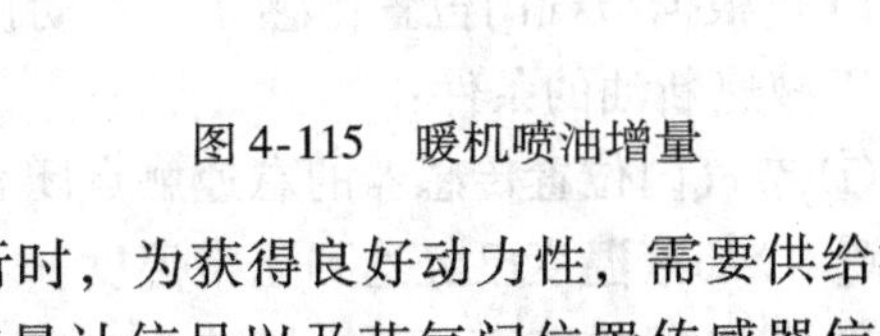

图4-115　暖机喷油增量

③ 大负荷工况。当发动机在大负荷工况下运行时，为获得良好动力性，需要供给浓混合气。ECU根据进气歧管绝对压力传感器或空气流量计信号以及节气门位置传感器信号判断发动机负荷状况，大负荷时适当增加喷油量，供给浓于理论混合气的功率混合气，满足输出最大功率的要求。

④ 加速工况。当汽车加速时，为了保证发动机能够输出足够的转矩，改善加速性能，

必须增大喷油量。

在发动机运转过程中，ECU将根据节气门位置传感器信号和进气量传感器信号的变化速率，判定发动机是否处于加速工况。汽车加速时，节气门突然开大，节气门位置传感器信号的变化速率增大，与此同时，空气流量突然增大，歧管压力突然增大，进气量传感器信号突然升高，ECU接收到这些信号后，立即发出增大喷油量的控制指令，使混合气加浓。

燃油增量比例大小与加浓时间取决于加速时发动机冷却液的温度。冷却液温度越低，燃油增量比例越大，加浓持续时间越长，如图4-116所示。

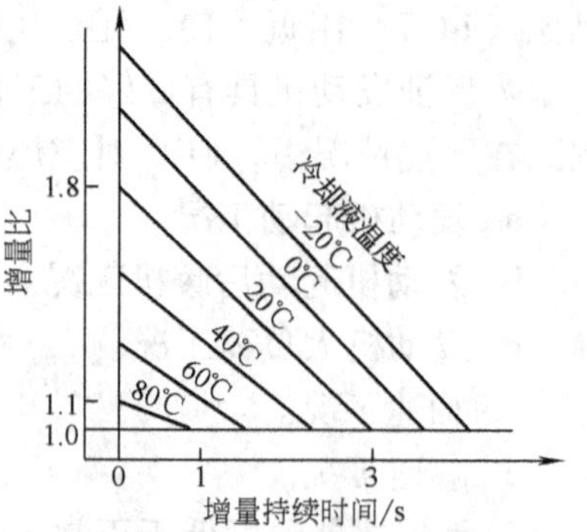

图4-116　加速时的喷油增量

4.4.4.3　断油控制

断油控制是ECU在某些特殊工况下，暂时中断燃油喷射，以满足发动机运行的特殊要求。断油控制包括减速断油控制、超速断油控制和清除溢流控制等。

1. 减速断油控制

当汽车在高速行驶中突然松开加速踏板减速时，发动机将在汽车惯性力的作用下高速旋转。由于节气门已经关闭，进入气缸的空气很少，如不停止喷油，混合气将会很浓而导致燃烧不完全，排气中的有害气体成分将急剧增加。因此，当发动机运转过程中突然松开加速踏板减速时，ECU会控制喷油器停止喷油，即实行减速断油，其控制过程如图4-117所示。

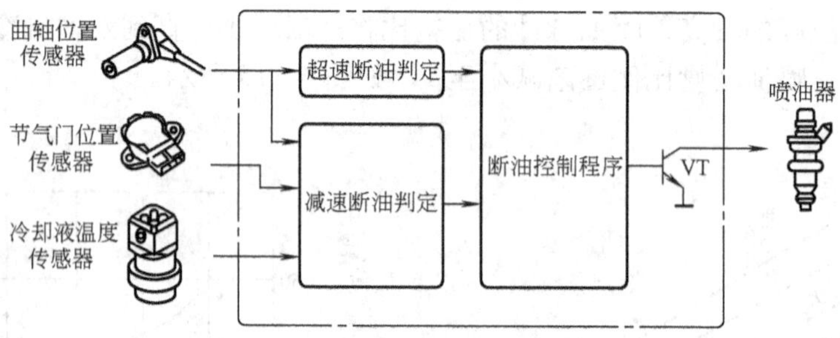

图4-117　减速断油与超速断油控制

ECU根据节气门位置传感器、发动机转速传感器和冷却液温度传感器信号判断是否满足以下减速断油的条件：

① 节气门位置传感器的怠速触点闭合。

② 冷却液温度已经达到正常温度。

③ 发动机转速高于某一转速。

该转速称为燃油停供转速，其值由ECU根据发动机温度、负荷等参数确定。当三个条件全部满足时，ECU立即发出停止喷油指令，控制喷油器停止喷油。当喷油停止、发动机转速降低到燃油复供转速或怠速触点断开时，ECU即发出指令，控制喷油器恢复供油。

燃油停供转速和复供转速与冷却液温度和外加负荷有关。冷却液温度越低、发动机负荷越大（如空调接通），燃油停供转速和复供转速就越高；反之，冷却液温度越高、发动机负荷越小，燃油停供转速和复供转速就越低，如图 4-118 所示。

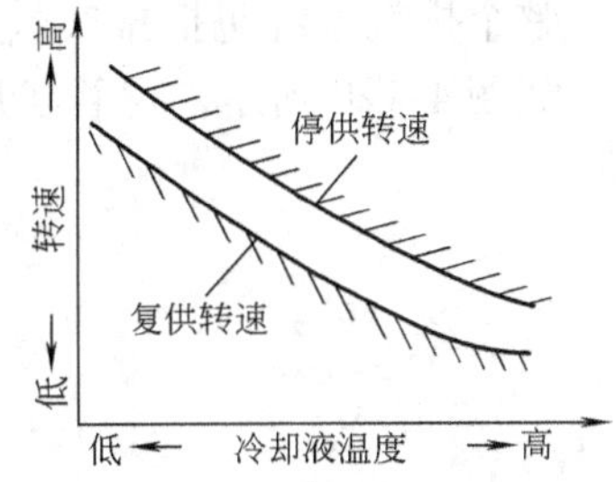

图 4-118　减速断油转速与冷却液温度的关系

2. 超速断油控制

发动机工作时，转速越高，曲柄连杆机构的离心力就越大。当离心力过大时，发动机就有“飞车”而损坏的危险，因此每台发动机都有一个极限转速，如桑塔纳 2000GSi 型轿车 AJR 发动机极限转速为 6400r/min。超速断油就是当发动机转速超过允许的极限转速时，ECU 就控制喷油器中断燃油喷射，防止发动机超速运转而损坏机件，控制过程如图 4-119 所示。

在发动机运行过程中，ECU 随时都将曲轴位置传感器测得的发动机实际转速与存储器中存储的极限转速进行比较。当实际转速达到或超过极限转速 80 ~ 100r/min 时，ECU 就发出停止喷油指令，控制喷油器停止喷油，限制发动机转速进一步升高。喷油器停止喷油后，发动机转速将降低。当发动机转速下降至低于极限转速 80 ~ 100r/min 时，ECU 将控制喷油器恢重新喷油。极限转速控制曲线如图 4-119 所示。

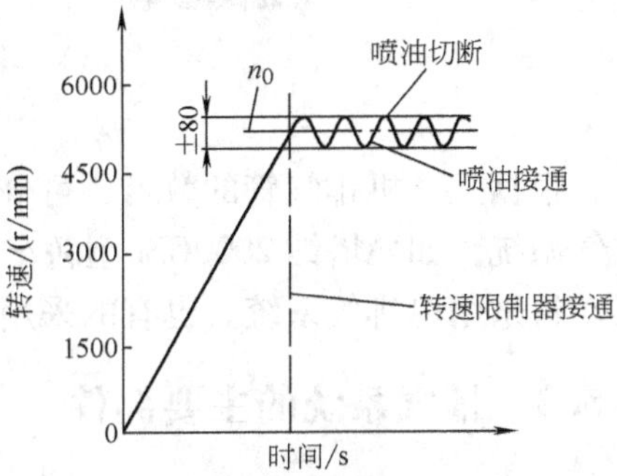

图 4-119　超速断油控制过程

3. 清除溢流控制

装备电控汽油喷射式发动机的汽车，当发动机多次起动未成功，淤积在缸内的浓混合气就会浸湿火花塞，使其不能跳火而导致发动机不能起动。

清除溢流控制就是将发动机加速踏板踩到底，接通起动开关起动发动机时，ECU 自动控制喷油器中断喷油，以便排除气缸内的燃油蒸气，使火花塞干燥，从而能够跳火。

电控系统清除溢流的条件是：

① 点火开关处于起动位置。

② 节气门全开。

③ 发动机转速低于 500r/min。

只有在三个条件都满足时，电控系统才能进入清除溢流状态。由此可见，在起动燃油喷射式发动机时，不必踩下加速踏板直接接通起动开关即可。否则电控系统可能进入清除溢流状态而使发动机无法起动。

4.5　排气系统的构造与维修

4.5.1　排气系统的作用和组成

排气系统的作用是汇集各气缸的废气，减小排气噪声和消除废气中的火焰和火星，使废气安全地排入大气，并对废气中的有害物质进行排放控制。

整个排气系统包括排气歧管、氧传感器、三元催化转化器、排气消声器以及隔热装置等，如图4-120所示。尽管各厂商设计的排气系统结构不尽相同，但基本部件是一致的。

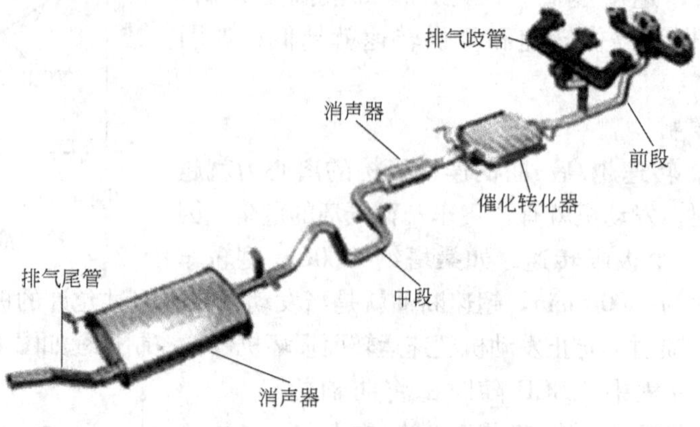

图4-120　排气系统的组成

根据发动机排气管的数目，可分为单排气系统和双排气系统。直列式发动机通常采用单排气系统，如桑塔纳2000GSi型轿车AJR发动机的排气系统就属于此种类型。有些“V”形发动机采用单排气系统，也有的采用双排气系统。

4.5.2　排气系统的主要部件

4.5.2.1　排气歧管

排气歧管一般由铸铁铸造，其形状十分重要。为了不使各缸排气互相干扰及不出现排气倒流的现象，并尽可能地利用惯性排气，应该将排气歧管做得尽可能长，且各缸支管相互独立、长度相等。图4-121所示为排气歧管的结构。

排气歧管用螺栓固定在气缸体或气缸盖上，在接合面处装有金属片包的石棉衬垫，以防漏气。排气歧管的各个支管分别与各缸排气门的通道相接。

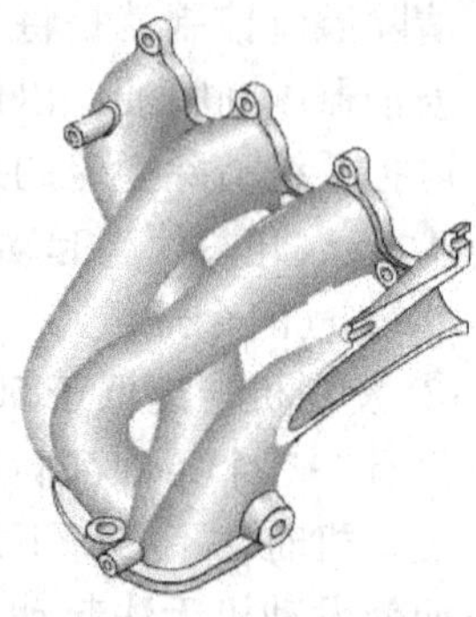

图4-121　排气歧管

4.5.2.2　三元催化转化器

三元催化转化器的作用是利用转化器中的三元催化剂，将发动机排出废气中的有害气体转变为无害气体。

三元催化转化器一般安装在排气消声器前面。

1. 三元催化转化器的构造

三元催化转化器由催化剂载体、催化剂和外壳等组成，其结构如图4-122所示。

大多数三元催化转化器以蜂窝状陶瓷作为承载催化剂的载体，经特殊工艺处理的蜂窝状陶瓷载体能提供非常大的表面积，以促进化学反应快速进行。在陶瓷载体上浸渍铂（或钯）和铑的混合物作为催化剂。铂和钯是氧化催化剂，当HC和CO与布满铂、钯的热表面接触

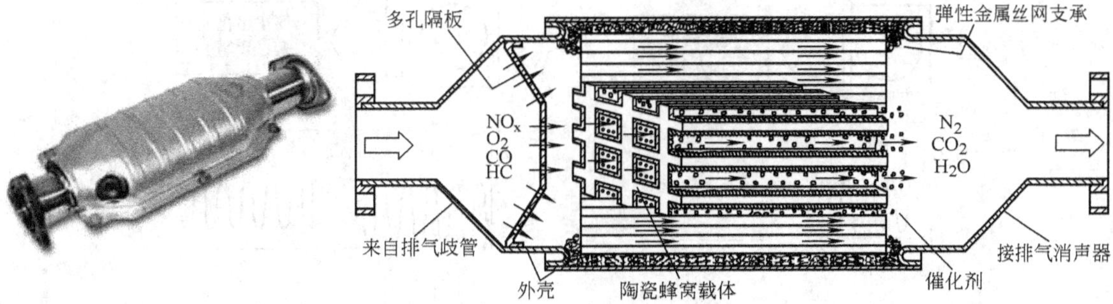

图4-122 三元催化转化器结构

时，HC和CO就会分别与氧气化合成H_2O和CO_2。铑是还原催化剂，当NO_x与炙热的铑接触时，NO_x就会脱去氧，还原为N_2。

2. 三元催化转化器的工作原理

在正常情况下，废气中的HC、CO、NO_x及O_2在一起加热到500℃也不会产生化学反应，如果让这些气体经过上述催化剂后，就会转化为无害的CO_2、H_2O和N_2。其化学反应方程式如下：

$$NO_x + CO \longrightarrow N_2 + CO_2$$
$$NO_x + HC \longrightarrow N_2 + CO_2 + H_2O$$
$$CO + O_2 \longrightarrow CO_2$$
$$HC + O_2 \longrightarrow H_2O + CO_2$$

排放物流入三元催化转化器，被吸附在催化剂表面上，吸附物质与气体分子或相邻的被吸附分子进行化学反应，形成低能量的反应产物，这种反应产生很容易从表面上脱附，并随排气流排出，进入外部空间，催化剂本身并不参加反应。

催化剂要在理论空燃比的混合气浓度下，铂促使HC和CO氧化，而铑同时使NO_x还原。因为NO_x在催化转化器中的还原需要HC和CO作为还原剂，如果氧过量，即燃用稀混合气时，这些还原剂首先和氧反应，则NO_x的还原反应就不能进行。而如果空气不足即氧浓度不够时，HC和CO就不能被完全氧化。因此，为使三种污染物都可以达到很高的净化率，ECU必须严格控制空燃比在理论空燃比值附近。空燃比与三元催化转化器的转化效率之间的关系如图4-123所示。

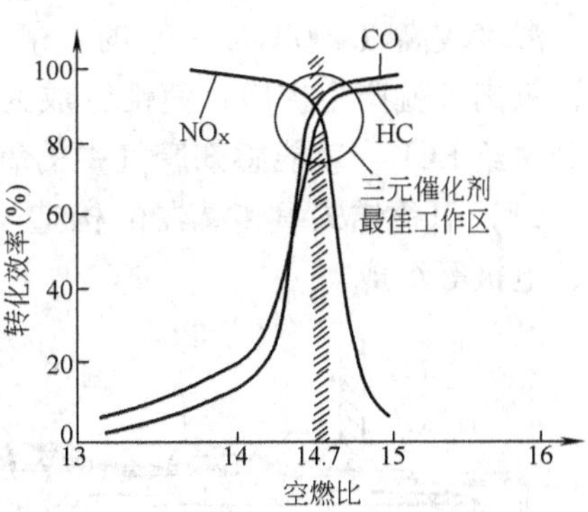

图4-123 空燃比与转化效率的关系

在电控汽油喷射式发动机中，为了使三元催化转化器发挥最高的转化效率，采用了氧传感器进行空燃比的反馈控制。

3. 三元催化转化器的诊断

老化或故障使三元催化转化器的氧存储能力很低。因此其转换能力也很低。进行诊断时，发动机控制单元对催化转化器前、后的氧传感器电压进行比较，如图4-124所示。

催化转化器的后氧传感器输出的电压波形相当平直，如图4-124a所示，说明催化转换

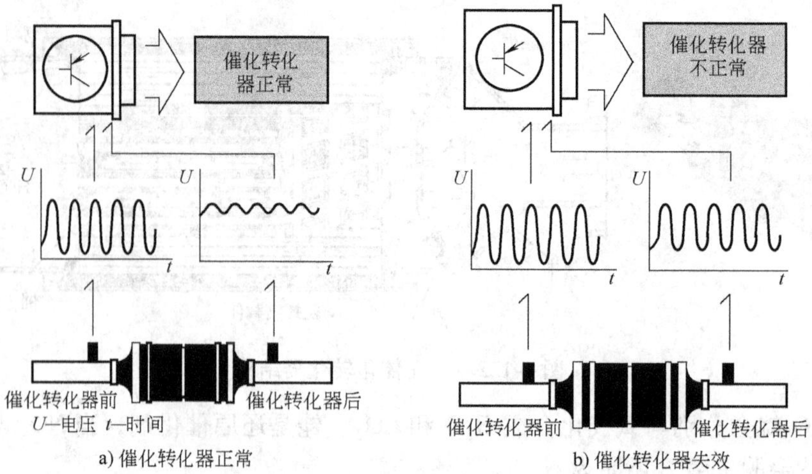

a) 催化转化器正常　　b) 催化转化器失效

图 4-124　催化转化器论断

器拥有高的储氧量，催化转化器良好。如果后氧传感器输出的电压波形与前氧传感器相符，如图 4-124b 所示，说明催化转化器已失去储氧能力，已失效。

4.5.2.3　氧传感器

氧传感器的作用是通过监测排气中的氧含量来获得混合气的实际空燃比信号，并将该信号转变为电信号输入 ECU。ECU 根据氧传感器信号，对喷油时间进行修正，实现空燃比反馈控制，将 A/F 控制在 14.7，降低排放，节约燃油。

氧传感器安装在排气管上，有氧化锆（ZrO_2）式和氧化钛（TiO_2）式两种类型。有些发动机只在三元催化转化器前面安装氧传感器，起到监测排气中的氧含量来获得混合气的实际空燃比信号的作用；而有些发动机采用了两个氧传感器，即在三元催化转化器前、后各安装一个，后氧传感器主要起到监控三元催化转化器工作情况的作用。

1. 氧化锆式氧传感器

氧化锆式氧传感器是一个化学电池，又称氧浓度差电池。

温度较高（400℃以上）时，氧气发生电离。只要二氧化锆元件内、外表面存在氧浓度差，氧离子就产生扩散，使锆管成为一个微电池，在两铂极间产生电压。这个电压作为输出信号送给 ECU，就能感知废气中的氧浓度，获知空燃比。

（1）氧化锆式氧传感器的构造　氧化锆式氧传感器的结构如图 4-125 所示，主要由锆管、电极等组成。

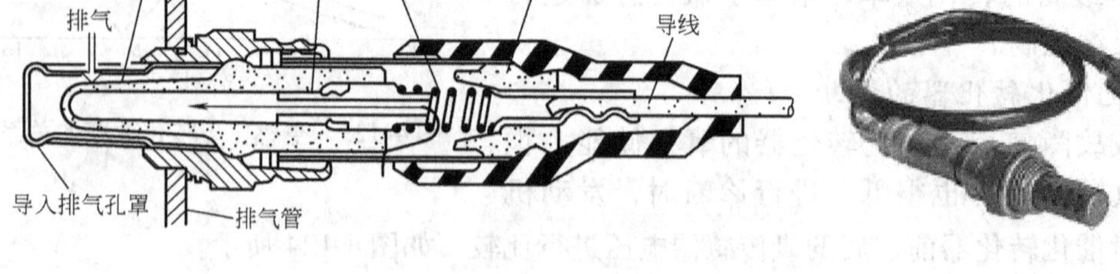

图 4-125　氧化锆式氧传感器的结构

氧化锆式氧传感器内部的敏感元件是二氧化锆（ZrO_2）固体电解质。在二氧化锆固体电解质粉末中加入少量添加剂并烧制成管状，称为锆管。紧贴锆管内、外表面的是作为锆管内、外电极的铂膜，内、外电极通过电极引线与传感器的线束插接器相连。锆管的内电极与外界大气相通，外电极与排气管内的排气相通。为防止发动机排出的废气腐蚀外层铂电极，在外层铂电极表面覆盖着一层多孔性陶瓷层。

作为锆管外电极的金属铂的另一个作用是催化作用，使废气中的氧气与CO反应，这就减少了废气中的含氧量，提高了传感器的灵敏度。

（2）氧化锆式氧传感器的工作原理　发动机运转时，排气管内的废气从锆管外电极表面的陶瓷层渗入，与外电极接触，内电极与大气接触。因此在锆管内外侧存在氧浓度差，使氧化锆电解质内部的氧离子开始向外电极扩散，扩散的结果是在内、外电极之间产生电位差，形成了一个微电池，在两铂极间产生电压，如图4-126所示。

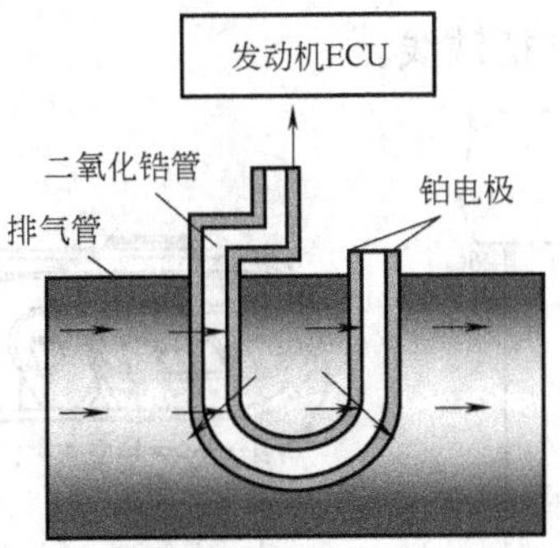

图4-126　氧化锆式氧传感器工作原理

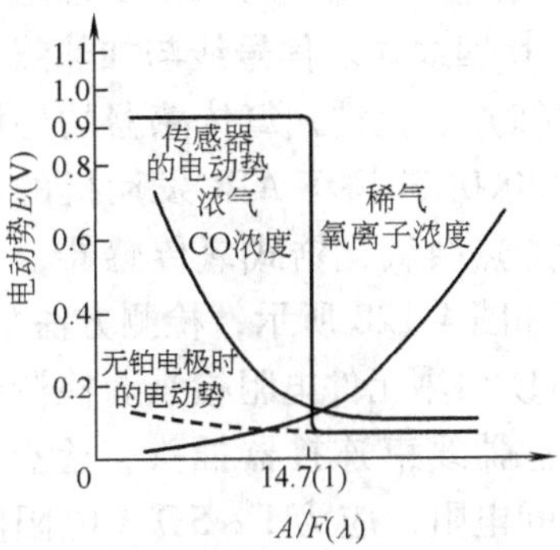

图4-127　氧化锆式氧传感器输出特性

由于锆管外侧的氧离子随可燃混合气浓度变化而变化，所以当氧离子在锆管中扩散时，锆管内、外表面之间的电位差也随可燃混合气浓度变化而变化，传感器的信号源相当于一个可变电源。

（3）氧化锆式氧传感器的输出特性　氧化锆式氧传感器的输出特性如图4-127所示。当供给发动机的可燃混合气较浓时，排气中氧的含量较低，一氧化碳的含量相对较高，在锆管外电极铂膜的催化作用下排气中的氧几乎全部参加反应，生成了二氧化碳，使锆管外表面上氧离子浓度几乎为零，而锆管的内表面与大气相通，氧离子浓度很大，锆管内、外两侧氧浓度差很大，因此在内、外电极之间产生了较大的电压信号（约0.9V）。

当供给发动机的可燃混合气较稀时，排气中氧的含量较高，一氧化碳的含量相对较低，即使一氧化碳全部与氧离子参加反应，锆管外表面还是有多余的氧离子存在，锆管内、外两侧氧浓度差小，因此在内、外电极之间只产生较小的电压信号（约0.1V）。

当空燃比接近理论空燃比时，排气中的氧和一氧化碳含量都很少，在催化剂铂的作用下，氧离子与一氧化碳的化学反应从缺氧状态急剧变化为富氧状态，由于氧离子浓度差急剧变化，因此铂电极之间的电位差也急剧变化，使氧传感器输出的电压从0.9V急剧变化到0.1V。氧传感器的输出电压在理论空燃比（即1.47）附近发生突变。

如果没有外电极铂的催化作用，使锆管外侧的氧离子急剧减少到零，那么在浓混合气时就不会有接近0.9V的高电压信号，传感器的输出信号也不会在混合气由浓变稀时出现跃变现象，这正是使用铂电极的另一个重要因素。

氧化锆式氧传感器的工作状态与工作温度有关，在温度低于300℃时无信号输出，而在300~800℃的温度范围内最敏感，输出信号最强。虽然可利用排气热量对其进行加热，但其工作温度不稳定，而且发动机起动后数分钟才能达到正常工作温度。因此目前大部分氧化锆式氧传感器内都增设了陶瓷式电热元件，由汽车电源进行加热，可在发动机起动后的20~30s内迅速将氧传感器加热到工作温度。

（4）氧化锆式氧传感器的类型　氧化锆式氧传感器有以下几种形式：

① 单引线。氧传感器只有一根信号线，以外壳做搭铁回路。

② 两线式。一条为信号线，另一条则为搭铁线。

③ 三线式。使用在加热型的氧传感器上，其中两条引线同上述，第三条线为来自继电器（或点火开关）的12V加热电源线。

④ 四线式。信号线与加热线各自有搭铁回路，即有两条搭铁线。

（5）氧化锆式氧传感器的检测　桑塔纳2000GSi轿车AJR发动机的氧传感器为加热型氧化锆式氧传感器，其工作电路如图4-128所示，检测方法如下：

① 加热元件电阻检查。检测时，拔下传感器线束连接器插头，检查1与2端子间电阻，应为1~5Ω（电阻随温度升高迅速上升）。如果常温下电阻值为无穷大，说明加热元件断路，应更换氧传感器。

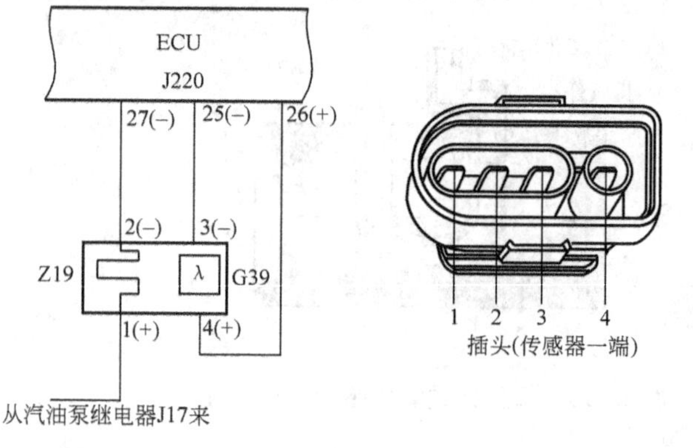

图4-128　桑塔纳2000GSi轿车AJR发动机氧传感器工作电路及插头

② 电源电压检查。氧传感器的加热元件需用电源进行加热，当打开点火开关后，燃油泵继电器触点接通时，加热元件的电源即被接通。在检测加热元件电压时，应拔下传感器连接器插头，打开点火开关，检查氧传感器连接器插头上1与2端子间电压，应约为12V。如果没有电压，说明熔断器或断路继电器触点接触不良，应进行检修。

③ 信号电压检查。检查氧传感器信号电压时，应连接好传感器连接器插头与插座，用数字式万用表测量传感器3与4端子。接通点火开关时，电压信号应为0.45~0.55V；当踩下加速踏板，供给浓混合气时，电压信号应为0.7~1.0V；当拔下空气流量计到发动机之间的真空软管，供给稀混合气时，电压信号应为0.1~0.3V；当氧传感器工作正常时，电压应在0.1~0.3V和0.7~1.0V之间波动。如果不波动或波动缓慢，说明氧传感器失效，应更换。

2. 氧化钛式氧传感器

这是一种电阻型气敏传感器。利用化学反应强、对氧气敏感、易于还原的半导体材料氧化钛与氧气接触时发生氧化还原反应，使晶格结构发生变化，从而导致电阻值变化的原理工作的。

（1）氧化钛式氧传感器的构造　氧化钛式氧传感器的结构如图4-129所示，主要由二氧化钛传感元件、壳体、加热元件以及电极引线等组成。

二氧化钛具有这样的性质，其电阻值随废气中的氧浓度改变，而且在理论空燃比 A/F = 14.7 时产生突变。纯二氧化钛在常温下是一种高电阻的半导体，但表面一旦缺氧，其晶格便出现缺陷，电阻随之减小。

当混合气稀时，排气中的氧含量高，二氧化钛呈现高阻状态；反之，当混合气浓时，排气中的氧含量低，二氧化钛呈现低阻状态。

利用适当电路对电阻变量进行处理，即可转换成电压信号输送给 ECU，用来确定实际的空燃比。

由于二氧化钛的电阻也随温度不同而变化，因此在二氧化钛氧传感器内部也有一个电加热器，以保持氧化钛式氧传感器在发动机工作过程中温度恒定不变。

（2）氧化钛式氧传感器的工作原理　氧化钛式氧传感器的工作电路如图 4-130 所示。ECU 将一个恒定 1V 的电压加在氧化钛式氧传感器的一端，传感器的另一端与 ECU 相连。当排出的废气中氧浓度随发动机混合气浓度变化而变化时，氧传感器的电阻随之改变，ECU “OX” 端子上的电压降也随着变化。当 “OX” 端子的电压高于参考电压时，ECU 判定混合气过浓；当 “OX” 端子上的电压低于参考电压时，ECU 判定混合气过稀。通过 ECU 反馈控制，可保持混合气浓度在理论空燃比附近。在实际的反馈控制过程中，二氧化钛式氧传感器与 ECU 连接的 “OX” 端子上的电压也是在 0.1 ~ 0.9V 之间不断变化，这一点与氧化锆式氧传感器是相同的。

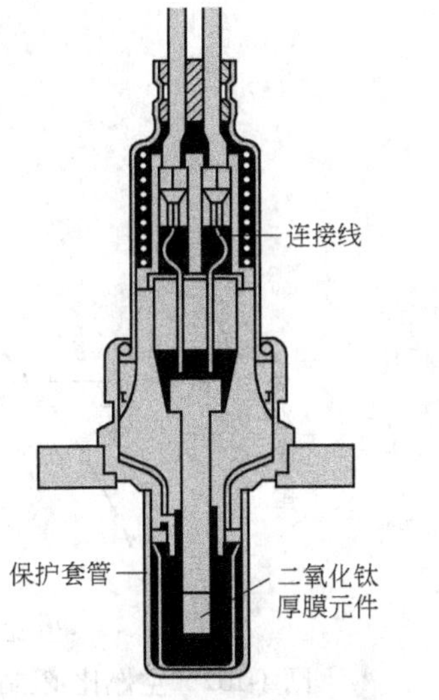

图 4-129　氧化钛式氧传感器的结构

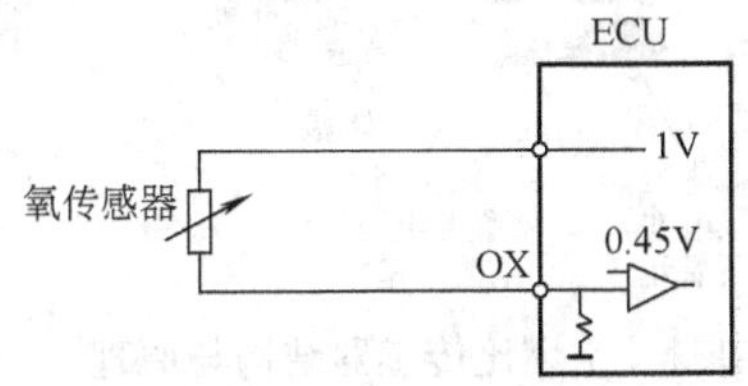

图 4-130　氧化钛式氧传感器工作电路

3. 空燃比传感器

氧化锆型氧传感器的工作范围是在 $\lambda = 1$ 附近产生一个跳跃性的输出电压变化，一旦超出此范围，其反应性能便降低。空燃比传感器可反馈的空燃比范围大（$0.7 < \lambda < 4$），且探测精度高，故又称为宽带氧传感器。

（1）空燃比传感器构造　氧化锆传感器有一个特性，就是当氧离子移动时会产生电动势；相反如果将电压施加在氧化锆传感器上，也会造成氧离子的移动。

空燃比传感器又叫流量泵传感器，它包含两个氧化锆单元，如图 4-131 所示。一部分称为感应室，它的一面与大气接触，另一面是测试腔，通过扩散孔与排气接触，和普通氧化锆传感器一样，由于感应室相侧的氧含量不同而产生一个电动势 U_S，一般的氧化锆传感将此电压作为控制单元的输入信号来控制混合比，而宽带型氧传感器与此不同的是：发动机控制单元要把感应室两侧的氧含量保持一致，让电压值维持在 0.45V，这个电压只是电脑的参考标准值，它就需要传感器的另一部分来完成。

另一部分是传感器的关键部件泵氧元，泵氧元一边是排气，另一边是与测试腔相连。泵氧元就是利用氧化锆传感器的反作用原理，将电压施加于氧化锆组件（泵氧元）上，这样会造成氧离子的移动，把排气中的氧泵入测试腔当中，使感应室两侧的电压值维持在 0.45V。这个施加在泵氧元上变化的电压，才是我们要的氧含量信号。

（2）空燃比传感器工作原理　如果混合气太浓，那么排气中含氧量下降，此时从扩散孔溢出的氧较多，感应室的电压升高。为达到平衡发动机控制单元增加限制电流使泵氧元增加泵氧效率，使测试腔的氧含量增加，这样可以调节感应室的电压恢复到 0.45V；相反混合气太稀，则排气中的含氧量增加，这时氧要从扩散孔进入测试腔，感应室电压降低，此时泵氧元向外排出氧来平衡测试腔中的含氧量，使感应室的电压维持在 0.45V。总而言之加在泵氧元上的电压可以保证当测试腔内的氧多时，排出腔内的氧，这时发动机控制单元的限制电流是正电流；当腔内的氧少时，进行供氧，此时发动机控制单元的控制电流是负电流。ECU 通过改变限制电流的大小和方向，使感应室的参考信号电压 U_S 保持在 0.45V，从而得到控制电流与过量空气系数相对应的图表，如图 4-132 所示。

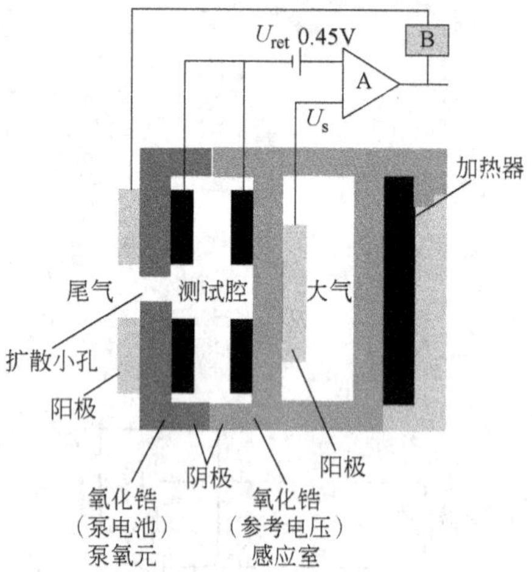

图 4-131　空燃比传感器结构与原理

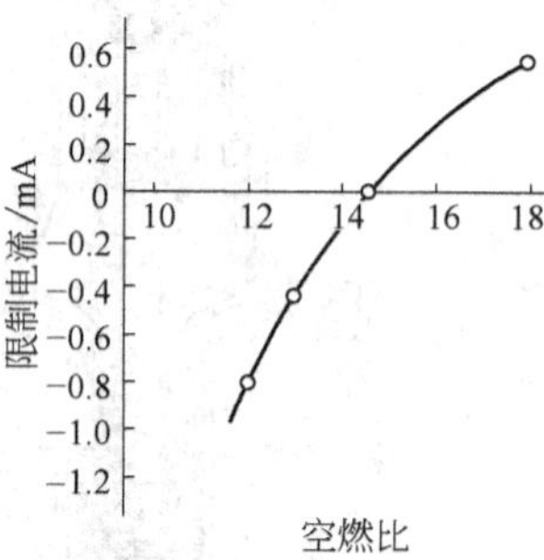

图 4-132　空燃比-限制电流特性

（3）空燃比传感器的优点

① 可在 $0.7 < \lambda < 4$ 的范围内准确测量。

② 可提供在控制单元内进行评估的连续信号。

③ 在所有条件下都可由空燃比传感器进行闭环控制操作。

④ 能很快进入工作状态。

⑤ 空燃比传感器闭环控制电路可对混合气变化更快速地反应。

4.5.2.4　排气消声器

排气消声器的作用是抑制发动机的排气噪声，消除废气中的火焰和火星。

消声器的基本原理是：消耗废气流的能量，平衡气流的压力波动，有吸收式和反射式两种基本消声方式，如图4-133所示。在吸收式消声器上，通过废气在玻璃纤维、钢纤维和石棉等吸音材料上的摩擦而减小其能量。反射式消声器则由多个串联的谐振腔与不同长度的多孔反射管相互连接在一起，废气在其中经多次反射、碰撞、膨胀及冷却而降低其压力，减轻了振动。

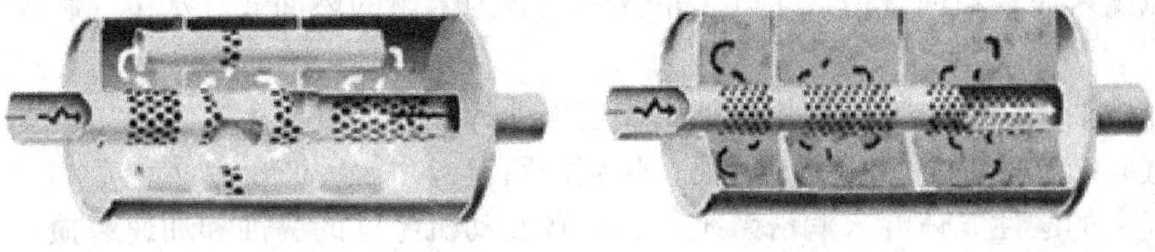

a) 反射式消声器　　b) 吸收式消声器

图4-133　消声器结构形式

目前在汽车上实际使用的消声器多数是综合利用不同的消声原理组合而成的。轿车上流行的排气消声器由前消声器，中消声器和后消声器以及连接管等组成，并焊接成一个整体，如图4-134所示。

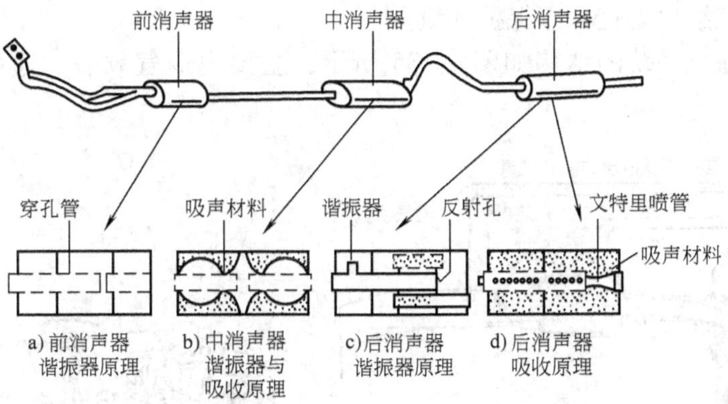

图4-134　轿车用排气消声器

前消声器采用谐振原理，由三个大小不同的谐振室，彼此由穿孔管贯通。穿孔管、隔板和断面的突变是谐振室内的基本声学元件，它们作为声源的发射体，彼此间利用声波的相互干涉和在谐振室内传播的声波又向这些声源反射，从而达到消声的效果。

谐振器对抑制低频声波特别有效。中消声器采用谐振器和吸声原理。两室之间为突然膨胀，从反射孔流出的气体再在穿孔管中折返后排出。

采用吸声原理的后消声器，在穿孔管外面装填了吸声材料。

4.5.3 排放控制

汽车污染物的来源有三个方面。首先是排气管排出的废气，其主要成分为CO、HC、NO_x，以及SO_2和炭烟等，称为排气排放物；其次是曲轴箱窜气，即从活塞与气缸间漏出，再由曲轴箱经通气管排出的可燃气体，其主要成分是HC，称为曲轴箱排放物；第三是汽油蒸气，即从燃油系统蒸发的汽油蒸气，其成分为HC，称为燃油蒸发排放物。由于CO、HC

和 NO_x 是主要的污染物质，因此，目前汽车上增设的减轻排放污染的装置有曲轴箱强制通风系统、汽油蒸气回收系统、废气再循环系统和三元催化转化器等。

4.5.3.1 曲轴箱强制通风控制

在发动机工作时，燃烧室的高压可燃混合气和已燃气体，或多或少会通过活塞组与气缸之间的间隙漏入曲轴箱内，造成窜气。窜气的成分为未燃的燃油气、水蒸气和废气等，其结果是：

- 稀释机油，降低机油的使用性能，加速机油的氧化、变质。
- 水汽凝结在机油中，会形成油泥，阻塞油路。
- 废气中的酸性气体混入润滑系统，会导致发动机零件的腐蚀和加速磨损。
- 使曲轴箱的压力过高而破坏曲轴箱的密封，使机油渗漏流失。

为防止曲轴箱压力过高，延长机油使用期限，减少零件磨损和腐蚀，防止发动机漏油，必须实行曲轴箱通风。此外，为满足日益严格的排放要求和提高经济性，在汽车发动机设计过程中也必须进行曲轴箱通风系统设计。

1. 曲轴箱强制通风系统的结构

强制通风是利用发动机进气管道的真空度，在适当的时候将曲轴箱内的气体吸入发动机进气管内，进入气缸再燃烧，以保护环境。

曲轴箱强制通风系统的结构如图 4-135 所示，主要由通气软管、通风（PCV）软管和 PCV 阀等组成。

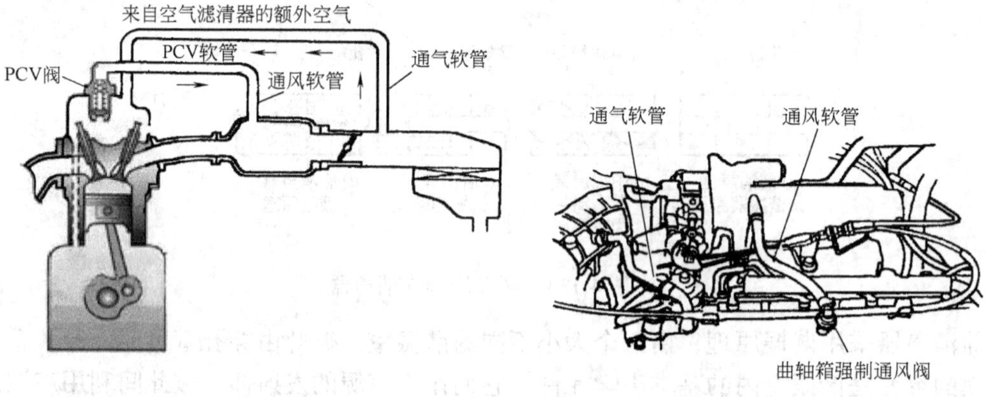

图 4-135 曲轴箱强制通风系统

2. PCV 阀

PCV 阀是由一柱塞式阀门和弹簧构成，位于气门室盖的顶部，其结构如图 4-136 所示。进气歧管的真空度决定了 PCV 阀的开闭及开启程度，PCV 阀的开闭及开启程度则决定了窜缸混合气被吸入进气歧管进而参加燃烧的数量。

发动机停机时，PCV 阀在弹簧作用下关闭。

当发动机怠速运转时，进气歧管真空度大，PCV 阀被吸到最高位置，使通道较小甚至关闭，因而被吸入进气歧管的窜气也较少甚至没有。

当节气门开度增大时，进气歧管真空度降低，PCV 阀位置降低，使通道变大，较多的

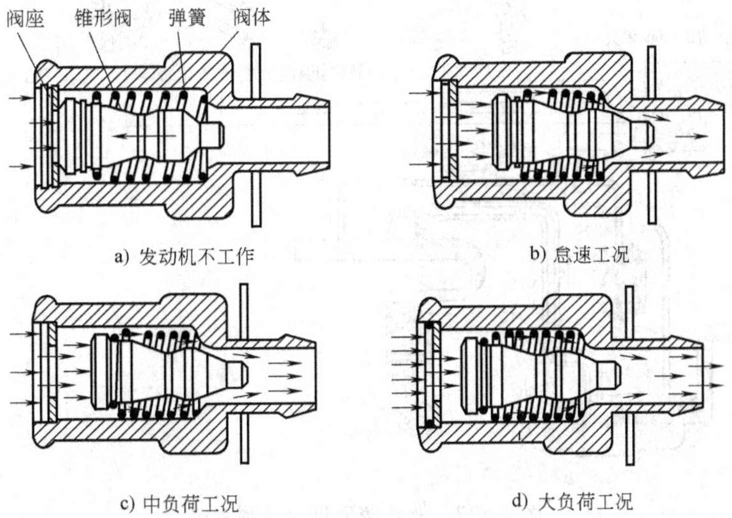

图 4-136　PCV 阀工作情况

窜气（已与通气软管来的新鲜空气在缸罩内混合）被吸入气缸再燃烧。

1）发动机停机时，锥形阀在弹簧作用下紧贴阀座，关闭了曲轴箱与进气歧管的通路。

2）当发动机怠速运转时，进气歧管真空度大，真空度克服弹簧力把锥形阀吸向右端，使锥形阀与阀体之间只有很小的缝隙，因而被吸入进气歧管的窜气也较少甚至没有。

3）当节气门开度增大，发动机进入中等负荷工作时，进气歧管真空度降低，在弹簧作用下锥形阀与阀体之间的缝隙增大，较多的窜气（已与通气软管来的新鲜空气在缸罩内混合）被吸入气缸再燃烧。

4）随着发动机负荷进一步加大，进气管真空度变小，锥形阀在弹簧力作用下进一步向左移动，曲轴箱通风量逐渐加大。当发动机大负荷时，进气管真空度很小，弹簧将锥形阀完全打开，曲轴箱通风量达到最大，保证了曲轴箱内气体的更新。

4.5.3.2　燃油蒸发排放控制

汽油是一种易挥发的液体，在常温下燃油箱经常充满蒸气，燃料蒸发控制系统的作用是将蒸气引入气缸参加燃烧并防止挥发到大气中。同时，根据发动机工况，控制导入气缸参加燃烧的汽油蒸气量。

1. *燃油蒸发排放控制系统的结构*

燃油蒸发排放控制系统的结构如图 4-137 所示，主要由活性炭罐、活性炭罐、电磁阀及 ECU 等组成。

活性炭罐用于吸收从燃油箱内蒸发的燃油蒸气（HC），防止这些蒸气进入大气引起污染。从活性炭罐处引出一条通风管路连接燃油箱、一条管路连接进气管、还有一条管路通过单向阀与外部大气接通。炭罐中装有可存储燃油的活性炭。

活性炭罐电磁阀用以控制通往进气歧管的通道，改变排放控制阀的开度，从而控制吸入进气管的汽油蒸气量，由 ECU 控制。

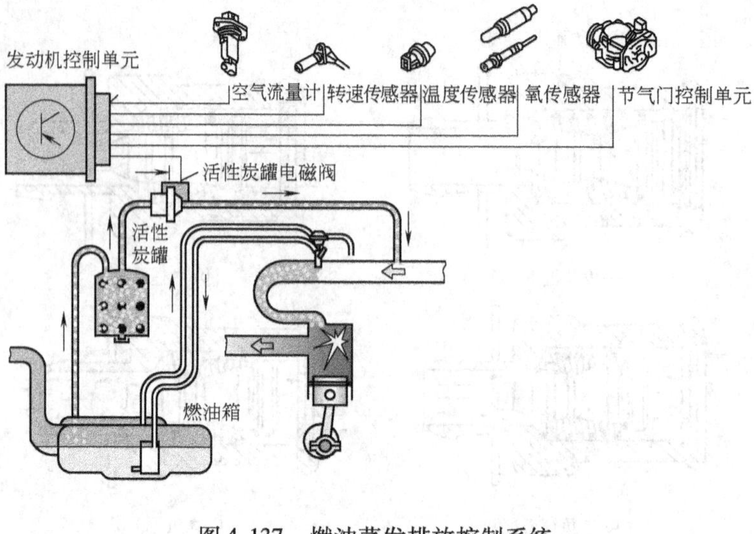

图 4-137　燃油蒸发排放控制系统

2. 燃油蒸发排放控制系统的工作原理

活性炭有吸附能力。车辆运行或发动机停熄时，油箱的燃油蒸气通过管路进入炭罐上部，新鲜空气从炭罐下部进入。发动机工作时，ECU 根据发动机转速、温度以及空气流量等信号，控制活性炭罐电磁阀的动作，当活性炭罐电磁阀打开时，汽油蒸气被吸入进气歧管，然后进入气缸燃烧。不同发动机活性炭罐的工作条件是不相同的。

4.5.3.3　废气再循环控制

废气再循环（EGR）控制系统的作用是将适量的废气重新引入气缸内参加燃烧，从而降低气缸内的最高温度，以减少 NO_x 的排放量。

废气再循环虽能减少 NO_x 的生成，但循环量过度将会影响正常运行，特别是在怠速、低转速小负荷及发动机处于冷态运行时将会明显降低发动机的性能。因此应选择 NO_x 排放量多的发动机运转范围，根据工况条件的变化自动调节参与再循环的废气量。

废气再循环程度用 EGR 率来表示，其定义如下：EGR 率 = [EGR 量/(进气量 + EGR 量)] ×100%。

1. 开环控制的废气再循环控制系统

在开环控制系统中，EGR 率只受 ECU 预先设置好的程序控制，ECU 不检测发动机各工况下的 ECR 率，无反馈信号。

（1）开环控制的废气再循环控制系统的结构　开环控制的废气再循环控制系统的结构如图 4-138 所示，主要由 EGR 阀、EGR 电磁阀等组成。

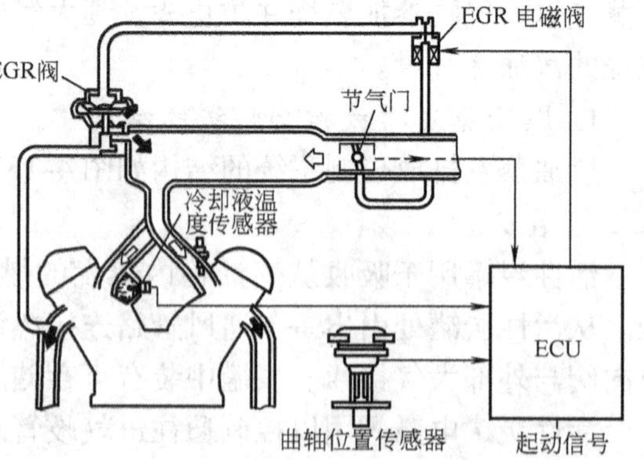

图 4-138　开环控制的废气再循环控制系统

在 EGR 系统中，通过一个特殊的通道将排气歧管与进气歧管连通，在该通道上装有 EGR 阀，通过控制 EGR 阀的开度来控制废气再循环量。EGR 电磁阀安装在通向 EGR 阀的真空通道中，控制 EGR 阀的开闭，由 ECU 控制。

（2）开环控制的废气再循环控制系统的工作原理　各种工况下的最佳 EGR 率已由发动机台架试验确定，有关数据已存入发动机 ECU 的 ROM 中。

发动机工作时，ECU 根据冷却液温度、节气门开度、转速以及起动等信号确定发动机在哪一种工况下工作，经过查表和计算修正，输出适当指令（占空比信号），控制电磁阀开度，以调节作用在 EGR 阀上的真空度，控制 EGR 阀的开度，实现对废气再循环量的控制。

2. 闭环控制的废气再循环控制系统

在闭环控制的 EGR 系统中，ECU 以 EGR 率或 EGR 阀开度传感器作为反馈信号实现闭环控制，控制精度更高。

（1）闭环控制的废气再循环控制系统的结构　闭环控制的废气再循环控制系统的结构如图4-139 所示，与采用占空比控制型电磁阀的开环控制 EGR 系统相比，只是在 EGR 阀上增设了一个 EGR 阀开度传感器。

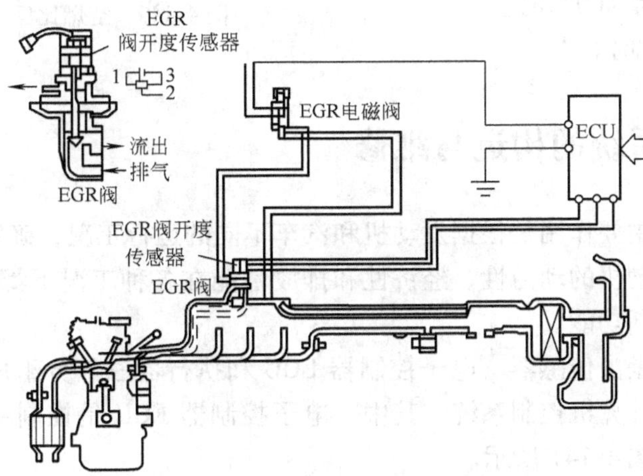

图 4-139　闭环控制的废气再循环控制系统

（2）闭环控制的废气再循环控制系统的工作原理　闭环控制系统工作时，ECU 可根据 EGR 阀开度传感器的反馈信号修正电磁阀的开度，使 EGR 率保持最佳。

EGR 阀开度传感器是一个电位计式的传感器，安装在 EGR 阀上方。当 EGR 阀工作时，其膜片带动废气再循环阀的开度传感器的滑动触点移动，将废气再循环阀开度的变化转变为电压的变化。在这种控制系统中，ECU 根据发动机的转速、负荷、冷却液温度以及节气门位置等信号确定所需要的废气再循环阀开度，并把该开度与由废气再循环阀开度传感器提供的废气再循环阀的开度数据进行比较。若不同，ECU 便调整控制脉冲的占空比，将废气再循环阀调至所需开度。

4.5.3.4　空燃比反馈控制

在空燃比反馈控制系统中，通过氧传感器工作，把空燃比控制在 14.7，使三元催化转化器发挥最高的转化效率。

空燃比反馈控制系统的控制原理如图 4-140 所示。

当实际空燃比小于理论空燃比时（混合气浓），氧化锆式氧传感器会向 ECU 输入高电压信号（0.7～0.9V），此时 ECU 将减少喷油量，使空燃比自动加大。反之，氧传感器信号下降到 0.1V 左右时，ECU 将控制喷油量增加。

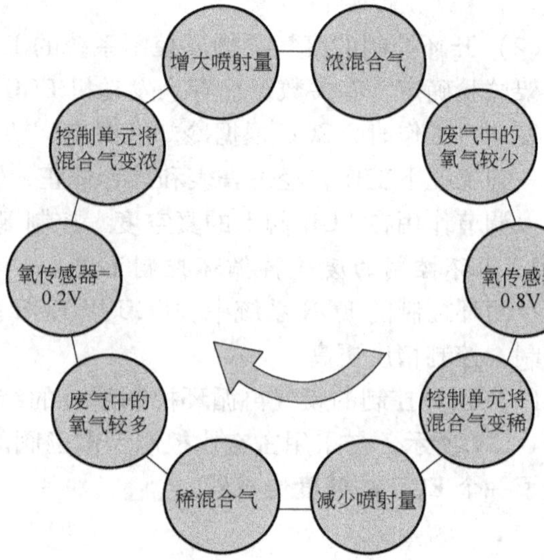

图 4-140　空燃比反馈控制系统

以上所述即为闭环控制，但在如下工作状态下，不能使用闭环控制。

1）怠速运转时。

2）节气门全开大负荷时。

3）减速断油时。

4）起动时。

5）发动机冷却液温度低时或氧传感器温度未达到工作温度 400℃时。

6）氧传感器失效时。

4.6　电子控制系统的构造与维修

电子控制系统的主要作用是根据发动机和汽车不同的运行工况，确定并执行发动机最佳的控制方案，保证发动机的动力性、经济性和排放性能在各种工况下都处于最佳工作状态。同时还具有故障自诊断功能。

电子控制系统都是由传感器、电子控制器 ECU 和执行器三部分组成，是一个以单片机为中心而组成的微型计算机控制系统，其中，电子控制器 ECU 是控制系统的核心部件。电子控制系统的组成如图 4-141 所示。

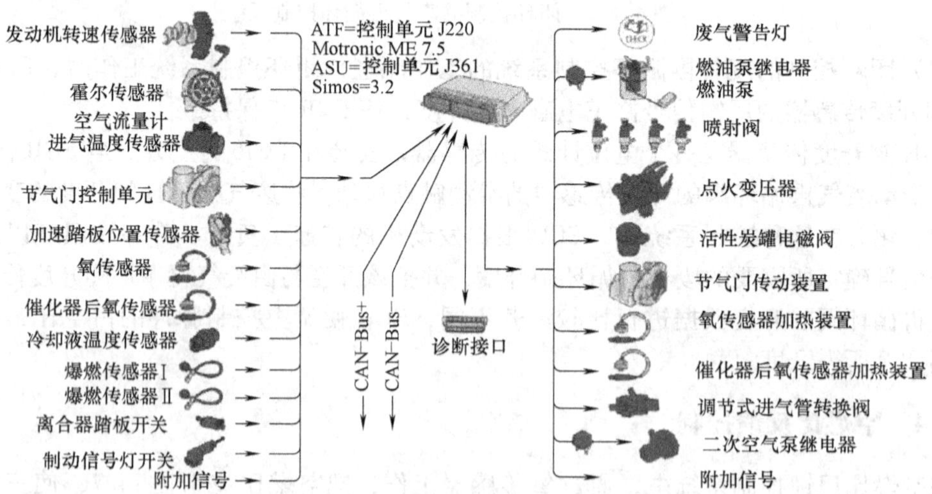

图 4-141　电子控制系统的组成

4.6.1　电子控制器

电子控制器 ECU 的功用是根据自身存储的程序对发动机各传感器输入的各种信息进行分析、判断、比较、计算得出最佳控制方案并向各有关执行元件发出控制指令控制有关执行器动作，达到自动、快速和准确控制发动机工作的目的，使发动机在各种工况下都处于最佳工作状态。电子控制器还具有故障自诊断、故障记忆等功能。

1. 电子控制器的组成

电子控制器主要由输入回路、A/D 转换器、微型计算机和输出回路组成，其组成框图如图 4-142 所示，外形如图 4-143 所示。它们一起制作在一个金属盒内，固定在车内不易受到碰撞的部位，如仪表板下面或座椅下面等，具体安装位置依车而异。

（1）输入回路　发动机工作时，各种传感器的信号输入 ECU 后，首先进入输入回路进行处理。传感器输入的信号不同，处理的方法也不同，一般是先将输入信号滤除杂波和将正弦波转变为矩形波后，再转换成输入电平。输入回路的作用如图 4-144 所示。

（2）A/D 转换器　从传感器送来的信号有模拟信号和数字信号两种，如图 4-145 所示，而计算机只能处理数字信号，模拟信号须经过 A/D 转换器转换为数字信号后才能输入计算机。

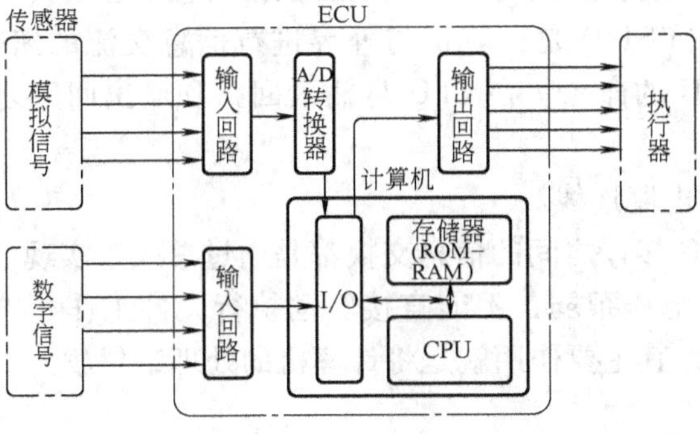

图 4-142　电子控制器组成框图

图 4-143　电子控制器外形图

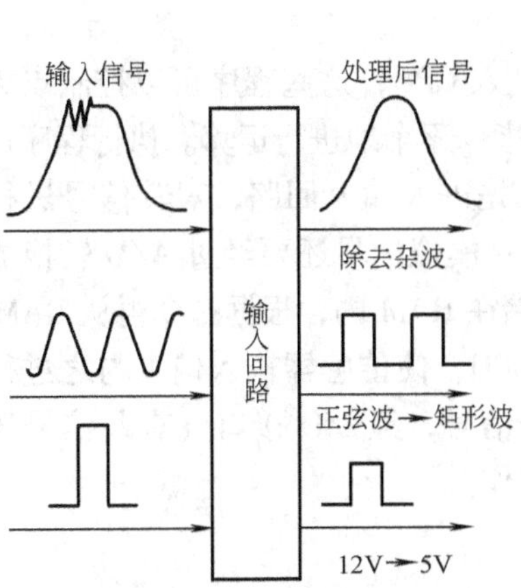

图 4-144　输入回路的作用

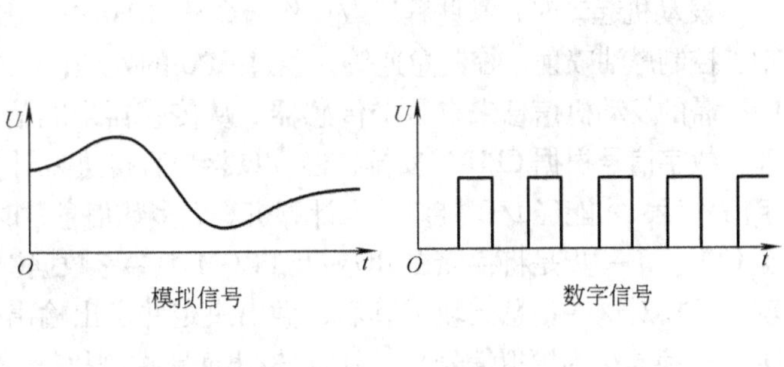

图 4-145　传感器信号类型

(3) 微型计算机　微型计算机把各种传感器送来的信号用内存程序和数据进行运算处理，并把处理结果（如喷油器喷射信号、点火正时信号）送往输出回路。微型计算机主要由中央处理器（CPU）、存储器（ROM、RAM）、输入/输出接口（I/O）和总线组成。

① 中央处理器。中央处理器主要由进行算术运算和逻辑运算的运算器、暂时存储数据的寄存器、按照程序在各装置之间完成信号传送及控制任务的控制器等组成，其功用是读出命令并执行数据处理任务。

② 存储器。存储器的功用是存储信息资料，包括随机存储器（RAM）和只读存储器（ROM）。

随机存储器（RAM）主要用来暂时存储计算机操作时的可变数据，如计算机输入、输出数据，计算过程中产生的中间数据、故障码及自学习修正数据等，当切断电源后 RAM 内部的存储信息将丢失。为了防止点火开关关闭后因电源被切断而造成数据丢失，RAM 通过计算机后备电源电路与蓄电池相连，使 RAM 不受点火开关的控制。但后备电源电路断开或拆除蓄电池后，存入 RAM 的数据会自然丢失，因此在车辆维修时如需拆除蓄电池必须先读取并记录计算机内所存信息。

只读存储器（ROM）只能读出不能写入，用来存储固定的数据，如电控系统中的一系列控制程序软件、喷油特性脉谱、点火控制特性脉谱以及其他特性数据等。这些信息资料一般都是在制造时由厂家一次性输入，使用中无法改变其内容，断电后数据信息不会丢失。

③ 输入/输出接口（I/O）。输入/输出接口 I/O 是计算机与外界进行信息交流的纽带，在控制系统工作时，输入/输出接口根据 CPU 的命令，在 CPU 与输入回路和输出回路之间负责数据传送。

④ 总线。总线是计算机内部传递信息的电路连线。

在单片机内部，CPU、ROM、RAM 与 I/O 接口之间的信息交换都是通过总线来实现。

(4) 输出回路　计算机输出的数字信号电压很弱，不能直接驱动执行元件工作。作为计算机与执行元件之间连接桥梁的输出回路，其主要作用就是将计算机的处理结果放大，生成能控制执行元件工作的指令信号。

输出回路一般采用功率晶体管，根据计算机的指令通过导通或截止来控制执行元件的搭铁回路。

2. 电子控制器的工作过程

发动机起动时，某些程序或操作指令从 ROM 中取出并进入 CPU，这些程序可以控制点火时刻、控制燃油喷射、控制怠速等，通过 CPU 的处理，一个个指令逐个地进行运算。执行程序过程中所需的发动机信息来自各个传感器。从传感器来的信号首先进入输入回路，对其信号进行处理：数字信号根据 CPU 的安排，经 I/O 接口直接进入计算机；模拟信号还要经过 A/D 转换成数字信号后，才能经 I/O 接口进入计算机。大多数信息暂时存储在 RAM 内，根据指令再从 RAM 送至 CPU。下一步是将存储在 ROM 及 PROM 中参考数据引入 CPU，使传感器输入信息与之进行比较。CPU 对这些信息比较运算后，做出决定并发出输出指令信号，经 I/O 接口（有些信号还经 D/A 转换器转为模拟信号），最后经输出回路控制执行器的动作。

4.6.2 随车诊断系统

现代汽车控制系统中都设有故障自诊断系统，其作用是监测、诊断电子控制系统中各传感器、执行器以及电子控制单元（ECU）的工作是否正常。

1. 故障自诊断系统的功能

故障自诊断系统主要由电子控制单元（ECU）以及传感器与执行器的监测电路组成，具体功能可归纳为如下几点：

1）监测控制系统工作情况，及时地检测出电子控制系统出现的故障，一旦发现某个传感器或执行器参数异常，及时点亮仪表板上专设的发动机故障指示灯，通知驾驶人电子控制系统已出现故障。

2）将故障内容编成代码（称为故障码）存储在随机存储器 RAM 中，维修时，可将存入存储器的故障码调出，为维修人员快速诊断出故障类型提供信息。

3）因传感器或控制器及其电路发生故障，发动机不能工作时，起用相应的备用功能，使控制系统处于应急状态运行，使发动机能够维持基本的运转，以便于驾驶人将汽车开到修理厂修理。同时在某一执行机构发生故障时，系统及时停止其他执行机构的工作，以确保汽车的行驶安全或避免造成部件的损坏。

2. 故障自诊断系统的工作原理

故障自诊断系统对电子控制系统的不同部分处理方式有所不同。

（1）传感器及其有关电路的故障诊断和故障运行　工作时，各传感器的信号将不断地输入 ECU，ECU 内设置了一个传感器信号监测软件，用来判别输入的信号有否异常。每一种被监测的传感器信号都设定了正常的信号范围。如果某一传感器信号电压超出正常范围或信号丢失，信号监测软件就判定该传感器有故障或有关线路有问题，驱使发动机故障指示灯闪亮，并将该故障码储存到存储器中。

比如，发动机冷却液温度传感器正常信号的电压范围是 0.3 ~ 4.7V，对应的发动机冷却冷却液温度是 -30 ~ 120℃，如果 ECU 检测出的信号电压超出了此范围，监测软件就判定为冷却液温度传感器或其电路有故障，自诊断系统在使发动机故障指示灯亮显示故障，并使存储器储存故障码的同时，从存储器中取出冷却液温度为 80℃ 的代用值，对发动机进行控制，以防止因冷却液温度异常而失去控制，发动机不能正常运转，这样汽车就能在“带病”状态下继续行驶回家。

如果故障状态存在超过一定的时间，此故障码就以稳定的形式储存。如果在一定的时间里该故障状态不再出现，则系统把它归为偶尔性故障。如果发动机起动 50 次故障不再出现，该偶发性故障码就会自动消除。

（2）控制器的故障诊断及故障运行　ECU 内出现异常情况时，自诊断系统也能显示其故障，并记录下故障码。其监测故障的方法是在系统内设置一监视回路。监视回路中的监视计时器按时对计算机进行复位。当有故障时，例行程序不能正常运行，使监视计时器不能复位而造成溢出。系统据此可判定为控制器故障，并显示其故障，储存故障码。

ECU 出现异常将会造成汽车不能运行。ECU 故障的应急运行控制是通过其备用电路来实现的。备用电路根据基本设置（存于 ROM 中）进行简单的控制，若 ROM 出现异常，则计算机（CPU）根据 RAM 的记忆参数计算输出控制信号，这时，反应会比正常情况慢很多。

（3）执行机构及其电路的故障诊断和故障保险　控制系统工作时，计算机向执行机构输出控制信号，而执行机构无信号返回。为监测执行机构的工作状态，就需设置监视回路，

及时将执行机构的工作状态信号反馈给 ECU。比如点火系统中的 IGF 信号就是用来判定点火系工作是否正常的监视信号

当点火线圈、电子点火器或有关线路有故障时，ECU 就得不到正常的 IGF 信号。自诊断系统即可判定为点火系统有关部位有故障，驱使指示灯显示故障并储存故障码。自诊断系统在给出点火系统故障信号的同时，使喷油器停止喷油，以免在点火系统不点火时喷油，使大量未燃烧的混合气从排气管进入三元催化转化器，造成转化器因过量的氧化反应过热而被烧坏。这就是所谓的自诊系统具有的“安全保障”功能。

3. 故障自诊断测试

点火开关打开后，发动机故障指示灯会点亮，这是 ECU 执行自检。发动机起动后，故障指示灯应熄灭，如常亮则表示发动机控制系统有故障存在。自诊断系统通过故障指示灯来提示驾驶人或维修人员，汽车电控系统存在故障应立即修理。至于故障的类型和部位，则需通过启动自诊断系统读取故障码，然后查出该故障码的含义，或者用解码器直接读取故障码和故障内容。

根据发动机工作状态不同，自诊断测试方式分为静态测试和动态测试两种。

（1）静态测试　简称 KOEO（Key ON Engine OFF）方式，即在点火开关接通、发动机不运转的情况下进行诊断测试，主要用于读取或清除故障码。

（2）动态测试　简称 KOER（Key ON Engine Run）方式，即在点火开关接通、发动机运转的情况下进行诊断测试，主要用于读取或清除故障码、检测传感器或执行器工作情况及其控制电路以及与车用 ECU 进行数据传输。

4. OBD-Ⅱ简介

OBD-Ⅱ是第二代随车计算机自诊断系统（ON BORAD DIAGNOSTICS-Ⅱ）的缩写，中文意思是自我诊断。它是由美国汽车工程学会（SAE）制定的，经由美国环境保护机构（EPA）及美国加州资源协会（CARB）登记的一套汽车标准。

最先使用 OBD 系统的是加州空气资源协会（CRAB），它从 1985 年开始逐渐有要求，从 1988 年起正式采用 OBD 系统。

1993 年以前的电控自诊断系统为第一代自诊断系统，由于各厂家采用不同的诊断座、不同的故障码和不同的诊断功能，给检测诊断带来许多不便。1993 年以后，美国加州要求销售到该地区的车辆，不论欧、美、日等国的汽车均必须符合 OBD-Ⅱ标准。1994 年全球约有 20% 的汽车制造厂商已采用 OBD-Ⅱ标准，1995 年约有 40% 的汽车制造厂商采用 OBD-Ⅱ标准。从 1996 年起，全球所有的汽车制造厂商都全面采用 OBD-Ⅱ标准，该标准要求各汽车厂家提供统一的诊断模式，统一的诊断座，统一的故障码，只要一台诊断仪器就可检测诊断所有车种。

一般来讲 OBD-Ⅱ系统有三方面的要求：一是仪表中有警示车主的指示灯，给车主提示车辆的控制系统存在故障；二是系统有记忆和传送有关排放的故障码；三是能对 EGR 阀、燃油系统和其他有关废气排放系统进行测试维护。

在新的 OBD-Ⅱ标准公布后，世界各汽车厂家纷纷采用，形成了国际标准。因此，了解、掌握和使用 OBD-Ⅱ国际标准，将会大大简化汽车检测诊断、维护修理工作。

OBD-Ⅱ随车诊断系统的特点：

① 汽车按标准装用统一的 16 端子诊断座，并将诊断座统一安装在驾驶室仪表板下方。

OBD-Ⅱ诊断座如图4-146所示。

② 解码器和车辆之间采用标准的通信规则。欧洲统一标准——7号和15号端子；美国统一标准——2号和10号端子。

③ 采用相同的故障码及故障码意义统一。故障码由1个英文字母和4个数字组成。

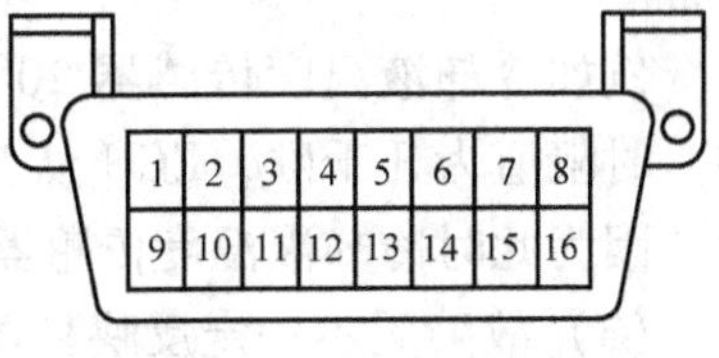

图4-146　OBD-Ⅱ诊断座

④ 具有行车记录功能，能记录车辆行驶过程的有关数据资料，能记忆和重新显示故障码，可利用仪器方便、快捷地调取或清除故障码。

⑤ 能监控排放控制系统。

5. 计算机检测仪简介

现代汽车故障诊断通常采用汽车微型计算机控制系统计算机检测仪（亦称之为汽车计算机解码器）进行检测，根据带有的数据流形式可分为原厂专用型和通用型两大类，参见图4-147。

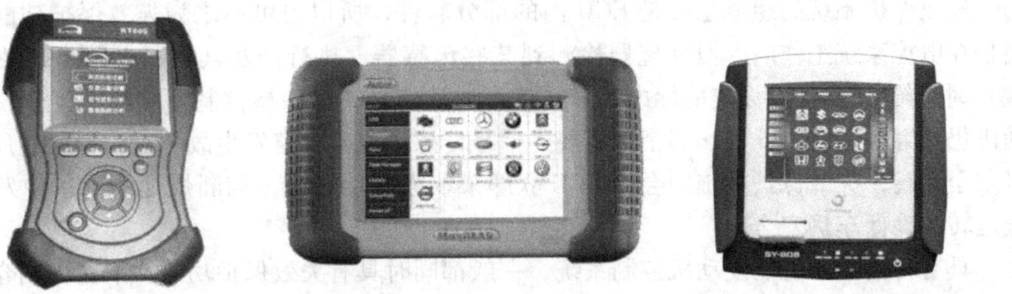
图4-147　汽车诊断仪

原厂专用型是汽车制造厂家为自己车型设计的计算机解码器，如通用公司TECH-2、福特公司Super Star-Ⅱ、宝马公司MODIC、大众公司VAG1552以及日产公司Consult等。原厂仪器适用车型单一，且价格昂贵，一般特约维修中心配备。

通用型检测仪是汽车维修设备制造厂为检测各国生产不同车型汽车的计算机设计出的具有广泛功能的检测设备，如Scanner（红盒子）、431ME（电眼睛）以及发动机综合性能分析仪等。这种通用型计算机解码器使用覆盖面广，功能齐全，升级方便，价格便宜，是一般综合性汽车维修厂必备的仪器。

6. 故障码与故障的关系

（1）有故障码不一定有故障　ECU存储器中存储的故障码有两种：当前故障码和历史故障码，应加以区别。

读出故障码，但起动后“CHECK”灯熄灭，说明当前发动机ECU未检查到故障，读出的故障码是历史故障码，清除即可。

读出几个故障码，但起动后“CHECK”常亮，说明当前发动机ECU检测到故障，记下几个故障码，然后清除，再起动运行发动机，只要当前控制系统有故障，起动运行后“CHECK”一定亮，这时再读故障码，这个故障码是当前故障码。

（2）无故障码控制系统不一定正常　主要指没有故障码，但传感器信号或开关信号不一定正常，这时应用诊断仪读取发动机数据与标准数据比较，检查传感器或开关信号是否正常。

例如冷却液温度传感器20℃时标准阻值为2～3kΩ，80℃时为200～400Ω，但实际在80℃时阻值为几千欧，ECU认为是冷车，增加喷油量，造成混合气浓，油耗大，热车难发动。因为此时冷却液温度传感器信号在正常范围内，ECU认为是正常的，所以无故障码。

（3）故障码不一定反映具体的故障部位　故障码仅指一个故障范围，而不是一个具体的故障部位。

如：冷却液温度传感器信号电压过低，可能是：

① 冷却液温度高。

② 冷却液温度传感器故障。

③ 信号电路对搭铁短路。

④ ECU故障。

4.6.3　失效保护系统

失效保护系统的组成主要是ECU内的部分软件，所以也可称之为失效保护功能，其作用是在电控系统工作时，微处理器检测到某些传感器、执行器及其控制电路出现故障（失效）时，给ECU提供设定的标准信号来替代故障信号，以保持控制系统继续工作，确保发动机仍能继续运转。此外，当个别重要的信号传感器或其电路发生故障时，有可能危及发动机安全运转，失效保护系统则会使ECU立即采取强制性措施，切断燃油喷射，使发动机停止运转，确保车辆安全。

具有自诊断功能的发动机控制系统，一般都同时具有失效保护功能。下面分别介绍各传感器及其电路发生故障时，失效保护系统的工作情况。

1. 冷却液温度传感器信号故障

当冷却液温度传感器或其电路发生故障时，ECU可能会收到超过正常范围（低于-30℃或高于120℃）的温度信号，若电控燃油喷射系统仍按通常的方式控制喷油量，必然会引起空燃比过小或过大（混合气过浓或过稀），导致发动机转速不稳、性能下降。此时，失效保护系统给ECU提供设定的冷却液温度信号，通常按冷却液温度为80℃控制发动机工作，防止混合气过浓或过稀。

2. 进气温度传感器信号故障

当进气温度传感器或其电路发生故障时，ECU可能会收到超过正常范围（低于-30℃或高于120℃）的温度信号，若电控燃油喷射系统仍按通常的方式控制喷油量，与冷却液温度传感器或其电路发生故障时相同，必将引起空燃比过小或过大（混合气过浓或过稀），导致发动机转速不稳、性能下降。此时，失效保护系统给ECU提供设定的进气温度信号，通常按进气温度为20℃控制发动机工作，防止混合气过浓或过稀。

3. 点火确认信号故障

点火系统发生故障造成不能点火，ECU接收不到点火控制器反馈的点火确认信号时，如果喷油器继续喷油，大量未燃的混合气就会吸入气缸后排出，流入三元催化转化器，不仅会造成燃油浪费和排放污染，而且会使三元催化转化器温度很快升高并超过允许温度。为避免这种情况发生，失效保护系统使ECU立即切断燃油喷射，使发动机停止运转。

4. 节气门位置传感器（线性型）信号故障

当节气门位置传感器或其电路产生故障时，ECU将始终接收到节气门处于全开或全关状态信号，无法按实际的节气门开度对喷油量等进行精确控制。此时ECU将根据发动机转速信号和空气流量计信号计算出一替代值来控制喷油。

5. 空气流量计（或进气歧管绝对压力传感器）信号故障

如果空气流量计（或进气歧管绝对压力传感器）或其电路发生故障，ECU无法按进气量计算基本喷油时间，将引起发动机失速或不能起动。此时，失效保护系统使ECU根据起动信号和节气门位置传感器信号按固定的喷油时间控制发动机工作。桑塔纳2000GSi轿车AJR发动机为节气门控制组件，当节气门位置传感器的怠速触点闭合时，以固定的怠速喷油量控制喷油；当怠速触点断开、节气门尚未全开时，以固定的小负荷喷油量控制喷油；当节气门接近全开或全开时，以固定的大负荷喷油量控制喷油。

6. 爆燃传感器信号故障

当爆燃传感器或其电路发生故障时，或ECU内爆燃控制系统出现故障时，无论是否产生爆燃，点火提前角都无法由爆燃控制系统进行反馈控制，这将导致发动机无法正常工作。此时，失效保护系统使ECU将点火提前角固定在一个适当值。

7. 氧传感器信号故障

当氧传感器或其电路发生故障时，ECU将取消反馈控制，并以开环控制方式控制喷油。

8. 凸轮轴位置传感器信号故障

由于凸轮轴位置传感器信号（G信号）用于识别气缸和确定曲轴转角基准，当该传感器或其电路发生故障时，电控燃油喷射系统和电控点火系统无法控制发动机工作，将造成发动机不能起动或失速。此时，如果传感器或其电路故障不严重，ECU仍能收到G1或G2信号，还能按完好的G1或G2信号判别气缸和确定曲轴转角基准；但若传感器或其电路故障导致G1和G2两个信号都不能输送给ECU，则只能利用应急备用系统维持发动机基本运转。

9. 曲轴位置传感器信号故障

曲轴位置传感器或其电路发生故障时，ECU接收不到转速与转角信号，无法控制喷油时刻和点火正时，将造成发动机不能起动或失速。因此无法采取保护措施，发动机无法运转。

4.6.4 应急备用系统

应急备用系统的功能由ECU内的备用IC（集成电路）来完成，也可称之为应急备用功能。当ECU内的微处理器或少数重要的传感器出现故障、车辆无法行驶时，该系统使ECU把燃油喷射和点火正时控制在设定的水平上，作为一种备用功能使汽车能维持基本行驶，以便把汽车开到最近的维修站或适宜的地方，所以又可称为“回家系统”。

当自诊断系统判定发生下列故障之一时，在接通“故障指示灯”搭铁回路的同时，将自动启动应急备用系统。

1）ECU中的中央微处理器（CPU）、输入/输出（I/O）接口和存储器发生故障。

2）ECU无点火信号输出时。

3）主要传感器信号故障时。

应急备用系统只能维持汽车的基本功能，而不能保证发动机按正常性能运行。不同汽车厂商设计的应急备用系统的功能略有不同，控制参数也有细微差别。

当启动备用系统工作后，备用 IC 根据控制所需的几个基本传感器信号，按照固定的程序对执行元件进行简单的控制。应急备用系统工作时，只能根据起动开关信号（STA）和怠速触点信号（IDL）将发动机的工况简单地分为起动、怠速和非怠速三种，并按预先设定的固定数值输出喷油控制信号和点火控制信号。因此，后备系统只能简易控制，维持车辆能继续行驶，而不能保持正常运行时的最佳性能，故不宜长期在此状态下行驶，应尽快对汽车进行检修。

4.6.5　发动机控制系统的故障诊断

电控发动机许多故障都与控制系统有直接关系，因此，当发动机出现故障或运转不正常时，应检查控制系统。

1. 发动机控制系统故障诊断注意事项

1）拆卸电控系统各电线插接件时，首先应关闭点火开关。如果更换或需要断开蓄电池时，应考虑音响及防盗密码和存储于 ECU 内的所有故障码将会全部消失，给发动机故障排除带来困难。因此应先记住密码和读取故障码。

2）拆装控制微处理器时，除务必将点火开关关闭外，不要用敲击方式拆装，以免造成接脚或电路板损坏。

3）控制微处理器应避免掉落，并且不能放在高温或磁性环境中。

4）在检测燃油系统时，经常会有跨接燃油泵继电器的工作，不可将电源接到继电器的微处理器控制端。

5）在测试点火系统时，不应将高压线或点火线圈直接搭铁试火，应接一个火花塞试火。

6）在测试过程中应使用高阻抗仪表，不允许用测试灯测试任何微型计算机及其相连的电气装置，以防微型计算机和传感器受损。

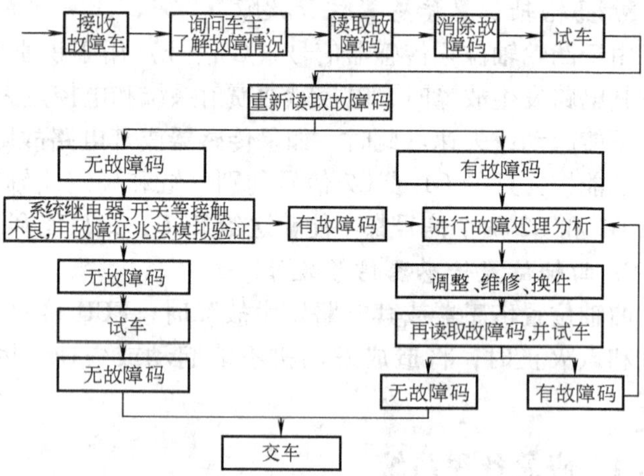

图 4-148　发动机控制系统故障诊断程序

2. 发动机控制系统故障诊断程序

电控发动机的自诊断系统故障指示灯亮后，表明电控系统检测出故障，应当及时排除，而排除故障的前提就是要按正确的诊断程序进行。电控发动机诊断程序如图 4-148 所示。

综 合 测 试

一、填空题

1. 电控汽油喷射系统由__________、__________、__________三部分组成。
2. 电子控制系统包括__________、__________、__________。
3. 根据对进气量的检测方式不同，电喷汽油发动机空气供给系统可分为__________

和__________两种形式。

4. 热线式空气流量传感器输出的信号电压随进气量的增大而__________。

5. 汽油机喷油器按电磁线圈电阻值不同可分为__________和__________。

6. 占空比是____________________。

二、选择题

1. 发动机燃油喷射系统中，以下哪项是系统闭环控制模式的主要输入信号？(　　)

A. 冷却液温度传感器　　B. 点火开关信号

C. 氧传感器　　D. 空气流量计信号

2. 现代汽车电控燃油喷射系统中，外置燃油压力调节器的作用是 (　　)。

A. 保持供油压力不变　　B. 保持喷油器内外压差恒定

C. 减少燃油脉动　　D. 储存压力

3. 在发动机暖机情况下，数据流显示冷却液温度传感器温度为 -40℃，说明：(　　)

A. 发动机冷却液温度低　　B. 冷却液温度传感器电路断路

C. 冷却液温度传感器电路短路　　D. 发动机冷却液温度高

4. 当测得副氧传感器的波形和主氧传感器的波形基本相同，电压信号在 0.1 ~ 0.9V 之间变化时，说明：(　　)

A. 一切正常　　B. 发动机处于闭环状态

C. 催化转化器失效　　D. 前两种说法 A 和 B 都对

5. 当检测电控发动机的供油系统时，发现油压偏低，下面哪项不会导致这个问题 (　　)

A. 燃油泵电压低　　B. 燃油滤清器堵塞

C. 燃油压力调节器真空管路漏气　　D. 燃油泵搭铁不良

三、简答题

1. 什么是空燃比？什么是过量空气系数？发动机各运转工况所需要的混合气浓度是什么？

2. 电控汽油喷射式发动机的燃料供给系统的组成和功用是什么？

3. 在供油系统中，为什么设有压力调节器？它是怎样工作的？

4. 燃油供给系检修的注意事项有哪些？

5. 为什么不能随意拆蓄电池极桩线？

6. 电子控制器的基本组成有哪些？它们起什么作用？

实 训 项 目

项目 7：空气流量计检测

一、实训目的

(1) 能识别空气流量计的类型。

(2) 理解空气流量计的工作原理。

(3) 掌握空气流量计故障对发动机的影响。

(4) 掌握空气流量计的检测方法。

(5) 能对空气流量计数据进行分析。

(6) 能正确使用仪器设备。

(7) 注重安全文明生产和环境保护。

二、设备及器材

(1) 常用工具、工作灯、三角木、防护套、尾排装置；

(2) 数字万用表、汽车诊断仪、接线盒；

(3) 发动机诊断台或实车；

(4) 维修手册。

三、操作基本方法

学生分小组，在教师指导下完成工作任务单上的内容。

四、完成工作任务单

任务名称	空气流量计检测	学时		班级	
学生姓名		学号		成绩	
实训设备(型号)		实训场地		日期	

第一项内容：知识回顾

1. 根据下图，填写各序号的名称。

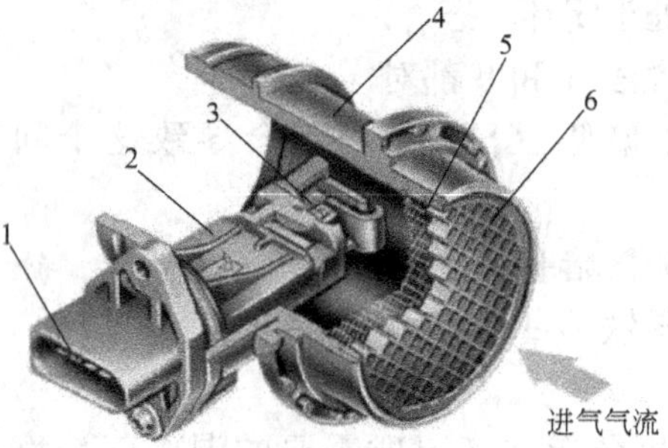

1	
2	
3	
4	
5	
6	

2. 描述热线式空气流量计的输出信号特征。

第二项内容：操作训练

1. 查维修手册画出空气流量计工作电路图。

2. 判别空气流量计接线端子，填写下表。

序号	颜色	英文代码	功能	离线电压/V	在线电压/V
1					
2					
3					
4					
5					

3. 线束导通性测量。

将数字万用表设置在电阻 200Ω 档，按电路图找到空气流量计针脚号与 ECU 信号测试端口相应的针脚号，分别测量其电阻，其值应不大于 5Ω。

测量结果：____

4. 用汽车诊断仪和数字万用表读取相关数据流，记录在下表中。

转速/(r/min)	怠速	1000	1500	2000	2500	3000	3500
MAF/(g/s)							
喷油脉宽/ms							
点火提前角							
MAF 电压/V							

5. 根据上表测量结果，回答问题：

（1）随发动机转速升高，MAF 传感器信号变化趋势____________________

（2）随发动机转速升高，点火提前角变化趋势____________________

（3）随发动机转速升高，喷油脉宽变化趋势____________________

6. 测试完毕，发动机熄火。

7. 将空气流量计从进气管上取下，线束仍连接，起动发动机，观察发动机现象：________

8. 将空气流量计从进气管上取下，断开连接线束，起动发动机，观察发动机现象：________

9. 根据测量结果，判断该传感器的好坏？____________________

10. 列出与 MAF 传感器及其电路相关的故障码：____________________

11. ECU 是否有关于 MAF 传感器的失效保护功能____________________

第三项内容：分析与思考

空气流量计损坏会影响发动机哪些系统的工作？

项目 8：进气歧管绝对压力传感器检测

一、实训目的

（1）能识别进气歧管绝对压力传感器。

（2）理解进气歧管绝对压力传感器的工作原理。

（3）掌握进气歧管绝对压力传感器故障对发动机的影响。

（4）掌握进气歧管绝对压力传感器的检测方法。

（5）能对进气歧管绝对压力传感器数据进行分析。

（6）能正确使用仪器设备

（7）注重安全文明生产和环境保护。

二、设备及器材

（1）常用工具、工作灯、三角木、防护套、尾排装置；

（2）数字万用表、汽车诊断仪、接线盒；
（3）发动机诊断台或实车；
（4）维修手册。

三、操作基本方法

学生分小组，在教师指导下完成工作任务单上的内容。

四、完成工作任务单

任务名称	进气歧管绝对压力传感器检测	学时		班级	
学生姓名		学号		成绩	
实训设备(型号)		实训场地		日期	

第一项内容：知识回顾

1. 下图是进气歧管绝对压力传感器，叙述其工作原理。

2. 描述进气歧管绝对压力传感器的输出信号特征。

____

____

第二项内容：操作训练

1. 查维修手册画出进气歧管绝对压力传感器工作电路图。

2. 判别进气歧管绝对压力传感器接线端子，填写下表。

序号	颜色	英文代码	功能	离线电压/V	在线电压/V
1					
2					
3					

3. MAP 传感器检查

（1）打开点火开关不起动发动机（KOEO），传感器电源电压为____________

（2）用手动真空泵给进气歧管绝对压力传感器提供真空，同时测量其信号电压，并将测量结果填入下表中。

真空度/mmHg	信号电压/V	信号电压下降值/V
0		
100		
200		
300		
400		
500		
600		

4. 依据维修手册，完成对该进气歧管绝对压力传感器的检测，并将检测结果填入下表中。

条件	信号电压/V	进气歧管压力/kPa
KOEO		
怠速运转		
节气门迅速全开		
节气门逐渐开启		

5. 根据检测结果，判断所检测的传感器是否良好＿＿＿＿＿＿＿＿＿＿

6. 列出与 MAF 传感器及其电路相关的故障码：＿＿＿＿＿＿＿＿＿＿

7 . ECU 是否有关于 MAP 传感器的失效保护功能＿＿＿＿＿＿＿＿＿＿

第三项内容：分析与思考

进气管发生泄漏，对于 D 型和 L 型进气系统会有何影响？

项目 9：节气门位置传感器检测

一、实训目的

（1）能识别节气门位置传感器的类型。

（2）理解节气门位置传感器的工作原理。

（3）掌握节气门位置传感器故障对发动机的影响。

（4）掌握节气门位置传感器的检测方法。

（5）能对节气门位置传感器数据进行分析。

（6）能正确使用仪器设备。

（7）注重安全文明生产和环境保护。

二、设备及器材

（1）常用工具、工作灯、三角木、防护套、尾排装置。

（2）数字万用表、汽车诊断仪、接线盒。

（3）发动机诊断台或实车。

（4）维修手册。

三、操作基本方法

学生分小组，在教师指导下完成工作任务单上的内容。

四、完成工作任务单

任务名称	节气门位置传感器检测	学时		班级	
学生姓名		学号		成绩	
实训设备(型号)		实训场地		日期	

第一项内容：知识回顾

节气门位置传感器信号在哪些情况下会被 ECU 采用？

第二项内容：操作训练

1. 查维修手册画出节气门位置传感器工作电路图。

2. 判别节气门位置传感器接线端子，填写下表。

序号	颜色	英文代码	功能	离线电压/V	在线电压/V
1					
2					
3					
4					

3. 传感器检查

（1）连接诊断设备，将点火开关“ON”但不发车，逐渐踩加速踏板，观察诊断设备中节气门开度变化情况：____________

怠速位置时，节气门开度显示为：____________

节气门全开时，节气门开度显示为：____________

（2）点火开关“ON”但不发车，用数字万用表配合诊断仪进行测量，当节气门开度变化时，将信号电压和相关电阻的变化值记录在下表中。

节气门开度	信号电压/V	VTA-E2 间电阻/Ω	VC-VTA 间电阻/Ω	VC-E2 间电阻/Ω
全关				
25% 开度				
50% 开度				
75% 开度				
全开				

（3）根据检测结果，判断所检测的传感器是否良好＿＿＿＿＿＿＿＿＿＿

4. 故障诊断

（1）制造 VTA 线短路故障，此时传感器信号电压为：＿＿＿＿＿＿＿＿＿＿

故障现象（发车）：＿＿＿＿＿＿＿＿＿＿＿＿＿＿＿＿＿＿＿＿＿＿＿＿

故障码：＿＿＿＿＿＿＿＿＿＿＿＿＿＿＿＿＿＿＿＿＿＿＿＿＿＿＿＿＿

数据流显示：＿＿＿＿＿＿＿＿＿＿＿＿＿＿＿＿＿＿＿＿＿＿＿＿＿＿

（2）制造 VTA 线断路故障，此时传感器信号电压为：＿＿＿＿＿＿＿＿＿＿

故障现象（发车）：＿＿＿＿＿＿＿＿＿＿＿＿＿＿＿＿＿＿＿＿＿＿＿＿

故障码：＿＿＿＿＿＿＿＿＿＿＿＿＿＿＿＿＿＿＿＿＿＿＿＿＿＿＿＿＿

数据流显示：＿＿＿＿＿＿＿＿＿＿＿＿＿＿＿＿＿＿＿＿＿＿＿＿＿＿

（3）制造搭铁端子 E 断路故障，此时传感器信号电压为：＿＿＿＿＿＿＿＿

故障现象（发车）：＿＿＿＿＿＿＿＿＿＿＿＿＿＿＿＿＿＿＿＿＿＿＿＿

故障码：＿＿＿＿＿＿＿＿＿＿＿＿＿＿＿＿＿＿＿＿＿＿＿＿＿＿＿＿＿

数据流显示：＿＿＿＿＿＿＿＿＿＿＿＿＿＿＿＿＿＿＿＿＿＿＿＿＿＿

（4）点火开关“ON”但不发车，用数字万用表测量 VC 端子的电压应为：＿＿＿＿＿

如检测不到 VC 端子的工作电压，则用数字万用表测量 ECU 端子中 VC 端的电压，若电压正常，则说明＿＿＿＿＿＿＿＿＿＿有问题；若无电压，则说明＿＿＿＿＿＿＿＿＿有问题。

第三项内容：分析与思考

节气门位置传感器失效会导致哪些故障现象？

项目10：温度传感器检测

一、实训目的

（1）能识别进气温度传感器和冷却液温度传感器。

（2）理解温度传感器的工作原理。

（3）掌握节进气温度传感器和冷却液温度传感器故障对发动机的影响。

（4）掌握温度传感器和冷却液温度传感器的检测方法。

（5）能对温度传感器和冷却液温度传感器数据进行分析。

（6）能正确使用仪器设备。

（7）注重安全文明生产和环境保护。

二、设备及器材

（1）常用工具、工作灯、三角木、防护套、尾排装置。

（2）数字万用表、汽车诊断仪、接线盒。

（3）发动机诊断台或实车。

（4）维修手册。

三、操作基本方法

学生分小组，在教师指导下完成工作任务单上的内容。

四、完成工作任务单

任务名称	温度传感器检测	学时		班级	
学生姓名		学号		成绩	
实训设备(型号)		实训场地		日期	

第一项内容：知识回顾

下图是进气温度传感器和冷却液温度传感器，完成下列内容。

温度传感器（原理）
1. 电路接头　2. 外壳
3. NTC 电阻器　　　　电路图

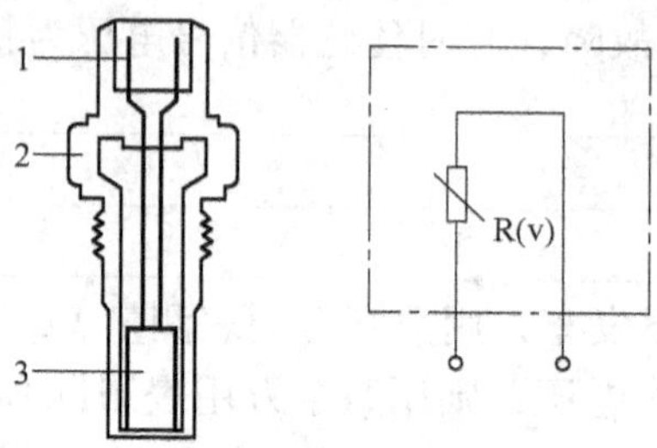

（1）解释 NTC 的含义________________________________

（2）此类电阻有何工作特性______________________________

第二项内容：操作训练

1. 查维修手册画出冷却液温度传感器工作电路图。

2. 判别温度传感器接线端子，填写下表。

序号	颜色	英文代码	功能	离线电压/V	在线电压/V
进气 1					
2					
冷却液温度 1					
2					

3. 传感器检查

（1）连接诊断设备，冷车时观察显示屏上进气温度与冷却液温度的数值，判断它们是否吻合________________________________

（2）将进气温度传感器人工增加温度，点火开关“ON”发动机不运行，用数字万用表测量传感器电压变化情况：________________________________

（3）关闭点火开关，断开进气温度传感器的连接器，用人工增温的方法加温，测量其电阻值的变化趋势____________________；是否与维修手册相符合__________

（4）起动发动机保持运转，测量冷却液温度传感器信号电压和对应温度，将数值填入下表。

温度/℃	30	40	50	60	70	80
电阻/kΩ						

上述结果表明，随发动机逐渐暖机，冷却液温度传感器信号电压变化趋势__________；电阻值变化趋势____

4. 故障诊断

（1）如果冷却液温度传感器或进气温度传感器短路，故障码为____________________；此时传感器信号电压为______________________；定格数据流为____________________。

（2）用跳线短接冷却液温度传感器制造短路故障，此时冷却液温度传感器信号电压应降低。如果能降低，则说明_______________是良好的；如果没有变化，则说明______________有问题。

（3）如果冷却液温度传感器或进气温度传感器断路，故障码为____________________；此时传感器信号电压为______________________；定格数据流为____________________。

（4）断开冷却液温度传感器插头制造断路故障，此时冷却液温度传感器信号电压应升高。如果能升高，则说明_______________是良好的；如果没有变化，则说明____________有问题。

第三项内容：分析与思考

温度传感器损坏会出现哪些故障现象？

项目 11：怠速控制阀检测

一、实训目的

（1）能识别怠速控制阀的类型。

（2）理解怠速控制阀的工作原理。

（3）掌握怠速控制阀故障对发动机的影响。

（4）掌握怠速控制阀的检测方法。

（5）能对怠速控制阀数据进行分析。

（6）能正确使用仪器设备。

（7）注重安全文明生产和环境保护。

二、设备及器材

（1）常用工具、工作灯、三角木、防护套、尾排装置。

（2）数字万用表、汽车诊断仪、接线盒。

（3）发动机诊断台或实车。

（4）维修手册。

三、操作基本方法

学生分小组，在教师指导下完成工作任务单上的内容。

四、完成工作任务单

任务名称	怠速控制阀检测	学时		班级	
学生姓名		学号		成绩	
实训设备(型号)		实训场地		日期	

第一项内容：知识回顾

1. 画出发动机怠速工况时，空气的流经路线框图。

2. 发动机怠速控制的内容有哪些？

第二项内容：操作训练

1. 查维修手册画出怠速控制阀工作电路图。

2. 判别怠速控制阀接线端子，填写下表。

序号	颜色	英文代码	功能	离线电压/V	在线电压/V
1					
2					
3					
4					
5					
6					

3. 元件检查

（1）连接诊断设备，读取相关数据流，填入下表。

冷却液温度/℃	怠速转速/(r/min)	喷油脉宽/ms
冷态发动机		
40		
50		
60		
70		
80		

（2）当发动机负荷变化时，观察并记录怠速转速的变化情况。

条件	转速变化情况	变化前的怠速转速	变化后的怠速转速
变速杆 N→D			
变速杆 D→N			
前照灯开关 OFF→ON			
空调开关 OFF→ON			

（3）怠速控制阀线圈电阻为______________________________

电源电压为______________________________

对照维修手册，是否符合要求______________________________

（4）将已拆下的怠速控制阀进行动作测试，是否符合要求______________

4. 诊断

（1）连接诊断设备，通过操纵节气门将发动机转速提高到 2500r/min，读取此时怠速控制阀的开度百分比为______________________________

（2）发动机怠速，制造一个进气歧管真空泄漏状况，发动机运转变得粗暴但不失速，此时怠速控制阀的开度百分比为______________________________

（3）用诊断设备对怠速控制阀进行主动测试。

当怠速控制阀的开度增大时，发动机的怠速转速______________

当怠速控制阀的开度减小时，发动机的怠速转速______________

（4）当怠速控制阀及其电路出现故障时，将置出故障码为______________

第三项内容：分析与思考

发动机怠速过高是何原因？

项目 12：电动汽油泵检测

一、实训目的

（1）能找到电动汽油泵的安装位置。

（2）理解电动汽油泵的工作原理。

（3）掌握电动汽油泵故障对发动机的影响。

（4）掌握电动汽油泵的检测方法。

（5）能正确使用仪器设备。

（6）注重安全文明生产和环境保护。

二、设备及器材

（1）常用工具、工作灯、三角木、防护套、尾排装置。

（2）数字万用表、汽车诊断仪、接线盒。

（3）发动机诊断台或实车。

（4）维修手册。

三、操作基本方法

学生分小组，在教师指导下完成工作任务单上的内容。

四、完成工作任务单

任务名称	电动汽油泵检测	学时		班级	
学生姓名		学号		成绩	
实训设备(型号)		实训场地		日期	

第一项内容：知识回顾

1. 写出下图中序号的名称，填入表中。

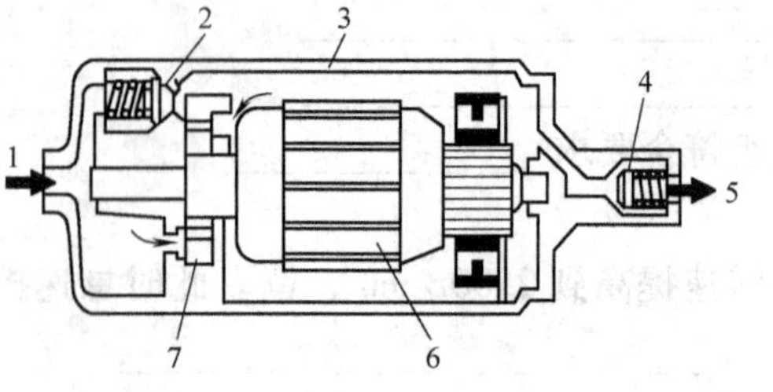

1	
2	
3	
4	
5	
6	
7	

2. 找出实验车中油泵的位置在哪里？属于哪种类型？

第二项内容：操作训练

1. 查维修手册画出电动汽油泵控制电路图。

2. 判别电动汽油泵接线端子，填写下表。

序号	颜色	英文代码	功能	离线电压/V	在线电压/V
1					
2					

3. 汽油泵及电路检查

（1）拔下汽油泵插头，测量油泵线圈电阻值为__________；是否符合要求__________

（2）用数字万用表测量油泵端子电压为__________

（3）拔下汽油泵插头，直接给油泵端子加上蓄电池电压，油泵能否运转__________

（4）判断电动汽油泵控制电路属于通断控制还是带有转速变化的通断控制__________

（5）燃油泵继电器安装位置在__________

它控制汽油泵的电源线路还是搭铁线路__________

（6）利用诊断设备对汽油泵进行动作测试，结果__________

第三项内容：分析与思考

实验车的电动汽油泵能完成哪些动做功能？

项目 13：喷油器检测

一、实训目的

（1）能识别喷油器。

（2）理解喷油器的工作原理。

（3）掌握喷油器故障对发动机的影响。

（4）掌握喷油器的检测方法。

（5）能正确使用仪器设备。

（6）注重安全文明生产和环境保护。

二、设备及器材

（1）常用工具、工作灯、三角木、防护套、尾排装置。

（2）数字万用表、汽车诊断仪、接线盒。

（3）发动机诊断台或实车。

（4）维修手册。

三、操作基本方法

学生分小组，在教师指导下完成工作任务单上的内容。

四、完成工作任务单

任务名称	喷油器检测	学时		班级	
学生姓名		学号		成绩	
实训设备（型号）		实训场地		日期	

第一项内容：知识回顾

发动机起动后的喷油量是如何确定的？

第二项内容：操作训练

1. 查维修手册画出喷油器控制电路图。

2. 判别喷油器接线端子，填写下表。

序号	颜色	英文代码	功能	离线电压/V	在线电压/V
1					
2					

3. 喷油器及电路检查

（1）关闭点火开关，拔下喷油器插头，测量喷油器线圈电阻值为________；属于________型。

（2）点火开关“ON”但不发车，喷油器电源电压为________________

（3）对喷油器进行测量，该发动机喷油时序为________________

（4）在喷油器插头的两个端子间串接 LED 试灯，记录：

发动机运转时，试灯________________________

4. 喷油器波形检测

（1）用诊断设备测试喷油器波形，并画出其波形图。

怠速时　　　　发动机转速2000r/min时

调整参数________________　　　　调整参数________________

（2）是否与标准波形相符合________________________

第三项内容：分析与思考

喷油器损坏会出现哪些故障现象？

项目14：燃油供给系统压力检测

一、实训目的

（1）能识别燃油供给系统各部件。

（2）能对燃油系统进行卸压。

（3）掌握燃油系统故障对发动机的影响。

（4）掌握燃油系统压力的检测方法。

（5）能正确使用仪器设备。

（6）注重安全文明生产和环境保护。

二、设备及器材

（1）常用工具、工作灯、三角木、防护套、尾排装置。

（2）数字万用表、汽车诊断仪、接线盒、燃油压力表。

（3）发动机诊断台或实车。

（4）维修手册。

三、操作基本方法

学生分小组，在教师指导下完成工作任务单上的内容。

四、完成工作任务单

任务名称	燃油供给系统压力检测	学时		班级	
学生姓名		学号		成绩	
实训设备(型号)		实训场地		日期	

第一项内容：知识回顾

简述燃油供给系统各元件的功能？

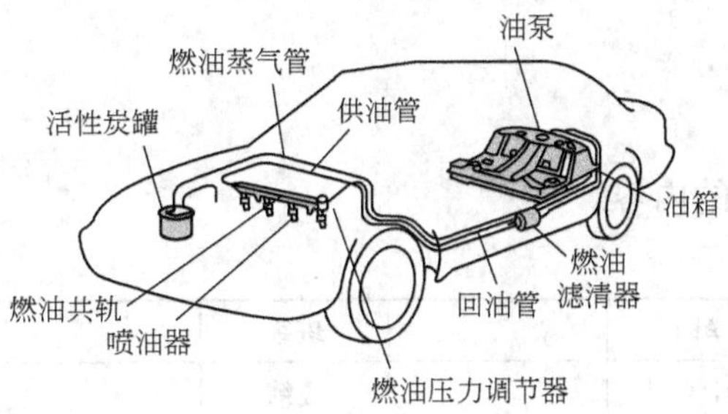

油箱	
燃油泵	
燃油滤清器	
压力调节器	
喷油器	
活性炭罐	
燃油共轨	

第二项内容：操作训练

1. 在安装燃油压力表前，先卸除燃油系统压力。

（1）起动发动机

（2）拔下燃油泵熔丝或继电器，不久发动机将____________________

（3）再次反复起动发动机，直至压力全部卸除。

2. 安装燃油压力表。

燃油压力表安装在____________________________________

3. 进行燃油供给系统压力检测，将检测结果填入下表。

	压力/kPa
静态油压	
怠速工作压力	
急加速压力	
最大供油压力	
保持压力	

怠速时拔掉燃油压力调节器上的真空软管，燃油系统的压力为__________

接上燃油压力调节器上的真空软管时，燃油系统压力为__________

第三项内容：分析与思考

如果燃油系统没有保持压力，请分析原因？

项目 15：氧传感器检测

一、实训目的

(1) 能识别氧传感器的类型。

(2) 理解氧传感器的工作原理。

(3) 掌握氧传感器故障对发动机的影响。

(4) 掌握氧传感器的检测方法。

(5) 能对氧传感器数据进行分析。

(6) 能正确使用仪器设备。

(7) 注重安全文明生产和环境保护。

二、设备及器材

(1) 常用工具、工作灯、三角木、防护套、尾排装置。

(2) 数字万用表、汽车诊断仪、接线盒。

(3) 发动机诊断台或实车。

(4) 维修手册。

三、操作基本方法

学生分小组，在教师指导下完成工作任务单上的内容。

四、完成工作任务单

任务名称	氧传感器检测	学时		班级	
学生姓名		学号		成绩	
实训设备(型号)		实训场地		日期	

第一项内容：知识回顾

1. 氧化锆和氧化钛传感器工作原理有何不同？

2. 写出三元催化转化器的转化方程式。

第二项内容：操作训练

1. 查维修手册画出氧传感器工作电路图。

2. 判别氧传感器接线端子，填写下表。

序号	颜色	英文代码	功能	离线电压/V	在线电压/V
1					
2					
3					
4					

3. 传感器及电路检查

（1）点火开关“OFF”，拔下氧传感器线束插头，用数字万用表电阻档测量前、后氧传感器中加热线圈的电阻。前氧传感器电阻________；后氧传感器电阻________；是否符合要求________

（2）点火开关“ON”，发动机不运转，测量加热电阻电源端子的电压为__________

（3）起动发动机，读取此时加热电阻电源端子的电压为________________

（4）如果前氧传感器加热电阻线路断路，此时 ECU 会设置故障码__________

（5）起动发动机，读取氧传感器在不同状态下的信号电压值，填入下表。

工作状态	氧传感器信号电压（变化情况）
起动发动机，读取初始信号电压值	
发动机暖机后	
将节气门急速打开又迅速关闭	
保持发动机转速为 2500r/min	
发动机怠速时拔下进气歧管上的真空软管	
重新连接真空软管	

（6）如果前氧传感器信号线断路，此时 ECU 会置出故障码______________

4. 氧传感器波形检查

（1）用诊断设备检查前氧传感器波形，并画出波形图。

发动机转速为1000r/min时

发动机转速为2500r/min时

调整参数____________________　　调整参数____________________

(2) 是否与标准波形相符合________________________________

(3) 起动发动机，发动机暖机进入闭环控制后，测试前、后氧传感器波形，并画出波形图。

前氧传感器　　　　　　后氧传感器

调整参数____________________　　　　调整参数____________

(4) 前、后氧传感器波形有何不同____

________；此时催化转化工作状态________________________________

第三项内容：分析与思考

1. 前氧传感器失效会引起发动机哪些故障现象？

____

____

____

____

2. 后前氧传感器失效会引起发动机哪些故障现象？

____

____

____

____

项目 16：发动机电控系统故障诊断

一、实训目的

(1) 掌握发动机电控系统的组成。

(2) 理解随车诊断系统的工作原理。

(3) 掌握发动机电控系统故障诊断流程。

(4) 能根据故障码和数据流分析故障。

(5) 能正确使用仪器设备。

(6) 注重安全文明生产和环境保护。

二、设备及器材

(1) 常用工具、工作灯、三角木、防护套、尾排装置。

(2) 数字万用表、汽车诊断仪、接线盒。

(3) 发动机诊断台或实车。

（4）维修手册。

三、操作基本方法

学生分小组，在教师指导下完成工作任务单上的内容。

四、完成工作任务单

任务名称	发动机电控系统故障诊断	学时		班级	
学生姓名		学号		成绩	
实训设备(型号)		实训场地		日期	

第一项内容：知识回顾

1. 发动机电控系统中有哪些传感器和执行器？

____

____

____

____

____

____

2. 故障码和故障是何关系？

____

____

____

____

第二项内容：操作训练

1. 场地及设备检查

（1）工量具及仪器设备的准备______________________________

（2）安全环保准备

尾气抽排装置______________；座位套______________；踏脚垫______________；

转向盘套______________；变速杆套______________；翼子板护垫______________；

（3）车辆状况检查

机油品质______________________；机油液面______________________；

冷却液液面______________________；蓄电池电压______________________；

2. 验证故障

发动机故障指示灯______________________________

发动机起动、运转状况______________________________

3. 连接诊断仪并记录步骤

____

____

____

4. 故障码检查

____

5. 相关数据流检查

6. 确认故障部位

7. 元件及电路检测

8. 故障排除

9. 整理

第三项内容：分析与思考

写出项目完成后的体会

第 5 章 柴油机燃料供给系统

学习目标：

- 掌握柴油机燃油供给系统组成及工作原理
- 理解喷油泵的工作过程
- 学会柴油机燃油供给系统的修理方法
- 掌握喷油泵和调速器的调试方法
- 理解电控柴油机的基本工作原理

柴油机具有良好的燃油经济性、可靠性和低排放等优点，被广泛用于轿车、载货汽车、客车及各种专用汽车上。特别是采用先进技术使得柴油机的一些缺点（如噪声、NO_x 排放等）已得到明显改善，柴油机具有更广阔的前景。

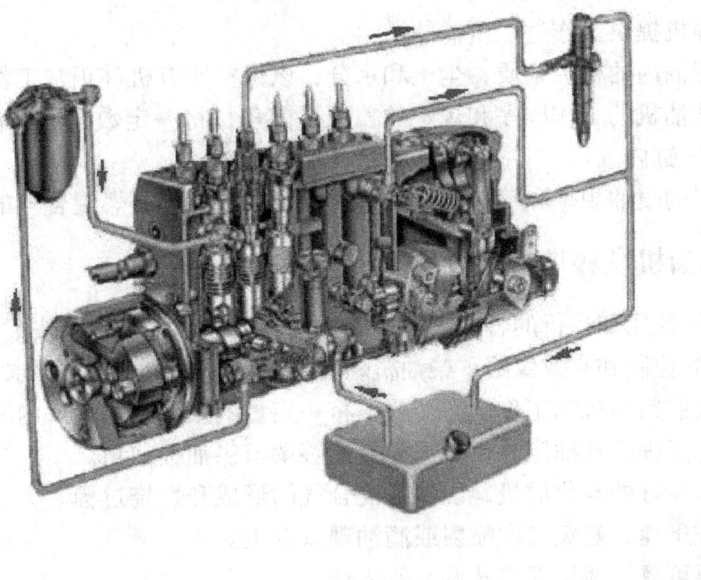

5.1 概述

柴油机燃料供给系统是柴油机的重要组成部分，对柴油机动力性、经济性、使用可靠性和排气污染等都有重要影响。因此，合理的设计、正确的使用，及时规范的维护，使供给系统经常保持良好的技术状况，是确保柴油机的使用性能，延长柴油机的使用寿命，减少故障发生率，提高柴油机使用效率的关键。

5.1.1 柴油机燃料供给系统的组成

1. 柴油机燃油供给系统的组成

柴油机燃油供给系统由油箱、输油泵、燃油滤清器、喷油泵、喷油器、回油管以及高低压油管等组成，如图5-1所示。

柴油由输油泵从柴油箱吸出，经柴油粗滤器被吸入输油泵并泵出，经柴油细滤器，进入喷油泵，从喷油泵输出的高压油经高压油管和喷油器喷入燃烧室。由于输油泵的供油量比喷油泵供油量大得多，过量的柴油便经回油管回到输油泵低压回路。

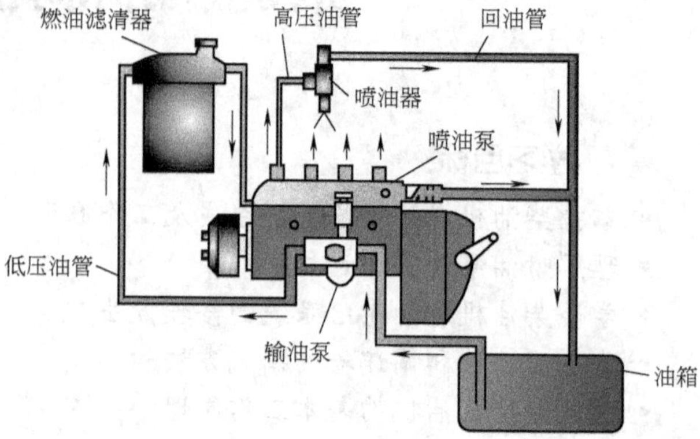

图5-1 柴油机燃油供给系统

从柴油箱到喷油泵入口的这段油路中的油压是由输油泵建立的，压力为0.15～0.30MPa，称为低压油路；从喷油泵到喷油器这段油路中的油压是由喷油泵建立的，压力一般在10MPa以上，称为高压油路。高压的柴油通过喷油器呈雾状喷入燃烧室，与空气混合形成可燃混合气。

2. 柴油机燃油供给系统的功用

1）向柴油机提供工作过程所需的燃料。

2）滤除燃油内的机械杂质、尘土和水分，以保持所有机件正常工作。

3）按照柴油机的工作顺序和规定的喷油提前角，将一定数量的柴油，以一定的压力喷入柴油机各个气缸内。

4）按一定的喷油规律和喷雾质量喷入燃烧室，以保证可燃混合气的形成。

5.1.2 对柴油机燃料供给系统的要求

根据柴油机使用和运行的各种工况，柴油机燃料供给系统必须按不同使用工况的要求对柴油进行有效的控制和有效供给。柴油机燃料供给系统应满足以下要求：

1）能够按照柴油机的工作状态需要，将一定量的柴油喷入气缸内。

2）应保持正确的喷油定时，根据需要能够调节供油提前角。

3）应具有良好的雾化质量，以保证混合气的形成和燃烧过程。

4）断油应迅速，避免二次喷射或滴油现象发生。

5）工作要可靠，使用保养及调节要方便。

5.1.3 柴油机燃烧室

柴油机的可燃混合气是在燃烧室内部形成的，可燃混合气的形成品质和燃烧性能与燃烧室结构形式密切相关，直接影响到柴油机的动力性、经济性、排放指标、噪声指标和工作寿命等。

汽车柴油机的燃烧室常见的有直喷式、预燃室式和涡流室式三种，其中直喷式燃烧室又称为统一式燃烧室，预燃室式和涡流室式燃烧室又称为分隔式燃烧室。

1. 直喷式燃烧室

直喷式燃烧室如图 5-2a 所示。燃烧室呈浅盆形，喷油器的喷嘴直接伸入燃烧室。这种燃烧室结构紧凑，散热面积小，因将燃油直接喷入燃烧室，故发动机起动性能好，做功效率高。

直喷式燃烧室一般采用孔式喷油器，可选配双孔或多孔喷油嘴。根据喷油器的安装形式可选用 ω 形活塞和锥形活塞。

ω 形活塞配合四孔喷油器，可使得喷注在燃烧室内形成 ω 形涡流，促使燃油与空气的混合。

锥形活塞配合直立放置的喷油器，可使喷注由中间向四周形成涡流。目前，新型的燃油共轨系统多采用此种形式的燃烧室和活塞。

分隔式燃烧室由两部分组成。一部分位于活塞顶与气缸盖底面之间，称为主燃烧室；另一部分在气缸盖中，称为副燃烧室。两部分之间有一个或几个孔道相连。分隔式燃烧室常见的形式有涡流室式燃烧室和预燃室式燃烧室两种。

2. 预燃室式燃烧室

预燃室式燃烧室如图 5-2b 所示。喷油器装在副燃烧室内，柴油在副燃烧室内燃烧后喷入主燃烧室，推动活塞向下运动。

由于自燃主要发生在副燃烧室内，而主燃烧室内主要是扩散燃烧，因此，这种燃烧室工作较柔和，噪声较小。但是，因为散热面积较大，放热效率较低，目前，较少采用。

预燃室式燃烧室一般采用浅盆形或平顶活塞，以减少散热面积。

3. 涡流室式燃烧室

涡流室式燃烧室如图 5-2c 所示。主燃烧室与涡流室两腔室有通道相连。涡流室式燃烧室一般采用平顶活塞，在压缩行程期间，涡流室内形成旋涡气流，多数燃油在涡流室内被点燃。然后，其余燃油在主燃烧室内继续燃烧。

分隔式燃烧室一般采用轴针式喷油器，喷油压力要求不高。

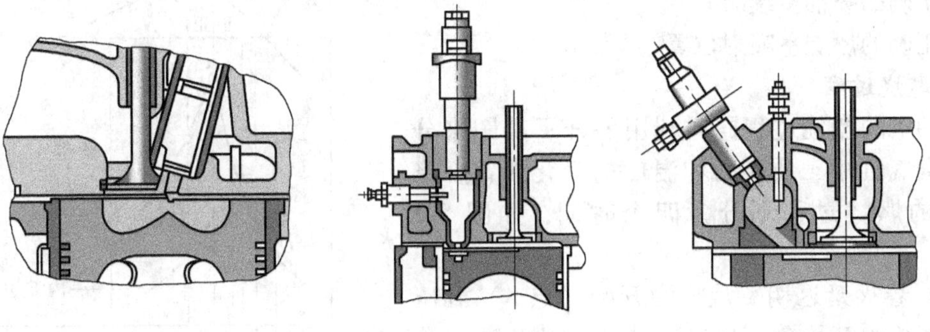

a) 直喷式　　b) 预燃室式　　c) 涡流室式

图 5-2　柴油机燃烧室

5.1.4　柴油机可燃混合气的形成与燃烧过程

1. 可燃混合气的形成

由于柴油的蒸发性和流动性比汽油差，但自燃点较低，因此柴油机不像汽油机那样在缸外形成混合气，而是在缸内完成混合气的制备，即在接近压缩行程终了时，通过喷油器把柴油经一定压力以雾状喷入气缸，与高温高压的空气混合形成可燃混合气，最终自行发火燃烧。因此混合气的形成时间极短，形成的混合气不均匀，存在喷油、蒸发、混合和燃烧重叠进行的过程。

所以柴油发动机始终在空气过量（$\lambda>1$）的情况下工作，以免产生大量炭烟、CO 和 HC。混合气形成受下述因素影响：

（1）喷射压力　喷射压力越大，柴油流经喷孔时所产生的扰动以及流出喷孔后所受到的空气阻力也越大，雾化质量好。

（2）喷油持续时间　为促使燃烧过程正常进行，对于分隔式燃烧室要求急喷急停，使燃料在主燃烧室内燃烧；对于直喷式燃烧室则要求先缓后急，以防止柴油机工作粗暴。

（3）油束分布　从喷油器喷出的油束形状一般用喷雾锥角 β 和射程 L 来描述。

喷雾锥角标志着油束在燃烧室中扩散的程度。其大小与喷油器结构有很大关系。β 大说明油束松散，油粒细，则柴油雾化好，混合气均匀。

射程表示油束在燃烧室中的贯穿距离，它影响柴油在燃烧室中的分布。射程的大小必须根据混合气形成方式与燃烧室相互配合。

（4）空气涡流　燃料完成喷射雾化后，还必须与空气迅速有效地混合，才能形成均匀的可燃混合气。不同燃烧室结构产生空气运动的方式也不同，主要有进气涡流和挤压涡流。

因此，燃料供给系统对于发动机性能而言非常重要。为使发动机在所有运行状态下确保燃油在燃烧室内分布均匀，每个运行时刻都要求：

- 正确的燃油量
- 正确的喷射时刻
- 正确的喷油压力
- 正确的喷油持续时间
- 正确的燃烧室喷射位置

2. 燃烧过程

柴油机的燃烧过程同样利用展开示功图来分析，根据气缸中工质压力和温度的变化规律，将柴油机的燃烧过程划分为四个时期，如图 5-3 所示。

（1）着火延迟期　从喷油开始（点 A）到压力脱离压缩线开始急剧上升（点 B）止，这一阶段称为着火延迟期Ⅰ。

燃料开始喷射到着火，其间经过喷散、加热蒸发、扩散、混合和初期氧化等一系列物理的和化学的准备过程。它是燃烧过程的一个重要参数，对燃烧放热过程的特性有直接影响。

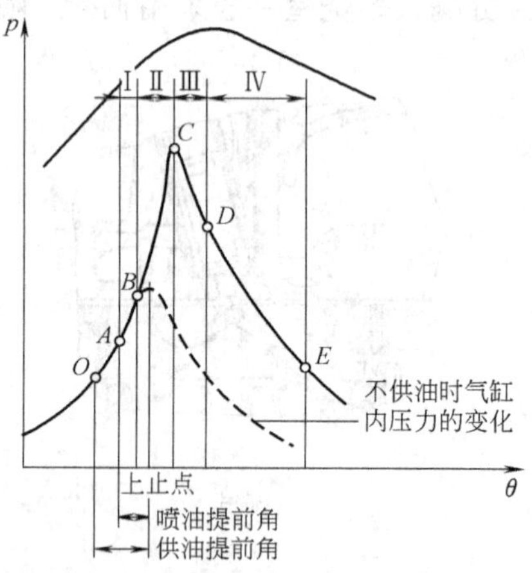

O—泵油始点　A—喷油始点　B—燃烧始点
C—最高压力点　D—最高温度点　E—燃料烧完

图 5-3　柴油机正常燃烧过程

（2）速燃期　从气缸压力急剧上升的始点 B 到终点 C，称为速燃期Ⅱ。

由于在着火延迟期内喷入燃烧室的燃料，都已经过不同程度的物理化学准备，一旦着火几乎是同时燃烧的，所以放热速度很高，气缸内的压力和温度也急剧升高。但压力升高过快时，会使曲柄连杆机构受到很大的冲击载荷，并伴随有尖锐的敲击声，柴油机工作粗暴，这种情况应予以限制。为使柴油机工作平稳，其压力升高率不应超过 292 ~ 588kPa/(°) 曲轴转角。

(3) 缓燃期　从气缸压力急剧升高的终点 C 到最高温度点 D 为止，称为缓燃期Ⅲ。

本阶段的特点是喷油已结束，大部分的燃料在此期间燃烧，放出总热量约 80% 左右，燃气温度上升到最高点。但由于活塞下移，气缸容积增大，气缸内的压力变化不大。

(4) 补燃期　从最高温度点 D 到燃烧结束点 E 止，称为补燃期Ⅳ。这一阶段，氧气已大量消耗，后期喷入的燃油没有足够的氧气与之混合燃烧，加之活塞进一步下移，气缸内压力和温度进一步下降，使燃烧条件更加恶化，热量利用程度很低，零件热负荷增加，影响柴油机的经济性和使用寿命，应尽量减少补燃期。

5.2 柴油机燃料供给系统的构造与维修

5.2.1 喷油器

喷油器安装在气缸盖上，其作用是将高压燃油雾化成容易着火和燃烧的喷雾，并使喷雾和燃烧室大小、形状相配合，分散到燃烧室各处，和空气充分混合。喷油器除了影响燃油的雾化质量、贯穿度及分布等喷雾特性外，还对喷油压力、喷油始点、喷油延续时间和喷油率等喷油特性有重大影响。所以，喷油器对柴油机的性能起着决定性的作用。

其实，燃油的喷射时间是非常短暂的。例如，柴油机的转速为 2000r/min，则应在 1/800 ~ 1/200s内将一个循环中的全部喷油量从喷油嘴的喷油孔中喷入气缸中。喷油器是燃油系统中最重要的元件。

1. 喷油器的构造

喷油器的种类较多，车用柴油机喷油器常见的形式有两种：孔式喷油器和轴针式喷油器。孔式喷油器主要用于直接喷射式燃烧室，轴针式喷油器多用于分隔式燃烧室。

(1) 孔式喷油器　孔式喷油器喷油孔数目一般为 1 ~ 8 个，喷孔直径为 0.2 ~ 0.8mm，喷油压力较高（12 ~ 25MPa），喷孔的角度可使喷出的油束构成一定的锥角。喷孔数和喷孔角度的选择视燃烧室的形状、大小及空气涡流情况而定。

孔式喷油器的结构如图 5-4 所示，主要由针阀—针阀体偶件、喷油器体、顶杆、调压弹簧、调压垫片、进油管接头及滤芯、回油管接头等零件组成。其中最主要的部件是用优质合金钢制成的针阀和针阀体，二者合称针阀偶件，如图 5-5 所示。针阀上部的圆柱表面同针阀体的相应内圆柱面作高精度的滑动配合，配合间隙为 0.002 ~ 0.003mm。此间隙过大则可能发生漏油而使油压下降，影响喷雾质量；间隙过小时，针阀将不能自由滑动。针阀中部的锥面全部露出在针阀体的环形油腔（即高压油腔）中，用以承受油压，故称为承压锥面。针阀下端的锥面与针阀体上相应的内锥面配合，以使喷油器内腔密封，称为密封锥面。针阀偶件的配合面通常是经过精磨后再相互研磨而保证其配合精度的。所以选配和研磨好的一副针阀偶件是不能互换的，这点在维修过程中应特别注意。

装在喷油器体上的调压弹簧通过顶杆使针阀紧压在针阀体的密封锥面上将喷孔关闭。为防止细小杂物堵塞喷孔，在进油管接头中一般装有缝隙式滤芯。

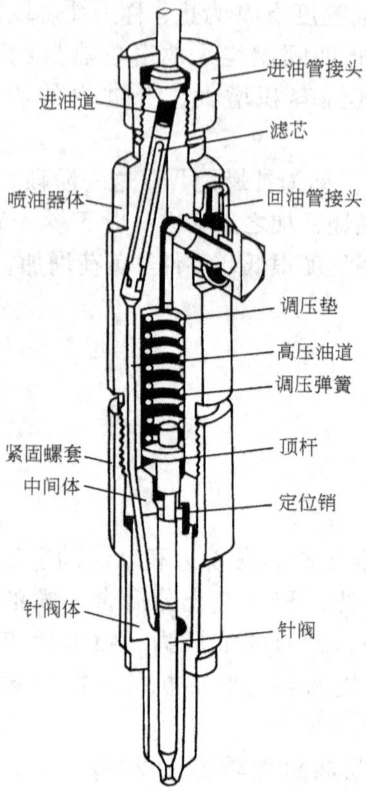

图 5-4　孔式喷油器

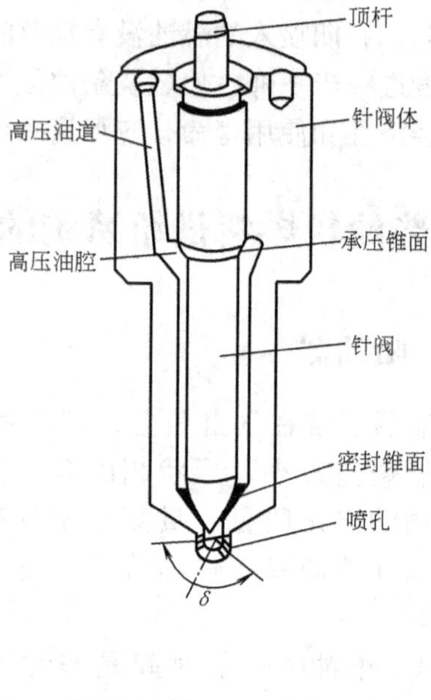

图 5-5　喷油器针阀偶件

（2）轴针式喷油器　轴针式喷油器适用于对喷雾要求不高的分隔式燃烧室，它的构造与孔式喷油器的不同之处在于针阀下端的密封锥面以下还延伸出一个轴针，其形状可以是倒锥形或圆柱形。因此，喷射时喷柱将呈空心的柱形或锥形，如图 5-6 所示。由于轴针伸出喷孔外，所以使喷孔为圆环状狭缝（通常轴针与孔的径向间隙为 0.05mm）。轴针式喷油器喷孔形状与喷雾锥角取决于轴针的形状和升程，因此要求轴针的形状加工非常精确。

常见的轴针式喷油器只有一个喷孔，孔径约为 1～3mm。因为喷孔直径较大，孔内的轴针又上、下运动，喷孔不易积炭，而且还有自行清理积炭的功能。

为了使柴油机工作柔和，改善燃烧条件，喷油器最好在每一循环的供油过程中，初期喷油少，

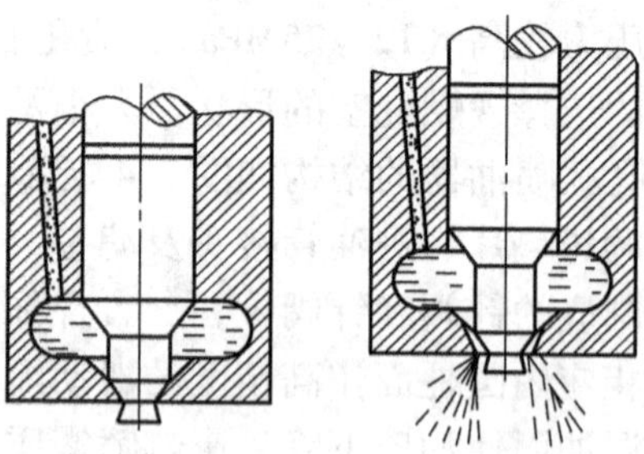

图 5-6　喷油器喷油情况

中期喷油多，后期喷油少。因此轴针喷油器的轴针做成可变的节流断面，通过密封锥面及轴针处的节流断面作用，可较好地满足喷油特性要求。

2. 喷油器的工作原理

孔式喷油器和轴针式喷油器的工作原理相同。喷油器在工作时，喷油泵输出的高压柴油从进油管接头经过喷油器体与针阀体中的油孔道进入针阀中部周围的环状空间——高压油腔。油压作用在针阀的承压锥面上，造成一个向上的轴向推力，当此推力克服了调压弹簧的预紧力以及针阀与针阀体间的摩擦力（此力很小）后，针阀即上移而打开喷孔，高压柴油便从针阀体下端的喷油孔喷出。当喷油泵停止供油时，由于油压迅速下降，针阀在调压弹簧作用下及时回位，将喷孔关闭，喷油器停止喷油。

可见，针阀的开启压力即喷射开始时的喷油压力取决于调压弹簧的预紧力，预紧力大，喷油压力高。调压弹簧预紧力可通过调压垫片或调压螺钉调节。

在喷油器工作期间，会有少量柴油从针阀与针阀体之间的间隙缓慢泄漏。这部分柴油对针阀起润滑作用，并沿顶杆周围空隙上升，通过调压垫片中间的油孔进入回油管，然后流回油箱。

3. 喷油器的检查与调试

二级维护时，应对喷油器的喷油压力和雾化情况进行检查和调试。喷油器的调试试验应在喷油器试验器上进行，如图 5-7 所示。喷油器试验器由手动油泵、压力表和储油罐等组成。油箱内的柴油经滤清后进入手动油泵，经过手动油泵加压后的高压柴油流入喷油器喷出。

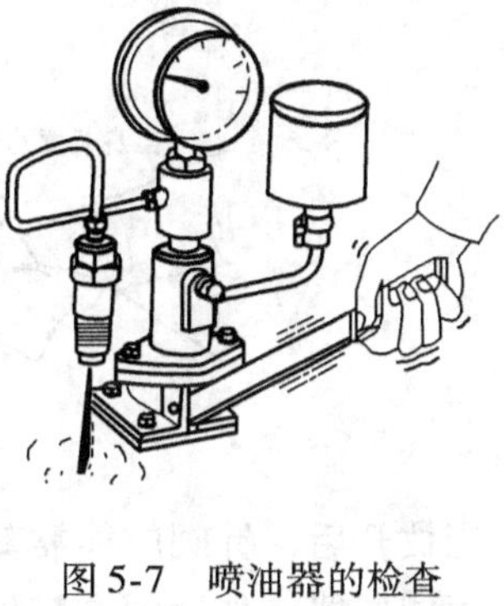

图 5-7　喷油器的检查

喷油器的检查有以下项目：

（1）喷油压力的检查　检查时，将喷油器上的调压弹簧调整螺钉的锁母旋松，将喷油器装到试验器上，放气并将连接部位拧紧螺母的锁母旋松，将喷油器装到试验台夹紧。快速按下试验台手柄若干次，待空气完全排出后，再缓慢地按动手柄（以 60 ~ 70 次/min）并观察压力表。当读数开始变化时，即为喷油技术条件。若喷油压力过高或不足，可采取调节调压弹簧的方法，调整螺钉旋入，则喷油压力升高，调整螺钉旋出，则喷油压力降低。有的喷油器无调整螺钉，可改变垫片的厚度来调整喷油压力。

（2）喷雾质量的检查　以 30 ~ 60 次/min 的速度连续按下试验台手柄，检查喷油器的喷雾质量。对多孔式喷油器各喷孔应形成一个雾化良好的小锥状油束，各油束间隔角应符合原厂规定。对轴针式喷油器，要求喷雾为圆锥形，不得偏斜，油雾细小均匀。

（3）喷油干脆程度检查　每次喷油时，伴随针阀的开启应有明显、清脆的爆裂声，雾化锥角符合规定，不得有后期滴油的现象。如喷雾质量达不到要求或有后期滴油现象，应重新清洗喷油器或更换偶件。

（4）密封性检查　检查阀座密封性时，可操纵压油手柄，使喷油器试验器的油压保持在比开始喷油压力标准值小 2MPa 的位置 10s，这时喷油器端部不应有油滴流出（稍有湿润是允许的）；且油压从 19.6MPa 下降到 17.6MPa 的时间在 10s 以上。如时间过短，可能是油管接头处漏油、针阀体与喷油器体平面配合不严、密封锥面封闭不严以及导向部分磨损造成间隙过大等原因。

4. 喷油器的检修

喷油器的针阀偶件在长期工作中，受到高压燃油的冲刷和机械杂质的研磨、压力弹簧的落座冲击，使针阀的导向圆柱面和密封锥面及阀体上与针阀的配合表面出现磨损。导向圆柱面的磨损将导致循环油量的减少，而密封面的磨损则会使喷油器的密封不严，引起喷油提前泄漏和喷油停止后的滴油现象，造成雾化不良、不完全燃烧、炭烟剧烈增加以及积炭严重。

(1) 解体　喷油器的针阀偶件为精密配合零件，在使用中不许互换。解体前，应确认缸序标记，按缸序拆卸喷油器，并保证能正确装回原位，避免错乱。

(2) 清洗　解体后在清洁的柴油中清洗针阀偶件。清洗时，可用木条清除针阀前端轴针上的积炭；对阀座外部的积炭用铜丝刷清除；不得用手接触针阀的配合表面，以免手上的汗渍遗留在精密表面，引起锈蚀。

(3) 检验

① 针阀和座的配合表面不得有烧伤或腐蚀等现象。

② 针阀的轴针不得有变形或其他损伤。

③ 针阀偶件的配合可按图 5-8 的方法检验。将针阀体倾斜 60°左右，针阀拉出 1/3 行程。

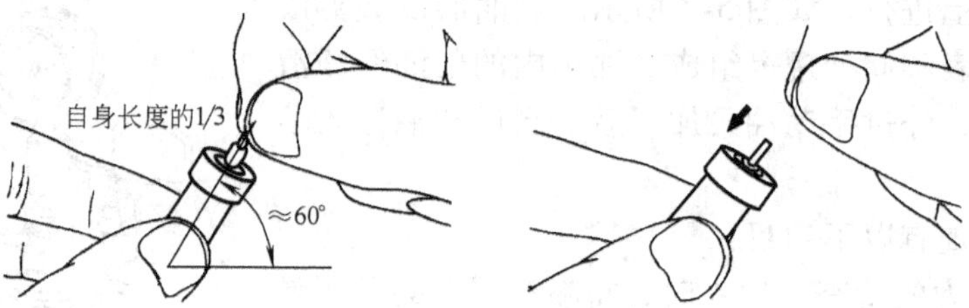

图 5-8　针阀偶件的检验

当放开后，针阀应能靠其自重平稳地滑入针阀座之中；重复进行上述动作，每次转动针阀在不同位置，如针阀在某位置不能平稳下滑，则应更换针阀偶件。

5.2.2　喷油泵

喷油泵又称为高压油泵，其作用是根据发动机的不同工况，定压、定时、定量地向喷油器输送高压柴油。喷油泵一般固定在柴油机机体一侧的支架上，由柴油机曲轴通过齿轮驱动，齿轮轴和喷油泵的凸轮轴用联轴器连接，调速器安装在喷油泵的后端。

喷油泵的结构形式较多，车用柴油机的喷油泵按作用原理不同，可分为三类：

(1) 柱塞式喷油泵　这种喷油泵应用的历史较长，性能良好，工作可靠，为目前大多数汽车柴油机所采用。

(2) 喷油泵—喷油器　将喷油泵和喷油器合为一体，直接安装在发动机气缸盖上，可以消除高压油管带来的不利影响。但要求在发动机上另加驱动机构，PT 燃油供给系统即属此类。

(3) 转子分配式喷油泵　这种喷油泵只有一对柱塞副，依靠转子的转动实现燃油的增压与分配。由于它的体积小，对发动机和汽车的整体布置十分有利，在电控柴油机喷射系统中的应用会越来越广泛。

5.2.2.1　柱塞式喷油泵

柱塞式喷油泵每个气缸都有一套泵油机构，几个相同的泵油机构装置在同一泵体上就构成了多缸发动机喷油泵。图 5-9 所示为解放 CA6110A 型柴油机采用的博世 A 型喷油泵。

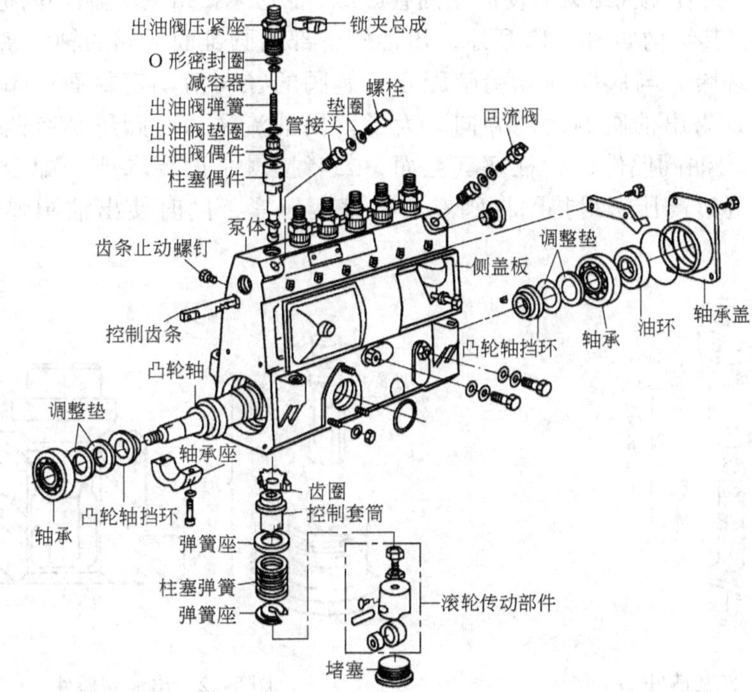

图 5-9　解放 CA6110A 型柴油机喷油泵结构

1. 柱塞式喷油泵结构与工作原理

柱塞式喷油泵由泵油机构（柱塞分泵）、供油量调节机构、驱动机构和喷油泵体等部分组成，如图 5-10所示。

（1）泵油机构

1）泵油机构的结构。泵油机构由柱塞偶件和出油阀偶件及弹簧组成。

柱塞和柱塞套、出油阀和出油阀座是分泵中两对重要的精密偶件，它是通过精密加工和选配而成，其配合间隙严格控制在 0.0015 ~ 0.0025mm 范围内，具有很好的强度和耐磨性。

柱塞偶件是产生高压油的压油元件，其结构如图 5-11 所示。柱塞套装在泵体座孔内固定不动，柱塞由凸轮驱动，在柱塞套内上下往复运动，此外还可绕自

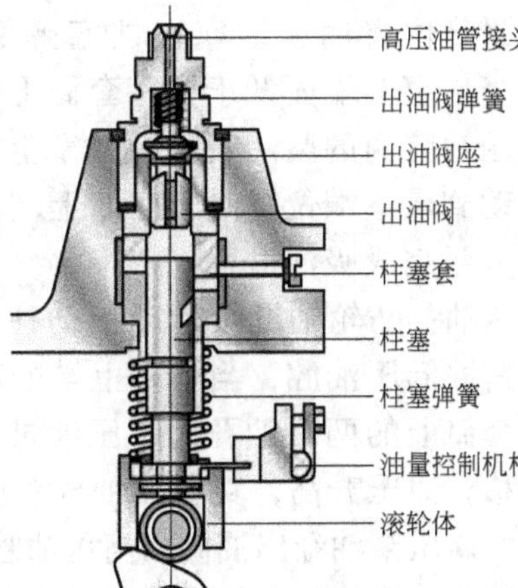

图 5-10　柱塞式喷油泵结构

身轴线在一定角度内转动。柱塞头部的圆柱表面铣有螺旋槽或斜槽，并利用直槽或中心孔（径向孔和轴向孔）使槽与柱塞上方泵腔相通，下部固定有调节臂。柱塞套上部开有一个进油和回油用的径向小孔与泵体上的低压油腔相通，有的则开有两个径向小孔，两个孔的中心线可以在一个水平线上，也可不在同一水平线上，上面的为进油孔，下面的为回油孔。柱塞弹簧通过弹簧座将柱塞推向下方，使柱塞下端与滚轮式挺杆接触，并使挺杆中的滚轮与下凸轮接触。

出油阀偶件是为在喷油结束后使高压油管卸载，以及在每个喷油循环内把高压及低压油路分开而设置的，其结构如图 5-12 所示。出油阀上部的圆锥面为阀的轴向密封锥面；中部的圆柱面为减压环带，与阀座内孔精密配合，是阀的径向滑动密封面；阀的尾部同阀座内孔作滑动配合，为出油阀的运动导向。为了留出油流通道，阀尾铣有四个直槽，断面呈“十”字形。出油阀偶件位于柱塞套上面，二者接触平面要求严密配合。压紧座以规定力矩拧入后，通过高压密封垫圈将阀座与柱塞套压紧，同时使出油阀弹簧将出油阀压在阀座上。

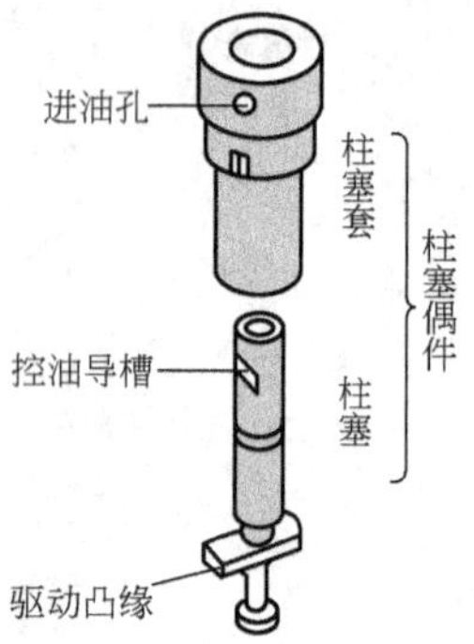

图 5-11　柱塞偶件

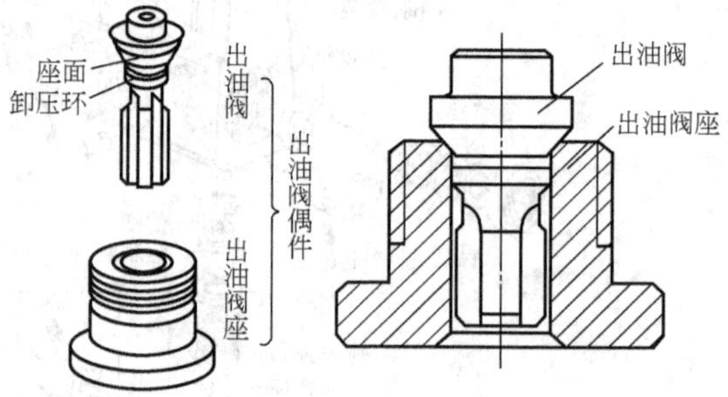

图 5-12　出油阀偶件

2）泵油原理。柱塞泵油原理如图 5-13 所示，可分为进油、压油和回油 3 个过程。

进油：发动机工作中，喷油泵凸轮轴上的凸轮转过最高位置时，柱塞在柱塞弹簧作用下向下移动；当柱塞上端面低于柱塞套筒上的油孔时，喷油泵低压油腔内的柴油被吸入柱塞上端的泵腔；当柱塞运动到最下端位置时，柱塞上端的泵腔内充满柴油，分泵完成吸油过程。

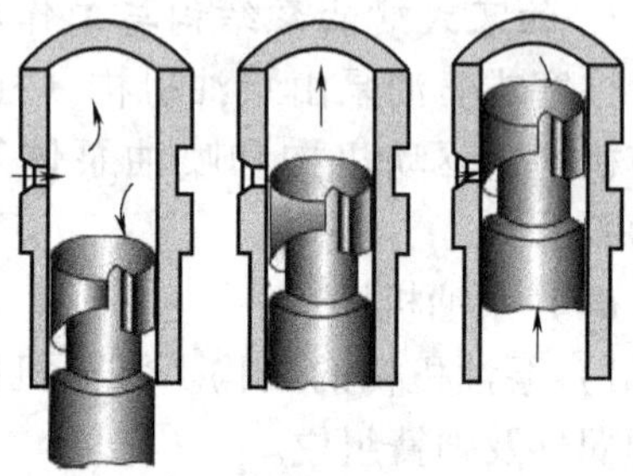

图 5-13　柱塞泵油原理

压油：凸轮轴继续转动推动柱塞上移，部分燃油被挤回低压油腔，当柱塞上端的圆柱面完全封闭柱塞套筒上的两个油孔时，压油过程开始，柱塞继续上移，油压升高，克服出油阀弹簧的弹力顶开出油阀，高压柴油经出油阀和高压油管输送给喷油器。

回油：当柱塞上的斜槽与柱塞套筒上的油孔接通时，泵腔内的高压油经柱塞内的油孔、斜槽和柱塞套筒上的油孔流回低压油腔，泵腔内的油压迅速下降，出油阀在其弹簧作用下立即关闭，停止供油。

由上述泵油过程可知，由驱动凸轮轮廓曲线决定的柱塞行程 h（即柱塞的上、下止点间的距离）是一定的，但并非在整个柱塞上移行程 h 内都供油。喷油泵只是在柱塞完全封闭油孔之后到柱塞斜槽与油孔开始接通之前的这一部分柱塞行程内才泵油。这一行程称为柱塞有效行程。显然，喷油泵每次泵出的油量取决于有效行程的长短。因此，欲使喷油泵能随发动机工况不同而改变供油量，只需改变有效行程，一般借改变柱塞斜槽与柱塞套油孔的相对角位置来实现。

（2）供油量调节机构　供油量调节机构的作用是执行驾驶人或调速器的指令，改变分泵供油量以满足柴油机使用工况的要求。柱塞式喷油泵一般通过转动柱塞，即改变其柱塞的有效行程达到改变供油量的目的。在维修时，通过它可以调整各缸供油的均匀性。

供油量调节机构常用的有齿杆式和拨叉式两种。

1）齿杆式供油量调节机构。齿杆式油量调节机构如图 5-14 所示。控制套筒松套在柱塞套上，在其上部套有可调齿圈，用螺钉锁紧在控制套筒上。可调齿圈与调节齿杆啮合，柱塞下端的十字形凸缘嵌入控制套筒的切槽中。调节齿杆的轴向位置由人工或调速器控制。

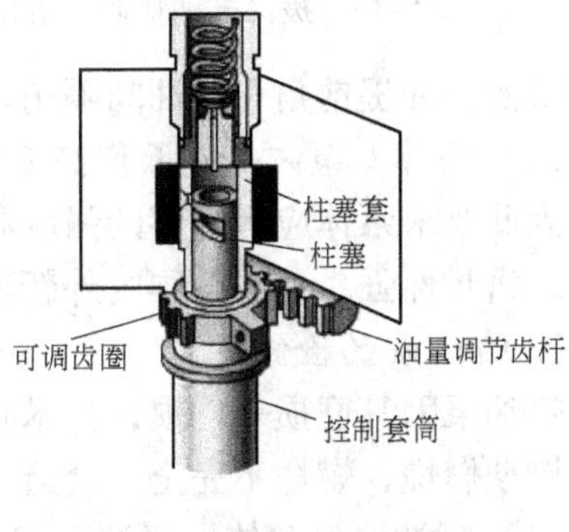

图 5-14　齿杆式油量控制机构

移动油量调节齿杆时，可调齿圈连同控制套筒带动柱塞相对于固定不动的柱塞套转动，这样就改变了柱塞圆柱表面上斜槽与进油孔的相对角位置，即改变了柱塞的有效行程，实现了供油量的调节。

各缸供油均匀性可通过改变可调齿圈与控制套筒的相对角位置来调整。即松开可调齿圈，按调整的需要使控制套筒与柱塞一起相对于可调齿圈转过一定角度，再将可调齿圈锁紧在控制套筒上。移动齿杆时，齿圈连同控制套筒带动柱塞相对于柱塞套转动，以调节供油量。

2）拨叉式供油量调节机构。拨叉式油量调节机构如图 5-15 所示。柱塞的下端压入调节臂，臂的球头端插入拨叉的槽内，拨叉用紧固螺钉夹紧在调节拉杆上。调节拉杆装在油泵下体孔内的油量调节套筒中，其轴向位置由人工和调速器控制。

当驾驶人或调速器推动供油拉杆轴向移动时，拨叉带动调节臂和分泵柱塞一起相对柱塞套筒转过一定角度，从而使喷油泵供油量改变。松开拨叉固定螺钉，改变某一分泵的拨叉在供油拉杆的位置，可实现对某一分泵供油量的调节，以便使各分泵供油均匀。

（3）驱动机构　驱动机构的作用是为喷油泵的运行提供动力并控制其运动，保证供油准时。它主要由滚轮式挺柱体和喷油泵凸轮轴组成，如图 5-16 所示。

凸轮轴传送推力使柱塞运动，产生高油压，同时还保证各分泵按柴油机的工作顺序和一定的规律供油。凸轮轴上的凸轮数目与缸数相同，排列顺序与柴油机的工作顺序相同。相邻工作两缸凸轮间的夹角叫供油间隔角，角度的大小同配气机构凸轮轴同名凸轮的排列，四缸柴油机为 90°，六缸柴油机为 60°。四冲程柴油机喷油泵的凸轮轴转速和配气机构的凸轮轴转速一样，都等于曲轴转速的 1/2。

滚轮式挺柱体的功用是变凸轮的旋转运动为自身的直线往复运动，推动柱塞上行供油。此外，改变滚轮式挺杆的工作高度即改变了柱塞封闭柱塞套进油孔的时刻，因此可用来调整

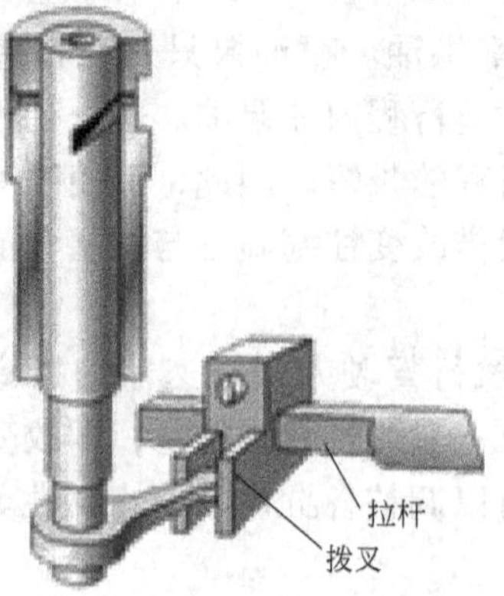

图 5-15　拨叉式油量调节机构

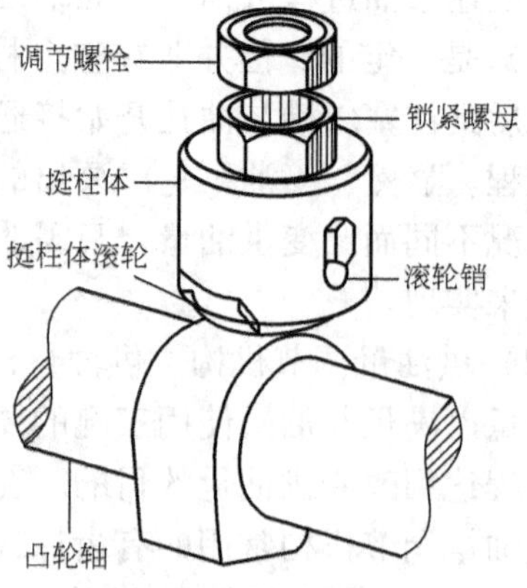

图 5-16　驱动机构

各分泵的供油提前角和供油间隔角。

（4）泵体　泵体是支承和安装喷油泵所有零件的基础。泵体在工作中还承受很大的载荷，因此要求泵体应有足够的强度和刚度。泵体分组合式和整体式两种。由于整体式泵体刚度好，密封性强，是目前国内外新型泵体的主要形式。

2. 喷油泵的检修

喷油泵因其磨损等耗损，技术状况变差，供油量减少而且供油时间滞后，使大量的燃油在补燃期燃烧，燃烧不完全，会造成发动机过热、功率不足等故障。

（1）喷油泵的解体　喷油泵解体之前，应用汽油、煤油或柴油认真清洗外部，但不得用碱水清洗。喷油泵解体时，应注意以下问题：

① 尽量使用专用工具。

② 零件拆下后，要按部位顺序放置。尤其是柱塞副和出油阀等零件，在解体和以后的清洗时，更应该非常仔细，避免磕碰，并绝对不允许互相倒换。

③ 对有装配位置要求的零件，如齿条、调整螺钉等零件，应作标记标明原来装配位置，防止装配时装错位置。

④ 喷油泵总体包括分泵、输油泵、调速器、供油提前角自动调节装置等部件，在解体时应先分解成部件然后结合检验修理进行。

（2）柱塞副的检修　虽然喷油泵柱塞偶件具有很低的表面粗糙度、很高的表面硬度和配合精度，在长期的使用过程中也会出现磨损。除燃油压力和流速等因素之外，还有燃油中杂质的影响。当柱塞上行至顶面关闭套筒上的进油口后，燃油中直径相当于配合间隙的机械杂质就会被卡入间隙内成为磨料，当柱塞副磨损到一定程度时，便会造成泄漏，改变供油性能；另外，燃油泄漏量增加，使得供油开始时间延迟，供油停止时间提前，供油持续时间缩短，供油量下降；泄漏量增大，供油压力下降，喷油器雾化质量不良，柴油机不易起动，怠速不稳；由于各缸分泵机构磨损的差异，使得各缸循环油量不均匀度增大，发动机的工作将不平稳。

1）柱塞副的外观检验。柱塞副的外观发现有以下情况时应更换：

① 柱塞表面有明显的磨损痕迹。

② 柱塞弯曲或头部变形。

③ 柱塞或柱塞套有裂纹。

④ 柱塞头部斜槽、直槽及环槽边缘有剥落或锈蚀等现象。

⑤ 柱塞套的内圆柱表面有锈蚀或显著的刻痕。

2）柱塞的滑动性试验。先用洁净的柴油仔细清洗柱塞副，并涂上干净的柴油后进行试验，如图5-17所示。将柱塞套倾斜60°左右，拉出柱塞全行程的1/3左右。放手后，柱塞应在自重作用下平滑地进入套筒内。然后转动柱塞，在其他位置重复上述试验，柱塞均应能平稳地滑入套筒内。

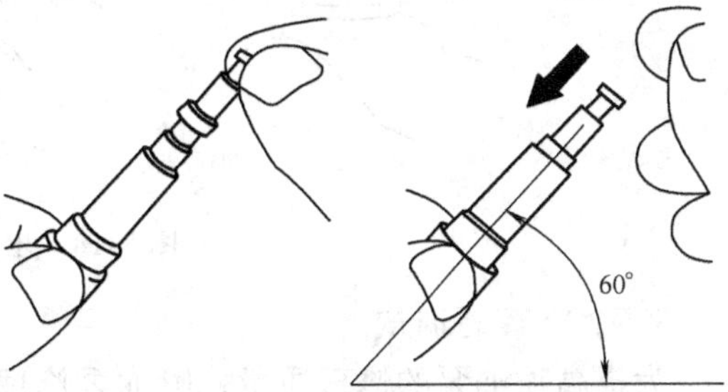

图5-17 柱塞的滑动性试验

3）柱塞副的密封性试验。仅仅将各分泵机构中的出油阀拆除，放出泵内的空气，将喷油器试验器的高压油管接入出油阀接头上。移动供油量调节机构的齿条或拉杆，使喷油泵处在最大供油位置。转动喷油泵凸轮轴，使被测柱塞移动到行程的中间部位，柱塞顶面应完全盖住进油孔和回油孔。将喷油器试验器的压力调至20MPa后停止泵油，测定压力下降至10MPa的时间。同一喷油泵的所有柱塞副的密封性误差应在5%的范围内。

无试验设备时，也可用手指盖住柱塞套的顶部和进、出油口，使柱塞处于最大供油位置，另一只手将柱塞由最上方位置向下拉。此时，应感到有明显的吸力；放松柱塞后，柱塞应能迅速回到原位，否则应更换新柱塞副。

(3) 出油阀的检修　出油阀的主要耗损也是磨损，多出现在密封锥面、减压环带和导向部分。密封锥面的磨损是由于停止供油时，因弹簧力和高压油管内残余油压对阀座的冲击，以及燃油中机械杂质作用的结果。减压环带进入阀座时，被进入配合间隙内的机械杂质的切削作用而引起的磨粒磨损。与出油阀相配合的出油阀座在密封的锥面和座孔圆周表面也会出现相应的磨损。

柱塞式喷油泵通常采用的是减载式出油阀。由于出油阀减压环带、密封面的磨损，使出油阀的减压作用减弱或消失，不能迅速停止喷油，甚至出现二次喷油或滴油；另外使减载作用不能灵敏地随发动机转速的增加而增强，当然，也就不能很好地校正进油孔节流作用所造成的转速越高，回油节流作用越强，供油越早，供油越多，与充气系数减小的不相协调的有害速度特性。这种现象破坏了减压作用使供油速度曲线趋于平坦或稍向下倾斜的供油特性。所以，出油阀的磨损，影响喷油正时和燃油的喷射规律或出现后期滴油的现象，将会引起发动机的不正常燃烧，甚至出现轻微的爆燃、冒黑烟以及功率下降等故障。

1）出油阀偶件的外观检验。出油阀减压环带有严重的磨损痕迹，锥形密封面阀座有金属脱落或严重磨损、锈蚀时，应更换。

2）出油阀的密封性试验。在有柴油湿润状态下，使出油阀偶件处于垂直状态，把出油阀抽出1/3左右，放手后，出油阀应能在自重下落座。

3）出油阀的密封性试验。在做上述滑动性试验时，如用手指堵塞出油阀座的下方孔，出油阀下落到减压环带进入阀座时应能停住，如图5-18a所示。在此位置时，用手指轻轻压入出油阀，放松手指后，出油阀应能马上弹回原位置，如图5-18b所示。手指从下端面移开时，出油阀应在自重作用下完全落座。

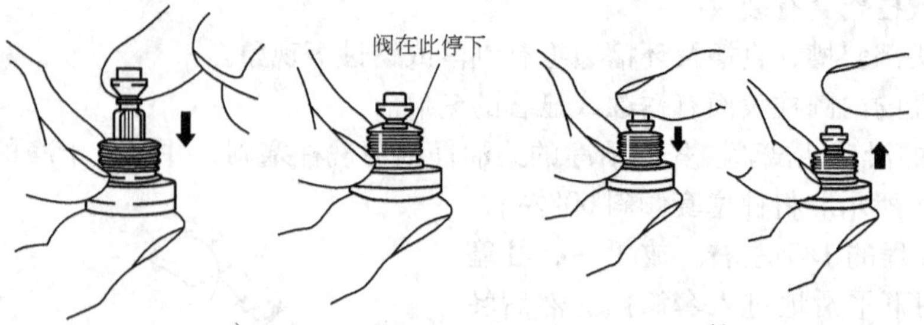

图 5-18　出油阀的密封性试验

3. 喷油泵的调试

为提高喷油泵的修理质量，喷油泵修理和试验的场地应是无尘的恒温环境。试验时，环境温度对其供油的影响较大。由于柴油粘度与温度有直接的关系，温度较低时，柴油粘度较大，柱塞的泄漏较少使供油量增加，这种现象在磨损的柱塞上表现得尤其为明显。试验表明：温度从40℃降至20℃时，供油量可增加 20% ~40%。温度再度降低时，柴油粘度过大使其流动阻力过大，供油量反而减少。因此，试验时的温度应维持在40℃左右。

喷油泵调试项目有供油时间调整和供油量调整。但供油量与调速器的性能有关，似应先调整调速器，最后再调整供油量和供油均匀度，然而，调整供油量往往需要改变供油拉杆的位置，又会影响调速器的工作，所以供油量与调速器的调整需要反复校核。

调试注意事项

① 滚轮组件的有效高度。在调整供油开始时刻时，不要将滚轮组件的调整螺钉拧出过多或选用过厚的调整垫片，以免柱塞在最高位置时与出油阀座下平面相碰。当柱塞在上止点时，其顶面与出油阀座的距离应有 0.3 ~0.6mm 的间隙。此间隙的检查应在柱塞到达上止点时进行，当柱塞在上止点时，用旋具撬起柱塞弹簧座，在柱塞下部与滚轮组件之间用塞尺进行检查。

② 柱塞结构的影响。柱塞回油斜槽在柱塞中部时，喷油泵供油开始时刻是固定的、而供油结束时刻随负荷大小即供油量多少而变化。对此种柱塞，规定的是供油开始的角度。

对柱塞回油斜槽在顶部的结构，其供油开始时刻随负荷大小变化，而供油终了时刻不变。所以，此类喷油泵规定的则是供油终了时刻，其调整时应以供油终了的角度为标准，其调整方法也有些不同。采用溢油法校验时，转动喷油泵凸轮轴使柱塞上行，使标准喷油器回油管有油溢出，当柱塞头部斜槽封闭进油孔时，供油开始，此时回油管停止溢油。柱塞继续上行当横槽开启回油孔时，供油停止，回油管又开始溢油。此刻，检查联轴器与泵壳上的刻线是否对正，如正时不准，应按前述内容调准，并按供油顺序检查其他各缸。

5.2.2.2　转子分配式喷油泵

转子分配式喷油泵简称分配泵，它与柱塞式喷油泵相比，具有以下特点：

① 分配泵结构简单，零件数目特别是精密零件数目少、体积小、重量轻、成本低。

② 分配泵零件的通用性高，有利于产品系列化。

③ 能保证各缸供油均匀和供油时间一致，分配泵单缸供油量和供油提前角不需要调整。

④ 分配式喷油泵凸轮升程小，柱塞行程小，一般为2.0～3.0mm，同时喷油压力高，缩短了喷油时间，有利于提高转速，对于四冲程柴油机，其转速可达到6000r/min。

⑤ 分配式喷油泵内部零件依靠泵内部的燃油进行润滑和冷却。整个喷油泵制成一个密封的整体，外面的灰尘杂质和水分不易进入。

分配式喷油泵按其结构不同，分为径向压缩式和轴向压缩式两种。由于径向压缩式分配泵存在一些缺点，没有得到广泛应用。目前现代轿车和轻型载货汽车车用柴油机多用轴向压缩式喷油泵，也称单柱塞分配泵或VE泵，由德国Bosch（博世）公司研发。

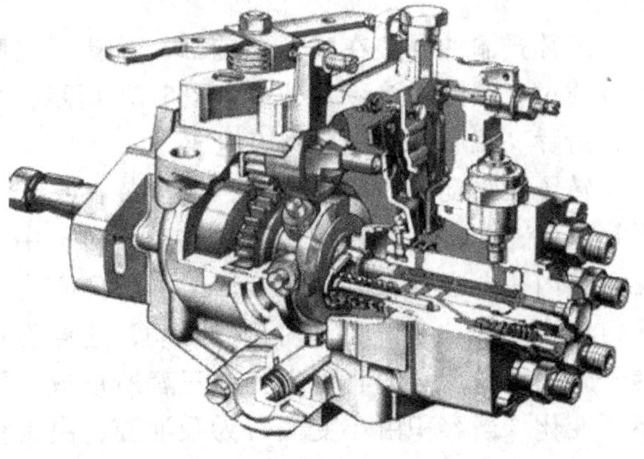

图5-19 VE型分配泵结构

1. VE泵的构造

德国博世公司生产的VE型分配泵是单柱塞，平面凸轮，断油计量和具有机械离心式调速器的分配泵，如图5-19所示。

VE分配泵主要由滑片式输油泵、高压泵、驱动机构和断油电磁阀等组成。其结构示意图如图5-20所示。

分配泵左端为传动轴及滑片式输油泵（也称二级输油泵），中间有驱动齿轮、凸轮盘

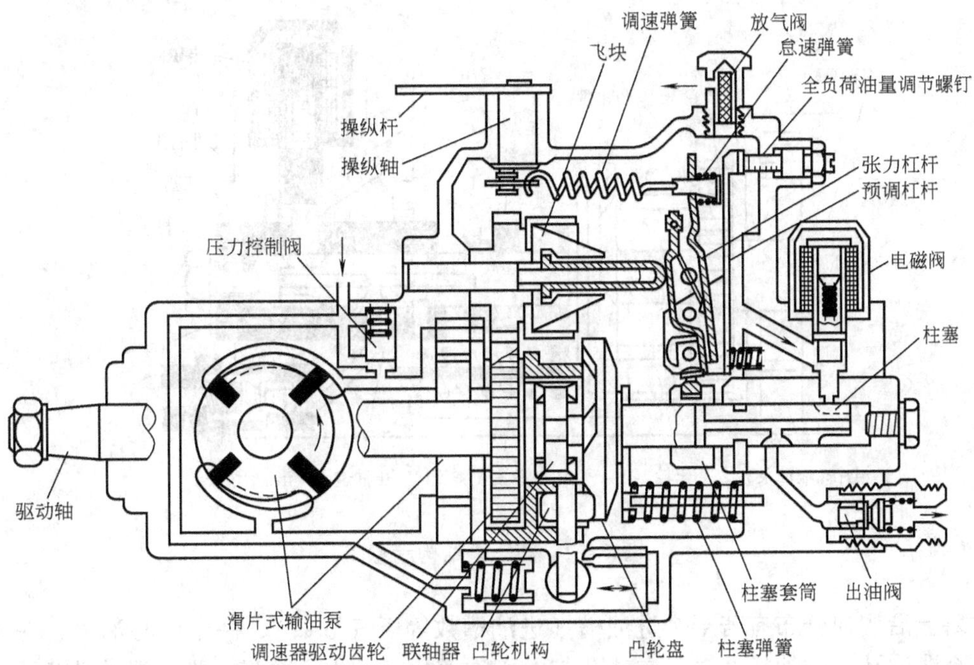

图5-20 VE分配泵结构示意图

等，右端有柱塞套筒、电磁阀等，泵上部为调速器，下部为供油提前角调节器。

（1）滑片式输油泵　滑片式输油泵的作用是把由膜片式输油泵（一级输油泵）从油箱吸出并经柴油滤清器过滤后的柴油适当增压后送入分配泵内，保证分配泵必要的进油量，并用调压阀控制输油泵出口压力，同时还使柴油在泵体内循环，达到润滑和冷却喷油泵的作用。

滑片式输油泵装在喷油泵前部，其转子与喷油泵轴通过半圆键连接，其结构如图5-21所示，由转子、滑片、偏心环和调压阀等组成。

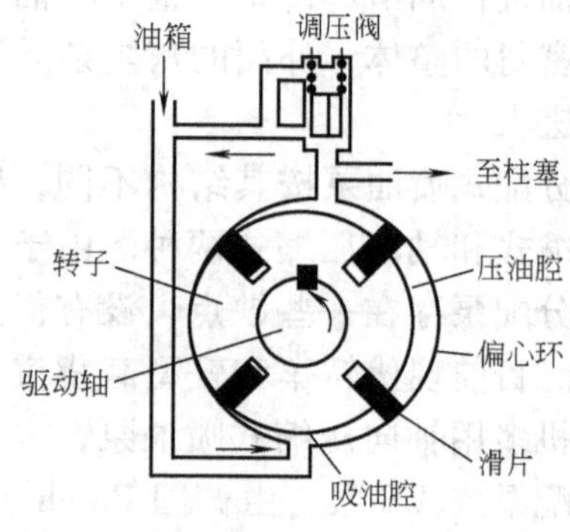

图5-21　滑片式输油泵结构示意图

转子在驱动轴作用下旋转，滑片装在转子上的滑片槽内，并且能够在槽内自由移动。转子中心与偏心环内孔中心偏移。转子旋转时，在离心力作用下，使滑片紧贴在偏心环内孔壁滑动，这样就使由转子外圆、滑片和偏心环内孔壁三者所形成的容积不断变化。当容积由小变大时为吸油腔，由大变小时为压油腔。吸油腔和进油口相通，压油腔和出油口相通。

滑片式输油泵每旋转一周吸入并压送一定量的燃油，使燃油压力进一步提高，燃油进入喷油泵。当油压超过调压阀的规定压力时，多余的燃油由调压阀流回油箱。

（2）高压泵　高压泵的作用是实现进油、压油和配油。VE分配泵的高压泵采用单柱塞式，由滚轮体总成、平面凸轮盘、柱塞回位弹簧、柱塞、柱塞套、油量控制套筒（溢流环）以及出油阀等组成，如图5-22所示。

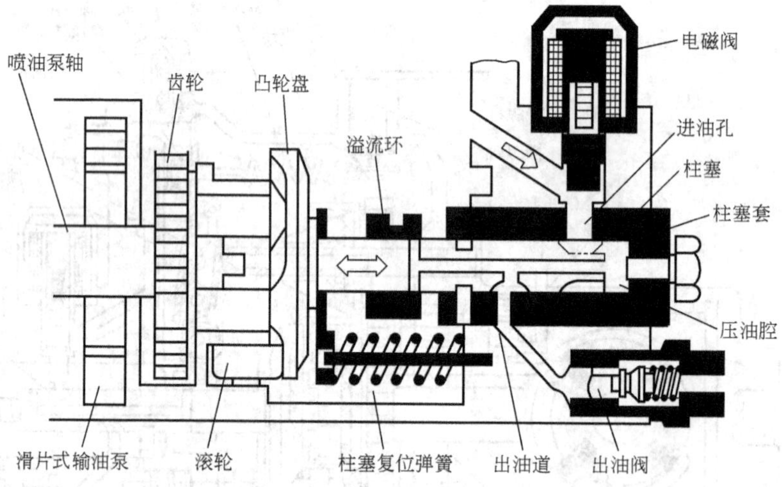

图5-22　高压泵结构示意图

柱塞上沿周向分布有若干个进油槽（进油槽数等于气缸数）、一个中心油道、一个配油槽和一个泄油孔。配油槽通过径向油孔与中心油道相通，中心油道末端与泄油孔相连，如图5-23所示。

柱塞套筒上有一个进油道及若干分配油道和出油阀（分配油道和出油阀数目与气缸数目相等）。

柱塞旋转中只要配油槽和任意一个分配油道相对，则中心油道中的高压油通过分配油道送到喷油器，实现配油作用。

（3）驱动机构　如图 5-24 所示，VE 分配泵的动力由发动机经驱动轴输入泵中，在泵内带动滑片式输油泵、调速器驱动齿轮、联轴器总成及平面凸轮盘转动。

平面凸轮（见图 5-25）上有传动销带动柱塞一起旋转。柱塞回位弹簧通过压板将柱塞压在平面凸轮的驱动柱塞面上，并且使平面凸轮与滚轮体总成的滚轮紧密接触。在凸轮和柱塞弹簧作用下，柱塞既做旋转运动，又做直线往复运动。

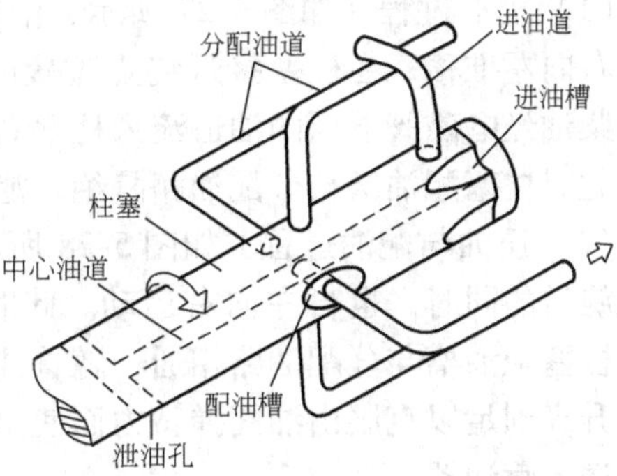

图 5-23　柱塞及高压泵油路

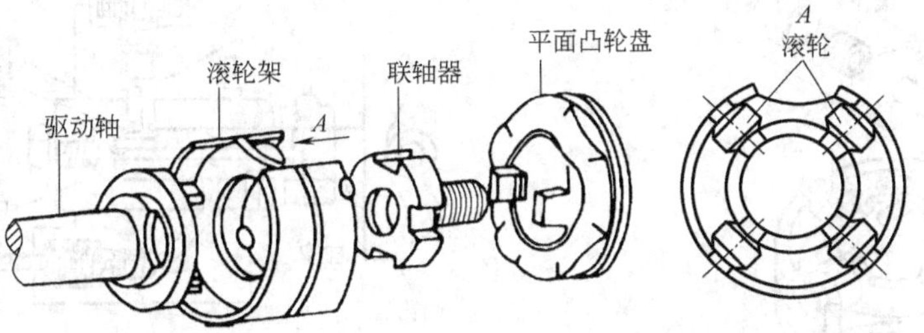

图 5-24　VE 泵内部的主要零件连接关系

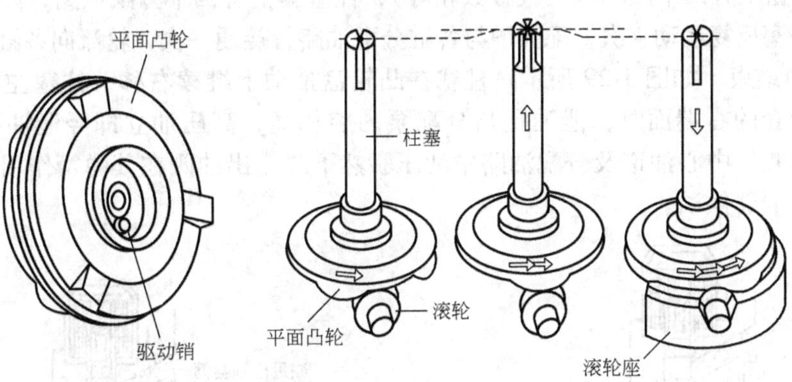

图 5-25　平面凸轮驱动

滚轮体总成如图 5-26 所示，空套在泵体和联轴器总成之间，在供油提前角自动调节机构活塞的作用下，通过拨动销才能够转动。

当平面凸轮在滚轮上滚动时，凸起部分与滚轮接触推动柱塞向右运动；凹下部分与滚轮接触则推动柱塞向左运动，周而复始，完成柱塞的往复运动。平面凸轮上凸峰的数目，与柴油机气缸数相对应。

2. VE 泵的工作原理

（1）进油过程　如图 5-27 所示，滚轮由凸轮盘的凸峰移到最低位置时，柱塞弹簧将柱塞由右向左推移，在柱塞接近终点位置时，柱塞头部的一个进油槽与柱塞套上的进油孔相通，柴油经电磁阀下部的油道流入柱塞右端的压油腔内并充满中心油道。

此时柱塞配油槽与分配油路隔绝，泄油孔被柱塞套封死。

（2）压油与配油过程　如图 5-28 所示，随滚轮由凸轮盘的最低处向凸峰部分移动，柱塞在旋转的同时，也自左向右运动。此时，进油槽与泵体进油道隔绝，柱塞泄油孔仍被封死，柱塞配油槽与分配油路相通，随着柱塞的右移，柱塞压油腔内的柴油压力不断升高，当油压升高到足以克服出油阀弹簧力而使出油阀右移开启时，则柴油经分配油路、出油阀及油管被送入喷油器。

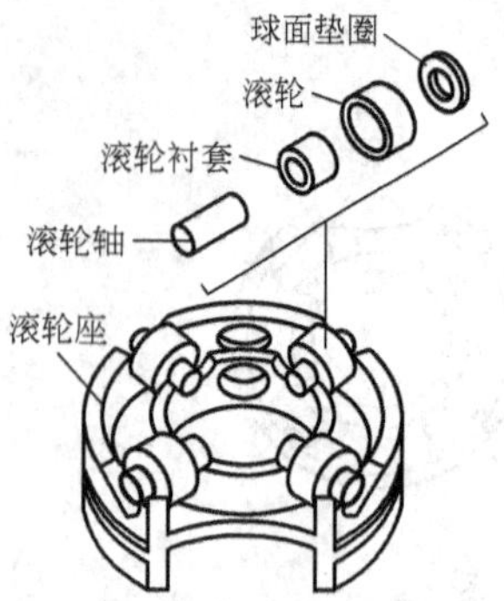

图 5-26　滚轮体总成

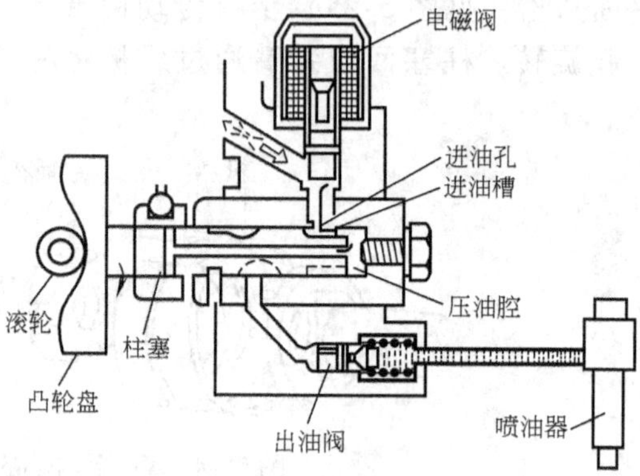

图 5-27　进油过程

由于凸轮盘上有四个凸峰（与气缸数相等），柱塞套上有四个分配油路，因此，凸轮盘转一圈 360°，柱塞反复运动 4 次，配油槽与各缸分配油路各接通一次，轮流向各缸供油一次。

（3）供油结束　如图 5-29 所示，柱塞在凸轮盘推动下继续右移，柱塞左端的泄油孔露出油量控制滑套的右端面时，泄油孔与分配泵内腔相通，高压油立即经泄油孔流入泵内腔中，柱塞压油腔、中心油道及分配油路中油压骤然下降，出油阀在其弹簧作用下迅速左移关闭，停止向喷油器供油。

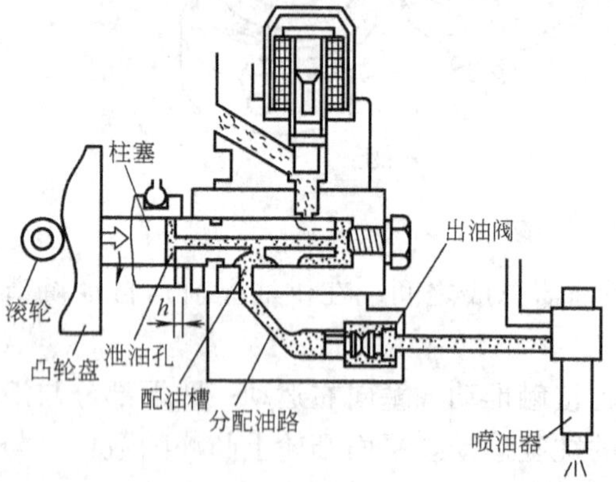

图 5-28　压油与配油过程

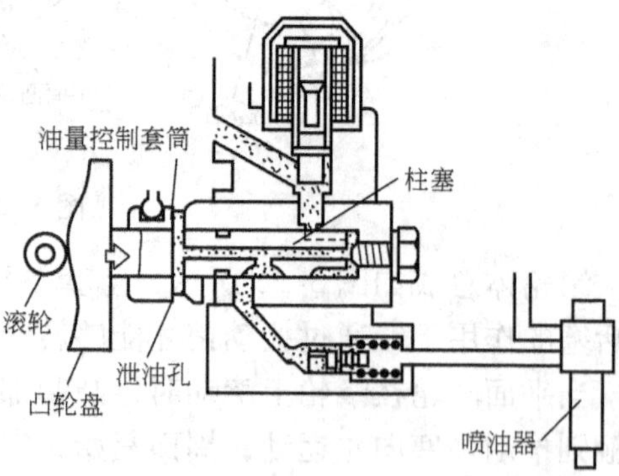

图 5-29　供油结束

停止喷油过程持续到柱塞到达其向右行程的终点。

(4) 供油量控制　从柱塞上的配油槽与出油孔相通起至泄油孔与分配泵内腔相通止，柱塞所走过的距离为有效供油行程 h。

柱塞上的泄油孔什么时候和泵室相通，靠控制套筒（油量控制滑套）的位置来控制，当移动控制套筒时，柱塞上的泄油孔与分配泵内腔相通的时刻改变，即结束供油的时刻改变，从而使供油有效行程 h 改变。控制套筒向左移动，供油行程缩短，结束供油时刻提早，供油量减少；控制套筒向右移动则相反。可见，在使用中这种分配泵油量的调节是靠驾驶人通过加速踏板控制调速器使控制套筒轴向移动来实现的。

(5) 柴油机停车　如图5-30所示，当需要柴油机停车时，可转动控制电磁阀的旋钮，使电路触点断开，线圈对进油阀的吸力消失，在进油阀弹簧的作用下。进油阀下移，使泵体进油道关闭，停止供油，柴油机熄火。

当起动柴油机时，先将电磁阀的触点接通，进油阀在线圈的吸力下克服弹簧力上移，泵体进油道打开，供油开始。

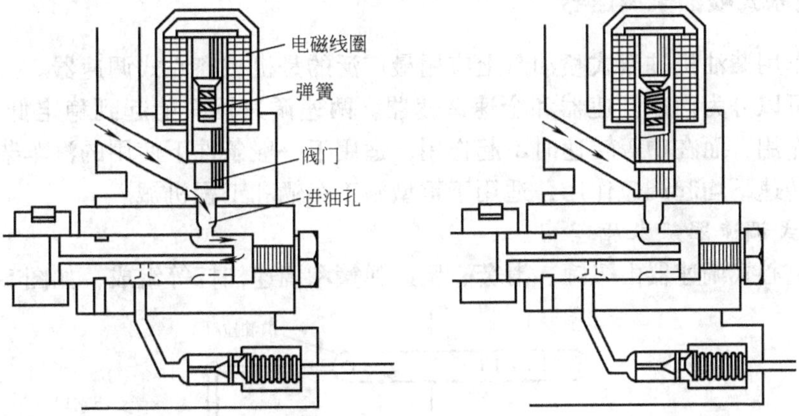

a) 进油道开启　　b) 进油道关闭

图5-30　电磁阀停油装置

5.2.3　调速器

调速器的作用是根据柴油机负荷的变化，自动地调节喷油泵的供油量，以保证柴油机在各种工况下稳定运转。

喷油泵每一循环供油量主要取决于柱塞的有效行程，理论上说，当喷油泵调节拉杆的位置一定时，每一循环供油量应不变，但实际上，供油量还会受到柴油机转速的影响。当柴油机转速增加，从而喷油泵柱塞移动速度增加时，柱塞套上油孔的节流作用随之增大，于是在柱塞上移时，即使柱塞尚未完全封闭油孔，由于燃油一时来不及从油孔挤出，泵腔内油压增加而使供油时刻略有提前；同样道理，在柱塞上移到其斜槽已经与油孔接通时，泵腔内油压一时还来不及下降，使供油停止时刻略微延后。这样，随着柴油机转速增大，柱塞的有效行程将略有增加，而供油量也略微增大；反之，供油量便略微减少。供油量随转速变化的关系称为喷油泵的速度特性。

喷油泵的速度特性对工况多变的车用柴油机是非常不利的。例如，满载汽车从上坡行驶刚刚过渡到下坡行驶时，柴油机突然卸荷，柴油机转速迅速上升，这时喷油泵在上述速度特性的作用下，会自动将供油量增大，促使柴油机转速进一步升高，如得不到有效控制，可能会导致柴油机转速超过标定的最大转速，而出现“飞车”现象。此外，车用柴油机还经常在怠速工况下工作（如短暂停车、起动暖机等），即使柱塞保持在最小供油量位置不变，当负荷略有增大时，会使柴油机转速略有降低时，由于喷油泵速度特性的作用，其供油量会自动减少，使柴油机转速进一步降低。如此循环作用，最后将使柴油机熄火。

由上述可见，由于喷油泵速度特性的作用，使柴油机转速的稳定性变差，特别是在高速和怠速时，根本无法满足正常工作要求。要使柴油机运转稳定，就必须在其阻力发生变化时，及时按实际需要改变供油量，同时修正由于喷油泵速度特性带来的不良影响。因此，车用柴油机喷油泵都装有调速器，根据柴油机负荷的变化，自动调节供油量，以达到稳定怠速、限制超速，并保证柴油机在工作转速范围内的任一选定的转速下稳定工作。

5.2.3.1 柱塞式喷油泵调速器

目前，车用柴油机柱塞式喷油泵上应用最广泛的是机械离心式调速器。按其调节作用的范围不同，可以分为两速调速器和全速调速器。两速调速器只能起到稳定低速（怠速）和限制高速的作用，而在中等转速时不起作用，适用于一般条件下使用的汽车柴油机。全速调速器在各种转速下均起调速作用，适用于重型施工车辆和工程机械。

1. 离心式调速器基本原理

简单的离心式调速器由飞锤、滑套、调速弹簧和调速杠杆等组成，如图5-31所示。

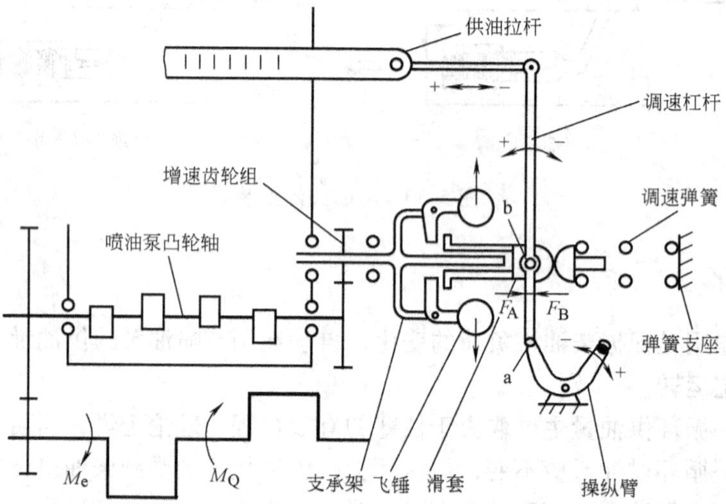

图5-31 离心式调速器原理简图

a—自动调节的支承点 b—人工调节的支承点 F_A—离心推力 F_B—调速弹簧张力

柴油机在工作时，通过曲轴驱动装在喷油泵凸轮轴后端上的飞锤旋转，飞锤受离心力的作用而向外飞开。此离心力产生的推力 F_A 和调速弹簧的张力 F_B 在某一转速下相平衡，而使调速器和喷油泵保持在一定的位置下工作。

当柴油机的负荷（M_Q）变化时，便引起一系列的变化；柴油机转速变化——调速器转速变化——飞锤离心力及其产生的推力 F_A 变化——F_A 与 F_B 失去平衡——调速杠杆摆动——供油拉杆移动——供油量变化——柴油机的转矩（M_e）曲线上升或下降与变化了的负荷（M_Q）重新平衡，而稳定到接近原来的转速。于是起到了负荷变化时，柴油机保持稳定运转的作用，这就是机械离心式调速器的基本原理。

2. 调速器的类型

按其调节作用的范围不同，调速器可分为两速调速器和全速调速器。

（1）两速调速器。两速调速器只能自动稳定和限制柴油机最低和最高转速，而在所有中间转速范围内则由驾驶人控制。换言之，它能使柴油机具有平稳的怠速，防止游车或熄火，又能限制柴油机不超过某一最大转速，避免出现超速（飞车）。至于中间转速，则可利用人工调节供油量来调速。

（2）全速调速器　全速式调速器不仅能保持柴油机的最低稳定转速和限制最高转速，而且能根据负荷的大小，保持和调节柴油机在任一选定的转速下稳定工作。

5.2.3.2　VE 泵调速器

VE 泵调速器为机械离心式，其基本原理如图 5-32 所示。旋转时飞锤张开推动滑套抵在杠杆的中部，杠杆的上端被弹簧拉着。如果弹簧力小于飞锤离心力，则杠杆绕支点作顺时针转动，带动控制套左移，油量减小，柴油机转速下降，飞锤离心力也变小，直至弹簧力与飞锤离心力平衡，杠杆、控制套就稳定在某一位置，油量就稳定在某个量，柴油机就稳定在某一转速。弹簧的参数不同，柴油机得到的稳定转速也就不同，因此，可改变弹簧参数来使柴油机稳定在所期望的转速。

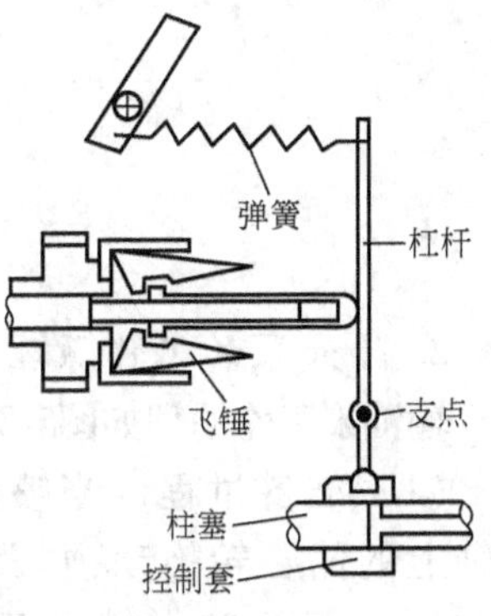

图 5-32　VE 泵调速器基本原理

VE 泵调速器配有全速式或两速式调速器。两种调速器的主要不同点在于：两速调速器调速弹簧和负荷弹簧安装在弹簧框架内部，而全速式调速器的调速弹簧仅是一个可以自由伸缩的单个弹簧。以下介绍 VE 泵全速调速器。

5.2.4　输油泵

输油泵的作用是保证柴油在低压油路内循环，并供应足够数量及一定压力的柴油给喷油泵，其输油量应为全负荷最大喷油量的 3 ~4 倍。

1. 输油泵的构造

输油泵有活塞式、膜片式、齿轮式和叶片式等几种。活塞式输油泵由于工作可靠，目前应用广泛。活塞式输油泵主要有泵体、机械油泵总成、手油泵总成、单向阀类和油道等所组成，其结构如图 5-33 所示。

机械泵总成有滚轮部件（包括滚轮、滚轮轴和滚轮架）、顶杆、活塞及活塞弹簧等，由喷油泵凸轮轴上的偏心轮通过滚轮部件推动顶杆和活塞向下运动，活塞弹簧推动活塞回位，这样实现活塞的往复运动。在进油和出油侧分别装有止回阀，以控制进出油口和活塞室的开闭。

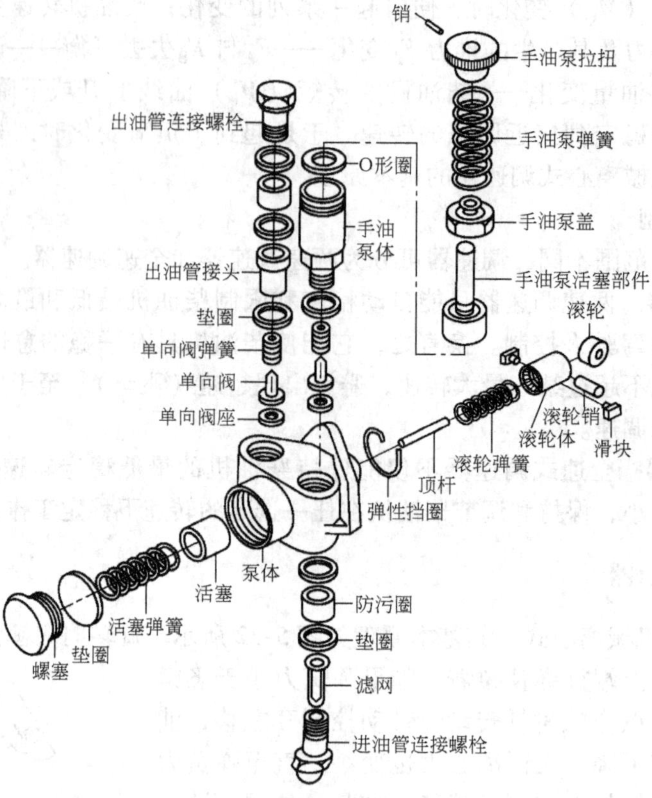

图 5-33　活塞式输油泵

2. 输油泵的工作原理

输油泵工作原理如图5-34所示。

(1) 准备过程　当喷油泵凸轮轴上的偏心轮推动顶杆和活塞下移时，下泵腔中的油压升高，进油阀关闭，出油阀开启，同时上泵腔中容积增大，产生真空度，于是柴油自下泵腔经出油阀流入上泵腔。

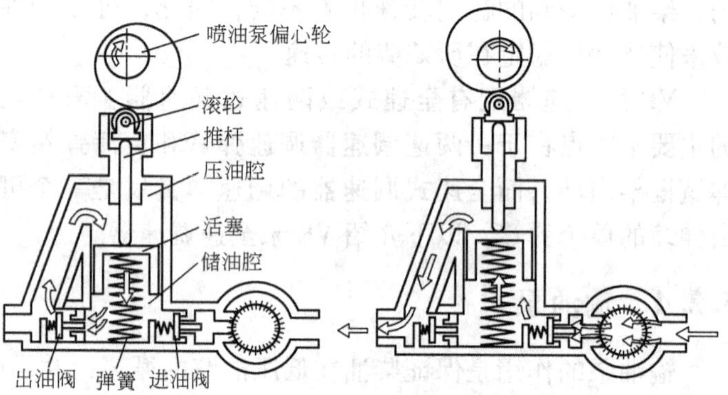

图 5-34　输油泵工作原理

(2) 进油和压油过程　喷油泵凸轮轴上偏心轮的凸起部分转到上方时，活塞被弹簧推动上移，活塞下方泵腔容积增大，油压降低，产生真空度，使进油阀开启，柴油便从进油管接头经油道吸入活塞下泵腔。与此同时，活塞上方泵腔容积减小，油压增高，出油阀关闭，上泵腔中的柴油从出油管接头上的孔道被压出，流往柴油滤清器。

如此反复，柴油便不断地被送入柴油滤清器，最后被送入喷油泵。

(3) 供油量的自动调节　如果柴油机负荷减小，输送燃油过剩很多，会使输油泵出油口和上泵腔压力增加，致使在活塞背面的压力增大，当此压力与活塞弹簧弹力相平衡时，活塞便停留在某一位置，不能回到上止点，这样活塞的有效行程减小，输油泵的供油量自动减小，即实现了输油量和输油压力的自动调节。

（4）手油泵　手油泵由泵体、活塞、手柄和弹簧等组成，如图 5-35 所示。当柴油机长时间停止工作后，或低压油路中有空气时，可利用手油泵输油或放气。

使用手油泵手动输油时，应先将柴油滤清器或喷油泵的放气螺钉拧开，再将手油泵的手柄旋开，往复推拉手油泵的活塞。当活塞上行时，将柴油经进油阀吸入手油泵泵腔；活塞下行时，进油阀关闭，柴油从手油泵泵腔经出油阀流出，并充满柴油滤清器和喷油泵低压油路，并将其中的空气驱除干净，从出油口流出的柴油中应没有气泡。手油泵输油排气完成后，应拧紧放气螺钉，旋紧手油泵手柄。

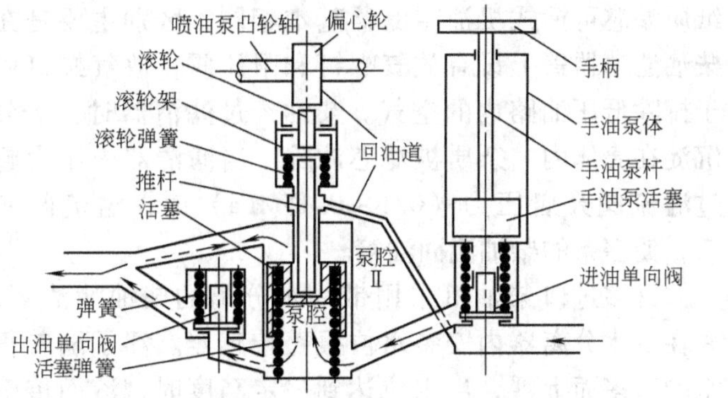

图 5-35　手油泵的结构

3. 输油泵的检修

当发现输油泵有故障后，就车不能解决时，应拆下检查并维修。

输油泵解体后，检查进、出油阀和阀座的磨损情况，如有破裂或严重磨损时，应予更换。如磨损轻微，可研磨修复。

输油泵活塞与壳体由于磨损出现配合松旷和运动不平稳时，应更换新泵。

输油泵装复后，要进行性能试验。

（1）密封性试验　试验时，旋紧手油泵手柄，堵住出油口，将输油泵浸没在清洁的柴油中，从进油口通入 147 ~ 196kPa 的压缩空气，若输油泵密封性能良好，在推杆与泵体的间隙中，只会有微小的气泡冒出。如气泡的直径超过 1mm，表示漏气量将超过 30mL/min，说明输油泵的密封性能过差，应更换新泵。

（2）吸油能力的试验　以内径 48mm、长 2m 的软管为吸油管，由水平高度低于输油泵 1mm 的油箱中，用输油泵供油，能在 30 个活塞行程内出油为合格。

（3）输油量的检验　将输油泵装回喷油泵，输油泵的出口接油管，油管出口插入容量为 500mL 的量杯中，量杯的位置必须高于输油泵 0. 3m。当喷油泵转速为 1000r/min 时，测量 15s 内流入量杯内的燃油量，并与技术条件规定的流量相比较，判断出油量是否合格。

（4）输油压力的检验　在输油泵出油口接上压力表，在规定的转速条件下，检验输油泵的输油压力是否符合原厂规定。

5. 2. 5　柴油滤清器

柴油在储存、运输过程中，往往会混入一些尘土、水分或其他机械杂质。另外，由于温度变化以及和空气接触，会有少量的石蜡从柴油中析出。因此在柴油进入喷油泵之前，必须清除其中的杂质，否则会加剧精密偶件的磨损。

柴油滤清器的作用是清除柴油中的杂质。柴油滤清器有粗细之分，柴油粗滤器一般安装在输油泵之前，用来清除柴油中颗粒较大的杂质，粗滤器的滤芯以纸质滤芯应用最为广泛。柴油细滤器一般安装在输油泵之后，用来清除柴油中的微小杂质。

1. 柴油滤清器的构造

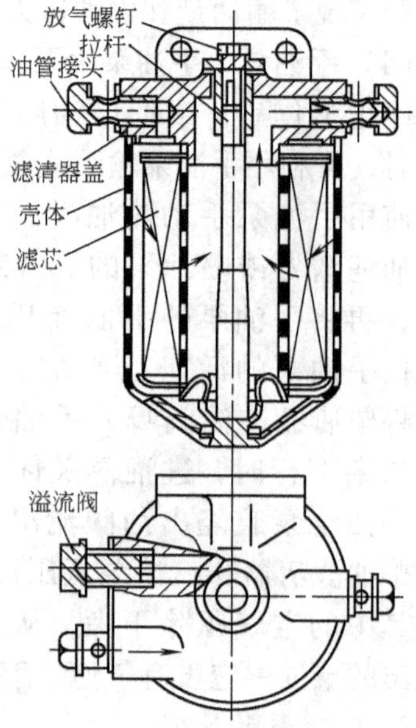

图 5-36　柴油滤清器

常用的柴油滤清器如图 5-36 所示。其结构原理与纸质滤芯可拆式机油粗滤器基本相同，区别主要是在柴油滤清器盖上设有放气螺钉和限压阀，放气螺钉用于排除低压油路内的空气。柴油经过滤清器时，水分沉淀在壳体内，杂质被滤芯滤除。当滤清器内压力超过溢流阀开启压力（0.1～0.15MPa）时，溢流阀开启，使多余的柴油流回油箱。

许多进口柴油机采用带油水分离的柴油滤清器，并在油水分离器内安装水位报警传感器。浮子随着积水的增多而上浮，当水位达到一定高度时，液面传感器将电路接通，仪表板上的报警灯发亮，提示驾驶人及时放水。油水分离器的下方有放水螺钉。更换此种滤清器时要注意，滤清器中的水位报警开关与壳体为螺纹连接，可以重复使用，但应更换密封圈，否则容易造成渗漏。更换滤清器后应进行放气，发动机起动后仍需进一步检查和排除渗漏。

2. 柴油滤清器的维护

为保证燃料的清洁，必须对柴油滤清器和油水分离器进行定期维护。一级维护时，除检查柴油滤清器的接头是否渗漏外，还要认真清洁二者壳体内外的油污，并清洁绸布或金属的滤芯。二级维护时，还要更换滤芯。

5.2.6　柴油机供油正时

柴油机工作时喷油提前角的大小对柴油机工作性能影响很大。喷油提前角过大，喷油时缸内温度低，混合气形成条件差，备燃（着火延迟）期长，从而将导致柴油机工作粗暴；喷油提前角过小，则补燃期延长，燃烧过程所能达到的最高压力低，热效率显著下降，部分柴油不能燃烧，随废气排出。为此柴油机必须有最佳喷油提前角。

最佳喷油提前角，即柴油机在转速和供油量（负荷）一定的条件下，能获得最大功率及最小燃料消耗率的喷油提前角，由试验得出：任何一台柴油机，最佳喷油提前角都不是常数，而是随供油量和曲轴转速变化的，且与柴油机结构有关。供油量越大，转速越高，喷油提前角也越大；为使柴油机在其他工况下，也有适宜的喷油提前角，在柴油机喷油泵上均设置了喷油提前角的自动调节器。为消除因喷油泵传动装置相关零件的磨损引起喷油提前角的变化，以及喷油泵经解体调试后装车，为保证喷油正时，喷油泵还设有喷油正时校正装置。喷油正时的校正与就车调整，是在喷油泵安装到车上后，通过喷油正时装置进行检查、调整和校正的。

喷油提前角的调整是通过供油提前角实现的。供油提前角是指喷油泵开始供油至活塞到达上止点之间的曲轴转角。

1. 柱塞式喷油泵供油提前角的自动调节器

供油提前角自动调节器的作用是在柴油机整个工作转速范围内使喷油泵供油提前角随柴

油机转速升高而自动相应提前，使柴油机始终在最佳或接近最佳喷油定时下工作。供油提前角自动调节器装在喷油泵的驱动轴上。

(1) 供油提前角自动调节器的构造　图5-37所示为机械离心式供油提前角自动调整器的结构。

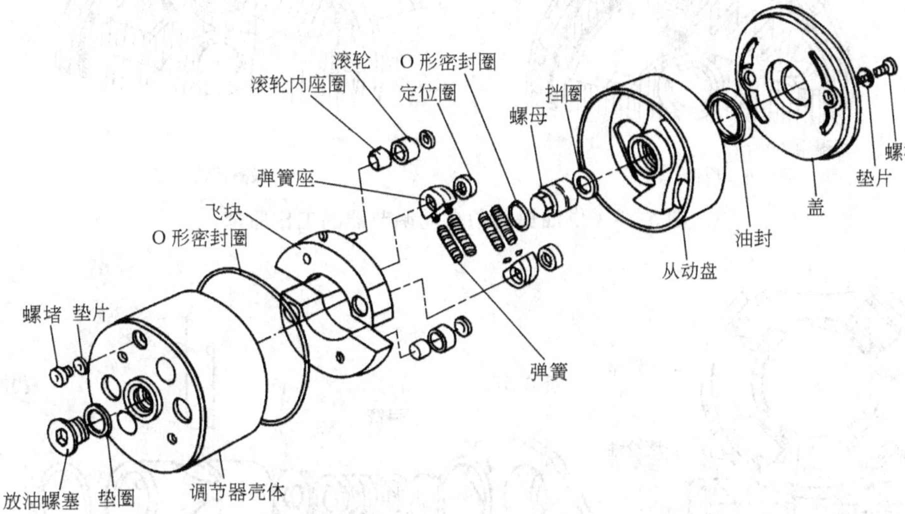

图5-37　机械离心式供油提前角自动调整装置

机械离心式供油提前角自动调节装置位于联轴器和喷油泵之间，联轴器的从动部分即为调节装置的驱动部分，调节装置的从动部分即为喷油泵凸轮的驱动部分。

调节器壳体用螺栓与联轴器相连，为主动元件。两个飞块套在调节器壳体端面的两个销钉上，外面还套装两个弹簧座，飞块的另一端各压装一个销钉，每个销钉上各松套着一个滚轮和滚轮内座圈。从动盘与喷油泵凸轮轴相连接。从动盘两臂的弧形侧面与滚轮接触，平侧面则压在两个弹簧上，弹簧的另一端支于弹簧座上。整个调节器是一个密封体，内腔充满机油以润滑。

(2) 供油提前角自动调节器的工作原理　供油提前角自动调节器的工作原理如图5-38所示。当柴油机转速上升，装在调速器壳体上的飞块的离心力开始克服弹簧的预紧力向外张开；同时，通过飞块上的滚轮推动与从动盘焊成一体的弧形块运动，从而使与从动盘连接的喷油泵凸轮轴沿旋转方向相对于调速器壳体转动一个角度，直到弹簧作用在平侧面上的压缩弹力与飞块离心力相平衡为止，于是从动盘与调节器壳体同步旋转。从而改变了喷油泵提前角度，转速越高，供油提前角改变量也越大。

2. VE泵供油提前角的自动调节器

(1) VE泵供油提前角的自动调节器的构造　VE泵采用液压式供油提前角自动调节器，位置在VE分配泵下部，由液压缸、活塞、拨销、连接销、弹簧和滚轮座等主要零件组成，其结构如图5-39所示。

活塞通过连接销、拨销与滚轮座相连。活塞左侧液压缸内有弹簧并与滑片式输油泵进油道相通，因而其作用力为弹簧力和进油压力，而活塞右侧液压缸与泵内腔相通，其作用力为泵内燃油压力，其值随转速增加而增加。

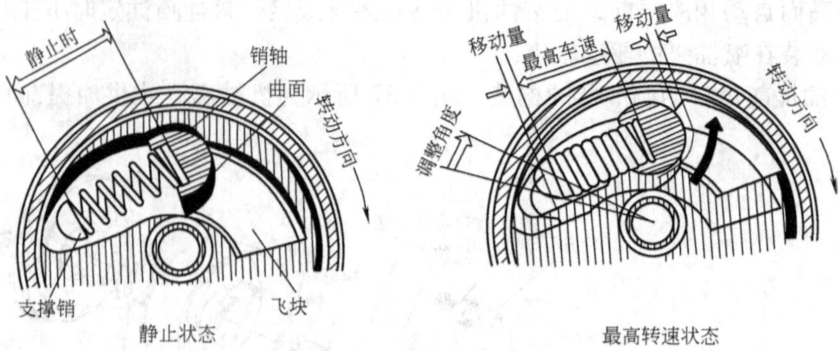

图 5-38　供油提前角自动调节器的工作原理

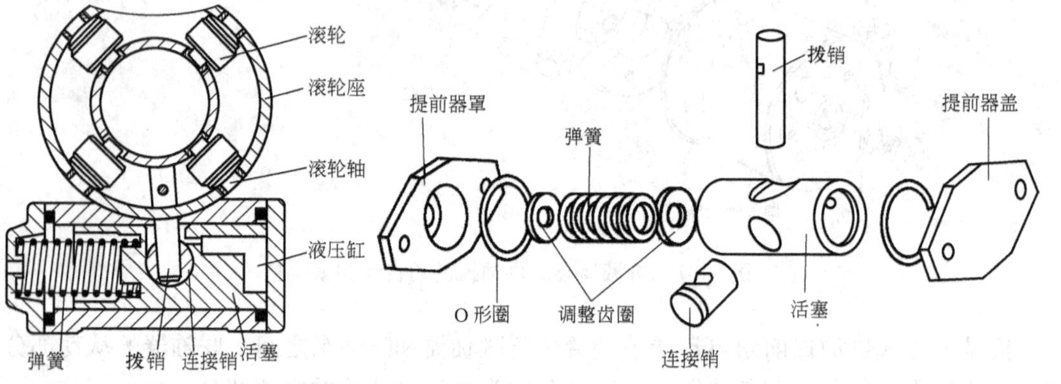

图 5-39　液压式供油提前自动调整装置结构

（2）VE 泵供油提前角的自动调节器的工作原理

在喷油泵静止状态时，活塞在弹簧力作用下，被推向右侧。当柴油机工作后，泵内燃油压力升高。当活塞两边失去平衡时，活塞开始向左移动，通过连接销、拨销推动滚轮座沿顺时针方向转动，即滚轮座相对于平面凸轮转动，迫使平面凸轮提早顶起，供油提前角增大使供油提前。反之，转速降低，滚轮座逆时针方向转动，即滚轮座顺着平面凸轮转动，供油提前角减小使供油滞后，如图 5-40 所示。

若改变弹簧预紧力，则可以改变供油提前角自动调节装置起作用的转速。

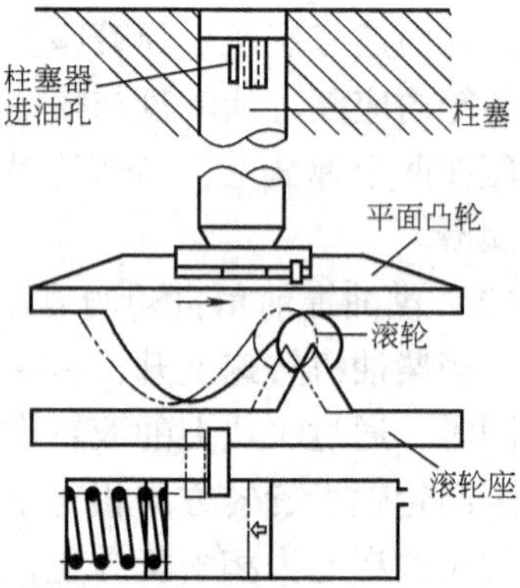

图 5-40　液压式供油提前自动调整装置工作原理

5.3　柴油机电控喷油系统

5.3.1　柴油机电控喷油系统概述

在传统概念中，柴油机依靠自身压缩、着火、燃烧而做功。对于一台性能优良的柴油机来说，其基本标志就是燃油消耗低，具有良好的可靠性和耐久性，而与电气系统没有多大关系。但是，随着时代的发展，对柴油机的噪声、排放和提高性能的要求愈来愈高，将电子技术应用于柴油机，以求满足上述时代的要求已成必由之路。

1. 柴油机电控喷油系统的组成

柴油机电控喷油系统由四部分组成如图5-41所示，即被控对象（柴油机）、传感器、控制器（电脑）、执行器。

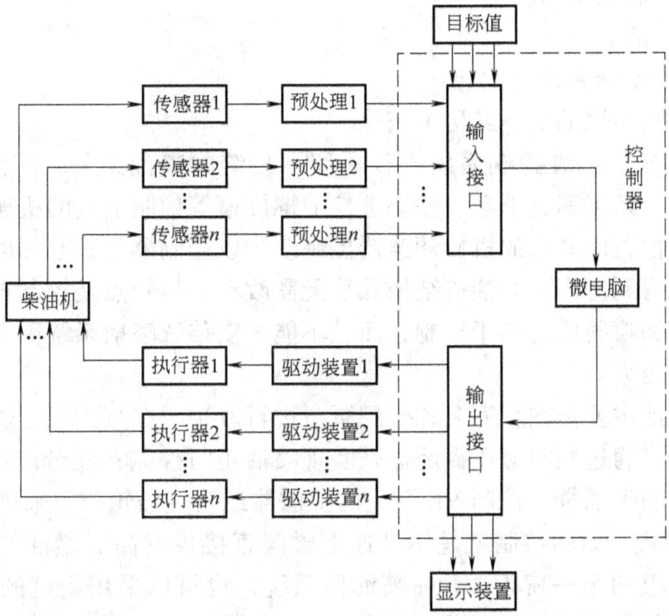

图5-41　柴油机电控喷油系统组成

传感器用于检测发动机的运行参数或状态，将非电量的有关参数或状态转化成电信号提供给控制器。目前，柴油机中所采用的传感器很多，如发动机转速传感器、齿杆位移传感器、喷油提前角传感器及加速踏板位置传感器等。

控制器是柴油机电控喷油系统的大脑，柴油机动力装置能否可靠、经济地运行，在很大程度上取决于控制器，它负责处理所有信息，执行程序，并将运行结果作为控制指令输出到执行器。此外，还有一种通信功能，即和其他的控制系统——如传动装置控制器进行数据传输和交换，同时考虑到其他系统的实时情况，适当修正燃油系统的执行指令，即适当修正喷油量、喷油提前角等。与此同时，还可以向其他控制系统送出必要的信息。

执行器是柴油机电控喷油系统实现对柴油机进行调控的最终手段，它按照控制器的“意图”动作。

2. 柴油机电控喷油系统工作原理

柴油机电控喷油系统工作流程大体如下：传感器检测到的各种信号先送入模/数（A/D）转换器（如果输入信号是模拟量），然后通过控制器的接口输入。在控制器的存储器中，存有所需的发动机调控参数或状态的目标数据。这些目标数据是柴油机的各种不同参数和最优运行结果的综合，一般是通过统计或实测得到的。当由传感器检测到发动机的某一实际参数进入控制器后，先与存储器中的相应参数和最优运行结果进行比较，如果两者相同，则整个柴油机电子控制系统保持原状态，发动机继续按先前状态运行。反之，当实际参数偏离目标参数时，控制器则会根据该偏离值的大小的极性（正或负）按一定的控制策略进行有关信息的处理，然后根据处理结果，调节相应的执行器执行相关的动作。

3. 柴油机电控喷油系统的优点

1）改善了柴油机的性能和排放。

2）提高了发动机的工作可靠性。

3）响应快、控制精度高。

4）控制策略灵活。

4. 柴油机电控喷油系统的类型

柴油机电控喷油系统的研发经历了三代。

（1）位置控制式　位置控制系统不仅保留了传统的喷油泵—高压油管—喷油器系统，还保留了喷油泵中齿条齿圈、滑套、柱塞上控油螺旋槽等控制油量的机械传动机构，只是对齿条或滑套的运动位置由原来的机械调速器控制改为以控制器为核心的电控单元控制，使控制精度和响应速度得到提高。柴油机结构几乎无需改动。但缺点是控制自由度小，控制精度相比较低，喷油率和喷射压力难于控制，而且不能改变传统喷射系统固有的喷射特性，也很难大幅度提高喷射压力。

位置控制式喷油主要是在直列泵和分配泵上进行改进，在直列泵上通过控制喷油泵齿杆位移来控制喷油量，通过控制液压提前器来实现喷油正时控制；在分配泵（VE 泵）上通过控制滑套位移来控制喷油量，控制 VE 泵上的提前器或改变凸轮相位来进行喷油正时控制。

（2）时间控制式　时间控制就是用高速电磁阀直接控制高压燃油的适时喷射。这种系统可以保留原来的喷油泵—高压油管—喷油器系统，也可以采用新型的产生高压的燃油系统，而用高速电磁阀直接控制高压燃油的喷射。一般情况下，电磁阀关闭，执行喷油；电磁阀打开，喷油结束。喷油始点取决于电磁阀关闭时刻，喷油量则取决于电磁阀关闭时间的长短。因此既可实现喷油量控制，又可实现喷油正时控制，其控制自由度更大。

时间控制式电控喷油系统中，喷油泵仍吸取传统直列泵、单体泵、分配泵柱塞供油原理，即通过由柴油机曲轴驱动的喷油泵凸轮轴使柱塞压缩燃油，从而产生高压脉冲，这一脉冲以压力波的形式传至喷油器，并顶开针阀。但传统的喷油泵中，柱塞同时起到建立供油压力与调节供油量的作用；而时间控制式喷油系统，采用高速电磁阀泄油调节原理，柱塞只承担供油加压的功能，供油量、供油时刻则由高速电磁阀单独完成。因此，供油加压与供油调节在结构上就互相独立了。这样传统的喷油泵结构得以简化，强度得以提高。而且传统喷油泵中的齿圈、滑套、柱塞上的斜槽、提前器、齿杆等可全部取消，喷油泵的设计自由度更高，高压喷油能力大大加强。但这种喷油系统依旧利用脉动柱塞供油，对其转速的依赖性很大，在低速、低负荷时，其喷油压力不高，而且难以实现多次喷射，不利于降低柴油机的噪声和振动。

（3）时间—压力控制式　时间—压力控制式，即电控共轨式喷油系统，它摒弃了传统使用的泵—管—嘴脉动供油的形式，代之用一个高压油泵在柴油机的驱动下，以一定的速比连续将高压燃油输送到共轨管（即公共容器）内，高压燃油再由共轨管送入各缸喷油器。在这里，高压油泵并不直接控制喷油，而仅仅是向共轨管供油以维持所需的共轨压力，并通过连续调节共轨压力来控制喷射压力，采用压力—时间式燃油计量原理，用高速电磁阀控制喷射过程。喷油压力、喷油量和喷油正时都由电控单元（ECU）灵活控制。这种系统具有了下述优点：

① 可实现高压喷射，喷射压力比一般直列泵系统高出一倍，最高已达250MPa。

② 喷射压力独立于发动机转速，可以改善发动机低速、低负荷性能。

③ 可以实现多次喷射，调节喷油速率形状，实现理想喷油规律。

④ 喷油正时和喷油量可自由选定。

⑤ 具有良好的喷射特性，可优化燃烧过程，使发动机油耗、烟度、噪声和排放等性能指标得到明显改善。

⑥ 结构简单，可靠性好，适应性强。

5.3.2　位置控制式电控喷油系统

1. 位置控制式电控直列泵喷油系统

位置控制式电控直列泵燃油供给系统如图5-42所示。在电控直列泵燃油系统中，由调速器执行机构控制调节齿杆的位置，从而控制供油量；由提前器执行机构控制发动机驱动轴和喷油泵凸轮轴间的相位差，从而控制喷油时间。调速器执行机构和提前器执行机构是电控直列泵系统中的两个特殊机构。

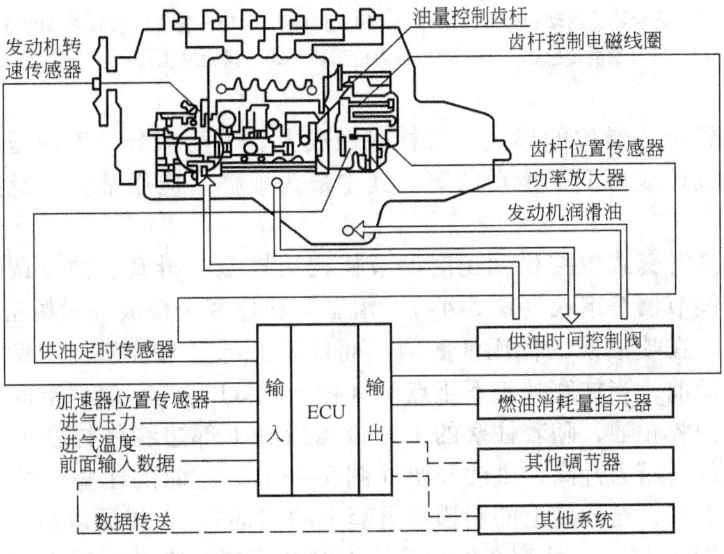

图5-42　电控直列泵燃油系统图

位置控制式电控直列泵系统属于电控柴油机的早期产品，主要用在载货汽车柴油机上，以改善柴油的燃油经济性与排放性，其方案很多，比较典型的是电控滑套式直列泵，其组成如图5-43所示。

这种系统是对传统的机械式喷油泵进行的改进，在喷油泵中增设了控制油量拉杆的电控调速机构，以及控制柱塞滑套的电控供油正时调节机构。各种传感器将柴油机的运行参数和驾驶人的操作意图传给ECU，ECU根据上述信息进行计算后，控制喷油泵中相关执行机构的工作，使发动机获得最佳的供油正时和供油量。

电控直列泵系统主要部件的构造与工作原理如下所述。

（1）电控供油正时调节机构　在机械式喷油泵中实现供油正时的电控调节有很多种方案，如将滚轮挺柱体调节螺钉做成活动可调的形式；用液压机构推动滚轮体横向移动，

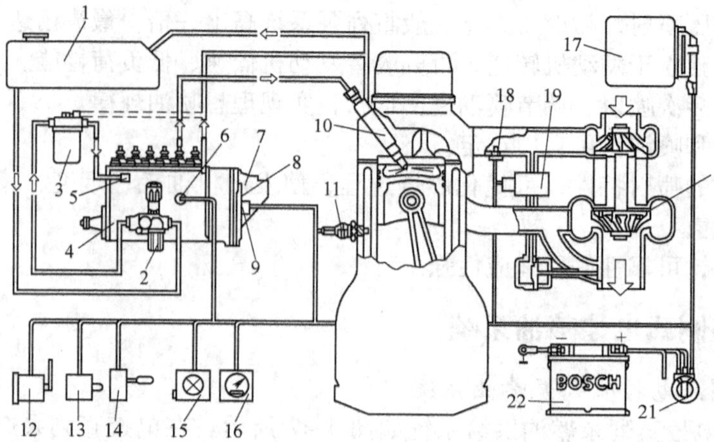

图 5-43 电控直列泵系统的组成

1—油箱 2—输油泵 3—燃油滤清器 4—直列式喷油泵 5—电子停油装置 6—燃油温度传感器 7—油量调节齿杆位置传感器 8—线性电磁执行机构 9—转速传感器 10—喷油器 11—冷却液温度传感器 12—加速踏板位置传感器 13—离合器、制动和排气制动开关 14—操纵杆 15—警告灯和故障诊断座 16—车速表 17—ECU 18—进气温度传感器 19—增压压力传感器 20—涡轮增压器 21—开关 22—蓄电池

使其中心线与凸轮中心错位的形式；将柱塞做成上、下两部分，以油压控制柱塞总长度的方式；将柱塞设计成可上下滑动的等。其中最为成熟、应用最为广泛的是滑套式调节机构。

电控直列泵的滑套式电控供油正时调节机构由柱塞、滑套、油量调节齿杆、滑套调节轴、供油正时调节器等组成（图 5-44）。滑套 2 和柱塞 4 构成一对精密偶件，滑套位于柱塞的下半部分，在喷油泵的低压油腔内，而柱塞上部又与柱塞套 1 精密配对，构成高压油腔。供油开始前，当柱塞处于下止点时（图 5-45a），柱塞顶部空间通过柱塞上的斜槽和进油孔与进油腔相通，随着柱塞的上升，当滑套下部边缘将柱塞上的进油孔完全遮住以后，柱塞顶部的压力升高，供油开始（图 5-45b），这时的柱塞升程为预行程（h_{ps}）。此后，柱塞继续上升，至柱塞上的斜槽与滑套上的回油孔 10 相通以后，柱塞顶部空间卸压，供油结束（图 5-45c），柱塞在供油其间上升的距离为有效行程 h_e。供油结束后，柱塞继续上升，走完剩余行程 h_1，到达上止点（图 5-45d），再随凸轮下降段回到下止点，完成一次供油行程。滑套的运动由供油正时调节器控制，它是一个线性电磁执行器，电磁线圈的磁力使铁心移动，带动滑套调节轴 7 转动，再拉动滑套作上下移动，从而达到改变柱塞预行程和供油始点的目的。滑套上移，预行程增加，供油推迟；反之，预行程减小，供油提前。

（2）调速器执行机构　调速器执行机构如图 5-46 所示。电控直列泵系统中，调速器执行机构的作用相当于飞块。用电磁作用力或电磁液压力代替离心力控制齿杆位移。

流经线性螺线管中的电流增加时，则可动铁心在箭头所示方向被吸引，并和复位弹簧平衡在某个位置，如图 5-47 所示。调节齿杆和可动铁心连接在一起，和可动铁心一起运动，从而改变喷油量。

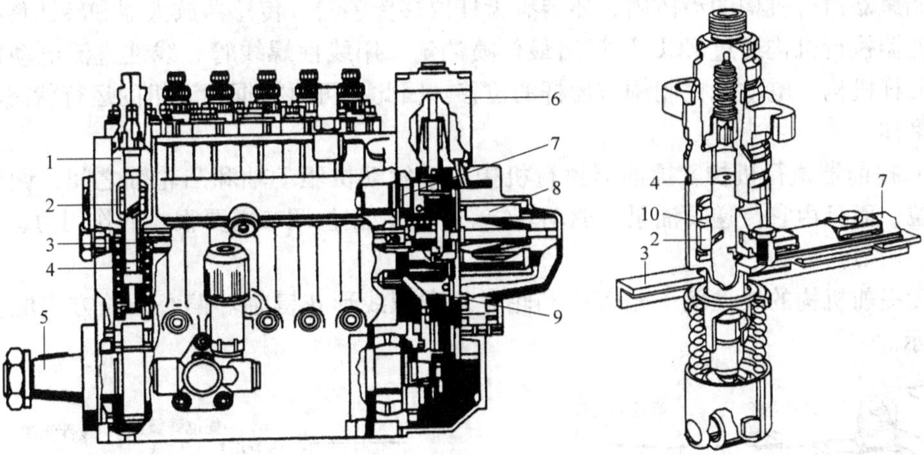

图 5-44 滑套式电控供油正时调节机构

1—柱塞套 2—滑套 3—油量调节齿杆 4—柱塞 5—喷油泵凸轮轴 6—供油正时调节器 7—滑套调节轴 8—电子调速器 9—齿杆位移传感器 10—回油孔

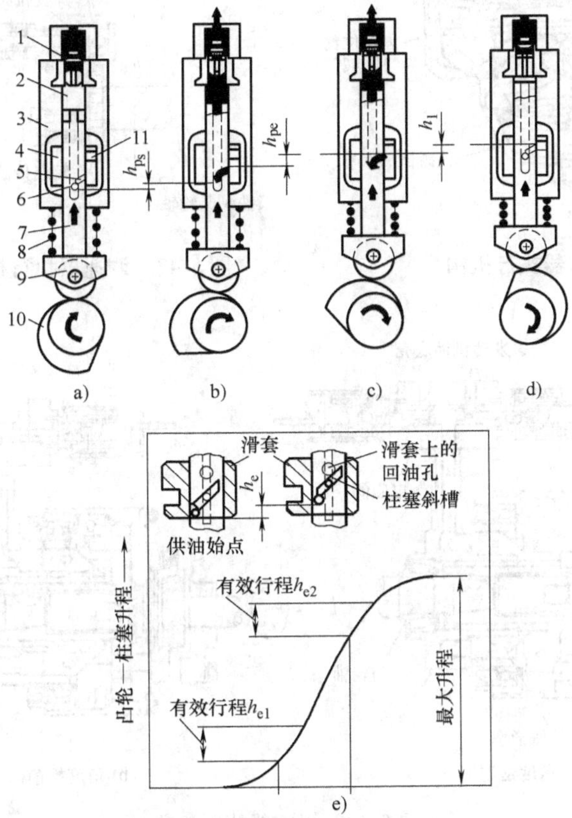

图 5-45 滑套控制供油正时示意图

a）柱塞下止点 b）供油始点 c）供油终点 d）柱塞上止点 e）凸轮—柱塞升程曲线

1—出油阀 2—柱塞顶部空间 3—柱塞套 4—滑套 5—控制斜槽 6—柱塞上的进油孔 7—柱塞 8—柱塞弹簧 9—挺柱滚轮 10—凸轮 11—回油孔

在调速器执行机构的箱体内，还装有齿杆位移传感器、传感器放大器和转速传感器等。

调速器执行机构通过 ECU 计算出最佳喷油量，用线性螺线管、线性直流电动机等代替传统的杠杆机构，电动地控制调节齿杆的位移。因此，可以根据发动机的运行状态将喷油量控制到最佳。

（3）提前器执行机构　提前器执行机构位于发动机驱动轴和凸轮轴之间，调节两轴之间的相位，而且由它传递喷油泵的驱动转矩。因此，相位调节需要很大的作用力，大多采用液压进行调节。

角度提前机构的典型例子是偏心凸轮方式和螺线形花键轴。偏心凸轮方式的实例如图 5-48 所示。

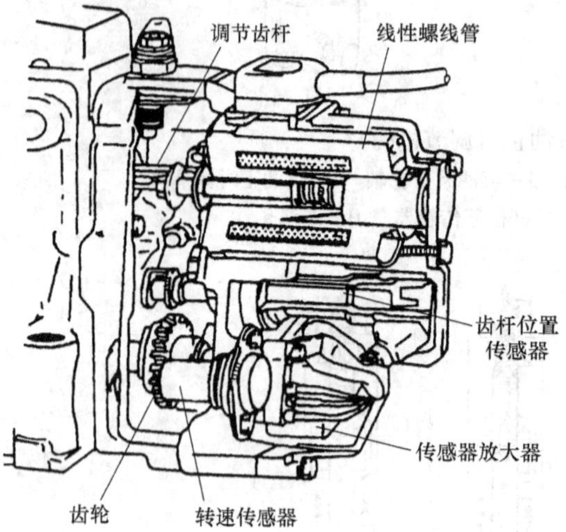

图 5-46　调速器执行机构

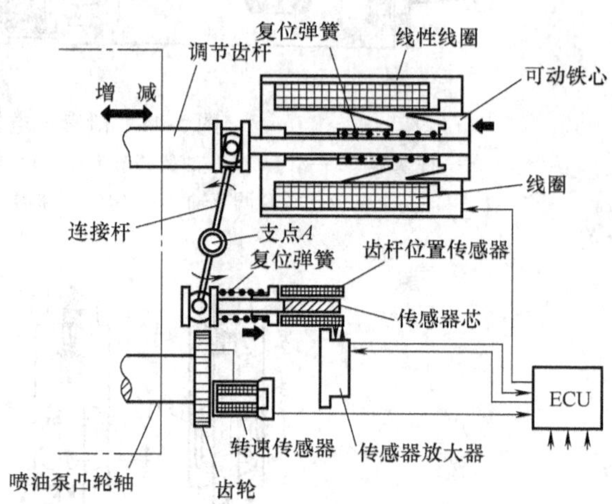

图 5-47　调速器执行机构控制喷油量示意图

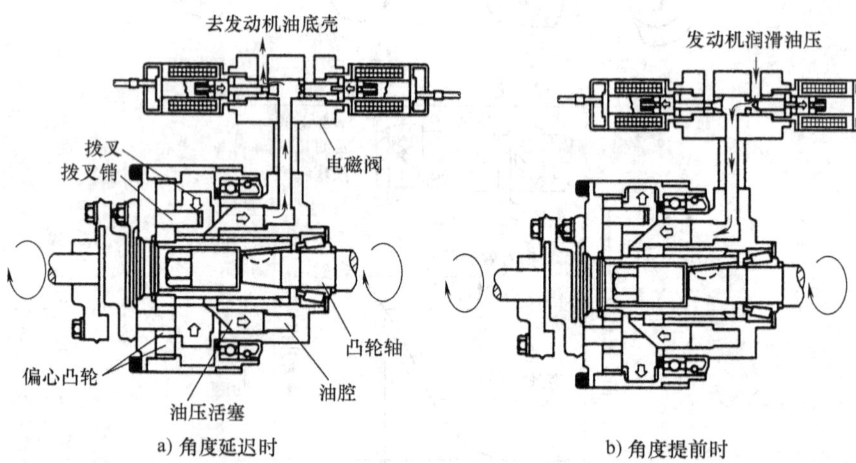

图 5-48　提前器执行机构

电磁阀由 ECU 控制，控制作用在油压活塞上的油压。油压活塞左右移动使转换机构上下运动，从而改变发动机驱动轴和凸轮轴之间的相位。

相位差的检查方法如图 5-49 所示。

发动机驱动轴和凸轮轴上分别装有转速脉冲发生器（图 5-49）和转角脉冲发生器，（图 5-50），对应两个脉冲发生器分别装置了传感器。从这两个传感器的信号 ne 和 np 可检测出两者的相位差。

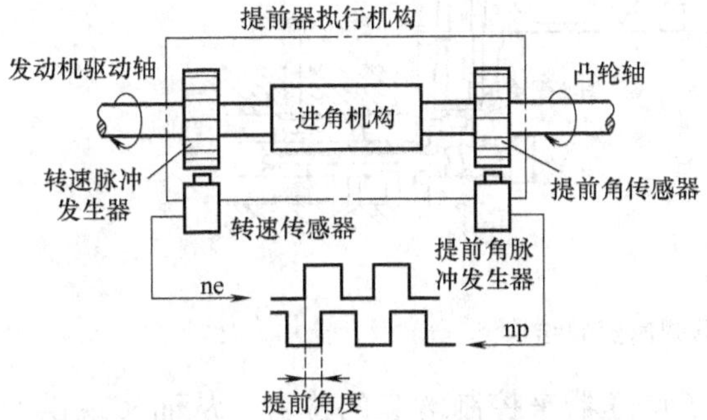

图 5-49　相位差的检查方法

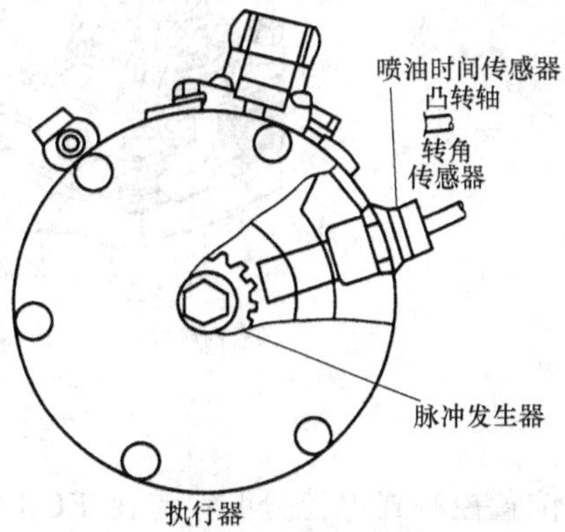

图 5-50　转速脉冲发生器和转角脉冲发生器

2. 位置控制式电控分配泵喷油系统

位置控制式电控分配泵燃油系统的基本组成如图 5-51 所示。该系统利用电子调速器通过控制分配泵中的油量控制滑套位置来实现供油量的控制，利用电磁阀通过控制供油提前角自动调节器中正时活塞两侧的油压（决定正时活塞位置）来实现供油正时控制。

（1）供油量的控制　电子调速器的结构如图 5-52 所示，由定子、转子、线圈、转子轴和滑套位置传感器等组成，转子轴下端的偏心钢球伸入油量控制滑套的凹槽中。

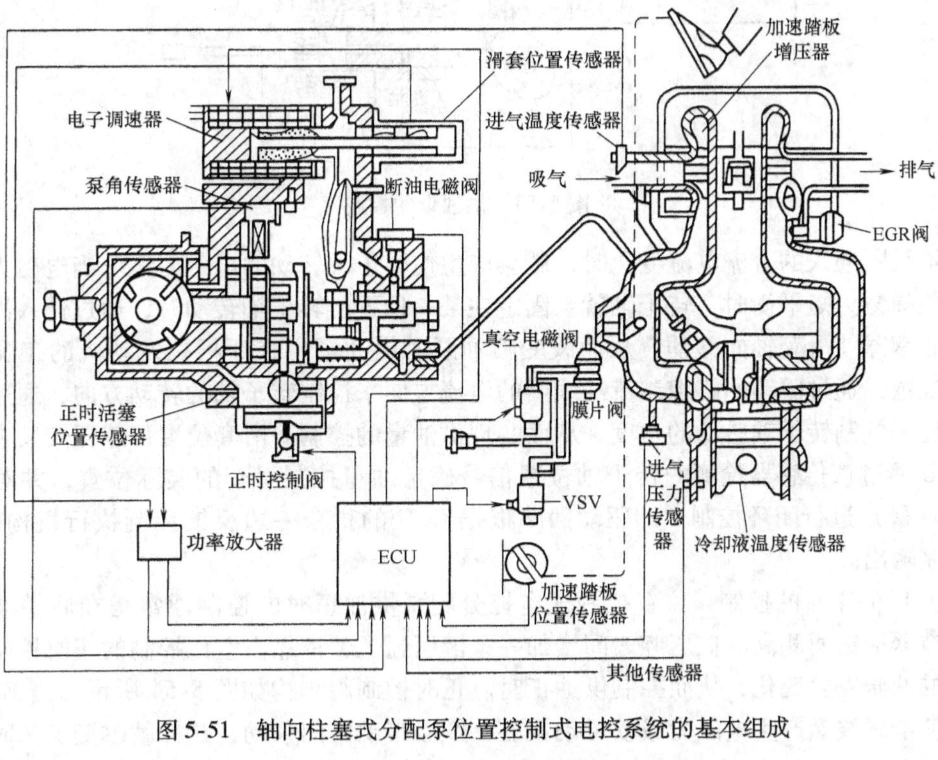

图 5-51　轴向柱塞式分配泵位置控制式电控系统的基本组成

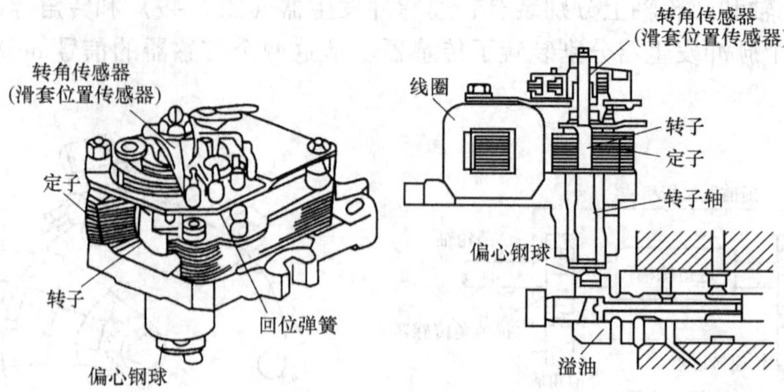

图 5-52　电子调速器的结构

位置控制式电控分配泵是由 ECU 控制电子调速器来控制滑套的位置，从而实现供油量调节的，如图 5-53 所示。

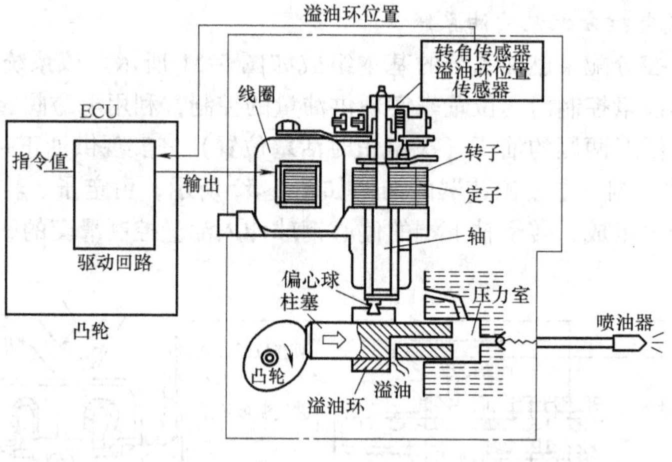

图 5-53　供油量的控制

当给线圈通入的直流电流变化时，就会产生使转子轴转动的电磁力矩。当电磁力矩与转子轴回位弹簧力矩平衡时，转子轴就会固定在某一位置。转子轴转动时，通过伸入滑套凹槽内的偏心钢球使滑套轴向移动，从而改变喷油泵的供油量。ECU 根据发动机的工况计算出目标供油量，通过驱动回路控制流经线圈的电流方向来控制转子轴的转动方向，通过控制通电占空比来控制转子轴转动的角度，从而实现供油量的控制。滑套位置传感器安装在转子轴上，ECU 通过该传感器检测的转子轴位置信号确定油量控制滑套的实际位置，并对滑套位置（供油量）进行闭环控制。即驱动回路根据 ECU 的指令一边反馈控制执行机构的位置，一边控制输出。

（2）供油正时的控制　位置控制式电控分配泵供油正时的控制通常是在原供油提前角自动调节器活塞两侧高、低压腔之间增加一条液压通道，依靠占空比控制的正时控制阀使活塞两侧的油压发生变化，从而控制供油正时。正时控制阀结构如图 5-54 所示，由 ECU 传来的信号使电磁线圈产生电磁力吸动可动铁心，铁心带动阀门移动，这样就改变了正时活塞右侧（高压腔）与左侧（低压腔）之间的压力差，从而使正时活塞移动，带动分配泵滚轮架转动，以实现供油时刻调整。

ECU 主要根据柴油机转速和加速踏板位置传感器信号确定基本供油提前角，再根据冷却液温度等传感器信号进行修正，并通过正时控制阀控制正时活塞左右两侧油腔内的燃油压力差，以改变正时活塞的位置。正时活塞左右移动时，通过传动销带动转子分配泵内的滚轮架转动，从而改变喷油泵的供油正时。当正时控制阀线圈通电时，高压腔与低压腔连通，活塞两端的油压差消失，在弹簧的作用下，活塞复位，喷油时间推迟。当正时控制阀线圈断电时，高压腔与低压腔断开，活塞在高压油压力的作用下压缩弹簧向左移动，使凸轮盘相对于滚柱的位置产生偏转，供油时间提前。通电时间长，供油提前角减小；通电时间短，供油提前角增大，如图 5-55 所示。正时活塞位置传感器检测出正时活塞的位置，从而进行反馈控制。

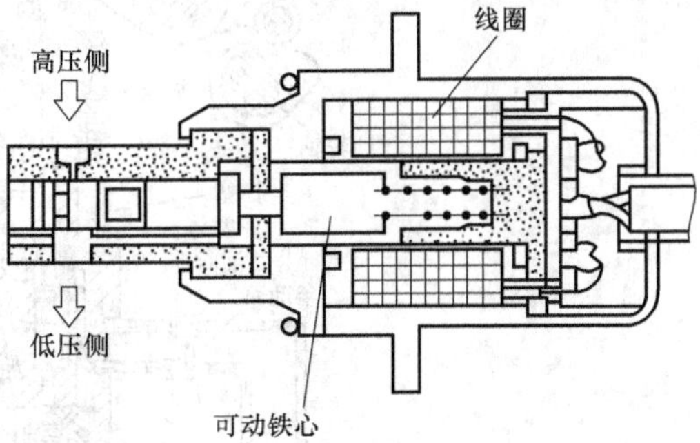

图 5-54　正时控制阀结构示意图

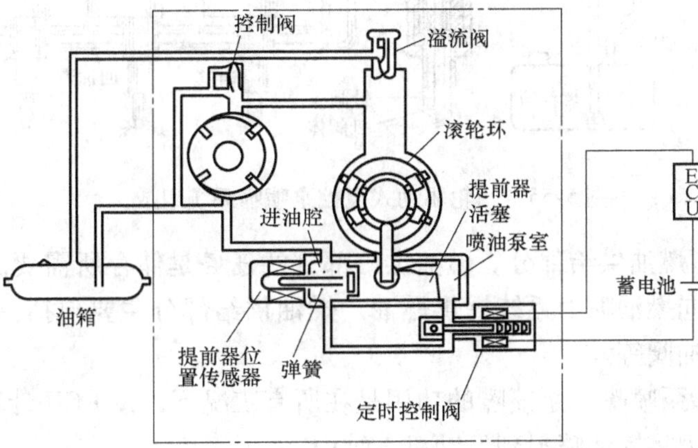

图 5-55　喷油时间的控制

5.3.3　时间控制式电控喷油系统

时间控制就是用高速电磁阀直接控制高压燃油的喷射。一般情况下，电磁阀关闭，开始喷油；电磁阀打开，喷油结束。喷油始点取决于电磁阀关闭时刻，喷油量取决于电磁阀关闭的持续时间，因此既可实现喷油量控制又可实现喷油定时的控制。

时间控制式电控喷油系统中，喷油泵仍汲取传统直列泵、单体泵、分配泵柱塞供油的原理，即通过由柴油机曲轴驱动喷油泵凸轮轴使柱塞压缩燃油，从而产生高压脉冲，这一脉冲以压力波的形式传至喷油嘴，并顶开针阀实现喷油。但传统的喷油泵中，柱塞同时起到建立供油压力与调节供油量的作用，而时间控制式喷油系统，采用高速电磁阀泄油调节原理，柱塞只承担供油加压的功能，供油量、供油时刻则由高速电磁阀单独完成。

1. 电控泵喷嘴燃油供给系统的组成

电控泵喷嘴就是将泵油柱塞和喷油嘴（或针阀）合成一体，安装在气缸盖上。由于无高压油管，可消除高压油管中压力波和燃油压缩的影响，高压容积大大减少，喷射压力可以很高（目前压力可达220MPa）。

电控泵喷嘴燃油供给系统由低压部分、高压部分和电控系统等部分组成，如图5-55所示。

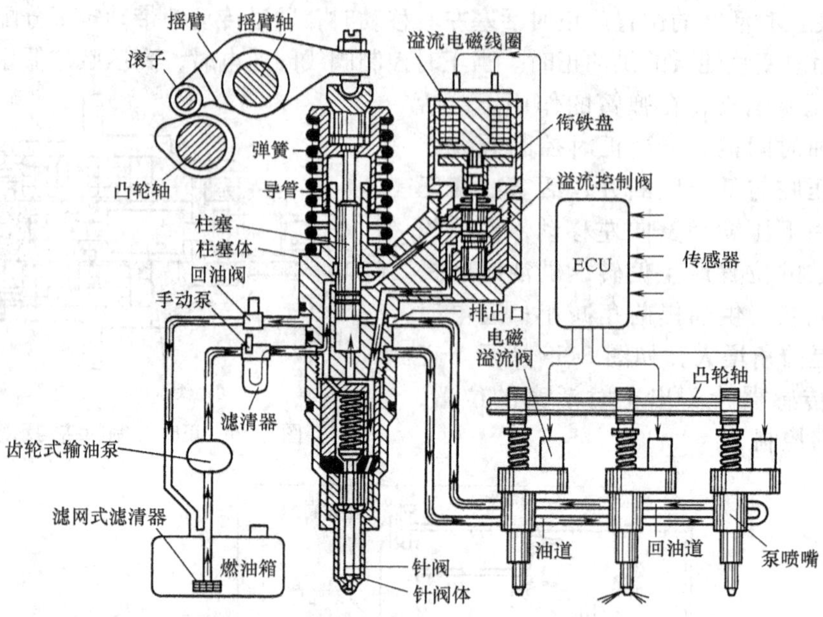

图5-55　凸轮驱动式电控泵喷嘴系统组成

1）低压部分是指燃油供给部分。燃油供给部分的任务是储存所需要的燃油，并在所有工况下以规定的压力向燃油喷射系统提供燃油。燃油供给部分主要包括：燃油箱、滤清器、输油泵、手动泵、回油阀等。

2）高压部分是指泵喷嘴。泵喷嘴的功用是在所有工况下，按ECU计算出的时刻，以精确的数量和要求的压力将燃油喷射到发动机气缸内。

3）电控系统分为三个系统模块，即传感器、ECU及执行元件。

2. 泵喷嘴结构

泵喷嘴由以下三部分组成，其结构如图5-56所示。

1）产生高压的主要部件是泵体组件、泵柱塞和回位弹簧。

2）高压电磁阀（电磁溢流阀）由线圈、电磁阀针阀、衔铁、磁心和电磁阀弹簧等主要部件组成，其任务是控制喷油起始时刻和喷油持续时间。

3）喷油器将燃油雾化，精确定量并分布到燃烧室中。喷油器是利用压紧螺母安装到泵喷嘴体上去的。

3. 泵喷嘴工作原理

泵喷嘴系统的工作过程可分成四个状态，如图5-57所示。

1）吸油行程如图5-57a所示，泵柱塞在回位弹簧的作用下往上运动。始终处于过压状态下的燃油从供油系统的低压部分通过集成于发动机机体中的进油孔和进油管流入电磁阀阀腔。电磁阀是开启着的，燃油通过一个连接孔流入高压腔（又称泵腔）。

2）预备行程如图5-57b所示，由于驱动凸轮的转动，泵柱塞往下运动。此时，电磁阀是开启着的，燃油由泵柱塞通过回油管压回到供油系统的低压部分。

3）输油行程和喷油过程如图5-57c所示，电子控制单元在一个确定的时刻输出指令使电磁阀的线圈通电，将电磁阀针阀吸往阀座，切断了高压腔和低压腔之间的联系。这个时刻称为喷油起始点。高压腔内的燃油压力因为泵柱塞的运动而上升。一旦腔内压力达到大约300MPa的喷油嘴开启压力时，泵喷嘴针阀升起，燃油喷入燃烧室。

4）残余行程如图5-57d所示，如果电磁阀线圈断电，电磁阀将在经过一段短暂的滞后时间后开启，高压腔和低压腔之间重新连通。此后压力迅速下降，当压力低于喷油器关闭压力时，喷油器关闭，喷油过程结束。

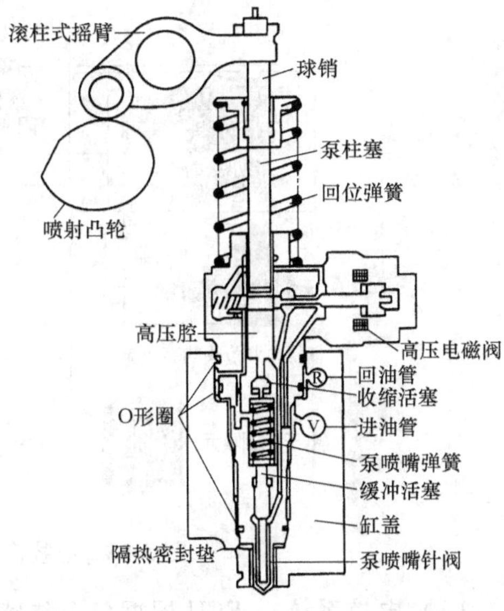

图5-56 BOSCH公司电子控制泵喷嘴结构

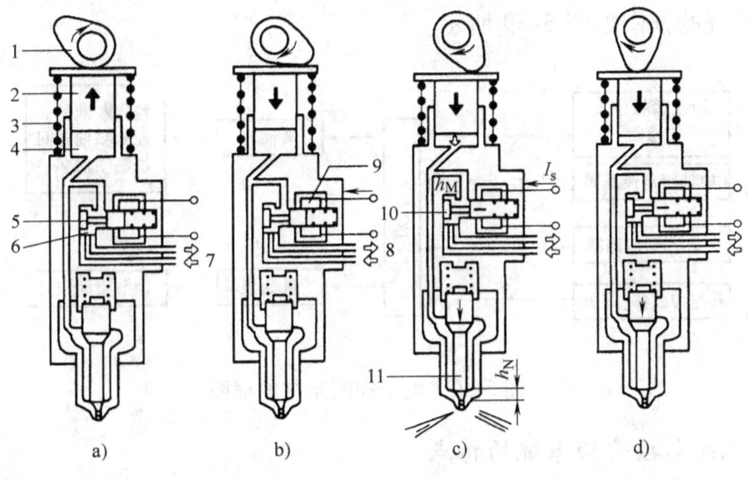

图5-57 泵喷嘴工作原理

a）吸油行程 b）预备行程 c）输油行程 d）残余行程

1—驱动凸轮 2—泵柱塞 3—回位弹簧 4—高压腔 5—电磁阀针阀 6—电磁阀阀腔 7—进油管 8—回油管 9—线圈 10—电磁阀阀座 11—泵喷嘴针阀 I_S—线圈电流 h_N—泵喷嘴针阀升程

5.3.4 电控高压共轨式燃油供给系统组成与特点

1. 高压共轨式电控喷油系统的基本组成

高压共轨式电控喷油系统的组成如图5-58所示。基本可分为三部分：

（1）低压部分 包括燃油箱、低压输油泵、燃油滤清器、低压油管等组成。

（2）高压部分 包括高压油泵、共轨管、喷油器、高压油管、调压阀、限压阀、流量限制器、轨道压力传感器等。

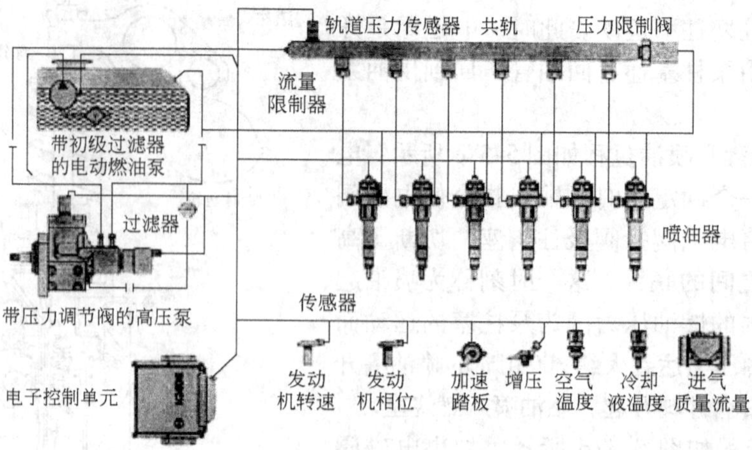

图 5-58　电控高压共轨式燃油系统的基本组成

（3）电控系统　ECU 根据各个传感器的信息进行计算，完成各种处理后，求出最佳喷油时间和最合适的喷油量，并且计算出在什么时刻、在多长的时间范围内向喷油器发出开启电磁阀、或关闭电磁阀的指令等，从而精确控制发动机的工作过程。

电子控制系统的框图如图 5-59 所示。

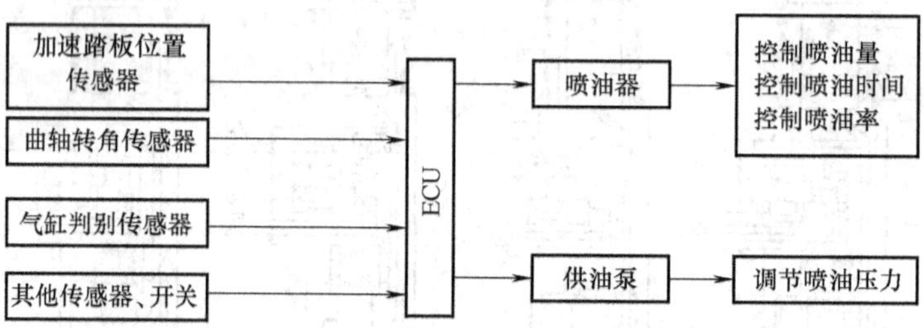

图 5-59　电子控制系统的框图

2. 高压共轨式电控喷油系统的特点

1）可实现高压喷射，喷射压力比一般喷油泵高出一倍，最高已达 200MPa。

2）共轨系统喷油压力独立于发动机转速，可改善发动机低速及低负荷性能。

3）具有良好的喷油特性，喷油器电磁阀直接对喷油正时和喷油脉宽进行控制，可优化燃烧过程，使发动机油耗、烟度、噪声及排放等性能指标得到明显改善，并有利于改进发动机转矩特性。

4）可实现共轨压力的闭环控制。共轨压力传感器实时反馈共轨中的压力，通过控制调压阀的电流来调整进入共轨的燃油量和轨道压力，形成独立的共轨压力闭环子系统。

5）共轨沿发动机纵向布置，高压供油泵、共轨和喷油器各自的位置相互独立，便于在发动机安装和布置。

6）从技术总体实现难度上看，共轨系统组成较复杂，机械、液力和电子电磁阀耦合程度高，加工制造、控制匹配要求的水平高，与第二代时间控制式相比，具有更好性能的同时，开发难度也更大。

3. 高压共轨式电控喷油系统的工作原理

燃油被输油泵从油箱中抽出后，经滤清器过滤后送入高压油泵，这时燃油压力为0.2MPa。进入高压油泵的燃油被加压至高压后（最高压力可达150～200MPa）输送到高压共轨。高压共轨中的高压柴油经流量限制阀、高压油管进入喷油器，在喷油器针阀开启时直接喷入燃烧室。高压油泵、喷油器的回油经回油管流回油箱（图5-99）。

在电控高压共轨系统中，各种传感器（如曲轴位置传感器、加速踏板位置传感器、凸轮轴位置传感器、各种温度和压力传感器等）将柴油机的实际运行状态转变为电信号输入ECU，ECU根据预置的程序进行运算，确定适合于该工况下的最佳喷油量、喷油时刻、喷油速率等参数，再向喷油器发出指令，精确控制喷油过程，以保证柴油机始终处在最佳工作状态，使柴油机的动力性、经济性得到有效的发挥，并且使排放污染降到最低。

此外，ECU还通过压力传感器对高压共轨内的油压进行监测，并通过控制调压阀，使共轨内的油压保持为预定的压力，实现对共轨压力的控制。在共轨系统中，喷射压力的产生和喷射过程是彼此独立的。共轨的供油方式使得喷油压力与柴油机转速无关，喷油量取决于喷油压力和受ECU直接控制的喷油器的喷油时间的长短。

5.3.5 高压共轨式电控喷油系统主要部件

1. 输油泵

输油泵的作用是向高压油泵提供充足的燃油。输油泵有2种类型，即电动输油泵和机械驱动的齿轮泵，目前常用的是电动输油泵。

电动输油泵的结构和工作过程与汽油机上的电动汽油泵相似。柴油机起动过程中，电动输油泵就开始运行，且不受发动机转速影响。电动输油泵持续从油箱中抽出燃油，经燃油滤清器送往高压油泵。电动输油泵安装在车辆底盘油箱与燃油滤清器之间的油管上，也可以安装在油箱内。

2. 高压油泵

高压油泵的作用是向共轨持续提供符合系统压力要求的高压燃油，并在起动过程中以及共轨压力迅速升高时保证高压燃油的供给，是高压共轨喷油系统的重要部件。

（1）高压油泵工作原理　图5-60所示为最简单的单柱塞高压油泵工作原理简图。柱塞安装在缸体（柱塞套）内，靠间隙密封，柱塞、缸体和单向阀形成密封的工作容积。

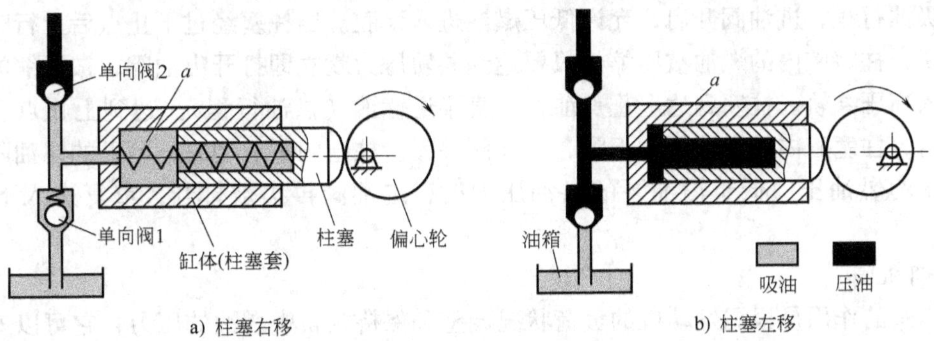

图5-60　高压油泵工作原理

柱塞在弹簧作用下和偏心轮保持接触，当偏心轮旋转时，柱塞在偏心轮和弹簧的作用下在缸体中移动，使密封腔 a 的容积发生变化。当柱塞右移时，如图 5-60a 所示，密封腔 a 容积增大，产生局部真空，油箱中的油液在大气压力作用下顶开单向阀 1 中的钢球流入泵体内，实现吸油。此时单向阀 2 封闭出油口，防止系统压力油回流。柱塞左移时，如图 5-60b 所示，密封腔 a 容积减小，已吸入的油液受到压缩，其压力升高，便顶开单向阀 2 中的钢球压入系统，实现压油。此时单向阀 1 中的钢球在弹簧和油压的作用下，封闭吸油口，避免油液流回油箱。

若偏心轮不停转动，泵就不停地吸油和压油。

（2）BOSCH 公司的 CPI 型三柱塞径向高压油泵　BOSCH 公司的 CPI 型三柱塞径向高压油泵结构如图 5-61 所示。

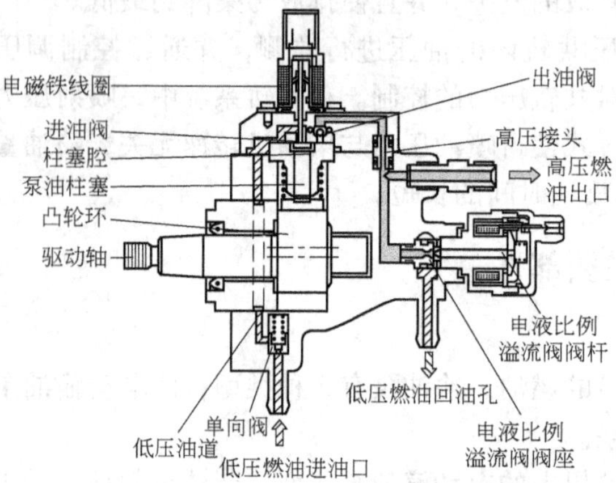

a）纵剖视图

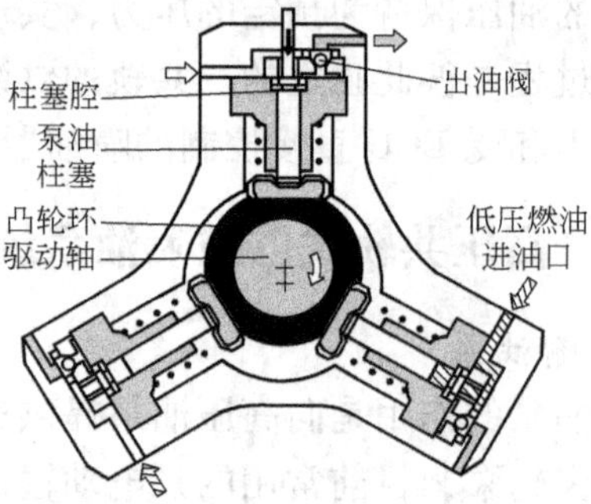

b）横剖视图

图 5-61　BOSCH 公司的 CPI 型三柱塞径向高压油泵

三个相同的柱塞副在一个垂直于凸轮轴的平面内径向辐射状排列，两相邻柱塞副之间的夹角相等，均为 120°，而凸轮轴上只有一个凸轮，但属于三作用凸轮，即每一转实现三次供油，采用阀配流，也就是应用单向阀实现泵的吸油与压油的控制。

三个泵油柱塞在驱动轴上凸轮的驱动下进行往复运动，每个柱塞由弹簧对其施加作用力，目的是减小柱塞的振动，并且使柱塞始终与驱动轴上的偏心凸轮接触。当柱塞向下运动时，为吸油行程，进油阀开启，允许低压燃油进入泵腔。当柱塞经过下止点后上行时，进油阀被关闭，柱塞腔内的燃油被压缩，只要达到共轨压力就立即打开出油阀，被压缩的燃油经油管进入高压共轨。柱塞到达上止点前，一直泵送燃油（供油行程）。达到上止点后，柱塞开始下行，柱塞腔内的燃油压力下降，出油阀关闭。柱塞向下运动时，剩下的燃油降压，当柱塞腔中的燃油压力低于输油泵的供油压力时，进油阀再次被打开，重复进入下一工作循环。

3. 调压阀

调压阀的作用是根据发动机的负荷状况调整和保持共轨中燃油的压力，它可以安装在高压油泵上，也可以安装在共轨上，其结构如图 5-62 所示。

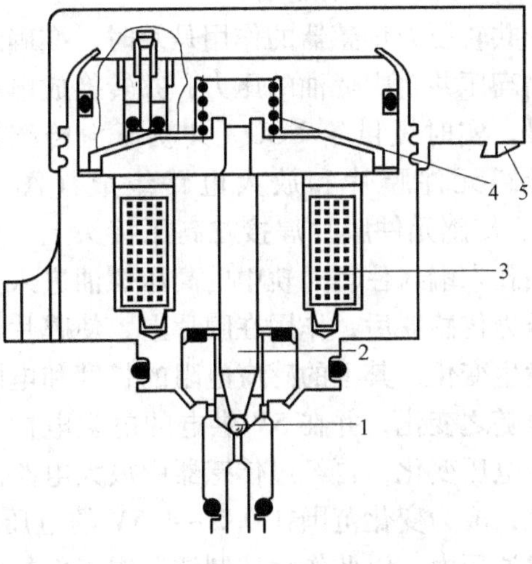

图5-62　调压阀
1—球阀　2—衔铁销　3—电磁铁
4—弹簧　5—电气接头

共轨或高压油泵出口处的高压燃油通过进油口作用在调压阀上。发动机工作时，调压阀的球阀在弹簧和电磁力的双重作用下，压紧在阀座上，将高压腔与回油通道隔绝，电磁铁吸力与流过电磁线圈的电流成正比，而电流大小则由ECU通过改变脉冲信号的占空比来控制。当高压系统中的压力高于调压阀弹簧和电磁力的合力时，球阀打开，高压燃油经过旁通油路泄压；反之球阀关闭，压力重新建立，从而达到按ECU指令调整高压系统油压的目的。在调压阀的电磁线圈不通电时，仍有弹簧力将球阀压紧在阀座上，使高压油路保持10MPa左右的压力。

4. 高压共轨

高压共轨安装在发动机气缸盖周围，通过高压油管与高压油泵及各缸的喷油器连接（图5-63），其结构与汽油机上的分配油管相似。高压共轨实质上是一个燃油蓄压器，其作用是存储高压燃油，并使高压油泵的供油和喷油器的喷油所产生的压力波动得到缓冲，以保持油压稳定，并将高压燃油分配给各缸的电控喷油器。由于是各缸共用，故有“共轨”之称。

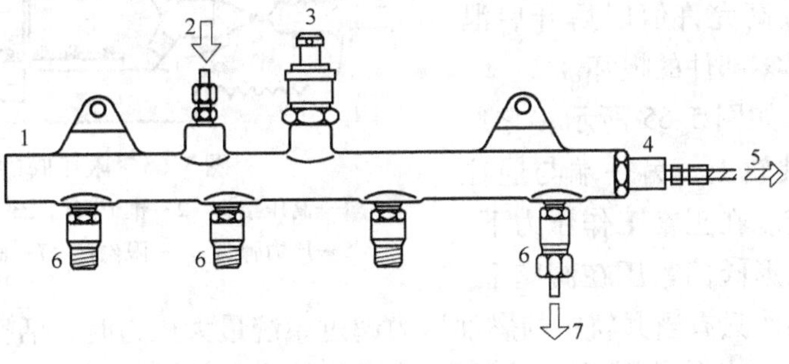

图5-63　高压共轨
1—共轨　2—高压油泵端的进油口　3—共轨压力传感器　4—调压阀
5—油箱端的出油口　6—流量限制器　7—喷油器端的油管

高压共轨是一个管状厚壁容器，其形状看似简单，但必须通过对整个高压系统的模拟计算和匹配试验，考虑燃油管道在高压下的膨胀性，来确定其尺寸、壁厚和腔内容积，以保证在喷油器喷油和高压油泵脉动供油时共轨内的燃油压力波动尽可能小，同时也要保证起动时，共轨内的油压能迅速建立。

在发动机运转中，高压共轨中始终充满了高压燃油，利用高压共轨较大的容积，来补偿高压油脉动供油和喷油器断续喷油所产生的压力波动。不论供油量和喷油量如何，高压共轨中的压力都应保持恒定，从而确保喷油器打开时喷油压力不变。高压共轨上通常还安装有流量限制器（选装件）、共轨压力传感器和调压阀等部件（由于发动机的安装条件不同，这些部件在共轨上的位置可能有所不同）。

5. 共轨压力传感器

共轨压力传感器的作用是及时、准确地测出高压共轨中燃油的压力，并转换成电压信号，实时提供给 ECU。共轨压力传感器由传感元件膜片和放大电路组成（图 5-64）。传感元件膜片焊接在高压接头上，将进油孔末端封住。共轨中的高压燃油进入共轨压力传感器后，作用在膜片上，使膜片形状发生变化，其上的感应电阻的长度和电阻值也随之变化，并在 5V 供电的电阻电桥中产生电压变化，再经过传感器中放大电路的放大，成为变化范围在 0.5 ~4.5V 的电压信号，输送给 ECU。ECU 根据该信号判定共轨中的燃油压力，以此作为控制调压阀工作的依据。

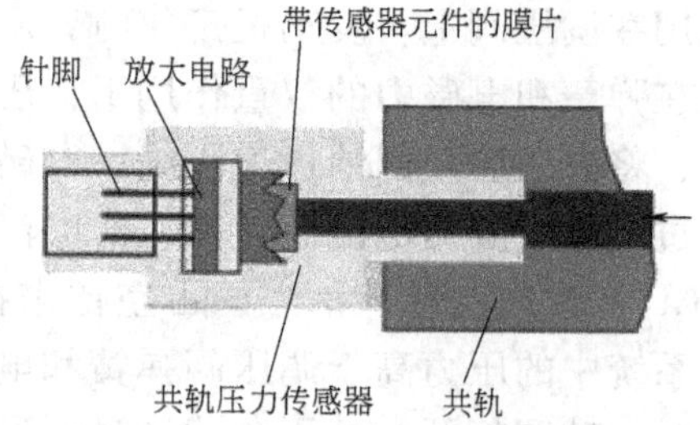

图 5-64　共轨压力传感器

共轨压力传感器应具有很高的响应速度和测量精度，在其工作范围内的允许偏差应小于最大测量值的 2%。一旦共轨压力传感器失效，ECU 将以某个固定的预定值来控制调压阀的开度。

6. 限压阀

限压阀通常安装在高压共轨上，相当于安全阀。其作用是限制共轨中的压力，在压力超过最高允许值以后开启泄压，防止系统内部零部件的损坏。

限压阀的结构如图 5-65 所示，它通过螺纹接头拧在共轨上，另一端与通往油箱的回油管连接。在正常工作压力下，弹簧通过活塞将锥形阀门紧压在阀座上，限压阀呈关闭状态。只有当共轨中的燃油压力超过系统最大压力时，活塞才压缩弹簧使阀门开启，使高压燃油从共轨中泄出，从而降低了共轨中的压力。泄出的燃油经回油管流回油箱。

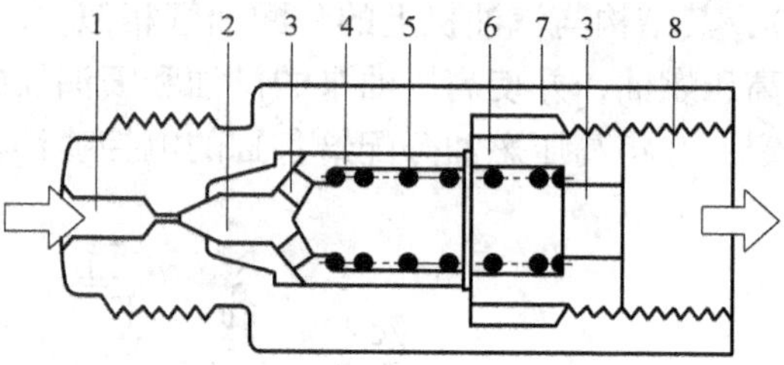

图 5-65　限压阀的结构

1—高压接头　2—锥形阀门　3—通道　4—活塞
5—压力弹簧　6—限位件　7—阀体　8—回油孔

7. 流量限制器

流量限制器安装在高压共轨的每个出油口上，与喷油器的高压油管连接，其作用是减小流向喷油器的高压燃油的压力波动，同时在喷油器高压油管中出现过大的流量或持续的泄漏（如喷油器针阀过度磨损、卡死、高压油管破裂等），导致共轨中流出的燃油量超过最大设计流量时，自动将流向该喷油器的燃油管路关闭，起隔离保护作用。

流量限制器的结构如图 5-66 所示，其外壳两端有孔，分别与共轨及喷油器高压油管连接。流量限制器内部有一个活塞，弹簧将此活塞向共轨方向压紧。活塞中部有节流孔，其上的纵向孔连接进油口和出油口，其直径在末端是缩小的。这种缩小的作用和节流孔效果一样。

在正常状态下，当喷油器尚未喷油时，活塞在弹簧的作用下抵靠在流量限制器的共轨端。共轨中的燃油经活塞中部的节流孔进入喷油器高压油管。开始喷油时，喷油器端的燃油压力下降，由于活塞节流孔很小，无法及时向喷油器补偿因喷油而减少的燃油，只能通过活塞向喷油器方向的少量移动来补偿喷油器从共轨中获得的燃油量。

在喷油过程结束时，处于居中位置的活塞并未关闭出油口。弹簧使它回位到限制器的共轨端，此时燃油通过节流孔向喷油器方向流动。弹簧和节流孔是通过精确设计的，即使处在最大油量（加上安全储备），活塞也能移回流量限制器共轨端位置，并保持在该位置直到下一次喷射开始。

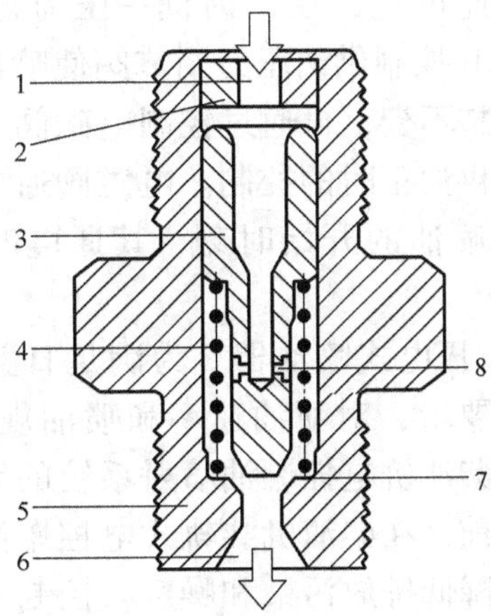

图 5-66 流量限制阀

1—共轨端接头 2—限位件 3—活塞 4—压力弹簧 5—外壳 6—喷油器端接头 7—阀座面 8—节流孔

当喷油器一端有少量的泄油时，由于流出的燃油量较多，在每次喷油结束时，流量限制器活塞将无法回到自由位置。经过数次喷油后，活塞将移向出油口处的密封座，并保持在这个位置，关闭通向喷油器的进油口，直到发动机熄火。

当喷油器一端的泄油量过大时，由于大量燃油流出共轨，流量限制器活塞被迫离开自由位置，抵靠至出口处的密封座，并保持在这个位置，从而关闭通往喷油器的进油口，阻止燃油进入喷油器。

流量限制器属于选装件，由于结构较复杂，现已大多省略不用。

8. 喷油器

柴油机高压共轨系统中所用的喷油器有电磁式和压电式两种。

1）电磁式喷油器。电磁式喷油器应用在第1代和部分第2代高压共轨系统中，它是用高速电磁阀控制喷油器喷油的开始时刻和喷油持续时间。图5-67所示为BOSCH公司生产的电磁式喷油器，它由孔式喷油嘴、液压伺服系统、电磁阀组件构成。发动机工作时，燃油经高压油管进入喷油器，并经进油节流孔进入控制室。由于此时泄油孔被电磁阀的阀芯关闭，因此作用在柱塞上方的压力大于作用在喷油器针阀承压面上的压力，喷油器针阀处于关闭状态，因而没有燃油喷入燃烧室。

当电磁阀通电后，球阀受电磁力的作用离开阀座，柱塞控制腔和燃油回油口连通，高压和低压之间的流通通道打开，柱塞控制腔中的部分高压燃油经过溢流节流孔、球阀进入低压回路。由于进油节流孔和溢流节流孔都很小，因此流体的节流作用导致柱塞控制腔的压力小于来自共轨的高压燃油压力，高压燃油在喷油器针阀承压锥面上的压力使柱塞和针阀抬起，喷油器就开始喷油。电磁阀断电时，球阀再次关闭，共轨中的燃油压力又重新作用在控制柱塞的上方，针阀重新关闭。

整个喷射过程简述如下：当电磁阀通电时，针阀抬起，喷射开始；当电磁阀断电时，针阀落座，喷射结束。由于共轨中的压力一直存在，所以任何时刻喷油器都可以在电磁阀的控制下喷油，这是与第二代时间控制式系统的喷油电磁阀最不同之处。

由此可见，在“时间—压力控制”系统中，ECU控制供油压力调节阀使喷油器的喷油压差保持不变，再通过控制电磁阀工作实现喷油量和供油正时的控制。电磁阀通电开始时刻决定了喷油的开始时刻，其通电时间决定喷油量。

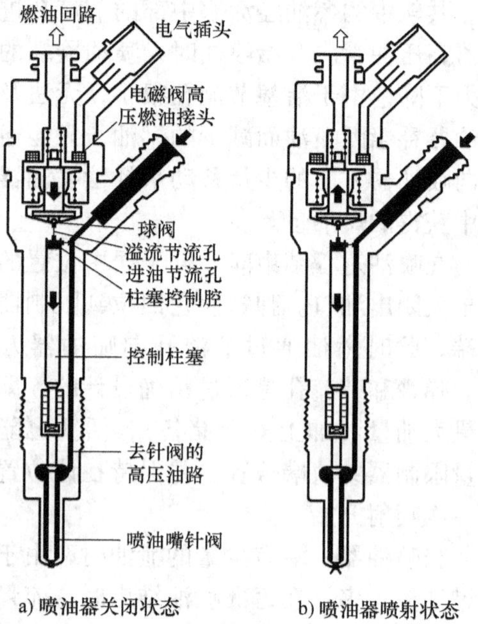

图5-67　共轨式喷油器结构示意图

2）压电式喷油器。为满足日益严格的排放法规要求，对喷油速率和喷油规律的控制，已成为柴油机电控燃油喷射系统的重要功能之一。目前，在柴油机共轨式电控燃油喷射系统中，为降低排放污染和噪声，控制喷油速率和喷油规律的主要措施是：实现预喷射、后喷射甚至多次喷射功能。

预喷射是指主喷射前百分之一秒内向缸内喷射少量柴油。通过对预喷射量的控制来实现对着火延迟期（燃烧过程分着火延迟期、速燃期、缓燃期和补燃期）内混合气形成数量的控制，从而达到防止柴油机工作粗暴、减小噪声的目的。此外，预喷射的柴油喷入气缸后首先着火燃烧，对燃烧室进行预热后再进行主喷射，使主喷射阶段喷入气缸的柴油着火更容易，有利于形成边喷射、边形成混合气、边燃烧的平缓燃烧过程，从而防止柴油机在速燃期缸内压力的急剧变化，有利于降低燃烧噪声。

后喷射是指在膨胀过程中进行的喷射。后喷射的柴油燃烧放出的热量，可提高柴油机在缓燃期和补燃期的温度，从而降低HC和CO的排放量。

多次喷射是指在柴油机的1个工作循环内进行若干次（一般多于3次）喷射，可以根据柴油机工况对喷油速率和喷油规律进行精确控制。

实现预喷射、后喷射甚至多次喷射功能的关键，就是要求电控系统的执行元件必须有很好的灵敏性（即反应速度），能在很短的时间内完成多次切换。此外，电控系统对喷油量的控制应有较高的精度，即要求能控制的最小供油量要足够小。

进一步提高喷射压力，提高喷油雾化质量，也是降低排放污染的重要措施。

第一代共轨系统中最高压力约140MPa，由于始终保持很高压力，导致系统密封难度大，燃油温度高，即使是预喷射和后喷射功能（包括主喷射在内3次喷射）也难以实现。第二代共轨系统中的压力较低，且可根据发动机需求而调节共轨中的压力，利用高速电磁阀的快速开闭可实现预喷射和后喷射功能，但受电磁阀工作特性的限制，也难以实现多次喷射功能。第三代共轨系统——压电式共轨系统具有喷射压力高、控制精度高、切换频率高、响应速度快、节能、寿命长等优点，可使喷油速率、喷射规律以及精确度达到最优。

压电式共轨系统是指采用了压电技术的共轨系统，主要是控制喷油器的执行元件用压电元件取代了电磁阀。用压电元件作为控制执行元件的喷油器称为压电式喷油器。由于压电元件像一个在电压下立即就能充电的电容器，它在施加电压以后的0.1ms以内就会发生形变，所以压电式共轨系统的响应速度快。也正是由于压电元件具有快速的响应性，才能实现高频率切换（切换频率为电磁阀的5倍）和高精度控制。压电式喷油器每个工作循环喷射次数可达5次（电磁阀式喷油器为3次），最小喷射间隔时间可达0.1ms，最小喷射量可控制在0.5mm^{3}以下。此外，压电式共轨系统压力从20～200MPa弹性调节，最高喷射压力达到180MPa。

新款奥迪V6轿车装用的3.0L TDI柴油机采用了BOSCH公司生产的压电式共轨系统（图5-68），该系统可降低柴油机废气排放20%，提高功率5%，降低油耗3%，降低噪声3dB。柴油机工作时，柴油由低压电动燃油泵输送给具有泵油量调节功能的高压油泵，分配单元将进入的燃油分成两路：一路供给泵油元件，另一路用于冷却传动机构和润滑轴承。高压油泵将燃油压缩至最高压力达160MPa，并将其输入共轨。安装在共轨上的燃油压力传感器用于燃油压力的闭环控制，而调压阀则用于调节共轨中的油压。

压电元件具有正向和反向压电效应，当压电元件受到外力作用而变形时，会在压电元件两端产生电压，如压电式进气歧管绝对压力传感器、爆燃传感器即是利用这一原理来产生信号的；反之，当在压电元件两端施加电压时，压电元件就会发生形变，给压电元件施加正向电压时其体积膨胀，给压电元件施加反向电压时则其体积收缩，压电式喷油器就是利用这一原理来使喷油器控制室油道通断或针阀升程改变，从而实现对喷油量和喷油正时的控制。此外，利用压电元件快速响应的能力，通过压电元件通、断电多次切换，即可实现多次喷射，以满足最佳喷油规律的要求。

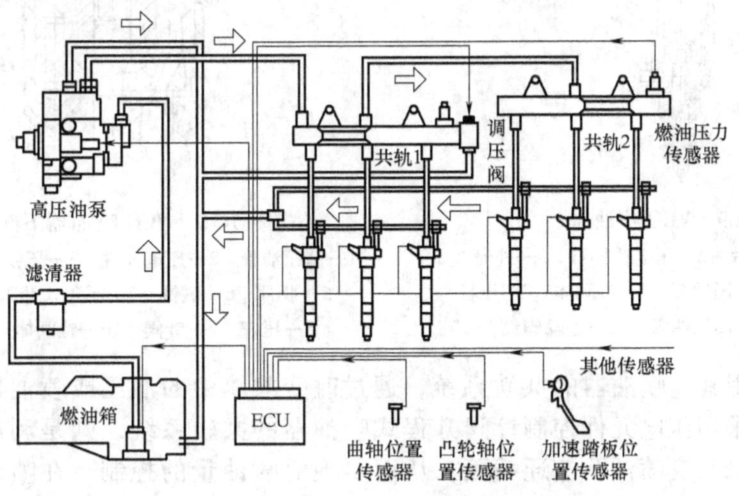

图5-68 BOSCH公司压电式共轨系统

① 用压电元件控制油道的喷油器。此类喷油器的结构原理与前述高压共轨系统采用电磁阀控制的喷油器基本相同，只是用压电元件取代了电磁阀。BOCSH公司生产的压电式共轨系统一般采用此类喷油器。

② 用压电元件控制针阀升程的喷油器。此类喷油器在直喷式的汽油机和柴油机上均已得到应用，其结构如图5-69所示。传统的柴油机喷油器，都是利用燃油压力作用在针阀中

部的承压锥面上，来使针阀开启实现喷油，而用压电元件控制针阀升程的喷油器，则是利用压电元件直接控制针阀升程来实现喷油。因此，用压电元件控制针阀升程的喷油器，针阀中部无承压锥面和相应的压力室，称为无压力室喷油器（VCO 喷油器）。VCO 喷油器无增压功能，只适用于高压柴油共轨系统。

VCO 喷油器下部结构如图 5-70 所示。由 ECU 控制给压电元件施加正向电压时，压电元件膨胀而使喷油器针阀关闭，喷油器不喷油；给压电元件施加反向电压时，压电元件收缩而使喷油器针阀开启，喷油器开始喷油。为保证喷油器不喷油时，压电元件能将针阀压紧，依靠给压电元件施加正向电压显然会导致电能损耗，所以在喷油器顶部设有差动螺纹，可通过差动螺纹来调整压电元件的刚度（即预压力），而石英测量垫片则用来精确测量差动螺纹的调整量。

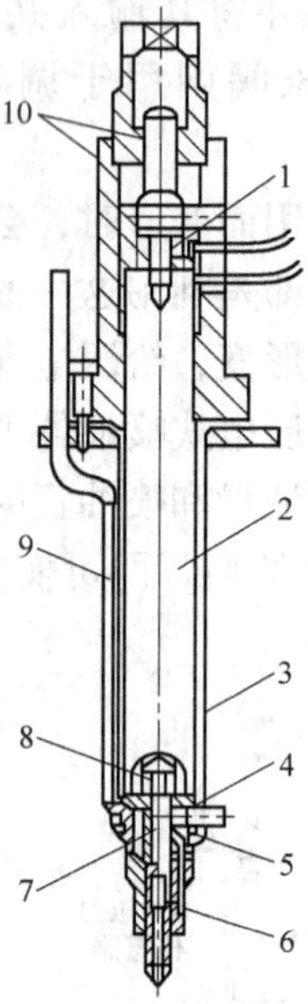

图 5-69　VCO 喷油器

1—石英测量垫片　2—压电执行器　3—外壳　4—密封垫　5—紧固螺套　6—针阀体　7—压杆　8—压帽　9—高压油管　10—差动螺纹

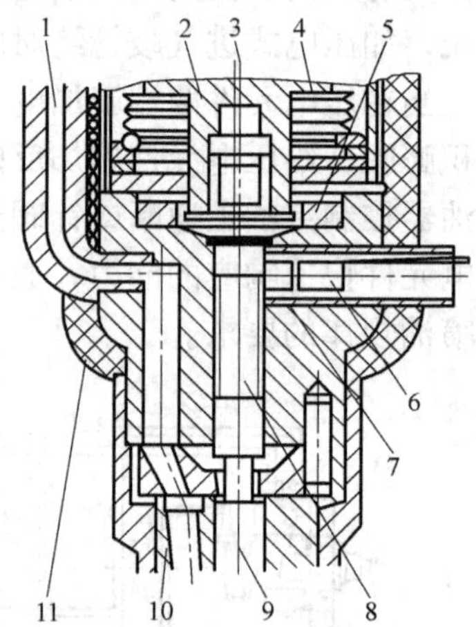

图 5-70　VCO 喷油器下部结构

1—高压油管　2—压电元件　3—压帽　4—碟形弹簧　5—膜片　6—磁铁　7—霍尔式针阀位置传感器　8—压杆　9—针阀　10—针阀体　11—外壳

此外，采用其他喷油器的共轨系统，通过改变共轨中的油压或喷油器喷油时间来控制喷油量，而采用压电元件控制针阀升程式喷油器的共轨系统，则是利用压电元件直接控制针阀升程来改变喷油孔流通截面，从而实现对喷油量的控制。在喷油压力和喷油时间一定的前提下，喷油器的喷油量与喷油器针阀的升程成正比，而喷油器针阀的升程与施加在压电元件两端的反向电压成正比，所以通过控制给压电元件施加的反向电压，即可控制喷油量。

综合测试

一、填空题

1. 喷油泵柱塞的全行程包括__________、__________、__________和__________，改

变喷油泵每循环的供油量是通过改变__________实现的。

2. 现代柴油机形成良好混合气的方法有__________、__________及__________。

3. 两速调速器的作用是限制__________转速，稳定__________转速。

二、选择题

1. 柱塞式喷油泵的速度特性表明，当供油拉杆位置不变时，喷油泵每循环供油量(　　)。

A. 转速越高，喷油量越多　　B. 转速越高，喷油量越少

C. 与转速无关

2. 下面哪个总成将柴油自油箱中吸出？(　　)

A. 喷油泵　　B. 输油泵　　C. 喷油器

3. 柴油机安装调速器是为了（　　）。

A. 维持柴油机转速稳定　　B. 维持供油量不变

C. 自动改变汽车车速

4. 柴油机的热效率比汽油机高，主要是因为（　　）。

A. 柴油机的压缩比大　　B. 柴油机的燃烧室大

C. 柴油机混合气形成时间短

三、问答题

1. 对燃油供给系统的要求有哪些？

2. 简述喷油器的工作原理？

3. 论述柱塞式喷油泵分泵泵油原理？

4. 简述VE型分配泵的工作原理？

5. 柴油机电控燃油喷射技术的结构形式有哪些？各有什么特点？

6. 简述电控共轨喷射系统的工作原理。

实 训 项 目

项目17：柴油机燃料供给系统认识

一、实训目的

(1) 了解柴油机燃料供给系统的组成。

(2) 能识别柴油机燃料供给系统中各总成、部件的名称和作用。

(3) 理解电控柴油机工作原理。

(4) 注重安全生产和环境保护。

二、设备及器材

(1) 柴油机台架、实车。

(2) 技术手册。

(3) 喷油泵、喷油器总成。

三、操作基本方法

学生分小组，在教师指导下完成工作任务单上的内容。

四、完成工作任务单

任务名称	柴油机燃料供给系统认识	学时		班级	
学生姓名		学号		成绩	
实训设备(型号)		实训场地		日期	

第一项内容：知识学习

1. 写出图中各部件的名称和作用。

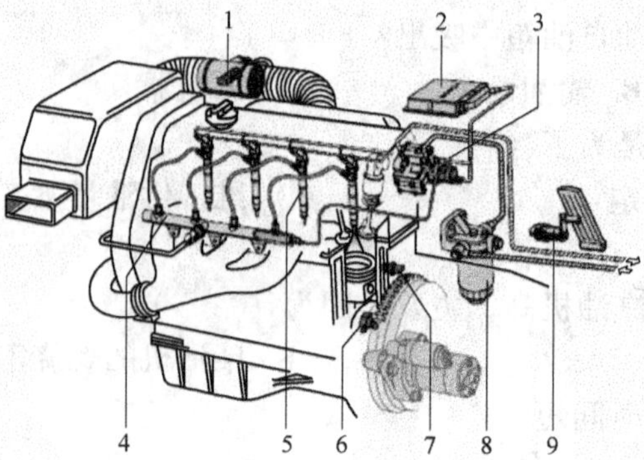

序号	名称	作用
1		
2		
3		
4		
5		
6		
7		
8		
9		

2. 根据下图描述柱塞式喷油泵的工作过程。

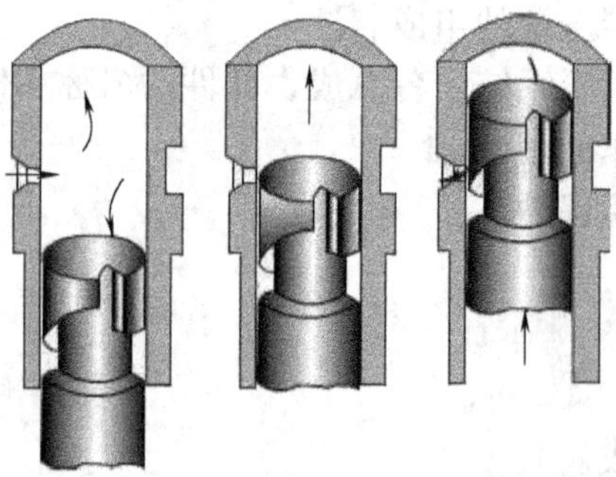

a) 进油　　b) 压油　　c) 回油

第二项内容：操作训练

用方框图画出实训用柴油机燃油供给系统油路。

第三项内容：分析与思考

柴油机与汽油机燃烧过程有何不同？为什么？

第 6 章

冷却系统

学习目标：

- 知道冷却系统的作用、组成和分类
- 掌握冷却系统的循环水路
- 掌握冷却系统主要部件的结构及检修方法
- 学会对冷却系统常见故障的诊断方法

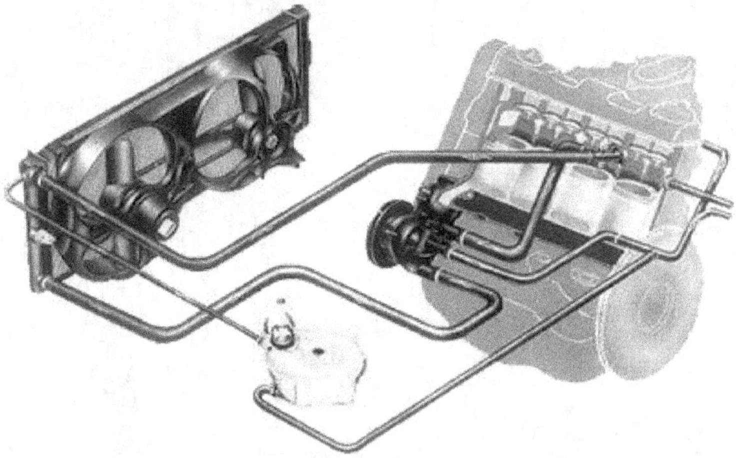

6.1 概述

在可燃混合气的燃烧过程中，气缸内气体温度可高达2000～2500℃，直接与高温气体接触的机件（如气缸体、气缸盖、气门等）若不及时加以冷却，则其中运动机件将可能因受热膨胀而破坏正常间隙，或因润滑油在高温下失效而卡死；各机件也可能因为高温而导致其机械强度降低甚至损坏。所以，为保证发动机正常工作，必须冷却这些在高温条件下工作的机件。

冷却系统的作用就是使工作中的发动机得到适度的冷却，以确保：

- 使活塞和气缸等发动机部件的热负荷保持在限值范围内，且不造成材料损坏。
- 润滑油不被炽热的发动机部件蒸发掉或烧毁，且不会因温度过高而丧失其润滑性能。
- 燃油不会因炽热的部件而自燃。

发动机的冷却必须适度，如果发动机冷却不足，由于气缸充气量减少和燃烧不正常，发动机功率下降，且发动机零件也会因润滑不良而加速磨损。但如果冷却过度，一方面由于热量散失过多，使转变为有用功的热量减少，而另一方面由于混合气与冷气缸壁接触，使其中原已汽化的燃油又凝结并流到曲轴箱，使磨损加剧。

在采用水冷却系统的发动机中，冷却液的工作温度一般为80～105℃。

为了保持工作能力，必须将大约30%的燃烧热量散发出去。这些热量大部分通过外部冷却、小部分通过内部冷却散发出去。

外部冷却时多余的热量散发到环境空气中，通过空气冷却或冷却液冷却实现。

内部冷却是燃油从液态转变成气态需要热量，这些热量取自气缸壁。

6.1.1 冷却系统的分类和组成

根据冷却介质的不同，汽车发动机的冷却方式有两种，即水冷却和风冷却。现代汽车发动机普遍采用水冷却。

1. 风冷却系统

将发动机中高温零件的热量，直接散发到大气，使发动机的温度降低而进行冷却的一系列装置称为风冷系统。采用风冷系统的发动机，为了增大散热面积，在气缸体和气缸盖上制有许多散热片，发动机利用车辆前进中的空气流，或特设的风扇鼓动空气，吹过散热片，将热量带走。部分汽车发动机采用风冷系统，特别是小排量发动机，但在现代汽车发动机上较少采用。

图6-1是发动机风冷系统示意图，气缸和气缸盖的表面均布了散热片，它与气缸体或气缸盖铸成一体。

现代风冷发动机气缸盖都用导热性良好的铝合金铸造，而且气缸盖和气缸体上部的散热片也比气缸体下部的长一些，这样可以加强冷却。安装导流罩，是为了更有效地利用空气流，加强冷却；安装分流板，是为了保证各缸冷却均匀。考虑到各气缸背风面冷却的需要，在有些发动机上还装有气缸导流罩。

风冷系统的优点：结构简单、使用和维修方便。

风冷系统的主要缺点：冷却不够可靠、功率消耗大、噪声大和对气温变化不敏感。

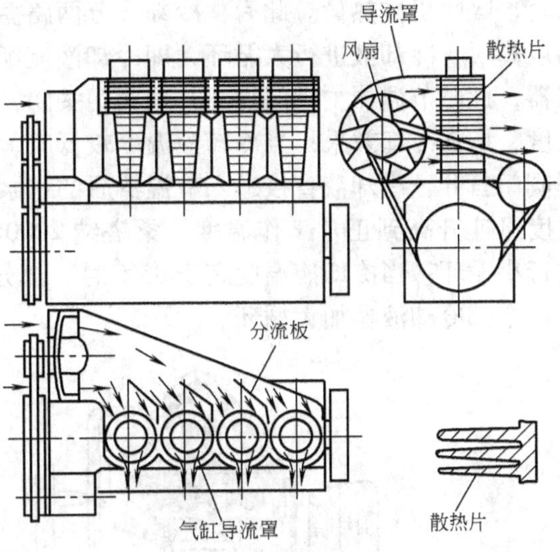

图6-1 风冷系统示意图

2. 水冷却系统

将发动机中高温零件的热量先传给水，再散发到大气中去，使发动机的温度降低而进行冷却的一系列装置，称为水冷系。目前汽车发动机上广泛采用的是水冷系统。

水冷系统一般由散热器、水泵、水管、水套、节温器、散热器、百叶窗、膨胀罐、冷却液温度表和风扇等组成，发动机水冷却系统如图6-2所示。

水冷系统一般都由水泵强制给水（或冷却液）在冷却系中进行循环流动，故称为强制循环式水冷系。水冷发动机的气缸盖和气缸体中都铸造出储水的、连通的夹层空间，称为水套，其作用是让水接近受热的高温零件，并可在其中循环流动。水泵将冷却水由机外吸入并加压，使之经分水管流入发动机缸体水套。这样，冷却液从气缸壁吸收热量，温度升高；流到气缸盖水套，再次受热升温后，沿水管进入散热器内。经风扇的强力抽吸，空气流由前向后高速通过散热器，最终使受热后的冷却液在流经散热器的过程中，其热量不断地通过散热器，散发到大气中去。同时，使水本身得到冷却。冷却了的水流到散热器的底部后，又在水泵的加压下，经水管再压入水套，如此不断地循环，从而使得发动机在高温条件下工作的零件不断地得到冷却，保证了发动机的正常工作。

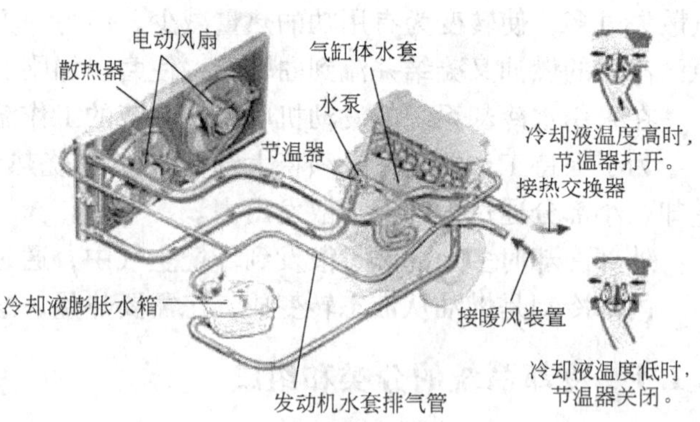

图 6-2　发动机水冷却系统组成

6.1.2　冷却系统循环水路

为了保证发动机在不同负荷、转速和气候条件下保持正常的工作温度，冷却液的循环路线是不同的，如图 6-3 所示。冷却液轴向进入水泵后，经水泵叶轮径向直接流进发动机机体水套，吸收机体热量。此后，冷却液分两路循环，一路为大循环，一路为小循环。当冷却液温度高时，冷却液进行大循环，即冷却液流经散热器冷却后，进入装在机体水泵进口处的节温器，此时节温器主阀门打开，副阀门关闭，冷却液流向水泵进水口，以求迅速降低冷却液温度，增强冷却效果；当冷却液温度较低时，冷却液进行小循环，此时节温器主阀门关闭，副阀门打开，冷却液直接进入节温器后的水泵进水口，不经散热器冷却，以使发动机冷却液温度迅速升高到正常工作温度。桑塔纳 2000GSi 轿车 AJR 发动机冷却液温度低于 85℃时，进行小循环；当冷却液温度高于 85℃时，部分冷却液进行大循环；当冷却液温度达到 105℃时，全部冷却液参加大循环。

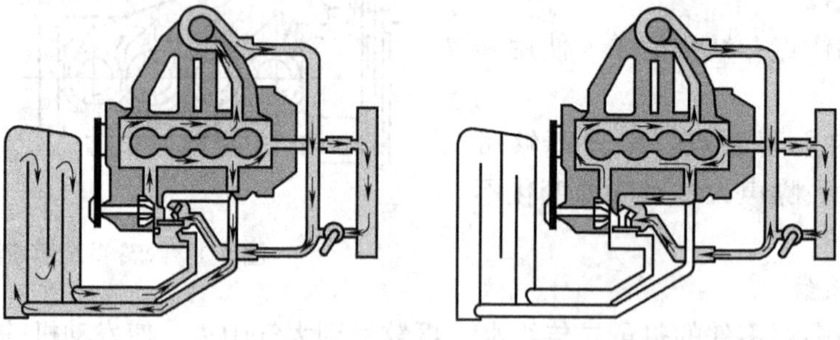

a) 大循环　　　　b) 小循环

图 6-3　发动机冷却系统循环水路

除了节温器可通过改变流经散热器中冷却液的流量来调节冷却强度以外，冷却强度还可通过改变流经散热器的空气流量得到调节，如电动风扇、百叶窗以及自动风扇离合器等。

冷却液都是从缸体进入、从缸盖流出，传统方式是把节温器安装在温度较高的缸盖出水管中，如图6-4a所示。特点是：添加冷却液时气泡易排出释放，但是节温器在热起过程中，特别是刚开启时，因温度和压力骤然变化，会产生较长时间的开闭振荡，直至全开稳定状态，这样影响了节温器的寿命，也加剧水泵负载变化。

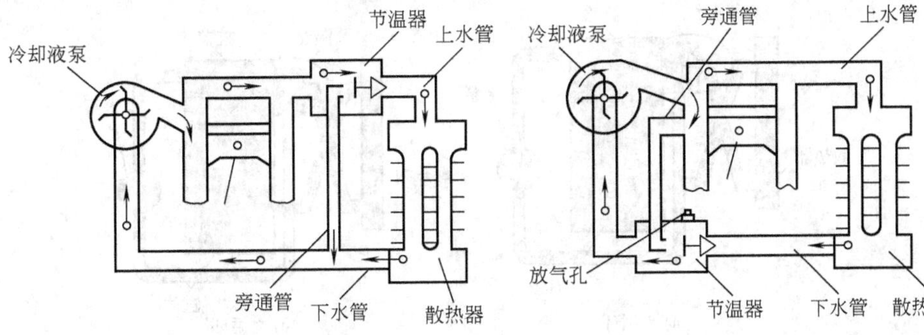

a) 出口冷却液温度控制方式　　b) 进口冷却液温度控制方式

图6-4　节温器的控制方式

本田车系和德国车系率先革新，将节温器布置在缸体进水管中，如图6-4b所示。特点是：大幅度降低节温器开闭振荡现象，缩短了发动机的热起时间，降低油耗，但在添加冷却液时不易排出气泡，因此多种车型设有排气孔，应及时拧开排气。

图6-5为本田—里程V6 3.2L发动机冷却系。冷却液温度为（78±2）℃时，主阀渐开，

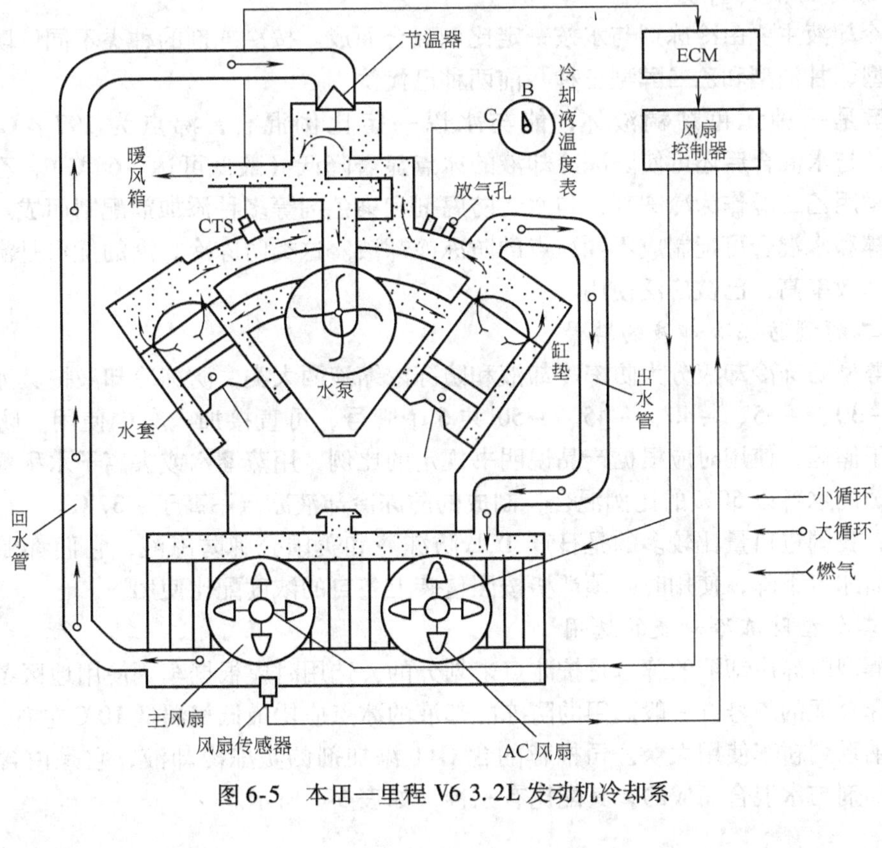

图6-5　本田—里程V6 3.2L发动机冷却系

副阀渐闭，冷却液温度为90℃，主阀全开。

本田飞度冷却系统采用双模冷却系统如图6-6所示，发动机暖机的时间比传统模式还要短。区别在于：进行小循环时，传统模式循环水路为缸盖→水泵→缸体→缸盖，双模冷却系统循环水路为缸盖→水泵→缸盖。

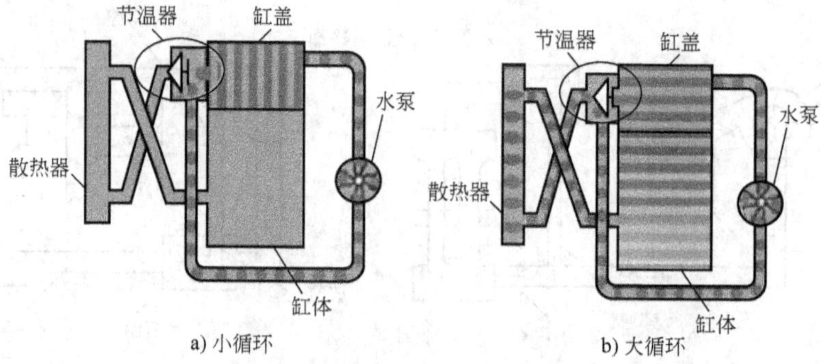

图6-6　本田飞度发动机冷却系水循环示意图

6.1.3　冷却液

冷却液是发动机冷却系统中最重要的工作介质，汽车常用的冷却液有水及加有防冻剂的防冻冷却液。防冻冷却液中含有特殊添加剂，能起到冷却、防冻、防锈和防积水垢等作用，被现代轿车发动机普遍采用。

1. 防冻冷却液的种类

防冻冷却液主要由冷冻剂与水按一定比例混合而成。按冷冻剂的种类不同，防冻冷却液分为乙醇型、甘油型和乙二醇型三种，前两种已淘汰。

乙二醇是一种无色粘稠液体，能与水以一定比例混合，沸点为197.4℃，冰点为-11.5℃，与水混合后还可使防冻冷却液的冰点显著降低（最低可达-68℃）。乙二醇型防冻冷却液是用乙二醇作为冷冻剂，与水、防腐剂和染色剂等多种添加剂配制而成。用不同比例的乙二醇和水混合可配制成不同冰点的防冻冷却液。这类防冻冷却液的优点是沸点高、冰点低、冷却效率高，已被广泛使用。

2. 乙二醇型防冻冷却液的牌号

乙二醇型防冻冷却液分为防冻冷却液和防冻浓缩液两大类。防冻冷却液按其冰点不同分为-25、-30、-35、-40、-45、-50共6个牌号，可直接加入车中使用。防冻浓缩液是为了便于储运，使用时应根据产品说明书规定的比例，用蒸馏水或去离子水稀释，如防冻浓缩液与蒸馏水各以50%的比例混合，制成的防冻冷却液冰点不高于-37℃。

目前，我国进口量比较多的是日产TCL防冻液和美国壳牌防冻液，它们都随冷却液浓度的增加而冰点下降，使用时必须严格按照包装上各自的浓度配比使用。

3. 乙二醇型防冻冷却液的选用

乙二醇型防冻冷却液的牌号是按冰点来划分的，选用时应根据车辆使用地区冬季的最低气温来选择合适的牌号。一般选用的防冻冷却液的冰点应比最低气温低10℃左右。

桑塔纳系列轿车使用大众公司推荐的含G11添加剂的防冻冷却液，它是由含防腐剂的乙二醇添加剂与水混合而成的，其配比有三种，如表6-1所示。

表6-1 桑塔纳系列轿车防冻冷却液配比

配比/%	G11添加剂/L	水/L	冰点/℃
40	2.4	3.6	-20
50	3.0	3.0	-30
60	3.6	2.4	-40

6.2 水冷却系统主要部件的构造与维修

水冷却系统除包含有供冷却液循环流动和散热的水泵、散热器、水管和机体水套以外，还必须要有能根据发动机负荷大小进行冷却强度调节的装置，如节温器、风扇等。

6.2.1 水泵

水泵的作用是对冷却液加压，强制冷却液在冷却系中循环流动。常见的水泵安装在发动机前端，由发动机曲轴通过V带驱动，现代汽车发动机均采用离心式水泵，这种水泵结构简单、体积小、出水量大、维修方便，获得广泛应用。

1. 水泵的构造

离心式水泵由壳体、叶轮、水泵轴、轴承及水封等组成，汽车水泵的结构如图6-7所示。

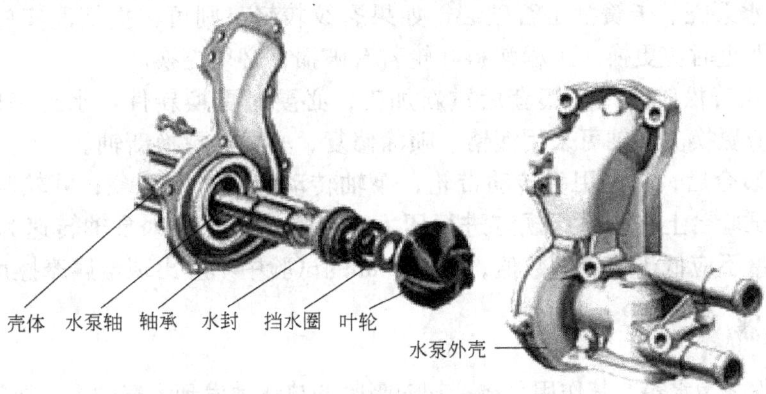

图6-7 水泵的结构

水泵外壳一般用螺栓固定在发动机前端，水泵轴由两个球轴承支承在水泵外壳上。水泵轴的一端铣削成平面与水泵叶轮承孔相配合，并通过螺钉固紧，以防叶轮轴向窜动；水泵轴的另一端用半圆键与凸缘盘连接，并用槽形螺母锁紧。凸缘盘用来安装带轮。

桑塔纳2000GSi轿车AJR型发动机水泵与此有差别，一半壳体铸在缸体壁上，采用闭式叶轮。水泵叶轮用工程塑料压注成形，它装在双联轴承的一端，另一端泵轴轴头安装带轮，发动机通过V带传动水泵叶轮旋转。

叶轮的前端为水封装置，它包括：带有两凸缘的夹布胶木密封垫圈卡于水泵外壳的两槽内，以防止转动。弹簧通过水封环将水封皮碗的一端压在水封座圈上，而另一端压向夹布胶木密封垫圈上；为了防止水泵内腔的水沿水泵轴向前渗漏，夹布胶木密封垫圈又压在水泵叶轮毂的端面上。当有少量的水滴由水封处渗出时，为避免破坏轴承的润滑，渗漏的水滴可从泄水孔泄出。

2. 水泵的工作原理

离心式水泵的工作原理如图6-8所示。当发动机工作时带动水泵叶轮旋转，水泵中的水

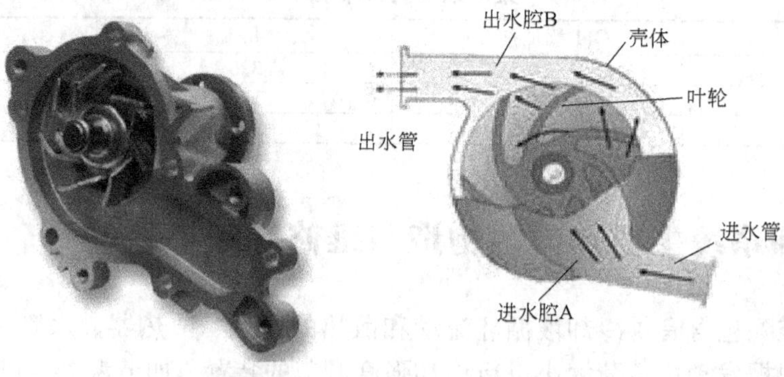

图 6-8　离心式水泵工作原理

被叶轮带动一起旋转，在离心力的作用下向叶轮边缘甩出，经与叶轮成切线方向的出水管压送到发动机水套内。与此同时，叶轮中心处形成一定负压而将水从进水管吸入，如此连续地作用，使冷却液在水路中不断地循环。

3. 水泵的检修

发动机水泵常见的损坏形式为：水泵壳体、卡簧槽及叶轮破裂；带轮凸缘配合孔松动；水封变形、老化及损坏；泵轴磨损、轴承磨损松旷等。

（1）检查水泵壳、卡簧槽是否破裂，如果裂纹较轻，则可根据情况实施焊补或用环氧树脂胶粘接。严重时应更换。工程塑料叶轮若有破损，必须更换。

（2）凸缘孔若松旷，则应镶套后重新加工，必要时更换新件。水封一般应更换新件。轴承磨损超差应更换。泵轴可采用镀铬、喷涂修复，必要时更换新轴。

（3）水泵装合后，首先用手转动带轮，泵轴转动应无卡滞现象；叶轮与泵壳应无碰擦感觉。然后在试验台上，按原厂规定进行压力—流量试验。当水泵轴转速为 1000r/min 时，每分钟的排水量不应低于规定的数值，在 10min 的试验中不应出现金属摩擦声和漏水现象。

6.2.2　散热器

散热器也称之为水箱，其作用是将冷却液吸收的热量散发到大气中去。散热器必须有足够的散热面积，通常使用导热性能、结构刚度和防冻性能较好的铜、铝和铝锰合金等材料制造。

1. 散热器的构造

散热器主要由上、下水室、散热器芯、散热器盖等组成，如图 6-9 所示。散热器上水室为薄钢板制成的容器，用橡胶管同发动机出水管相连接，并设有加水口盖。下水室也是用薄钢板制成的容器，用橡胶软管同发动机进水管或水泵相连接，并装有放水开关。

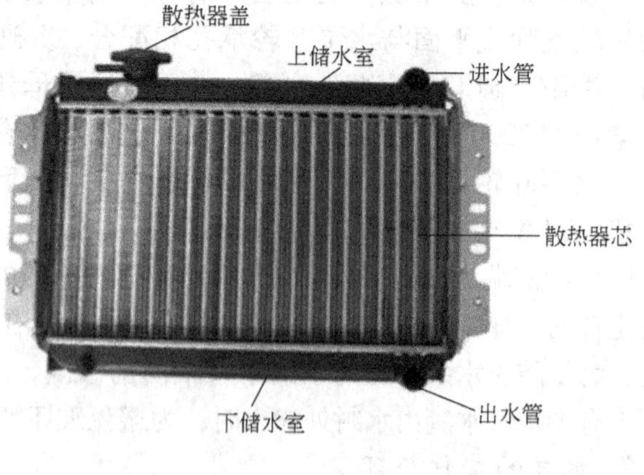

图 6-9　散热器结构示意图

（1）散热器芯　散热器芯常见的结构有两种：管片式和管带式，如图 6-10 所示。管片式散热器芯由许多冷却管和散热片组成，冷却管是冷却液的通道，多采用扁圆形断面，以增大散热面积，同时当管内冷却液冻结膨胀时，扁管可借助于其横断面变形而免于破裂。为了增强散热效果，在冷却管外面横向套装了很多散热片来增加散热面积，同时增加了整个散热器的刚度和强度。

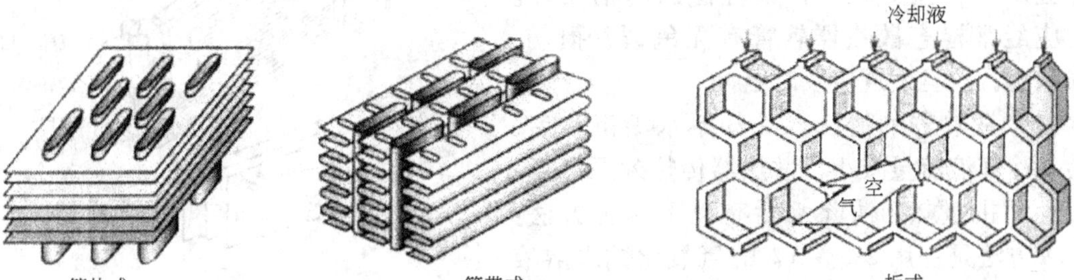

图 6-10 散热器芯

管带式散热器芯采用冷却管与散热带相间排列的方式，散热带呈波纹状，其上开有形似百叶窗的缝隙，用来破坏空气流在散热带上的附面层，从而提高散热能力。这种散热器芯与管片式相比，散热能力强，制造工艺简单，质量小，成本低，在轿车上得到广泛应用，但刚度不如管片式好。

（2）散热器盖 散热器盖对冷却系统起密封加压作用。现代汽车发动机采用封闭式水冷却系，其散热器盖上装有自动阀门，当发动机处于正常热态时，阀门关闭，将冷却系与大气隔开，防止水蒸气逸出，使冷却系统内压力稍高于大气压力，从而增高冷却液的沸点，保证发动机在较长时间及较高负荷下工作。在冷却系压力过高或过低时，自动阀门开启，使冷却系与大气相通。

散热器盖的结构如图 6-11 所示。盖内装有蒸气阀和空气阀，当冷却液温度升高，散热器内部压力大于规定值时，蒸气阀开启，使冷却液蒸气从蒸气排出管排出，以防压坏散热器芯管，如图 6-11a 所示。当冷却液温度降低，体积收缩后压力降到低于大气压某定值时，空气阀开启，空气进入冷却系，避免压力差将散热器芯管压瘪，如图 6-11b 所示。

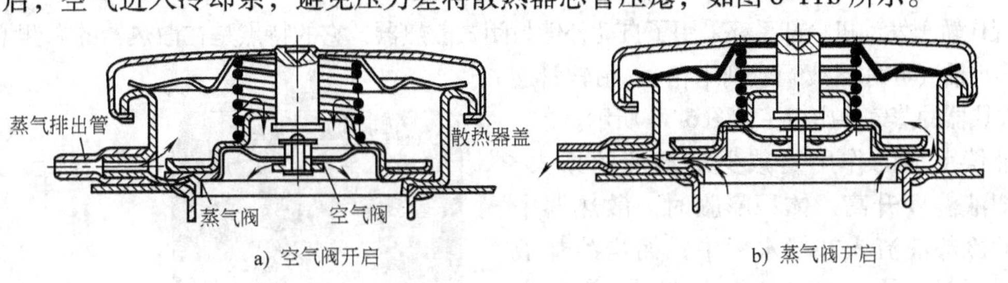

图 6-11 散热器盖

桑塔纳 2000GSi 型轿车 AJR 发动机散热器结构如图 6-12 所示，它主要由右水室、热敏开关、散热器芯、左水室、散热器盖及膨胀罐等组成。蒸气导出口与膨胀罐连接，冷却液的进出口分别设在右水室的上下侧，与发动机出水口及水泵主进水口连接。该散热器为全铝装配式，即散热片和水管为铝质，采用圆形冷却管，机械装配式连接。

桑塔纳 2000GSi 轿车 AJR 发动机的散热器盖内蒸气阀的开启压力为 0.12MPa，此时冷却液沸点可达 135℃，散热能力很强。

2. 散热器的检修

由于使用了防冻剂，能防冻、防锈、防结垢。但散热器是个薄弱环节，易损伤，发生渗漏，应及时检查修正。特别应注意清洁工作。同时应经常检查散热器软管有无龟裂、损伤、膨胀状况，一旦发现应及时更换。

(1) 散热器的清洗　冷却系水垢沉积后，将会使冷却液流量减小，散热器传热效果降低，促使发动机过热。清除水垢有以下两种方法：第一种方法是：用2%～3%的氢氧化钠水溶液加入发动机冷却系统中，汽车使用1～2天后将冷却液全部放出，并用清水冲洗。然后再加入同样的氢氧化钠水溶液，再使用1～2天后放出，最后用清水彻底清洗冷却系统。第二种方法是：冷却系加满清水后，从加水口向内加入1kg的苏打，让汽车行驶1天时间。然后将冷却系统中的水放尽，再使发动机低速运转，运转时不断地从加水口加入清水（放水开关也放水），彻底将冷却系冲洗干净。

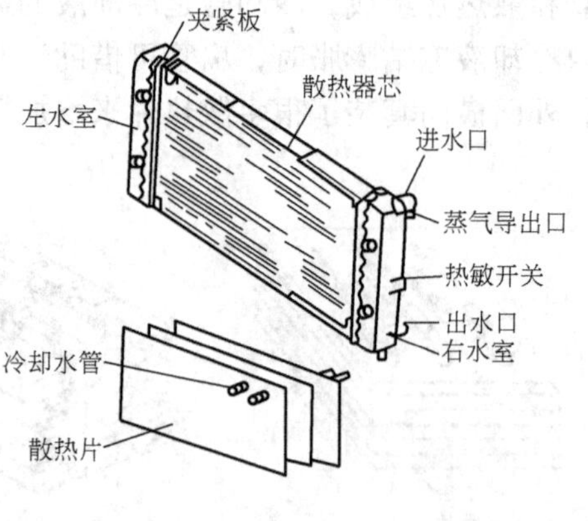

图6-12　桑塔纳2000GSi型轿车AJR发动机散热器

(2) 散热器的检查　将压力检测器装在散热器上，桑塔纳轿车发动机可使用VW1274专用仪器进行检查。用检查仪的手动泵使内部压力达100kPa，然后观察压力变化。如果出现明显下降，说明冷却系存在渗漏部位，应予以排除。如堵死散热器的进出口，在散热器内充入50～100kPa的压缩空气，并将其浸泡在水中，检查有无气泡冒出。如有气泡，应做好记号，以便焊修。再用手动泵使压力上升，在120～150kPa时膨胀罐上的压力阀必须打开。

(3) 散热器盖的检查　对于具有空气—蒸气阀的散热器盖用专用压力检测器检查，散热器盖的压力阀、蒸气阀开启压力应在规定范围内。

6.2.3　补偿水桶

现代轿车发动机冷却系都采用了自动补偿封闭式散热器，它的特点是在散热器的右侧增设了一个补偿水桶（亦称储液罐或副水箱），用软管连接到散热器的蒸气导出口，如图6-13所示。

补偿水桶的作用是减少冷却液的损失，当冷却液温度升高，体积膨胀时，散热器中多余的冷却液流入补偿水桶中；而当冷却液温度降低时，体积收缩，散热器内产生一定真空，补偿水桶中的冷却液又被吸回散热器中。这样散热器可以经常保持在满水状态，以提高冷却效果。同时散热器上水箱也可以做得小些，冷却液损失很少，驾驶人也不必经常检查冷却液量。补偿水桶上印有两条液面高度标记线：“DI”（低）与“GAO”（高），或者“FULL”（充满）与“ADD”（添加）。冷却液温度在50℃以下时，液面高度不应低于“DI”（ADD）线，否则需补充冷却液，补充时冷却液可从补偿水桶口加入，高度不超过“GAO”（FULL）线。

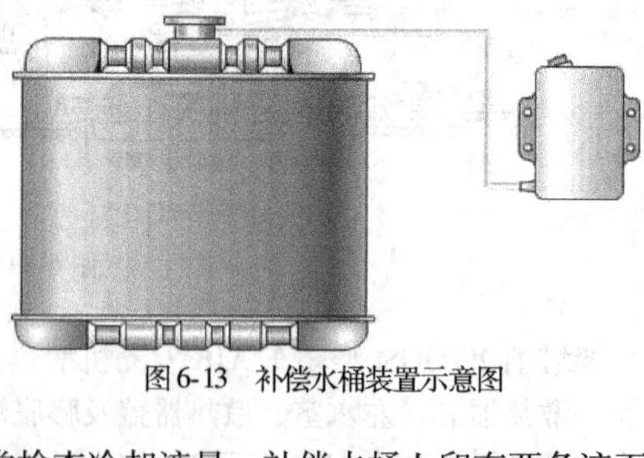
图6-13　补偿水桶装置示意图

6.2.4　节温器

节温器安装在冷却液循环的通路中，根据发动机负荷大小及冷却液温度高低来改变冷却液的流动路线及流量，自动调节冷却系的冷却强度，使冷却液温度保持在最适宜的范围内。

1. 节温器的构造

节温器有蜡式和乙醚折叠式两种，目前汽车发动机上广泛采用的是蜡式节温器，因为它具有对水压影响不敏感、工作性能稳定、水流阻力小、结构坚固和使用寿命长等优点。

桑塔纳 2000GSi 轿车 AJR 发动机采用的是蜡式双阀型节温器，如图 6-14 所示。长方形的阀座与下支架铆接在一起，紧固在阀座上的中心杆的锥形下端插在橡胶管内。橡胶管与感温器体之间的空腔内充满特制的石蜡。常温下石蜡呈固态，当温度升高时，逐渐熔化，体积也随之增大，感温器体上部套装在主阀门上，下端则与副阀门铆接在一起。节温器安装在水泵下端，进水口的前部，用来控制水泵的进水。

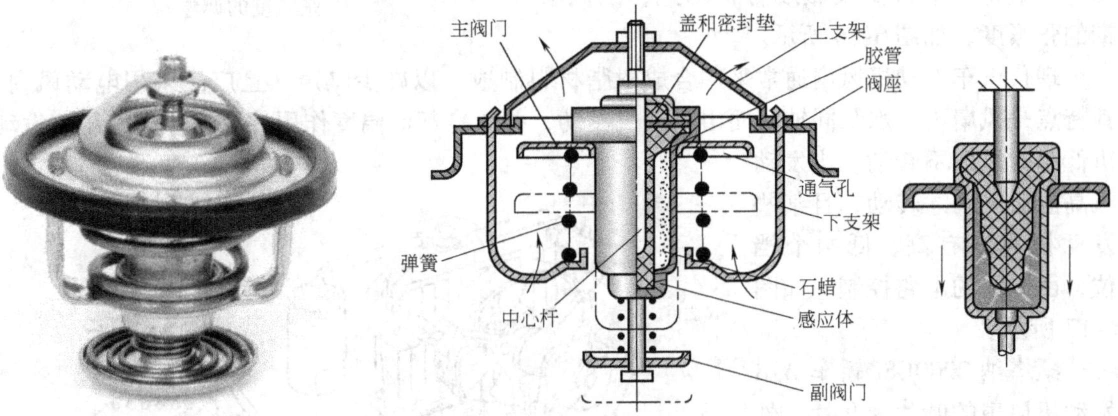

图 6-14　蜡式双阀型节温器

2. 节温器的工作原理

当冷却液温度低于 85℃时，节温器体内的石蜡体积膨胀量尚小，故主阀门受大弹簧作用紧压在阀座上，来自散热器的水道被关闭，而副阀门则离开来自发动机的旁通水道，所以冷却液便不经过散热器，只在水泵与发动机水套之间作小循环流动。这样，冷发动机开始工作时，冷却液快速升温，能很快暖机，在短时间内达到发动机正常工作温度。当冷却水温度高于 85℃时，石蜡体积膨胀，使橡胶管受挤压变形，但由于中心杆是固定不动的，于是橡胶管收缩则对中心杆锥形端部产生一轴向推力，迫使感温器体压缩大弹簧，使主阀门逐渐开启，副阀门逐渐关闭，因而部分来自散热器的冷却液作大循环流动。随着温度升高，主阀门开大，作大循环冷却液量增多。当冷却液温度达到 105℃时，主阀全开，开足升程至少 7mm，副阀门则完全关闭，全部冷却液流经散热器作大循环流动。

3. 节温器的检查

检查节温器功能是否正常，可将其置于热水中加热，观察节温器阀门开启温度和升程，如图 6-15 所示，将测量结果与标准值比较，如果不符合要求，应进行更换。

图 6-15　节温器的检查

6.2.5 冷却风扇

风扇安装在散热器后面，风扇旋转时，会产生轴向吸力，增加流过散热器的空气量，加速对流经散热器的冷却液的冷却，同时使发动机外壳及附件得到适当冷却。

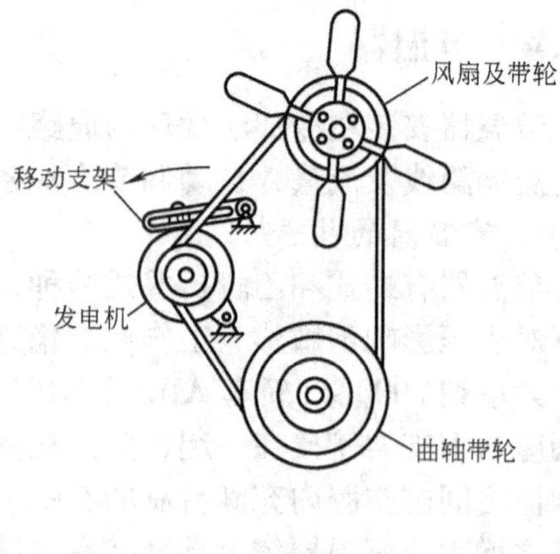

图 6-16 风扇的驱动及 V 带张紧度的调整

1. 冷却风扇的构造

对于风扇来说，要求风量大，效率高，振动与噪声小，消耗发动机的功率少。

传统风扇一般采用钢板冲压而制成，和水泵同轴，与发电机一起同时由曲轴带轮通过 V 带驱动。一般将发电机支架做成可移动式，以调节 V 带的张紧度，如图 6-16 所示。

现代汽车发动机风扇通常采用合成树脂材料制成，以减少噪声，且广泛采用电动风扇，其特点是风扇不与水泵同轴，而由电动机驱动，并受冷却液温度作用的温度开关控制。发动机低温时风扇不转动，当发动机高温后风扇才转动，且某些发动机风扇有高、低两个档位，由专门的电路控制，如图 6-17 所示。

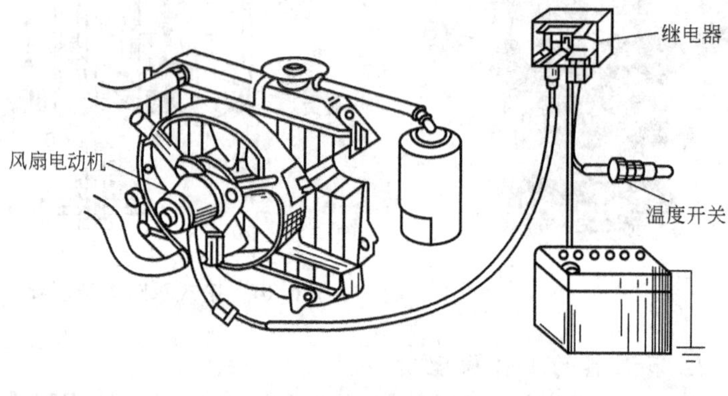

图 6-17 电动风扇的结构

桑塔纳 2000GSi 轿车 AJR 发动机风扇的叶片为 9 片，外缘设计成一个圆环，将这 9 片叶片连在一起，两个冷却风扇分别由两个调速电动机带动，提高了风扇系统工作的可靠性。当冷却液温度为 84 ~ 91℃时，风扇停转；当冷却液温度为 92 ~97℃时风扇以 2300r/min 的低转速运转；当冷却液温度为 99 ~105℃时，风扇以 2800r/min 的高转速运转；当冷却液温度为 93 ~98℃时，风扇改为低转速运转。

2. 风扇的检修

(1) 风扇叶片的检查　风扇叶片出现变形、弯曲及破损后，应及时更换。由于风扇连接板强度不足或其他原因，使风扇叶片向前弯曲或扭转变形，破坏了风扇叶片原设计的角度，使其丧失平衡性能，不但会影响通过散热器的空气流速和流量，降低了散热器的冷却能力，甚至会打坏散热器，加速水泵轴承、水封的损坏，还会大幅度增大风扇的噪声。

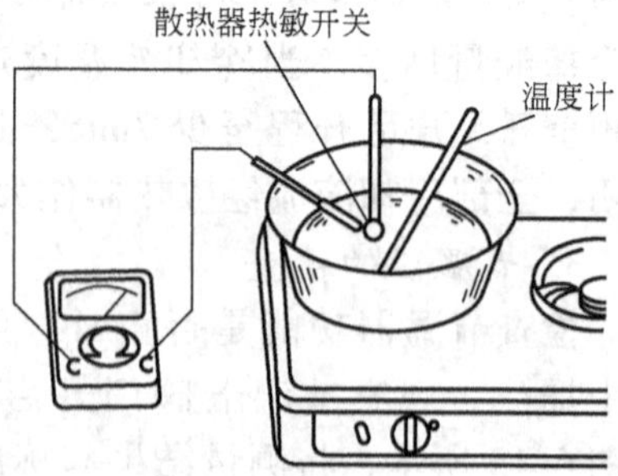

图 6-18 热敏开关的检查

(2) 电动风扇热敏开关的检修　发动机热态时，

即使发动机已熄火，风扇仍可能转动。如果冷却液温度很高但风扇不转，应检查熔断器。若熔断器完好，则应停机检查温控开关和风扇电动机，必要时更换有关部件。

桑塔纳系列轿车发动机冷却系热敏开关的检查如图6-18所示。把热敏开关拆下并放入水中加热，用万用表的电阻档测量热敏开关的电阻。当冷却液温度达到93～98℃时，万用表应指示热敏开关导通；当冷却液温度降至84～91℃时，万用表应指示热敏开关断开，否则热敏开关损坏，应予以更换。

6.3 电控冷却系统

在传统冷却系统中，节温器能改变循环水的流动路线，起着调节冷却强度的作用。但节温器的工作性能只受冷却液温度控制，对发动机负荷变化不敏感。发动机的性能与适当的冷却密切相关。若在部分负荷时冷却液温度较高一些，则能降低燃油消耗及有害物质的排放；若在全负荷时冷却液温度较低一些，则进气加热作用较小，能提高发动机性能并增加动力输出。若能依据发动机负荷使发动机在各工况下有一个适宜的温度，则能较大地改善发动机的性能与降低有害物质的排放。于是，电控冷却系统应运而生。

6.3.1 电控冷却系统的组成

电控冷却系统由机械部分和电子控制部分组成。

1. 机械部分的组成

机械部分的组成如图6-19所示。基本部件包括水套、散热器、风扇、水泵、补偿水箱，与传统冷却系统不同的是有一个冷却液分配单元，与节温器合成一起，由发动机ECU控制。

（1）冷却液分配单元　冷却液分配单元的作用是：

1）连接系统各用水部件。

2）是电控节温器安装的基础件。

它安装在发动机的后侧，其结构如图6-20所示。

（2）节温器　节温器的作用是：

1）依据控制单元的指令改变冷却液的循环路线。

2）控制散热器中冷却液的流量。

3）调节冷却强度。

它安装在冷却液分配单元体的散热器回水管内，如图6-21所示。

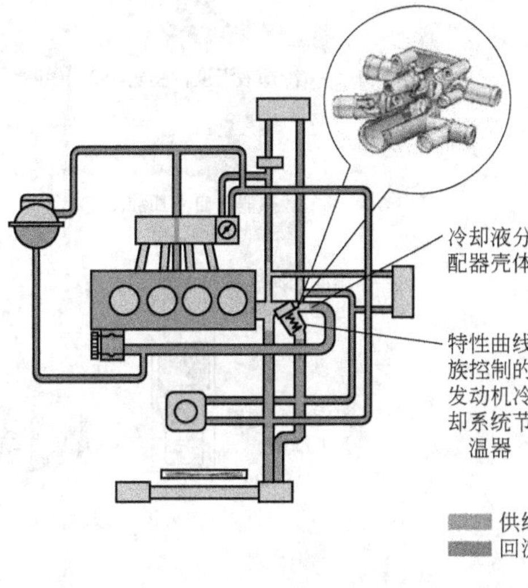

图6-19　电子控制冷却循环回路示意图（另见书后彩插）

由特性曲线控制的节温器在原理上相当于无控制的节温器。蜡由于冷却液的温度而熔化形成液态并且膨胀。蜡的膨胀推动反推杆。此外还在膨胀材料元件中埋入了一个加热电阻。当发动机控制单元对该电阻输送电能时，蜡元件会额外升温。它不仅会通过冷却液温度，还会通过相应的特性曲线对该反推杆进行调节。

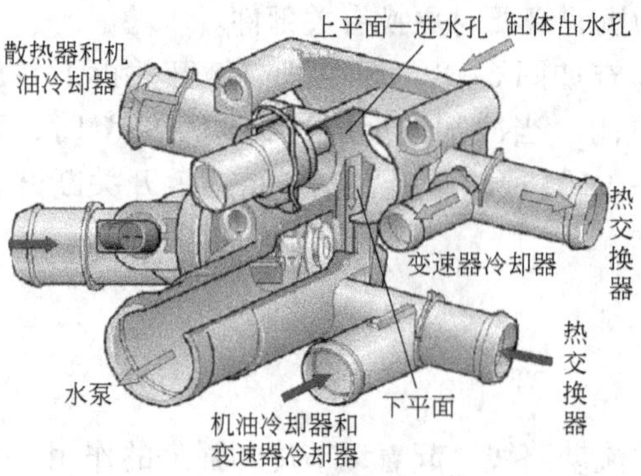

图 6-20　冷却液分配单元

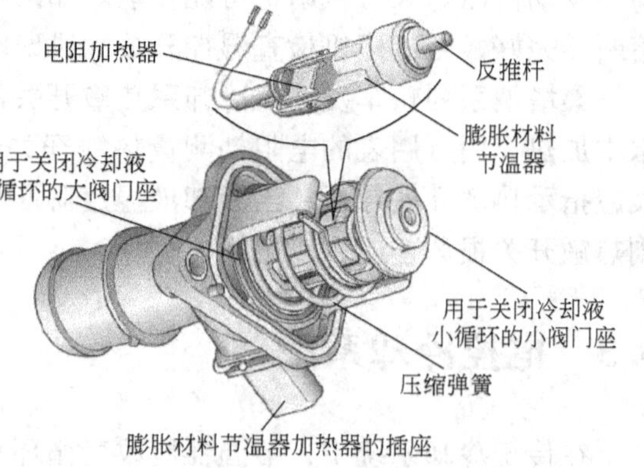

图 6-21　节温器

2. 电子控制部分的组成

电子控制部分主要由信号输入装置（传感器）、ECU、信号输出装置（执行器）组成，如图 6-22 所示。

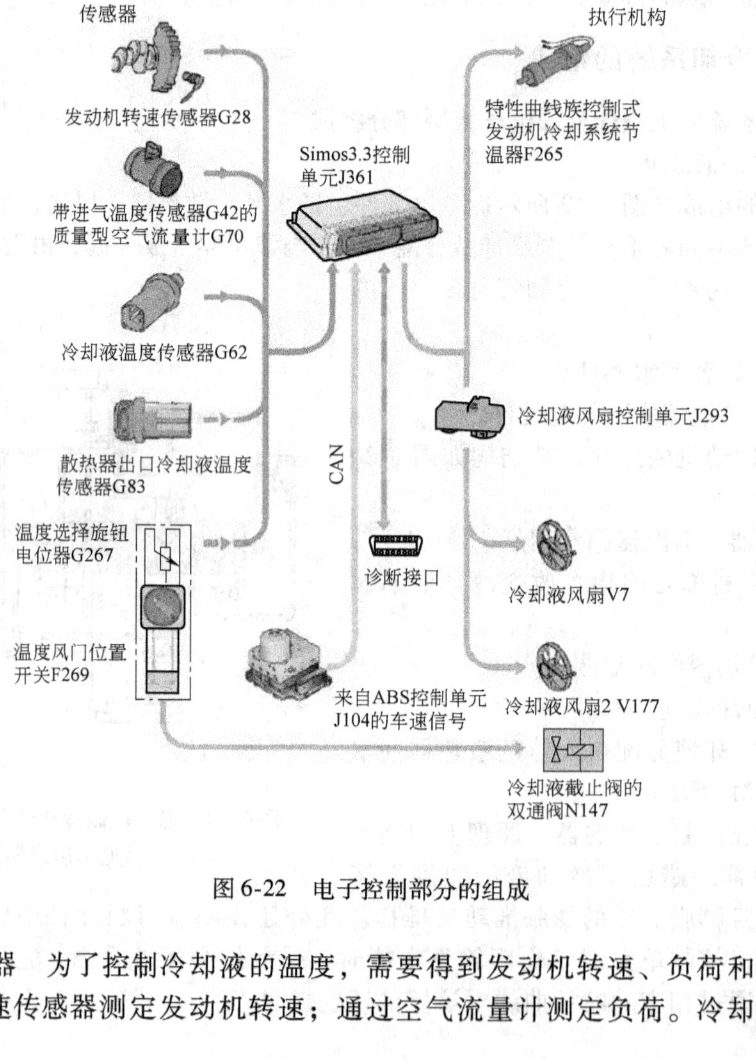

图 6-22　电子控制部分的组成

（1）传感器　为了控制冷却液的温度，需要得到发动机转速、负荷和冷却液温度的信息。通过转速传感器测定发动机转速；通过空气流量计测定负荷。冷却液的实际温度是在冷却循环回路中的两个不同测量位置测得的。一是直接在发动机冷却液出口处冷却液分配器中测取的冷却液实际温度值1；二是在散热器冷却液出口内测取的散热器冷却液实际温度值2。

（2）控制单元（ECU）　发动机控制单元中存储了电子控制冷却系统的特性曲线。通过对存储在特性曲线中的额定温度与冷却液实际温度值1进行比较，得出供给节温器加热电阻的电能输出值。通过对冷却液实际温度值1和2进行对比，用于电子风扇的控制。

（3）执行机构　从各种计算的结果中得出对系统的控制：

① 对节温器加热电阻进行加热，以便打开散热器大循环回路，以此对冷却液温度进行调节。

② 起动散热器风扇，以辅助冷却液温度的迅速下降。

6.3.2　电控冷却系统的工作原理

发动机控制单元（ECU）在程序中已编有电控冷却系统的特性图，与传统的发动机控制单元相比功能增加了。它接受各传感器的信号，经过分析、处理并驱动执行器工作，从而达到节省燃油，降低排放的目的。

1. 发动机冷起动、暖机和小负荷时

与传统冷却系统一样，为使发动机尽快达到正常工作温度，系统为小循环。此时未按发动机冷却系统图进行工作。小循环回路如图6-23所示。

在进行小循环时，节温器作出下述调节：

1）关闭大阀门座，即关闭了散热器的回流管路。

2）打开小阀门座。冷却液经过冷却液分配单元流向水泵。

此时，由特性曲线控制的发动机冷却系统尚未开始工作。

在暖机后的小负荷时，冷却液温度为95～110℃。由于温度较高，降低了燃油消耗和有害物质的排放。

2. 发动机全负荷时

当发动机全负荷运转时，要求有较高的冷却能力。控制单元根据传感器信号得出的计算

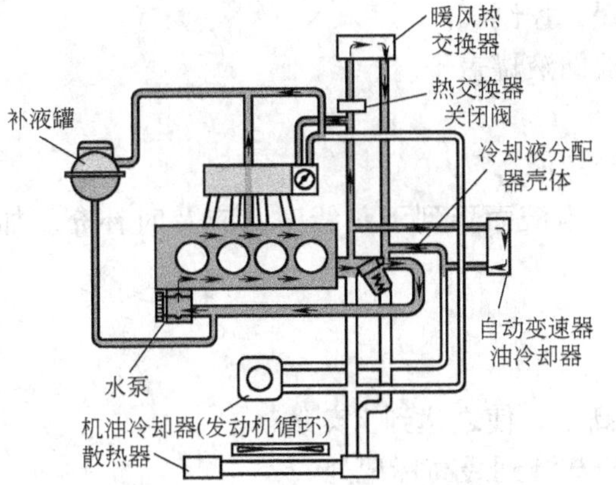

图6-23　小循环回路（另见书后彩插）

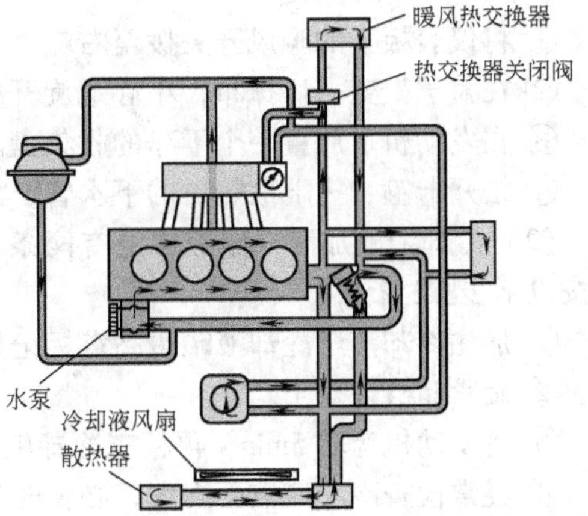

图6-24　大循环回路（另见书后彩插）

值对温度调节单元加载电压，溶解石蜡体，使大循环阀门打开，接通大循环。同时切断小循环通道，切断小循环。如图6-24所示。

冷却液大循环既可在达到110℃时通过冷却液调节器中的节温器打开，也可根据负荷情况通过特性曲线打开。

1）打开大阀门座，即打开通向水泵的散热器回流管路。

2）关闭小阀门座，即关闭从发动机到水泵的直接通道。

通过对膨胀材料元件进行加热，在85~95℃的冷却液低温区出现满负荷时节温器已经打开。为了辅助冷却，必要时将电子风扇开启。

在全负荷时，冷却液温度为85~95℃。由于温度低，对进气的加热作用小，提高了发动机的动力。

6.4 冷却系统维护

为保证发动机冷却系统正常工作，防止发动机在大负荷工作时间过长。必须注意以下几点：

1）保持冷却系（尤其散热器）外部和内部清洁，是提高散热效能的重要条件。散热器外部沾有泥污或碰撞变形，均会影响风量流通，使冷却液温度过高，必要时清洗或修复。

2）按规定使用防冻冷却液，保持冷却液数量充足，有正确的冷却液液面高度。

3）应保持风扇传动带张紧力适当，风扇正常工作。传动带过松影响水循环，加剧其磨损；过紧易损坏轴承。

4）热敏开关连接良好。若有松动会影响风扇换档变速及正常运转；如果发现冷却系溢水，应及时检查节温器技术状况。

5）防止发动机大负荷、长时间工作，以免冷却液温度过高；上坡及时换档，减轻负荷。汽车长时间坡道行驶、档位低或是环境温度较高时，应注意散热。

1. 更换冷却液

(1) 冷却液的排放

① 将仪表板上的暖风开关拨至右端，打开暖风控制阀。

② 在盖子上盖一块抹布，小心地旋开冷却液储液罐盖子。

③ 在发动机下放置一个干净的收集盘。

④ 松开卡箍，拔下散热器的下水管，放出冷却液。

(2) 冷却液的加注　储液罐上有两条刻线。当液面降到下刻线时，应及时补充。加注时按以下步骤进行：

① 加注冷却液至冷却液罐最高点标记处。

② 旋紧储液罐盖子。

③ 将发动机运转5min，再检查冷却液液面高度，使之达到上刻线。

④ 经常检查冷却液液面高度，必要时加注冷却液到最高标记处。

2. 冷却系统密封性检查

1）将发动机预热，打开散热器盖。在打开时可能会有蒸气喷出，必须在膨胀水箱盖上包上抹布小心地拧开。

2）将压力测试仪安装到散热器上。

3）使用手动真空泵产生约0.1MPa的压力。

4）保持10s，并观察压力表。如果压力下降，应找出泄漏部位并排除故障。

3. 清除水垢

清除水垢多采用酸洗法和碱洗法。通过酸或碱，使水垢转变为可溶性物质。水垢有呈酸性和碱性之分，故因根据水垢的性质选择酸或碱溶液。碳酸类水垢，用氢氧化钠溶液或盐酸溶液清洗；硫酸盐类水垢，不易直接溶解于盐酸溶液，可先用碳酸钠溶液处理，然后再用盐酸溶液清除；硅酸盐类水垢，一般用质量分数2%～3%的氢氧化钠溶液清洗，若用盐酸溶液清洗，应添加氟化钠或氟化铵，使硅酸盐变成溶解于盐酸的硅胶，由于硅胶易附着于水垢表面，为此，还必须采取循环酸洗清除水垢。

（1）散热器的清洗　散热器由铜金属制成，可先在质量分数为2%～3%氢氧化钠溶液中浸泡8～10h，然后用热水冲洗几次，以洗净散热器内残余的碱质。因为碱对铜质散热管和散热片及钎焊焊缝具有强烈的腐蚀性，近年来，多采取酸洗法，酸洗法比碱洗的效率要高。

（2）铝合金气缸盖或气缸体的清洗　铝金属不能用氢氧化钠溶液清洗，以免生成铝酸钠或氯化铝，使气缸盖或缸体遭受腐蚀。可在1L水中加入100g磷酸，然后再加入50g铬酸并搅拌。将溶液加热到30℃，把要清洗的机件置于溶液中浸泡30～60min。从清洗槽中取出机件用清水冲洗，再置于质量分数0.3%铬酸钾溶液中以80～100℃浸洗以防锈。

（3）铸铁气缸体和气缸盖的清洗　将质量分数为8%～10%的盐酸溶液，添加缓蚀剂六亚甲基四胺2～3g。将气缸盖出水管中的节温器拆除，按技术要求将气缸盖装上气缸体并将螺栓按规定力矩拧紧，从出水管口加入清洗溶液（需先将气缸体的进水口封闭），然后将气缸体放入水槽中加热，加热温度保持在60～70℃浸洗1h。放出盐酸溶液后，再用清水按冷却系中冷盐水逆流方向清洗，冲出脱下的水垢等污物。然后再将质量分数为2%～3%的氢氧化钠溶液加入缸体水套中，并保留10min以中和残留在水套内的酸液。放出氢氧化钠溶液之后，用清水反复冲洗冷却系水道，直至水道内清洗液冲洗干净。

6.5 冷却系统常见故障分析

冷却系统常见故障有发动机冷却液温度过高、过低和冷却液消耗过多等。

6.5.1 冷却液温度过高

运行中的汽车，冷却液温度表指针经常指在100℃以上，且散热器伴随有“开锅”现象；燃烧室内出现“炽热点”，发动机熄火困难；汽油机易发生爆燃或早燃，柴油机易发生早燃使工作粗暴。出现这些现象，可判定发动机有冷却液温度过高的故障发生。

造成冷却液温过高的原因及处理方法有：

① 冷却液不足。按规定补充冷却液。

② 风扇传动带松弛、沾油打滑或断裂。调整传动带的松紧度或更换传动带。

③ 混合气过稀。调整混合气浓度。

④ 水套和分水管积垢或堵塞。清理水套和分水管。

⑤ 水泵工作性能不良。检修或更换水泵。

⑥ 点火时间不当。调整点火提前角。

⑦ 燃烧室内积炭过多。清洗燃烧室。

⑧ 风扇离合器接合时间过晚或打滑。检修或更换风扇离合器。

⑨ 散热器的进水管或出水管凹瘪。检修或更换散热器水管。

⑩ 节温器主阀门不能打开或打开时间过迟。检修或更换节温器。

⑪ 散热器内部水垢堵塞或外部过脏。清洗散热器。

⑫ 百叶窗不能完全打开。抢修百叶窗及控制机构。

⑬ 电动风扇性能不良。检修或更换电动风扇。

⑭ 温控开关或冷却液温度传感器和控制器失效。检修或更换温控开关、冷却液温度传感器或控制器。

6.5.2 冷却液温度过低

冬季运行的汽车，冷却液温度表和冷却液温度传感器技术状况完好的情况下，发动机达不到正常的工作温度；发动机动力不足，油耗增加。出现这些现象，可判定发动机有冷却液温度过低的故障发生。

造成冷却液温过低的原因及处理方法有：

① 百叶窗关闭不严。检修百叶窗及控制机构。

② 风扇离合器接合过早。检修或更换风扇离合器。

③ 温控开关闭合太早。检修或更换温控开关。

6.5.3 冷却液消耗过多

冷却液消耗过多是指冷却液比正常情况下消耗过快的现象。其主要原因有冷却系统内部渗漏，冷却系统外部渗漏和散热器盖开启压力过低。通过目测检查外部有没有漏水的痕迹，确定有无外部渗漏；通过检查机油是否发白（乳化）或在发动机冷却液温度正常时排气是否冒白烟确定内部是否渗漏。此外还可用专用手动压力测试器进行就车检测。

封闭的冷却系统，只有在冷却液过热，温度超过其沸点时才会发生损耗。驾驶方式不当或冷却气流受到阻碍常会引起过热。一般引起过热的原因有：

① 冷却空气流量减少。如果散热器损坏、阻塞，或在散热器护栅上装了附加灯光，都会使冷却空气流量减少。

② 散热风扇不工作，或工作不正常。

③ 车辆行驶在陡坡上档位太低，或行驶在长坡上，或环境温度过高。

桑塔纳2000GSi型轿车AJR发动机冷却系统常见故障及排除方法如表6-2所示。

表 6-2 桑塔纳 2000GSi 型轿车 AJR 发动机冷却系统常见故障及排除方法

故障现象	原因	排除方法
发动机过热	冷却系堵塞,缸体有水垢 水泵损坏 节温器失灵 温控开关失效 风扇电动机损坏 点火正时不准	清洗散热器和水套 修理或更换水泵 更换节温器 更换温控开关 修理或更换风扇电动机 调整点火正时
发动机温度过低	节温器失灵 气温太低	更换节温器 遮盖散热器
冷却系泄漏	散热器泄漏 水管接头松脱或软管损坏 气缸垫渗漏 气缸盖或气缸体有裂纹	修理散热器 紧固接头或更换软管 拧紧气缸盖螺栓或更换缸垫 修理或更换气缸盖、气缸体
工作时有噪声	水泵轴承损坏 风扇叶片松脱或弯曲 风扇 V 带损坏	更换轴承总成 紧固、修理或更换叶片总成 更换风扇 V 带

综合测试

一、填空题

1. 冷却强度通过两种方式调节：一是改变通过________的空气量，另一种是改变通过________的冷却液流量，它是依靠________来实现的。

2. 一般在散热器盖上设置__________阀和__________阀，不仅可以提高__________的沸点，以增加散热器的散热能力，还可防止当散热器内水量减少时冷却管被大气压瘪。

3. 风冷式发动机缸体与缸盖外表面铸有很多________，以将热量散发到大气中。

4. 冷却液小循环与大循环相比，冷却液不经过________，冷却液的流动路线________________。

二、选择题

1. 散热器盖的蒸气阀弹簧过软，会导致（ ）。

A. 散热器内气压过低　　B. 冷却液不易沸腾

C. 散热器内气压过高

2. 蜡式节温器中石蜡泄漏，会导致（ ）。

A. 水流只能进行大循环　　B. 水流只能进行小循环

C. 大小循环都不能进行

3. 水冷式发动机冷却液的大小循环由（ ）控制。

A. 驾驶人　　B. 散热器　　C. 节温器

三、简答题

1. 冷却系的作用是什么？

2. 冷却系的循环路线是什么？大小循环分别在什么情况下启用？

3. 水冷系中有哪些冷却强度调节方法？

4. 冷却系的常见故障有哪些？简述故障原因和排除方法。

实 训 项 目

项目18：冷却系统认识和检查

一、实训目的

（1）能识别冷却系统组成部件。

（2）理解冷却系统各组成部件的作用和原理。

（3）掌握冷却系统拆装方法。

（4）掌握节温器的检测方法。

（5）能对冷却系统进行密封性检查。

（6）能对冷却系统进行维护作业。

（7）注重安全文明生产和环境保护。

二、设备及器材

（1）常用工具、工作灯、三角木、防护套、尾排装置。

（2）冷却系统压力测试器、玻璃杯、温度计、电炉。

（3）发动机诊断台或实车。

（4）维修手册。

三、操作基本方法

学生分小组，在教师指导下完成工作任务单上的内容。

四、完成工作任务单

任务名称	冷却系统认识和检查	学时		班级	
学生姓名		学号		成绩	
实训设备(型号)		实训场地		日期	

第一项内容：知识回顾

1. 根据下图，填写各序号的名称。

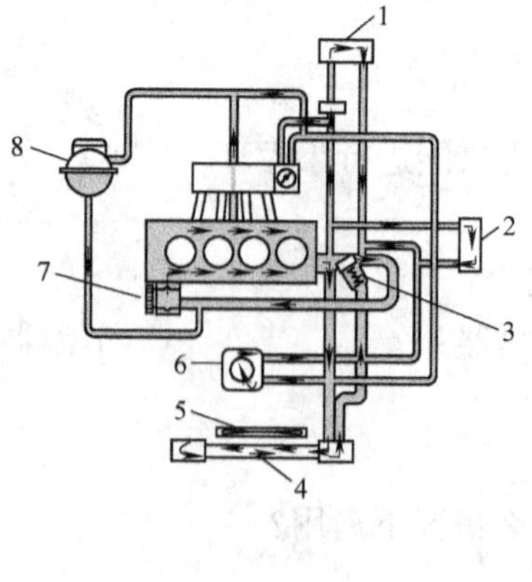

1	
2	
3	
4	
5	
6	
7	
8	

2. 写出冷却液大小循环路线。

____

____

____

____

第二项内容：操作训练

1. 冷却液的排放和加注

步骤：____

____

____

____

____

____

2. 冷却液的检查。

检查冷却液的冰点为________________；密度为______________________________

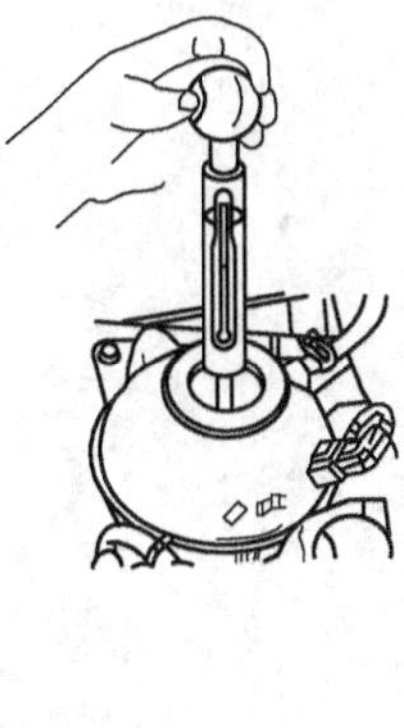

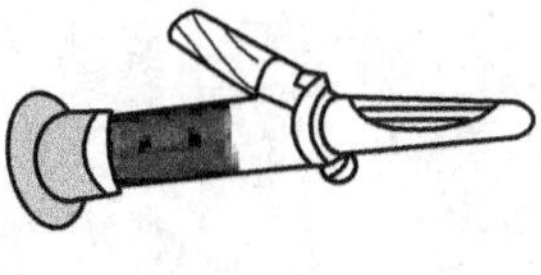

3. 节温器性能检测

（1）节温器刚刚开启的温度为________________；全开的温度为________________。

（2）节温器阀门升程是______________________。

（3）是否符合要求：______________________。

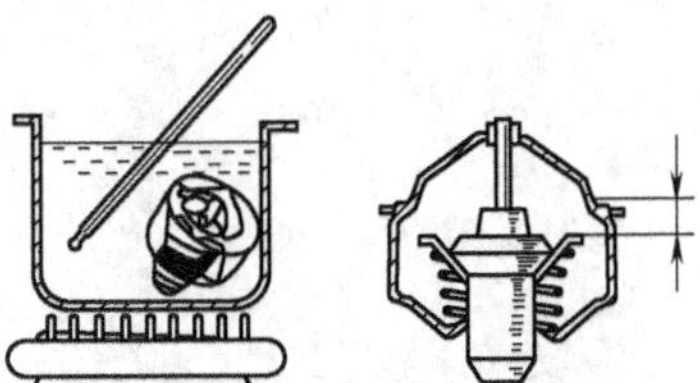

4. 冷却系统密封性能检测

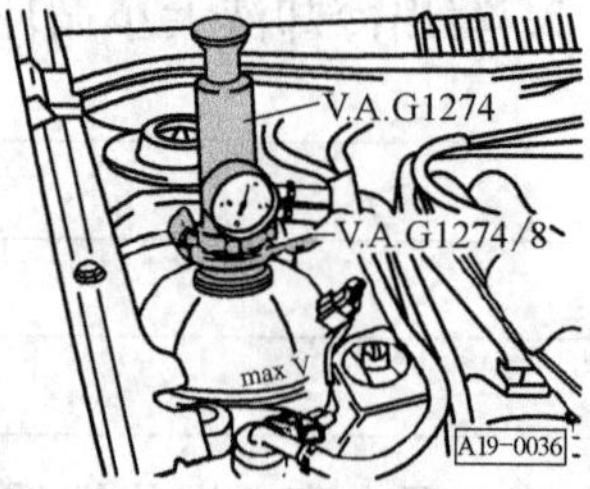

使用压力测试仪在冷却系统内产生 1bar 的压力。让这个压力保持 10s。如果压力在此期间出现下降，则表明该系统存在泄漏。

检测结果：________________________。

第三项内容：分析与思考

画出实训用发动机冷却系统冷却液循环路线方框图。

第 7 章

润滑系统

学习目标：

- 了解润滑系统的作用、组成、润滑方式
- 理解润滑系统的油路
- 掌握润滑系统主要零部件的结构和原理
- 掌握润滑系统主要零部件的检修方法
- 学会润滑系统的故障分析和排除方法

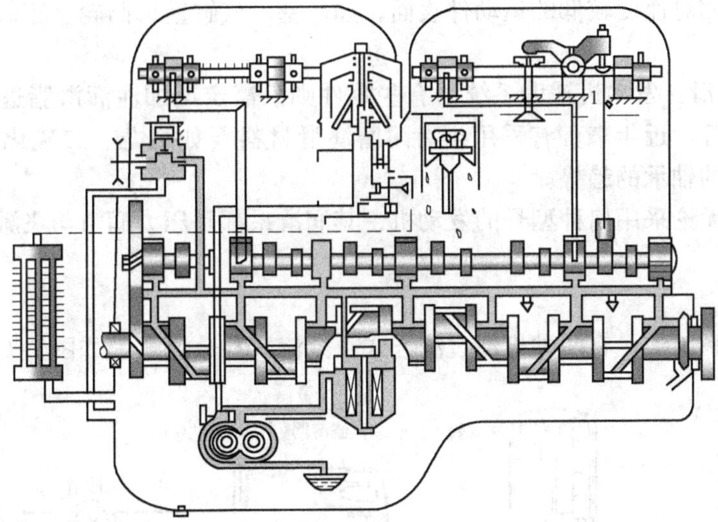

7.1 概述

发动机工作时，传力零件的相对运动表面（如曲轴与主轴承、活塞与气缸壁、正时齿轮副等）之间必然产生摩擦。金属表面之间的摩擦不仅会增大发动机内部的功率消耗，使零件工作表面迅速磨损，而且由于摩擦产生的大量热可能导致零件工作表面烧损，致使发动机无法运转。因此，为保证发动机正常工作，必须对相对运动表面加以润滑，也就是在摩擦表面上覆盖一层润滑油（发动机机油）使金属表面间形成一层薄的油膜，以减小摩擦阻力，降低功率损耗，减轻机件磨损，延长发动机的使用寿命。

润滑系统的主要作用是：

① 润滑作用：润滑运动零件表面，减小摩擦阻力和磨损，减小发动机的功率消耗。

② 清洗作用：机油在润滑系统内不断循环，清洗摩擦表面，带走磨屑和其他异物。

③ 冷却作用：机油在润滑系统内循环还可带走摩擦产生的热量，起冷却作用。

④ 密封作用：在运动零件之间形成油膜，提高它们的密封性，有利于防止漏气或漏油。

⑤ 防锈蚀作用：在零件表面形成油膜，对零件表面起保护作用，防止腐蚀生锈。

⑥ 液压作用：润滑油还可用作液压油，如液压挺柱，起液压作用。

⑦ 减振缓冲作用：在运动零件表面形成油膜，吸收冲击并减小振动，起减振缓冲作用。

7.1.1 润滑系统的润滑方式和滤清方式

1. 润滑方式

发动机常见的润滑方式有：

① 压力润滑：利用机油泵，将具有一定压力的润滑油源源不断地送往摩擦表面。适用于工作载荷大、相对速度高的运动表面，如曲轴主轴承、连杆轴承以及凸轮轴轴承等。

② 飞溅润滑：利用发动机工作时运动零件飞溅起来的油滴或油雾来润滑摩擦表面。适用于载荷较轻、相对速度较低的运动件表面，如活塞、气缸壁、凸轮、正时齿轮、摇臂及气门等。

③ 润滑脂润滑：发动机辅助系统中有些零件则只需定期加注润滑脂进行润滑，例如水泵及发电机轴承等。近年来，有采用含有耐磨润滑材料（如尼龙、二硫化钼等）的轴承来代替加注润滑脂的轴承的趋势。

桑塔纳轿车无论采用何种型号的发动机，其润滑系都是压力润滑与飞溅润滑相结合的复合润滑系统。

2. 滤清方式

发动机润滑系统中，有两种机油过滤方式：全流式和分流式，如图 7-1 所示。

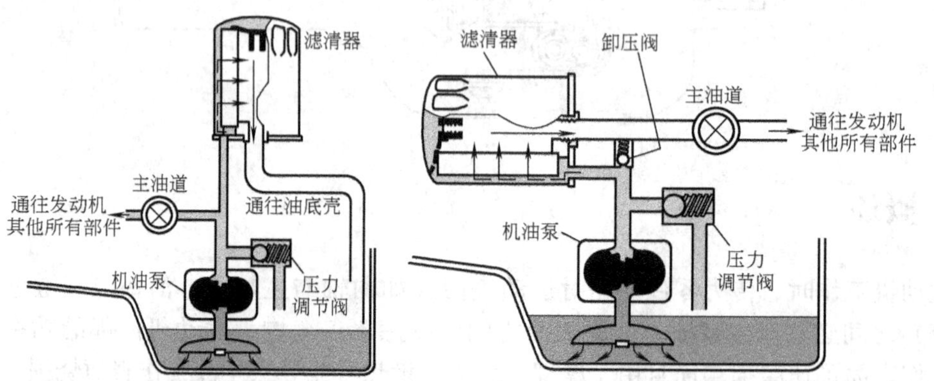

a) 分流式　　b) 全流式

图 7-1　机油过滤方式

在分流式过滤方式中，滤清器与主油道并联，只有一部分机油通过滤清器被滤清，大部分机油被直接泵入发动机主油道，这种形式在多年以前的发动机上采用。

在全流式过滤方式中，滤清器与主油道串联，所有机油在进入发动机主油道前都必须通过机油滤清器。如果滤清器堵塞，则机油顶开滤清器上的旁通阀直接进入主油道。现在一般都采用过滤效率高的全流型。

7.1.2 润滑系统的组成

发动机润滑系统组成大体相同，一般有以下几个基本装置：

① 油底壳、机油泵、油管、油道及限压阀等。用于储存机油，建立足够的油压使之在发动机内循环流动，并限制油路中的最高压力。

② 滤清装置。如集滤器、机油滤清器等，用来清除机油中的杂质，保证润滑油清洁和润滑可靠。

③ 冷却装置。如机油散热器、机油冷却器等，用来冷却机油，保持油温正常，润滑可靠。有些发动机没有专门的机油冷却装置，靠空气流过油底壳冷却润滑油。

④ 仪表装置。如油温表、油压表等，用来检测润滑系统的工作情况。

7.1.3 润滑系统油路

现代汽车发动机润滑油路的布置方案大致相同，只是由于润滑系统的工作条件和具体结构不同而稍有差别。

1. 桑塔纳轿车AFE型发动机润滑系统的结构与油路

桑塔纳轿车AFE型发动机润滑系统的结构与油路如图7-2所示。

油底壳内的润滑油经集滤器过滤大的机械杂质后，被机油泵压入机油滤清器后分三路送出。第一路经主油道后分为两支：一支送入曲轴主轴承分油道，润滑主轴承，经曲轴内油道润滑连杆大端轴承，再经连杆内油道润滑连杆小端轴承后回到油底壳；另一支则进入中间轴的轴承后流回油底壳。第二路从主油道进入凸轮轴的轴承后再润滑气门机构，然后流回油底壳。第三路，在主油道油压太高或流量太大的情况下，润滑油冲开安全阀，分流回油底壳。

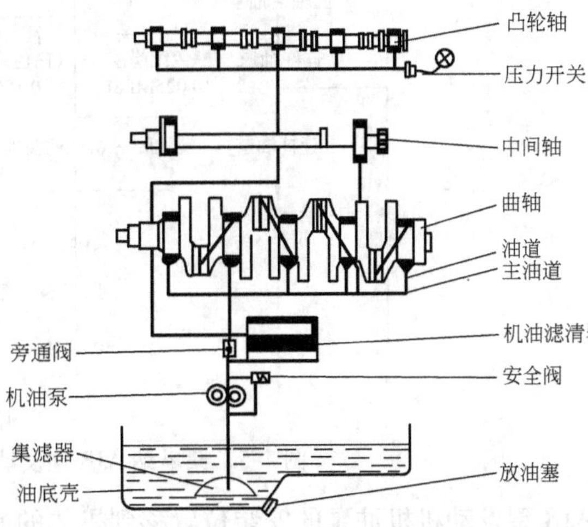

图7-2 AFE型发动机润滑系统示意图

桑塔纳轿车发动机润滑系统有两个油压开关：一是在滤清器盖上设有一个油压开关，是高压不足报警开关。机油滤清器上设有旁通阀，起动压力为0.18MPa。当机油滤清器堵塞，压力开关短路，润滑油通过旁通阀直接进入主油道，防止发动机运动副因缺少润滑油而烧坏，同时报警灯闪亮，提醒驾驶人更换机油滤芯。二是在缸盖主油道末端设有一个油压开关，是最低压力报警开关。打开发动机点火开关，由油压开关控制的油压指示灯亮，当发动机起动后油压超过0.031MPa时，该灯熄灭。如果发动机油压下降至0.031MPa以下时，机油压力开关触点闭合，油压指示灯亮。

2. 桑塔纳 2000GSi 轿车 AJR 型发动机润滑系统的结构与油路

AJR 型发动机无中间轴，机油泵则直接由曲轴前端的链轮通过链条驱动，其驱动形式如图 7-3 所示。

AJR 型发动机润滑系统的结构与油路如图 7-4 所示，润滑油路示意图如图 7-5 所示。

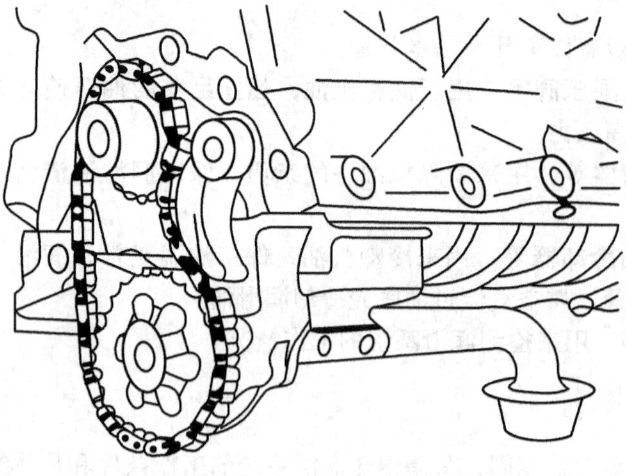

图 7-3　AJR 型发动机机油泵的驱动形式

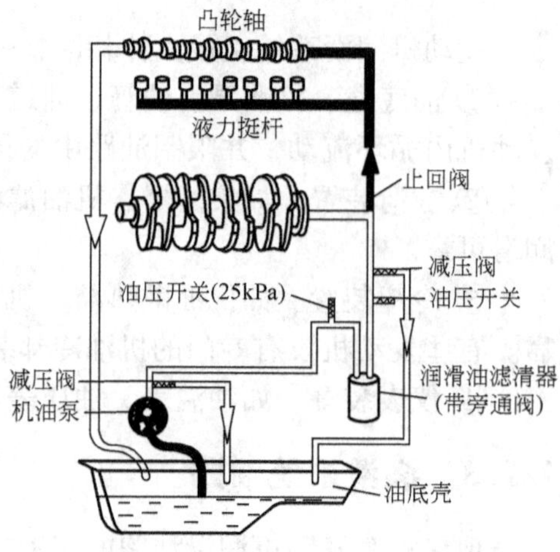

图 7-4　AJR 型发动机润滑系统示意图

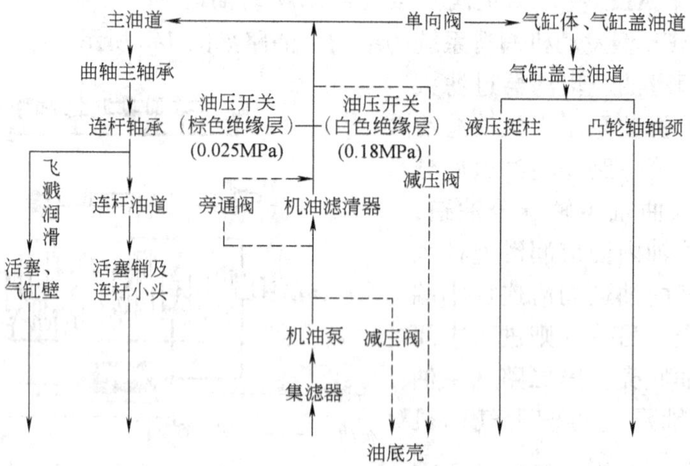

图 7-5　桑塔纳 AJR 型发动机润滑油路示意图

AJR 型发动机机油泵的安装位置移到机体的前端底面，气缸体内通往机油滤清器支架的油道因此设计得较长，通过滤清后的润滑油在机油滤清器支架内分为三路：一路进入气缸体主油道，经主油道将润滑油分配到各曲轴主轴承，再由曲轴上的斜油孔通往各连杆轴承，由连杆体上的油孔通往连杆小头衬套；第二路通过安装在机油滤清器的一个单向阀进入气缸体上的一个通向气缸体上平面的油道，经气缸盖上的第四个气缸盖螺栓孔进入气缸盖主油道，由此将润滑油分配到各凸轮轴轴颈和液压挺杆。单向阀的作用是在发动机停机时保持气缸盖油道内的存油，防止发动机再次起动时缸盖供油不足，导致液压挺杆不能正常工作；第三路通往一个减压阀，油道内的压力过大时该阀打开，将部分润滑油旁通流回油底壳。

桑塔纳2000GSi轿车AJR发动机润滑系统在机油滤清器支架上装有两个油压开关，用以监控润滑系统的油压大小。同时，为了保证润滑系统的正常工作，在润滑油路中还装有两个减压阀（开启压力为0.35～0.45MPa），一个为旁通阀，另一个为单向阀。减压阀一个装在机油泵上，另一个装在机油滤清器支架上。当发动机冷态或是机油粘度大时，可避免机油压力过高而造成危险。旁通阀的作用是当滤清器堵塞时，旁通阀打开，未经过滤的机油经旁通阀仍能送到各润滑点。单向阀的作用是当发动机停机时，能阻止气缸盖油道内的机油流回油底壳。

7.1.4　发动机机油

发动机机油主要用于减少运动部件表面间的摩擦，同时对机器设备具有冷却、密封、防腐、防锈、清洗杂质等作用。发动机机油一般由基础油和添加剂两部分组成。基础油是发动机机油的主要成分，决定着发动机机油的基本性质，添加剂则可弥补和改善基础油性能方面的不足，赋予某些新的性能，是发动机机油的重要组成部分。

1. 发动机机油分类

发动机机油通常有矿物质油，合成油，植物性机油三类；目前，国际上许多国家采用API质量分类法和SAE粘度分类法。

（1）API质量分类法　API是美国石油协会的简称，API等级代表发动机油质量等级的分类。

API将机油分为汽油机机油和柴油机机油；汽油机机油以“S”系列代表，从“SA”一直到“SN”，每递增一个字母，机油性能就会优于前一种，机油中会有更多用来保护发动机的添加剂。即字母越靠后，质量等级越高。

柴油机机油以“C”系列代表，字母越靠后，质量等级越高。

当“S”和“C”同时存在时，为汽柴通用型油。

（2）SAE粘度分类法　SAE是美国汽车工程师学会的简称，它规定了机油的粘度等级。该分类将机油分为冬季用油和春秋与夏季用油，粘度从小到大有0W、5W、10W、15W、20W、25W、20、30、40、50、60共11个粘度等级。

“W”是英文“Winter”的缩写，适合于冬天的低温气侯使用，其牌号是根据最大低温粘度、最低泵送温度以及100℃的运动粘度范围划分的，号数越低，表示其所适用的环境温度也越低。

不带“W”的为春秋与夏季用油，牌号仅根据100℃的运动粘度划分，号数越大，表明高温时的粘度越大，适用的最高气温越高。

冬夏通用油牌号分别为：5W/20、5W/30、5W/40、5W/50、10W/20、10W/30、10W/40、10W/50、15W/20、15W/30、15W/40、15W/50、20W/20、20W/30、20W/40、20W/50，代表冬用部分的数字越小，代表夏季部分的数字越大者粘度越高，适用的气温范围越大。

2. 发动机机油的选用原则

发动机机油的牌号由质量等级和粘度等级两部分组成。在选用时，首先根据车辆使用说明书或发动机工作条件确定发动机油的质量等级；其次，根据车辆使用地区的气温情况选择合适的发动机机油粘度等级。

我国发动机机油粘度等级与适应温度范围见表7-1。由于单级油不可能同时满足低温及高温要求，只能根据当地季节气温适当选用；而多级油的优越性是它的粘温性能好，适用温度范围广，特别是在严寒地区、短途运输、低温起动较多时，其优越性更为明显，故应尽量选用多级油。

表 7-1　发动机机油粘度等级与适用温度范围

SAE 粘度级别	适用气温/℃	SAE 粘度级别	适用气温/℃
5W/30	-30～30	20W/20	-15～20
10W/30	-25～30	30	-10～30
15W/30	-20～30	40	-5～40 以上
15W/40	-20～40 以上		

3. 发动机机油使用注意事项

1）如果不是通用油，则汽油机机油和柴油机机油不能混用；不同牌号的发动机机油也不能混用。

2）质量等级较高的发动机机油可替代质量等级较低的发动机机油，反之，则不能。

3）经常检查发动机机油的液面高度。

4）注意使用地区的气温变化，及时换用粘度等级适宜的发动机机油。在满足使用要求的前提下，发动机机油的粘度尽可能选择小些。

5）适时（定期或按质）换油。

6）严防水分、杂质等污染发动机油。

7.2　润滑系统主要部件的构造与维修

7.2.1　机油泵

机油泵的作用是把一定量的机油压力升高，强制性地将机油压送到发动机各摩擦表面，保证压力润滑的润滑油循环流动。

1. 机油泵的构造和工作原理

机油泵常见的结构形式有齿轮式机油泵和转子式机油泵。

（1）齿轮式机油泵　机油泵壳体上加工有进油口和出油口，在油泵壳体内装有一个主动齿轮和一个从动齿轮，齿轮和壳体内壁之间留有很小的间隙，其工作原理如图 7-6 所示。当齿轮按图示方向旋转时，进油腔的容积由于轮齿向脱离啮合方向运动而增大，腔内产生一定的真空度，润滑油便从进油口被吸入并充满进油腔，旋转的齿轮将齿间的润滑油带到出油腔，由于轮齿进入啮合，出油腔容积减小，油压升高，润滑油经出油口被输送到发动机机油道中。

一般在泵盖上铣出一条泄压槽与出油腔相通，使轮齿啮合时挤出的润滑油通过泄压槽流向出油腔，以消除轮齿进入啮合时在齿轮间产生的很大推力。

（2）转子式机油泵　油泵壳体内装有内转子和外转子。内转子通过键固定在主动轴上，外转子外圆柱面与壳体配合，二者之间有一定的偏心距，外转子在内转子的带动下转动，壳体上设有进油口和出油口，转子式机油泵。工作原理如图 7-7 所示。在内外转子的转动过程

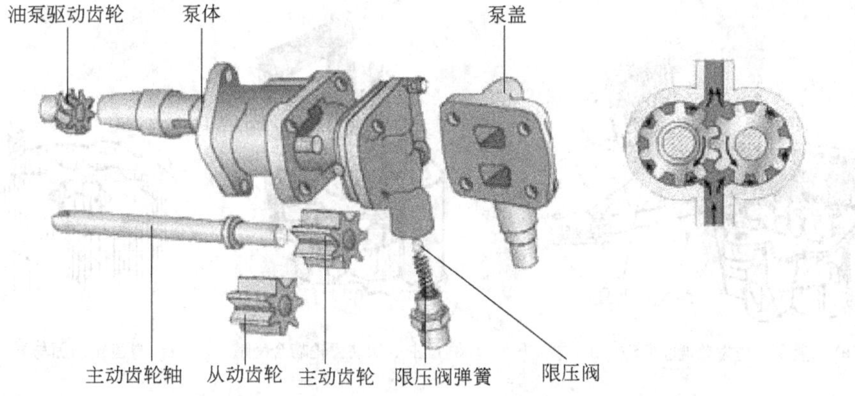

图 7-6　齿轮式机油泵工作原理

中，转子的每个齿的齿形齿廓线上总能相互成点接触，这样内外转子间形成了四个封闭的工作腔。由于外转子总是慢于内转子，这四个工作腔的容积在不断变化。每个工作腔在容积最小时与壳体上的进油孔相通，随着容积的增大，产生真空，润滑油便经进油孔吸入，转子继续旋转，当工作腔与出油孔相通时，容积逐渐减小，压力升高，润滑油被压出。

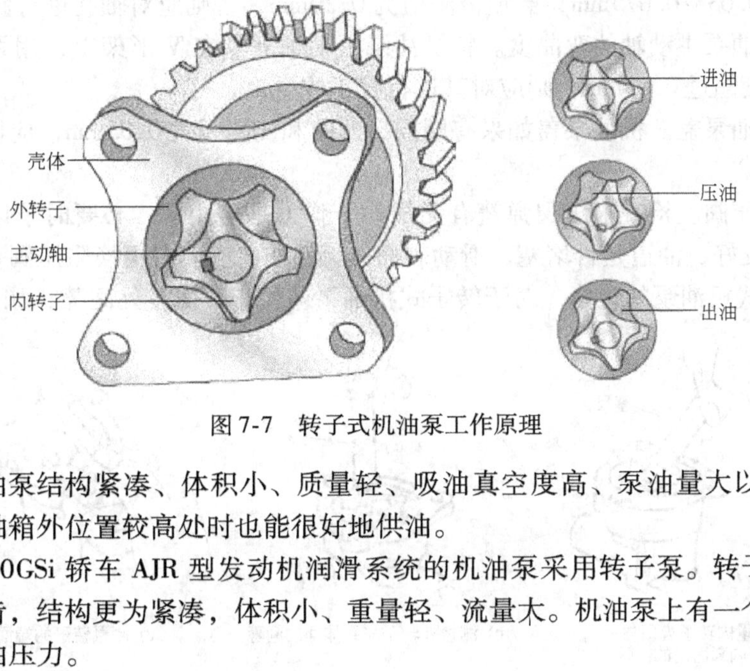

图 7-7　转子式机油泵工作原理

转子式机油泵结构紧凑、体积小、质量轻、吸油真空度高、泵油量大以及供油均匀度好，安装在曲轴箱外位置较高处时也能很好地供油。

桑塔纳 2000GSi 轿车 AJR 型发动机润滑系统的机油泵采用转子泵。转子泵的内齿为 7 齿，外齿为 6 齿，结构更为紧凑，体积小、重量轻、流量大。机油泵上有一个限压阀用来限制机油泵的出油压力。

2. 机油泵的检修

机油泵主要损伤形式是零件磨损造成的泄漏，使泵油压力降低，泵油量减小。机油泵的磨损情况可以通过检测机油泵各处的间隙获得。由于机油泵工作时，润滑条件好，零件磨损速度慢，使用寿命长，因此可以根据它的工作性能确定是否需要拆检和修理。

（1）齿轮式机油泵的检修

① 检查机油泵主从动齿轮与机油泵盖端面的间隙。主从动齿轮与机油泵盖端面间隙的检查方法如图 7-8a 所示，正常间隙应为 0. 05mm，磨损极限值为 0. 15mm。

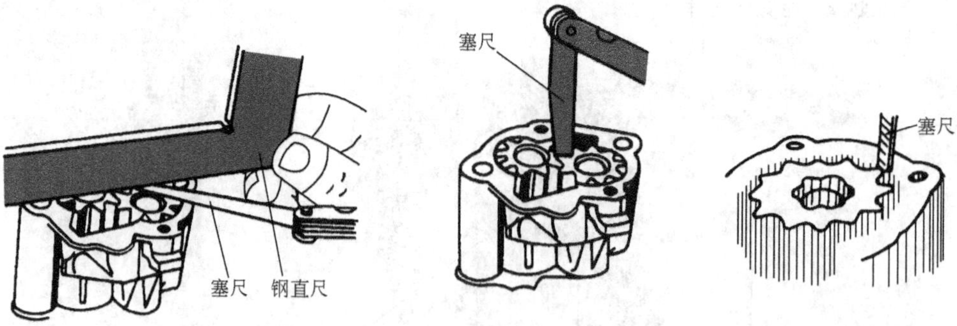

a) 测量泵盖与齿轮端面间隙　　b) 测量主、从动齿轮啮合间隙　　c) 测量齿轮顶面与泵壳内壁间隙

图 7-8　齿轮式机油泵配合间隙的检查

② 检查齿轮啮合间隙。检查时，将机油泵盖拆下，用塞尺在互成 120°角三个位置处测量机油泵主、从动齿轮的啮合间隙，如图 7-8b 所示。新机油泵齿轮啮合间隙为 0.05mm，磨损极限值为 0.20mm。

③ 检查主动齿轮端面与机油泵壳配合间隙。如图 7-8c 所示，主动齿轮端面与机油泵壳配合间隙应为 0.03 ~0.075mm，磨损极限值为 0.20mm，否则应对轴孔进行修复。

④ 检查机油泵主动轴的弯曲度。将机油泵主动轴支承在 V 形架上，用百分表检查弯曲度。如果弯曲度超过 0.03mm，则应对其进行校正或更换。

⑤ 检查机油泵盖。机油泵盖如果有磨损、翘曲和凹陷超过 0.05mm，应以车、研磨等方法进行修复。

⑥ 检查限压阀。检查限压阀弹簧有无损伤、弹力是否减弱，必要时予以更换。检查限压阀配合是否良好、油道是否堵塞、滑动表面有无损伤，必要时更换限压阀。

（2）转子式机油泵的检修　对于转子式机油泵应检查下面各处间隙，如图 7-9 所示。

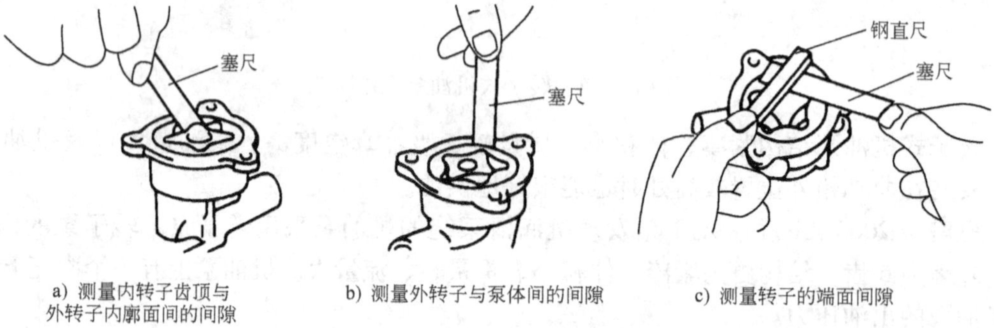

a) 测量内转子齿顶与外转子内廓面间的间隙　　b) 测量外转子与泵体间的间隙　　c) 测量转子的端面间隙

图 7-9　转子式机油泵配合间隙的检查

① 检查内转子齿顶与外转子内廓面间的间隙。间隙值应小于 0.15mm，极限值为 0.2mm。

② 检查外转子与泵体间的间隙。一般为 0.10 ~0.16mm，极限值为 0.30mm。

③ 检查转子的端面间隙。一般为 0.03 ~0.09mm，极限值为 0.20mm。

（3）机油泵检修后，可通过以下方法检验其工作性能。

① 简易试验法：将机油泵放入清洁的机油中，用旋具转动机油泵轴，应有机油从出油孔中排出，如果用拇指堵住出油孔，继续转动机油泵时，应感到有压力。

② 试验台试验法：机油泵装复后在试验台上进行性能试验。桑塔纳轿车发动机机油泵所用油为 SAE20 号润滑油，在温度为 80℃、转速为 1000r/min，进口压力为 0.01MPa，出口压力为 0.6MPa 的条件下，最小流量应为 8.3L/min，实测可达到 10L/min。低压压力开关报警压力为 30kPa，发动机转速为 2150r/min 时报警压力为 0.18MPa。

7.2.2　机油滤清器

机油滤清器按过滤能力分为集滤器、粗滤器和细滤器三种。

1. 集滤器

(1) 集滤器的构造　集滤器装在机油泵之前，用来防止粒度大的杂质进入机油泵，一般采用滤网式，有浮动式和固定式两种结构形式，如图 7-10 所示。

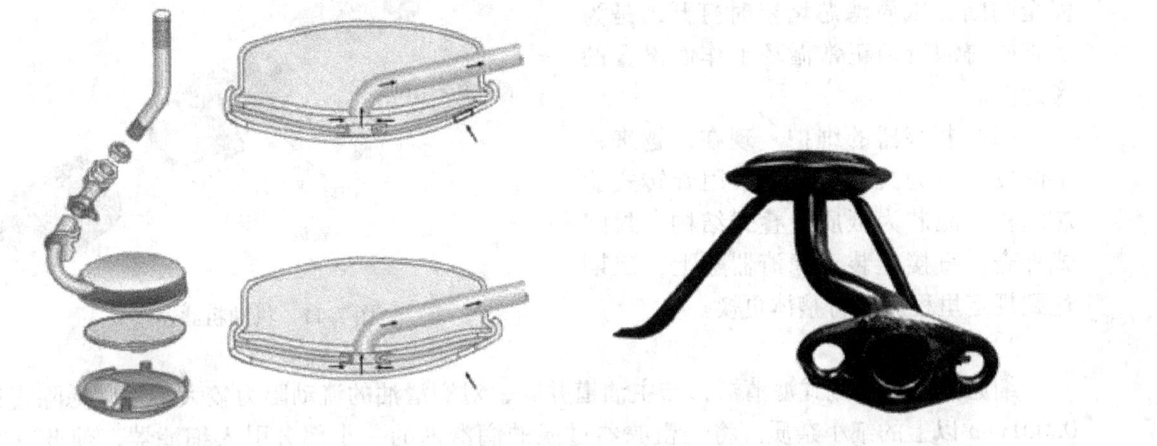

a) 浮动式　　b) 固定式

图 7-10　集滤器

浮式集滤器由浮子、滤网、罩及焊在浮子上的吸油管所组成。浮子是空心的，以便浮在油面上。固定管通往机油泵，安装后固定不动。吸油管活套在固定管中，使浮子能自由地随油面升降。

浮子下面装有金属丝制成的滤网。滤网有弹性，中夹有环口，平时依靠滤网本身的弹性，使环紧压在罩上。罩的边缘有缺口，与浮子装合后形成缝隙。

当机油泵工作时，机油从罩与浮子之间的狭缝被吸入，经过滤网滤去粗大的杂质后，通过油管进入机油泵；滤网被淤塞时，滤网上方的真空度增大，克服滤网的弹力，滤网便上升而环口离开罩。此时机油不经滤网面直接从环口进入吸油管内，保证机油的供给不致中断。浮式集滤器能吸入油面上较清洁机油，但油面上泡沫易被吸入，使机油压力降低，润滑欠可靠。

固定式集滤器装在油面下方，它的滤网相对油底壳位置不变，吸入中或中下层润滑油，吸入的机油清洁度稍逊于浮式，但可防止泡沫吸入，润滑可靠，结构简单，故基本取代了浮式集滤器。

（2）机油集滤器的检修　机油滤网堵塞，应用柴油或煤油清洗后用压缩空气吹干；浮子有破损，应进行焊修。

2. 粗滤器

粗滤器属于全流式滤清器，串联于机油泵与主油道之间，它对机油的流动阻力较小，用以滤去机油中粒度较大（直径为0.05~0.1mm以上）的杂质。

粗滤器根据滤清元件（滤芯）的不同，可以有各种不同的结构形式。汽车发动机常用的有金属片缝隙式和纸质式粗滤器。金属片缝隙式粗滤器由于质量大，结构复杂，制造成本高等缺点已基本被淘汰，目前许多汽车发动机都采用纸质式粗滤器。

（1）粗滤器的构造　粗滤器由纸质滤芯、安全阀（或旁通阀）等组成，如图7-11所示。

纸质滤芯用于过滤润滑油中的杂质；安全阀则在纸质滤芯堵塞时打开，是为了不妨碍润滑油正常循环工作而设置的旁通阀。

（2）粗滤器的维护　现在，越来越多的发动机为维修方便，采用旋转式滤芯结构，滤芯为纸质折叠式结构，封闭式外壳，直接旋装于滤清器盖上，定期达到规定里程后进行整体更换。

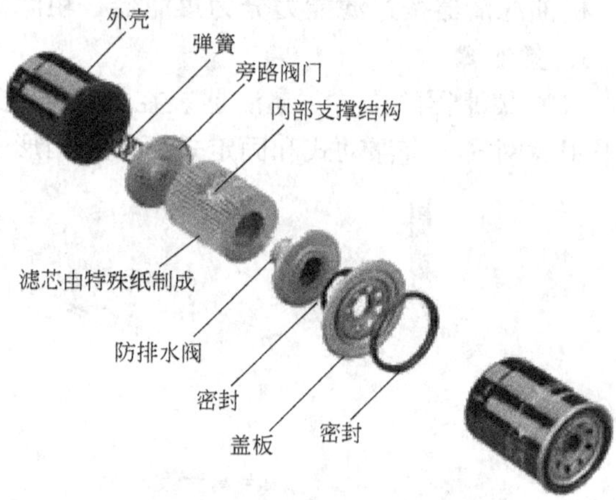

图7-11　机油粗滤器

3. 细滤器

细滤器属于分流式滤清器，与主油道并联，对润滑油的流动阻力较大，用以滤除直径在0.001mm以上的细小杂质。将经粗滤器过滤的润滑油的一小部分引入细滤器，使此部分润滑油得到充分过滤。经过一段时间运转后，所有润滑油都将通过一次细滤器，从而保证了润滑油的清洁度。

细滤器分为过滤式和离心式两种类型，现代发动机一般采用离心式细滤器。图7-12所示为EQ6100-1型发动机离心式机油细滤器结构。

滤清器壳体上固定着带中心孔的转子轴，转子体上压有三个衬套，并与转子体端套连成一体，套在转子轴上可自由转动。压紧螺母将转子盖与转子体紧固在一起。转子下面装有推力轴承，上面装有支承垫圈，并用弹簧压紧以限制转子轴的轴向窜动。转子下端装有两个径向水平安装的喷嘴。压紧螺套将滤清器盖固定在壳体上，使转子密封。

发动机工作时，从油泵来的机油进入滤清器进油孔 B。当机油压力低于0.1MPa时，进油限压阀不开启，机油则不进入滤清器而全部供入主油道，以保证发动机润滑可靠。当油压高于0.1MPa时，则进油限压阀被顶开，机油沿壳体中的转子轴内的中心油道，经出油孔 C 进入转子内腔，然后经进油孔 D、油道 E 从两喷嘴喷出。在机油喷射的反作用力的推动下，转子及转子内腔的机油高速旋转。在离心力作用下，机油中的杂质被甩向转子壁并沉淀，清洁的机油经滤清器出口 F 流回油底壳。

在发动机工作中如果油温过高，可旋松调整螺钉，机油通过球阀，经管接头流向机油散热器。当油压高于0.4MPa时，旁通阀打开，机油流回油底壳。

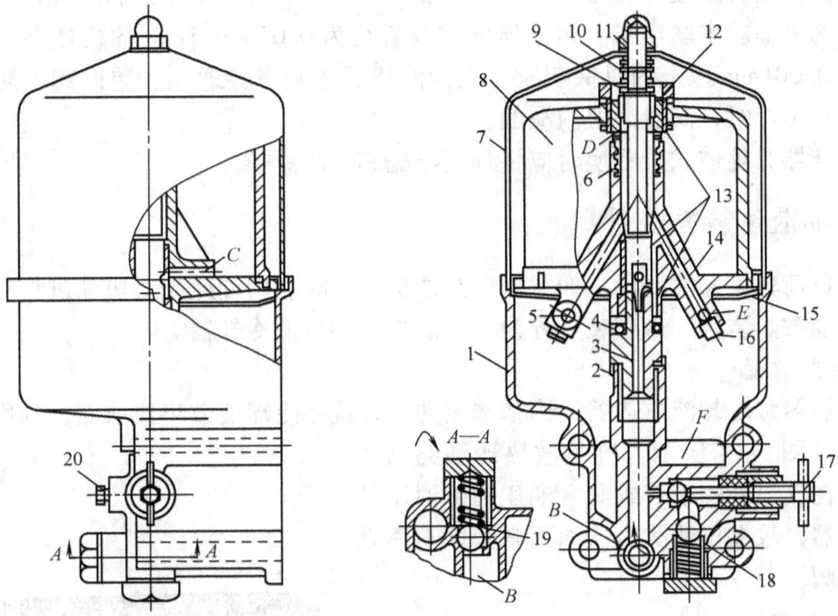

图 7-12 离心式细滤器

1—壳体 2—锁片 3—转子轴 4—推力轴承 5—喷嘴 6—转子体端套 7—滤清器盖 8—转子盖 9—支承垫圈 10—弹簧 11—压紧螺套 12—压紧螺母 13—衬套 14—转子体 15—挡板 16—螺塞 17—调整螺钉 18—旁通阀 19—进油限压阀 20—管接头 B—滤清器进油口 C—出油口 D—进油口 E—通喷嘴油道 F—滤清器出油口

离心式细滤器的检修：在发动机的机油压力高于0.15MPa时，运转10s以上，然后立即熄火。在熄火后2~3min内，若在发动机旁听不到细滤器转子转动的嗡嗡声，则说明细滤器不工作。若机油压力正常，细滤器的进油单向阀也未堵塞，则为细滤器故障，应拆检清洗细滤器，拧开压紧螺母，取下外罩，将转子转到喷嘴对准挡油板的缺口时，取出转子。清除污物，清洗转子并疏通喷嘴，经调整或换件后再组装。

4. 复合式滤清器

桑塔纳轿车发动机机油滤清器采用粗（褶纸滤芯）、细（尼龙滤芯）机油滤清器合为一体的过滤式滤清器，如图7-13所示。

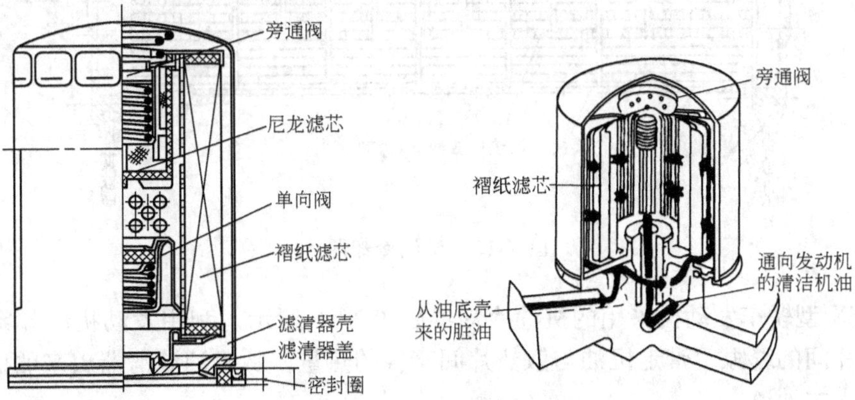

图 7-13 复合式滤清器

机油滤清器装有用吸附能力不同的棉花、毛绒及人造纤维等不同材料制成的褶纸滤芯和尼龙滤芯，两种滤芯串联连结。粗滤器能滤去直径为0.05～0.1mm的机械杂质，细滤器能滤去直径为0.001mm以上的机械杂质。机油滤清器还装有旁通阀和单向阀，防止滤芯被堵或发动机停止工作时，润滑油道内缺油。

机油滤清器为整体式，更换时应将外壳与滤芯一起更换。

7.2.3 机油散热装置

一些热负荷较大的发动机，如大功率柴油机等，除利用油底壳对机油进行散热外，还设有专门的机油散热装置，这些装置分为机油散热器和机油冷却器。

1. 机油散热器

机油散热器和冷却液散热器结构基本相同，布置在冷却液散热器前面，利用风扇风力使机油冷却，如图7-14所示。机油散热器油路与主油道并联，在气温低的季节或润滑油压力低时不使用机油散热器，故在机油散热器前面常串联有手动开关和限压阀。

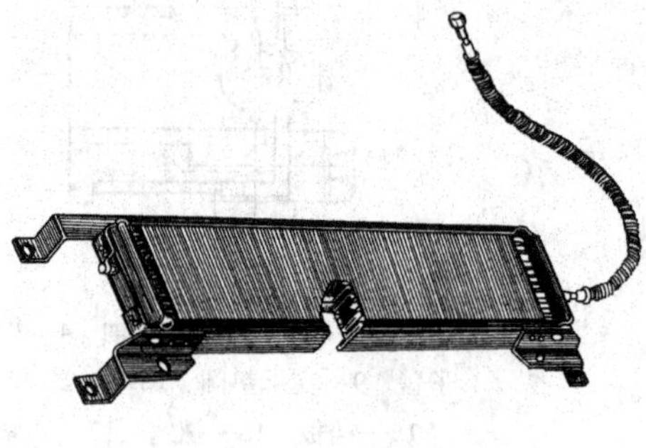

图7-14 机油散热器

2. 机油冷却器

机油冷却器是利用发动机冷却液对机油进行冷却。冷却器油路与主油道串联，由于冷却液温度能自动控制，所以润滑油温度也能得到一定的控制。

机油冷却器的结构如图7-15所示，主要由芯子和壳体组成。芯子由铜制的圆形或椭圆形管与散热片组成，与两端的进出水腔相通。冷却液在芯子管内流动，润滑油在管外流动。冷却器上装有旁通阀，当机油温度过低、粘度过大时，旁通阀打开，机油不经冷却直接进入主油道内。

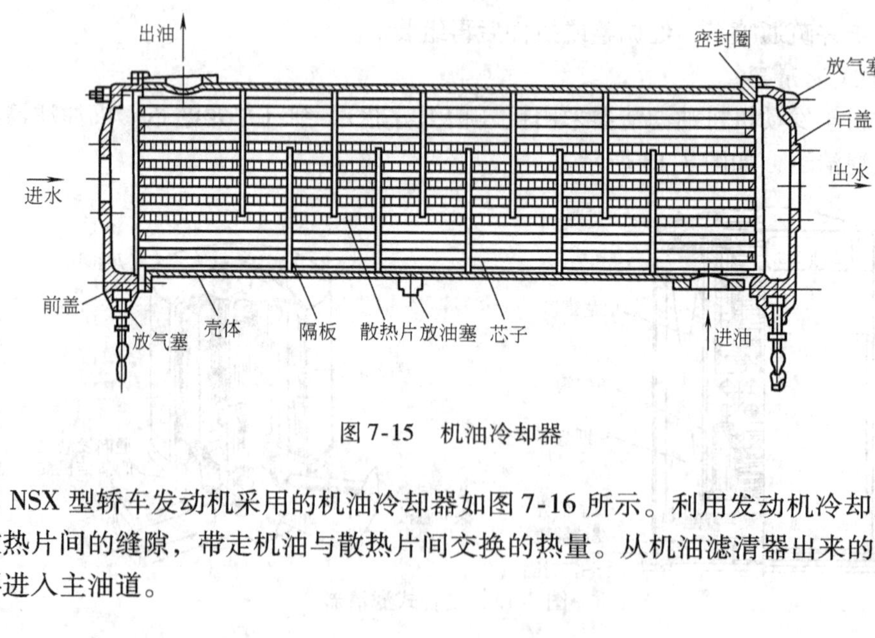

图7-15 机油冷却器

本田NSX型轿车发动机采用的机油冷却器如图7-16所示。利用发动机冷却系统的冷却液流经散热片间的缝隙，带走机油与散热片间交换的热量。从机油滤清器出来的机油，通过冷却后再进入主油道。

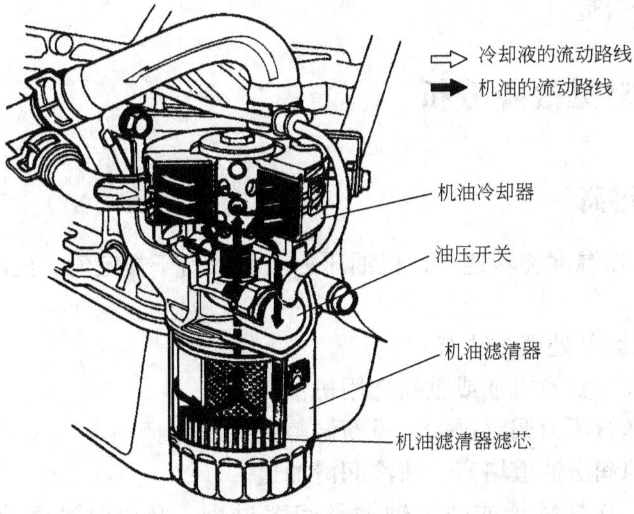

图 7-16 本田 NSX 型轿车发动机机油冷却器

7.3 润滑系统维护

发动机润滑系统维护作业内容包括：机油的检查与补充、更换机油和机油滤清器、清洗润滑油道等。

1. 机油的检查

发动机机油油面高度应经常检查，具体方法如下：

1）车辆必须处于水平位置，发动机必须预热，机油温度必须高于60℃。

2）发动机熄火后等待几分钟，其目的是让机油流回到油底壳中。

3）拔出机油尺，用干净的抹布擦干，然后再将其插入到底。

4）拔出机油尺，读取机油液面高度数值。

5）用手捻搓机油尺上的机油，检查其粘度，看有无汽油味和水泡等。

2. 更换机油和机油滤清器

发动机机油在使用过程中会有质和量的变化，必须定期更换，否则将导致油泥、积炭等沉积物，影响发动机的正常工作。

更换机油时，应按汽车制造商推荐的换油周期并考虑车辆的使用条件等因素进行。具体操作如下：

1）将汽车停放在平坦的地面上，起动发动机并使其处于热机状态，然后熄火。

2）拧下油底壳放油螺塞，趁热将旧机油排入合适的机油容器内。

3）拧下机油滤清器并排净其内部的旧机油。

4）在确保所有旧机油都已被排出的前提下，将油底壳放油螺塞装回到油底壳。

5）将符合规定（规格和油量）的新机油从注油口加入到曲轴箱中。

6）在安装新滤清器前，在机油滤清器油封上涂上机油，向新滤清器中注满符合规定要求的机油。这将消除初次起动过程中润滑系统中的空气。

7）起动发动机并检查机油压力，检查滤清器周围是否漏油。停熄发动机并检查机油标尺上的机油油位是否合适。

7.4　润滑系统常见故障分析

7.4.1　机油压力过高

发动机在正常工作温度和转速下，机油压力表读数高于规定值。此时可判定为发生机油压力过高故障。

产生此故障的原因及处理方法有：

① 机油粘度过大。更换机油或重新选用机油。

② 机油限压阀弹簧压力调整过大。重新调整弹簧压力。

③ 机油限压阀的润滑油道堵塞。清洗润滑油道。

④ 曲轴主轴承、连杆轴承或凸轮轴轴承间隙过小。必要时光磨曲轴、凸轮轴或更换轴承。

⑤ 机油压力表或其传感器工作不良。检修或更换机油压力表及其传感器。

7.4.2　机油压力过低

发动机在正常工作温度和转速下，机油压力表读数低于规定值或油压报警器报警，此时可判定为发生机机油压力过低故障。

产生此故障的原因及处理方法有：

① 机油集滤器网堵塞。清洗机油集滤器。

② 机油滤清器堵塞。清洗或更换机油滤清器。

③ 油底壳内机油油面过低。按规定补充机油。

④ 机油粘度降低。更换机油。

⑤ 机油限压阀弹簧失效或调整不当。更换弹簧或重新调整。

⑥ 润滑油油管接头漏油或进入空气。检修机油管路，排出空气。

⑦ 润滑油道堵塞。清洗润滑油道。

⑧ 机油泵性能不良。检修或更换机油泵。

⑨ 曲轴主轴承、连杆轴承或凸轮轴轴承间隙过大。必要时光磨曲轴、凸轮轴或更换轴承。

⑩ 机油压力表或其传感器工作不良。检修或更换机油压力表及其传感器。

7.4.3　机油消耗过多

如果机油消耗量超过规定值，排气冒蓝烟，气缸内积炭增多，则可判定有机油消耗过多故障。此故障主要是泄漏和烧机油造成的，造成机油消耗过多的原因及处理方法有：

① 活塞、活塞环与气缸壁的间隙过大或活塞环与环槽的侧隙过大。检修或更换活塞、活塞环和气缸。

② 气门与气门导管间隙过大或气门密封圈失效。检修或更换气门，更换气门导管或气门密封圈。

③ 发动机各部件密封表面漏油。检查发动机各部件的可能漏油表面。

④ 曲轴箱通风不良。检修曲轴箱通风装置。

⑤ 大修后扭曲环或锥面环装反。重新安装活塞环。

7.4.4　机油变质

机油颜色变黑，粘度下降或上升；添加剂性能丧失，含有水分；机油乳化，呈乳浊状并有泡沫。出现这些现象，则为机油变质。

机油变质可通过手捻、鼻嗅和眼观的人工经验法检验。如果机油发黑、变稠一般由机油氧化造成；如果机油发白则证明机油中有水；如果机油变稀则为汽油或柴油稀释引起。为精确分析机油变质原因，最好使用油质仪和滤纸斑点试验法进行机油品质检查。

出现故障的原因及处理方法有：

① 活塞、活塞环与气缸壁的密封不良。检修活塞、活塞环和气缸。

② 机油使用时间太长。更换机油。

③ 滤清器性能不良。更换滤清器。

④ 曲轴箱通风不良。检修曲轴箱的通风装置。

⑤ 发动机缸体或缸垫漏水。检修发动机缸体或更换发动机缸垫。

综合测试

一、填空题

1. 发动机各零部件上采用的润滑方式主要有__________和__________方式。

2. 润滑系中将机油自油底壳吸出并输送到主油道的总成是__________，它有__________式和__________式两种。

3. 机油粗滤清器多串联在__________和__________之间，使用中当滤芯堵塞时，其上的__________阀打开，使机油不经过滤，直接进入__________，以防供油中断。

4. 润滑系的主要作用是________作用，另外还兼起________、________、________和________作用。

二、选择题

1. 曲轴连杆轴承处的润滑油多来自于（　　）。

A. 曲轴主轴颈　　B. 凸轮轴轴颈

C. 活塞与气缸壁

2. 转子式机油泵工作时，（　　）。

A. 外转子转速低于内转子转速　　B. 外转子转速等于内转子转速

C. 外转子转速高于内转子转速

3. 发动机的活塞与气缸壁间多采用（　　）。

A. 压力润滑　　B. 定期润滑　　C. 飞溅润滑

三、简答题

1. 润滑系的作用是什么？

2. 以某种发动机为例，叙述润滑系油路。并指出油路中的各类阀门有什么作用？

3. 机油泵有哪些检查内容？

4. 润滑系的常见故障有哪些？简述故障原因和排除方法。

实 训 项 目

项目19：润滑系统认识与维护

一、实训目的

(1) 能识别润滑系统组成部件。
(2) 能正确选用机油。
(3) 理解润滑系统各组成部件的作用和原理。
(4) 能对润滑系统进行维护作业。
(5) 能分析润滑系统常见故障。
(6) 注重安全文明生产和环境保护。

二、设备及器材

(1) 常用工具、工作灯、三角木、防护套、尾排装置。
(2) 机油、接油容器。
(3) 发动机诊断台或实车。
(4) 维修手册。

三、操作基本方法

学生分小组，在教师指导下完成工作任务单上的内容。

四、完成工作任务单

任务名称	润滑系统认识与维护	学时		班级	
学生姓名		学号		成绩	
实训设备(型号)		实训场地		日期	

第一项内容：知识回顾

1. 根据下图，填写各序号的名称。

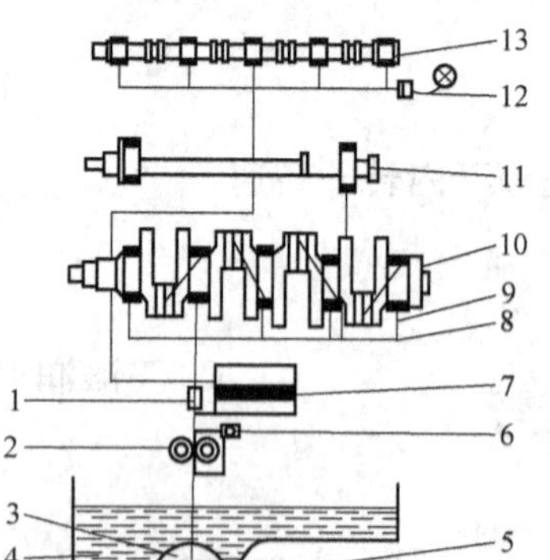

1		8	
2		9	
3		10	
4		11	
5		12	
6		13	
7			

2. 发生下列状况时会产生哪些后果？

状况	后果
集滤器阻塞	
机油泵损坏	
安全阀打开	
安全阀关闭	
旁通阀堵塞	
机油滤清器阻塞	
机油压力开关变脏	
轴承间隙太大	

第二项内容：操作训练

1. 发动机机油的检查

■描述机油检查的方法：

检查结果：

2. 更换发动机油

■写出更换发动机油的操作步骤：

3. 更换机油滤清器

■更换机油滤清器时有哪些注意事项？

第三项内容：分析与思考

画出实训用发动机润滑油路方框图。

第 8 章

点火系统

学习目标：

- 了解点火系统的基本组成
- 能识别点火系统的元器件
- 理解电控点火系统的工作原理
- 掌握点火系统各元件的检查方法
- 理解点火系统控制的原理、方法和电路

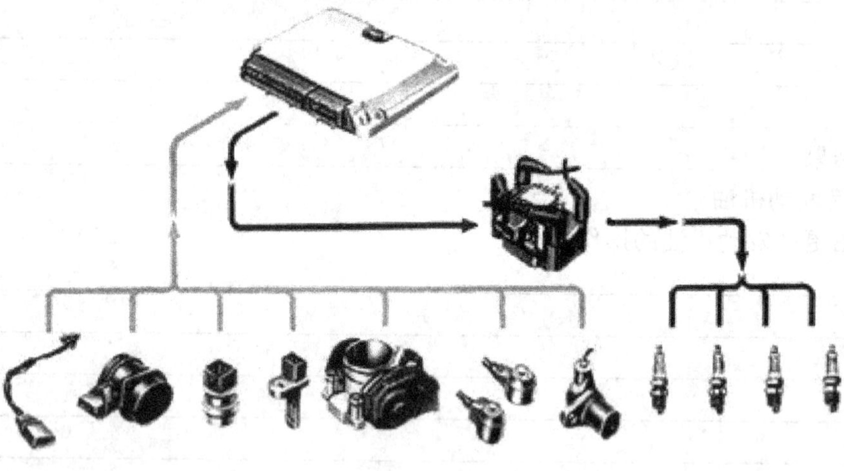

8.1 概述

汽油发动机的点火系统主要经历了以磁电动机为电源的点火系统；以机械式触点控制初级电路通断的蓄电池点火装置；以晶体管控制初级电路通断的电子点火系统和微处理器控制的点火系统四个阶段。

8.1.1 点火系统的作用和要求

1. 点火系统的作用

点火系统的作用是：

- 将蓄电池或发电机的低压电（一般 12 ~ 14V）变成高压电（一般 12 ~ 30kV）。
- 按发动机工作顺序，在气缸压缩行程终了时用电火花点燃可燃混合气，以满足可燃混合气充分地燃烧及发动机工作稳定的性能要求，使汽油发动机顺利地实现从热能到机械能的转变。

2. 对点火系统的要求

根据发动机各工况的要求，点火系统应保证在各种使用条件下可靠地点燃可燃混合气。因此，对点火系统的要求如下：

（1）点火系统应具有足够高的击穿火花塞电极间隙的电压　压缩行程终了时，受气缸内温度、压力等因素的影响，为使火花塞电极之间产生电火花，必须要有足够高的击穿电压。发动机正常工作时击穿电压一般应在12kV以上；发动机在满载低速时击穿电压为8～10kV；起动时需19kV。考虑各种不利因素的影响，通常点火系统的设计电压为30kV。

（2）电火花应具有足够的点火能量　要使可燃混合气被点燃，电火花还必须具有足够高的点火能量。发动机正常工作时，可靠点燃可燃混合气的点火能量为50～80MJ，起动时需100MJ左右的点火能量。

（3）点火时刻与发动机工况相适应　首先，点火系统应按发动机的工作顺序进行点火，一般六缸机的点火次序为1—5—3—6—2—4，四缸机为1—2—4—3。其次，点火时刻应使发动机发出的功率最大、油耗最低以及排污最少。为实现这一目的，点火时刻一般选择在活塞到达上止点前某一位置，称为点火提前角。

8.1.2　点火系统的分类和组成

1. 点火系的分类

目前，汽车上使用的点火系主要有以下几种类型。

（1）按点火系统电源分类

1）磁电动机点火系统。点火系统电源是磁电动机，现在此种点火装置主要应用在摩托车上。

2）蓄电池点火系统。点火系统电源是蓄电池或发电机，在汽车上和摩托车上都有使用。蓄电池点火又分为传统点火系统、电子点火系统和计算机控制点火系统。

（2）按点火系统储存点火能量的方式分类

1）电感储能式点火系统。点火系统产生高压前从电源获取能量的是电感线圈，并以磁场能的方式储存。即以点火线圈建立磁场能量的方式储存点火能量。

2）电容储能式点火系统。点火系统产生高压前从电源获取能量的是容电器，并以电场能的方式储存。即以蓄能电容建立电场能量的方式储存点火能量。

目前使用的绝大部分点火系统为电感储能式。

（3）按点火信号产生的方式分类

1）磁感应式。由分电器轴驱动的导磁转子转动，改变磁路磁阻，使感应线圈的磁通量发生变化而产生点火电压信号。

2）光电式。由分电器轴驱动的遮光转子转动，通过阻挡和穿过发光二极管光线的变化，使光敏晶体管产生点火信号。

3）霍尔效应式。由分电器轴驱动的导磁转子转动，通过霍尔元件所通过的磁通量的变化而产生点火信号。

2. 点火系统的组成

（1）传统点火系统　传统点火系统主要由电源、点火开关、附加电阻、点火线圈、分电器（包括断电器、配电器、点火提前机构）、容电器及火花塞等组成，如图 8-1 所示。

传统点火系统的电路可分为低压电路和高压电路。低压电路的作用是控制点火线圈初级电路的通断，使点火线圈内磁场产生突变而使点火线圈次级绕组产生高压电。低压电路主要包括：蓄电池、电流表（有些车辆没有）、点火开关、附加电阻、点火线圈初级绕组、断电器及容电器等。高压电路的作用是在点火线圈初级电路被切断时感生出高压电，击穿火花塞间隙，点燃可燃混合气。次级电路主要包括：点火线圈次级绕组、中心高压线、配电器、分缸高压线及火花塞等。

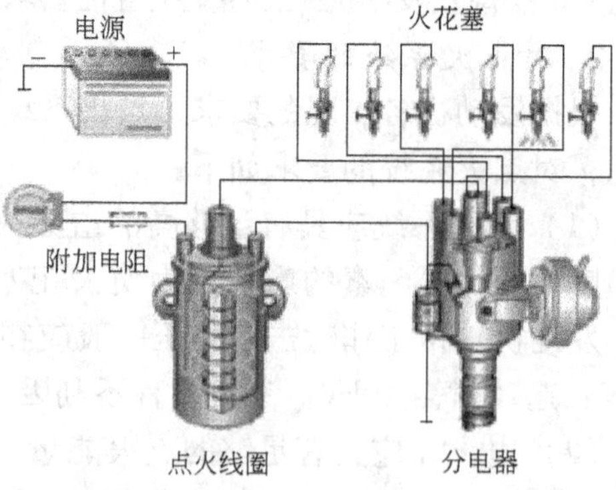

图 8-1　传统点火系统的组成

传统点火系统的工作原理如图 8-2 所示。

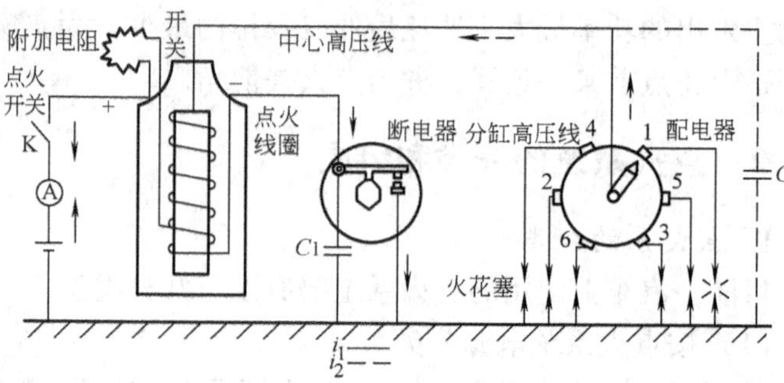

图 8-2　传统点火系统的工作原理简图

发动机工作时，由发动机凸轮轴以1:1的传动关系驱动分电器轴。分电器上的凸轮使断电器触点交替地闭合和打开。当触点闭合时，接通点火线圈初级绕组的电路；当触点打开时，切断点火线圈初级绕组的电路，使点火线圈的次级绕组中产生高压电；经火花塞的电极产生电火花，点燃混合气。

传统点火系统虽然在汽车上应用的历史悠久，但由于采用机械式断电触点，其次级电压受发动机气缸数、转速、断电器触点间隙以及火花塞积炭等因素的影响，容易出现故障，所以目前正处于淘汰的阶段，取而代之的是各种类型的电子点火系统和计算机控制点火系系统。

（2）电子点火系统　汽车上采用的电子点火系统种类很多，电路各不相同。目前广泛使用的是电感储能式无触点电子点火系统。它与传统点火系统的主要区别是将传统点火系统的触点改成了可以起到相同开关作用的晶体管。利用触发信号使晶体管接通或切断，产生初级电流的变化而产生点火的高压。

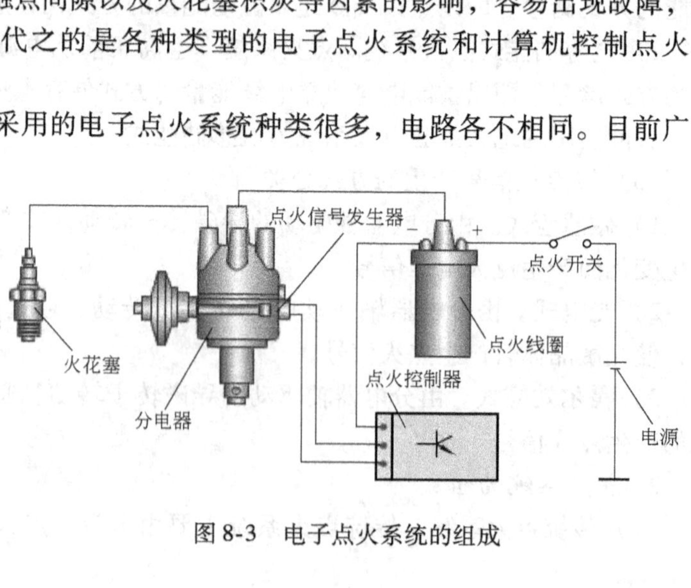

图 8-3　电子点火系统的组成

电子点火系统主要由电源、

点火开关、点火线圈、点火控制器、分电器（包括配电器、点火提前机构）及火花塞等组成，如图8-3所示。

电子点火系统电路中，信号发生器取代了传统点火系统中的凸轮，晶体管取代了断电器触点。晶体管的导通相当于断电触点的闭合，截止相当于断电触点的断开。当发动机工作时，信号发生器不断地发出正负（或高低）的点火电压信号，正（或高）电压信号使晶体管导通，负（或低）电压信号使晶体管截止。晶体管导通时，接通初级电路，产生初级电流；晶体管截止时，切断初级电路，使次级产生高压。

由于信号发生器所发出的信号电压往往较低，波形也不规则，一般不能直接控制晶体管的导通与截止，因此在实际的点火电路中往往还有信号放大电路、信号整形电路及直流放大器，将信号发生器发出的点火信号放大，整理成标准方波，通过直流放大器将信号进一步放大，再用来控制晶体管的导通与截止。通常将信号的放大电路、整形电路、直流放大器及大功率晶体管等单独做成一个整体，称为点火控制器（点火模块、点火器）。在点火系统工作时，点火信号发生器产生出点火电压信号，将信号送入点火控制器，在点火控制器中，点火的电压信号经过信号放大、整形、直流放大，控制大功率晶体管的导通与截止。接通与切断初级电路，完成点火功能。

由于晶体管处于开关特性下工作时，具有通过电流大、翻转速度快、翻转过程无机械中断、不会产生电火花等特点，使得电子点火系统具有点火能量高、高低速点火性能稳定、次级电压上升快、对火花塞积炭不敏感、故障少、寿命长以及对无线电干扰少等优点。同时电子点火系统还可以在点火模块中添加有关电路，实现闭合角控制、点火的恒流控制等多种控制功能，对改善发动机性能起到了很大作用。

但是，这种点火系统没有对发动机性能影响最大的点火参数——点火提前角进行精确控制，使其控制的点火提前角与最佳点火提前角有较大误差。

（3）计算机控制点火系统　计算机控制的点火系统即电控点火系统，废除了真空和离心式点火提前装置。点火提前角由计算机控制，从而使发动机在各种工况下都具有最佳的点火提前角，提高了发动机的动力性和经济性，且保证排放污染最小。

8.2　计算机控制点火系统的构造与维修

电子点火系统由于取消了传统点火系统中的断电器触点，采用了先进的多功能专用点火芯片为核心的电子组件，配上高能点火线圈，使点火系统具有了点火能量高、点火电压大、能够实现点火的恒流控制、闭合角控制等多种控制功能，对改善发动机的性能起到了很大的作用。点火提前角不仅取决于发动机的转速和负荷，同时还要受到发动机冷却液温度、进气温度、可燃混合气的空燃比、燃油的品质等的影响，如果将这些因素考虑进去，离心和真空调节器的调节功能远不能保证发动机的最佳点火时刻。而计算机控制点火系可将所有影响发动机点火的因素都考虑进去，使发动机在任何工况下都能提供最佳的点火时刻，进一步提高了发动机的动力性和经济性，降低了汽车的排气污染。

8.2.1　计算机控制点火系统的组成和工作原理

1. 计算机控制点火系统的组成

计算机控制点火系统主要包括各种传感器、电子控制单元（电控单元、ECU）、执行器

（点火器、点火线圈、火花塞）等，如图 8-4 所示。各组成部分的功能见表 8-1。

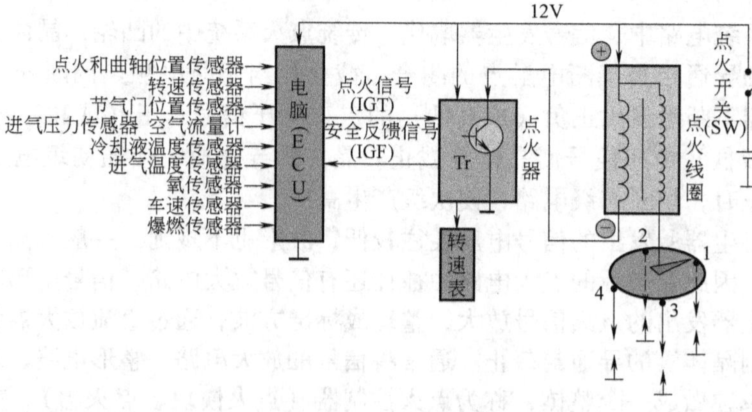

图 8-4　计算机控制点火系统的基本组成

表 8-1　计算机控制点火系统各组成部分的功能

部件名称		功用
传感器	空气流量计	检测发动机进气量
	进气歧管绝对压力传感器	
	凸轮轴位置传感器(G 信号)	检测发动机第一缸活塞基准位置
	曲轴位置传感器(Ne 信号)	检测曲轴转角和发动机转速
	节气门位置传感器	检测节气门开度
	冷却液温度传感器	检测发动机冷却液温度
	车速传感器	检测汽车车速
	爆燃传感器	检测发动机爆燃
	空调开关	检测空调是否工作
	起动开关信号	检测发动机是否处于起动状态
电子控制单元		根据各传感器输入的信号，计算出最佳点火时刻（点火提前角），并将点火控制信号输送给点火线圈
执行器	点火器	根据电子控制单元输出的点火信号，控制点火线圈初级电路的接通与断开，产生点火电压。同时，向 ECU 反馈点火确认信号
	点火线圈	受点火器控制，产生点火高压

传感器（包括各种开关）主要有空气流量计（或绝对压力传感器）、曲轴位置传感器、发动机转速传感器、节气门位置传感器、冷却液温度传感器、车速传感器、爆燃传感器以及空调开关信号等。

电子控制单元（ECU）的作用是根据发动机各传感器输入的信息及内存的数据，进行运算、处理、判断，然后输出指令（信号）控制有关执行器（如点火器）动作，实现对点火系的精确控制。

执行器根据电子控制单元（ECU）或其他控制元件的指令（信号），执行各自的功能。

2. 计算机控制点火系统的工作原理

计算机控制点火系统工作时，发动机电子控制单元（ECU）接收曲轴位置传感器发出的曲轴位置（G）信号，并根据空气流量信号（或进气歧管压力信号）和发动机转速信号确定基本点火时刻（基本点火提前角）。与此同时，接收其他各传感器发出的信号，对点火提前角进行修正。如发动机冷车起动时，由于发动机怠速控制装置的作用，运转速度较正常怠速时高，应增大点火提前角；暖机过程中，随着冷却液温度的升高，发动机转速逐渐降低，点火提前角应随之减小。

8.2.2 计算机控制点火系统的主要部件

计算机控制点火系统同样由传感器、执行器和 ECU 三部分构成，某些传感器在前面章节中已叙述过，本节主要介绍凸轮轴/曲轴位置传感器、爆燃传感器及相关执行器。

8.2.2.1 凸轮轴/曲轴位置传感器

凸轮轴/曲轴位置传感器是发动机电控系统中最重要的传感器之一。根据工作原理不同可分为电磁感应式、霍尔式和光电式 3 种，通常安装在曲轴前端、凸轮轴前端、飞轮附近或分电器内部。

凸轮轴位置传感器给 ECU 提供第一缸上止点的基准信号，作为喷油和点火的主要信号。也称判缸信号。

曲轴位置传感器给 ECU 提供发动机运转过程中曲轴的转角（即转速）以及活塞的位置（曲轴位置）信号，该信号也是主控信号，用于：

- 与空气流量计信号一起确定发动机各工况的基本喷油量和基本点火提前角。
- 提供各缸活塞上止点位置信息，控制点火时刻和喷油时刻。
- 作为实际怠速的反馈信息，影响怠速控制系统的工作。
- 影响排放控制系统的工作。
- 为发动机转速表提供转速信号。

1. 电磁感应式凸轮轴/曲轴位置传感器

电磁感应式凸轮轴/曲轴位置传感器利用电磁感应原理制成。主要由磁性转子、永久磁铁、铁心及感应线圈等组成，如图 8-5 所示。

（1）电磁感应式凸轮轴/曲轴位置传感器工作原理　磁性转子安装在分电器轴上，分电器轴由凸轮轴驱动。发动机运转时通过凸轮轴带动磁性转子转动。磁性转子转动时，磁路中的气隙就会周期性地发生变化，并使感应线圈铁心内的磁通量随之周期性地变化，如图 8-6 所示。

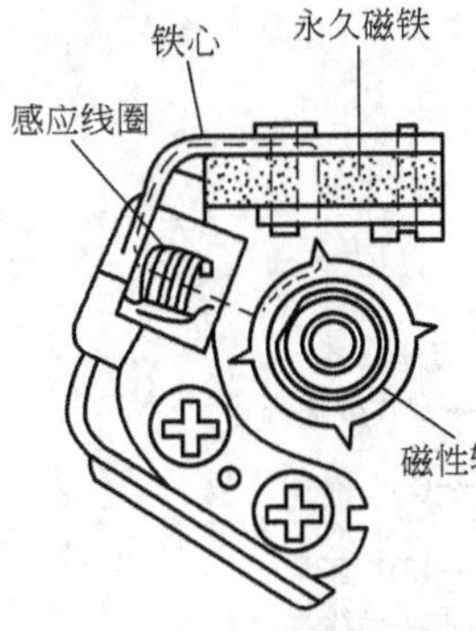

图 8-5　电磁感应式凸轮轴/曲轴位置传感器

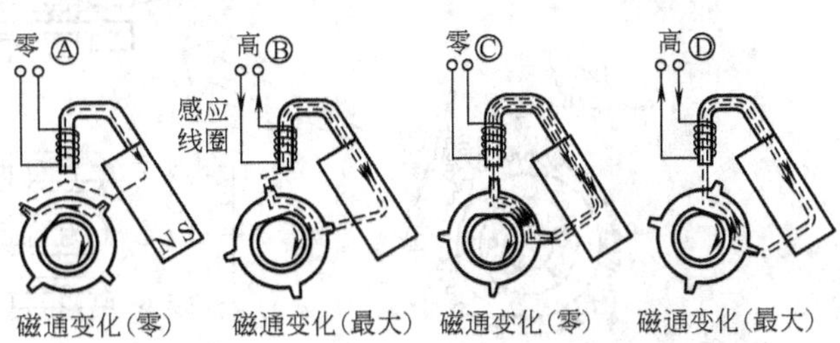

图 8-6　磁性转子转动时，线圈中磁通量变化过程图

线圈中产生的感应电动势变化如图 8-7 所示。

当磁性转子顺时针方向旋转时，转子凸齿与铁心之间的气隙减小，磁路磁阻减小，磁通量 Φ 增多，磁通量变化率增大，感应电动势 E 为正。当转子凸齿接近铁心边缘时，Φ 急剧增多，磁通变化率最大，E 最高（B 点）。转子转过 B 点后，虽然 Φ 仍在增多，但磁通变化率减小，E 降低。

当磁性转子转到凸齿的中心线与铁心中心线对齐时，虽然气隙最小，Φ 最大，但磁通量不可能继续增加，磁通量的变化率为零，E 为零。

当磁性转子顺时针方向继续旋转，凸齿离开铁心时，凸齿与铁心之间的气隙增大，磁路磁阻增大，磁通量 Φ 减少，磁通量变化率为负，感应电动势 E 为负。转子凸齿离开铁心边缘时，Φ 急剧减少，磁通变化率达到负向最大值，E 也达到负向最大值。转子继续转动，虽然 Φ 仍在减少，但磁通变化率减小，E 升高。

当磁性转子转到两个凸齿的中间与铁心中心线对齐时，虽然气隙最大，Φ 最小，但磁通量不可能继续减少，磁通量的变化率为零，E 为零。

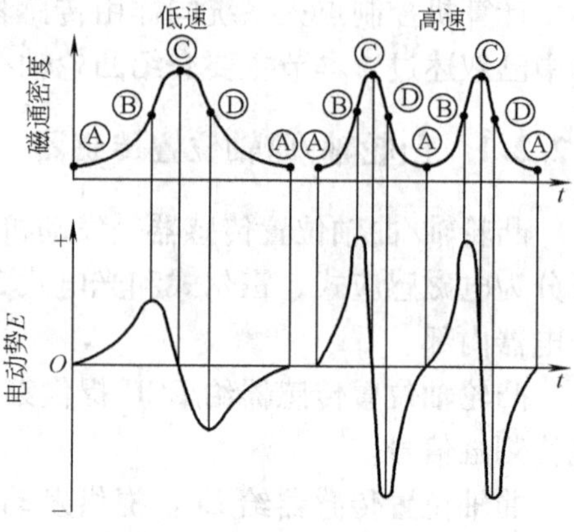

图 8-7　磁路中磁通的变化及信号线圈中的感应电动势

磁性转子每转过一个凸齿，感应线圈中就会产生一个周期的交变电动势，即电动势出现一次最大值和一次最小值，感应线圈也就相应地输出一个交变电压信号。

磁感应式传感器不需要外加电源，永久磁铁起着将机械能转变为电能的作用。发动机转速变化时，转子凸齿转动的速度也发生变化，铁心中的磁通变化率也随之发生变化。转速越高，磁通变化率就越大，传感线圈中的感生电动势也就越高。

（2）电磁感应式凸轮轴/曲轴位置传感器举例　日产公司磁感应式凸轮轴/曲轴位置传感器如图 8-8 所示，该传感器安装在曲轴前端的带轮之后。在带轮后端设置一个带有细齿的薄圆齿盘（用以产生信号，称为信号盘），它和曲轴带轮一起装在曲轴上，随曲轴一起旋

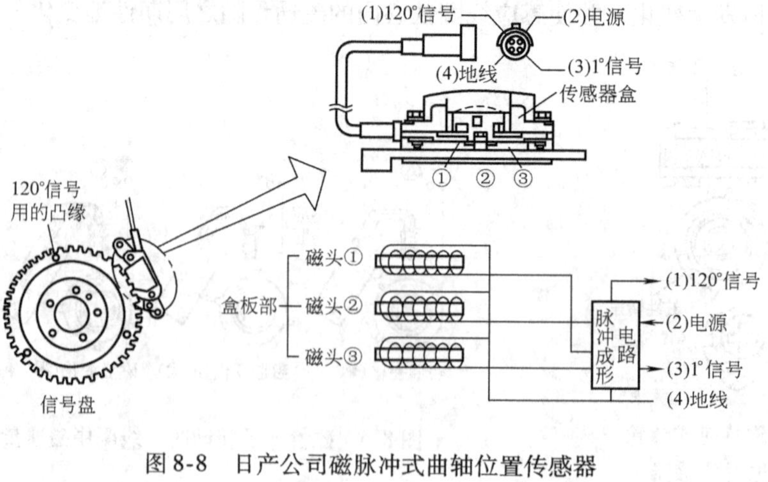

图 8-8　日产公司磁脉冲式曲轴位置传感器

转。在信号盘的外缘，沿着圆周每隔 4°有 1 个宽度为 2°的齿，共有 90 个齿。并且每隔 120°布置 1 个凸缘，共 3 个。安装在信号盘边沿的传感器盒是产生电信号的信号发生器。信号发生器内有 3 个在永久磁铁上绕有感应线圈的磁头，其中磁头②产生 120°信号（即凸轮轴位置信号、G 信号），磁头①和磁头③共同产生曲轴 1°转角信号（即曲轴位置信号、Ne 信号）。磁头②对着信号盘的 120°凸缘，磁头①和磁头③对着信号盘的齿圈，彼此相隔 3°曲轴转角安装。

信号发生器内有信号放大和整形电路，外部有四孔连接器，孔“(1)”为120°信号输出线，孔“(2)”为信号放大与整形电路的电源线，孔“(3)”为1°信号输出线，孔“(4)”为接地线。通过该连接器将曲轴位置传感器中产生的信号输送到 ECU。发动机转动时，信号盘的齿和凸缘引起通过感应线圈的磁场发生变化，从而在感应线圈里产生交变的电动势，经滤波整形后，即变成脉冲信号。发动机旋转一圈，产生 3 个 120°脉冲信号，磁头①和③各产生 90 个脉冲信号（交替产生）。由于磁头①和磁头③相隔 3°曲轴转角安装，而它们又都是每隔 4°产生一个脉冲信号，所以磁头①和磁头③所产生的脉冲信号相位差正好为 90°。将这两个脉冲信号送入信号放大与整形电路中合成后，即产生曲轴 1°转角的信号，如图 8-9 所示。

产生 120°信号的磁头②安装在上止点前 70°的位置（如图 8-10 所示），故其信号亦可称为上止点前 70°信号，即发动机在运转过程中，磁头②在各缸上止点前 70°位置均产生一个脉冲信号。

(3) 电磁感应式凸轮轴/曲轴位置传感器的检测　丰田霸道 4000 电磁感应式凸轮轴/曲轴位置传感器电路如图 8-11 所示。

① 凸轮轴位置传感器检测。检测凸轮轴位置传感器连接器端子（见图 8-12a）1 与 2 之间的电阻，-10 ~ 10℃时为 835 ~ 1400Ω，50 ~ 100℃时为 1060 ~ 1645Ω。凸轮轴位置传感器配线侧连接器端子 1 和 2 与 ECU 配线侧连接器端子 15（G2 +）和 24（NE -）应分别导通，如图 8-12b 所示。

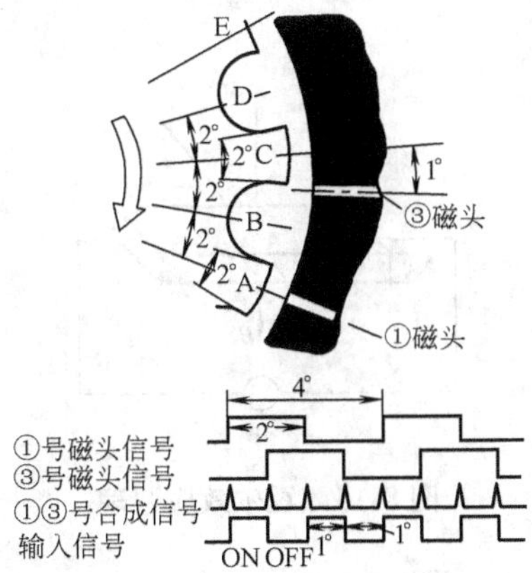

图 8-9　产生曲轴 1°转角的信号的原理

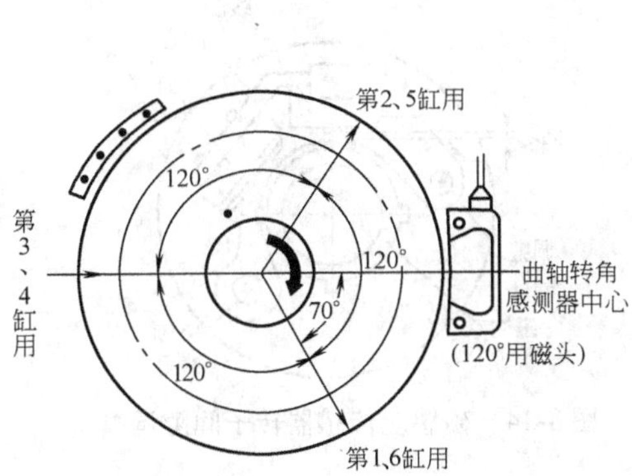

图 8-10　磁头②与曲轴的位置关系

② 曲轴位置传感器检测。检测曲轴位置传感器连接器端子（见图 8-13a）1 与 2 之间的电阻，-10 ~ 10℃时为 1630 ~ 2740Ω，50 ~ 100℃时为 2065 ~ 3225Ω。曲轴位置传感器配线侧连接器端子 1 和 2 与 ECU 配线侧连接器端子 16（NE +）和 24（NE -）应分别导通，如

图 8-13b 所示。

③ 感应线圈铁心与磁性转子之间的间隙检测。用塞尺测量磁性转子与铁心凸出部位之间的间隙应为 0.2～0.4mm，如图 8-14 所示。若间隙不符合要求，可先松开紧固螺钉，旋转调整螺钉使间隙符合要求后，再拧紧紧固螺钉。若无法调整间隙，则应更换分电器壳体。

2. 霍尔式凸轮轴/曲轴位置传感器

霍尔式凸轮轴/曲轴位置传感器是利用霍尔效应制成的传感器。

（1）霍尔效应原理　霍尔效应原理如图 8-15 所示。当电流 I 通过放在磁场中的半导体基片（即霍尔元件），且电流方向与磁场方向垂直时，在垂直于电流和磁场的半导体基片的横向侧面上将产生一个电压 U_H（称之为霍尔电压）。霍尔电压的高低与通过的电流和磁感应强度成正比，可用下式表示：

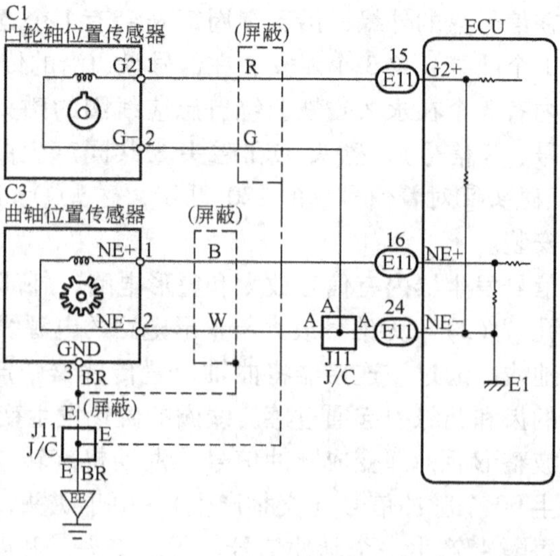

图 8-11　丰田霸道 4000 凸轮轴/曲轴位置传感器电路

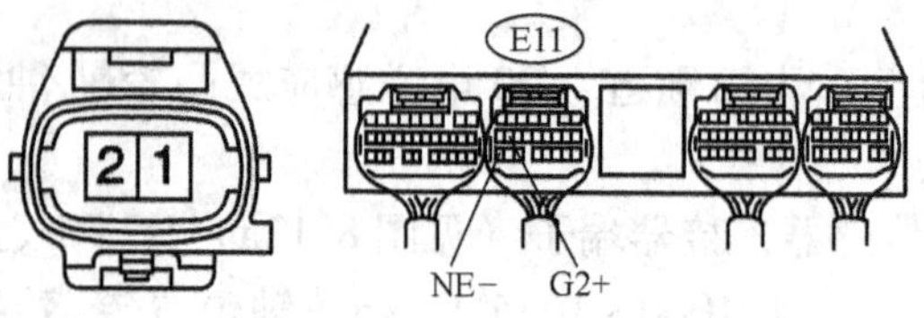

a) 传感器配线侧端子　　b) ECU配线侧端子

图 8-12　凸轮轴位置传感器检测

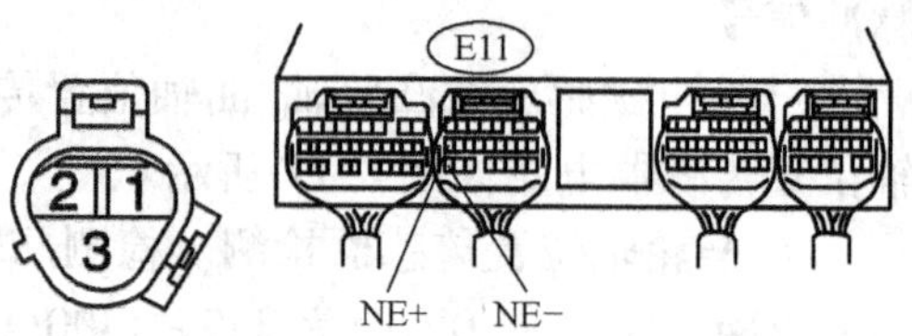

a) 传感器配线侧端子　　b) ECU配线侧端子

图 8-13　曲轴位置传感器检测

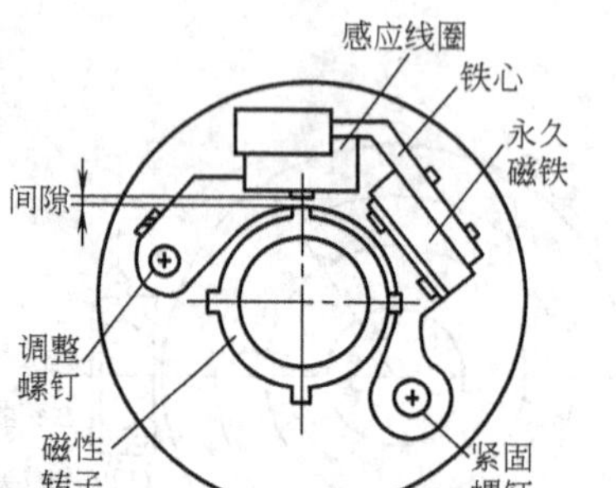

图 8-14　磁感应传感器转子间隙调整

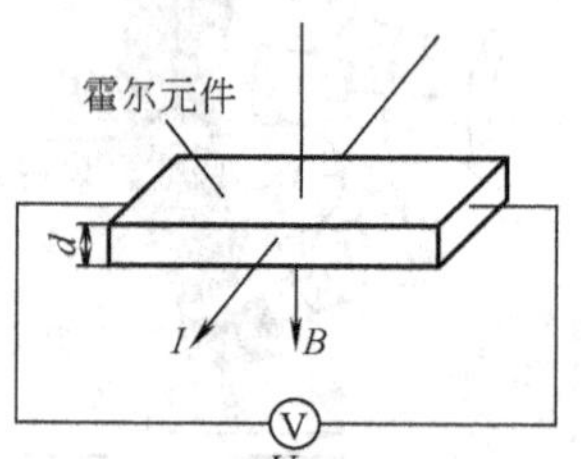

图 8-15　霍尔效应原理

$$U_H = \frac{R_H}{d} IB$$

式中　R_H——霍尔系数；

d——半导体基片厚度，单位 m；

I——电流，单位 A；

B——磁感应强度，单位 T。

由上式可知，当通过的电流 I 为一定值时，霍尔电压 U_H 随磁感应强度 B 的大小而变化。

（2）霍尔效应式凸轮轴/曲轴位置传感器的工作原理　霍尔效应式凸轮轴/曲轴位置传感器一般安装在分电器内，主要由触发叶轮、霍尔集成电路、带导板的永久磁铁及底板等组成，如图 8-16 所示。

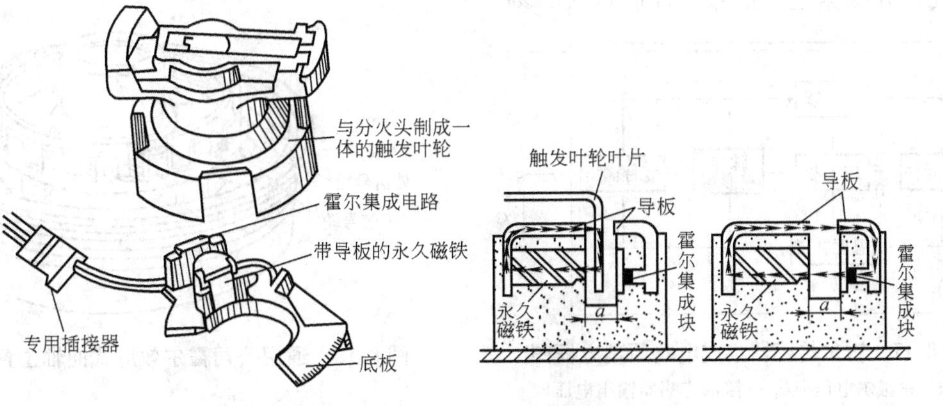

a) 霍尔信号发生器的组成　b) 叶片在气隙内　c) 叶片不在气隙内

图 8-16　霍尔效应式凸轮轴/曲轴位置传感器

霍尔发生器的工作原理。触发叶轮旋转时，每当叶片进入永久磁铁与霍尔集成块（内置霍尔元件）之间的空气隙时，磁场便被触发叶轮的叶片所旁路，或称隔磁（见图 8-16b），而不能作用于霍尔元件上，因此不产生霍尔电压。而当触发叶轮的叶片离开永久磁铁与霍尔元件间的空气隙时，永久磁铁的磁通便通过导板作用于霍尔元件上（见图 8-16c），这时便产生霍尔电压。由此可见，触发叶轮每转一周，便产生与叶片数相等个数的霍尔脉冲电压。

由于霍尔电压较低（mV 级），因此，首先要把信号电压放大并转换为矩形脉冲，这一任务由霍尔集成电路来完成，其原理如图 8-17 所示。当霍尔电压为零时，霍尔集成电路使霍尔信号发生器的输出电压急剧上升至数伏，而当产生霍尔电压时，霍尔信号发生器的输出电压降至 0.4～0.5V，经图 8-17 所示电路处理后，输出整齐的方波脉冲 U_G，控制点火线圈一次电路的接通和断开，实现发动机各缸的依次点火。

（3）霍尔效应式凸轮轴/曲轴位置传感器举例　美国通用公司的霍尔效应式凸轮轴/曲轴位置传感器采用触发叶片的结构形式，安装在曲轴前端，如图 8-18 所示。在发动机的曲轴带轮前端固装着内外两个带触发叶片的信号轮，与曲轴一起旋转。内信号轮为凸轮轴位置传感器，圆周上设有 3 个触发叶片和 3 个窗口，3 个触发叶片的宽度不同，分别为 100°、90°和 110°弧长，3 个窗口的宽度亦不相同，分别为 20°、30°和 10°弧长。由于内信号轮的安装位置关系，宽度为 100°弧长的触发叶片前沿位于第 1 缸和第 4 缸上止点（TDC）前 75°，90°弧长的触发叶片前沿在第 6 缸和第 3 缸上止点前 75°，110°弧长的触发叶片前沿在第 5 缸和第 2 缸上止点前 75°。外信号轮为曲轴位置传感器，圆周上均匀分布着 18 个触发叶片和 18 个窗口，每个触发叶片和窗口的宽度为 10°弧长。

在内外信号轮侧面各设置一个霍尔信号发生器，它们产生的信号脉冲信号如图 8-19 所示。内信号轮每旋转1周产生3个不同宽度的电压脉冲信号（称为3X信号），脉冲周期均为120°曲轴转角的时间。脉冲上升沿分别产生于第1、4缸、第3、6缸和第2、5缸上止点前75°，作为发动机电子控制单元（ECU）判别气缸距上止点的角度和计算点火时刻的基准信号。外信号轮每旋转1周产生18个脉冲信号（称为18X信号），1个脉冲周期相当于曲轴旋转20°转角的时间，ECU再将1个脉冲周期均分为20等份，即可求得曲轴旋转1°所对应的时间，并根据这一信号，控制点火时刻。

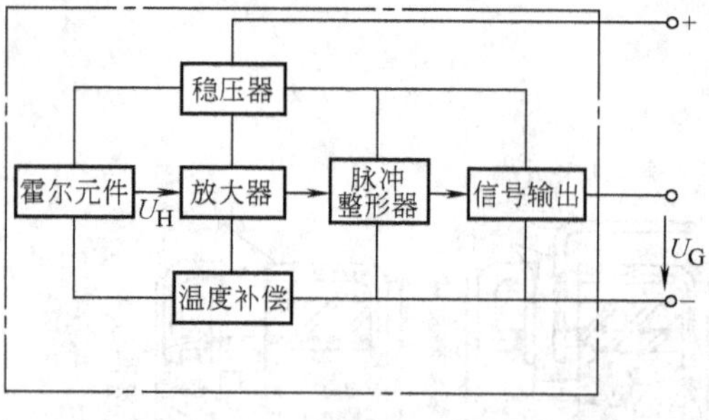

图8-17　霍尔传感器集成电路原理方框图

U_H—霍尔电压　U_G—霍尔传感器输出电压

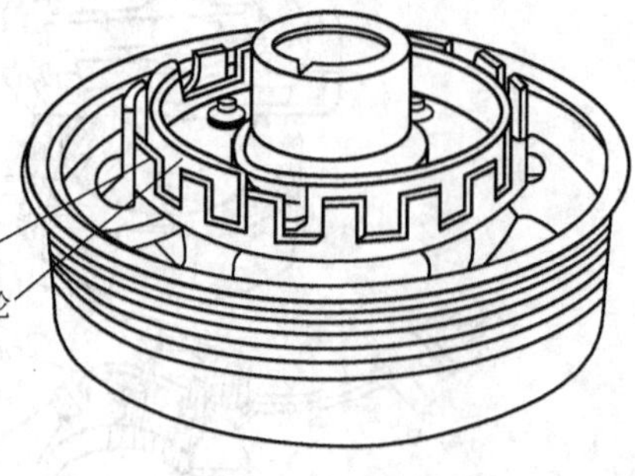

图8-18　通用公司霍尔效应式曲轴位置传感器

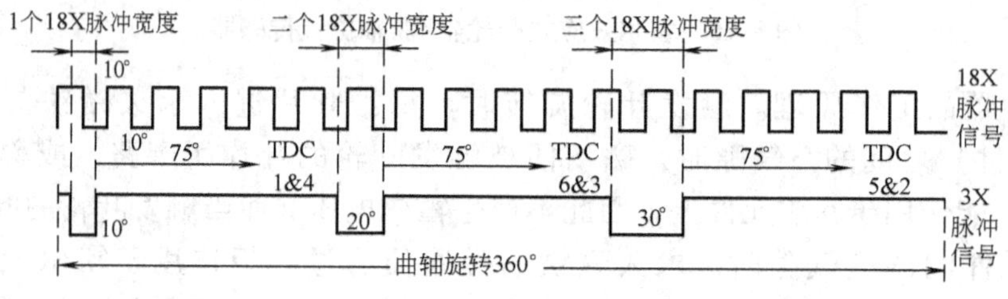

图8-19　通用汽车公司霍尔效应式曲轴位置传感器输出信号

（4）霍尔效应式曲轴位置传感器的检测　霍尔效应式曲轴位置传感器的检测方法有一个共同点，即主要通过测量有无输出电脉冲信号来判断其是否良好。下面以北京切诺基使用的传感器为例来说明其检测方法。

传感器与ECU有三条引线相连，如图8-20所示。其中一条是ECU向传感器加电压的电源线，输入传感器的电压为8V；另一条是传感器的输出信号线，当飞轮齿槽通过传感器时，霍尔效应传感器输出脉冲信号，高电位为5V，低电位为0.3V；第三条是通往传感器的接地线。曲轴位置传感器插头如图8-21所示。

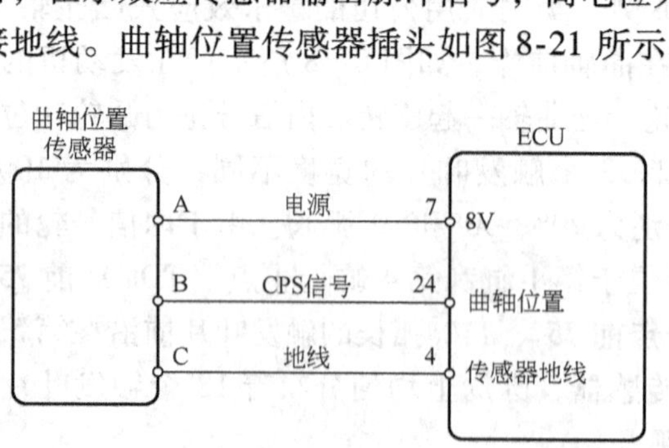

图8-20　曲轴位置传感器工作电路

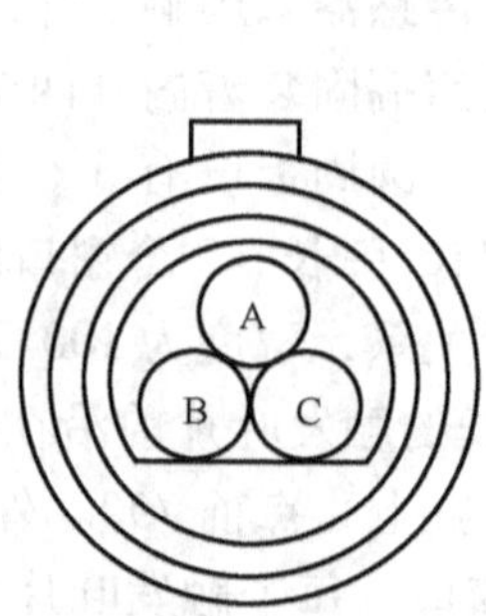

图8-21　曲轴位置传感器插头

① 传感器电源电压的测试。点火开关置于“ON”，用万用表电压档测量 ECU 侧 7 号端子的电压应为 8V，在传感器导线连接器“A”端子处测量电压也应为 8V，否则为电源、线断路或接头接触不良。

② 端子间电压的检测。用万用表的电压档，对传感器的 A、B、C 三个端子间进行测试，当点火开关置于“ON”时，A—C 端子间的电压值约为 8V；B—C 端子间的电压值在发动机转动时，在 0.3 ~ 5V 之间变化，且数值显示呈脉冲性变化，最高电压 5V，最低电压 0.3V。如不符合以上结果，应更换曲轴位置传感器。

③ 电阻检测。点火开关置于“OFF”位置，拔下曲轴位置传感器导线连接器，用万用表电阻档跨接在传感器侧的端子 A—B 或 A—C 间，此时万用表显示读数为无穷大（开路），如果指示有电阻，则应更换曲轴位置传感器。

通用汽车公司触发叶片式霍尔传感器的测试方法与上述相似，只是端子为 4 个，上止点信号（内信号轮触发）输出端与接地端为脉冲电压显示。

3. 光电式凸轮轴/曲轴位置传感器

光电式凸轮轴/曲轴位置传感器利用光电感应原理制成，主要由信号（遮光）盘、发光二极管、光敏晶体管以及电子电路等组成，如图 8-22、图 8-23 所示。

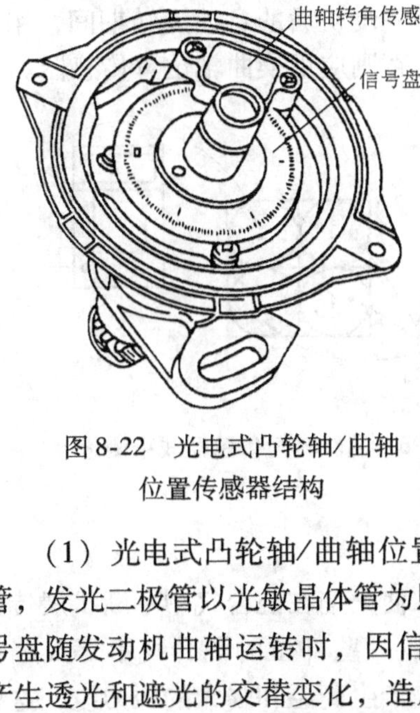

图 8-22 光电式凸轮轴/曲轴位置传感器结构

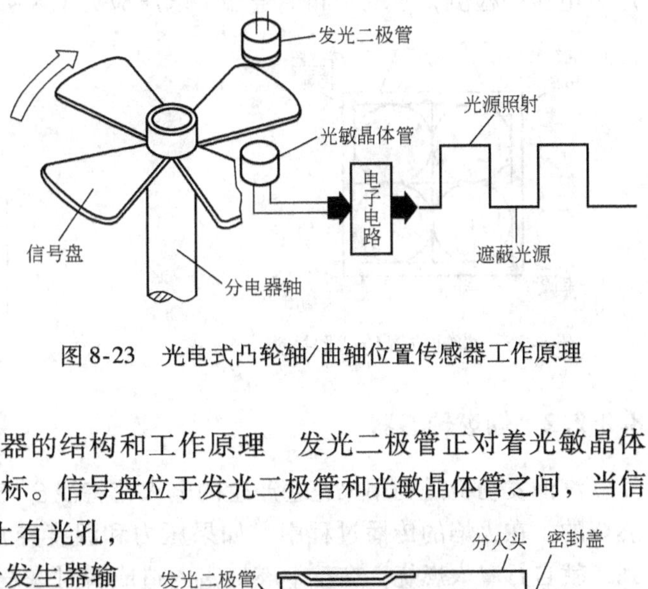

图 8-23 光电式凸轮轴/曲轴位置传感器工作原理

（1）光电式凸轮轴/曲轴位置传感器的结构和工作原理　发光二极管正对着光敏晶体管，发光二极管以光敏晶体管为照射目标。信号盘位于发光二极管和光敏晶体管之间，当信号盘随发动机曲轴运转时，因信号盘上有光孔，产生透光和遮光的交替变化，造成信号发生器输出表征凸轮轴位置和曲轴转速的脉冲信号。

（2）光电式凸轮轴/曲轴位置传感器举例　日产公司车辆的光电式凸轮轴/曲轴位置传感器设置在分电器内，它由信号发生器以及带缝隙和光孔的信号盘组成，如图 8-24 所示。信号盘安装在分电器轴上，其外围有 360 条相距 0.5°的缝隙，产生 1°（曲轴转角）信号；外围稍靠内侧均匀分布着 6（6 缸发动机为 6 个，4 缸发动机

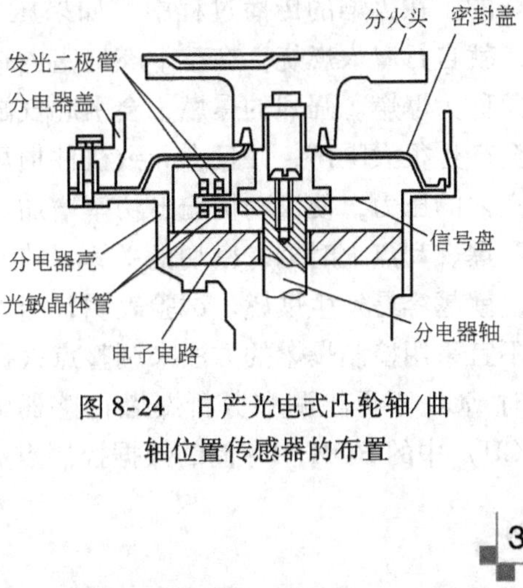

图 8-24 日产光电式凸轮轴/曲轴位置传感器的布置

为4个）个光孔，产生120°（凸轮轴位置）信号，其中有一个较宽的光孔是产生对应第1缸上止点的120°信号。

当发光二极管的光束照射到光敏晶体管上时，光敏晶体管感光而导通；当发光二极管的光束被遮挡时，光敏晶体管截止。信号发生器输出的脉冲电压信号送至电子电路放大整形后，即向电控单元输送曲轴转角1°信号和120°信号。因信号发生器安装位置的关系，120°信号在活塞上止点前70°输出。发动机曲轴每转2圈，分电器轴转1圈，则1°信号发生器输出360个脉冲，每个脉冲周期高电位对应1°，低电位亦对应1°，共表征曲轴转角720°。与此同时，120°信号发生器共产生6个脉冲信号。

（3）光电式曲轴位置传感器的检测

① 曲轴位置传感器的线束检查。图8-25所示为光电式曲轴位置传感器连接器（插头）的端子位置。检查时，脱开曲轴位置传感器的导线连接器，点火开关置于“ON”，用万用表的电压档测量线束侧4号端子与地间的电压应为12V，线束侧2号端子和3号端子与地间电压应为4.8~5.2V，用万用表的电阻档测量线束侧1号端子与地间应为0Ω（导通），如图8-26所示。

② 光电式曲轴位置传感器输出信号检测。用万用表电压档接在传感器侧3号端子和1号端子上，在起动发动机时，电压应为0.2~1.2V。在起动发动机后的怠速运转期间，用万用表电压档检测2号端子和1号端子电压应为1.8~2.5V，否则应更换曲轴位置传感器。

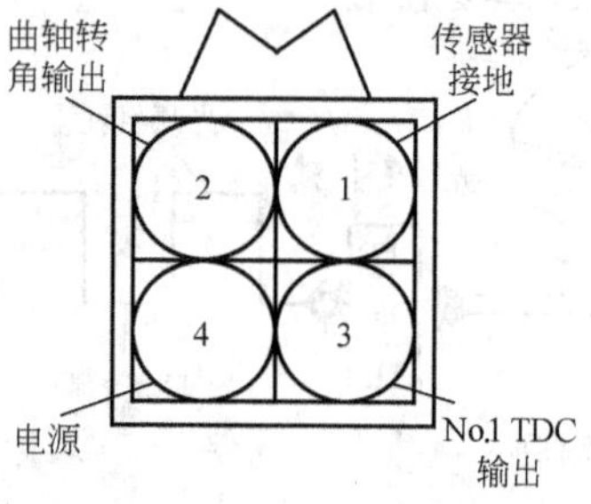

图8-25　曲轴位置传感器插头

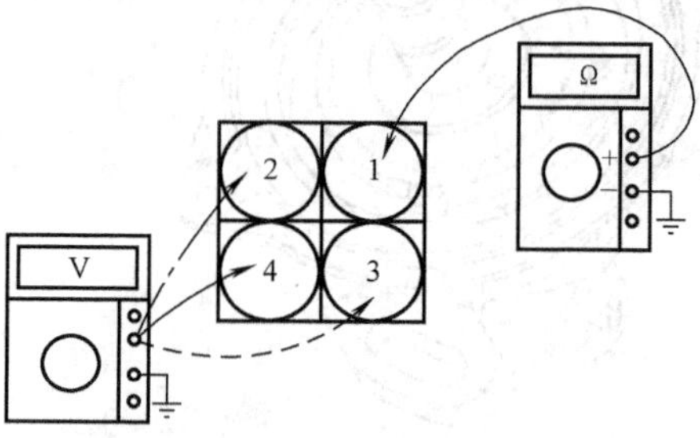

图8-26　曲轴转角传感器线束测量

8.2.2.2　爆燃传感器

汽油发动机是利用火花塞产生的电火花将混合气点燃，使火焰在混合气中不断扩展传播燃烧的。在火焰的传播过程中，如果压力和温度异常升高，一些部位的混合气不等火焰传到，就自行着火燃烧，在整个燃烧室内造成瞬时爆发燃烧，产生高温和强大的压力波，这种现象称为爆燃。强烈的爆燃，会引起气缸体、气缸盖和进气歧管等薄壁构件的高频振动，不但会产生很大噪声，并且会导致机件损坏，因此必须防止。受控条件下的爆燃，可以增加燃烧室内的压力，使发动机输出功率增加。

爆燃和点火时刻有密切的关系，在一定的范围内，点火时刻提前，燃烧的最大压力就高，就越容易发生爆燃。试验表明，当发动机的负荷低于一定值时，一般不会出现爆燃，这时不宜采用控制爆燃的方法来调整点火提前角，可采用开环控制的方式控制点火提前角，即此时ECU不再检测和分析爆燃传感器输入的信号，只根据有关传感器及发动机控制单元（ECU）中的ROM中存储的数据控制点火提前角的大小。

而要判断在某一时刻究竟要采用开环还是闭环控制，可由 ECU 对负荷传感器送来的信号进行分析判断。

当 ECU 进行闭环控制时，若任何一个气缸产生爆燃，ECU 立即以某一固定值（1.5°~2°曲轴转角）逐渐减少点火提前角，直至发动机不产生爆燃为止。然后，在一定的时间内，先维持调整过的点火提前角不变。在此期间内，若又有爆燃发生，则继续以固定值减少点火提前角；若无爆燃发生，则此段缓冲时间过后，则又开始逐渐以同样的固定值增大点火提前角，直至爆燃重新发生，又开始进行上述的反馈控制过程。

1. 爆燃传感器的分类

爆燃传感器通常安装在发动机气缸体的侧面，按发动机缸体振动频率的检测方式不同，可分为共振型和非共振型两种；按爆燃传感器结构的不同，分为压电式和磁致伸缩式及火花塞金属垫型几种。

共振型爆燃传感器的显著特点是传感器的共振频率与发动机爆燃的固有频率一致，因此其内部设有共振体，并且共振体的共振频率与爆燃频率协调一致。其优点是输出电压高，不需要滤波器，因此信号处理比较方便。由于机械共振体的频率特性尖且频带窄，因此无法响应发动机条件变化引起的爆燃频率变化。即共振型爆燃传感器只能用于特定的发动机，不能与其他发动机互换使用，装车自由度很小。

非共振型爆燃传感器的突出优点是适用于所有的发动机，装车自由度很大。但其输出电压较低，频率特性平且频段较宽，需要配用带通滤波器（只允许特定频段的信号通过，对其他频段的信号进行衰减的电路组成的滤波器称为带通滤波器，带通滤波器一般由线圈和电容器组合而成），信号处理比较复杂。

2. 爆燃传感器的结构与原理

（1）共振型压电式爆燃传感器　共振型压电式爆燃传感器由压电元件、振动板、基座、连接器及外壳等组成，结构如图 8-27 所示。传感器中的压电元件紧密地贴合在振动板上，振动板则固定在传感器的基座上。振动板随发动机的振动而振动，压电元件随振动板的振动而发生形变，进而在其上产生一个电压信号。当发动机爆燃时的气缸振动频率与传感器振动板的固有频率相符合时，振动板产生共振。此时，压电元件将产生最大的电压信号，即该类型爆燃传感器在发动机爆燃时输出的电压比较高，因此无需使用滤波器即可判别有无爆燃产生。

（2）非共振型压电式爆燃传感器　非共振型压电式爆燃传感器一般也安装在发动机的气缸体上，主要由平衡重、压电晶体、壳体以及电气连接装置等组成，其安装位置及结构如图 8-28 所示。两个压电晶体同极性相向对接，平衡重由螺钉固定在壳体上。

当发动机产生爆燃时，安装在缸体上的爆燃传感器内部平衡重因受振动的影响而产生加速度，平衡重将此加速惯性力转变为作用在压电晶体上的压力，压电晶体受到此加速度惯性压力后产生压电信号输出，输出电压由两个压电晶体的中央取出。该传感器结构简单，制造时不需要调整。在发动机爆燃发生时，由于这种传感器输出的电压不大，具有平缓的输出特性。因此，需要将反映发动机振动频率的输出电压信号送到识别爆燃的滤波器中，判别是否有爆燃产生的信号。

该爆燃传感器的优点是检测频率范围宽，因此可设计成由零至数十千赫兹，可检测很宽频段的发动机振动频率传感器。用于不同发动机上时，只需调整滤波器的过滤频率即可使用，而不需要更换传感器。

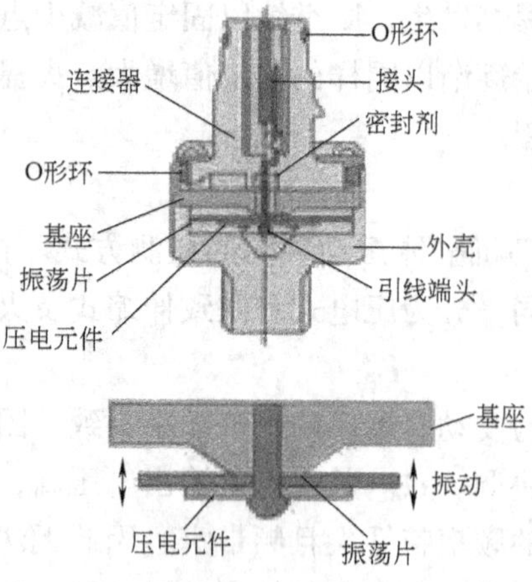

图 8-27　共振型压电式爆燃传感器

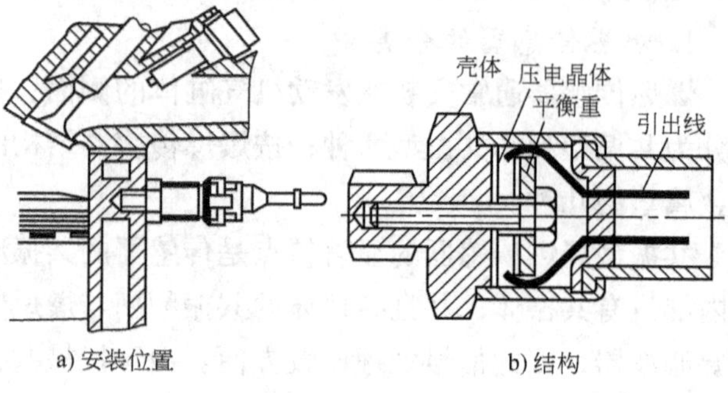

图 8-28　非共振型压电式爆燃传感器安装位置及结构

（3）共振型磁致伸缩式爆燃传感器　共振型磁致伸缩式爆燃传感器主要由感应线圈、伸缩杆、永久磁铁和壳体组成，其结构如图 8-29 所示。伸缩杆用高镍合金制成，在其一端设置有永久磁铁，另一端安放在弹性部件上。感应线圈绕制在伸缩杆的周围，线圈两端引出电极与控制线路连接。

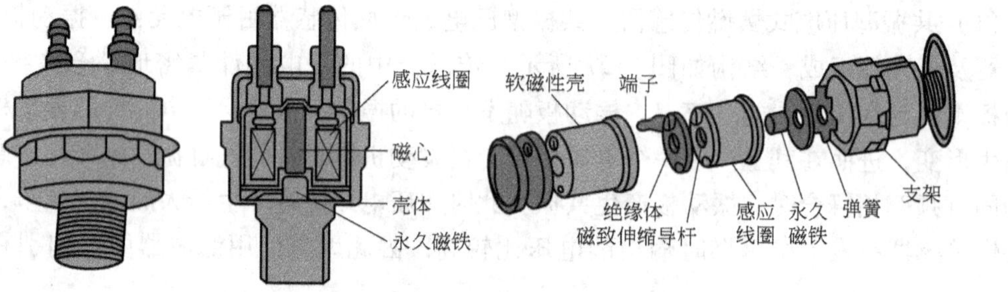

图 8-29　共振型磁致伸缩式爆燃传感器

当发动机因爆燃而使缸体产生振动时，传感器的伸缩杆就会随之产生振动，感应线圈中的磁通量就会发生变化，即通过线圈的磁通量变化率会发生变化，由电磁感应原理可知，在感应线圈内会产生一个交变电动势，即传感器有一个信号电压输出，输出电压的高低取决于发动机缸体的振动强度和振动频率。当传感器的固有振动频率和发动机缸体的振动频率相同时，即当发动机缸体的振动频率达到 6～9kHz 时，传感器将产生共振，此时振动强度最大，传感器的感应线圈中产生的感应电压最高。

3. 爆燃传感器的检测方法

爆燃传感器的检测方法基本相似，现以共振型磁致伸缩式爆燃传感器为例进行介绍。共振型磁致伸缩式爆燃传感器与ECU的连接电路如图8-30所示。

传感器的检测方法：

（1）万用电表检测法

① 关闭点火开关，脱开爆燃传感器接线端，脱开ECU接线器。

② 用万用表测量ECU爆燃传感器信号输入端与爆燃传感器信号输出端子a之间的连线是否导通。如果不通，应检查这段配线及接线器。

③ 如果检查上述线路无问题，再检查传感器b端子与搭铁间是否导通，如果不通说明接线不良。

④ 如果检查b端子搭铁良好，可进一步脱开爆燃传感器接线器，单独测量其a，b两端子间的电阻，应接近于0Ω，如果不对，则说明该传感器已损坏。

（2）示波器测波形法　在正常情况下，各爆燃传感器的输出电压波形如图8-31所示，传感器的输出波形与爆燃程度有关，爆燃引起的振动越大，电压峰值越大，当峰值达到一定的频率时就说明发生了爆燃。

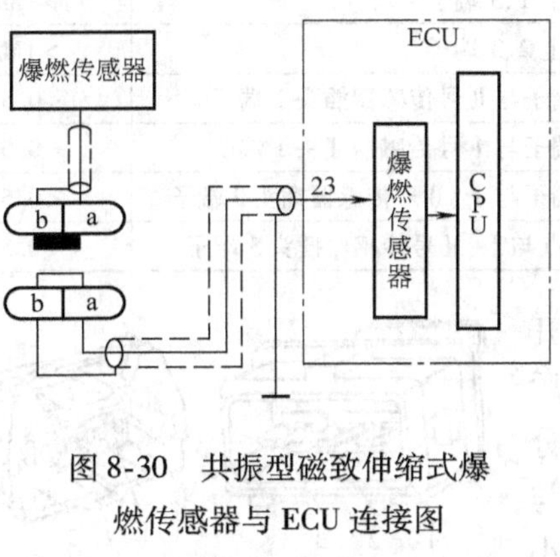

图8-30　共振型磁致伸缩式爆燃传感器与ECU连接图

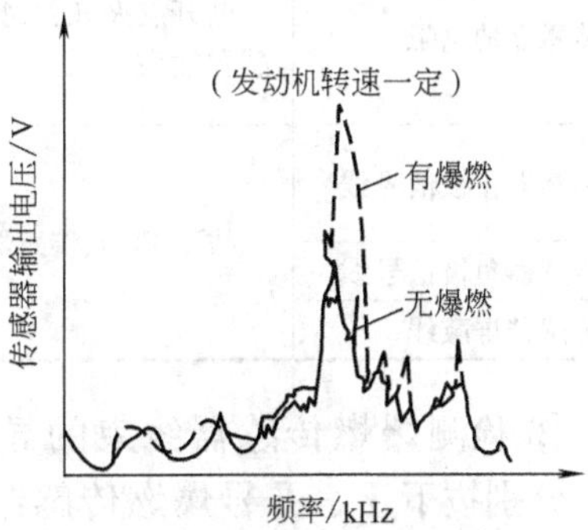

图8-31　共振型磁致伸缩式爆燃传感器输出特性

检测时，将传感器的连接线断开，将示波器的信号测量线与传感器的信号线相连，敲击缸体以使传感器产生信号，观察示波器的波形变化，所测波形应与标准波形相符；如果测得波形不对或无波形，或在缸体振动较大时，波形振幅基本不变，则可能是传感器损坏。

4. 爆燃传感器检测方法举例

（1）桑塔纳2000GLi、2000GSi、捷达GT、GTX等轿车爆燃传感器的检测　桑塔纳2000GLi、2000GSi、捷达GT、GTX等轿车爆燃传感器由压电陶瓷（压电元件）、配重、壳体以及导线等组成，如图8-32a所示。传感器的电路如图8-32b所示。传感器的检测方法如下所示。

① 检测爆燃传感器的电阻值。关闭点火开关，分别拔下Ⅰ、Ⅱ号爆燃传感器的3芯插头，如图8-33所示。用万用表的电阻档分别测量传感器接线端子与外壳之间的电阻值，应为无穷大，否则应更换爆燃传感器。接着用万用表电阻档测量传感器2接线端子之间的电阻值，应符合表8-2的数值要求。若电阻过大或过小，线束端子可能接触不良或存在断路，应及时排除。

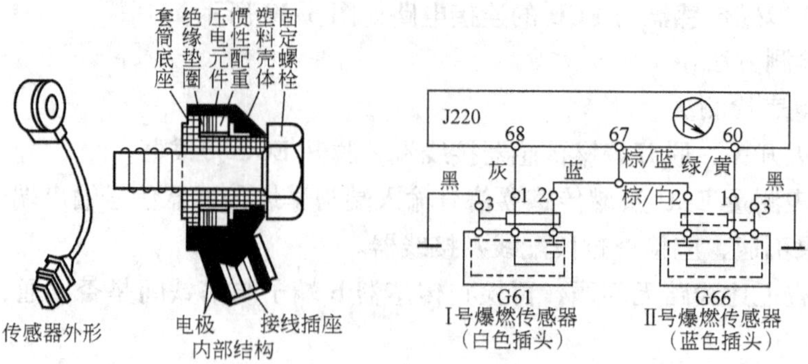

a) 结构图　　　b) 电路图

图 8-32　桑塔纳 2000GSi 轿车爆燃传感器结构与电路

表 8-2　桑塔纳 2000GLi、2000GSi、捷达 GT、GTX 等轿车爆燃传感器电阻值

检测项目	检测条件	检测部位	标准值
传感器的电阻	断开点火开关，拔下传感器插头	传感器插座上 1、2 端子	>1MΩ
		传感器插座上 1、3 端子	>1MΩ
		传感器插座上 2、3 端子	>1MΩ
传感器正极信号线	拔下 ECU、传感器插头	ECU 的 60 端子与 Ⅱ 号传感器插头 1 端子	<0.5Ω
		ECU 的 68 端子与 Ⅰ 号传感器插头 1 端子	<0.5Ω
传感器负极信号线		ECU 的 67 端子与 Ⅰ、Ⅱ 号传感器插头 2 端子	<0.5Ω
传感器屏蔽线		发动机搭铁点与 Ⅰ、Ⅱ 号传感器插头 3 端子	<0.5Ω

② 检测爆燃传感器线束的导通性。关闭点火开关，分别拔下Ⅰ、Ⅱ号爆燃传感器的 3 芯插头，然后拔下 ECU（J220）的 60 芯插头。用万用表的电阻档分别测量Ⅰ号爆燃传感器 3 芯插座 1、2、3 号端子与 ECU（J220）的 68、67 及搭铁之间的电阻值，应均小于0.5Ω；用万用表的电阻档分别测量Ⅱ号爆燃传感器 3 芯插座 1、2、3 号端子与 ECU（J220）的 60、67 及搭铁之间的电阻值，也应均小于0.5Ω。如果电阻值过大或为无穷大，则线束与端子可能接触不良或存在断路，应及时排除。

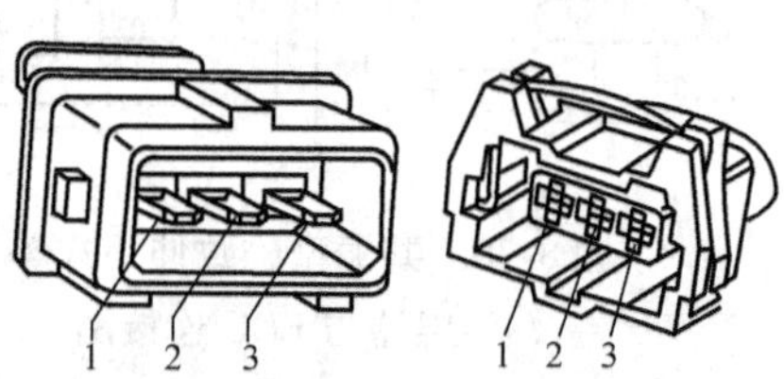

a) 传感器插头　　b) 传感器插座

图 8-33　桑塔纳 2000GSi 轿车爆燃传感器接线端子

③ 检测爆燃传感器的输出信号。检测爆燃传感器的输出信号时，应先关闭点火开关，拔下传感器的连接器插头，再闭合点火开关，起动发动机使之怠速运转，用万用表电压档检测传感器的两个接线端子 1 与 2，应有脉冲电压信号输出，否则应更换爆燃传感器。

（2）上海别克轿车压电式爆燃传感器的检测　上海别克轿车只设置一个爆燃传感器，安装在发动机右侧的气缸体上。爆燃传感器为单导线型传感器，用于检测发动机的爆燃情况，并将其爆燃转化为电信号输入 PCM，PCM 根据传感器信号的振幅和频率推迟点火正时控制的火花时间。

爆燃传感器是利用晶体或陶瓷多晶体的压电效应制成的，传感器的外壳有压电元件、配重块及导线等。传感器与 PCM 的连接电路如图 8-34 所示。

传感器的检测方法有如下几点：

1）检测传感器的电阻值。关闭点火开关，拔下传感器的 1 芯插头，用万用表的电阻档测量 1 芯插头与传感器外壳之间的电阻值，应为无穷大，若为 0Ω，则说明传感器已损坏，应更换。

2）检测传感器的信号电压。拔下传感器的导线插头，当发动机怠速运转时，用示波器检测爆燃传感器的信号端子与搭铁端子之间是否有脉冲电压波形的输出，若没有，则说明传感器已损坏，需要更换。

8.2.2.3　点火器

点火器的作用是接收发动机 ECU 发出的点火控制信号（IGT），根据这一控制信号控制点火线圈初级电流的通、断，使点火线圈次级产生高压，以点燃气缸内的可燃混合气。与此同时反馈一信号（IGF）给发动机 ECU，作为点火确认信号（点火确认信号的作用是使发动机 ECU 判断点火系统在未点火时，切断燃油供给，防止发动机溢油）。

1. 点火器工作原理

计算机控制点火系统中的点火器内部主要由闭合角控制电路、恒流控制电路、过电压保护电路以及放大电路等电路组成，如图 8-35 所示。

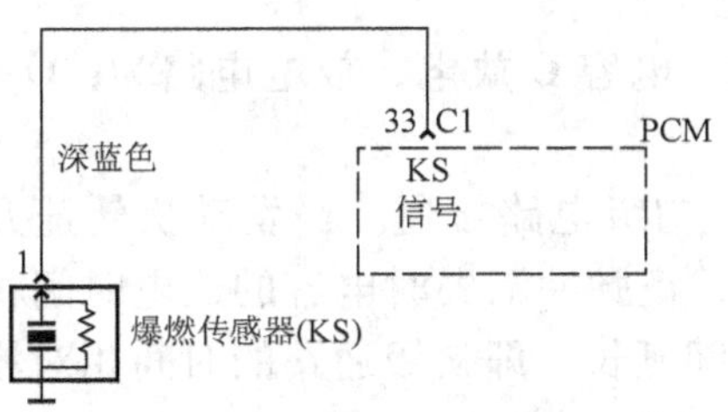

图 8-34　别克轿车爆燃传感器与 PCM 的连接

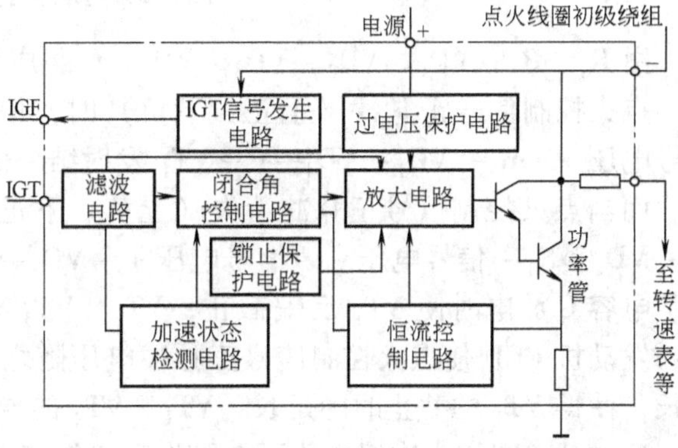

图 8-35　计算机控制点火系统中的点火器内部组成图

（1）闭合角控制电路　闭合角（断电触点闭合时间）的概念是从传统点火系统引入的，传统点火系统采用触点来控制点火线圈初级绕组通电的时间。因此，初级绕组通电时间的长短与触点的间隙密切相关：触点间隙小，则触点相对闭合时间（触点在一个闭合和断开周期中，闭合时间与总时间之比）就长；触点间隙大，触点相对闭合时间就短，如图 8-36 所示。

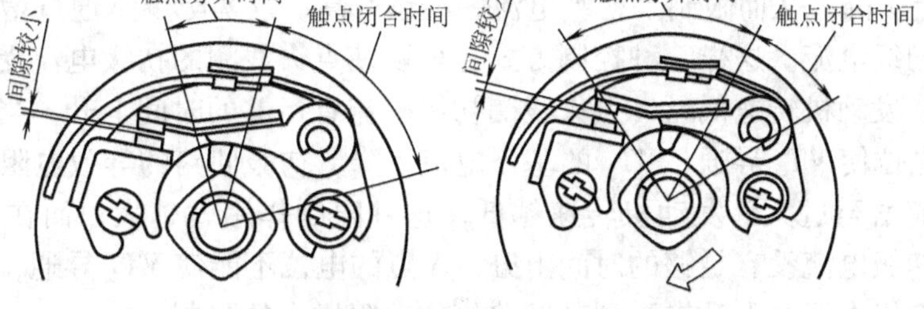

图 8-36　触点闭合时间与触点间隙的关系

为解决传统点火系触点相对闭合时间随触点间隙、发动机转速以及发动机气缸数增加而减少的问题，在电子点火系和计算机控制的点火器中增加了闭合角控制电路。

常见的闭合角控制电路如图 8-37 所示。点火控制信号为高电位时，由于 VT_1 导通，VT_2、VT_3 截止，点火线圈初级绕组中电流被切断，点火线圈次级产生高电压；点火控制信号为低电位时，由于 VT_1 截止，VT_2、VT_3 导通，点火线圈初级绕组有电流流过。

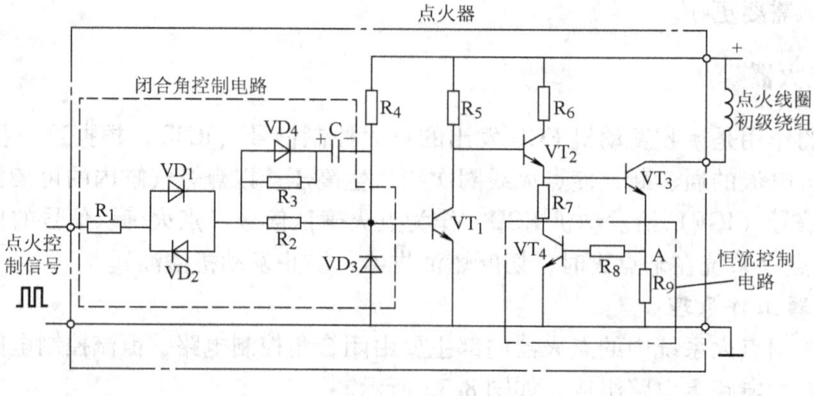

图 8-37　闭合角控制电路

由 R_1、R_3、VD_1、VD_2、VD_3、VD_4、C 组成闭合角控制电路，其工作原理如下：

点火控制信号正脉冲（上正、下负）时，信号电流同时对电容 C 充电，充电电路为：信号电压 +→R_1→VD_1→VD_4→C→VT_1 发射结→信号电压 -。

而当点火控制信号正脉冲消失（上负、下正）时，电容 C 放电，放电电路为：C +→R_3→VD_2→R_1→信号电压 -→信号电压 +→VD_3→C -。

电容 C 放电时使 VT_1 反偏截止，VT_2、VT_3 导通，初级电路接通。当发动机转速升高时，发动机 ECU 使点火控制信号正脉冲电压随之升高，正脉冲消失时电容的放电时间将会延长，使得 VT_1 的截止时间延长，VT_1、VT_2 的导通时间延长，即初级通路的时间相对增加了。这样就使得点火次级电压不会随发动机转速上升而下降。

（2）恒流控制电路　为保证在任何工况下（特别是高转速时）都能实现稳定的高能点火，计算机控制点火系配备的多是专用的高能点火线圈。为了增大初级电流，并使初级电流尽快上升到所要求的电流值，其初级绕组的电阻和电感都比较小，初级电流的稳定值比较大。在不加控制的接通状态下，一般初级电流可达 20～30A。在低转速时，长时间通过大电流，既浪费电能，又会使点火线圈和点火器过热而很快烧坏，为此采用恒流控制电路。

恒流控制的方法有多种，现以图 8-37 的恒流控制电路进行说明。

当点火线圈初级电流增大到某一限定值时，A 点的电位使 VT_4 的导通电流增大，致使 VT_4 的基极电流下降，从而限制了初级电流的继续升高。这实际上是通过增加初级回路电阻的方法来限制初级电流。这样一种控制方式还可以使点火线圈的初级电流受转速变化的影响大为减少。如在发动机转速低时，点火线圈初级电流有足够的时间上升，当电流上升到一定的值，A 点的电位使 VT_4 导通，VT_3 的基极电流下降，初级回路的等效电阻值上升，因而就限制了初级电流增至过大。发动机转速越低，这种限制作用就越大，而在发动机转速很高时，点火线圈初级电流没有足够的时间上升，A 点的电位不能使 VT_4 导通，VT_3 的基极电流未被减少，故初级电流的上升未受到其回路等效电阻增大的限制。

2. 点火器的检测

以丰田5S-FE发动机点火系统为例，丰田5S-FE发动机点火系统如图8-38所示。

① 检测点火器电源(+B)电压。闭合点火开关，用万用表直流电压档检查点火器电源接柱电压是否为蓄电池电压。若不正常，应逐点检查蓄电池至点火器电源接柱之间的连接。若正常，进行下一项检查。

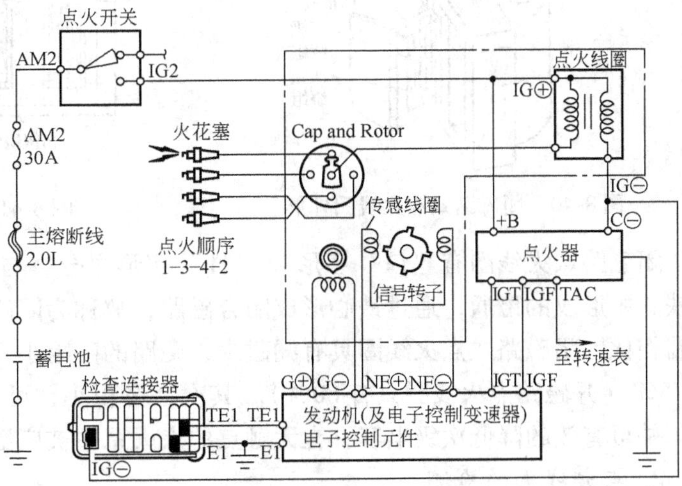

图8-38 丰田5S-FE发动机点火系统电器图

② 检测点火器IGT接柱电压。闭合点火开关，起动发动机，用万用表电压档检测点火器IGT接柱与E1接柱之间的电压应为0.8~1.2V。若无电压，应检测发动机ECU的IGT接柱与E1接柱之间的电压，若电压为0.8~1.2V，则说明发动机ECU与点火器之间的导线断路；若无电压，则说明发动机ECU损坏。

③ 检测点火器IGF接柱电压。闭合点火开关，起动发动机，用万用表电压档检测点火器IGF接柱与E1接柱之间的电压应为2.7~3.5V。若无电压，说明点火器损坏；若有电压，应检测发动机ECU的IGF接柱与E1接柱之间的电压，若无电压，则说明点火器与发动机ECU之间的导线断路。

8.2.2.4 点火线圈

点火线圈的作用是将电源提供的12V低压电变成15~20kV的高压电。点火线圈按磁路特点可分为：开磁路和闭磁路两种类型。

1. 点火线圈的结构

(1) 开磁路式点火线圈 开磁路式点火线圈的结构如图8-39所示。主要由铁心、初级绕组、次级绕组、导磁钢套、瓷座以及外壳等组成。

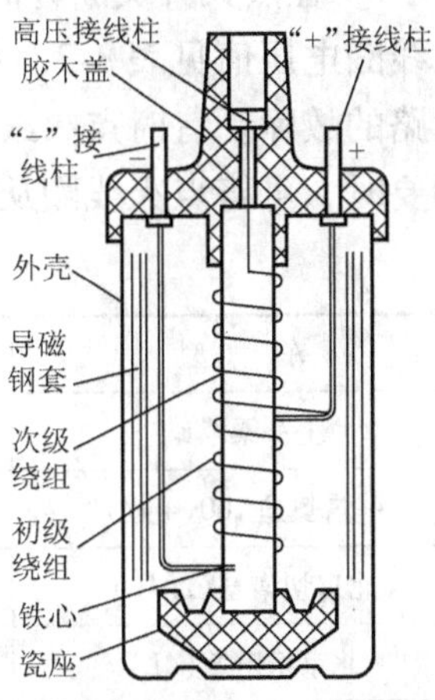

图8-39 开磁路式点火线

点火线圈的中心是用硅钢片叠成的铁心，在铁心外面套上绝缘的纸板套管，纸质套管上绕有直径为0.06~0.10mm、约11000~26000匝的次级绕组；初级绕组用直径为0.5~1.0mm、约绕230~370匝的高强漆包线，绕在次级绕组的外面，以利于散热。绕组和外壳之间装有导磁钢套，底部有瓷质绝缘支座，上部有绝缘盖，点火线圈内部浸以石蜡和松香的混合物，以增强绝缘，并防止潮气侵入。

(2) 闭磁路式点火线圈 闭磁路式点火线圈由铁心、初级绕组和次级绕组等组成，其外形和磁路如图8-40、图8-41所示。

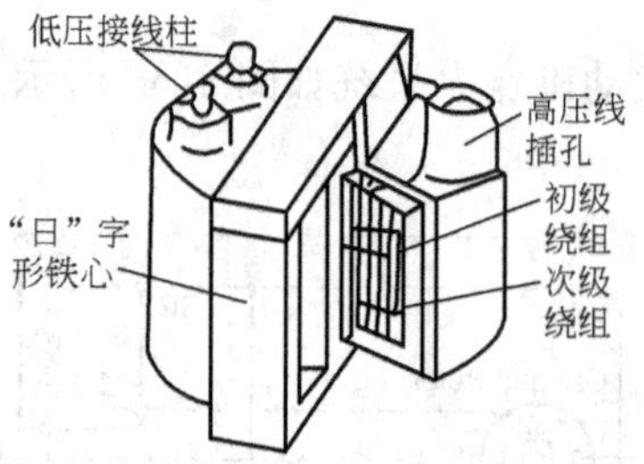

图 8-40　闭磁路式点火线圈外形

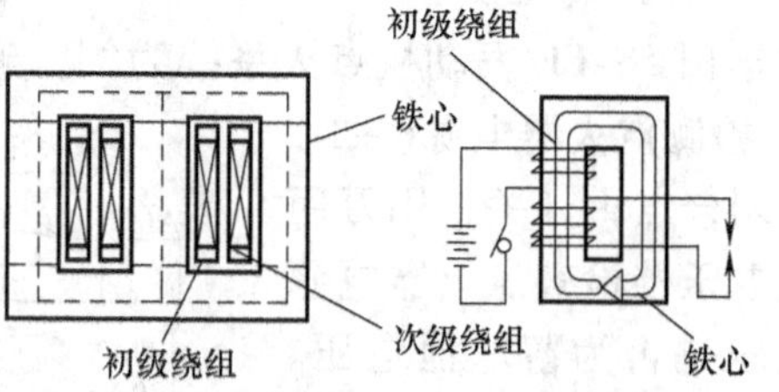

图 8-41　闭磁路点火线圈的磁路

闭磁路点火线圈有“口”字形和“日”字形之分。与开磁路式点火线圈不同的是绕组在铁心中形成的磁通，通过铁心形成闭合磁路，故称为闭磁路式点火线圈。与开磁路式点火线圈相比，闭磁路式点火线圈具有漏磁少，磁路的磁阻小，能量损失小，其能量转换率可高达75%（开磁路点火线圈只有60%）。其次，体积小，可直接装在分电器上，不仅结构紧凑，并可有效的降低次级电容，在无触点的点火系中被广泛采用。

2. 点火线圈的检测

点火线圈通常进行两方面的检查：

① 在点火开关闭合时，用万用表直流电压档检查点火线圈初级绕组“+”接线柱是否为蓄电池电压。若无电压，则应检查蓄电池至点火线圈初级绕组“+”接线柱之间的电压是否断路。

② 在点火开关断开时，用万用表电阻档测量初级和次级绕组的电阻值，常见车辆的点火线圈电压值见表 8-3。如果测出的电阻不在规定的范围之内，说明点火线圈内部有短路或断路的故障。有时点火线圈的电阻符合要求，但并不一定说明点火线圈的性能就一定良好，必要时，可将点火线圈从车上拆下后再试验进行性能测试。

表 8-3　部分点火线圈的电阻

车　型	测量温度/℃	初级绕组电阻/Ω	次级绕组电阻/Ω
上海桑塔纳		0.50～0.76	2.4～3.5
一汽奥迪 100(4 缸)		0.50～1.50	6.8～7.7
北京切诺基(2.4L)	21～27	0.97～1.18	11.3～15.3
北京切诺基(4L)	21～27	0.97～1.18	11.3～13.3
广州标志	20	0.63～0.77	3.2～4.2
解放 CA1091	20	0.70～0.80	3～4
东风 EQ1090	20	0.80～0.90	3～4
丰田雷克萨斯 1UZ-FE		0.41～0.50	10.2～13.8
丰田佳美 3S-FE		1.20～1.50	7.7～10.4
日产 VG30S	20	0.72～0.88	7.7～10.4
一汽捷达		0.52～0.76	2.4～3.5

8.2.2.5 分电器

分电器的主要作用是将点火线圈产生的高压电适时、准确地分配到各个气缸，点燃气缸内的可燃混合气。

1. 分电器的结构形式

目前，在计算机控制点火系统中分电器的结构形式有四种。第一种是将凸轮轴/曲轴位置传感器和配电器组装在一起的分电器；第二种是将凸轮轴/曲轴位置传感器、点火器、配电器组装在一起的分电器；第三种是将凸轮轴/曲轴位置传感器、点火线圈、配电器组装在一起的分电器；第四种是将凸轮轴/曲轴位置传感器、点火器、点火线圈、配电器组装在一起的分电器。

（1）带凸轮轴/曲轴位置传感器、配电器的分电器　带凸轮轴/曲轴位置传感器、配电器的分电器结构如图 8-42 所示，主要由凸轮轴位置传感器、曲轴位置传感器、分火头、分电器盖及壳体等组成。其功能主要是为发动机控制单元提供凸轮轴位置和曲轴位置信号。

（2）带凸轮轴/曲轴位置传感器、点火器、配电器的分电器　带凸轮轴/曲轴位置传感器、点火器、配电器的分电器如图 8-43 所示，主要由凸轮轴位置传感器、曲轴位置传感器、点火器、分火头、分电器盖以及壳体等组成。这类分电器不但可以为发动机控制单元提供凸轮轴位置和曲轴位置信号，还可通过点火器控制外置点火线圈初级绕组的电流通断。

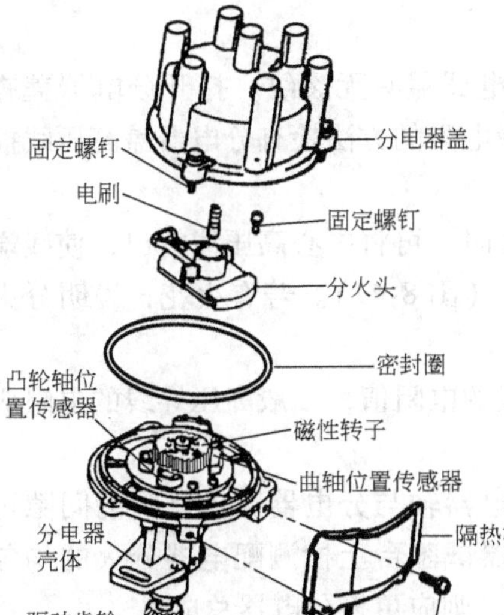

图 8-42　皇冠轿车分电器

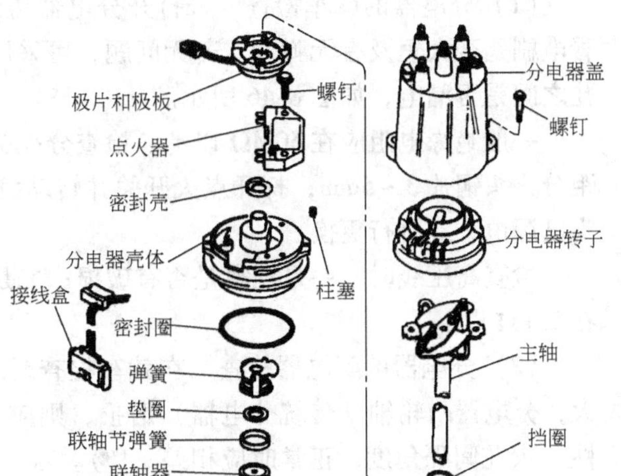

图 8-43　大宇轿车分电器

（3）带凸轮轴/曲轴位置传感器、点火线圈、配电器的分电器　带凸轮轴/曲轴位置传感器、点火线圈、配电器的分电器如图 8-44 所示，主要由凸轮轴位置传感器、曲轴位置传感器、点火线圈、分火头、分电器盖及壳体等组成。这种点火系统采用外置点火器，分电器可为发动机控制单元提供凸轮轴和曲轴位置信号，其特点是采用内置点火线圈，取消了中心高压线，使点火系统比较紧凑。

（4）带凸轮轴/曲轴位置传感器、点火器、点火线圈、配电器的分电器　带凸轮轴/曲轴位置传感器、点火器、点火线圈、配电器的分电器如图 8-45 所示，主要由凸轮轴位置传感器、曲轴位置传感器、点火器、点火线圈、分火头、分电器盖及壳体等组成。这种点火系统将点火系统部件全部组装在一起，使点火系统更加紧凑。

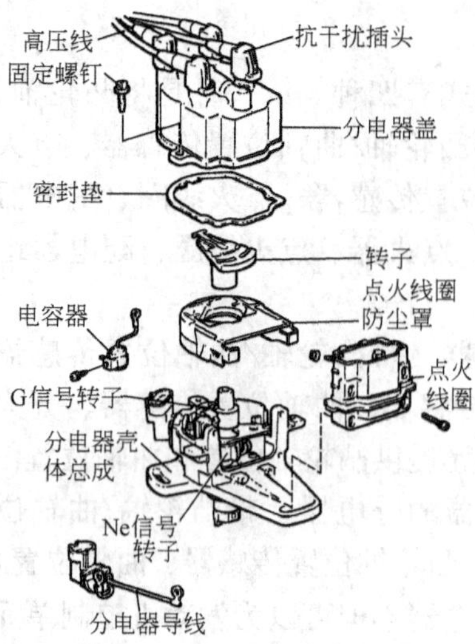

图 8-44　丰田轿车分电器

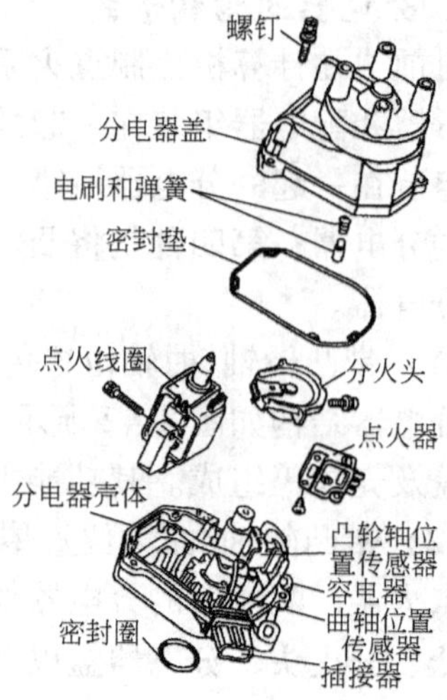

图 8-45　本田雅阁分电器

2. 分电器的检测

（1）分电器的就车检查　未打开分电器盖时观察分电器盖有无裂纹。打开分电器盖查看电刷是否太短及有无弹性。若无问题，可采用测量绝缘电阻的方法检查分电器盖高压线插孔之间是否漏电，如图 8-46 所示。

一般绝缘电阻应在 50MΩ 以上。检查分火头的绝缘性时，可将中心高压线拔出，使线端距分火头铜片 3 ~5mm，打开点火开关并转动发动机试火（图 8-47）。若有火花，说明分火头已漏电，应进行更换。

检查高压线时，一是观察是否有破损；二是测量导线的电阻值，一般高压导线的电阻应在 25kΩ 以下。

（2）分电器的配电器检查　在就车检查时若发现分电器轴与分电器壳体之间的间隙过大，分电器凸轮轴（传统分电器）磨损，则应在汽车电器试验台上检测配电器分火的均匀性（火花间隔角度，正常时应相差 ±1°）。若不符合要求，则应更换分电器总成。

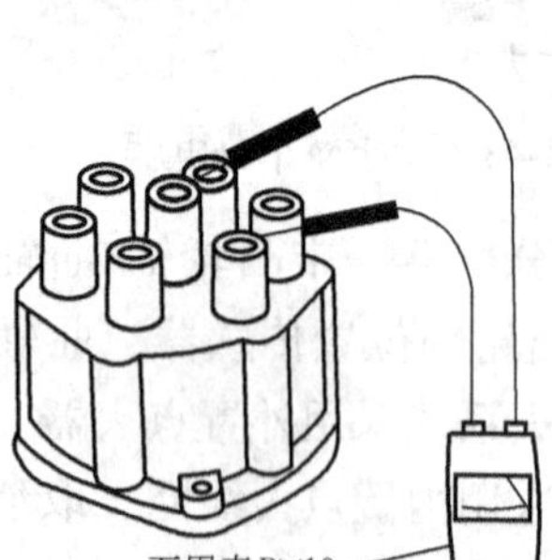

图 8-46　分电器盖裂纹检查

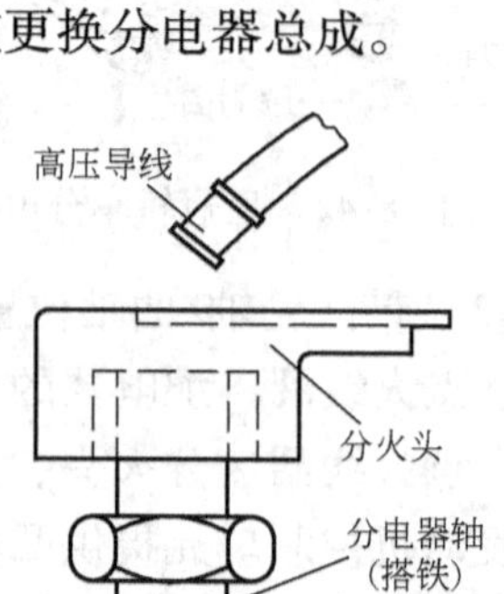

图 8-47　分火头的检查

8.2.2.6 火花塞

火花塞的作用是把高压电引入气缸内，在电极间产生火花点燃混合气。火花塞的工作条件极其恶劣，它要受到高温、高压以及燃烧产物的强烈腐蚀。因此要求火花塞必须具有足够的机械强度、良好的耐热性能和良好的绝缘性能，火花塞的材料能抵抗燃气的腐蚀。

1. 火花塞的构造

火花塞的结构如图8-48所示。在钢制壳体的内部固定有高氧化铝陶瓷绝缘体，使中心电极与侧电极之间保持足够的绝缘强度。绝缘体内的上部装有导电金属杆，通过接线螺母与高压导线相连，下部装有中心电极。导电金属杆与中心电极之间用导电玻璃密封。中心电极用镍锰合金制成，具有良好的耐高温、耐腐蚀和导电性能。壳体下部的螺纹与气缸盖螺纹端面结合处配有密封垫圈，保证壳体与缸盖之间密封良好。

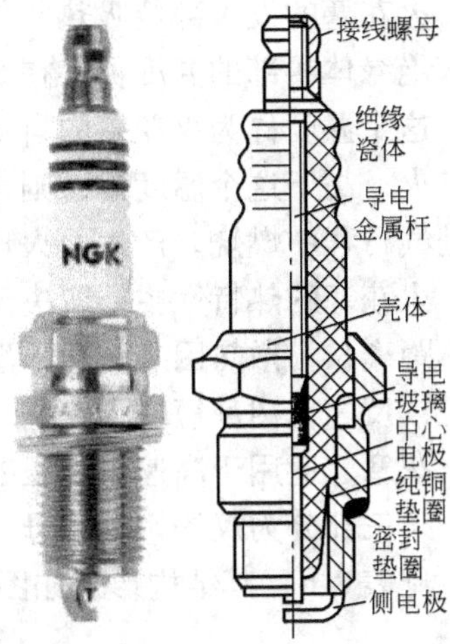

图8-48 火花塞

2. 火花塞的型号

根据汽车行业标准QC/T 430—2005《火花塞产品型号编制方法》的规定，火花塞型号由三部分组成：

[1] [2] [3]

第一部分为字母，表示火花塞的结构类型及主要形式尺寸，各字母的含义见表8-4。

表8-4 火花塞的型号及规格参数

字母	螺纹规格	安装座形式	螺纹旋合长度/mm	壳体六角对边/mm
A	M10×1	平座	12.7	16
C	M12×1.25	平座	12.7	17.5
D		平座	19	17.5
E	M14×1.25	平座	12.7	20.8
F		平座	19	20.8
(C)		平座	9.5	20.8
(H)		平座	11	20.8
(Z)		平座	11	19
J		平座	12.7	16
K		平座	19	16
L		矮型平座	9.5	19
(M)		矮型平座	11	19
N		矮型平座	7.8	19
P		锥座	11.2	16
Q		锥座	17.5	16
R	M18×1.5	平座	12	20.8
S		平座	19	(22)
T		锥座	10.9	20.8

第二部分为阿拉伯数字，表示火花塞热值，见表8-5。

表8-5　火花塞的热特性参数

热值代号	3	4	5	6	7	8	9
裙部长度/mm	15.5	13.5	11.5	9.5	7.5	5.5	3.5
热特性	热型←	————中型————			→冷型		

火花塞的发火部位吸热并传递给发动机的性能，称为火花塞的热特性。实践证明，当火花塞绝缘体裙部的温度保持在500～700℃时，落在绝缘体上的油滴能立即烧去，不形成积炭，这个温度称为火花塞的自洁温度。低于这个温度时，火花塞常因产生积炭而漏电，导致不点火；高于这个温度时，则当混合气与炽热的绝缘体接触时，可能早燃而引起爆燃，甚至在进气行程中燃烧，产生回火现象。

火花塞的热特性主要取决于绝缘体裙部的长度。绝缘体裙部长的火花塞，受热面积大，传热距离长，散热困难，裙部温度高，称为热型火花塞，适用于低速、低压缩比、小功率发动机；反之，裙部短的火花塞，受热面积小，传热距离短，容易散热，裙部温度低，称为冷型火花塞，适用于高速、高压缩比、大功率的发动机，介于上述二者之间的为中型火花塞。

第三部分为汉语拼音字母，表示火花塞派生产品、结构特性、材料特性及特殊技术要求等，见表8-6，其结构形式如图8-49所示。

表8-6　火花塞电极的特征参数

字母	含　义	字母	含　义	字母	含　义
	标准型	H	环状电极型	U	电极缩入型
B	半导体型	J	多电极型	V	V型
C	镍铜复合电极	R	电阻型	Y	沿面跳火型
F	非标准型	P	屏蔽型		
G	贵金属	T	绝缘体突出型		

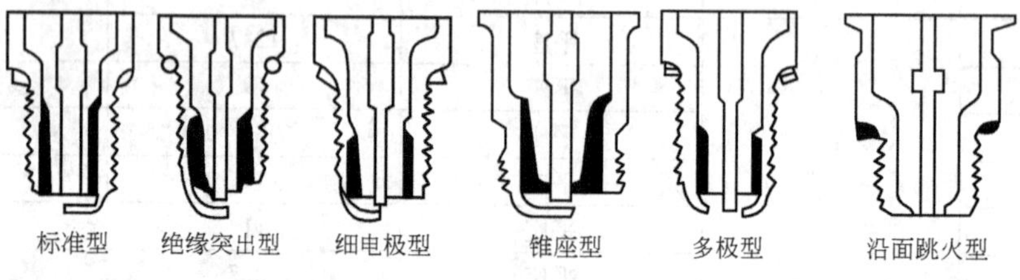

图8-49　火花塞电极结构形式

3. 火花塞的检修

火花塞常见故障有：过热、积炭、电极烧蚀、绝缘体破裂以及侧电极开裂等。

（1）火花塞的清洁　清洁火花塞主要包括清理螺纹积垢、清洗火花塞表面和清除火花塞积炭等。清除火花塞积炭通常可用钢锯片刮除，正规做法应在火花塞清洁试验器上进行。

（2）火花塞电极间隙的检查与调整　火花塞电极间隙应采用图8-50a所示的圆形量规测量，不宜使用塞尺测量，因为当侧电极上制有凹坑时，塞尺不能测量出真实间隙值。

火花塞间隙不当时，应用特制的测量工具弯曲侧电极进行调整，如图8-50b所示。

a) 测量调整用工具　　b) 调整火花塞间隙　　c) 测量火花塞间隙

图 8-50　火花塞间隙的检查与调整

8.3　计算机控制点火系统的类型

目前，计算机控制点火系统主要有两种类型。一种是有分电器的计算机控制点火系统；另一种是无分电器的计算机控制点火系统。无分电器的计算机控制系统按控制方式又分为分组点火和单独点火两种。

8.3.1　有分电器的计算机控制点火系统

有分电器计算机控制的点火系统如图 8-51 所示。该系统为减少外部线路连接、降低故障率，通常将点火系统中的某几个部件组装在一起。其工作原理如下：

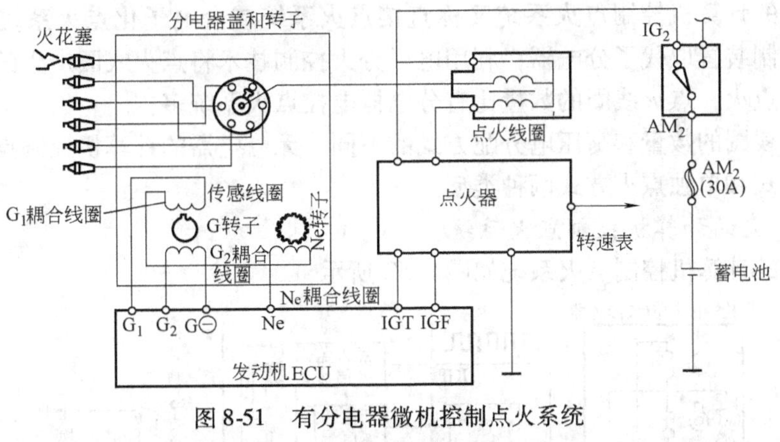

图 8-51　有分电器微机控制点火系统

发动机工作时，发动机控制单元（ECU）根据接收到的各传感器信号，通过运算确定该工况下最佳点火提前角和点火线圈初级电路闭合角，并以此向点火器发出信号（IGT）。点火器则根据 ECU 的指令，控制点火线圈初级电路的导通和截止。当电路导通时，有电流从点火线圈中的初级电路通过，点火线圈将点火能量以磁场的形式储存起来。当初级电路中的电流被切断时，在其次级线圈将产生很高的感应电动势（15 ~ 20kV），再经配电器分配到工作气缸的火花塞。

点火器在接受 ECU 指令工作的同时，还反馈一个 IGF 信号给 ECU，ECU 根据 IGF 信号来确认点火器的工作情况。如果 ECU 连续 6 次未收到 IGF 信号，则 ECU 认为点火器工作不正常或不工作，于是 ECU 将停止喷油，以防止溢油。

计算机控制的点火系统在进行点火提前角控制时主要依据凸轮轴位置传感器产生 G 信

号和曲轴位置传感器产生的 Ne 信号作为主控制信号。

① G（凸轮轴位置信号）信号。G 信号指活塞运行到压缩行程上止点位置的判别信号，它是根据凸轮轴位置传感器产生的信号经过整形和转换而获得的脉冲信号。G 信号在计算机控制的点火系统中主要用来确定点火时刻控制基准和气缸的判别（第一缸或第一缸的对应缸的压缩上止点时刻）。G 信号发生时，一般不是活塞运行到压缩上止点的时刻，而是在各缸活塞的压缩上止点前某一时刻相对于曲轴的转角，这一转角值因车型而异。

② Ne（曲轴位置信号）信号。Ne 信号指发动机曲轴转角信号，它是根据曲轴位置传感器产生的信号经过整形和转换而获得的脉冲信号。在计算机控制的点火系统中，Ne 信号主要用来计量点火提前角和通电时间。如果采用有 24 个转子齿的电磁感应式曲轴位置传感器时，曲轴每转 720°只能向 ECU 输送 24 个 Ne 信号，也就是说曲轴每转 30°，才能给 ECU 输送 1 个转速信号。这一信号对精确控制点火提前角和通电时间的计算机控制的点火系统而言，是不能满足要求的。故这样的 Ne 信号一般都经过 ECU 进行整形和转换，形成周期为 1°的 Ne 信号。

发动机工作时，ECU 根据 Ne 信号，可准确地计算出曲轴每转 1°所用时间，根据 G 信号，可以计算出各缸所处工作循环的任一时刻（精确到 1°）。从而实现最佳点火提前角的精确控制。

8.3.2 无分电器的计算机控制点火系统

无分电器的计算机控制点火系统又称直接点火系统或全电子化点火系统。其主要特点是：用电子控制装置取代了分电器，利用电子分火控制技术将点火线圈产生的高压电直接送给火花塞进行点火，点火线圈的数量比有分电器电控点火系统多。

根据点火线圈的数量和高压电分配方式的不同，无分电器的计算机控制点火系统又可分为分组点火方式和单独点火方式两种类型。

1. 分组点火的计算机控制点火系统

分组点火的计算机控制点火系统如图 8-52 所示。

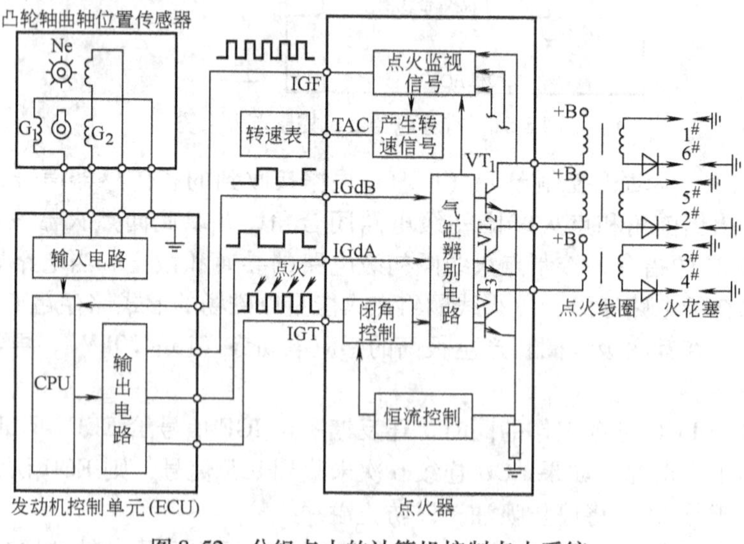

图 8-52 分组点火的计算机控制点火系统

在设计上将两个同时到达气缸上止点位置的活塞（一个为压缩行程的上止点，另一个为排气行程的上止点）分为一组，共用一个点火线圈。系统中点火线圈的总数量等于气缸数的一半。

以六缸发动机为例，1、6 缸，2、5 缸及 3、4 缸的活塞分别同时到达上止点，习惯上我们将这两个同时达到上止点位置气缸称为“对应缸”。设计时将六个缸按“对应缸”关系分为三组，每一组共用一个点火线圈，同一组中两个缸的火花塞与共用的点火线圈次级绕组串联。当点火线圈初级电路断电时，一个气缸接近压缩行程的上止点，火花塞跳火可点燃该气缸内的混合气，称为有效点火；而另一气缸接近排气行程的上止点，火花塞跳火不起作用，称为无效点火。由于处于排气行程气缸内的压力很低，加之废气中导电离子较多，其火花塞很容易被高压电击穿，消耗的能量就非常少，所以不会对压缩行程气缸点火产生影响。

分组点火的计算机控制点火系统为判断具体点火的气缸，除了提供 IGT 信号外，还要提供 IGdA 和 IGdB 辅助判缸信号。这是因为 IGT 信号只指令点火器执行点火，但到底该哪一组共用的点火线圈点火，还需 IGdA 和 IGdB 辅助判断，其判断真值如表 8-7 所示。IGT、IGdA、IGdB 三种信号共同控制点火器的工作过程如图 8-53 所示。

表 8-7　IGdA、IGdB 辅助判缸情况

控制结果＼信号	IGdA 信号状态	IGdB 信号状态
1、6 缸点火	0	1
2、5 缸点火	0	0
3、4 缸点火	1	0

当 IGT 信号为高电位时，根据表 8-7 的控制情况，使相应缸点火的初级电路接通，当 IGT 信号为低电位时，切断被接通的初级电路，在相应点火线圈的次级绕组产生高压，点燃可燃混合气使发动机做功。例如，当第一个 IGT 信号为高电位时，此时的 IGdA 和 IGdB 均为“0”，根据表 8-7 的控制情况，此时 2、5 缸点火线圈的初级电路被接通，当第一个 IGT 信号变为低电位时，2、5 缸点火线圈的初级电路被切断，在 2、5 缸的次级绕组产生高压，经火花塞跳火，使发动机做功。

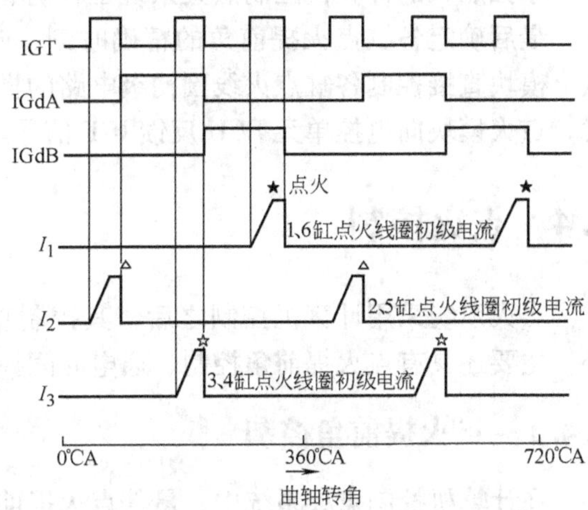

图 8-53　分组点火的计算机控制过程

采用分组点火的计算机控制点火系统，其结构和控制电路较简单，所以应用也比较多。但由于保留了点火线圈与火花塞之间的高压线，能量损失略大。此外，串联在高压回路的二极管，可用来防止点火线圈初级电路导通的瞬间所产生的二次电压（约 1000～2000V）加在火花塞上后发生的误点火。

2. 单独点火的计算机控制点火系统

单独点火的计算机控制点火系统如图 8-54 所示。其特点是各缸均有一个点火线圈，即点火线圈的数量与气缸数相等。

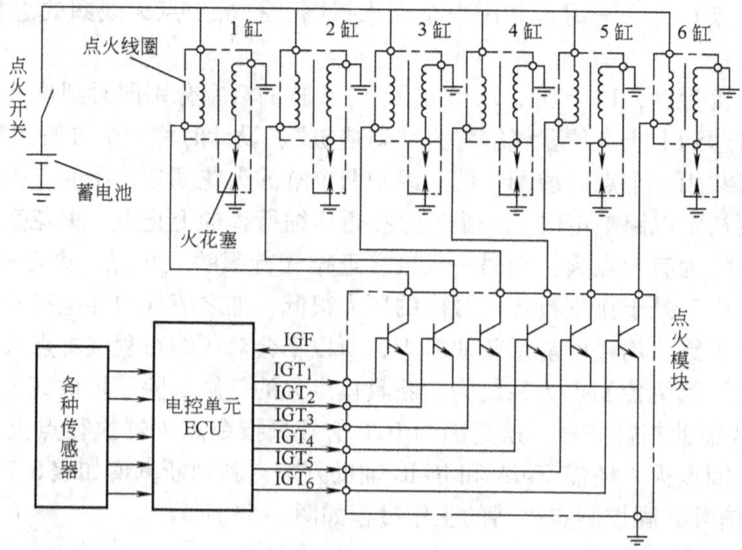

图 8-54　单独点火的计算机控制点火系统

由于每缸都有各自独立的点火线圈，所以即使发动机的转速很高，点火线圈也有较长的通电时间（闭合角大），可提供足够高的点火能量。与有分电器电控点火系统相比，在发动机转速和点火能量相同的情况下，单位时间内通过点火线圈初级电路的电流要小得多，点火线圈不易发热，且点火线圈的体积又可以非常小巧，一般直接将点火线圈压装在火花塞上。

单独点火的计算机控制点火系统工作时，电控单元 ECU 根据各种传感器的信号综合计算，最后确定各缸点火提前角的精确时刻，向点火模块发出指令 IGT_1、IGT_2……IGT_6、由点火模块直接控制各缸点火线圈初级电路的搭铁，并产生次级高压直接传给火花塞。与此同时，点火模块向电控单元 ECU 反馈 IGF 信号。

8.4　点火控制

点火系统采用计算机控制之后，其控制功能大大加强，除了具有前节叙述的控制功能外，主要还具有点火提前角控制、通电时间控制和爆燃控制三个方面。

8.4.1　点火提前角控制

在计算机控制点火系统中，最佳点火提前角通常包括初始点火提前角、基本点火提前角和修正点火提前角。而各车型实际点火提前角的确定（计算）方法有所不同，目前主要有两种类型：

① 丰田车系：实际点火提前角 = 初始点火提前角 + 基本点火提前角 + 修正点火提前角。

② 日产车系：实际点火提前角 = 基本点火提前角 × 点火提前角修正系数。

下面以丰田车系叙述初始点火提前角、基本点火提前角和修正点火提前角。

1. 初始点火提前角

初始点火提前角主要用在发动机起动时，与发动机工况无关，这是因为发动机刚起动时，其转速较低（一般认为在500r/min以下），且进气流量信号或进气歧管压力信号不稳定。此时可由ECU根据所控制的发动机工作特性预置一个固定的点火提前角，称为初始点火提前角。即是说，ECU检测到发动机处于起动期间，就按预置的初始点火提前角控制各缸点火，此时，ECU检测的控制信号主要是发动机转速信号（Ne）和起动开关信号（STA）。初始点火提前角的设定因发动机而异，但一般为压缩行程中活塞到达上止点前10°左右。

2. 基本点火提前角

基本点火提前角是由发动机电子控制单元（ECU）根据发动机的转速和负荷确定的，是发动机运行过程中最为主要的点火提前角。

基本点火提前角按两种情况确定：

① 怠速时的基本点火提前角：怠速时ECU根据发动机转速和空调开关是否接通确定基本点火提前角。（丰田）在空调工作时为8°，在空调不工作时为4°。

② 正常行驶时的基本点火提前角：该基本点火提前角由计算机根据发动机的转速和负荷信号从内部存储器中选出。

发动机在各种工况下的最佳基本提前角通过大量的台架试验得出，将试验数据优化后做出了如图8-55所示的点火提前角控制脉谱图（MAP），并将其存储在电子控制单元的存储器中，发动机在运行过程中，电子控制单元通过发动机转速和负荷传感器获得发动机的工况信息，根据发动机所处的工况，从存储的数据中得出最佳的点火提前角。

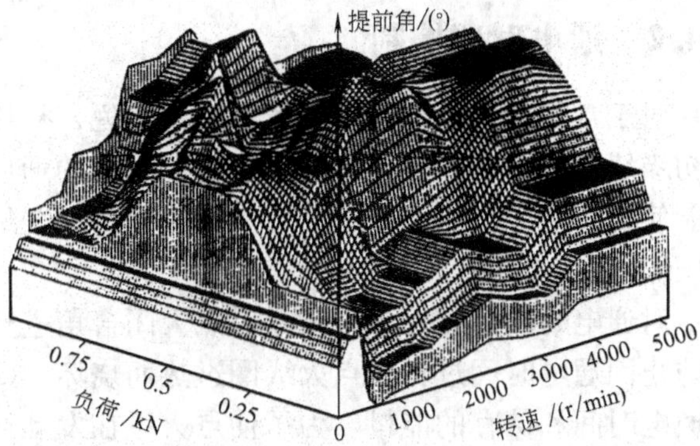

图8-55 点火提前角随发动机转速与负荷变化的脉谱图

基本点火提前角随发动机转速升高而增大，随进气流量（或进气歧管压力）增加而减小。在怠速工况下，节气门开度传感器怠速触点闭合，此时电子控制单元根据发动机转速和空调开关是否接通确定基本点火提前角。

3. 修正点火提前角

为使实际点火提前角适应发动机的运转状况，以便得到良好的动力性、经济性和排放性，必须根据相关因素（冷却液温度、进气温度、开关信号等）适当增大或减小点火提前角，即对点火提前角进行必要的修正。

修正的项目有多有少，主要有暖机修正、过热修正、怠速稳定性修正以及空燃比反馈修正。

（1）暖机修正　当发动机起动后，在冷却液温度较低时，应增大点火提前角，以使发动机尽快暖机，控制暖机修正量的主要信号有冷却液温度信号、进气流量信号和节气门开度信号。

（2）过热修正　发动机正常运行时，为防止发动机冷却液温度过高而导致发动机过热，应减小点火提前角。控制过热修正量的主要信号有冷却液温度信号和节气门开度信号。

（3）怠速稳定性修正　发动机在怠速运行期间，由于发动机负荷变化，会引起发动机转速改变而偏离怠速下设定的目标转速。为了能保持怠速下稳定运转，就必须相应地修正点火提前角。当检测到的实际转速低于怠速目标转速时，应相应增大点火提前角。相反，当检测到的实际转速高于怠速目标转速时，应相应减小点火提前角。控制怠速稳定性修正的主要信号有发动机转速信号、节气门开度信号、车速信号以及空调信号等。

（4）空燃比反馈修正　进行空燃比反馈控制时，根据氧传感器的反馈信号调整喷油量来达到理论空燃比，这种喷油量的变化必然引起发动机转速变化。为了稳定发动机转速，点火提前角需根据喷油量的变化进行修正。当喷油量增大时，应相应减小点火提前角；反之，当喷油量减小时，则相应增大点火提前角。

发动机每转一圈，ECU 计算处理后就输出一个提前角信号。因此，当传感器检测到发动机转速、负荷、冷却液温度发生变化时，ECU 就自动调整点火提前角。

当 ECU 确定的点火提前角超过允许的最大（35°~45°）或最小（-10°~0°）时，发动机很难正常运转，此时 ECU 将以最大或最小点火提前角允许值进行控制。

8.4.2　通电时间控制

对于常用的电感储能式电子点火系来说，初级绕组电路断开瞬间其电流所能达到的值，即初级绕组电路断开电流，与初级绕组电路的通电时间有关。只有通电时间达到一定值时，才能使初级绕组电流上升到足够大，并在初级绕组断路时使次级绕组线圈产生足够高的点火电压。

对通电时间进行控制，就是对点火闭合角进行控制，在产生足够的次级高压的同时，还要防止因通电时间过长使点火线圈过热而烧坏。闭合角的大小决定了点火线圈初级绕组电路的通电时间和储存的能量。为了使点火系在发动机高速时有足够的点火电压，防止低速时点火线圈过热和减少电能消耗，就必须对闭合角进行控制。

闭合角的大小取决于发动机转速和电源供电电压的大小，在不同的转速、不同的供电电压下，都应保证有一定的初级绕组断开电流。随着发动机转速的升高，应适当增大闭合角，以防止初级绕组断开电流减小、点火线圈储能下降，造成点火线圈次级高压降低而点火困难。闭合角与发动机转速的关系，如图 8-56 所示。当电源供电电压变化时，会影响初级绕组断开电流的大小，当电压下降时，在相同的通电时间内初级绕组电流所能达到的值会减小，此时应较早地将初级绕组电路接通，即增大通电时间（闭合角）。通电时间与电源电压的关系，如图 8-57 所示。计算机控制点火系统对闭合角进行控制时，主 ECU 的内存中储存了根据电源电压和发动机转速确定的点火闭合角三维数据表格。在发动机的实际工况中，电子控制单元通过查找这个表格内的数据，就可计算确定最佳的点火闭合角。

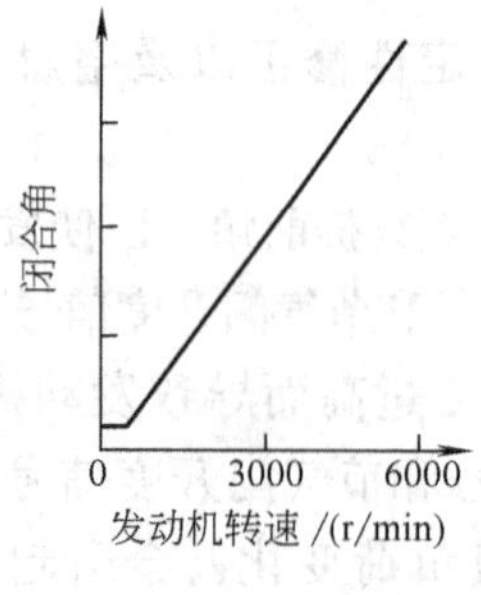

图 8-56　闭合角与转速的关系

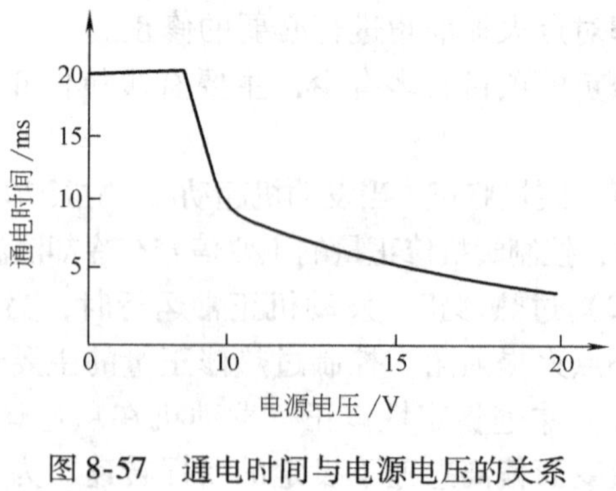

图 8-57　通电时间与电源电压的关系

例如：某六缸发动机在某工况下的转速为2000r/min，计算机选出的最佳点火提前角为上止点前30°，此时电源电压为14V，该发动机在上止点前70°时开始输入120°的G信号。问该发动机是如何控制点火时刻和通电时间的？

① 首先根据电源电压14V，查出大功率晶体管导通时间为5ms（相当于60°曲轴转角）。

② 计算机读到120°G信号时，此缸活塞正处在压缩上止点前70°。这时计算机再计数40个1°信号，就到点火时刻（上止点前30°），也就是在输入第41个1°信号时功率晶体管截止，发动机点火。实际上，由于120°G信号输入4°后计算机才开始计数，因此当计算机读到36个1° Ne信号后，发出信号使功率晶体管截止。

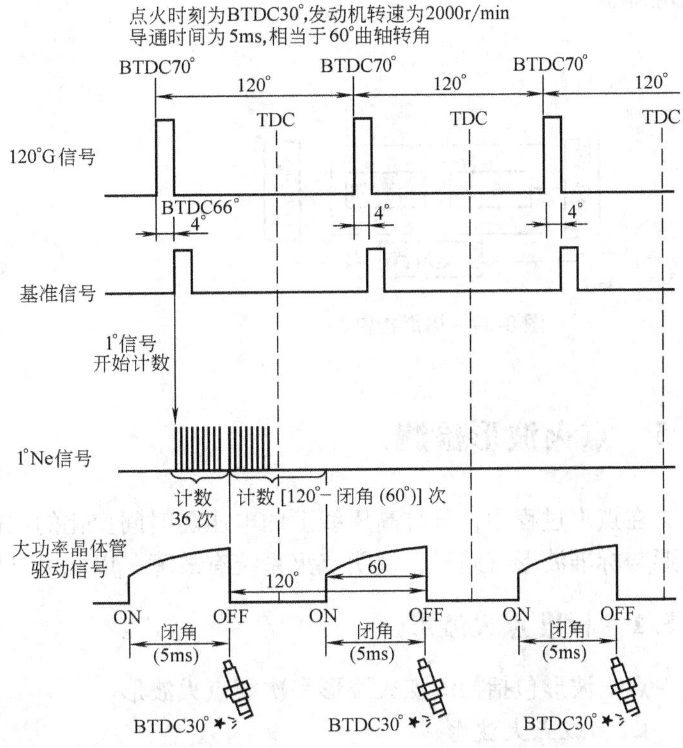

图8-58 大功率晶体管的控制

③ 六缸发动机功率晶体管相邻两次截止时间的间隔为120°，初级电路导通需要60°曲轴转角，因此从点火时刻到初级电路开始导通的时间为120°－60°＝60°曲轴转角，即功率晶体管在截止60°后就接通初级电路，如图8-58所示。图中BTDC表示上止点前，TDC表示上止点。

8.4.3 爆燃控制

为了避免爆燃发生，应适当减小点火提前角。但是，这种点火提前角的调整难以控制。若调整值偏大，则不利于获得理想的点火时刻；若调整值偏小，如遇劣质燃油或其他偶然因素，又难免发动机进入爆燃区。为此，在发动机电子控制系统设置爆燃控制器，它由爆燃传感器，检测电路、控制电路及校正电路组成，如图8-59所示。

爆燃传感器将传到气缸体上的机械振动转换成电信号输入到发动机电子控制单元中，电子控制单元检侧传感器送来的信号，分析判断有无爆燃及爆燃的强弱。然后输出相应的指令控制校正电路对发动机的点火提前角作较准确的调整。爆燃强，推迟点火的角度大；爆燃弱，推迟的角度小。每次调整都以一个固定的角度递减，直到爆燃消失为止。而后又以一个固定的角度递增，当发动机再次出现爆燃时，发动机控制单元又使点火提前角再次减小，如此不断调整。这是一种“临界控制”方式，它可使发动机接近爆燃区而又不进入爆燃区，此时缸内燃烧的热效率最高。

图8-60为不同转速下爆燃控制点火时刻曲线。从图中可以看出，点火系统采用爆燃控制后，可使不同转速下点火时刻的控制达到较理想的程度。在没有爆燃控制的点火系统，为

避免爆燃现象的发生，设定的点火时刻必须留有离开爆燃区的足够余量，从而导致燃烧的热效应降低。

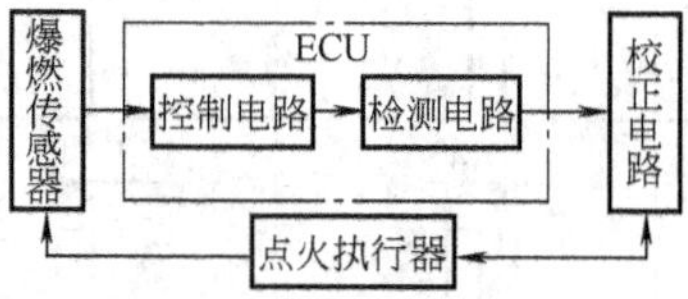

图 8-59　爆燃控制器

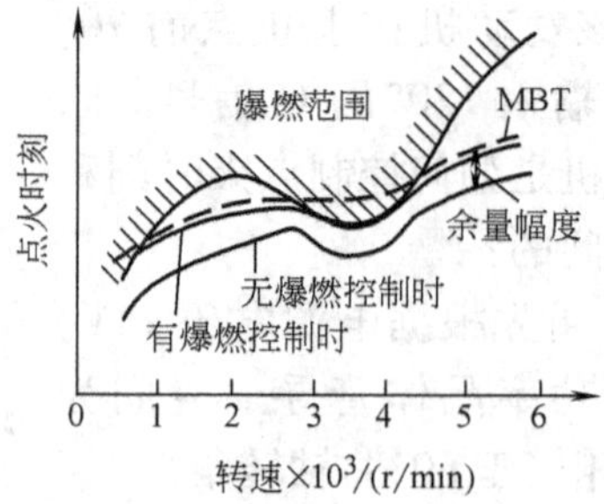

图 8-60　爆燃与点火时刻的关系

8.5　点火波形检测

在点火过程中，分缸高压线上的电压随时间变化的规律称为点火波形。如果实测的点火波形与标准波形有差异，说明点火系统有故障，以此可分析故障发生的原因。

8.5.1　标准点火波形

点火波形包括初级点火波形和次级点火波形。

1. 初级点火波形

由于点火燃烧的过程可以通过次级与初级点火线圈的互感返回到初级电路，所以对初级点火波形的测试是非常有用的。它对查出点火线圈的点火故障很有效。图 8-61 为单缸初级点火波形。

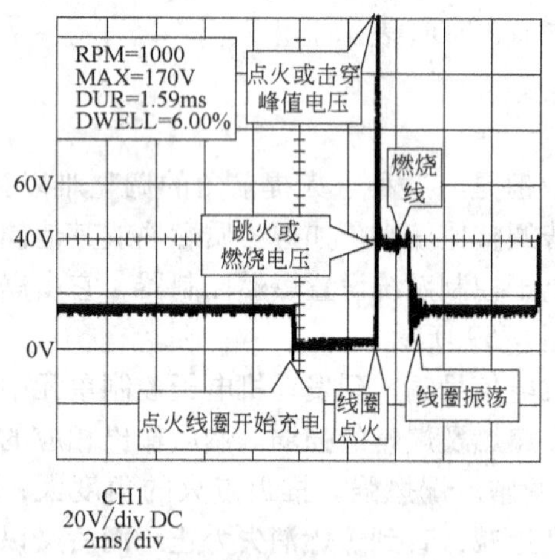

图 8-61　单缸初级点火波形

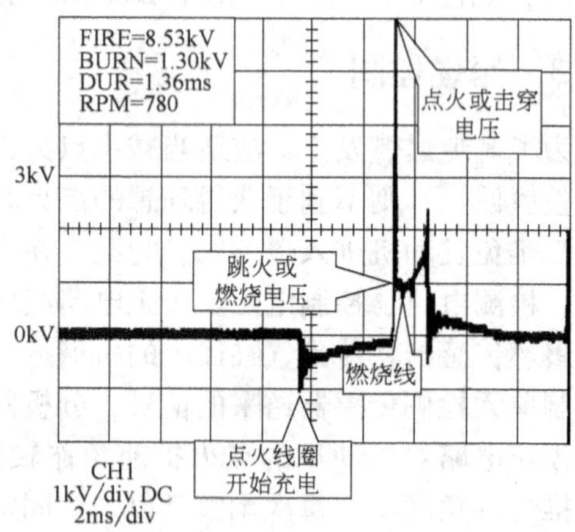

图 8-62　单缸次级点火波形

2. 次级点火波形

次级点火波形如图 8-62 所示，主要用于：

1）分析单缸的点火闭合角（点火线圈充电时间分析）。

2）分析点火线圈和次级高压电路性能（燃烧线或点火击穿电压分析）。

3）检查单缸混合气空燃比是否正常（燃烧线分析）。

4）查出造成气缸断火的原因（燃烧线分析，判断污浊或破裂的火花塞）。

3. 波形分析

1）点火线圈充电。观察点火线圈在开始充电时，应保持相对一致的波形下降沿，这表明各缸闭合角相同以及点火正时精确。

2）点火线。观察击穿电压高度的一致性。如果击穿电压太高（甚至超过了示波器的显示屏），表明在点火次级电路中电阻值过高（如断路或损坏火花塞、高压线或是火花塞间隙过大）；如果击穿电压太低，表明在点火次级电路中电阻值低于正常值（有受污损或破裂的火花塞、高压线漏电等）。

3）跳火或燃烧电压。观察跳火或燃烧电压是否保持相对一致性，它说明火花塞工作和各缸空燃比正常与否。如果混合气太稀，燃烧电压就比正常值低一些。

4）燃烧线。观察火花或燃烧线要十分“干净”，即没有过多的杂波在燃烧线上。过多的杂波表明气缸点火不良或由于点火过早喷油器损坏、污浊火花塞以及其他原因。燃烧线的持续时间长度与气缸内混合气浓或稀有关。燃烧线太长（通常超过2ms）表明混合气浓；燃烧线太短（通常少于0.75ms）表示混合气稀。

5）点火线圈振荡。观察在燃烧线后面最少有2个（一般多于3个）振荡波，这表明点火线圈是好的。

8.5.2 点火波形检测

对汽油机点火系统技术状况进行检测，可采用点火示波器或发动机综合性能分析仪。下面以EA3000便携式发动机综合性能分析仪为例，介绍点火系统检测。

汽油机性能检测包括13个项目的检测，以下各节都是在进入“检测”→“汽油机”界面后单击所要测试的项目开始的。图8-63所示为“汽油机检测”菜单。

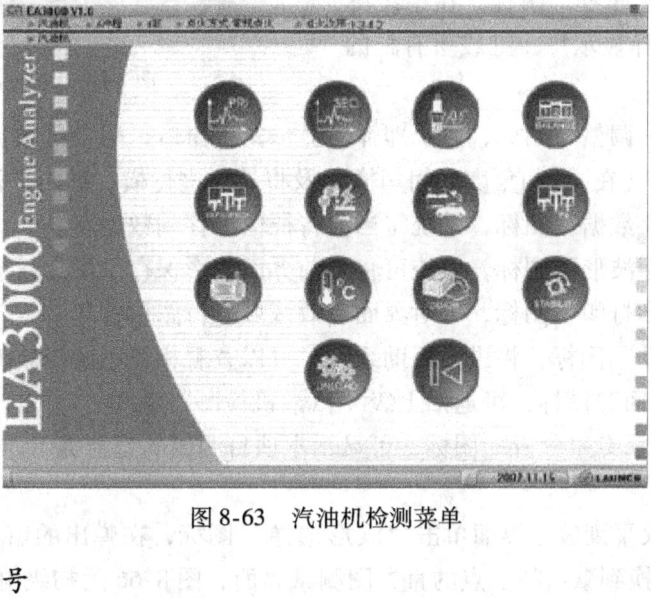

图8-63 汽油机检测菜单

1. 初级点火信号

（1）连接

1）常规点火系统。首先将蓄电池电压及充电电压测试线的红、黑夹分别夹在蓄电池的正、负极上，将初级点火信号适配器（1280401）的红、黑色探头分别连接到点火线圈的正、负极，再将一缸信号适配器夹在一缸高压线上，如图 8-64 所示。

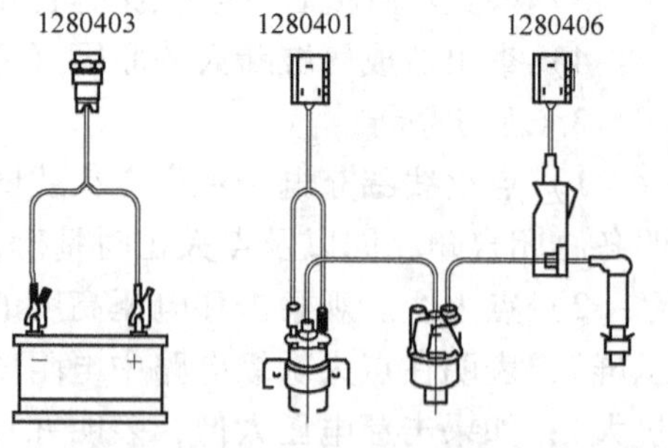

图 8-64　常规初级点火波形测试接线示意图

2）直接点火系统（包括单缸和双缸独立点火系统）。首先将蓄电池电压及充电电压测试线的红、黑夹分别夹在蓄电池的正、负极上，再将单双缸初级信号提取适配器（1280401—1DIS）的各探针依次接入各缸的波形输出端。

注意：有些直接点火车辆的初级信号放大器内置在点火线圈内，接线端只能测到初级信号的触发信号。

（2）平列波

1）在“汽油机检测菜单”下单击“初级信号”图标，即进入初级信号检测界面，然后起动发动机即可测到初级点火波形，如图 8-65 所示。

2）单击“停止”图标（“停止”图标被按下后即变为“测试”图标），系统即停止采集，再单击此图标即可恢复测试（同时“测试”图标恢复为“停止”图标）。

3）单击“波形选择”图标，系统弹出波形选择窗口，可在其中选择其他波形显示形式（波形选择窗口中包括“平列波”、“直方图”，不选择时系统默认为平列波）。

4）单击“选择缸号”图标，在系统弹出的小窗口中可选择显示每一缸或所有缸的初级波形。

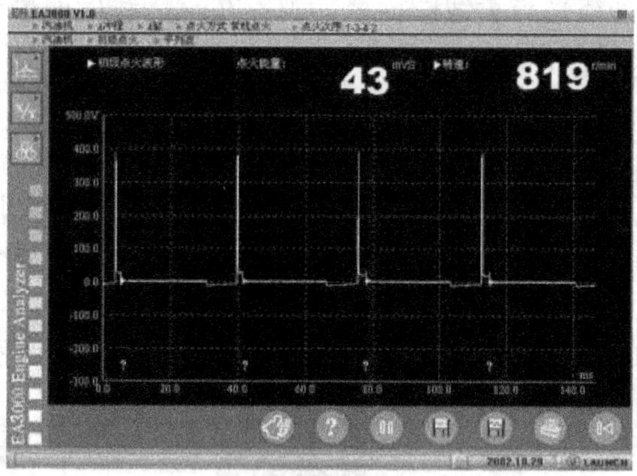

图 8-65　初级平列波

5）单击“显示调整”图标，系统即弹出显示调整窗口，用户可根据需要单击相应图标进行 X 轴单位调整（在 ms 和角度之间切换）及将波形进行横、纵向平移和缩放。

6）单击“保存数据”图标，系统将当前特征值保存到数据库。

7）单击“保存波形”图标，系统可将当前界面波形保存于指定目录。

8）单击“图形打印”图标，可对界面有效区域进行图形打印。

9）单击“帮助”图标，将进入帮助系统，可以查看相关正确与故障波形供参考。

10）单击“返回”图标，可返回上级“汽油机检测”菜单。

11）单击“显示专家分析”图标，可显示本项目测试的智能提示内容。

（3）直方图

1）在初级点火平列波形界面单击“波形选择”图标，在弹出的窗口中选择“直方图”图标，系统即可切换到默认特征点的直方图测试界面，图 8-66 为初级电压直方图。

2）单击“参数选择”图标，在其下拉菜单中可选择初级电压或点火能量，如图 8-67

为初级点火能量直方图。

3）正常缸特征点直方图颜色为绿色，有故障或不良的缸，其特征点直方图为红色。

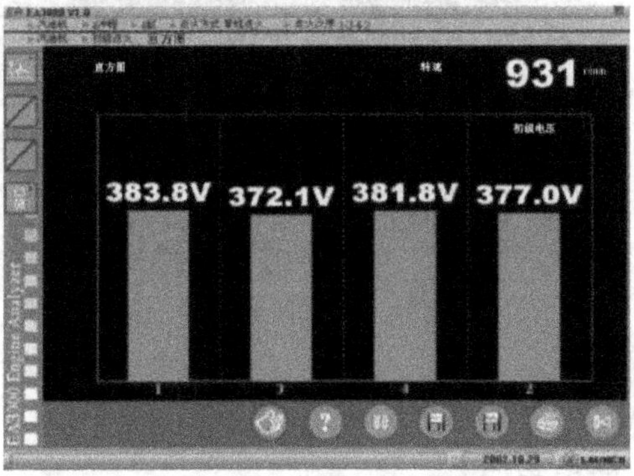

图 8-66 初级电压直方图

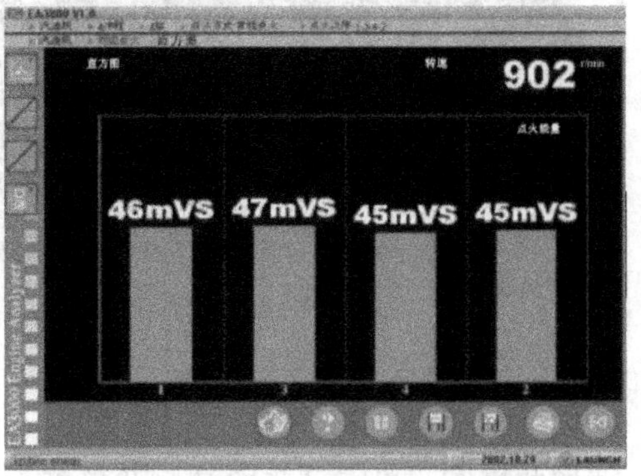

图 8-67 初级点火能量直方图

2. 次级点火信号

（1）连接

1）常规点火系统。首先将蓄电池电压及充电电压测试线的红、黑夹分别夹在蓄电池的正、负极上，将红色次级信号夹夹在中心高压线上（从适配器 1280408 的红色 BNC 头引入设备），一缸信号适配器夹在一缸高压线上，如图 8-68 所示。

2）单缸独立点火系统。首先将蓄电池电压及充电电压测试线的红、黑夹分别连接到蓄电池的正、负极上，再将同步信号适配器（1280406-1）接在一缸喷油嘴或初级信号线上（必须是有效的信号线，两者只能选其一），最后将与所测车型相对应的次级信号感应片卡在点火线圈上，并通过次级信号转接线、跨接线（某些车辆不用接）和次级信号连接线输入单缸次级信号提取适配器（1280408-SX）相应的 BNC 头，如图 8-69 所示。

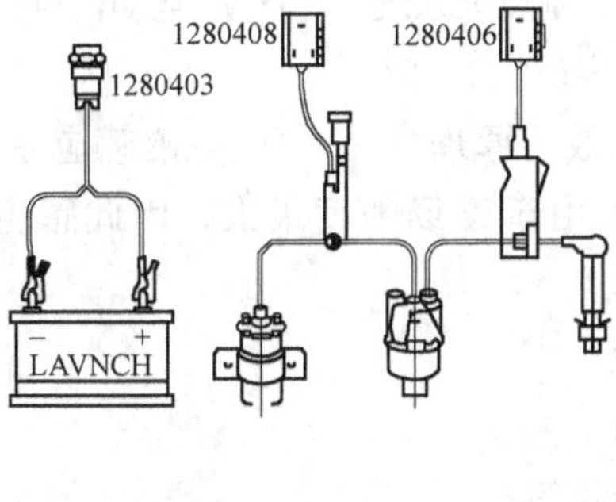

图 8-68 常规次级点火接线示意图

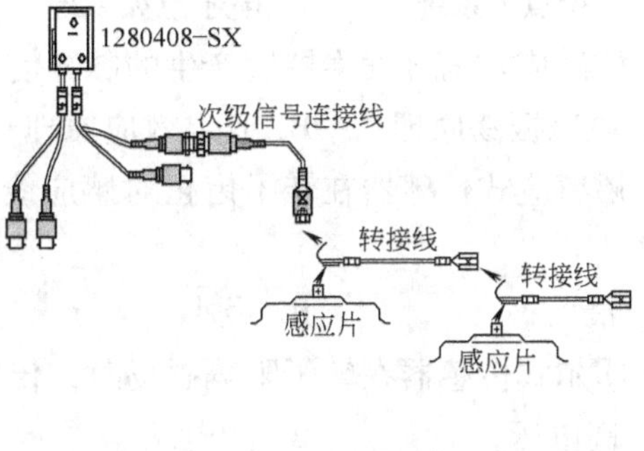

图 8-69 单缸独立点火系统接线示意图

（2）平列波 在“汽油机检测”菜单下单击“次级信号”图标，即进入次级信号测试界面（默认为平列波），然后起动发动机即可测到次级平列波，如图 8-70 所示。

（3）并列波 在次级点火平列波形界面单击“波形选择”图标，在弹出的窗口中选择“并列波”图标，系统即可切换到并列波测试界面，如图 8-71 所示。

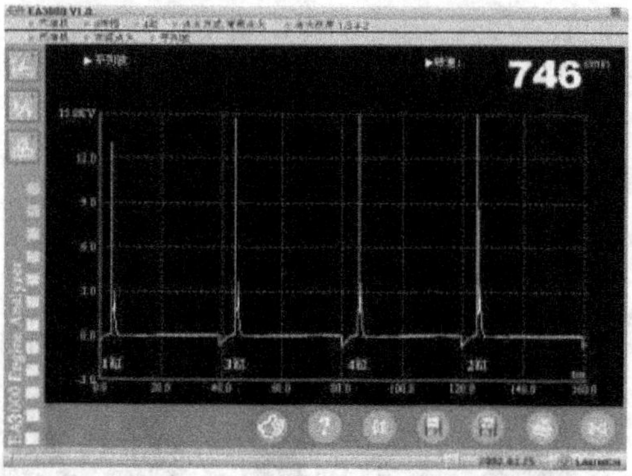

图 8-70　次级平列波

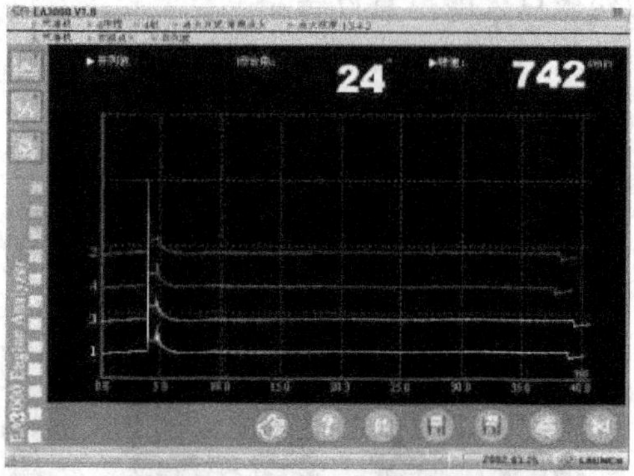

图 8-71　次级并列波

如此操作，可得到重叠波、阶梯波、直方图、数据表等。

综合测试

一、选择题

1. 为使汽车发动机能在各种困难条件下点火起动，要求作用于火花塞两电极间的电压至少在（　　）

A. 6kV　　B. 12kV　　C. 24kV　　D. 36kV

2. 电感放电式点火系统的每一点火过程可以划分的三个阶段是（　　）

A. 触点张开→触点闭合→火花放电　　B. 触点闭合→触点张开→火花放电

C. 触点闭合→火花放电→触点张开　　D. 点火开关闭合→火花放电→点火开关打开

3. 电子点火系统与传统点火系统的主要区别是利用晶体管来切断（　　）

A. 初级绕组的电流　　B. 次级绕组的电流　　C. 初级绕组的电压　　D. 次级绕组的电压

4. 能对点火提前角进行精确控制的是（　　）

A. 传统点火系统　　B. 电子点火系统　　C. 微机控制点火系统　　D. 磁电动机点火系统

5. 磁感应式信号发生器所产生的脉冲信号主要是应用（　　）

A. 电磁振荡原理　　B. 光电效应原理　　C. 霍尔效应原理　　D. 电磁感应原理

6. 磁感应式传感器在转子齿正对感应线圈铁心时，由于磁场强度最大，因此感生电压（　　）

A. 最大　　B. 最小　　C. 不变

7. 霍尔式传感器在转子阻隔磁场时，传感器发出（　　）

A. 高电压　　B. 低电压　　C. 电压不变

8. 闭合角是指断电触点的闭合时间，而初级绕组通电时间（触点闭合时间）的长短与触点的间隙密切相关：触点间隙小，则触点相对闭合时间（　　）

A. 长　　B. 短　　C. 不变

9. 火花塞绝缘体裙部的温度应保持在（　　）

A. 200 ~ 500℃　　B. 500 ~ 700℃　　C. 700 ~ 900℃　　D. 900 ~ 1200℃

二、简答题

1. 点火系统的作用是什么？对其有何要求？
2. 微机控制的点火系统由哪几部分组成？有何优点？
3. 微机控制的点火系统如何分类？
4. 微机控制的点火系统是如何实现最佳点火提前角的精确控制的？

实 训 项 目

项目20：凸轮轴/曲轴位置传感器检测

一、实训目的

（1）能识别凸轮轴/曲轴位置传感器的类型。
（2）理解凸轮轴/曲轴位置传感器的工作原理。
（3）掌握凸轮轴/曲轴位置传感器故障对发动机的影响。
（4）掌握凸轮轴/曲轴位置传感器的检测方法。
（5）能正确使用仪器设备。
（6）注重安全文明生产和环境保护。

二、设备及器材

（1）常用工具、工作灯、三角木、防护套、尾排装置；
（2）数字万用表、汽车诊断仪、接线盒；
（3）发动机诊断台或实车；
（4）维修手册。

三、操作基本方法

学生分小组，在教师指导下完成工作任务单上的内容。

四、完成工作任务单

任务名称	凸轮轴/曲轴位置传感器检测	学时		班级	
学生姓名		学号		成绩	
实训设备(型号)		实训场地		日期	

第一项内容：知识回顾

名词解释：

电磁感应____

____

霍尔效应____

____

光电效应____

____

第二项内容：操作训练

1. 查维修手册画出凸轮轴/曲轴位置传感器工作电路图。
2. 判别凸轮轴/曲轴位置传感器接线端子，填写下表。

序号	颜色	英文代码	功能	离线电压(V)	在线电压(V)
凸轮轴 1					
凸轮轴 2					
凸轮轴 3					
曲轴 1					
曲轴 2					
曲轴 3					

3. 凸轮轴位置传感器检测。

（1）依据维修手册找到凸轮轴位置传感器。

（2）连接诊断仪，进入示波功能。

（3）起动发动机，画出怠速时凸轮轴位置传感器的波形。

怠速时　　　　发动机转速2000r/min时

调整参数________________　　调整参数________________

（4）是否与标准波形相符合________________；该传感器的类型为________________

（5）将发动机转速升高到2000r/min，观察波形发生了什么变化。

幅值______________________；频率____________________

4. 曲轴位置传感器检测。

（1）依据维修手册找到曲轴位置传感器。

（2）连接诊断仪，进入示波功能。

（3）起动发动机，画出怠速时曲轴位置传感器的波形。

怠速时　　　　发动机转速2000r/min时

调整参数________________　　调整参数________________

（4）是否与标准波形相符合________________；该传感器的类型为________________

（5）将发动机转速升高到2000r/min，观察波形发生了什么变化。

幅值______________________；频率________________________

第三项内容：分析与思考

当凸轮轴/曲轴位置传感器出现故障时，对发动机性能有何影响？

项目21：点火系统故障诊断

一、实训目的

(1) 了解点火电路。
(2) 理解点火波形的意义。
(3) 掌握点火电路的检测方法。
(4) 掌握点火波形的检测方法。
(5) 能通过波形分析故障。
(6) 能正确使用仪器设备。
(7) 注重安全文明生产和环境保护。

二、设备及器材

(1) 常用工具、工作灯、三角木、防护套、尾排装置；
(2) 发动机综合性能检测仪、数字万用表、汽车诊断仪、接线盒；
(3) 发动机诊断台或实车；
(4) 维修手册。

三、操作基本方法

学生分小组，在教师指导下完成工作任务单上的内容。

四、完成工作任务单

任务名称	点火系统故障检测	学时		班级	
学生姓名		学号		成绩	
实训设备(型号)		实训场地		日期	

第一项内容：知识回顾

填写出点火波形图中各空格部分的名称。

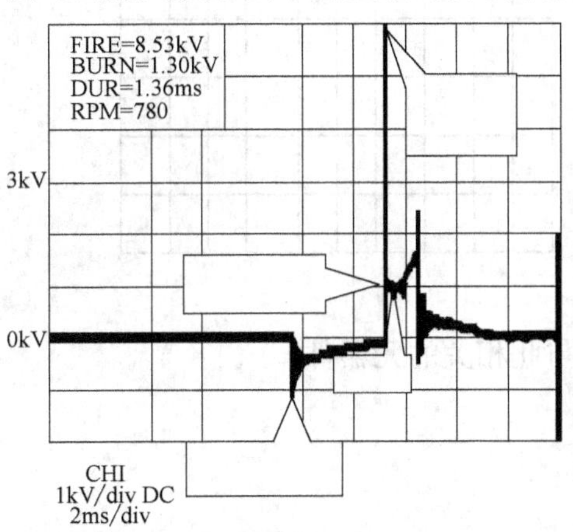

第二项内容：操作训练

1. 查维修手册画出点火系统工作电路图。

2. 填写下表。

气缸	点火线圈电源线（颜色）	点火线圈搭铁线（颜色）	点火信号 IGT			点火反馈 IGF		
			离线电压	在线电压	动态电压	离线电压	在线电压	动态电压
1								
2								
3								
4								

3. 点火波形检测。

（1）带分电器的电控点火系统点火波形检测

次级平列波

次级并列波

（2）无分电器独立点火系统点火波形检测

次级平列波

重叠波

第三项内容：分析与思考

如所有点火线圈都不能释放出火花，请列出与此相关的元器件？

第 9 章 起动系统

学习目标：

- 理解起动系统的工作过程
- 认识起动系统的组成、结构
- 掌握起动机的工作过程
- 掌握起动机的检修方法

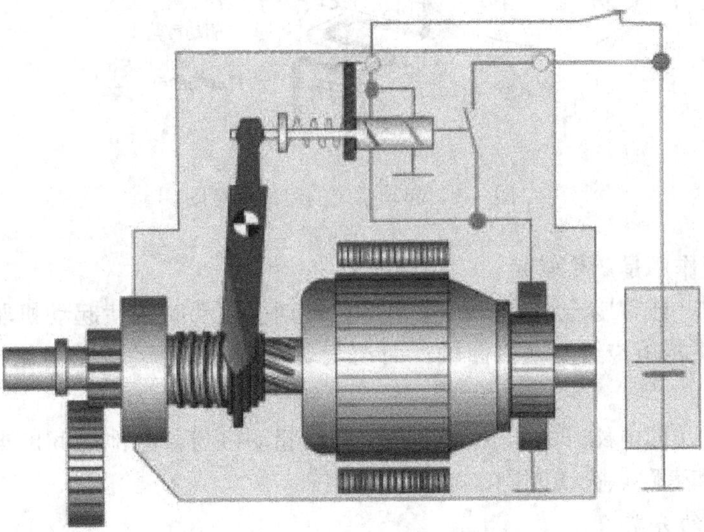

9.1 概述

要使发动机从静止状态过渡到工作状态，必须用外力转动发动机的曲轴，使气缸内吸入（或形成）可燃混合气并燃烧膨胀，工作循环才能自动进行。曲轴在外力作用下开始转动到发动机开始自动地怠速运转的全过程称为发动机的起动。

转动发动机曲轴使发动机起动的方法很多。汽车发动机常用的有电动机起动和手摇起动两种。电动机起动是用电动机作为机械动力，当电动机输出轴上的齿轮与发动机飞轮周缘的齿圈啮合时，动力就传到飞轮和曲轴，使之旋转。手摇起动是通过用手摇柄转动曲轴使之旋转。目前绝大多数汽车发动机都采用起动机起动。

9.1.1 起动系统的作用和组成

1. 起动系统的作用

起动系统的作用是利用起动机将蓄电池的电能转换为机械能，再通过传动机构将发动机拖转起动。

2. 起动系统的组成

起动系统一般由起动机、传动机构和操纵机构三部分组成，如图9-1所示。

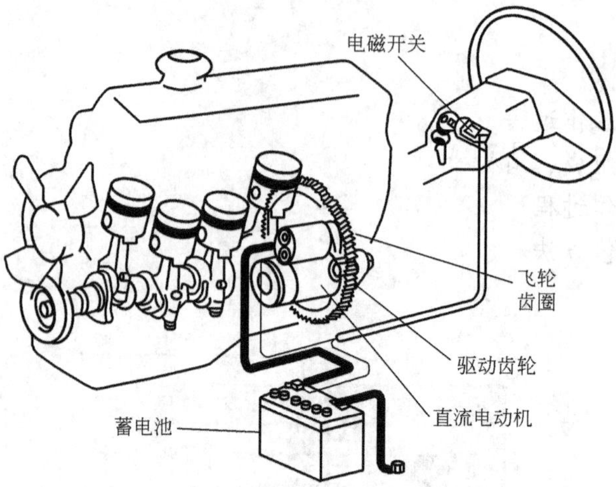

图9-1 起动系统的组成示意图

1）起动机的作用是产生转矩。

2）传动机构（或称啮合机构）的作用是在发动机起动时，使起动机驱动齿轮啮合入飞轮齿环，将起动机转矩传给发动机曲轴；而在发动机起动后，使驱动齿轮打滑并与飞轮齿环自动脱开。

3）操纵机构（即电磁开关）用来接通和切断起动机与蓄电池之间的电路。在有些汽车上，还具有接入和旁路点火线圈附加电阻的作用。

3. 起动系统的分类

在各种起动系统的三个组成部分中，电动机部分一般没有本质的差别，而控制方法和传动机构的啮合方式则有很大差异，因此起动机是按控制方法和传动机构的啮入方式的不同来分类的。

(1) 按控制方法的不同，起动系可分为以下几种方式。

1）机械控制式。由脚踏或手拉杠杆联动机构直接控制起动机的驱动小齿轮与飞轮齿圈啮合，并控制主电路开关接通或切断起动机主电路。这种方式虽然结构简单、工作可靠，但由于要求起动机、蓄电池靠近驾驶室，而受安装布局的限制，且操作不便，因此已很少采用。

2）电磁控制式。借按钮或钥匙控制电磁铁，再由电磁铁控制起动机的驱动小齿轮与飞轮齿圈啮合，并控制主电路开关，以接通或切断主电路。由于装有电磁铁，可进行远距离控制，操作省力，因此现代汽车大多采用这种方式。

（2）按传动机构啮入方式的不同，起动机可分为以下几种方式：

1）惯性啮合式。起动机旋转时，驱动齿轮借惯性力自动啮合入飞轮齿圈。

2）强制啮合式。靠人力或电磁力拉动杠杆，强制拨动驱动齿轮啮合入飞轮齿圈。

3）电枢移动式。靠磁极磁通的电磁力，使电枢轴向飞轮齿环方向移动，将驱动齿轮啮合入飞轮齿圈。

4）齿轮移动式。靠电磁开关推动安装在电枢轴孔内的啮合杆而使驱动齿轮啮合入飞轮齿圈。

5）同轴式起动机。靠与起动机同轴安装的电磁开关直接吸动驱动齿轮与飞轮齿圈啮合。

除上述以外，还有磁极为永久磁铁的永磁式起动机以及内装减速齿轮的减速起动机等。

9.1.2　对起动系统的要求

起动发动机时，必须克服气缸内被压缩气体的阻力和发动机本身及其附件内相对运动的零件之间的摩擦阻力。克服这些阻力所需的力矩称为起动转矩。保证发动机顺利起动所必需的曲轴转速称为起动转速。车用汽油机在0～20℃的气温下，一般最低起动转速为30～40r/min。为使发动机能在更低的气温下迅速起动，要求起动转速能达50～70r/min。转速过低时，压缩行程内的热量损失过多，且进气流速过低，将使汽油雾化不良，导致气缸内混合气不易着火。车用柴油机所要求的起动转速较高，达150～300r/min（采用直接喷射式燃烧室时的起动转速较低；采用涡流室或预燃室式燃烧室时的起动转速较高）。这一方面是为了防止气缸漏气和热量散失过多，以保证压缩终了时气缸内有足够的压力和温度；另一方面为了使喷油泵能建立足够高的喷油压力和在气缸内造成足够强的空气涡流，否则柴油雾化不良，混合气品质不好，也难以着火。

由于柴油机的压缩比远大于汽油机，因而起动转矩也较大，同时起动转速也较汽油机高，所以柴油机所需的起动功率比汽油机大。

9.2　起动系统的构造与维修

9.2.1　起动机

起动机的作用是产生转矩，使发动机起动。

1. 起动机的构造

起动机一般由串励直流电动机、传动机构和操纵机构三部分组成。

（1）串励直流电动机　串励直流电动机由电枢、磁极、外壳、电刷与电刷架等主要部件组成。

上海汽车电动机厂生产的桑塔纳轿车发动机QD1225型起动机的分解如图9-2所示。

1）电枢总成。电枢用来产生电磁转矩，它由铁心、电枢绕组、电枢轴及换向器组成，如图9-3所示。电枢铁心由多片互相绝缘的硅钢片叠成；电枢绕组的电流一般为200～600A，因此电枢绕组采用很粗的扁铜线，一般用波绕法绕制而成；换向器的铜片较厚，相邻铜片之间用云母片绝缘。

2）磁极。磁极由铁心和励磁绕组构成，其作用是在电动机中产生磁场，磁极铁心一般

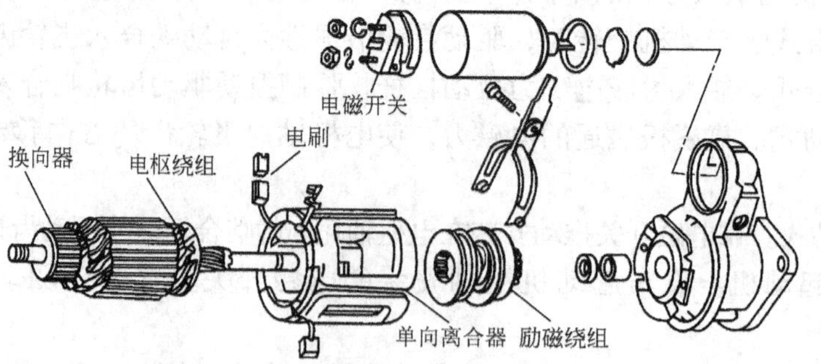

图 9-2　桑塔纳轿车发动机 QD1225 型起动机的分解图

由低碳钢制成，并通过螺钉固定在电动机壳体上。磁极一般是 4 个，由 4 个励磁绕组形成两对磁极两两相对，其连接方法有两种，一是四个励磁绕组串联，如图9-4a所示；二是励磁绕组两两相串联后再并联，如图 9-4b 所示。常见的励磁绕组一般与电枢绕组串联在电路中，故被称为串励式直流电动机。

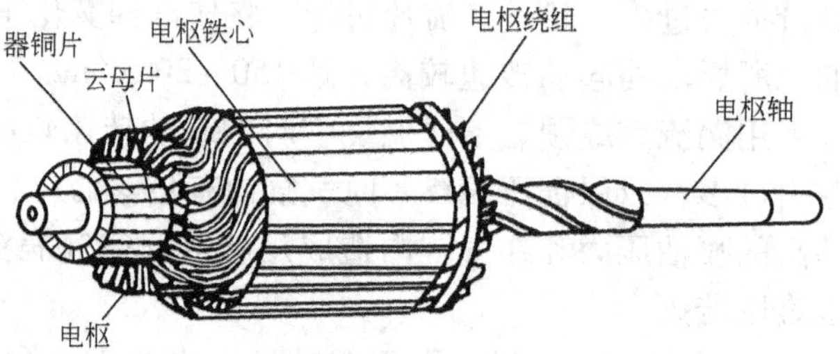

图 9-3　起动机电枢结构

3）电刷和电刷架。电刷与电刷架的作用是将电流引入电枢，使电枢产生连续转动。电刷一般是用铜和石墨压制而成，有利于减小电阻及增加耐磨性。电刷装在电刷架中，借弹簧压力紧压在换向器上。通常电动机内装有 4 个电刷架，其中两个电刷架与外壳直接相连构成电路搭铁，称为搭铁电刷；另外两个连接励磁绕组和电枢绕组，与外壳绝缘，称为绝缘电刷。有些电动机是通过励磁绕组与外壳连接构成塔铁电路，故这种电动机的所有电刷都与机壳绝缘，称为绝缘刷架。

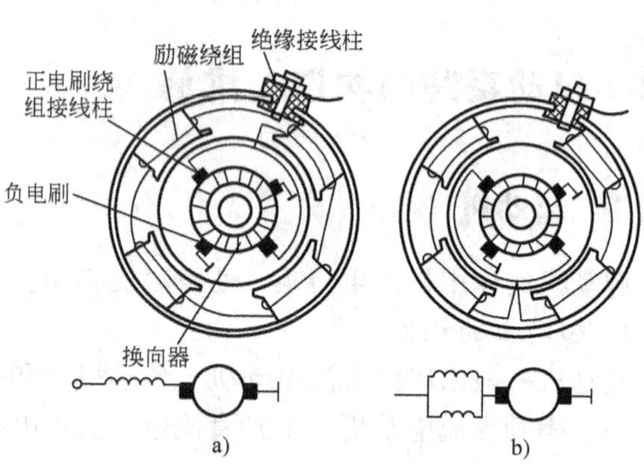

图 9-4　起动机励磁绕组的连接方法

4）外壳。外壳由低碳钢卷制而成，或由铸铁铸造而成。起动机工作时间很短，所以一般采用铜和石墨轴承或铁基含油滑动轴承。减速起动机由于其电枢的转速很高，电枢轴承则采用滚针轴承或球轴承。

(2) 传动机构　传动机构的作用是在发动机起动时，将直流电动机的转矩传递给发动机曲轴；在发动机起动后，由于飞轮齿圈与起动机驱动齿轮的传动比为1∶15～1∶10，如果不及时将起动机与发动机分离，则起动机的电枢就会被发动机曲轴带动，以10000～15000r/min的高速旋转，导致电枢线圈从电枢槽中甩出，造成“飞散”事故，而使电枢损坏。传动机构主要由单向离合器、减速机构（有些起动机不具有减速机构）等组成。

(3) 操纵机构　操纵机构的作用是通过控制起动电磁开关及杠杆机构（或其他某种装置），来实现起动机传动机构与飞轮齿圈的啮合与分离，并接通和断开电动机与蓄电池之间的电路，同时还能接入和切断点火线圈的附加电阻（传统点火装置）。

2. 起动机的工作原理

图9-5是直流电动机的工作原理图。电动机工作时，电流通过电刷和换向器流入电枢绕组。如图9-5a所示，换向片A与正电刷接触，换向片B与负电刷接触，绕组中的电流方向为$a\rightarrow b\rightarrow c\rightarrow d$，根据通电导体在磁场中受电磁力的原理（左手定则），绕组ab边、cd边均受到电磁力F的作用，由此产生逆时针方向的电磁转矩M使电枢转动；当电枢转动至换向片A与负电刷接触，换向片B与正电刷接触时，电流改由$d\rightarrow c\rightarrow b\rightarrow a$（换向器适时地改变了电枢绕组中的电流方向），如图9-5b所示，但电磁转矩的方向仍保持不变，使电枢按逆时针方向继续转动。

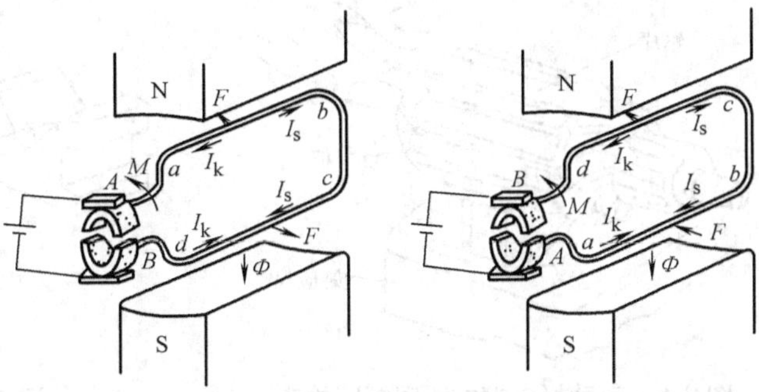

a) 电流$a\rightarrow d$　　b) 电流$d\rightarrow a$

图9-5　直流电动机的工作原理

图9-5只例举了电枢绕组中的一匝线圈的工作过程，实际上，直流电动机为了产生足够大且转速稳定的电磁力矩，其电枢上绕有很多组线圈，换向器的铜片也随其相应增加。

根据安培定律，可以推导出直流电动机通电后所产生的电磁转矩M与磁极的磁通量Φ及电枢电流I_s之间的关系为

$$M = C_m I_s \Phi$$

式中　C_m——电动机的转矩常数；

$$C_m = \frac{PZ}{2\pi a}$$

P——磁极对数；

Z——电枢导线总根数；

a——电枢绕组支路数。

3. 起动机的检修

(1) 电枢的检修

1) 电枢绕组的检修。电枢绕组常见的故障是匝间短路、断路或搭铁、绕组接头与换向器铜片脱焊等。检查绕组是否搭铁，可用万用表欧姆档检测换向器铜片和电枢轴之间的电阻，电阻应足够大。检查电枢绕组匝间短路如图9-6所示。接通感应仪的电源，并将钢片放

在电枢铁心上方的线槽上，若电枢中有短路，则在电枢绕组中将产生感应电流，钢片在交变磁场的作用下，在槽上振动，由此可判断电枢绕组中的短路故障。

电枢绕组若有短路、搭铁故障，则需重新绕制，并浸漆、烘干。

2）换向器的检修。换向器故障多为表面烧蚀、云母片突出等。轻微烧蚀用“00”号砂纸打磨即可。严重烧蚀或失圆（径向圆跳动 >0.05mm 视为失圆）时应精车加工，但加工后换向器铜片厚度不得小于2mm。云母片如果高于铜片也应车削修整，云母片是否过低要看具体的起动机。有的起动机换向器的云母片要低于铜片，在检修时若换向器铜片间槽的深度小于0.2mm，就需用锯片将云母片割低至规定的深度。

3）电枢轴的检修。电枢轴的常见故障是弯曲变形。检测方法如图9-7 所示。电枢轴径向跳动应不大于0.15mm，否则应校直。

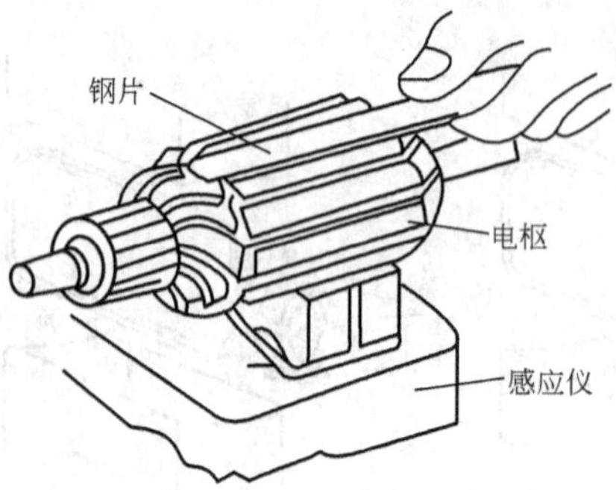

图9-6　起动机电枢的匝间短路检查

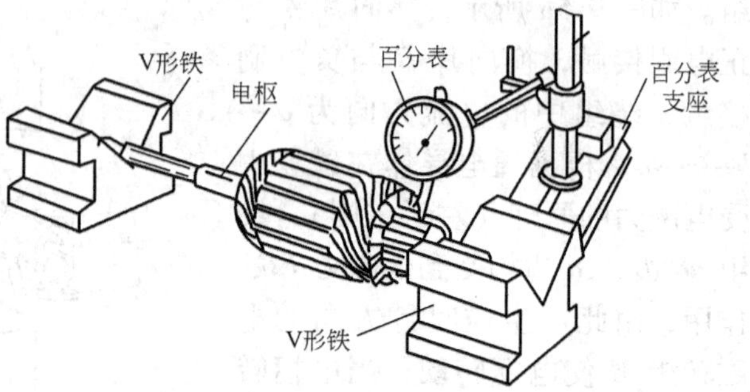

图9-7　起动机电枢轴弯曲变形的检查

（2）励磁绕组的检修　励磁绕组的常见故障有接头脱焊、绕组短路、断路或搭铁等。接头松脱故障在解体后可直接看到。绕组搭铁故障诊断可用万用表的欧姆档测量绕组端子与外壳之间的电阻，如果电阻很大，则无搭铁故障。将绕组放在电枢检验仪上可检查绕组匝间是否短路。感应仪通电后若绕组发热，则说明绕组有匝间短路（见图9-8）。若绕组连接脱焊，应重新施焊；若绕组绝缘不良，应拆除旧绝缘层重新包扎并浸漆、烘干。

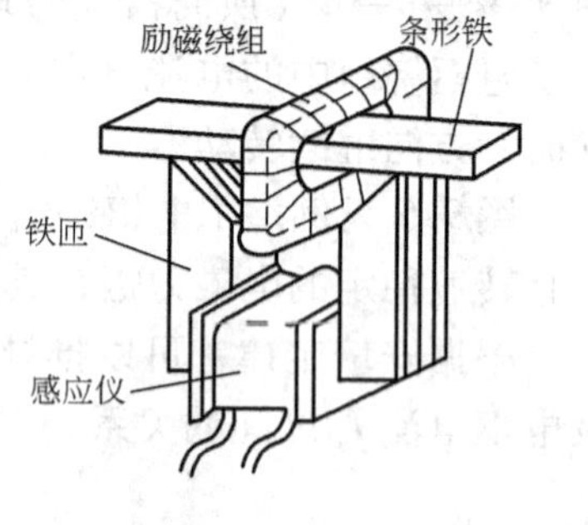

图9-8　励磁绕组匝间短路的检查

（3）电刷与电刷架的检修　检查电刷的高度，一般不应低于标准的2/3，电刷的接触面积不应少于75%，并且要求电刷在电刷架内无卡滞现象，否则需进行修磨或更换。用万用表的欧姆档或试灯法可检查绝缘电刷架的绝缘性。最后用弹簧秤测电刷弹簧的弹力，若不符合要求应予以更换或修理。

9.2.2　传动机构

使起动机驱动齿轮与发动机飞轮啮合传动及分离的机构，叫起动机的传动机构。起动机的传动机构实际上是一个单向离合器。单向离合器的作用是单方向传递转矩，即在起动时将起动机的转矩传递给发动机的飞轮齿圈，发动机起动后又能使起动机与发动机飞轮齿圈迅速切断联系。

传动机构由驱动齿轮、单向合器、拨叉及啮合弹簧等组成。单向离合器有滚柱式、摩擦片式和弹簧式等几种类型。其中，滚柱式单向离合器是最常用的，下面就以滚柱式单向离合器为例，讨论其结构和工作原理。

1. 滚柱式单向离合器的构造

滚柱式单向离合器的结构如图 9-9 所示。滚柱式单向离合器的驱动齿轮与壳制成一体，外壳内装有十字块和 4 套滚柱、压帽和弹簧。十字块与花键套筒固定连接，壳底与外壳相互扣合密封。

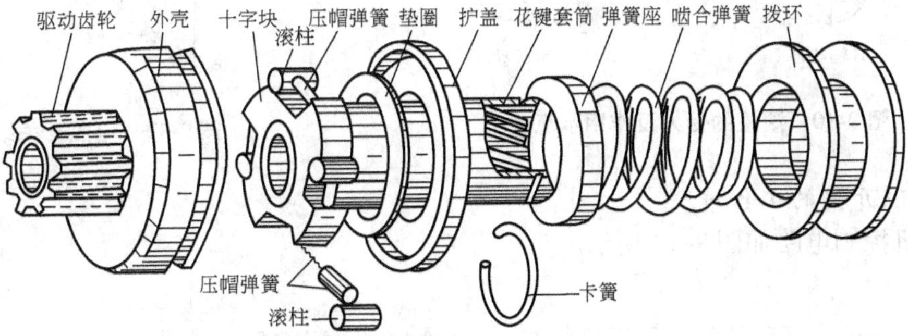

图 9-9　滚柱式单向离合器结构

花键套筒的外面装有啮合弹簧及衬圈，末端安装拨环和卡圈。整个离合器总成套装在电动机轴的花键部位上，可作轴向移动和随轴转动。在外壳与十字块之间，形成 4 个宽窄不等的楔形槽，槽内分别装有一套滚柱、压帽及弹簧。滚柱的直径略大于楔形槽窄端，略小于楔形槽的宽端。

2. 滚柱式单向离合器的工作原理

滚柱式单向离合器受力分析如图 9-10 所示，当起动机电枢旋转时，转矩经套筒带动十字块旋转，滚柱滚入楔形槽窄端，将十字块与外壳卡紧，使十字块与外壳之间能传递力矩，如图 9-10a 所示；发动机起动以后，飞轮齿圈会带动驱动齿轮旋转。当转速超过电枢转速时，滚柱滚入宽端打滑，这样发动机的力矩就不会传递至起动机，起到保护起动机的作用，如图 9-10b 所示。

3. 滚柱式单向离合器的检修

单向离合器常见的故障是打滑，可以用扭力扳手检测单向离合器的转矩，若转矩小于规定值，说明单向离合器打滑，应予以更换。对于摩擦片式单向离合器，如果转矩偏小，可以通过调整压环前的垫圈厚度使其达到要求。

9.2.3　操纵机构

现代起动系已完全采用电磁式操纵机构。电磁开关作为起动机的操纵机构，控制直流电动机电路的接通与切断，同时控制起动机的驱动齿轮与飞轮齿圈的啮合与分离。

1. 电磁开关的构造

桑塔纳轿车起动机电磁开关的结构如图 9-11 所示。主要由电磁铁机构和直流电动机开关两部分组成。

电磁铁机构由活动铁心、吸引线圈、保持线圈及复位弹簧等组成。直流电动机开关由接触片、端子 30 和端子 C 组成。

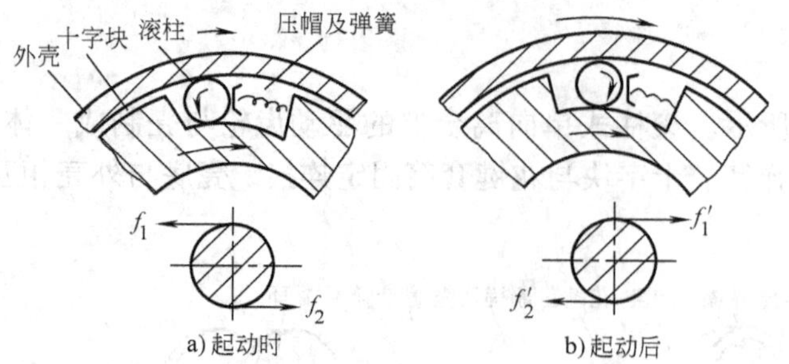

图 9-10　滚柱的受力及作用示意图

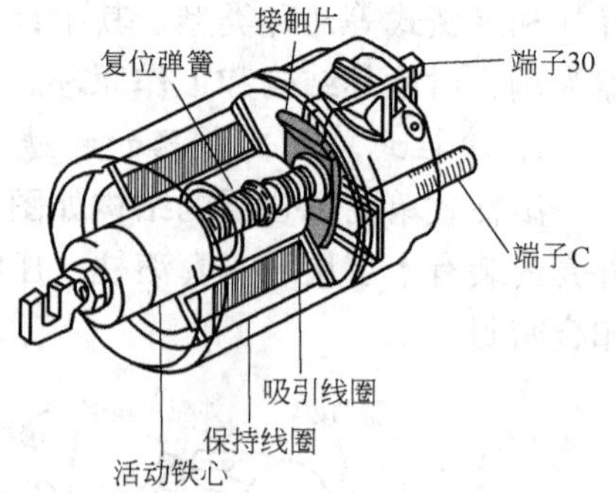

图 9-11　电磁开关结构

2. 电磁开关的工作过程

起动机控制电路如图 9-12 所示。

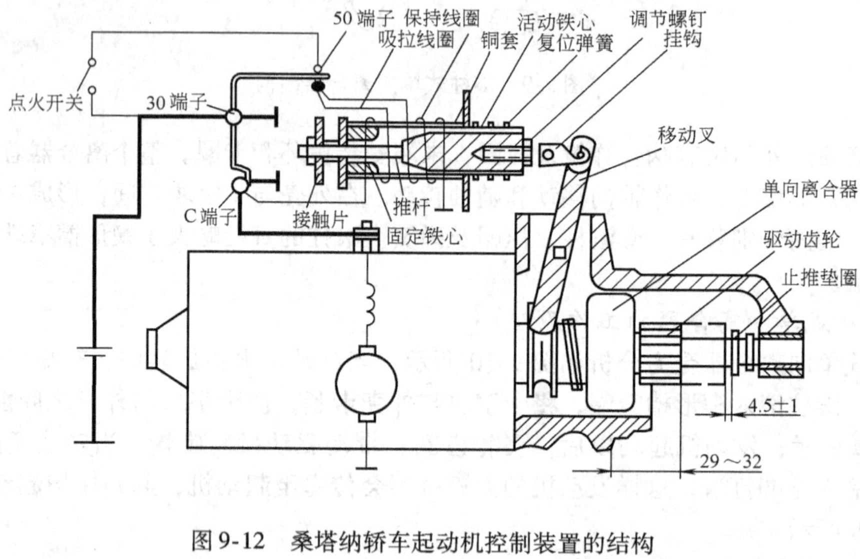

图 9-12　桑塔纳轿车起动机控制装置的结构

1）当点火开关接通起动档时，吸拉线圈和保持线圈电流接通，吸拉线圈电流经蓄电池正极→起动机 30 端子→点火开关→起动机 50 端子→吸拉线圈→起动机 C 端子→励磁绕组→电枢绕组→搭铁回到蓄电池负极。

保持线圈电流经蓄电池正极→起动机 30 端子→点火开关→起动机 50 端子→保持线圈→搭铁回到蓄电池负极。此时两线圈电流产生的磁力线方向相同，电磁力叠加，吸引活动铁心向右移动，使推杆上的接触片将电动机开关的触点 30 与 C 接通，从而将电动机电路接通，其电流路径为蓄电池正极→起动机 30 端子及其触点→接触片→起动机 C 端子及其触点→励磁绕组→电枢绕组→搭铁回到蓄电池负极。

2）当驾驶人松开点火钥匙，点火开关从起动档自动回到点火档瞬间，起动档断开，接触片仍将触点接通，吸引线圈和保持线圈通过电流的路径为蓄电池正极→起动机 30 端子及其触点→接触片→起动机 C 端子及其触点→吸拉线圈→起动机 50 端子→保持线圈→搭铁回到蓄电池负极。此时两线圈电流产生的磁力线方向相反，电磁力相互削弱，在复位弹簧的张力作用下，活动铁心等可移动部件自动复位，接触片与触点断开，电动机电路即被切断，起动机停止工作。

3. 电磁开关的检修

起动机电磁开关接柱位置如图9-13所示。电磁开关的常见故障一般是吸拉线圈和保持线圈断路、短路和搭铁、接触片及触点表面烧蚀等。线圈有否断路、搭铁，可用欧姆表通过测量电阻来检查。如果线圈不良，予以重绕或更换。接触片及触点表面烧蚀轻微的可以用挫刀或砂布修整。回位弹簧过弱应予以更换。

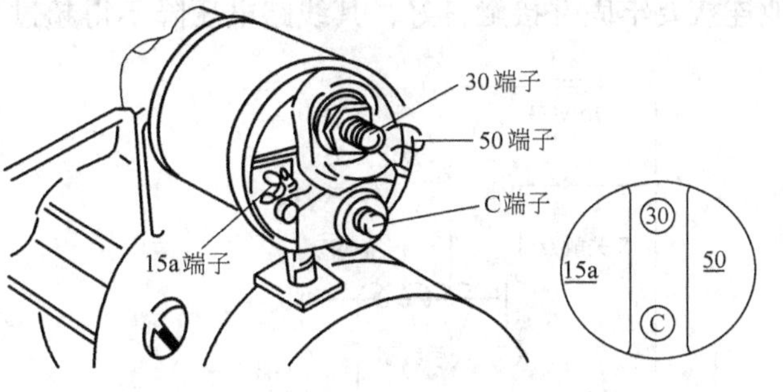

图9-13 起动机电磁开关端子位置

电磁开关的检查，主要检查保持线圈和吸拉线圈是否断路或短路及弹簧的复位功能。

1）吸拉线圈。用万用表测量电磁开关的50端子与电磁开关C端子之间的电阻值。电阻值应为2.6~2.7Ω。

2）保持线圈。用万用表测量电磁开关的50端子与电磁开关外壳之间的电阻值。桑塔纳轿车起动机的电阻值应为1.5~1.6Ω。

3）15a端子的检查。有些车辆在起动时，为保证点火线圈初级电路有足够高的电压，在起动时通过起动机电磁开关内部的接触片，将蓄电池电压直接送到点火线圈。检查时用手将挂钩及活动铁心压入电磁开关，用万用表电阻档测量15a端子与C端子或30端子间的电阻应为0Ω。

4）复位弹簧。用手先将挂钩及活动铁心压入电磁开关，然后松开。若活动铁心能迅速返回复位，说明弹簧复位功能良好；若铁心不能复位或出现卡滞现象，则应更换复位弹簧或电磁开关。

9.2.4 起动系统使用注意事项

1）起动机每次连续工作时间不得超过5s，若第1次不能起动，应停歇15s左右，再进行第2次起动。当连续3次不能起动时，应查明原因并排除故障后再进行起动。

2）要经常保持蓄电池处于充足电的状态。

3）各导线接头要连接牢固，接线柱应保持清洁。

4）经常保持起动机各部件清洁，接触良好。

5）转动部位应保持良好的润滑。

6）轿车每行驶1.2~1.5万km，要用检测仪检查起动电流和起动电压。桑塔纳轿车起动机稳定运转5s，电流应为110A左右，蓄电池电压不得低于9.6V。

7）冬季起动时，应采取预防措施。

9.3 起动系统控制电路

9.3.1 起动系统控制电路的类型

目前常见的起动系统控制电路有两种：一种是采用点火开关直接控制的起动系统控制电

路；另一种是带起动控制继电器的起动系统控制电路。

（1）点火开关直接控制的起动系统电路　点火开关直接控制的起动系电路是用点火开关直接控制起动机电磁开关。图9-14是日产、皇冠轿车使用的无起动继电器的起动线路。

（2）用起动继电器控制的起动系统电路　用点火开关控制起动继电器，再经过起动继电器控制起动机的控制电路（见图9-15）。起动机工作时，蓄电池向起动机供给几百安培的强电流，若线路接触不良，会产生较大的线路电压降，致使起动困难。起动机通过电缆与蓄电池连接要牢固并接触良好，其线路电压降不得超过0.2V。

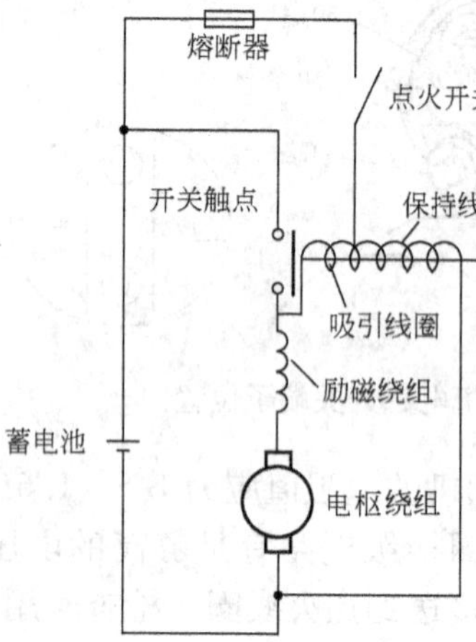

图9-14　点火开关直接控制的起动电路

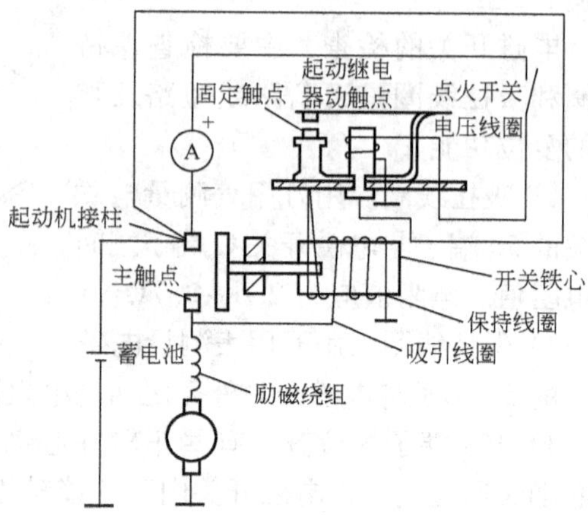

图9-15　用起动继电器控制的起动系统电路

9.3.2　常用起动系统控制电路

1. 丰田轿车起动系统电路

图9-16为丰田威驰小轿车的起动电路。图中，起动继电器的线圈绕组受点火开关ST2的控制，如果配置自动变速器L，则起动继电器的线圈绕组还受驻车档/空档继电器的控制，也就是说，只有自动变速器的档位处于驻车档/空档时，才有可能起动发动机。此外，当点火开关旋到起动位置时，从点火开关的ST2端子还给发动机ECU及组合仪表提供一个信号，用作与起动有关的其他控制或指示。

该图主要体现了起动系的外部电路，便于查找起动系电路故障。

2. 桑塔纳起动系统电路

电路由蓄电池、点火开关、电磁啮合式起动机、导线等组成。接线情况如图9-17所示。蓄电池+接线柱引出电缆直接与起动机的30接线柱连通，以便向起动机供电起动；同时由起动机的30接线柱引出红色导线接入中央接线板P区的一个接线柱，经内部连通P区的另一接线柱后经红色导线与点火开关30接线柱连通，经点火开关起动位“50”引出由“红/黑”色导线接入中央接线板B8接线柱，经内部连通C18，由C18再引出“红/黑”色导线接入起动机的“50”起动接线柱上。

（1）起动发动机时，起动系统工作情况

1）接通起动开关，电磁开关线圈电路接通。起动发动机时，将点火开关转到起动位置，电磁开关中吸拉线圈和保持线圈电路即被接通，吸拉线圈电流路径为蓄电池正极→红色导线 4→中央线路板单端子插座 P→中央线路板内部电路→红色导线 2→点火开关 30 端子→点火开关起动档→点火开关 50 端子→红黑色导线 3→中央线路板 B8 结点→中央线路板 C18 结点→红黑色导线 6→起动机 50 端子→吸拉线圈→起动机 C 端子（图中未标示）→励磁绕组→正电刷→电枢 10→负电刷→搭铁→蓄电池负极。保持线圈电流路径为蓄电池正极→红色导线 4→中央线路板单端子插座 P→中央线路板内部电路→红色导线 2→点火开关 30 端子→点火开关起动档→点火开关 50 端子→红黑色导线 3→中央线路板 B8 结点→中央线路板 C18 结点→红黑色导线 6→起动机 50 端子→保持线圈→搭铁→蓄电池负极。

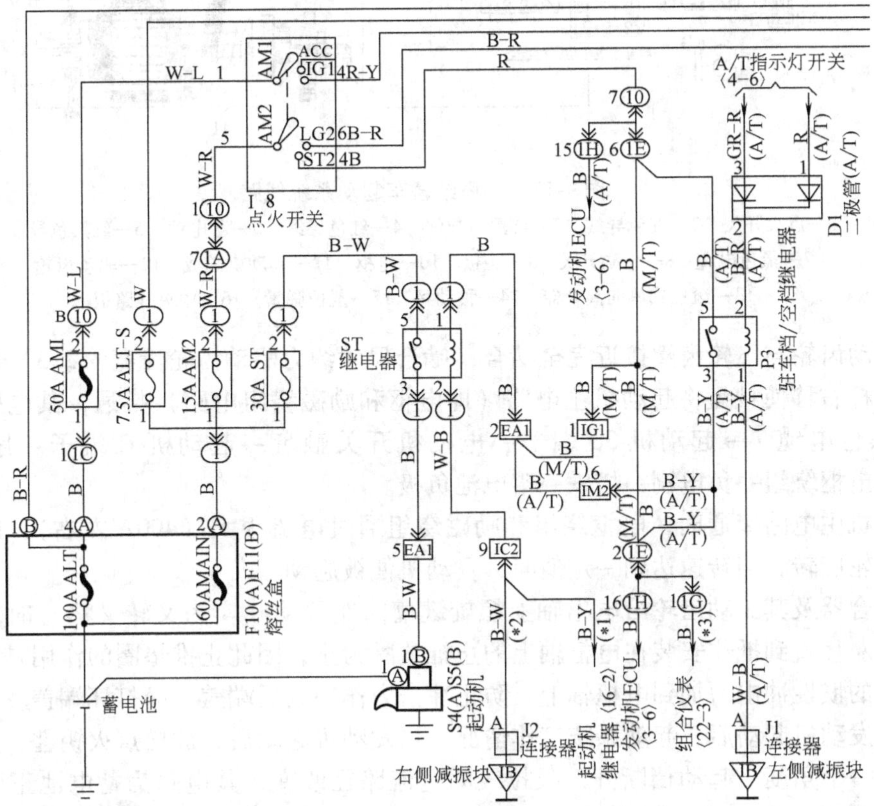

图 9-16 丰田威驰小轿车的起动电路

2）电磁开关与传动机构工作，起动机主电路接通，起动发动机。当吸拉线圈和保持线圈刚刚接通电流时，两线圈产生的磁通方向相同，使固定铁心和活动铁心被磁化，在其磁力的共同作用下，活动铁心向右移动，并带动移动叉 14 绕支点转动，移动叉下端便拨动单向离合器 13 向左移动，驱动齿轮 12 与飞轮也进入啮合。

当吸拉线圈电流流过励磁绕组和电枢绕组时，电枢轴便以较慢速度转动，以便驱动齿轮与飞轮齿圈啮合柔和。当驱动齿轮后移与飞轮齿圈发生抵住现象时，移动叉下端则先推动左半个滑环压缩锥形弹簧向左移动，待电动机主电路接通使电枢轴稍微转动、驱动齿轮的轮齿与飞轮齿圈的齿槽对正时，即可进入啮合。

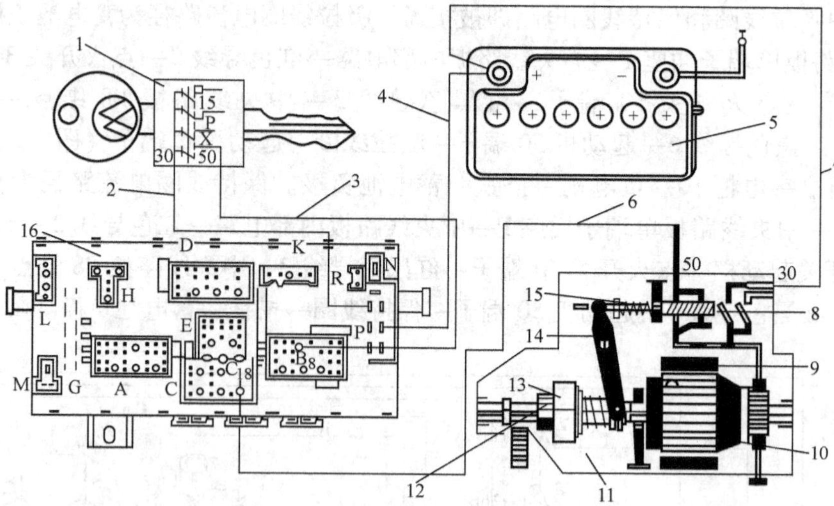

图 9-17 桑塔纳轿车起动系统线路

1—点火开关 2—红色导线 3—红黑色导线 4—红色导线 5—蓄电池 6—红黑色导线
7—黑色电缆 8—电磁开关 9—磁极 10—电枢 11—起动机总成 12—驱动齿轮
13—滚柱式单向离合器 14—移动叉 15—复位弹簧 16—中央线路板

当驱动齿轮与飞轮齿圈接近完全啮合（啮合尺寸约为驱动齿轮齿宽的2/3）时，活动铁心带动推杆右移使触盘将起动机主电路（即电枢和励磁绕组电路）接通，其电路为蓄电池正极→黑色电缆 7→起动机 30 端子→电动机开关触盘→起动机 C 端子→励磁绕组→正电刷→电枢绕组→负电刷→搭铁→蓄电池负极。

起动机主电路接通时，电枢绕组和励磁绕组通过电流很大（400A 左右），产生电磁转矩驱动飞轮旋转，当转速达到一定值时，发动机便被起动。

当离合器及其驱动齿轮沿电枢轴上螺旋键槽向左移动（实为又转又移）时，具有惯性力作用，左移直到抵住安装在电枢轴上的止推垫圈为止，因此止推垫圈的作用是将驱动齿轮向左移动的惯性冲击力加到电枢轴上，防止冲击力作用到后端盖上而打坏端盖。

（2）发动机起动后，起动系统工作情况 当发动机起动后，放松点火钥匙，点火开关将自动转回一个角度，起动档断开，吸拉线圈电流路径改变，其电路为蓄电池正极→起动机 30 端子→触盘→起动机 C 端子→吸拉线圈→起动机 50 端子→保持线圈→搭铁→蓄电池负极。此时吸拉线圈电流和磁通方向与起动时相反。由于保持线圈的电流和磁通方向未改变，因此两个线圈产生的磁力相互削弱，在复位弹簧 15 的张力作用下，活动铁心立即左移复位，并带动推杆和触盘向左移动，使起动机主电路切断而停转。与此同时，移动叉 14 带动单向离合器 13 向右移动，使驱动齿轮与飞轮齿圈分离，起动工作结束。

9.3.3 起动系统电路的检测

检测时使用万用表，采用逐点搭铁检测法可确诊断路部位，采用依次拆断检测法可确诊短路搭铁部位。检测程序可从前向后，也可从后向前，或从中间向前、向后依次选择各个节点进行，主要分两个线路的检测：一是起动控制线路，主要检测线路的通断情况；二是起动机供电线路，重点检测线路各节点的电压降情况，各节点连接处的电压降不得大于 0.2V。

综合测试

一、选择题

1. 汽车发动机在起动时，曲轴的最初转动是（　　）

A. 由于有一个外力转动了发动机飞轮而引起的

B. 借助于气缸内的可燃混合气燃烧和膨胀做功来实现的

C. 借助于活塞与连杆的惯性运动来实现的

D. 由起动机通过传动带直接带动的

2. 为使发动机能在更低的气温下迅速起动，要求起动转速能达50~70r/min。

A. 30~50r/min　　B. 50~70r/min

C. 70~90r/min　　D. 90~110r/min

3. 为了获得足够的转矩，通过电枢绕组的电流很大，一般汽油机的起动电流为（　　）

A. 20~60A　　B. 100~200A

C. 200~600A　　D. 2000~6000A

4. 在将起动机传动叉压到极限位置时，驱动小齿轮与止推垫圈之间必须保持适当的间隙，这个间隙一般为（　　）

A. （1.5±1）mm　　B. （2.5±1）mm

C. （3.5±1）mm　　D. （4.5±1）mm

5. 起动机在汽车的起动过程中是（　　）

A. 先接通起动电源，然后让起动机驱动齿轮与发动机飞轮齿圈正确啮合

B. 先让起动机驱动齿轮与发动机飞轮齿圈正确啮合，然后接通起动电源

C. 在接通起动电源的同时，让起动机驱动齿轮与发动机飞轮齿圈正确啮合

D. 以上都不对

6. 当起动继电器线圈通过电流时，铁心被磁化而吸闭触点，致使吸引线圈和保持线圈之间的电路被（　　）

A. 断开　　B. 接通

C. 隔离　　D. 以上都不对

二、简答题

1. 起动系的功用？组成？

2. 起动机的工作原理？

3. 桑塔纳起动系统工作过程？

4. 电磁开关的检修方法？

实训项目

项目22：起动机拆装与检修

一、实训目的

（1）了解起动机的结构。

（2）理解起动机的工作原理。

(3) 掌握起动机的拆装工艺和方法。

(4) 能正确使用工量具。

(5) 注重安全文明生产和环境保护。

二、设备及器材

(1) 常用工具、量具、工作台。

(2) 起动机。

(3) 维修手册。

三、操作基本方法

学生分小组，在教师指导下完成工作任务单上的内容。

四、完成工作任务单

任务名称	起动机拆装与检修	学时		班级	
学生姓名		学号		成绩	
实训设备(型号)		实训场地		日期	

第一项内容：知识回顾

阐述起动机的结构和原理：

____

____

____

____

____

第二项内容：操作训练

1. 起动机的解体

(1) 清除外部尘污和油垢。

(2) 拆下防尘箍，用铁丝钩提起电刷弹簧，将电刷取出。

(3) 取下穿心螺栓，分离前端盖、外壳和电枢。

(4) 拆下中间轴承板、拔叉和啮合器。

(5) 解体后，清洗擦拭各零件。金属零件用煤油或汽油，绝缘零件用布或浸汽油的布擦拭。

2. 起动机的检修

(1) 转子总成的检修

① 电枢绕组搭铁的检查。用万用表测量换向器和铁心（或电枢轴）之间的电阻，应为∞，否则为搭铁。也可用交流试灯检查，灯亮表示搭铁故障。

② 电枢绕组短路的检查。把电枢放在电枢检验器上，接通电源，将薄钢片放在电枢上方的线槽上，并转动电枢。薄钢片应不振动，若薄钢片振动，表明电枢绕组短路。

③ 电枢绕组断路的检查。目测电枢绕组的导线是否甩出或脱焊。再用万用表两触针依次与两相邻换向器铜片接触，所测电阻值应一样。如果读数不一样，则说明断路。

电枢线圈有严重搭铁、短路或断路时，应予以更换或重新绕制。

（2）定子绕组的检修

① 励磁绕组搭铁的检查。用万用表测量起动机接柱和外壳间的电阻，阻值应为无穷大，否则为搭铁故障。也可用 220V 的交流试灯检测。

② 励磁绕组断路的检查。用万用表测量起动机接柱和绝缘电刷间的电阻，阻值应很小，若为无穷大则为断路。

③ 励磁绕组短路的检查。用蓄电池 2V 直流电源正极接起动机接线柱，负极接绝缘电刷，将起子放在每个磁极上，检查磁极对起子的吸力，应相同。若某磁极吸力弱，则为匝间短路。

励磁绕组有严重搭铁、短路或断路时，应更换新品。

（3）电刷总成的检修

① 电刷外观检查。电刷在架内活动自如，无卡滞，不歪斜。

② 电刷磨损检查。用钢直尺测量电刷高度，目测电刷与换向器的接触面积，均应符合标准。

（4）单向离合器的检修

① 离合器磨损检查。目测离合器齿轮及离合器内花键槽有无严重磨损，若磨损严重，应予以焊修或更换。

② 离合器最大转矩测量。将单向离合器齿轮用布包好夹在台虎钳上，将扭力扳手的头插入啮合器的花键内，按其工作的方向扳转扭力扳手，应能承受制动试验时的最大转矩而不打滑。

（5）电磁开关的检修

① 检查吸拉线圈和保持线圈。拆下起动机开关接柱的磁场引线头，将蓄电池负极接起动机壳及开关接柱，正极接吸拉线圈和保持线圈的中性接头，接通电源后，观察吸拉线圈应能迅速使起动齿轮推至工作位置，断开起动机开关接柱的导线，起动齿轮能保持在此位置而不缩回，说明保持线圈良好。断开起动机壳体导线和中性接头，起动齿轮迅速回位，说明电磁开关复位弹簧良好。

② 检查触点、接触盘。目测触点、接触盘，若有轻微烧损可用细砂纸打磨，起动时此处电压降不得超过 0.2V。

3. 起动机装复

① 将离合器和移动叉装入后端盖内。

② 装入中间轴承支撑板。

③ 将电枢轴插入后端盖内。

④ 装上电动机外壳和前端盖，并用长螺栓结合紧。

⑤ 装电刷和防尘罩。

⑥ 装起动机开关。

起动机装复后应转动灵活，各摩擦部位涂润滑油脂予以润滑，电枢轴的轴向间隙应符合标准。

第三项内容：分析与思考

查维修手册，画出实训用起动机的控制电路图。

第 10 章

发动机的装配与调试

学习目标：

- 理解发动机磨合过程及特点
- 认识发动机的磨合意义
- 掌握发动机的验收过程
- 能够按工艺规范完成发动机装配

发动机的装配是把新零件、修理合格的零件、组合件和辅助总成，按照工艺和技术条件装配成完整的发动机，并对其进行磨合。发动机的装配、磨合质量对发动机的修理质量有着重大影响，对大修发动机的使用寿命的影响很大。

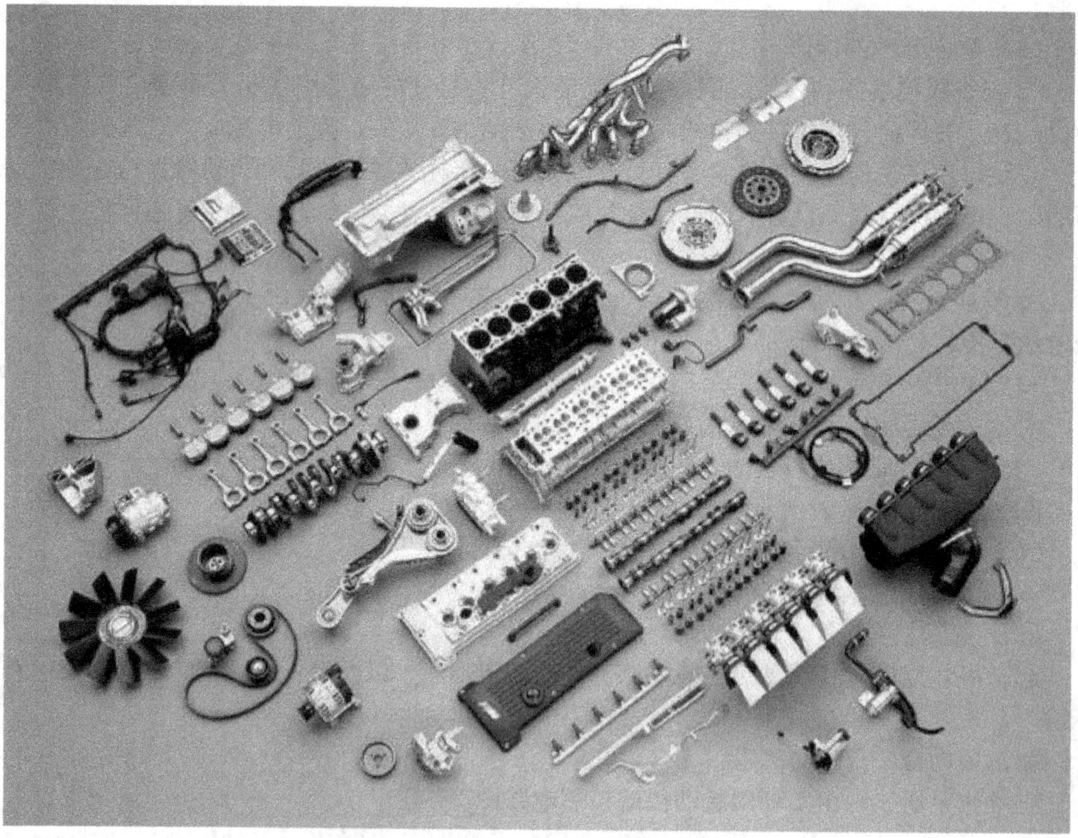

10.1 发动机的装配与调整

10.1.1 发动机装配的基本要求

1. 发动机装配前的准备工作

① 发动机装配前必须认真清洗零件和工具，保持装配场所的清洁。

② 待装零件、组合件、总成效齐全。

③ 工作台、机具应摆放有序，并按规定配齐衬垫、螺栓、螺母、垫圈、开口销和锁环，并准备适量的密封胶和机油、润滑脂等常用润滑材料。

2. 发动机装配的基本要求

发动机的结构形式很多，整机装配程序也不完全一致，但是在发动机装配时须满足的基本要求是一致的：

① 复检零部件、辅助总成，性能试验合格。

② 易损零件、紧固锁止件全部换新，如自锁螺母、弹簧垫片等。

③ 严格保持零件、润滑油道清洁。

④ 发动机装配的一般原则是以气缸体为基础，由内到外，先上后下，分别进行安装。

⑤ 间隙配合的零件表面，在装配时必须涂上机油。

⑥ 过盈配合零件装配时，应使用压床或专用的压入工具。如需在零件表面施以压力或锤击时，必须垫以软金属或使用铜冲头。

⑦ 不许互换配合位置的零件，严格按装配标记装配。零件的平衡配重位置正确，固定可靠。

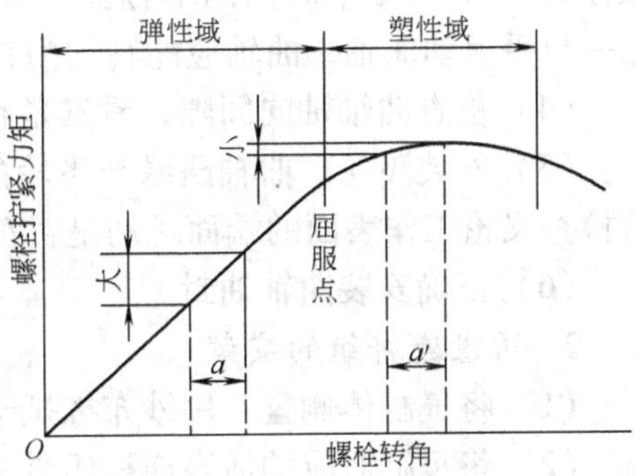

图 10-1 螺栓的塑性域紧固

⑧ 拧紧螺栓、螺母时，应使用合适的扳手，按规定紧固力矩、紧固方法和顺序分次拧紧。如塑性螺栓的塑性域紧固法（如图 10-1 所示），在塑性域只有螺栓转动的变化，而力矩则保持不变。有些气缸盖螺栓、连杆螺栓就是用塑性域紧固法分三步拧紧的。

第一步，用专用工具将所有螺栓按规定顺序、转矩紧固后，在所有螺栓头前端漆上记号，如图 10-2 所示。

第二步，将预紧的螺栓以规定顺序按图 10-3a 方向拧紧 90°。

第三步，将所有螺栓按顺序再拧紧 90°，如图 10-3b 所示，螺栓头上的记号位于后端。

此类螺栓如果破裂或变形，立即更换。

⑨ 各锁止装置要安装牢固

⑩ 装配间隙必须符合技术条件。

10.1.2 发动机装配程序和主要技术要求

发动机装合顺序随结构的不同有所变化，但基本顺序相同。现将其共性内容叙述如下。

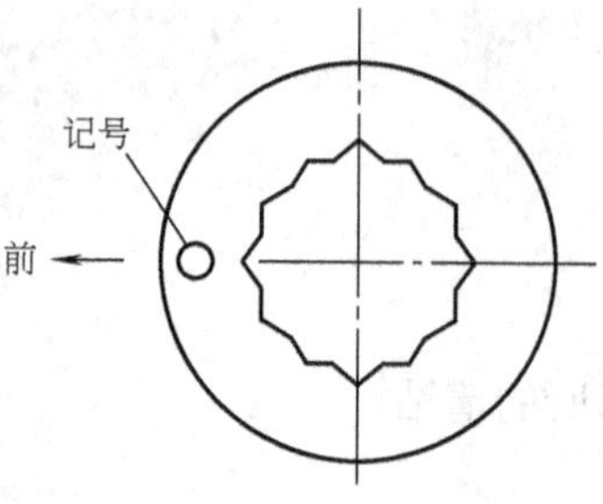

图 10-2　气缸盖螺栓头前端记号

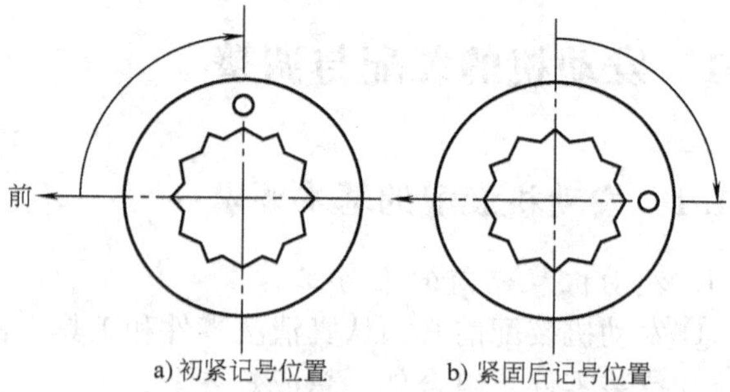

图 10-3　气缸盖螺栓拧紧

1. 曲轴飞轮组的安装

（1）将气缸体倒置在工作台或装配架上，用压缩空气将气缸体和曲轴箱上的油道反复吹通。

（2）把轴承按编号装入轴承座中，轴承应与轴承盖密合，定位凸榫完整。在轴承内表面上稍涂润滑油。

（3）将曲轴置于气缸体轴承座孔内，轴承盖按原来的位置装在气缸体上。各道轴承盖螺栓分 2 ~3 次由中间向两端拧紧，最后一次按规定力矩拧紧，待全部轴承盖螺栓拧紧后，用一只手扳动曲轴，曲轴应能转动为宜，否则应查明原因并予修复。

（4）检查曲轴轴向间隙，看其是否符合规定。如不符合，予以调整。

（5）安装飞轮。曲轴凸缘与飞轮的配合符合规定，应交叉均匀地拧紧紧固螺栓。紧固后检查飞轮工作表面的端面跳动是否符合要求。

（6）正确安装曲轴油封。

2. 活塞连杆组的安装

（1）将气缸体侧置，用纱布擦拭干净气缸筒。

（2）将每缸对应的活塞连杆组件先不装活塞环从气缸的上部装入气缸中，并把连杆大头的轴承、连杆盖按规定拧紧力矩紧固安装在曲轴连杆轴颈上。

检查：活塞销与活塞销支承座端面与气缸之间的间隙，其值应符合维修手册规定的技术要求。一般约为 1‰，如果不均匀，多为气缸中心线偏移或连杆弯曲所致，应予校正。

摇转曲轴，使活塞分别处于气缸上、下止点和中间三个位置，用塞尺分别测量活塞头部在气缸前后两个方向与气缸壁的间隙，其间隙应符合技术要求。

上述项目检查合格后，拆出活塞连杆组。

（3）用专用工具（如图 10-4）将活塞环装到活塞上。并把各道活塞环开口方向按规定摆放正确。

（4）在气缸、活塞外表面、活塞销孔、环槽和环上涂以润滑油。拿起活塞连杆总成，对准缸号、前后记号和方位后，用专用工具将活塞环夹紧在活塞上（如图 10-5所示），再将连杆穿入气缸内，用锤子木柄轻轻敲击活塞顶部，将活塞轻轻敲入气缸中，同时注意连杆大头与曲轴连杆轴颈是否对正，将对应的连杆轴承盖涂上机

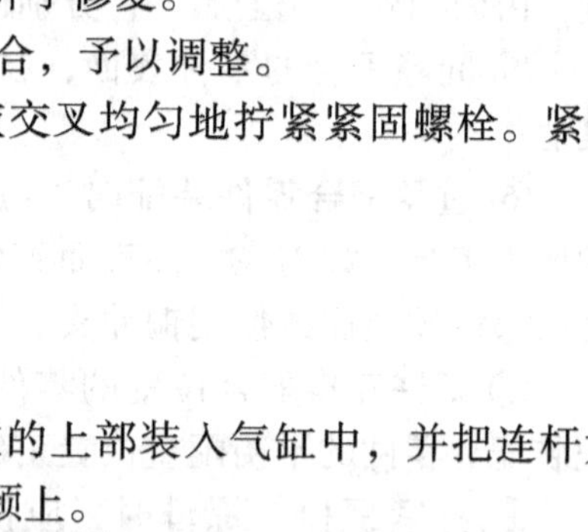

图 10-4　活塞环钳

油，按正确的方位装好，并按规定力矩拧紧连杆螺栓和螺母，有锁紧装置的应按要求锁紧。

(5) 将各缸活塞连杆组装入气缸并与曲轴连杆轴颈的连接装配完成后，用锤子沿曲轴轴向轻轻敲打连杆盖，连杆大头应能有轻微移动。转动曲轴时，松紧应适度。各缸活塞在上止点时，活塞顶至气缸体上平面的距离应均匀一致。

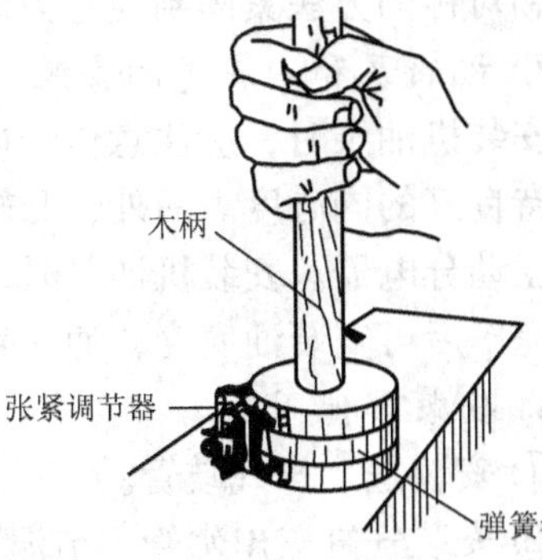

图 10-5　活塞环收紧器

3. 气门组件的安装

① 将气门油封压装于气门导管上，安装时油封一定要压到位，防止油封变形与损坏。

② 装上气门及气门弹簧和弹簧座。

4. 气缸盖的安装

① 将气缸垫放在气缸体的上平面上，位置、标记对准。

② 将已组装好的气缸盖总成平稳、轻轻地对准位置放下，应避免放不准而反复移动缸盖使气缸垫的位置移动。

③ 插入缸盖螺栓，按规定力矩和顺序分次均匀拧紧。

5. 凸轮轴的安装

以上置式凸轮轴为例：

① 挺柱式。将挺柱装入后再装凸轮轴。

② 摇臂式。先装凸轮轴再装摇臂。

6. 正时机构的安装

上置式正时配气机构根据气门间隙的调整方式（液压挺杆自动调节、垫片调节、螺钉调节）的不同，其安装和检验的工艺要求也各有不同，但满足正时及配气的基本要求是一致的。其安装的主要步骤及工艺要求如下：

① 在气缸盖装好后，检查清洁正时配气机构安装的所有零部件。

② 将第一缸活塞置于上止点。上置式正时配气机构的曲轴正时齿轮的正时标记与正时齿轮罩上固定的正时齿轮标记对准，第一缸活塞即处于上止点位置。第一缸活塞是否处于压缩上止点位置，则要根据观察凸轮轴的位置来判断。

③ 将凸轮轴与正时齿轮装好，凸轮轴油封发动机大修应更换新件。

④ 将凸轮轴的正时齿轮的正时标记与缸盖或正时齿轮罩上的正时标记对准。并通过凸轮轴的形状进一步确认第一缸处于压缩上止点。

⑤ 检查凸轮轴轴承盖的方位，在凸轮轴轴承滑动接触面上涂上润滑油，装上凸轮轴总成，紧固凸轮轴轴承盖螺栓时应采用多次、均匀、对称的方法紧固到规定力矩。同时检测凸轮轴的轴向间隙应符合规定标准。

⑥ 调整垫片式正时配气机构应检查进排气门间隙，并使之达到规定标准间隙范围。

⑦ 装上正时带或正时链条及导链板，调整正时带张紧轮或正时链条导链板张紧器张紧到规定的程度。

⑧ 检查所装配的正时配气机构的安装标记是否对准，若正时带或正时链条张紧后标记有误，应重新调整。气门间隙螺钉调节正时配气机构，在正时配气传动机构装配完毕后，应调整进排气门间隙到规定范围。

⑨ 装上气门室盖和正时齿轮盖。发动机大修气门室盖密封垫应更换新件，并采用多次、均匀和对称的方法紧固到规定力矩。

7. 机油泵和油底壳的安装

安装机油泵时，应注意传动齿轮与凸轮轴上的驱动齿轮的啮合要准确，传动轴和油泵轴要保持良好的同心度。另外，凸轮轴上的油泵齿轮除驱动机油泵外，多数型号的发动机还要用它驱动分电器。安装机油泵时，存在分电器轴与凸轮轴和机油泵的联动关系。曲轴箱附件安装完毕后可安装油底壳，油底壳密封件应更换新件，并按规定力矩对称拧紧。

8. 安装其他附件

① 安装进、排气歧管。

② 安装气缸盖出水管、节温器和冷却液温度感应塞、水泵。

③ 安装燃油喷射装置。

④ 安装加机油管、标尺、机油滤清器、机油感应塞。

⑤ 将风扇、曲轴箱通风管道、空调压缩机、交流发电机、起动机、动力转向泵等依次安装到发动机机体上。

10.2 发动机的磨合

汽车总成或机构组装后，改善零件摩擦表面几何形状和表面物理机械性能的运转过程称为磨合。总成磨合是修理工艺过程的一个重要工序，是有关总成从修理装配状态转入工作状态的过渡，磨合质量对总成修理质量和大修间隔里程有着重大的影响，因此，未经磨合的发动机是不允许投入使用的。

10.2.1 发动机磨合的意义

总成修理的发动机使用的零件有新有旧，零件的技术状况相差较大，修理工艺装备和企业生产技术水平又存在着很大的差异。有些总成修理发动机在磨合中就出现拉缸、烧瓦等严重故障。因此，总成修理的发动机进行科学的磨合就更为必要。

1. 形成适应工作条件的配合性质

(1) 扩大配合表面的实际接触面积　新零件和经过修理的零件，由于表面微观粗糙和各种误差，装配后配合副的实际接触面积仅为设计面积的1/1000 ~ 1/100，配合表面上单位实际接触面积的载荷就会超过设计值的百倍乃至千倍。微观接触面在高应力、高摩擦热作用下就容易产生塑性变形和粘着磨损，引起咬粘等破坏性故障。因此，使新零件在特定的磨合规范下运动，粗糙表面的微观凸点镶嵌并产生微观机械切削现象，使实际接触面积不断扩大，在短期内形成适应正常工作条件的配合表面。

(2) 形成适应工作条件的表面粗糙度　每一种工作条件均有其相应的表面粗糙度，零件加工的表面粗糙度与工作条件的要求差距甚大。在磨合中才能形成适应工作条件的表面粗糙度。

(3) 改善配合性质　由于磨合磨损形成了适应工作条件的实际接触面积和表面粗糙度以及配合间隙，不但显著地提高了零件综合抗磨损性能，也减少了其摩擦阻力与摩擦热，故障率降低，提高了大修发动机的可靠性与耐久性。

2. 改善配合副的润滑效能

磨合使配合间隙增大到适应正常工作条件的配合间隙，改善了润滑油的泵送性能，增大了配合副润滑油流量，不但改善了配合副的润滑效能，也有利于保持正常的工作温度和配合表面的清洁。

3. 提高发动机的可靠性与耐久性

金属在低于或近于疲劳极限下，磨合一定的时间，“实现次负荷锻炼”，可以明显的提高金属零件的抗磨损能力和抗疲劳破坏能力，从而提高机械的可靠性与耐久性。

发动机全部磨合过程由微观几何形状磨合期、宏观几何形状磨合期、适应最大载荷表面准备期三个时期组成。微观几何形状磨合期内（第一时期），微观粗糙表面因微观机械加工作用逐渐展平，表面金属被强化，显微硬度成倍地提高，产生剧烈的磨损，增大配合间隙，形成适应摩擦状态下的工作表面质量。宏观几何形状磨合期内（第二时期），零件表面形位误差部分得以消除，磨损量逐渐减小，机械损失减弱。适应最大载荷表面准备期内（第三时期），零件磨损率和发动机动力性、经济性逐渐稳定，故障率降低，可靠性提高。后两个磨合时期发动机装限速片装车，在限速限载条件下的运行过程中完成，称为“汽车磨合”。第一时期磨合则于出厂前在台架上完成，称之为“发动机磨合”。

10.2.2　发动机磨合规范

发动机磨合分冷磨合与热磨合两个阶段。冷磨合是由外部动力驱动总成或机构的磨合。而发动机自行运转的磨合则称为热磨合。发动机自行空运转磨合称为无载热磨合；加载自运转磨合称为负载热磨合。发动机的磨合质量除材料、结构、装配质量等条件已定的情况下，主要取决于磨合时的转速、载荷、磨合时间以及润滑油品质。因此，由磨合转速、载荷和磨合时间组成了发动机的磨合规范。

1. 冷磨合规范

（1）冷磨合转速　起始转速400～500r/min（0.2～0.25Ne），终止转速1200～1400r/min。起始转速过低，尤其是发动机自润滑磨合，曲轴溅油能力不足，机油泵输油压力过低，不能满足配合副很大摩擦阻力和摩擦热对润滑、冷却及清洁能力的需求，势必引起配合副破坏性耗损。由于高摩擦阻力和高摩擦热的限制，起始转速亦不能过高。

发动机磨合的关键是气缸、活塞环、活塞和曲轴与轴承等配合副的磨合，配合面上的载荷主要由连杆活塞组的质量和离心力形成的。资料介绍，在1200～1400r/min范围内单位面积上的载荷最大，超过或低于此转速，反而减小，影响磨合效率，如图10-6所示。

磨合转速采取四级调速。无级调速磨合效率低，在每级转速下，随着表面质量的改善，磨损率逐渐下降至平衡状态。为了提高磨合效率，故采用有级调速，如图10-7所示。

（2）冷磨合载荷　冷磨合一般无需额外加载，实践证明，装好气缸盖，堵死火花塞螺孔，借助气缸的压缩压力来增加冷磨载荷是极为有益的。

（3）冷磨合的润滑　现行的润滑方式有自润滑、油浴式润滑和机外润滑。实践证明，机外润滑方式效果最佳，对提高磨合效率极为有利。所谓机外润滑是指由专门的泵送系统，将专门配制的粘度较低，硫化极性添加剂含量高的专用发动机机油，以较大的流量送入发动机进行润滑的润滑方式。不但使摩擦表面松软，加速磨合过程，而且润滑、散热以及清洁能力很强，还可以提高磨合过程的可靠性。

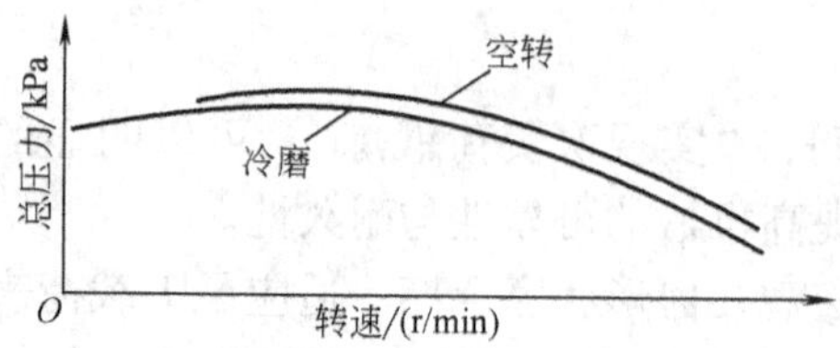

图 10-6　连杆轴颈上的总压力与转速的关系

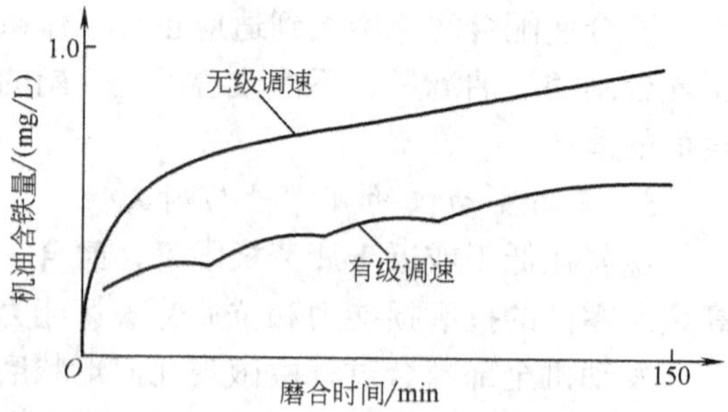

图 10-7　冷磨磨损特性

(4) 磨合时间　冷磨合的总时间约为 1.5 ~ 2h，具体磨合时间应根据零件加工质量和装配情况确定。

2. 热磨合规范

热磨合是在冷磨合的基础上，以发动机自身发出的动力进行运转磨合试验的过程，通常称为热试。它是为了检查发动机是否达到了应有的装配性能，同时为发动机作汽车行驶前的磨合，以保证发动机的正常使用，竣工验收。

热磨合分无负荷热磨合和有负荷热磨合两种。

(1) 无载热磨合　无载热磨合是为有载热磨合作准备，其磨合原理与冷磨合类似，因此无载热磨合转速取 0.4 ~ 0.55pe（pe 指额定功率下转速）。

(2) 有载热磨合　起始转速为 0.4 ~ 0.5pe，磨合终了转速一般取 0.8pe，四级调速。

起始加载取 0.2pe，磨合终了前载荷取 0.8pe，也采取四级加载方式，与四级调速相应组合。

磨合时间的确定，多以每级磨合中的转速变化或润滑油温度来判断。当每级负载不变时，随着磨合的时间的延续、零件工作表面质量的改善、摩擦损失的减小，发动转速会有明显的升高，就表明这一级磨合已达到了磨合要求，就可以转入高一级转速负载梯度的磨合。也可以用润滑油的温度变化评价每级磨合时间，在发动机冷却液温度保持恒定的条件下，摩擦阻力进入稳定阶段后，润滑油温度也从升温转入温度稳定状态，就可以转入高一级磨合。

实践证明，上述磨合规范的总磨合时间约 3 ~ 4h。

在热磨合过程中，必须进行发动机的检查调整和发动机性能试验，排除故障使发动机符合大修竣工技术条件。并清洗润滑系，更换润滑油和滤清器滤芯，加装限速装置。

10.3　发动机的验收

发动机大修后，经过冷磨合、热磨合，试验检测合格，即可进行竣工验收。发动机验收，必须按汽车修理技术标准中的有关规定执行。

发动机总成修理竣工技术条件有以下几点。

1. 技术要求

① 装备齐全、按规定完成了发动机磨合，无漏油、漏水、漏气和漏电现象。

② 加注的润滑油量、牌号以及润滑脂符合原厂规定。

③ 无异响，急加速时无突爆声，不回火，消声器无放炮声，工作中无异响。

④ 润滑油压力和冷却液温度正常。

⑤ 气缸压力符合原厂规定，各缸压力差，汽油机应不超过各缸平均压力的 8%，柴油机不超过 10%。

⑥ 四冲程汽油机转速在 500 ~ 600r/min 时，以海平面为准，进气歧管真空度应在 57. 2 ~ 70. 5kPa 范围内。其波动范围，六缸机不超过 3. 5kPa，四缸机不超过 5kPa。

2. 主要使用性能

① 发动机在正常工作温度下，5s 内能起动。柴油机在 5℃，汽油机在 -5℃ 环境下，起动顺利。

② 配气相位差不大于 2°30′。

③ 加速灵敏，速度过渡圆滑，怠速稳定，各工况工作平稳。

④ 最大功率和最大转矩不低于原厂规定的 90%。

⑤ 最低燃料消耗率不得高于原厂规定。

⑥ 发动机排放限值符合相关规定。

二级维护竣工的发动机除装备齐全有效之外，还必须进行性能检测。要求能正常起动，低、中、高速运转均匀、稳定，冷却液温度正常，加速性能好，无断火、回火及放炮等现象。发动机运转稳定后应无异响，无负荷功率不小于额定值的 80%。

综 合 测 试

1. 叙述发动机的装配方法。

2. 修理竣工的发动机（包括其他总成）为什么必须经过磨合才能投入正常使用？举例叙述磨合规范。

3. 修理竣工的发动机验收的主要内容是什么？

实 训 项 目

项目 23：发动机总装

一、实训目的

（1）掌握发动机总装工艺要求。

（2）熟悉装配技术标准与注意事项。

（3）能正确装配发动机。

（4）能熟练使用工、量具。

（5）注重安全文明生产和环境保护。

二、设备及器材

（1）常用工具、量具、专用工具。

（2）汽油、润滑油、清洁盆。

（3）发动机诊断台或实车。

（4）维修手册。

三、操作基本方法

学生分小组，在教师指导下完成工作任务单上的内容。

四、完成工作任务单

任务名称	发动机总装	学时		班级	
学生姓名		学号		成绩	
实训设备(型号)		实训场地		日期	

第一项内容：知识回顾

发动机上有哪些装配标记?

第二项内容：操作训练

1. 叙述你所装配的发动机的装配步骤。

2. 你在装配过程中执行了哪些相关技术规范。

第三项内容：分析与思考

发动机总装质量好坏对发动机性能有何影响?

第 11 章 汽车维修常用工量具

学习目标：

- 能够描述汽车维修常用工量具的名称和规格
- 掌握正确选用和使用各类常用工量具的方法
- 熟悉各类常用维修工量具的使用注意事项

汽车维修作业离不开各类工具、量具和仪器设备，正确选择和使用它们，对于提高维修效率，保障设备完整和人身安全有着十分重要的作用。本章对汽车发动机维修常用工、量具的使用方法进行介绍。

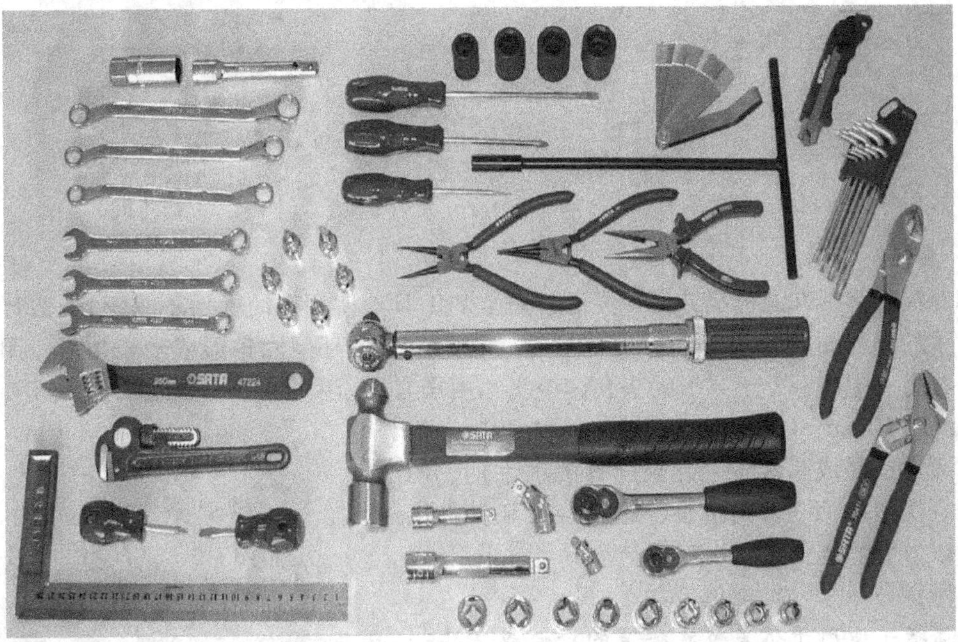

11.1 常用工具

11.1.1 普通扳手

普通扳手常见的有呆扳手、梅花扳手、套筒扳手、活动扳手、内六角扳手和扭力扳手等。

1. 呆扳手

呆扳手如图 11-1 所示，按其开口的宽度大小分为 8 ~ 10mm、12 ~ 14mm、17 ~ 19mm 等规格。呆扳手通常为成套装备，有 8 件一套，10 件一套等。

提示：

使用时应根据螺栓或螺母的尺寸，选择相应开口尺寸的开口扳手。为防止扳手损坏和滑脱，使扭力作用在开口较厚的一边，顺时针扳动开口扳手为正确，逆时针扳动开口扳手为错误。

2. 梅花扳手

梅花扳手的外形如图 11-2 所示。其两端是环状的，环的内孔为正六边形互相同心错转 30°而成，按其闭口尺寸大小分有 8 ~ 10mm、12 ~ 14mm、17 ~ 19mm 等规格。梅花扳手通常为成套装备，有 8 件一套，10 件一套等。

提示：

使用时根据螺栓或螺母的尺寸，选择相应闭口尺寸的梅花扳手。与开口扳手相比，由于梅花扳手可扳动 30°后换位再套，适用于狭窄场合下操作，不易滑脱，应优先选用。

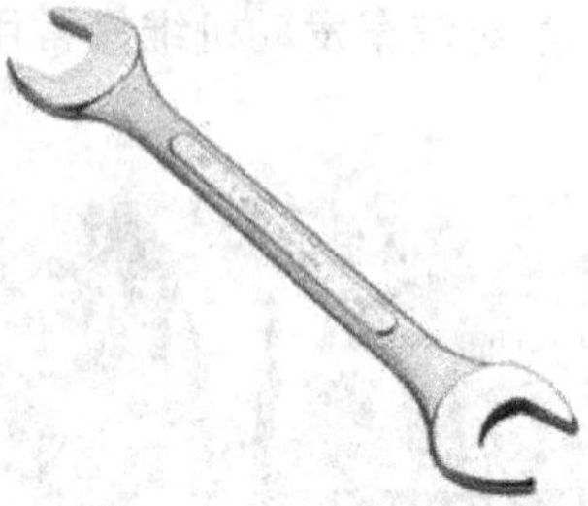

图 11-1　呆扳手

图 11-2　梅花扳手

3. 套筒扳手

套筒扳手是拆卸螺栓最方便、灵活且安全的工具。使用套筒扳手不易损坏螺母的棱角。套筒扳手的外形如图 11-3 所示。套筒呈短管状，一端内部呈六角形或十二角形，用来套住螺栓头；另一端有一个正方形的头孔，该头孔用来与配套手柄的方榫配合。按其闭口尺寸大小有 8mm、10mm、12mm、14mm、17mm、19mm 等规格，通常也是成套装备，并且配有滑动手柄、棘轮手柄、快速摇柄、万向接头、旋具接头和各种接杆等，以方便操作和提高效率。

提示：

套筒扳手适用于拆装位置狭窄的场合或需要一定转矩的螺栓或螺母，比梅花扳手更方便快捷，应优先考虑选用。

除常见的标准套筒外，还有很多特殊套筒，如六角长套筒、六角或十二角花形套筒、旋具套筒等。如头部制成特殊形状的螺栓、螺母，就必须采用专用套筒进行拆卸。

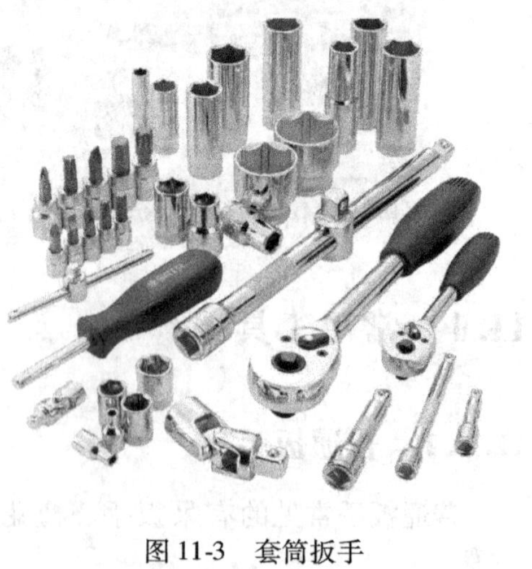

图 11-3　套筒扳手

（1）六角长套筒　六角长套筒的深度比标准套筒深 2 ~ 3 倍，是汽车维修工作中最常用的改型套筒之一。

（2）十二角花形套筒　套筒内径形状有六角和十二角（双六角）两种类型。内六角花形套筒与螺栓、螺母的表面接触面大，不易损坏螺栓、螺母表面；十二角花形套筒各角之间只间隔 30°，可以很方便地套住螺栓，适合于在狭窄的空间中拆卸螺栓。

提示：

十二角花形套筒不能拆卸大拧紧力矩或棱边已磨损的螺栓，因为它与螺栓的接触面小，容易损坏螺栓的棱角或出现滑脱产生安全事故。

（3）系列旋具套筒　旋具套筒与配套手柄配合，组合成各式各样的旋具或六角扳手，用来拆卸螺栓头为特殊形状的螺栓或力矩过大的小螺钉。

（4）套筒的使用方法及注意事项

1）将套筒套在配套手柄的方榫上（视需要与长接杆、短接杆或万向接头配合使用），再将套筒套住螺栓或螺母，左手握住手柄与套筒连接处，保持套筒与所拆卸或紧固的螺栓同轴，右手握住配套手柄加力。

2）在使用套筒的过程中，左手握紧手柄与套筒连接处，切勿摇晃，以免套筒滑出或损坏螺栓螺母的棱角。朝向自己的方向用力，可防止滑脱造成手部受伤。

3）在选用套筒时，必须使套筒与螺栓、螺母的形状及尺寸完全适合，若选择不正确，则套筒在使用时极有可能打滑，从而损坏螺栓、螺母。

4）不要使用出现裂纹或已损坏了的套筒。这种套筒会引起打滑，从而损坏螺栓、螺母的棱角。

5）禁止用锤子将套筒击入变形的螺栓、螺母六角进行拆装，避免损坏套筒。

4. 扭力扳手

扭力扳手是一种能读出所施力矩大小的专用工具，外形如图 11-4 所示。其规格以最大可测力矩来划分，主要用于有规定力矩值的螺栓和螺母的装配，如气缸盖、连杆、曲轴主轴承等处的螺栓。常用的扭力扳手有指针式和预置力式两种。

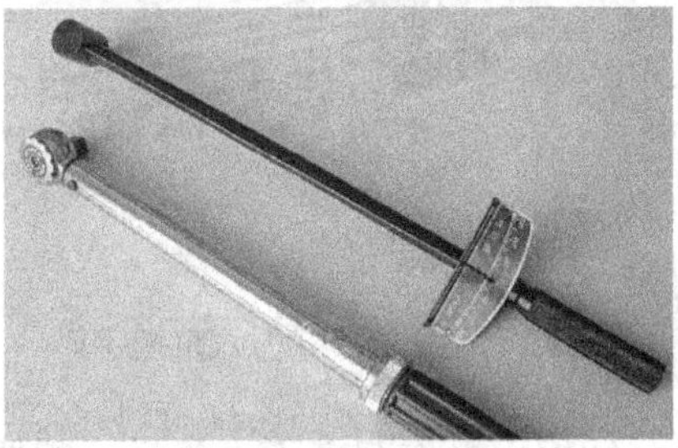

图 11-4　扭力扳手

（1）指针式　指针式扭力扳手结构相对比较简单，它有一个刻度盘，当紧固螺栓时，扭力扳手的杆身在力的作用下发生弯曲，这样就可以通过指针的偏转角度大小表示螺栓、螺母的旋转程度，其数值可通过刻度盘读出。汽车维修中常用扭力扳手的规格为 300N · m。

提示：

使用指针式扭力扳手时，应注意左手在握住扳手与套筒连接处时，不要碰到指针杆，否则会造成读数不准。

（2）预置力式　预置力式扭力扳手可通过旋转手柄，预先调整设定力矩，达到设定力矩时，该扳手会发出警告声响以提示用户。

提示：

使用预置力式扭力扳手时，当听到“咔哒”声响后，立即停止旋力以保证拧紧力矩正确，当扳手设在较低扭力值时，警告声可能很小，所以应特别注意。

（3）扭力扳手的使用方法及注意事项

1）在使用扭力扳手拧紧时要用左手握住套筒，并保持扭力扳手的方榫部及套筒垂直于紧固件所在平面；右手握紧扭力扳手手柄，向自己这边扳转。禁止向外推动工具，以免滑脱而造成身体伤害。

2）拧紧螺栓、螺母时，不能用力过猛，不可施加冲击扭力。当旋紧阻力不断增加时，旋转的速度应相应放缓，以免损坏螺纹。当扭力过大时，禁止在扭力扳手的手柄上再加装套管或用锤子捶击。

3）切勿在达到预置扭力后继续旋力，如继续旋力，会使扭力大大超出预设值，除对扳手造成严重损害外，还会损坏螺栓、螺母。

4）用扭力扳手紧固一个平面上多个固定螺栓且力矩较大时，要注意拧紧顺序。一般的拧紧顺序是从中间至两边且对角分多次拧紧，详细顺序以维修手册为准。

5. 内六角扳手

内六角扳手的外形如图 11-5 所示，用来拆装内六角螺栓，规格以六角形对边尺寸表示，有 3 ~ 27mm 共 13 种。

6. 活扳手

活扳手的外形如图 11-6 所示，其开口尺寸能在一定范围内任意调整，使用场合与呆扳手相同，规格以最大开口宽度 × 扳手长度来表示。

图 11-5 内六角扳手

图 11-6 活扳手

活扳手操作起来不太灵活，需要旋转蜗杆才能使活扳手的开口张开及缩小，而且容易从螺栓上滑移，应尽量少用。使用时也应注意使扭力作用在开口较厚的一边。

11.1.2 钳子

常见的钳子有钢丝钳、尖嘴钳、鲤鱼钳、卡簧钳等。

1. 钢丝钳

钢丝钳外形如图 11-7 所示，按其钳长分 150mm、175mm、200mm 三种。主要用于夹持圆柱形零件，也可以代替扳手旋动小螺栓、小螺母，钳口后部的刃口可剪切金属丝。

2. 尖嘴钳

尖嘴钳外形如图 11-8 所示，因其头部细长而得名，能在较小的空间使用。刃口也能剪切细小金属丝，但使用时不能用力太大，否则钳口头部会变形或断裂。

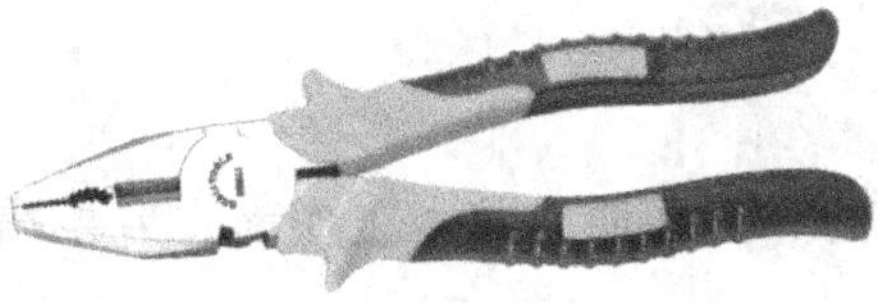

图 11-7　钢丝钳

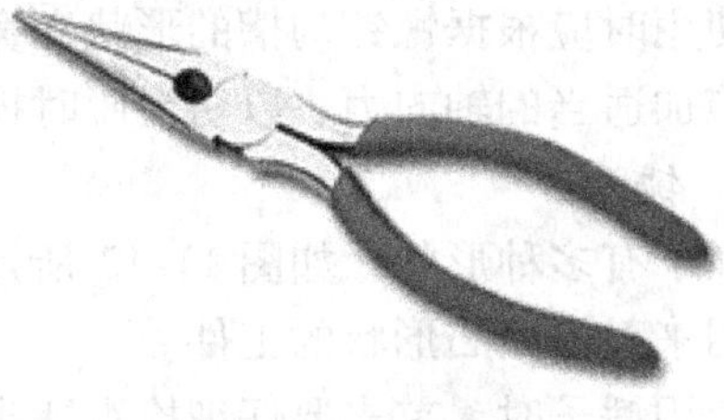

图 11-8　尖嘴钳

3. 鲤鱼钳

鲤鱼钳外形如图 11-9 所示，其作用与钢丝钳相同，中部凹凸粗长，便于夹持圆柱形零件。由于一片钳体上有 2 个互相贯通的孔，可以方便地改变钳口的大小，以适应夹持不同大小的零件，是汽车维修中使用较多的手钳。其规格以钳长来表示，一般有 165mm 和 200mm 两种。

4. 卡簧钳

卡簧钳也称挡圈钳，是专门用来拆装卡簧的工具，有多种结构形式。图 11-10 为某一卡簧钳的外形。

图 11-9　鲤鱼钳

图 11-10　卡簧钳

根据使用范围不同，卡簧钳分轴用和孔用二种，均有直嘴和弯嘴两种结构形式。轴用卡簧钳可用于将卡簧胀开，以便将卡簧从轴上拆下；孔用卡簧钳可以将卡簧收缩，以便将卡簧从轴孔内取出。

11.1.3　其他工具

1. 螺钉旋具

螺钉旋具如图 11-11 所示。主要用于旋拧小力矩、头部开有凹槽的螺栓和螺钉。分一字螺钉旋具和十字螺钉旋具两种。其规格以刀体部分的长度来表示，常用的有 100mm、150mm、200mm 和 300mm 等几种。

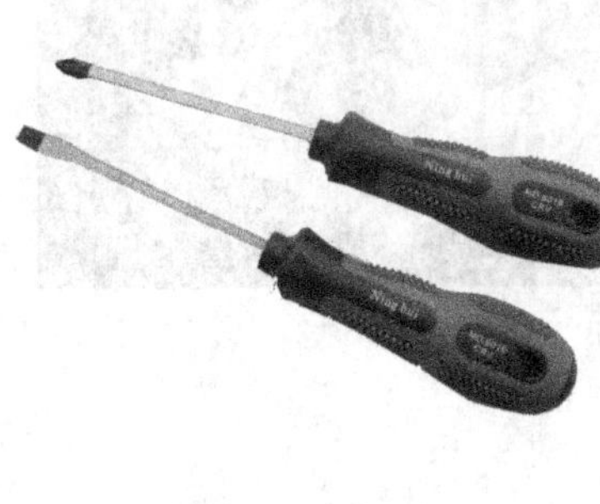

图 11-11　螺钉旋具

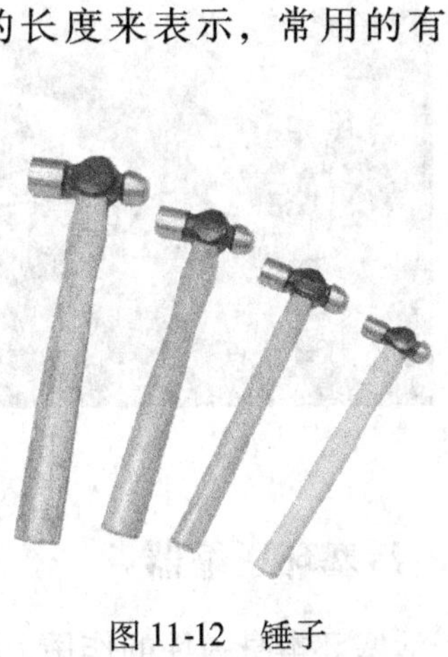

图 11-12　锤子

使用时应根据螺钉沟槽的形状和宽度选用相应的规格。旋松螺钉时除施加旋转力矩外，还应施加适当的轴向力，以防滑脱时损坏零件。

2. 锤子

锤子有多种形状，如图 11-12 所示。略微弧形的一端平面是基本工作面，另一端是球面，用来敲击凹凸形状的工件。

使用锤子时，首先要仔细检查锤头和锤把是否楔塞牢固。握锤时应握住锤子把后部，挥锤方法分手腕挥、小臂挥和大臂挥。

11.2 专用工具

在汽车维修的过程中，有很多零件及螺栓螺母通过普通工具无法进行拆装，这就需要专用工具。

专用工具是针对某些特殊零件或特殊部位的拆装而设计研发的，如活塞环压缩器、气门弹簧压缩钳、机油滤清器专用扳手等。

11.2.1 活塞环装卸钳

活塞环装卸钳主要用于从活塞环槽中取出或装入活塞环。活塞环镶放在活塞环槽内，如果想取出或装入，必须克服活塞环的弹力，使活塞环内径要大于活塞直径，才能正常取出。

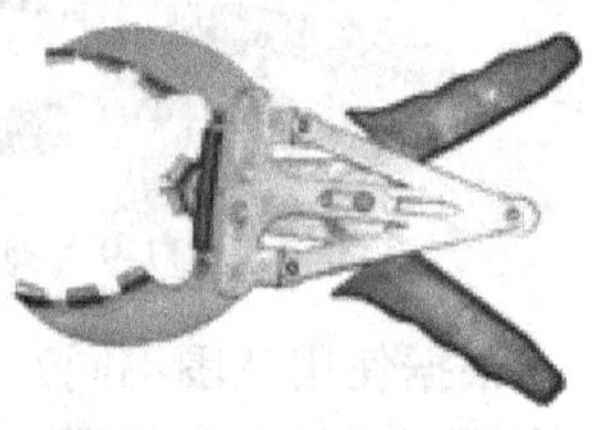
图 11-13 活塞环装卸钳

常用活塞环装卸钳的外形如图 11-13 所示。如果不使用活塞环装卸钳而直接手工拆卸，很容易由于用力不均把活塞环折断，所以拆卸活塞环时必须采用专用装卸钳。

使用活塞环装卸钳时，用环卡卡住活塞环开口间隙，轻握手柄慢慢收缩，在杠杆力的作用下，活塞环会逐渐张开，当其略大于其活塞直径时，便可将活塞环从环槽内装入或取出，如图 11-14 所示。

提示：

使用时，活塞环要与钳面紧贴，手柄要轻握；张开活塞环时，不可用力过猛，以防滑脱；同时，张开开口不宜过大，以防折断。

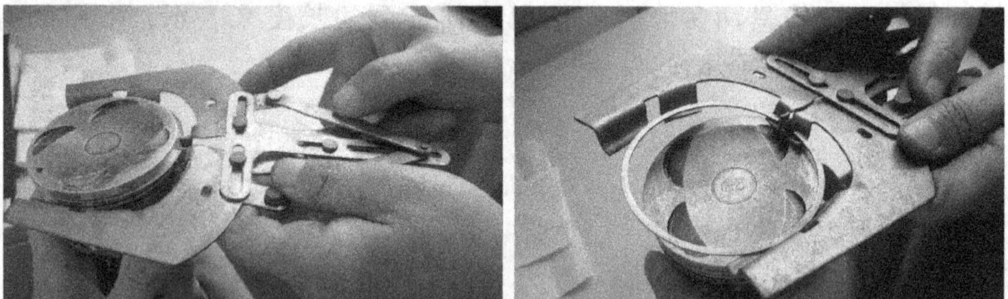
图 11-14 活塞环的拆卸

11.2.2 活塞环压缩器

由于活塞环本身弹性的作用，活塞环在自由状态下的外圆直径将大于活塞直径及气缸直径。如果想将活塞及活塞环装入气缸，必须将活塞环包紧在活塞环槽内。

活塞环压缩器一般用带有刚性的铁片制成，外形如图11-15所示。活塞环压缩器的大小、型号有所不同，选用时要根据活塞的直径选择合适的压缩器。

图11-15　活塞环压缩器

使用活塞环压缩器将活塞连杆组装入发动机气缸的方法如图11-16所示。

1）安装活塞环之前，应按原厂规定检查每个环的弹力、漏光度和各项间隙是否符合标准。安装时，要在活塞及活塞环四周涂好机油，按照要求进行装配，注意活塞环的正反方向等事项。

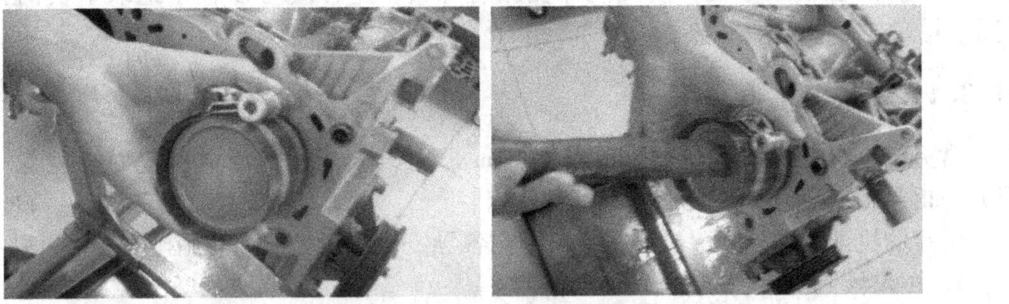

图11-16　装入活塞连杆组

2）安装活塞环时，应将各环口位置正确地分布后，将活塞环压缩器包裹在活塞的外面，然后使用配套扳手收缩压缩器，将活塞环压入环槽内。

3）将带压缩器的活塞下部放入气缸内，并要求压缩器的下平面要和气缸体的上平面结合好。

4）使用木棒等工具锤击活塞顶部，使活塞顺利进入气缸内。

提示：

（1）严禁使用金属棒锤击活塞顶部，防止对活塞造成损伤。

（2）无论使用哪种活塞环压缩器，都要注意防止活塞环环口随压缩器的旋转而改变位置。

11.2.3　气门弹簧钳

气门弹簧钳是专门用于拆装气门的专用工具，其类型很多，最常见的类型外形如图11-17所示。在安装发动机气门时，气门弹簧处于预压缩状态，要想拆卸气门或气门锁片，必须对气门弹簧进行压缩。

图11-17　气门弹簧钳

气门弹簧钳的使用方法如图11-18所示。

1）将凸台顶住气门头部，压头贴住气门弹簧座，然后下压手柄带动压头和气门弹簧下行，使锁片脱落在压头的凹槽内。

2）使用磁棒取出气门锁片后，解除压头的锁止

图 11-18　气门弹簧钳的使用方法

装置，轻轻回位下压手柄，使气门弹簧压力释放，这样就可以轻松地取下气门弹簧及气门了。

11.2.4　机油滤清器扳手

常见的一次性机油滤清器直径都为 8cm 以上，顶部被冲压成多棱面（就像一个大螺母），如要拆装需使用专用机油滤清器扳手。

常见的机油滤清器扳手类型很多，结构各异，但作用相同，使用操作方法也基本相似。

1. 杯式机油滤清器扳手

这种滤清器扳手类同一个大型套筒，拆卸不同车型的滤清器需要不同尺寸的扳手，在购买时多为组套形式配装，如图 11-19 所示。

使用时将杯式滤清器扳手套在机油滤清器顶部的多棱面上，使用方法同套筒扳手。

2. 钳式机油滤清器扳手

这是另外一种滤清器专用扳手，这种滤清器扳手可以说是钳子的改型产品，使用方法同鲤鱼钳，外形如图 11-20 所示。

图 11-19　杯式机油滤清器扳手

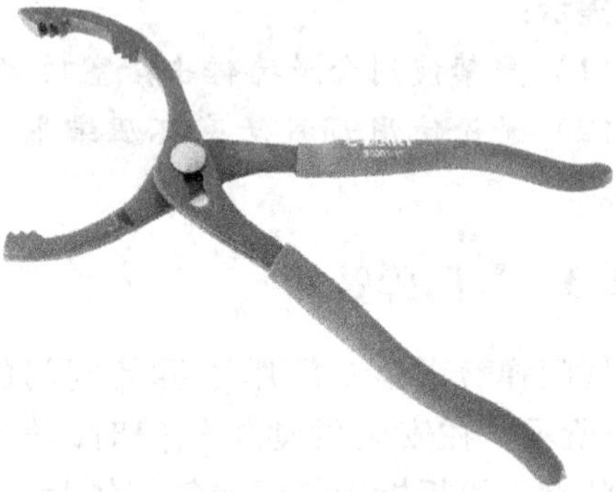

图 11-20　钳式机油滤清器扳手

3. 环形机油滤清器扳手

环形机油滤清器扳手结构为一个可调大小的环形，环形内侧设计为锯齿状，如图 11-21 所示。使用时将其套在滤清器顶部的棱面上，扳动手柄，扳手的环形会根据滤清器大小合适地卡在棱面上，顺利地完成拆装工作。

4. 三爪式机油滤清器扳手

还有一种机油滤清器扳手叫三爪式机油滤清器扳手（图 11-22），需配套套筒手柄或扳手使用，其内部设计有行星排传递机构，可根据机油滤清器大小自动调节三爪的大小。

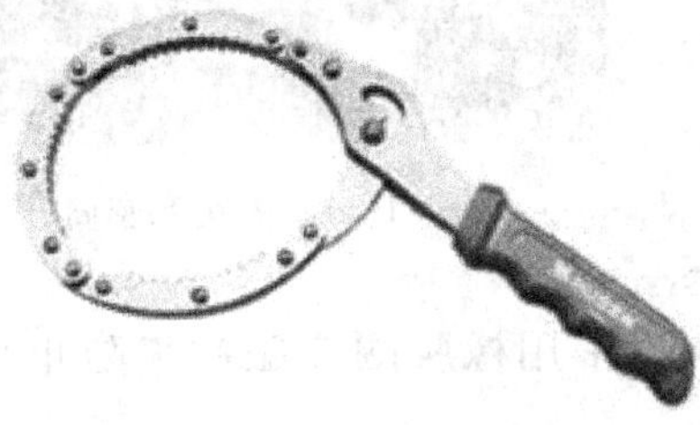

图 11-21　环形机油滤清器扳手

图 11-22　三爪式机油滤清器扳手

提示：

安装滤清器时，必须检查并清洁机油滤清器安装面，另外，还应在密封圈的表面涂上一层机油，以保证密封可靠，并可防止损伤密封圈。

11.2.5　冷却系统压力测试器

现在多数发动机均采用封闭式冷却系统，冷却液温度升高后，会使系统内压力升高。在汽车维修时，如对系统进行检漏，需进行加压，加压工具为专用压力测试器，如图 11-23 所示。下面以世达工具中的冷却系统压力测试器为例介绍其使用方法。

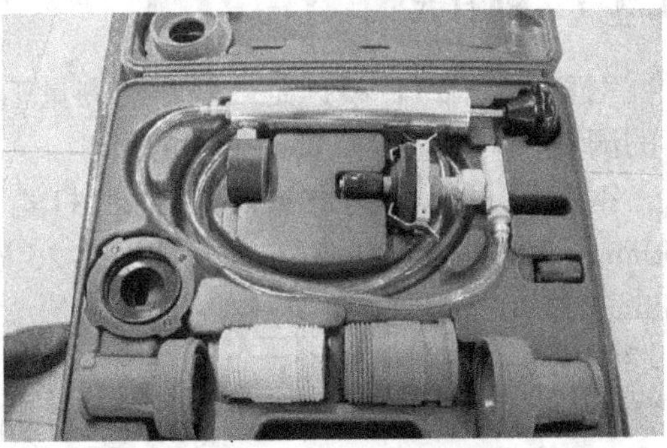

图 11-23　冷却系统压力测试器

1）测试前，拆下散热器盖，将测试仪固定夹安装在冷却液加注口上。

2）为确保安装紧密和密封良好，应保证气囊的 2/3 位于散热器盖管径的下翼凸缘以下。

3）顺时针拧紧压力泄放螺栓后，将滑阀移至“BLADDER”。

4）反复推动真空泵手柄向气囊充气，直至压力达到 172.4kPa，使气囊密封住冷却系统加注口。

5）推动滑移阀手柄至加压端（SYSTEM），再一次反复推动真空泵手柄，向冷却系统施加压力，在加压的同时，注意倾听冷却系统加注口有无漏气声，如有泄漏，排除后再继续加压。

6）当压力表指示数值达到规定压力时，应停止加压。观察检漏仪压力表上数值的变化。在 5min 内，没有变化说明系统没有泄漏；如下降过快，则证明冷却系统存在严重泄漏。

7）逆时针旋松压力排放螺栓，通过排放软管释放压力，直至压力表读数变为“0”。

8）将滑移阀移至气囊“BLADDER”位置，将气囊内空气排空。

9）松开固定夹并拆下分析仪。

10）此检测仪还可检测散热器盖蒸汽阀的好坏，检测时需配合附件一起使用。

11.2.6 火花塞套筒

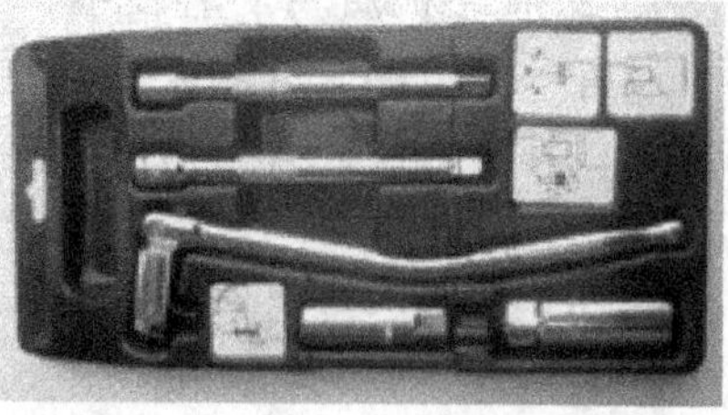

图 11-24 火花塞套筒

火花塞套筒专用于火花塞的拆卸及更换，可视为长套筒的一种变形形式，如图 11-24 所示，采用薄壁结构以避免与其他部分干涉。

套筒内部装有磁铁或橡胶圈，因为大多数火花塞都是朝下布置的，必须从火花塞孔深处朝上取出，所以采用橡胶圈或磁铁来防止火花塞掉落。

装复火花塞时，为了确保火花塞能正常地装入缸盖中，首先要用手仔细地旋转套筒，使火花塞螺纹带入后，再用配套手柄将其紧固。

11.3 常用量具

在汽车维修作业中经常要用测量工具和仪器对零件进行检测，掌握测量工具和仪器的使用操作方法是提高测量精度的保障。

11.3.1 钢直尺

钢直尺（图 11-25）是最基本的测量工具，是用薄钢板制成的，它一般用于精度要求不高的测量，可以直接测量出工件的尺寸。

图 11-25 钢直尺

钢直尺一般用钢材或不锈钢材打造而成，长度分为 150mm、200mm、300mm 三种，如图 1-26 所示。汽修厂使用 150mm 和 300mm 这两种较多。

使用钢直尺时应注意：

1）要以端边的“0”刻线作为测量基准。这样，在测量时不仅容易找到测量基准，而且便于读数和计数。最好的方式是用拇指将钢直尺按住，使其贴靠在工件上。

2）测量时，钢直尺要放平、放正，刻度面朝上、朝外，不得前后、左右歪斜，否则，从尺上读得的数比被测得实际尺寸大。

3）用钢直尺测量圆柱形的圆形截面直径时，钢直尺的端边要与被测面的边缘相切，然后左右摆动钢直尺，找出最大尺寸，即为所测圆形直径尺寸。

4）使用钢直尺前应先检查钢直尺各部位有无损伤，不允许有影响使用性能的外观缺陷，例如碰弯、划痕、刻度断线或看不清刻度线等缺陷。

5）有悬挂孔的钢直尺，使用后必须用干净的棉丝擦干净，然后悬挂起来，使其自然下垂。如果没有悬挂孔，则将钢直尺擦净后平放在平板、平台或平尺上，防止其受压变形。如果较长时间不用，则应将钢直尺涂上防锈油。存放地点应选择温度低、湿度低的地点。

11.3.2　直角尺

直角尺一般用来检查工件的内外角或直角度，不论何种形式的直角尺都是由一个短边和一个长边构成，图 11-26 是在平面板上用直角尺进行气门弹簧的倾斜度测试。

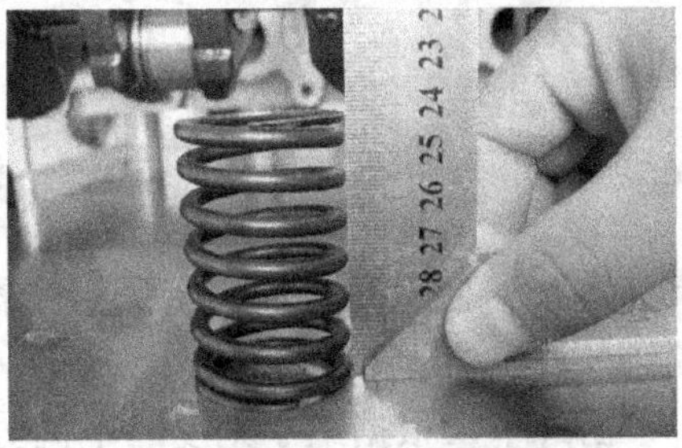

图 11-26　用直角尺测量气门弹簧倾斜度

使用直角尺时，将尺座一面紧靠工件基准面，尺杆向工件另一面靠拢。观看尺杆与工件贴合处，其透过光线是否均匀：透过光线均匀，工件两邻面垂直；透过光线不均匀，两邻面不垂直，即不成直角。

直角尺使用和保养注意事项：注意避免在高温或潮湿的场所从事测量作业以及保养。由于钢制品容易生锈，在使用后一般应涂上一层凡士林或机油。

11.3.3　塞尺

塞尺又称间隙片，是一组淬硬的钢条或刀片，这些淬硬钢条或刀片被研磨或滚压成为精确的厚度，它们通常都是成套供应。在汽车维修工作中主要用于测量气门间隙、触点间隙和一些接触面的平直度等，其外形如图 11-27 所示。

图 11-27　塞尺

每条钢片上都标出了厚度（单位为 mm），它们可以单独使用，也可以将两片或多片组合在一起使用，以便获得所要求的厚度，最薄的一片可以达到 0.02mm。常用塞尺长度有 50mm、100mm、200mm 三种。

塞尺的使用方法如下：

1）使用塞尺测量时，应根据间隙的大小，先用较薄片试插，逐步加厚，可以一片或数片重叠在一起插入间隙内，插入深度应在 20mm 左右。

提示：

使用前必须将钢片擦净，还应尽量减少重叠使用的片数，因为重叠片数过多会增加测量误差。

2）测量时，必须平整插入，松紧适度，所插入的钢片厚度即为间隙尺寸。严禁将钢片用大力强硬插入缝隙测量。

3）当塞尺同一把直尺一起使用时，塞尺可用来检查零件的平直度，如气缸盖的平直度。由于塞尺很薄，容易弯曲或折断，测量时不能用力太大。测量时应在结合面的全长上多处检查，取其最大值，即为两结合面的最大间隙量。测量后及时将测量片合到夹板中去，以免损伤各金属薄片。

4）塞尺上不得有污垢、锈蚀及杂物；塞尺使用完毕后要将测量面擦拭干净，并涂油。

11.3.4　游标卡尺

游标卡尺又称四用游标卡尺，简称卡尺，如图 11-28 所示，是由刻度尺（主尺）和卡

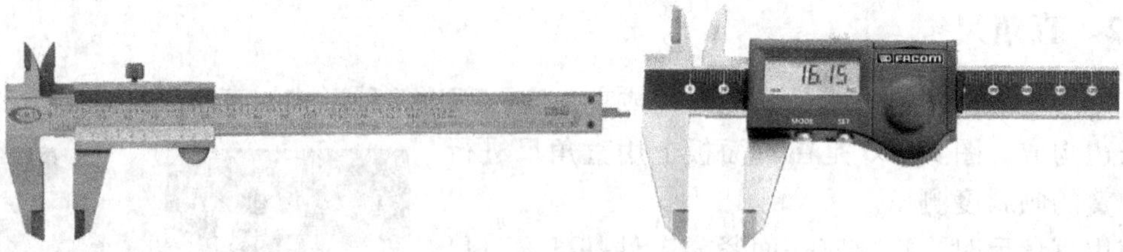

图 11-28　游标卡尺

尺（副尺）制造而成的精密测量仪器，能够正确且简单地从事长度、外径、内径及深度的测量。

游标卡尺根据最小刻度的不同分为 0.05mm 和 0.02mm 两种。若游标卡尺上有 50 个刻度，每刻度表示 0.02mm；若游标卡尺上有 20 个刻度，每刻度表示 0.05mm。在汽车维修工作中，0.02mm 精度的游标卡尺使用最多。

有些游标卡尺使用电子读数显示小数部分，这种标尺的测量精度可达到 0.005mm 或 0.001mm。

1. 游标卡尺的读数方法

以刻度值 0.02mm 的精密游标卡尺为例，读数方法，可分三步：

1）根据副尺零线以左的主尺上的最近刻度读出整毫米数。

2）根据副尺零线以右与主尺上的刻度对准的刻线数乘上 0.02 读出小数。

3）将上面整数和小数两部分加起来，即为总尺寸。

如图 11-29 所示，副尺 0 线所对主尺前面的刻度 64mm，副尺 0 线后的第 9 条线与主尺的一条刻线对齐。副尺 0 线后的第 9 条线表示：0.02 × 9 = 0.18mm。所以被测工件的尺寸为：64 + 0.18 = 64.18mm。

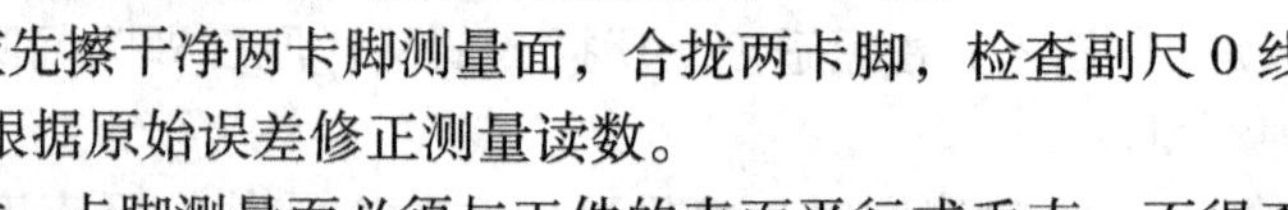

图 11-29　0.02mm 游标卡尺的读数方法

2. 游标卡尺的使用方法

游标卡尺是比较精密的量具，使用时应注意如下事项：

1）使用前，应先擦干净两卡脚测量面，合拢两卡脚，检查副尺 0 线与主尺 0 线是否对齐。若未对齐，应根据原始误差修正测量读数。

2）测量工件时，卡脚测量面必须与工件的表面平行或垂直，不得歪斜。且用力不能过大，以免卡脚变形或磨损，影响测量精度。

3）读数时，视线要垂直于尺面，否则测量值不准确。

4）测量内径尺寸时，应轻轻摆动，以便找出最大值。

5）游标卡尺用完后，仔细擦净，抹上防护油，平放在盒内，以防生锈或弯曲。

11.3.5　千分尺

千分尺也称为螺旋测微器，它是利用螺纹节距来测量长度的精密测量仪器，用于测量加工精度要求较高的零部件。汽车维修工作中一般使用可以测至 1/100mm 的千分尺，其测量精度可达到 0.01mm。

外径千分尺的构造如图 11-30 所示，主要由测砧、测微螺杆、尺架、固定套筒、微分筒、棘轮旋钮及锁紧装置等部件组成。

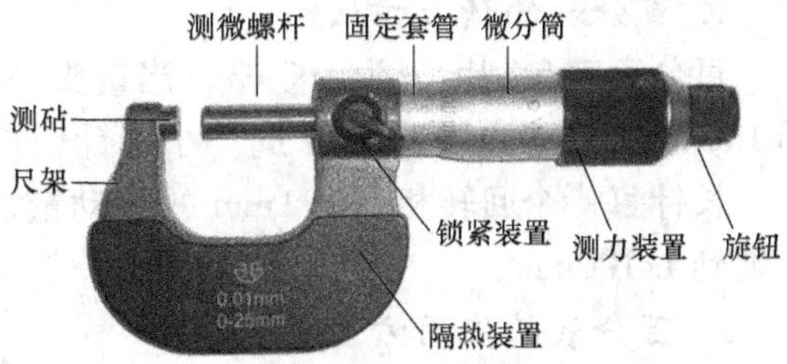

图 11-30　外径千分尺

固定套筒轴向刻有一条基线，基线的上、下方刻线错开 0.5mm。微分筒的圆锥面上刻有 50 等分格。微分筒每转动一周即可沿轴方向前进或后退 0.5mm。即千分尺的测量精度为 0.01mm。

棘轮旋钮的作用是保证测轴的测定压力，当测定压力达到一定值时，限荷棘轮即会空转。如果测定压力不固定则无法测得正确尺寸。

1. 外径千分尺的读数方法

1）以微分筒的基准线为基准读取左边固定套筒刻度值。

2）再以固定套筒基准线读取微分筒刻度线上与基准线对齐的刻度，即为微分套筒刻度值。

3）将固定套筒刻度值与微分筒刻度值相加，即为测量值。如图 11-31 所示，套筒上的读数为 55mm，套管上的 0.01mm 的刻度线对齐基准线，因此读数是：

55mm + 0.01mm = 55.01mm

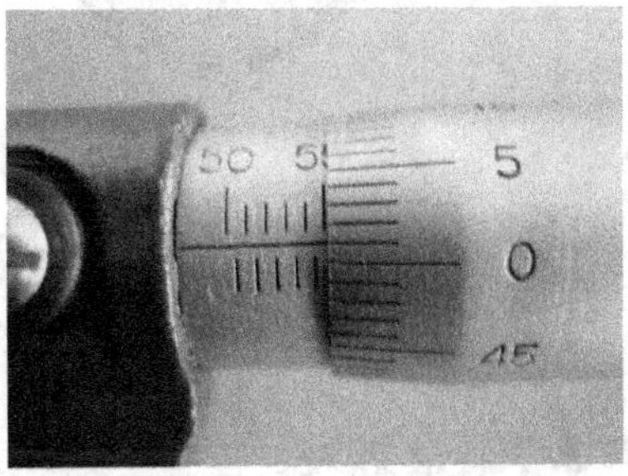

图 11-31　外径千分尺的读数方法

2. 外径千分尺的使用方法

1）使用前确保零点校正，若有误差请用调整扳手调整或用测定值减去误差。

2）被测部位及千分尺必须保持清洁，若有油污或灰尘须立即擦拭干净。

3）测量时请将被测面轻轻顶住测砧，转动限荷棘轮及套筒使测轴前进。不可直接转动活动套管。

4）测定时尽可能握住千分尺的弓架部分，同时要注意不可碰及测砧。

5）旋转后端棘轮旋钮，使两个砧端夹住被测部件，然后再旋转棘轮一圈左右，当听到发出两三响“咔咔”声后，就会产生适当的测定压力。

6）为防止因视差而产生误读，最好让眼睛视线与基准线成直角后再读取读数。

7）当测量活塞、曲轴轴径之类的圆周直径时，必须保证测轴轴线与最大轴径保持一致（即测试处为轴径最大处）。若从横向来看，测轴应与检测部件中心线垂直，只有这样才能保证测试数据正确无误。

11.3.6　百分表

百分表利用指针和刻度将心轴移动量放大来表示测量尺寸，主要用于测量工件的尺寸误差以及配合间隙，其外形如图 11-32 所示。

一般汽车修理厂是采用最小刻度为 1/100mm 的百分表的居多。同时百分表可以和夹具配合使用。

1. 百分表的读数方法

百分表表盘刻度分为100格，当量头每移动0.01mm时，大指针偏转1格；当量头每移动1.0mm时，大指针偏转1周。小指针偏转1格相当于1mm。

长针每一个回转相当于1mm的移动量，将刻度盘分刻100等份，所以测定的移动量可精确到1/100mm。

2. 百分表的使用方法

百分表要装设在支座上才能使用，如图11-33所示，在支座内部设有磁铁，旋转支座上的旋钮使表座吸附在工具台上，因而又称磁性表座。

百分表还可以和夹具、V形槽、检测平板和水平架合并使用，从事弯曲、振动及平面状态的测定或检查。

图11-32　百分表

图11-33　百分表的使用

11.3.7　量缸表

量缸表也叫内径百分表，是利用百分表制成的测量仪器，也是用于测量孔径的比较性测量工具。在汽车维修中，量缸表通常用于测量气缸的磨耗量及内径。

图11-34所示为量缸表的组件。量缸表主要包括百分表、表杆、各种长度的接杆和接杆紧固螺钉等。

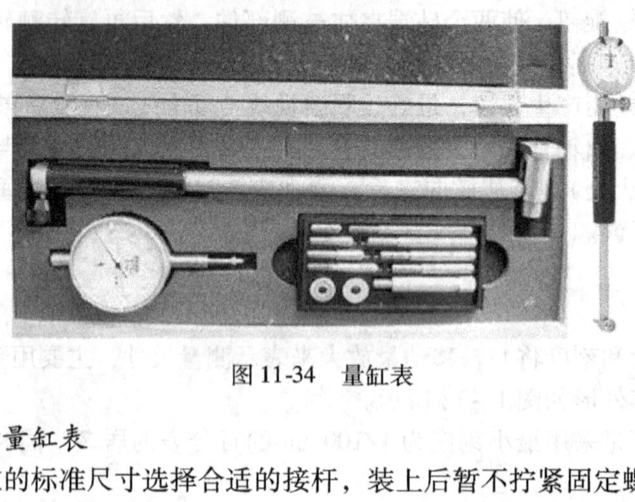

图11-34　量缸表

1. 安装、校对量缸表

1）按被测气缸的标准尺寸选择合适的接杆，装上后暂不拧紧固定螺母。

2）把外径千分尺调到被测气缸的标准尺寸，将装好的量缸表放入千分尺。

3）稍微旋动接杆，使量缸表指针转动约1～2mm，使大指针对准刻度零处，扭紧接杆的固定螺母。为使测量正确，重复校零一次。

2. 量缸表的读数方法

1）百分表表盘刻度为100，大指针在圆表盘上转动一格为0.01mm，转动一圈为1mm，小指针移动一格为1mm。

2）测量时，当大指针顺时针方向离开“0”位，表示缸径小于标准尺寸的缸径，它是标准缸径与表针离开“0”位格数的差；当大指针逆时针方向离开“0”位，表示缸径大于标准尺寸的缸径，它是标准缸径与表针离开“0”位格数之和。

3）若测量时，小指针移动超过1mm，则应在实际测量值中加上或减去1mm。

3. 测量方法

1）使用量缸表，一手拿住隔热套，另一只手托住杆子下部靠近本体的地方。

2）将校对后的量缸表活动测杆在平行于曲轴轴线方向和垂直于曲轴轴线方向上、中、下取三个位置，共测六个数值，上位置一般定在活塞在上止点时，第一道活塞环气缸壁处，距气缸上平面约10mm；下位置一般取在气缸套下端以上10mm左右处，该部位磨损最小。

3）测量时，使量缸表的活动测杆与气缸轴线保持垂直才能测量准确。当前后摆动量缸表，表针指示到最小数值时，即表示活动测杆已垂直于气缸轴线。

提示：

测量时必须使量缸表与气缸轴线保持垂直，应前后摆动量缸表，表针指示到最小数值时，即表示测量杆与气缸轴线垂直，此读数为标准读数。当大指针顺时针方向离开“0”位，表示缸径小于标准缸径。当大指针逆时针方向离开“0”位，表示缸径大于标准缸径。

不论何种测量仪器在测量过程中总是会存在测定误差。而误差包括测量仪器的误差（制造和磨损产生的误差）以及测量者本身的误差（因测量者习惯以及视觉因素产生的误差）。因此，测量时应该注意以下事项，方能保持测量仪器的精度。

1）进行测量时，应使测量仪器温度和握持的方法保持在一定的测定状态。

2）保持固定的测定动作。

3）使用后应注意仪器的清理和维护，并存放在不受灰尘和气体污染的场所。

4）要定期地检查仪器精度。

参考文献

[1] 汤定国．汽车发动机构造与维修［M］．北京：人民交通出版社，2005.
[2] 郭新华．汽车构造［M］．北京：高等教育出版社，2004.
[3] 闵永军．汽车故障诊断与维修技术［M］．北京：高等教育出版社，2004.
[4] A E 斯卡沃勒尔．汽车构造原理与维修应用［M］．北京：机械工业出版社，2004.
[5] 马东霄．汽车维修实训教程［M］．北京：人民邮电出版社，2002.
[6] 徐家龙．柴油机电控喷油技术［M］．北京：人民交通出版社，2004.
[7] 李桐．新编桑塔纳系列轿车结构与使用维修［M］．北京：金盾出版社，2003.
[8] 仇雅莉．汽车发动机构造与检修［M］．北京：机械工业出版社，2007.
[9] 张大成，戴波南．上海桑塔纳2000系列轿车维修手册［M］．北京：北京理工大学出版社，2001.
[10] 胡光辉．汽车故障诊断技术［M］．北京：电子工业出版社，2005.
[11] 冯渊．电控发动机维修［M］．北京：机械工业出版社，2004.
[12] 张西振．汽车发动机电控技术［M］．北京：机械工业出版社，2004.
[13] 刘杰，安国建，梁杰．现代柴油机使用与检测［M］．北京：人民交通出版社，2000.
[14] 宋年秀，刘涛，姜立标．图解汽车发动机构造与拆装［M］．北京：中国电力出版社，2007.
[15] 唐艺．新编汽车构造［M］．北京：机械工业出版社，2000.
[16] 扶爱民．汽车发动机构造与维修［M］．北京：电子工业出版社，2005.
[17] 韦原泰．汽车维修［M］．北京：人民交通出版社，1999.
[18] 杨承明．汽车发动机构造与维修［M］．杭州：浙江科学技术出版社，2006.
[19] 王忠良，陈昌建．汽车微电脑控制系统与故障检测［M］．北京：人民邮电出版社，2004.
[20] 舒华，姚国平．汽车电子控制技术［M］．北京：人民交通出版社，2002.
[21] 李东江，吴维军．汽车发动机电控系统的万用表检测［M］．北京：科学技术文献出版社，2001.